W0467511

DR STÉPHANE CLERGET

Guide de l'ado à l'usage des parents

CALMANN-LÉVY

© Calmann-Lévy, 2008.
ISBN : 978-2-253-08498-3 – 1re publication LGF

À Jonathan

Prologue

L'adolescence est un entre-deux. C'est la période de la vie qui marque la transition entre l'enfance et l'âge adulte. C'est un temps de transformation qui a toujours existé mais dont la durée s'est allongée à mesure que l'espérance de vie a augmenté. Aujourd'hui, elle débute avec les premiers signes de la puberté, dès dix ans pour les plus précoces, pour s'achever entre dix-huit et vingt-cinq ans.

Les parents qui m'adressent leur adolescent – fille ou garçon – pour un suivi médico-psychologique ou qui viennent me demander des conseils dans le cadre de consultations d'aide à la parentalité ont un point commun : ils ne reconnaissent plus leur enfant et ont du mal à garder leur autorité sur lui.

Parmi les raisons qui poussent ces parents à chercher des conseils pour leur ado, je retrouve souvent des inquiétudes ou des interrogations face à :

- ses changements de tempérament (agressivité, timidité, tristesse, absence de communication, refus de l'affection parentale, manque de motivation, etc.) ;
- ses difficultés scolaires ;
- ses questionnements tourmentés sur l'amour, la mort, la sexualité ou encore la religion ;

- des signes de mal-être inédits : difficultés relationnelles, manque de confiance en soi, troubles du sommeil, troubles du comportement alimentaire, TOC (trouble obsessionnel compulsif), idées suicidaires ;
- des comportements à risques (scooter, sorties, Internet, idées suicidaires) ou à des conduites de dépendance (tabac, cannabis, jeux vidéo) ;
- des changements divers dans sa vie (blogs, soirées, déménagement, divorce, maladies, entrée dans le monde du travail).

Désemparés, les parents ne comprennent pas toujours l'origine de ces changements. Et quand bien même ils auraient entendu parler de ces comportements ou de ces dispositions d'esprit spécifiques à cette tranche d'âge, il leur est difficile d'y répondre, et ils sont en quête de véritables conseils pratiques efficaces.

En effet, les parents ne doivent pas réagir de la même façon avec un enfant et avec un adolescent. Si les adolescents ont toujours besoin d'être aimés, accompagnés et éduqués, ils le seront autrement que dans leur jeune âge. Le devoir des parents est de respecter l'autonomie de leur ado tout en continuant de veiller sur lui ; de façon discrète, certes, mais assurée.

Ce livre, qui se présente comme un manuel, se propose de donner des réponses pratiques aux questions que se posent les parents d'adolescents. C'est un guide pour les informer sur ce que l'on peut dire, ce que l'on peut faire, bref sur l'attitude à adopter face aux différentes façons d'être, graves ou plus légères, de leur ado.

Qu'il s'agisse des relations intrafamiliales, des relations amoureuses ou amicales, des relations avec le monde extérieur, de la scolarité, des comportements divers, des malaises éventuels, ce manuel permet aussi de faire la part des choses entre des manifestations qui, quoique surprenantes, ne sont pas inquiétantes, et celles qui nécessitent un suivi médical ou psychologique. Grâce aux réponses et aux conseils qu'il fournit, ce guide espère aider les parents ou les professionnels de l'enfance à faire des ados qu'ils ont en charge des adultes équilibrés.

N.B. « L'ado » au masculin sera utilisé comme terme générique pour les filles et pour les garçons.

RELATIONS FAMILIALES

Comment réagir si votre ado...

1.

... a du mal à communiquer avec vous

Il ne vous adresse plus la parole ou uniquement de manière agressive. Vous ne pouvez rien lui dire sans qu'il monte sur ses grands chevaux. Il veut toujours avoir raison. Il ne veut rien entendre. Bref, depuis qu'il est adolescent, la communication avec lui s'avère difficile.

Explications

Par son comportement, il exprime son indépendance vis-à-vis de vous. Vous écouter revient, dans son esprit, à se soumettre à vous. Or, son objectif premier est de ne plus se positionner comme un enfant. D'autre part, les arguments lui font défaut dans les discussions, alors il préfère couper court. Les ados ne maîtrisent plus très bien le langage, comme ils ne maîtrisent plus très bien leur nouveau corps. C'est pour cela qu'ils baragouinent en onomatopées diverses, ou qu'ils utilisent un néolangage aussi sommaire qu'incompréhensible pour vous.

Les ados ne réalisent pas toujours la portée de ce qu'ils disent ni la façon dont ils s'adressent à vous.

Encore une fois, c'est par manque de contrôle de leur nouvelle voix, de leurs émotions et de leurs nouvelles modalités expressives liées au changement pubertaire.

Votre ado veut préserver un jardin secret sur ses pensées, ses sentiments. Il refuse de se dévoiler à vous car il craint qu'en vous parlant, y compris de choses anodines, il n'en dise plus sur lui qu'il ne le souhaite véritablement.

Enfin, s'il communique au compte-gouttes avec vous, c'est qu'il appréhende de vous heurter. Car il est aussi maladroit en paroles qu'avec ses gestes, et il préfère se taire plutôt que risquer de vous blesser. Ce qu'il fait d'ailleurs parfois quand ses mots dépassent ses pensées.

Conseils

Laissez-le parler

Lorsque votre ado vous parle de lui, du film que vous regardez ensemble ou développe une opinion quelconque, bref tente de communiquer avec vous, essayez de vous montrer disponible, surtout si c'est rare. Laissez-le parler jusqu'au bout, en lui prêtant attention et sans le couper, même si vous êtes agacé, même si vous voyez déjà parfaitement où il veut en venir. Laissez-le finir. Contrôlez vos expressions non verbales, votre attitude, votre regard, qui pourraient trahir un possible désintérêt ou un agacement de votre part. Apprenez à tourner votre langue sept fois dans la bouche avant de porter un jugement. Retenez-vous de critiquer, ou de vous moquer. Posez-lui éventuellement des questions pour l'aider à déployer ses arguments.

Chacun son point de vue

Vous n'êtes pas tenu de donner votre point de vue illico, sauf s'il vous le demande. Commencez alors par les points sur lesquels vous partagez son avis. Une fois que vous avez dit que son point de vue était intéressant, vous pouvez alors dire votre opinion en y mettant des nuances, ne serait-ce que pour lui apprendre à en user. Ne cherchez pas à lui imposer votre point de vue, ni à dramatiser le sien. Faites confiance aux échanges ultérieurs pour l'aider à évoluer. Il est normal à cet âge que l'on soit trop tranché et emporté dans ses opinions.

Engagez le dialogue

Si votre ado a du mal à engager la conversation avec vous, ce n'est pas parce qu'il s'y refuse mais parce qu'il ne sait pas, ne sait plus, comment faire. Au fond de lui, il considère que l'initiative doit venir de vous.

Organisez votre emploi du temps pour avoir des moments en tête à tête avec lui, de préférence autour d'une activité : un tennis, un ciné ou un restaurant.

Ne traduisez pas ses silences comme du mépris ou de la provocation. Ne réagissez pas comme lui, à attendre que ce soit lui qui parle le premier. N'hésitez pas à lui dire ce qu'il vous semble important de lui dire. S'il fait la carpe, il n'est pas sourd pour autant, et s'il ne réagit pas, cela ne l'empêche pas d'enregistrer vos propos. N'hésitez pas à démarrer une conversation par des compliments : on n'attrape pas les mouches avec du vinaigre. N'engagez pas la conversation par une question potentiellement conflictuelle, par exemple : « Tu n'as pas de devoirs aujourd'hui ? » Pour débuter, évitez également des questions trop personnelles comme : « Alors tes amours ? » Préférez aborder des sujets généraux comme le sport, la musique, des sujets de société ou d'actualité auxquels il est susceptible de s'intéresser. Ne vous fermez pas d'emblée s'il démarre le débat par des boutades, des moqueries, ou un refus du dialogue. Une fois la discussion lancée, rappelez-vous que le but n'est pas de le faire changer d'avis, mais de le laisser s'exprimer librement avec vous. Acceptez, s'il est lancé dans son discours, qu'il parle davantage, et qu'il ne vous écoute pas vraiment.

L'écrit contre les cris

Les ados usent de l'écrit bien plus qu'on ne l'imagine. Et le succès de MSN et des SMS en témoigne. Si vous avez le sentiment que le dialogue est rompu, n'hésitez pas à lui laisser un mot. Et pourquoi pas, histoire de le surprendre, à lui écrire une lettre ou à lui envoyer un mail. La communication écrite lui permet de s'exprimer sans être envahi par l'émotion, ni parasité par les attitudes et les réactions de son interlocuteur.

En cas de conflit

S'il ne s'agit pas d'éviter les conflits à tout prix, surtout si ce sont les seuls moments d'échange, ne les envenimez pas pour autant. Apprenez à contrôler vos propos. Évitez à tout prix les injures ou toute forme d'humiliation. Si votre ado cherche à vous provoquer, ne répondez pas en miroir en le provoquant à votre tour. Si vos paroles dépassent vos pensées, n'hésitez pas à vous excuser. C'est la meilleure façon de lui apprendre à le faire. Gardez la mesure dans vos propos, surtout si votre ado s'emporte. Ne laissez pas vos gestes parler à votre place. Exprimez-vous sans agressivité. Dites clairement quelle est la conduite que vous lui reprochez sans en rajouter en énumérant d'anciens reproches. Critiquez son comportement s'il le mérite, mais ne le critiquez pas en tant qu'individu, en le traitant par exemple de « bon à rien ».

S'il est menaçant physiquement ou particulièrement insultant, sachez interrompre la confrontation à temps, de sorte d'éviter que la situation ne s'envenime. Reprenez alors la discussion plus tard, par temps calme, en reprécisant les règles de conduite qui vous semblent importantes.

En cas de grosse bêtise

Modulez vos façons de réagir. Si vous rentrez du travail et que votre ado a mis le souk dans le salon, avant de hurler, demandez-lui calmement et avec courtoisie s'il veut bien ranger son désordre. Ou dites simplement que vous êtes déçu par ce comportement. Vous pouvez aussi user d'humour. Les ruptures de ton créent des surprises qui sont souvent efficaces. L'objectif principal n'est pas de lui faire la morale, mais de lui faire réparer sa bêtise.

Le rôle des tiers

Enfin, si votre ado ne communique pas avec vous, assurez-vous qu'il communique bien avec d'autres : des ados de son âge ou d'autres adultes (son parrain, ses grands-parents). Si tel est le cas, c'est bon signe. S'il est incapable de communiquer avec qui que ce soit, je vous conseille de prendre l'avis d'un spécialiste.

Règle

Les ados perdent avec l'enfance leur faculté de communication. Il faut les aider à la retrouver.

2.

... ne veut plus de votre tendresse

Alors qu'enfant il adorait vos bisous et vos câlins, désormais votre ado râle quand vous vous approchez de trop près. « Qu'ai-je fait pour mériter cela ? », vous demandez-vous alors.

Explications

Rassurez-vous. C'est normal. Votre ado vous aime toujours, mais il a besoin de paravents pour grandir à l'abri. À la puberté, il devient particulièrement sensible aux contacts, et vos câlins produisent des émois bien plus importants qu'en période de latence (de six à onze ans). Ce trouble, alors qu'il a désormais un corps sexué, est angoissant pour lui. Il craint, sans en avoir véritablement conscience, un rapprochement incestueux. Ce n'est pas la même chose de vouloir se marier avec papa et maman à quatre ans et demi et lorsqu'on a un corps pubère.

D'autre part, il vit ces câlins comme une façon de le maintenir enfant. Quand vous lui dites : « Pour moi tu seras toujours mon bébé », ça le rassure à l'heure où il craint, s'éloignant de vous, que vous ne l'aimiez plus.

Mais ça le met aussi mal à l'aise, car il a besoin d'être soutenu dans sa nouvelle image de grand. Dites plutôt : « Je n'oublierai jamais le bébé que tu étais et que j'aimais, mais j'affectionne autant l'homme ou la femme que tu deviendras, et qui un jour je l'espère vivra sans moi. »

Conseils

Remplacez les câlins par des compliments

Si votre ado rejette vos câlins, ne vous formalisez pas. Prenez-en votre parti et renoncez-y, ou faites-les plus discrets. Mais surtout remplacez-les par des paroles, des compliments, des félicitations. Et pas seulement sur son physique car cela pourrait le gêner. Dans ce cas, préférez les compliments rapportés : un tel m'a dit qu'il te trouvait jolie ou costaud.

Un peu de pudeur

Dans le même ordre d'idée, respectez sa pudeur. S'il râle quand vous entrez sans frapper dans sa chambre, ou dans la salle de bains, c'est normal. Il est à un âge où il a besoin de protéger son intimité physique – en particulier du regard parental – pour s'individualiser. Évitez également de vous montrer nu en sa présence ; jamais autant qu'à cet âge où il est hyperexcitable, la nudité parentale peut troubler un enfant.

Règle

Garder ses longs bisous pour son conjoint et ne pas épargner les compliments à son enfant.

3.

... se chamaille tout le temps avec ses frères et sœurs

Les disputes font partie de la vie normale d'une famille, mais il arrive que des conflits entre frères et sœurs soient si fréquents qu'ils gâchent le plaisir d'être ensemble. D'autant plus qu'à l'adolescence ils peuvent prendre une ampleur croissante.

Explications

Jalousie ancienne ou récente

Une jalousie qui remonte à la petite enfance en est une cause habituelle (voir le chapitre 4). Et elle conduit parfois à un véritable harcèlement de l'aîné sur le puîné, ce qui n'est évidemment pas tolérable et impose une fermeté à l'égard du premier.

Il arrive que la jalousie apparaisse sur le tard. Bien que pourvu de nouveaux droits et de nouvelles libertés, l'adolescent peut souffrir dans son émancipation de ne plus être le petit enfant de ses parents et envier le cadet ou la cadette d'occuper toujours cette place.

Trop de fusion

C'est parfois, sans en avoir conscience, pour se décoller l'un de l'autre qu'ils se disputent tant, voire qu'ils se battent. Certains frères et sœurs grandissent en symbiose et, arrivés à la puberté, à l'occasion de l'émergence de pulsions sexuelles, ont besoin pour leur développement affectif de se « défusionner » afin de découvrir l'intimité avec des pairs qui ne soient pas de leur famille.

Faire à nouveau connaissance

À l'inverse, à l'adolescence, il arrive que frère et sœur ne se reconnaissent plus : l'apparence physique comme les centres d'intérêt et la personnalité se sont en effet modifiés sur un temps relativement bref. Les conflits traduisent ce caractère d'étrangeté et le besoin de se confronter pour établir de nouvelles limites entre eux mais aussi parfois d'en venir aux mains pour se redécouvrir.

Conseils

N'envenimez pas la situation

Évitez de jeter de l'huile sur le feu en comparant vos enfants sur tel ou tel sujet. Il n'y a rien de plus agaçant pour un ado que d'être systématiquement mis en concurrence avec son frère ou sa sœur.

De même, évitez de les donner en exemple l'un à l'autre. Par exemple, les phrases comme « regarde ton frère, il n'oublie jamais de faire ses devoirs » seront prohibées. Et si l'on protège le benjamin, on protégera aussi l'aîné du plus jeune qui est toujours dans ses pattes.

Le sport, un remède à l'agressivité mal contrôlée

Mais la jalousie n'est pas la seule explication. Si l'un de vos enfants a des difficultés à contrôler ses pulsions agressives (ce qui est habituel au début de l'adolescence) inscrivez-le dans un sport de combat. Cela lui donnera l'occasion de déplacer son besoin de bagarre à l'extérieur de la famille, et de le faire de manière encadrée tout en apprenant des règles de combat.

Apprenez-leur les règles de la vie sociale

Les conflits entre frères et sœurs sont aussi l'occasion pour les parents d'enseigner à leurs enfants les règles de cohabitation. Cela leur sera utile plus tard, s'ils sont amenés à vivre en colocation ou en couple, et à partager leur lieu de travail. Cet apprentissage prend un peu de temps.

Pour leur faire comprendre qu'on peut échanger des points de vue opposés, sans pour autant en venir aux cris, pensez à organiser un débat contradictoire entre eux et vous, durant lequel vous laisserez chaque partie exposer son point de vue en détail. De votre côté, ne prenez pas parti trop rapidement, et ne jugez pas systématiquement. Car le but n'est pas précisément de savoir qui a tort ou raison. Mais de laisser chacun s'exprimer, et apprendre à respecter l'avis de l'autre. Vous pouvez, en cas de cacophonie, avoir une écoute flottante. Le but est de remplacer la dispute par le débat. Qu'ils apprennent à argumenter, grâce à votre intervention meneuse de débat, et qu'ils s'épuisent en arguties plutôt qu'en insultes.

Mettez de la distance

Que ces conflits concernent des ados de même sexe ou non, il est nécessaire de les séparer au maximum.

Quand vous vous adressez à eux, évitez de les associer automatiquement dans un « vous » globalisant. Employez de préférence leur prénom respectif et adressez-vous à chacun individuellement, quitte à leur dire à peu près la même chose.

Si cela est possible, chacun aura sa propre chambre. Si vous envoyez vos enfants en camp de vacances, rien ne vous oblige à les inscrire dans le même. Et pourquoi ne pas les placer dans deux établissements scolaires ? Privilégiez des activités différentes, encore qu'une activité commune comme un sport puisse être le terrain sur lequel ils s'entendent le mieux.

Leur interdire de se battre est aussi l'occasion de leur rappeler que les jeux intimes sont prohibés entre membres d'une même famille. Cela semble aller de soi, mais ça va mieux en le disant, car l'interdit de l'inceste n'est pas toujours bien intégré à l'adolescence. Et les affrontements peuvent témoigner d'un état de tension entre eux qui sera soulagé par l'enseignement de la loi.

Donnez l'exemple

Enfin, en tant que parents, vous veillerez à améliorer votre propre relation de couple, si celle-ci est nourrie de conflits ouverts ou larvés. Car il n'est pas rare que deux ados, surtout s'ils sont frère et sœur, par leur différend, rejouent inconsciemment le conflit du couple. Préoccupez-vous également de vos propres relations fraternelles passées et actuelles, car vos enfants les ressentent, que vous leur en ayez parlé ou non, et les imitent parfois, comme pour vous aider à réfléchir dessus.

Règle

Mettre de la distance entre ses enfants ne nuit pas à la fraternité.

4.

... est jaloux de son frère ou de sa sœur

La jalousie se ressent le plus souvent à l'égard d'un puîné. Mais elle existe aussi vis-à-vis d'un frère ou d'une sœur plus âgé.

Explications

C'est un sentiment qui peut être perçu très tôt chez l'humain et la fratrie est une bonne occasion d'apprendre à le gérer. Quand l'enfant réalise qu'il n'est pas tout pour sa mère, ou pour ses parents, il en fait souvent porter le chapeau à son cadet. Une jalousie fraternelle peut se dissiper à l'adolescence, quand les centres d'intérêt divergent. Mais elle peut aussi se réactiver, car les sentiments de la petite enfance sont réactualisés, ou parce que l'ado, qui se sent poussé hors du nid familial, envie les liens préservés des parents avec le cadet.

Conseils

Si les parents peuvent comprendre la jalousie de leur enfant, ils n'ont pas à en tolérer les conséquences en termes de violences verbales ou physiques.

La jalousie se prévient très tôt

La jalousie à l'adolescence se prévient dès la petite enfance. À la naissance du cadet, on dira à l'aîné qu'il a eu le privilège d'avoir ses parents pour lui seul pendant un temps. On lui expliquera que le temps que vous partagez avec le dernier-né n'est pas du temps en moins pour lui, car vous l'auriez consacré à d'autres : mari, femme, amis ou travail.

Veillez à ce que le cadet – bébé – ne soit pas l'unique centre de l'attention de la famille. Évitez de responsabiliser l'aîné par rapport au puîné et de lui laisser croire qu'il a une autorité sur lui. Comme il ne faut pas lui dire qu'on va lui faire un petit frère ou une petite sœur en guise de cadeau. Sinon il le considérera comme sa possession. Les droits et les devoirs varient en fonction des âges. On s'assurera qu'à âge égal, cette règle est respectée.

Séparez les activités

Pour atténuer les conséquences de la jalousie, choisissez pour vos enfants des activités séparées. Sauf si ces derniers partagent une passion commune pour une activité, qui sera alors un espace de complicité entre eux. Consacrez-leur des temps individuels. Les tâches ménagères seront équitablement réparties, au besoin par écrit. Quand il y a deux enfants, certains parents s'occupent exclusivement de l'un d'eux, comme s'ils se les « partageaient ». Évitez cette tentation, elle est source de conflits. À l'heure de la parité, on évitera une trop grande différence de traitement en fonction des sexes des enfants si l'on ne veut pas ajouter à la jalousie un rejet de l'autre sexe.

Parlez vrai

Cependant, le sentiment de jalousie a droit de cité et d'expression. On en discutera donc avec l'enfant concerné en l'aidant à prendre conscience que les qualités de son frère ou de sa sœur qu'il envie, bien d'autres enfants les possèdent, tout en mettant en valeur ses qualités propres. Ne niez pas la réalité. Si une fille obèse envie sa sœur mince, ne lui faites pas croire qu'elle aussi est mince. Quand la jalousie se nourrit d'une mésestime de soi, faites ce qui est nécessaire pour l'aider à la restaurer (voir le chapitre 25).

À chaque enfant selon ses besoins

Il faut se méfier en ce domaine de l'égalitarisme. Si l'on cherche à faire croire à son enfant que l'on fait exactement la même chose pour chacun des frères et sœurs, il trouvera toujours la faille. Car tout comme nos enfants peuvent être de sexes différents et d'âges différents (sauf les jumeaux), ils peuvent avoir des tempéraments comme des comportements différents. Pour chaque enfant, on a un nouveau cœur et un nouveau type de relation. Répondez à vos enfants que vous faites sans doute des différences entre eux, car ils sont différents, mais que reconnaître ces différences n'implique pas que vous ayez des préférences. Expliquez-leur que l'on ne donne pas pareillement à chaque enfant, mais qu'à chaque enfant on donnera selon ses besoins.

Règle

Apprendre à son enfant que l'amour comme la jalousie ne donnent aucun droit sur l'autre.

5.

... a une sœur ou un frère handicapé

Avoir un frère ou une sœur handicapé influence le quotidien de votre ado, en négatif comme en positif.

Explications

Enfant, votre ado a possiblement réprimé une jalousie naturelle, ou de l'agressivité, vis-à-vis de celui ou celle qui accaparait tant l'attention et les efforts de ses parents, et qui, à ses yeux, leur causait tant de tracas.

De surcroît, il a vécu avec le stress permanent des parents et a pu se sentir mis à l'écart. Il a pu apprendre à refréner, ou à taire, ses envies comme ses soucis, pour afficher un bien-être de façade et ne pas en rajouter aux problèmes familiaux. Mais son inconscient sachant être le plus fort, des difficultés scolaires ou un accident vont parfois s'expliquer par le besoin d'être davantage considéré, regardé ou écouté.

Cette retenue des sentiments persiste généralement à l'adolescence. Un sentiment de culpabilité est fréquent, renforcé à cet âge où s'offrent à lui de nouvelles possibilités auxquelles n'a pas accès son frère ou sa sœur.

Il se peut que votre ado ait honte vis-à-vis de ses camarades, ou à l'inverse fasse preuve d'un excès de démonstration, cherchant à amener son frère ou sa sœur toujours avec lui. Il est aussi possible qu'il interprète mal les regards extérieurs portés sur le handicap, les vive comme du rejet, là où il n'y aurait que du malaise.

La question matérielle se pose quand la majeure partie du budget familial est utilisée pour compenser les effets du handicap ou de la prise en charge. L'ado peut avoir tendance à se priver pour ne pas porter préjudice à la famille.

Heureusement, pour beaucoup de ces ados, avoir une personne handicapée dans sa fratrie, c'est aussi une leçon de vie qui les aide beaucoup à relativiser les tracas du quotidien et les fait gagner en maturité et en responsabilité. Ce sont souvent des jeunes gens qui osent s'engager et s'investir en différents domaines.

Conseils

Favorisez l'émancipation

Évitez de charger davantage votre ado de responsabilités, et favorisez au contraire ses sorties, ses séjours en rupture, et ses activités externes. Car le frère ou la sœur handicapé ne doit pas être un frein à l'émancipation de son frère ou de sa sœur, qui doit peu à peu construire sa propre vie.

Du temps individuel

Veillez à passer du temps seul avec votre ado. Des week-ends entiers, si cela est possible. Prenez en considération les sentiments ambivalents vis-à-vis du handicap de la sœur ou du frère, qui ont pu être ceux de votre ado, et déculpabilisez-le de cela.

Parlez de l'avenir

Veillez à mettre en place une organisation qui puisse prendre votre relais quand vous ne pourrez plus, seul, prendre en charge le handicap de votre enfant afin que votre ado n'imagine pas son avenir totalement entravé par cette future responsabilité.

> *Règle*
>
> La richesse qu'offre l'existence d'un frère ou une sœur handicapé ne doit pas faire oublier les difficultés qu'elle pose à un ado.

6.

... doit apprendre que vous divorcez

Bien que devenus banals par leur fréquence, les divorces restent potentiellement difficiles à vivre, voire traumatisants pour les adolescents.

Explications

Il est rassurant pour l'ado d'imaginer le couple formé par ses parents comme le garant de son enfance perdue. Le gardien de celui qu'il était avant sa mue. Ce territoire de l'enfance égarée qu'il quitte, il aimerait pouvoir le revisiter plus tard. Il vit alors le divorce comme un cosmonaute qui, prêt à atterrir sur une nouvelle planète à explorer et sur laquelle il pourrait s'établir, verrait la Terre exploser. L'éclatement du couple est vécu inconsciemment comme une menace identitaire qui peut perturber son élan à grandir, favorisant par exemple des comportements régressifs ou violents.

Le fait que sa mère ou son père, redevenu célibataire, apparaisse « disponible » est, inconsciemment, un facteur d'angoisse pour l'ado. À la puberté, l'enfant revit la problématique œdipienne de la petite enfance. C'est-à-dire qu'il s'intéresse à la vie amoureuse de ses parents et se positionne par rapport à elle, en se plaçant volontiers en rival de l'un ou de l'autre. Ce désir œdipien pour l'un des parents, déjà présent dans la petite enfance, est réactivé. Mais la maturité génitale du corps de l'adolescent rend cette fois ce désir menaçant car physiquement réalisable.

L'ado peut imaginer être en partie à l'origine de la séparation. Notamment quand son attitude a provoqué dans le couple des conflits relatifs aux conduites éducatives à adopter. De plus, les raisons « œdipiennes » inconscientes citées plus haut ont pu pousser l'ado à souhaiter inconsciemment la désunion parentale. Quand la séparation se réalise, l'ado peut ressentir alors un profond sentiment de culpabilité et une mésestime de soi, ou à l'inverse un sentiment malvenu de toute-puissance.

Conseils

Soignez l'annonce de votre divorce

Faites-lui part de votre décision ensemble, de préférence un après-midi de week-end, et seulement lorsque vous serez certains de ne plus vivre sous le même toit. C'est d'ailleurs cette séparation de corps qui sera annoncée, car elle précède généralement le divorce proprement dit.

Les réactions de l'ado iront de l'indifférence apparente aux pleurs ou à la colère. Vous êtes en droit d'exprimer vos émotions. L'important est de vous montrer rassurants sur le maintien des liens à venir avec père et mère. Le mode de garde sera défini plus tard, et l'ado aura son mot à dire puisque le juge écoute systématiquement les enfants de plus de treize ans.

Évitez les mots blessants

Dans un divorce, ce sont les conflits et les propos négatifs tenus par un parent sur l'autre qui sont traumatiques pour l'enfant. Des parents consciencieux s'en garderont, et s'ils dérapent, ils préciseront alors qu'ils n'attaquaient pas le père ou la mère mais l'ex-conjoint. La tentation est grande de faire alliance avec son enfant contre l'ex-partenaire. Mais la tentation est aussi grande chez l'ado de se mêler du conflit conjugal. Les parents devront tenir bon, pour ne pas tomber des deux côtés de ce même piège dont l'enfant serait au final la principale victime. Veillez à ne pas mêler votre enfant aux affaires de votre couple et à ne pas mélanger votre identité de père/mère avec celle d'époux/épouse.

Dites-lui qu'il n'est pas responsable

Soulagez bien sûr votre ado d'un sentiment possible de culpabilité, quand il s'imaginera être à l'origine, en partie du moins, des dissensions de votre couple pour s'être montré pénible avec au moins l'un de ses parents. N'hésitez pas à lui dire clairement qu'il n'est pour rien dans la séparation de ses parents. Et que vos sentiments pour lui sont inchangés. La tentation est grande alors pour l'ado de faire « couple » avec l'un de ses parents. Il importe que ces derniers le maintiennent à sa place, en ne lui laissant pas prendre la place de la « petite femme » ou du « petit homme » à la maison une fois la séparation effective.

Adaptez votre mode de garde

Envisagez pour commencer un mode de garde alternée que vous adapterez ensuite au cas par cas. Il importe qu'aux yeux de l'ado il n'y ait pas un parent qui soit présenté comme plus compétent que l'autre. C'est généralement le mode de garde que les ados, en dehors des cas d'aliénation parentale, plébiscitent. Mais on peut aussi concevoir des modalités de garde majoritaire une année et qui change l'année suivante. La souplesse dans les modalités de garde se marie bien avec les évolutions des ados et les attentes différenciées qu'ils ont de leur père et de leur mère.

Protégez le passé

Un couple qui se sépare a, hélas, trop tendance à s'étendre sur les raisons de la rupture auprès de leur enfant. Si vous faites le choix de lui « expliquer » les motifs de discorde, en ce cas n'hésitez pas non plus à rappeler à votre ado les raisons qui vous ont poussés à vous unir des années auparavant et à citer les qualités qui vous ont fait vous choisir mutuellement. Au-delà de la souffrance personnelle, il importe de ne pas renier aux yeux de l'ado l'histoire qui a été à l'origine de sa naissance. Il est possible ensuite d'expliquer que l'amour entre vous s'est envolé mais que lui est le fruit de cet amour, et que vous vous en réjouissez. Car si l'ado n'a en tête que ce qui vous désunit, en tant que création de votre couple, il aura une image de lui-même dégradée.

> *Règle*
>
> On peut rejeter son époux si l'on veut mais il faut respecter l'autre parent de l'ado.

7.

... grandit avec un seul parent

L'autre parent peut être absent car il n'a pas reconnu l'enfant, n'a plus donné signe de vie ou bien est décédé. Il arrive aussi que le parent seul a fait le choix de ne pas vivre en couple ou n'a pas rencontré la bonne personne pour cela. Quoi qu'il en soit, la charge de travail parental est multipliée par deux.

Explications

Le sentiment, présent dans l'enfance, d'avoir été abandonné par l'autre parent (y compris en cas de décès), sentiment présent dans l'enfance, peut se réactiver à l'adolescence. Cela peut être à l'origine d'un sentiment de mésestime de soi (je n'étais pas suffisamment intéressant pour qu'il ou elle reste). C'est parfois la colère qui domine, dirigée contre le parent absent et par extension tout ce qu'il représente symboliquement à ses yeux (par exemple l'autorité ou le travail). Ou encore dirigé contre le parent présent, rendu responsable par l'ado de cette absence, de façon argumentée ou totalement injustifiée. Pour l'ado, rendre responsable le parent présent s'explique inconsciemment par le besoin de protéger le parent absent, idéalisé, et à ce titre modèle soutenant. Ainsi, le garçon, pour pouvoir continuer de prendre modèle sur l'homme idéalisé qui est son père, va diriger le ressentiment qu'il aurait à son égard vers sa mère. Si son père est parti, c'est à cause d'elle, imaginera-t-il. Elle n'a pas su le retenir.

L'autorité est de fait plus malaisée puisqu'il n'y a pas l'autre parent pour faire tiers. Un risque est que l'ado cherche à « faire couple » avec le parent, surtout s'il est de sexe différent, profitant parfois de moments de faiblesse chez ce dernier. S'il se contente de se responsabiliser et de prendre en charge les tâches ménagères, c'est profitable. Mais s'il se croit maître à bord pour n'en faire qu'à sa tête, c'est problématique. À moyen terme, dans tous les cas, cela bloque son émancipation affective.

Conseils

Restez objectif

Il est indiqué de communiquer à son ado les éléments de réalité (cause du décès, père déjà marié, mère partie avec un autre à l'étranger) avec le plus d'objectivité possible tout en se gardant de prétendre savoir ce qui s'est alors passé et ce qui se passe aujourd'hui dans la tête du parent absent. Si l'on peut condamner un comportement, on évitera de critiquer ouvertement la personne. Si on a fait un enfant avec elle, c'est qu'on l'a trouvée digne d'intérêt, ne serait-ce que physiquement.

Rassurez l'ado sur sa valeur

Il est indispensable pour l'enfant d'entendre qu'il est le fruit d'un désir, quel qu'il soit. Il est également indispensable que l'enfant entende que son parent n'est pas parti à cause de lui ; et qu'il ne croie pas que son père ou sa mère ne l'a pas trouvé à la hauteur de ses attentes. Dites-lui que c'est sans doute l'inverse, qu'il (elle) ne s'est pas senti(e) à la hauteur en tant que père ou mère, et s'est trouvé(e) indigne de cet enfant. Et que c'est dommage pour cet homme ou cette femme de ne pas avoir eu le bonheur de le voir grandir.

N'empêchez pas la rencontre

S'il veut partir à sa recherche, ne faites pas obstacle, mais essayez de différer cette initiative jusqu'aux seize ans au moins de votre ado afin qu'il soit assez mature pour affronter des réalités éventuellement décevantes. Donnez-lui alors les informations que vous possédez qui pourraient lui permettre de retrouver sa trace (comme les coordonnées des services sociaux), et proposez-lui de le faire accompagner par son parrain, par exemple.

Ne lui attribuez pas la place vacante

Au quotidien, prenez garde à ne pas faire couple avec votre enfant. Si vous avez une vie amoureuse en dehors, arrangez-vous pour qu'il le sache, sans que vous vous sentiez tenu de lui présenter la personne en question. Jaloux ou non, il sera équilibrant pour lui de savoir que la place est prise, et il sera moins tenté de vouloir l'occuper de son côté. En outre, il se sentira alors libre d'aller voir ailleurs. S'il vous trouve immoral (en cas de veuvage, par exemple), dites-lui qu'il n'a pas à parler au nom de son parent défunt. Ne lui donnez pas le sentiment que vous avez sacrifié votre vie pour l'éduquer, car cela bloquerait son émancipation et le culpabiliserait inutilement. Qu'il entende que si vous n'avez pas « refait votre vie », c'est un choix personnel, et non pour éviter de lui imposer un « étranger ».

Gardez de la distance

Ne prenez pas votre ado comme confident de cœur. Les responsabilités que vous lui confiez doivent être des tâches matérielles relatives à la maison. Il n'a pas pour mission d'assurer votre protection ou l'éducation de sa fratrie plus jeune sur laquelle vous ne lui déléguerez que ponctuellement votre autorité.

La pudeur intrafamiliale est d'autant plus importante que l'on vit à deux (un parent, un enfant) car plus la famille est réduite, plus les tensions d'excitation sont vives, y compris entre parent et enfant de même sexe.

Une présence affective régulière d'un parent de l'autre sexe que le parent présent est utile en termes d'identification sexuée. Ce peut être un parrain officiel ou de cœur (ami de la famille), un oncle ou une tante, un grand-père, ou à défaut l'étudiant qui l'aide pour ses devoirs depuis plusieurs années. Si le contact avec la famille du parent absent est maintenu, des séjours chez elle sont une façon de prendre le relais du père pour l'enfant. Les camps d'adolescents sont aussi une bonne façon de l'aider à se décoller de son « monoparent » qu'il pourrait craindre de laisser seul, et de créer des liens avec ses pairs ou avec des jeunes adultes animateurs.

Parlez de l'avenir

Enfin, rassurez-le aussi sur votre santé. Car à cet âge, il peut craindre votre disparition qui le laissera seul.

Il n'est pas excessif de parler avec franchise de cette hypothèse justement pour le rassurer, en désignant clairement la personne à qui vous souhaiteriez qu'il soit confié.

Règle

Ne pas faire couple avec son ado.

8.

... veut aller vivre chez l'autre parent après votre divorce

La situation la plus fréquente est celle d'un enfant placé chez sa mère en garde majoritaire, qui voyait son père un week-end sur deux et qui, devenu adolescent, réclame d'aller vivre chez lui.

Explications

Le parent chez qui l'ado veut aller vivre peut être ravi de cette demande, s'il avait voulu la garde et n'avait pu l'obtenir. Il peut d'ailleurs s'appuyer sur cette demande pour faire une requête auprès du juge. Il vaut mieux que les parents s'entendent alors pour éviter un nouveau conflit judiciaire qui ravivera chez l'enfant le souvenir du divorce.

Il arrive aussi que le père soit réservé face à cette demande car il a « refait » sa vie autour de cette organisation ou bien parce que les conditions matérielles rendent compliqué cet hébergement.

On a beau penser ce que l'on veut du père en tant qu'ex-mari ou que père, il représente aux yeux de l'ado une personne essentielle. En demandant à se rapprocher de lui, l'ado manifeste son désir de faire connaissance avec lui afin de se construire en tant qu'homme (ou que femme). Il peut aussi avoir besoin de se décoller provisoirement d'une image maternelle qui lui rappelle trop le petit enfant qu'il ne veut plus être.

On peut juger l'influence de son ex-conjoint délétère sur son enfant, souhaiter qu'il ne lui ressemble pas, etc., garder son ado chez soi ne le protégera pas de l'influence de son parent. Au contraire, son désir de se rapprocher de lui s'en trouvera renforcé... et vous donnera le mauvais rôle. L'ado peut s'identifier à l'image négative que vous avez et que vous lui avez donnée de cette personne. S'il la fréquente de plus près, il pourra faire le choix de s'identifier aux aspects positifs auxquels vous vous refusez de songer et verra de lui-même les conséquences de ses aspects négatifs, voire les subira, ce qui le poussera à ne pas y adhérer.

Conseils

Proposez une garde alternée

S'il n'y a pas lieu de se précipiter, l'ado doit comprendre que vous ayez besoin de réfléchir et de vous organiser autour de cette demande. Mais il est important cependant qu'elle ne reste pas lettre morte.

Il peut s'agir seulement d'une situation provisoire, une expérience d'une année est jugée parfois suffisante pour que de nouveaux liens se tissent.

Si les parents sont voisins, une alternative peut être la garde alternée, ou davantage de souplesse dans les séjours chez un parent ou l'autre. Bien sûr c'est plus facile quand les parents s'entendent, et qu'ils sont chacun bien dans leur nouvelle vie, notamment sur le plan affectif, ce qui a pu éteindre le feu des conflits du divorce.

Faites un effort sur vous-même

Si vous résistez à ce type de demande chez votre ado, demandez-vous si vous le faites pour lui ou pour vous. Si vous acceptez à contrecœur, car vous avez le sentiment de vous retrouver seule après avoir rempli la partie la plus contraignante de l'éducation, essayez de rester neutre. Vous risqueriez de favoriser en sous-main un échec de l'intégration de votre ado chez son père.

Pensez à vous et prenez les devants

Il n'est pas interdit de voir derrière la demande de votre ado des bénéfices pour votre vie personnelle. Cette situation vous permettra d'avoir davantage de temps libre pour vos loisirs et, éventuellement, pour une rencontre amoureuse. C'est pourquoi vous pourriez inciter votre ex-conjoint à prendre son enfant plus souvent ou pousser votre ado à séjourner davantage chez son autre parent, quand bien même il ne le réclamerait pas. Cela, surtout s'il se montre de plus en plus pénible à la maison, récusant votre autorité et n'en faisant qu'à sa guise. Il n'y a pas lieu de se sentir coupable. À ce sujet, il est classique que les ados se montrent plus libertaires avec le parent maternant. Enfin, si malheureusement son père est défunt, il est alors intéressant qu'il puisse résider, en alternance, dans sa famille paternelle.

> *Règle*
>
> S'il ne décide pas, votre ado a cependant son mot à dire sur le mode de garde.

9.

... est en conflit avec son beau-parent

Les familles recomposées ne sont pas toujours un chemin parsemé de roses, et les conflits entre le beau-parent et les enfants ne sont pas rares. À l'adolescence, si ces conflits peuvent parfois s'atténuer, ils peuvent aussi devenir plus ardents.

Explications

Quand un parent quitte l'autre pour se remettre en couple, le beau-parent a d'emblée le mauvais rôle. Il est alors en effet difficile pour l'enfant, quel que soit son âge, de ne pas le rendre responsable de la séparation et de vouloir prendre la place de parent. D'autant plus que le parent délaissé attise la haine. L'enfant est souvent coincé dans un conflit de loyauté entre son parent et son beau-parent de même sexe, pensant qu'il n'a pas le droit de s'attacher à lui ou à elle (même s'il l'apprécie), pour ne pas chagriner ou déplaire à son parent.

Quand un beau-parent s'impose plusieurs années après la séparation et permet au parent seul de retrouver une joie de vivre, l'ado est rassuré. Cependant il peut se mettre en rivalité, surtout s'il faisait « couple » avec son parent.

Il arrive que le beau-parent, surtout s'il est jeune, apparaisse dangereusement séduisant aux yeux de l'ado qui s'en défendra, sans en avoir trop conscience, par de l'agressivité en guise de paravent.

Enfin, les beaux-parents souffrent parfois de la présence des enfants qui rappellent l'ancien couple, et éprouvent une forme de jalousie.

Conseils

Le beau rôle au beau-parent

Avant de se mettre à nouveau en couple, on s'assurera que son partenaire est prêt à accueillir nos enfants. Auprès d'eux, le futur beau-parent ne cherchera pas à s'imposer d'emblée. Il laissera au contraire les enfants venir vers lui. De son côté, il les apprivoisera progressivement. Le beau rôle lui sera réservé dans un premier temps, et à vous seul en tant que parent, les contraintes. En cas de conflit, le beau-parent devra accepter dans un premier temps que ce soit son compagnon qui prenne sa défense. L'ado à qui le parent demandera de respecter son nouveau conjoint intégrera ainsi que c'est à ce titre qu'il doit être respecté par lui. Ensuite, avec le temps, des fils d'affection réciproques donneront au beau-parent une autorité de cœur.

Une autorité par délégation

Le rôle du beau-parent aura été bien défini avec l'enfant. Si on attend de lui une mission éducative, on expliquera à ses enfants qu'on lui délègue son autorité.

Il n'a pas l'autorité du parent de même sexe, mais celle du parent de sexe opposé (la vôtre) qui la lui délègue. Désobéir au beau-parent qui est votre partenaire, c'est donc vous désobéir.

L'amour ne se commande pas, le respect si !

Expliquez à votre enfant qu'on attend de sa part, comme de celle du beau-parent, un respect mutuel. C'est-à-dire que votre enfant n'est pas tenu d'aimer son beau-parent, mais de le respecter. Il doit donc être poli et répondre à ses consignes pour le domaine d'autorité qu'on lui a délégué.

Prévenez les malaises

Échangez régulièrement avec votre partenaire en lui donnant la possibilité de communiquer un éventuel malaise ou une jalousie vis-à-vis de votre enfant. Faites de même avec ce dernier. Attendez de votre partenaire qu'il vous laisse avoir des relations de bonne entente avec l'autre parent, sans s'en émouvoir, dans l'intérêt des enfants. Demandez à votre ex-conjoint d'éviter de critiquer le beau-parent en présence de l'enfant.

Définissez les territoires de chacun

Dans le logement, délimitez bien les espaces privés qui seront suffisamment étendus à côté des espaces communs. La salle de bains sera bien distribuée en espaces de rangements propres à chacun, avec des ustensiles faciles à départager (par exemple, des serviettes de bain de couleurs différentes). Son usage aura des horaires prédéfinis. Demandez à votre partenaire, comme aux enfants, de respecter les affaires des uns et des autres. Expliquez à votre partenaire que si votre ado prend ses magazines ou use de son eau de toilette, cela ne doit pas être interprété comme un acte d'agression, mais au contraire comme une façon inconsciente de faire corps avec lui, l'équivalent d'un mécanisme d'identification.

Parlez d'amour avec votre enfant

Dites aux enfants que nuire au beau-parent dans le dessein de l'éliminer de la maison ne fera pas revenir ses parents ensemble et, de surcroît, vous rendra malheureux.

Rassurez-le : « Tu penses peut-être que cette personne m'arrache à toi. Sache que tu es toujours dans mon cœur, quelle que soit la personne avec qui je suis. Le temps que je passe avec elle, je ne l'aurais pas passé obligatoirement avec toi. Je l'aurais passé au travail, ou avec mes amis, mais surtout je l'aurais passé à chercher un autre amoureux. »

Ajoutez, selon les circonstances : « Peut-être es-tu déçu ? Tu aurais voulu pour moi quelqu'un d'autre, avec d'autres qualités, ou moins de défauts. » Vous lui apprenez ainsi que l'amour n'est pas seulement une question de qualités et de défauts, précisant : « Car si on n'aimait que des personnes sans défaut, personne n'aurait d'amoureux. Et si cette personne a des défauts que je n'accepte pas chez toi, c'est que tu es mon enfant, que tu as la chance de pouvoir encore beaucoup changer et de t'améliorer. Je veux comme tout bon parent que tu sois parfait, même si je sais que ce n'est pas possible. Inutile de chercher à lui ressembler pour me plaire et ne t'inquiète pas si tu n'as pas le même caractère que lui. On n'aime pas son amoureux et son enfant pour les mêmes raisons ni de la même façon. »

Si votre ado compare sans cesse votre partenaire à

son parent de même sexe, répondez-lui simplement : « Tu trouves que ton père (par exemple) est plus beau, plus intéressant, plus intelligent, et c'est tant mieux ! Je ne regrette pas de l'avoir connu et d'avoir eu avec lui ce merveilleux enfant que tu es. Mais c'est ton père, pas le mien, alors c'est normal qu'on ne le ne voie pas avec les mêmes yeux. Avec le temps, on peut changer, et nos goûts aussi. En outre, on peut avoir des goûts pluriels, aimer les pommes et les oranges ; et aimer des personnes différentes n'impose pas de les aimer plus ou moins. Tu n'as qu'un père, donc l'amour que tu as pour lui n'a qu'une seule forme. Mais aimer un homme ou une femme en amour, c'est différent, il y a plusieurs façons d'aimer. »

Faites preuve de fermeté

Si votre ado continue de critiquer gratuitement son beau-parent, soyez ferme avec lui. Et dites-lui que vous ne l'autorisez pas à manquer ainsi de respect à votre partenaire, d'autant que lorsqu'il sera adulte, vous respecterez la sienne ou le sien. Ajoutez : « Si tu veux le critiquer, fais-le en son absence. Je sais que ce serait facile pour toi de le rendre responsable du divorce, mais ce n'est pas le cas. Si j'ai aimé à nouveau, c'est parce qu'il existait un espace vide entre mon ex-époux et moi. L'amour était parti. L'amour ne se commande pas. Ce n'est pas parce que je me séparerai que je reviendrai avec ton père (ou ta mère). Je sais que cette séparation te rend triste. Ton chagrin me chagrine. Mais cette personne me rend heureux. » Vous pouvez conclure en lui parlant de son autre parent : « Lui et moi avons un point commun. Celui de vouloir te rendre heureux, chacun à notre façon, chacun de son côté, mais toujours à tes côtés. »

Si les relations le permettent, on demandera à son ex-partenaire d'intervenir pour obtenir le respect du beau-parent de la part des enfants.

Si les conflits persistent, décrétez que vous enverrez votre ado en camp ou chez vos parents une partie des vacances. À ce sujet, il est préférable que vous passiez accompagné d'amis vos premières vacances avec votre partenaire. La présence d'autres adultes et d'autres enfants dilue, dans le groupe, les tensions et les passions.

Briefez votre nouveau partenaire

Priez le beau-parent de se montrer pudique physiquement (car le malaise que peut engendrer le désir est à l'origine d'agressivité chez l'ado comme chez le beau-parent). Et de ne pas chercher à exercer un contrôle sur le corps de l'enfant (pas de réflexion sur le poids ou la tenue vestimentaire, par exemple).

Conseillez au beau-parent de prendre de la hauteur par rapport à l'enfant, de ne pas voir votre ancien partenaire dans l'enfant, et de ne pas se sentir en compétition avec l'autre parent. On lui déconseillera d'essayer de vouloir à tout prix « rééduquer » votre enfant. Informez-le que l'ado peut l'utiliser pour « faire sa crise d'ado », et s'opposer à lui à défaut de s'opposer au parent de même sexe que lui (notamment parce qu'il est très absent). C'est que, d'une certaine façon, l'ado le reconnaît comme partenaire valable pour son édification personnelle. Que ce beau-parent est un mur sur lequel il prend appui. Et que tout ingrat que soit ce rôle, il est fondamental dans la construction de l'ado qui lui rendra grâce plus tard.

Ménagez-vous des temps à deux

Assurez-vous des temps à deux avec votre partenaire, beau-parent, en l'absence des enfants. Organisez des moments où l'ado et le beau-parent se retrouvent sans vous. Et annoncez au beau-parent qu'il est nécessaire que vous passiez du temps seul avec vos enfants.

Recomposez la famille

Un mariage et surtout l'arrivée d'un enfant au sein du couple recomposé ont tendance à calmer les conflits, car ils donnent un véritable statut au partenaire du parent et créent un lien de sang avec votre ado via le nouveau-né.

> *Règle*
>
> Bien définir les rôles, les droits et les devoirs de chacun : enfants et beaux-parents.

10.

... est adopté et veut connaître ses parents d'origine

C'est souvent à l'adolescence que l'enfant adopté manifeste l'envie de connaître ses parents biologiques. Les parents, bien qu'ils aient envisagé cette demande, sont souvent décontenancés.

Explications

Toute personne a besoin de connaître des éléments de ses origines. C'est fondamental dans l'image qu'on a de soi car nos origines participent à la définition de notre identité humaine.

La période de l'adolescence est propice à ces questionnements car c'est l'heure de la construction d'une nouvelle identité. L'ado revisite les différents stades affectifs de son enfance. Soucieux de découvrir qui il est et où il va, il a besoin de savoir qui il était et d'où il vient. Il a besoin de mettre un nom et un visage sur ses géniteurs pour ne pas imaginer que ce puisse être n'importe quel adulte qu'il aurait croisé. Il veut savoir pourquoi son père ou sa mère biologiques ne se sont pas sentis aptes à l'élever.

Les parents adoptants, en particulier les mères, craignent parfois qu'une pseudo-loi du sang rende les parents biologiques plus légitimes et les destitue de leurs places de parents dans le cœur de l'enfant. Ce serait oublier que l'enfant se construit mentalement et affectivement par des processus d'identification aux personnes qui l'élèvent, jusqu'à devenir une partie d'eux.

Conseils

L'adoption ne doit pas être un secret

Il n'y a pas d'âge pour dire à son enfant qu'on l'a adopté car on ne le lui aura jamais caché. Chaque fois que l'occasion s'est présentée, qu'il fût bébé ou âgé de trois-quatre ans, on lui a dit combien on était content de l'avoir adopté et qu'il soit notre enfant. Quand vous avez évoqué le physique de votre enfant en termes élogieux, vous avez pu pointer ici ou là « comme tes yeux sont beaux, peut-être tiennent-ils de ta mère de naissance ? ». L'objectif est que cet enfant sache « depuis toujours » qu'il est votre enfant mais qu'il a aussi des parents biologiques, autrement dit des « parents de naissance », sans qu'il y ait eu une annonce officielle pour l'en informer.

Tranquillisez-le

Si, à l'adolescence, votre enfant fait la demande de retrouver ses parents de naissance, rassurez-le en lui disant que sa demande ne vous fait pas de peine et que vous ne vous sentez pas en compétition. Rassurez-vous et rassurez-le : vous êtes ses parents, vous savez ce que vous lui avez apporté, vous êtes la « terre » et le « soleil » grâce auxquels l'arbre qu'il est a pu grandir, et vous trouvez normal qu'il veuille rencontrer ceux qui ont planté la graine.

Le fait qu'il s'oppose à vous, voire vous rejette, ne doit pas être trop rapidement mis sur le compte de l'adoption. Il en est de même des éventuels autres troubles à l'adolescence. En effet, les processus d'émancipation à cet âge concernent la plupart des ados.

Vous n'êtes pas les garants de sa « préhistoire »

Si votre enfant vous interroge sur ses parents de naissance, rappelez-lui que vous ne savez rien d'eux, puisque, dans la plupart des situations, il n'y a pas eu de contacts entre les adoptants et la famille d'origine. Ou bien communiquez-lui simplement les bribes d'informations que l'orphelinat ou le dossier de la DDASS a pu vous communiquer tout en précisant que vous ne pouvez pas vous en porter garant. Il est, en effet, important de rester neutre et de dire simplement que vous ne les connaissez pas, que vous ne pouvez pas en parler, mais que lui a la possibilité de s'exprimer à ce sujet et de dire ce qu'il imagine. Dites-lui simplement qu'ils ne devaient sans doute pas se sentir assez aptes en tant que parents, et qu'ils ont fait confiance à d'autres pour qu'ils remplissent cette fonction, et que vous êtes ravis que ces autres, ce soit vous.

Faites-lui rencontrer d'autres enfants adoptés. Il pourra constater que ces enfants sont aussi différents les uns des autres que les enfants non adoptés, et il se sentira de fait comme les autres. D'autre part, en discutant avec eux, il prendra vite conscience qu'ils se posent comme lui la question de leurs origines.

Quand laisser votre ado faire sa démarche ?

Les avis divergent quant à l'âge où l'enfant est susceptible de rencontrer ses parents biologiques. Entre ceux qui pensent qu'il faut chercher à prendre contact dès que l'enfant, si jeune soit-il, le demande, et ceux qui préfèrent que l'enfant soit adulte, je pense qu'au-delà de quinze ans, âge de la majorité sur son intimité corporelle, il est possible de répondre positivement à la demande de son enfant, si celle-ci est assurée. Transmettez-lui les informations que vous détenez et donnez-lui les coordonnées de ceux qui pourraient lui en fournir davantage. Accompagnez-le pour le soutenir dans le tourbillon émotionnel qui sera le sien et pour le protéger éventuellement d'adultes qui, sous prétexte d'être ses parents biologiques, s'autoriseraient à lui faire du mal. Préparez-le au pire afin qu'il puisse anticiper une déception si rencontre il y a, ce qu'il risquerait de vivre comme un second « abandon ». Le cas échéant, il faudra aussi accepter d'arrêter des recherches qui s'avéraient vaines. À la fin de sa quête, quelles que soient ses découvertes, l'ado se sentira plus fort et soulagé du « devoir » accompli. Il rendra grâce à ses parents de cœur de ne pas y avoir fait obstacle tout en le protégeant.

Vous restez ses protecteurs

Cette démarche doit être la sienne et non la vôtre. S'il y a au sein de ces dossiers des informations susceptibles d'être traumatisantes, comme le fait qu'il soit né d'un viol, il n'est pas utile que ce soit vous qui l'informiez de cela. Encore une fois, vous ne pouvez pas être les garants de ce type d'information. S'il a lui-même accès au dossier, il importe en revanche que vous l'aidiez à digérer cette nouvelle en demandant éventuellement l'aide d'un psychologue ou d'un pédopsychiatre.

> *Règle*
>
> Si votre enfant veut découvrir ses origines, ce n'est pas parce qu'il vous aime moins.

11.

... a un parent alcoolo-dépendant

Le fait qu'un parent souffre de dépendance à l'alcool porte habituellement atteinte à sa fonction parentale. Cette maladie induit en effet un mauvais contrôle de soi. L'enfant peut vivre avec l'alcoolisme de son parent depuis longtemps, mais son regard et ses réactions vont se modifier à l'adolescence.

Explications

Il est douloureux d'assister à la déchéance morale et physique d'un parent, à un âge où l'on aimerait prendre son envol, fort de son soutien.

L'alcoolisme de l'un, ou des parents, a souvent une influence délétère sur le comportement des ados. Deux attitudes extrêmes qui témoignent chaque fois d'une inversion des rôles parents/enfants s'observent alors chez lui :

- Une attitude de prise en charge du parent. Inquiet, l'ado va sans cesse veiller au confort de son père ou de sa mère.
- Une attitude moralisatrice. L'ado va accabler son parent de reproches, tenter de le raisonner, voire de le contraindre pour essayer de lutter contre sa dépendance

alcoolique. Il peut aller jusqu'à empêcher son parent de sortir, voire se montrer maltraitant avec lui.

L'énergie dépensée par l'ado en direction du parent alcoolo-dépendant est autant d'énergie en moins pour son propre développement. Il risque en outre de se culpabiliser de ne pas faire suffisamment pour son parent malade.

Des complicités malsaines sont possibles, en raison d'une levée des barrières, notamment celles de la pudeur, causées par la maladie alcoolique. Dans les situations de divorce en particulier, l'ado peut venir occuper la place du « petit mari » ou de la « petite femme » du parent malade, partageant avec lui une intimité ou des confidences que favorise un laisser-aller propre aux états d'ivresse qui sont préjudiciables au développement psychologique et affectif de l'ado. En outre, l'ado est souvent « parentalisé ». C'est-à-dire qu'on lui donne un rôle de père ou de mère, en lui demandant par exemple de s'occuper de ses frères et sœurs plus jeunes.

Certains ados vont réagir par de l'indifférence apparente. Ils vont se désintéresser du parent ou le récuser à chacune de ses interventions, et vont passer le moins de temps possible avec lui.

Mais l'alcoolo-dépendance ne rend pas toujours le parent absent ou diminué. Certains conservent un tonus au service d'un autoritarisme et ont un comportement violent, faisant régner la terreur à la maison. L'ado vit alors dans la crainte et se replie dans une position dépressive.

Conseils

Établissez un cordon de sécurité entre vous et l'ado

Le rôle du parent sain est fondamental. Il doit établir autant que possible un espace de sécurité entre le parent souffrant et son enfant. Il interviendra pour prévenir d'éventuelles maltraitances d'un côté comme de l'autre ; mais aussi les relations trop fusionnelles et les tentatives de prises en charge par l'enfant.

Expliquez à votre ado que la meilleure façon d'aider son parent est de s'occuper de lui-même. Ne serait-ce que parce que son parent pourra au moins avoir la fierté, malgré sa maladie, d'avoir un enfant qui s'en sort dans la vie. Dites-lui que son rôle est de grandir avec un parent qui ne peut l'être que par intermittence. Arrangez-vous pour ne pas lui confier trop de responsabilités au sein de la famille. Même si le parent sain aimerait pouvoir se reposer du stress procuré par son conjoint auprès de son ado, il limitera au possible le séjour de son enfant à la maison (week-end chez des amis, vacances en colo). La mise à l'abri peut passer par l'inscription de l'ado dans un internat scolaire.

Rappelez qu'il s'agit d'une maladie

Le parent sain devra « dé-moraliser » le problème et rappeler à l'ado qu'on est face à une maladie et non à un défaut de volonté. « Il ne veut rien entendre », « Elle ne tient pas ce qu'elle dit », « On ne peut pas lui faire confiance », « Elle ne pense pas au mal qu'elle nous fait » sont des phrases qui sont régulièrement entendues dans les familles concernées. Pour éviter que l'ado ne s'use à la tâche, rejette son parent, tente de le rééduquer, y compris par la contrainte, voire qu'il s'identifie secondairement à lui, il importe qu'il entende que c'est un problème médical. Et donc que la prise en charge de son parent n'est pas de son ressort. Ainsi, il n'y a pas lieu qu'il cherche à inverser les rôles en voulant apprendre à son parent défait à bien se conduire.

Ne réduisez pas votre conjoint à sa maladie

Attention à ne pas résumer le parent malade à sa maladie. Rappelez à votre ado qui était son père ou sa mère quand vous l'avez connu plus jeune, quelles étaient ses qualités, sa personnalité avant que l'alcool ne gomme tout cela. Car le risque est que l'ado s'identifie plus tard à son parent alcoolo-dépendant, en adoptant une conduite de dépendance similaire, imaginant inconsciemment que c'est le seul domaine où il pourra le « retrouver » adulte. Veillez à ce que d'autres conduites de dépendance (cannabis, boulimie), qui peuvent être favorisées par de tels antécédents familiaux, ne s'installent pas.

Traitement du parent alcoolo-dépendant

La solution du problème est bien sûr le traitement du parent alcoolo-dépendant. Le médecin traitant, généraliste ou idéalement alcoologue, recevra l'ado pour lui expliquer cette maladie.

Enfin, certaines associations de patients alcoolo-dépendants organisent des groupes de parole pour leurs enfants qui peuvent être d'une grande aide.

Pour en parler et être orienté, vous pouvez appeler le numéro suivant mis en place par le gouvernement :

0 811 91 30 30 (de 8 heures à 2 heures du matin, coût d'un appel local).

> *Règle*
>
> Un parent alcoolo-dépendant est un parent malade.

À L'ÉCOLE

Comment réagir si votre ado...

12.

... s'angoisse à l'idée d'aller en classe

L'ado peut refuser de se rendre en cours avec force et véhémence, à la mesure de son angoisse. Mais parfois les parents apprennent avec retard que leur ado a fait l'école buissonnière et est allé jusqu'à récupérer dans la boîte aux lettres les courriers de l'établissement scolaire. C'est alors seulement qu'il révèle avoir peur de se rendre en cours.

Explications

Si l'école est devenue le lieu d'un échec, l'ado peut craindre de s'y rendre. Surtout si la pression parentale menace (voir le chapitre 14). Un état dépressif peut être marqué par la peur de se confronter aux autres, la difficulté à supporter les contraintes (voir le chapitre 59).

Le refus d'un enfant à aller en cours peut s'expliquer aussi par le fait qu'il est victime de maltraitance à l'école. Est-il bouc émissaire ? Un caïd le menace-t-il ? Est-il racketté ?

Il peut aussi s'agir d'une phobie scolaire. Elle apparaît volontiers au début de l'adolescence. L'ado va justifier son refus d'aller à l'école par un environnement décrit comme hostile, critiquant les élèves ou les professeurs. Mais votre enquête relève qu'il n'en est rien. Les enfants victimes de phobies claires sont habituellement de bons élèves, qui ne s'opposent absolument pas à étudier à la maison. Mais aller en classe déclenche chez eux des angoisses déraisonnables. Dès qu'il n'est plus question d'aller en cours, tout va bien.

L'origine de la phobie scolaire est souvent une angoisse de séparation, qui plonge ses racines dans l'enfance. Parfois, elle masque un état dépressif. À un âge où le jeune ado est partagé entre son désir d'émancipation et sa peur de se séparer de ses parents, l'école fait office de tiers séparateur. Elle apparaît comme le symbole de la rupture avec les parents. Il n'est pas rare que cette forme d'angoisse de séparation soit une affaire à deux. Et qu'un des parents est au fond de lui aussi angoissé par l'idée du temps qui passe, et qui un jour le séparera définitivement de son enfant devenu adulte. Une autre motivation préconsciente est le désir de rester auprès d'un parent souffrant ou au chômage pour le soutenir.

Conseils

En cas de maltraitance

Abordez de front avec votre enfant la question d'une éventuelle maltraitance ou menace dans son établissement scolaire. Menez aussi l'enquête en contactant les enseignants, mais surtout le conseiller principal d'éducation.

Si tel est le cas, l'affaire doit se résoudre par une coopération avec l'équipe éducative de l'établissement. N'oubliez pas que la tendance dans les collèges ou les lycées est de considérer que la victime n'est pas victime par hasard, et qu'il ou elle le cherche un peu ; et à interpréter les réactions de défense du jeune comme des attitudes de provocation qui induisent le rejet par l'entourage. C'est méconnaître les mécanismes de bouc émissaire qui permettent à tout un groupe de se liguer contre un individu.

En cas de menace réelle, sachez qu'une plainte peut être déposée au commissariat.

En cas de phobie scolaire

Montrez-vous compréhensif avec votre enfant mais sans être complice de sa phobie. C'est souvent le cas quand le parent a eu, lui-même, une mauvaise expérience à l'école. L'ennemi, c'est la phobie, et non l'enfant. Ne réagissez pas brutalement en l'obligeant à se rendre en cours ou en le punissant.

La mise en place de cours par correspondance ne guérit pas le problème de fond, car d'autres symptômes peuvent apparaître comme une régression ou une agressivité.

Si la phobie persiste, envisagez sans trop tarder une prise en charge psychothérapique de l'ado par un psychologue ou un pédopsychiatre. Elle sera associée à un accompagnement des parents. Les résultats sont souvent efficaces. Enfin, dans les cas les plus graves, cette phobie pourra être soignée par un traitement médicamenteux ou une hospitalisation en service spécialisé.

Règle

Devant un refus scolaire, il faut encourager, protéger ou soigner.

13.

... pourrait « mieux faire » en classe

Certains ados présentent de façon chronique des résultats scolaires médiocres au regard de leur potentiel intellectuel. Leurs bulletins scolaires sont garnis de « peut mieux faire ».

Explications

Ces ados n'ont pas de soucis psychoaffectifs en arrière-plan ; en témoignent leur bonne santé physique, leur bonne humeur, leurs loisirs variés, leurs amis diversifiés, leur bon sommeil et leur bon appétit. On peut alors éliminer les causes psychologiques ou médicales responsables de difficultés scolaires et prendre de front les difficultés d'organisation et de méthode qui pénalisent votre ado dans sa réussite à l'école.

Conseils

Devenez un coach

Si votre ado a des résultats scolaires médiocres et qu'il le déplore comme vous, aidez-le à améliorer ses résultats en lui proposant un accompagnement personnalisé, et surtout une nouvelle organisation de travail. Quittez vos habits classiques de parent qui punit, gronde ou lève les yeux au ciel face à de mauvaises notes, et transformez-vous en véritable entraîneur qui l'aide à optimiser ses performances sans jugement, ni morale, tout en positivant.

Plus de sport, moins de télé

La télé et les jeux vidéo sont les vrais ennemis de la performance scolaire. Ce sont de faux moyens de détente. Ils sont responsables d'une désorganisation de l'attention et de soucis de concentration. Ce n'est pas le cas des échanges par MSN sur la toile qui, comme toutes modalités de communication, évacuent le stress. Pour limiter les tentations, ôtez la télé de la chambre de l'ado. Aux écrans, préférez pour lui des activités physiques qui détendent réellement et rendent plus disponible l'esprit à l'étude.

Bilan des forces et des faiblesses

Prenez un temps pour analyser, matière par matière, les difficultés de votre enfant. Un week-end à la campagne, isolé avec votre ado, en l'absence des autres frères et sœurs, serait idéal pour cela. Analysez à partir des livrets scolaires de cette année, et des deux années passées, les disciplines où les difficultés sont les plus patentes ainsi que l'évolution des notes au cours de ces deux années. Pour chaque matière, le programme scolaire sous les yeux, évaluez les chapitres qui ont fait blocage.

Faites un planning et ne le surchargez pas

Établissez un programme complet pour la semaine qui intégrera les temps de cours, les temps de sommeil (neuf heures au moins en moyenne par nuit) et les temps de loisirs. Les temps de devoirs ne seront ni trop près de la sortie de cours ni trop proches du coucher. En pratique, le temps de devoirs correspond en moyenne à quatorze heures par semaine, à répartir entre tous les jours de la semaine, week-end compris. Il s'ajoute aux vingt-cinq à vingt-huit heures de cours hebdomadaires au collège (selon la série et les options) et aux trente à quarante heures du lycée.

Les lycéens français ont de grosses semaines. Inutile de trop charger la barque en devoirs car cela serait contre-performant. N'allez donc pas au-delà de quatorze heures de devoirs par semaine.

De la méthode

Chaque semaine, le lundi soir par exemple, réalisez avec votre ado, par écrit, un plan de travail relatif à ses leçons et aux devoirs à faire. Pour chacun d'eux, essayez de définir un temps qui sera inclus dans les quatorze heures. Changez de discipline si un des travaux n'est pas achevé, plutôt que prendre tout le temps pour finir un travail qui s'enlise. Cette « pression » limitera la procrastination, cette tendance à faire traîner les choses et à les remettre au lendemain.

Pour les matières où l'enlisement est habituel, engagez si possible un professeur particulier. Et, bien sûr, ne faites pas les devoirs de votre enfant à sa place.

Techniques pour bien apprendre

Question méthode, étudiez la façon d'apprendre de votre enfant pour lui conseiller quelques techniques telles que :

- Souligner dans son cours les idées essentielles, les formules, les mots clés.
- Prendre l'habitude de travailler sur le livre correspondant à son cours s'il n'arrive pas à prendre correctement le cours pour des raisons de lenteur.
- Sur les temps de devoirs, faire une pause de cinq minutes chaque tranche de quarante minutes.
- À la fin de chaque leçon, tenter de la résumer en deux lignes en reprenant les points fondamentaux.
- En apprenant ou lors de la révision d'un chapitre, se mettre dans la peau d'un professeur et imaginer ce qu'il pourrait poser comme question sur le cours qu'il vient de voir. De même, quand le devoir qu'il vient de faire est relu, s'imaginer à la place d'un professeur qui corrige, et chercher la faute ou la maladresse. Cela aide à prendre du recul sur le travail.
- Pour chaque chapitre, réaliser une fiche qui permettra de revoir les points fondamentaux.
- Si votre enfant est du matin, faire jouer sa mémoire immédiate en le réveillant plus tôt (après l'avoir envoyé au lit tôt la veille), pour réviser avant une épreuve.

Fixez des objectifs (réalisables)

Définissez des objectifs réalistes en termes de progression de notes avec en guise d'émulation un cadeau à la clé en cas d'objectifs atteints.

En fin de semaine, consacrez une heure ou deux à votre enfant pour faire avec lui le point sur l'analyse du travail fait, des blocages sur le programme prévu et sur les résultats. Une fois ce bilan hebdomadaire réalisé, revoyez des chapitres de l'an passé et du début de cette année qui n'ont pas été bien assimilés.

Enfin, aidez-le à formuler son futur métier afin de trouver un moteur à une motivation réduite.

> *Règle*
>
> Il est possible d'apprendre à son ado à apprendre.

14.

... est en échec scolaire

L'échec scolaire est parfois ancien, remontant aux petites classes, et se prolonge à l'adolescence. Mais il peut aussi se manifester sur le tard. À l'adolescence, on observe ainsi de brusques fléchissements chez des enfants jusque-là bons élèves, et ce malgré leur bonne volonté et leur assiduité en cours.

Explications

La puberté est une période de forte turbulence qui grève volontiers les capacités d'apprentissage scolaire. Sans s'alarmer outre mesure d'une « baisse de régime », il ne faut pas banaliser ces difficultés qui trouvent leur origine dans des perturbations physiques ou psychologiques.

L'intelligence à l'adolescence élargit ses horizons. La pensée abstraite se développe. Mais certains ont un retard de maturité de la pensée, comme d'autres ont un retard de maturité physique.

Son intelligence peut être inhibée par un profond manque de confiance en lui et une timidité extrême.

L'intelligence est normale, mais est mal utilisée. Elle est occultée par le vécu de stress.

Chez les ados qui ont des troubles du cours de la pensée ou d'obsessions idéatives (TOC), la pensée est comme engluée. Ce sont des ados lents, méticuleux, perfectionnistes ou qui ont tendance à remettre au lendemain les choses à faire. Leur curiosité intellectuelle est bloquée car ils refoulent toutes pensées gênantes (sexuelles, agressives) dans la cave de leur inconscient. Mais en conséquence ils refoulent une part importante de leur curiosité intellectuelle, de crainte que celle-ci ne ramène à la conscience des fantasmes qu'ils s'interdisent.

Enfin, des difficultés psychologiques diverses peuvent limiter le fonctionnement d'une intelligence normale. Des troubles sont alors associés aux difficultés scolaires comme c'est le cas dans un état dépressif (voir le chapitre 59).

Bien entendu, les causes des difficultés scolaires ne se limitent pas à l'élève. Il est question aussi de la qualité des enseignements, des programmes, du nombre d'élèves par classe, des conditions de vie matérielles à la maison, des relations avec les autres élèves... Dans ces cas, un changement d'établissement peut être utile.

Conseils

Vérifiez son état de santé

Faites-lui passer un bilan de santé physique pour s'assurer que les difficultés d'apprentissage ne viennent pas d'un problème somatique. Vérifiez en particulier l'audition et la vue. Pensez aux maladies virales ou parasitaires fréquentes à l'adolescence, qui passent inaperçues et peuvent générer une grande fatigue (toxoplasmose ou mononucléose infectieuse). Si le médecin le juge utile, faites réaliser un bilan orthophonique en cas de difficultés en français afin d'éliminer une éventuelle dyslexie non encore décelée. Si ce sont les mathématiques qui posent problème à votre enfant, il existe des rééducations possibles que réalisent des orthophonistes spécialisés en méthode dite Gepalm.

En cas de difficultés psychologiques

En cas de manque de maturité cognitive, il suffit de patienter une année ou deux. En attendant, favorisez des stimulations cognitives (lectures, orthophonie spécialisée en mathématiques, jeux de logique sur ordinateur).

En cas de manque de confiance en soi, développez alors l'affirmation de soi (voir les chapitres 25 et 27).

S'il s'agit de TOC, votre enfant aura besoin de s'aérer l'esprit. Faites-lui faire des activités d'expression ou des séjours en rupture (stages linguistiques, camps de vacances). Encouragez-le également à être plus tolérant avec ses pensées inconscientes (voir le chapitre 31). Une psychothérapie avec un psychiatre pour ados peut s'avérer nécessaire. Surtout si des troubles psychologiques (insomnie, tristesse, isolement, troubles du comportement alimentaire, accidents à répétition) sont associés à l'échec scolaire.

Et le redoublement ?

C'est une solution à ne pas écarter d'emblée. S'il est question de difficultés anciennes qui se sont accumulées, inutile de mettre trop la pression à votre enfant pour rattraper son retard. Le redoublement peut avoir du sens, à condition qu'il soit associé à un travail de remise à niveau, soit au sein de l'établissement, soit en dehors.

Un changement d'orientation ?

Chez un ado plus âgé, une orientation vers un enseignement plus « pratique » dans le cadre d'un lycée d'enseignement professionnel ou d'une entrée en apprentissage peut lui permettre de renouer avec la réussite.

Règle

Les résultats scolaires, ce n'est pas qu'une question d'intelligence.

15.

... ne fait plus rien en classe

Votre ado était jusqu'alors un élève assez studieux or, depuis la rentrée, il ne fait plus ses devoirs, voire rate certains cours.

Explications

Si ce rejet s'inscrit dans un désintérêt plus global avec une attitude de retrait, un arrêt des activités habituelles (sport, musique, sorties), un changement de caractère, une irritabilité ou une tristesse prolongée, il faut envisager que ce désinvestissement scolaire fasse partie d'un état dépressif. La dépression doit alors être prise en charge rapidement, car les mauvais résultats scolaires risquent de renforcer la mésestime de soi et donc l'état dépressif.

Si le désintérêt scolaire survient chez un ado qui ne s'est jamais autant investi dans ses loisirs, ses activités diverses et ses relations amicales, c'est plus rassurant quant à sa santé psychologique. Interprétez alors ce désinvestissement comme une sortie de l'enfance, des adieux à l'enfant sage et studieux qu'il était, émerveillé aujourd'hui de ses compétences nouvelles, et qui s'enivre de son sentiment de liberté. Quand les parents, la mère le plus souvent, ont suivi de trop près la scolarité de leur enfant, l'ado a tendance à considérer l'école et ses parents comme étroitement imbriqués. En se détachant de ses parents, il va donc dans le même temps prendre ses distances avec la scolarité. Il importe, si l'on veut qu'il retrouve sa motivation pour le scolaire, que les études deviennent à ses yeux un moyen d'émancipation et non un maintien dans la position infantile de l'élève passif.

Une autre difficulté est que l'adolescent passe souvent par une attitude de rejet des contraintes et une incapacité à différer le plaisir. Il veut un retour sur investissement immédiat, qui se prête mal au travail de fond scolaire.

Enfin, après une trop longue période de désinvestissement scolaire, votre ado peut être frappé de découragement. Paradoxalement, la peur de l'échec pousse alors à ne rien tenter pour ne pas prendre le risque d'échouer. C'est pourquoi il ne faut pas laisser l'échec prendre trop ses aises.

Conseils

En cas d'état dépressif

Tout en prenant l'avis d'un médecin spécialiste, préférez les encouragements, les aides, le soutien et les compliments plutôt que les reproches ou les punitions.

S'il se prend des vacances

Laissez-le, éventuellement, prendre ses responsabilités et faire son « expérience ». Cette attitude par rapport à l'école peut être transitoire et spontanément résolutive quand l'ado devra assumer un mauvais bulletin ou une menace de redoublement avec le risque d'être séparé de ses copains.

Faites la grève du zèle

Si ses « vacances » se prolongent, plutôt que de vous égosiller chaque soir en vain pour qu'il fasse ses devoirs, vous êtes en droit de faire « la grève du zèle ». Rappelez-lui qu'il est dans une obligation scolaire jusqu'à seize ans, et encore sous votre responsabilité éducative et morale jusqu'à sa majorité. Vous êtes en droit d'attendre qu'en échange du gîte, du couvert et de la protection que vous lui accordez, il remplisse son devoir d'acquérir un savoir, d'aller en cours, d'y être attentif, d'apprendre ses leçons et de rendre compte de ses notes.

Ce ne sont pas les notes que vous jugerez, mais l'effort d'investissement. C'est une obligation de moyens, non de résultats, que vous réclamerez. Sinon, tout simplement, vous le privez du superflu, c'est-à-dire les achats relatifs aux vêtements de marque, les jeux vidéo, le high-tech qu'il affectionne tant, la télé et le financement des sorties qui ne sont pas liées à des activités indispensables à son développement (arts, sports, culture).

Impliquez votre ado, responsabilisez-le

Vous pourrez le récompenser des efforts méritoires mais pas de manière excessive, ni systématique, car le cadeau ne doit pas, par son importance, affadir la gratification intrinsèque qu'est la réussite personnelle.

Il s'agit d'éviter le conflit, car cela le renforcera dans son idée qu'on cherche à le maintenir « petit enfant » avec le scolaire. Mettez votre enfant face à ses responsabilités ; son désir d'émancipation sera satisfait s'il acquiert une autonomie financière que justement les études pourront lui offrir.

Trouvez-lui un modèle

Si vous jugez que votre enfant a besoin de soutien scolaire, dotez-le d'une aide extérieure à la vôtre. Il existe un grand nombre de cours particuliers (souvent déductibles en partie des impôts). Certaines municipalités comptent même des associations d'aides bénévoles pour les plus démunis. Un étudiant, bien qu'il ait moins de compétences pédagogiques qu'un enseignant à la retraite, a le mérite de faciliter un processus d'identification de la part de votre ado du fait de son jeune âge. Il donnera l'exemple d'un jeune qui a passé son bac, il y a peu, et qui fait des études.

Motivez-le

Pour encourager votre ado, il faut qu'il puisse se projeter dans l'avenir avec une profession qui lui fasse envie. Les salons des étudiants montrent des pistes. L'idéal est qu'il puisse rencontrer des adultes qui s'épanouissent dans leur métier. Battez le rappel dans vos relations !

Offrez-lui un nouveau cadre de travail

Un changement d'établissement scolaire peut être indiqué si votre enfant a fait toute sa scolarité au même endroit. Il n'y sera sans doute pas favorable, mais cela pourra l'aider à rompre avec le sentiment de végéter dans un lieu de son enfance. La question peut se poser d'un établissement à nombre d'élèves limité permettant un meilleur encadrement. Ou bien un établissement à un niveau d'exigences moins élevé, qui aura l'avantage de redonner le plaisir d'une réussite accessible, et encourageante.

Envisagez au besoin l'internat

Si le désinvestissement se prolonge, ou si les tensions que cela crée au sein de la famille le justifient, on orientera l'ado vers un internat, ne serait-ce que le temps d'une année scolaire. L'internat deviendra alors son nouvel espace individuel dans lequel la scolarité sera insérée.

Changez-le d'orientation

Enfin, il arrive que l'ado ne supporte décidément plus le statut d'écolier passif. Sa soif de responsabilité, sa maturité sociale le poussent à réclamer une formation plus concrète, afin de s'inscrire au plus vite dans la vie active. Des lycées d'enseignement professionnel ou des BEP avec formation en alternance sont alors tout indiqués.

> *Règle*
>
> L'aider à comprendre que le scolaire permet de l'émanciper de vous.

16.

... est menacé de redoublement par son conseil de classe

Les parents s'interrogent souvent, et ils n'ont pas toujours tort, sur le bien-fondé de cette décision.

Explications

Au deuxième trimestre de l'année scolaire, les parents et l'adolescent remplissent une feuille de vœux pour l'orientation qui sera transmise au conseil de classe. Si le conseil de classe n'est pas du même avis, les parents peuvent faire appel de la décision devant le chef d'établissement. Il communique ensuite sa décision par écrit aux parents. Si elle n'est pas en accord avec leur demande, le chef d'établissement doit motiver sa décision. Si aucun accord n'est conclu, les parents peuvent de nouveau faire appel devant une commission d'appel à l'inspection académique.

Le redoublement de la classe de cinquième ne peut se faire qu'à la demande des parents. Les commissions d'appel ont lieu pour les classes de sixième, quatrième et troisième. Cette commission réunit les chefs d'établissement, des enseignants, un conseiller d'orientation, un psychologue, un enseignant référent et des parents d'élèves. Ceux-ci peuvent assister à la délibération et intervenir pour défendre leurs arguments. La décision prise par cette commission est définitive. Cependant, il existe une procédure de recours gracieux ; la demande est alors à adresser au recteur d'académie. Enfin, les parents qui en ont les moyens peuvent faire appel à un établissement privé hors contrat qui pourra accepter leur enfant en classe supérieure. Mais, en ce cas, un retour en établissement sous contrat avec l'Éducation nationale sera soumis à un examen. En revanche, les parents peuvent aussi ne pas faire appel et considérer que cette décision est pleine de bon sens et qu'elle permettra à leur enfant de repartir sur de meilleures bases.

Le redoublement est parfois une solution pour permettre à l'ado de reprendre pied dans son parcours scolaire, mais ce n'est pas toujours le cas. S'il est surtout question de manque de motivation ou de trouble du comportement, ce n'est pas un redoublement qui réglera le problème, au contraire. Le redoublement a davantage de sens si votre enfant souffre d'un retard de maturité ou a eu des problèmes de santé qui n'ont pas rendu possible l'assimilation du programme.

Pour l'ado, c'est le plus souvent une déception, surtout d'être séparé de son groupe de copains de classe. Mais c'est aussi un coup d'arrêt de la réalité qui valide son absence d'investissement scolaire, et lui fait prendre conscience qu'il ne peut progresser sans un minimum d'efforts. Il peut vivre cela comme une sanction à son sentiment de toute-puissance, ou comme une injustice (face à d'autres élèves qui passeraient). Il n'est pas, bien sûr, dans son intérêt que ses parents entretiennent cette idée. Il peut aussi se contenter de vous avoir montré qu'il n'est plus ce petit écolier parfait dont vous rêviez. Et désormais s'engager, pour lui-même, dans son projet de réussite personnelle.

Conseils

Rencontrez ses professeurs

En cas de menace de redoublement signifiée à la fin du deuxième trimestre, ou de décision définitive prise à la fin du troisième, prenez rendez-vous avec le professeur principal pour analyser avec lui les principaux motifs de ce verdict : échec dans certaines matières ou dans leur ensemble, nombreuses absences, lacunes accumulées ou manque de travail, troubles du comportement.

Vous avez, bien sûr, le droit de juger que ce redoublement est inutile et de vous y opposer, considérant que le niveau d'exigence de l'établissement est trop élevé (et en changer), qu'un redoublement le découragerait complètement des études, ou que votre enfant traverse une crise passagère et pourra rattraper son retard pendant les vacances.

Responsabilisez votre adolescent

En cas de redoublement, si vous êtes déçu, inutile de le masquer, votre ado le sentira bien. Il peut réagir avec fierté et déclarer qu'il ne fera plus rien l'an prochain. Dans ce cas, inutile de brandir des menaces qui ne feront que renforcer cette position immature de petit enfant qui se sait protégé par ses parents. Au contraire, mettez-le face à ses responsabilités de limiter ses chances à acquérir un métier qui lui convient.

Acceptez la réalité

On peut aussi assister de sa part à un véritable refus. Notamment s'il a déjà redoublé. Se pose alors la question d'une orientation vers un enseignement moins général, plus spécialisé, voire préprofessionnel. Il est possible que cela corresponde davantage à ses attentes. En effet, le redoublement doit aussi être entendu parfois par les parents comme une lassitude de la part de l'enfant vis-à-vis de l'enseignement classique.

Dédramatisez

Si la décision de redoublement est entérinée, on dédramatisera la situation en prenant exemple sur de jeunes adultes autour de lui qui ont redoublé et malgré cela réussi professionnellement. Et l'on présentera à son enfant cette solution comme une deuxième chance, une possibilité de rebondir.

Aidez-le à repartir d'un nouveau pied

On établira ensemble une stratégie, un nouveau planning et des objectifs, discipline par discipline, pour rattraper son retard. Ce peut être une occasion de changer d'établissement afin de présenter la nouvelle année comme un véritable renouveau.

> *Règle*
>
> Accepter que son enfant redouble à condition de ne pas en faire un échec.

17.

... passe son brevet, son BEP ou son bac dans quelques semaines

Les semaines qui précèdent un examen national, parfois le premier que passe l'ado, sont une période de tension pour les parents qui se demandent comment l'aider à mettre toutes les chances de son côté.

Explications

Bien sûr, la réussite à un examen est le résultat d'un travail de fond. Mais on sait que des bons élèves travailleurs peuvent perdre pied au dernier moment et paniquer face à l'épreuve. Tandis qu'à l'inverse, des élèves peu assidus profitent d'un bon stress des dernières semaines pour rattraper un retard et s'en sortir de justesse.

Conseils

Une bonne hygiène de vie

Tout d'abord, assurez à votre enfant une bonne hygiène de vie en lui proposant des repas équilibrés et énergétiques.

Veillez à ce qu'il ait son compte de sommeil, en supprimant si possible la télé dans sa chambre et en insistant pour qu'il ne se couche pas après minuit.

Limitez ses sorties, mais laissez-lui une bonne soirée chaque semaine avec grasse matinée le dimanche matin. Maintenez une activité sportive une ou deux fois par semaine. Épargnez-lui les réunions de famille interminables et remisez ses rendez-vous divers, non indispensables, après les examens.

Encouragez-le

Autant les ados veulent qu'on leur laisse un peu d'air, autant plus les épreuves approchent et plus ils attendent de notre part une présence ou du moins une attention renforcée. Il ne doit pas s'agir alors d'une injonction à travailler, mais davantage d'un soutien moral, d'un réconfort demandé entre deux séances de révision.

Les parents peuvent jouer dans cette période le rôle de coach mais pas celui d'enseignant. Ainsi, il ne s'agit pas de réviser avec votre enfant ses leçons mais de lui donner des conseils d'organisation. Votre rôle est surtout de le soutenir sur le plan affectif.

Il n'est plus temps de lui faire des reproches, mais au contraire de l'encourager, de croire en lui, de l'inviter à jouer le tout pour le tout s'il n'a pas travaillé suffisamment durant l'année, de lui dire qu'il n'a rien à perdre à se donner à fond les dernières semaines. Si votre ado se perd dans ses révisions, et si vos moyens le permettent, faites appel à un enseignant particulier qui a l'habitude de travailler avec des troisièmes ou des terminales, deux heures par semaine, pour l'aider à organiser son temps.

Faites un programme

Établissez avec lui un planning des révisions jour par jour jusqu'aux épreuves, en gardant toujours un jour libre par semaine afin de réviser les ratés des jours prévus.

Offrez-lui un maximum d'annales corrigées des années passées, non pas pour les apprendre par cœur, mais simplement pour les lire attentivement, et repérer les points importants à réviser.

Les vacances de Pâques seront le dernier moment de détente avant la dernière ligne droite, mais aussi un temps de révision, le matin par exemple. Ou, mieux encore, profitez-en pour faire une semaine de stage linguistique si le niveau de langue laisse à désirer, afin de changer d'air efficacement.

Levez les obstacles psychologiques

Il n'est pas trop tard pour aider votre enfant à renforcer sa confiance en lui si le manque de celle-ci apparaît comme un obstacle. À l'inverse, si elle le pousse à travailler pour progresser, n'y touchez pas. Un ado trop sûr de lui n'est pas toujours avantagé s'il considère qu'il n'a pas besoin de réviser.

Le passage de ces examens est aussi une forme de rituel initiatique pour les ados. Le bac en particulier signe le passage vers le monde adulte (un bac est aussi un bateau qui sert à traverser un fleuve). Et la crainte de cette émancipation peut induire inconsciemment des conduites d'échec. N'hésitez pas à aborder ce sujet avec votre enfant et aidez-le à se projeter mentalement d'emblée dans l'après-bac avec d'autres épreuves à passer. Les gentilles attentions comme lorsqu'il était petit (lui presser du jus de fruits le matin, lui parler le soir) le rassurent à l'aube de son émancipation et l'aident à accepter de grandir.

Restez calme

Maîtrisez vos angoisses qui se traduisent volontiers par une forme d'agressivité afin de ne pas contaminer votre enfant. À l'inverse, faites preuve de tolérance par rapport à ses emportements des derniers jours. Ils expriment en effet son anxiété, et donc son envie de réussir.

La dernière ligne droite

Trois jours avant les épreuves, conseillez-lui de voir les matières qu'il connaît bien afin de s'y rendre serein.

La veille, ce sont les fiches avec les citations, les règles d'orthographe ou les formules à apprendre par cœur que l'on peut relire. Ce n'est pas le moment d'aborder des chapitres sur lesquels l'impasse a été faite. Ce n'est pas non plus un temps à passer devant la télé ou les jeux vidéo car ils altèrent la capacité d'attention. Qu'il se couche tôt ces derniers jours car il lui faudra être en forme le jour dit. S'il n'arrive pas à dormir, qu'il reste dans le noir à écouter de la musique.

Enseignez-lui des « exercices de visualisation ». Allongé sur le dos, il s'imagine serein dans la salle d'examen en train de rédiger tranquillement son devoir.

La veille ou l'avant-veille, veillez à ce qu'il ne sorte pas le soir pour ne pas courir de risques d'accident. Proposez-lui d'aller nager en piscine, cela détend et met en forme. Ne seront pris ni somnifères ni excitants. Préférez l'homéopathie.

Le jour de l'épreuve

Pour l'épreuve, donnez-lui des barres énergétiques. N'hésitez pas à vérifier qu'il a bien ses stylos, sa calculette, ses lunettes, sa montre, son matériel spécifique (sa partition, par exemple, pour un concours de musique), ses papiers d'identité et la convocation. Il aura fait par écrit une liste avec vous de ce qu'il ne doit pas oublier.

N'hésitez pas à le réveiller très en avance le jour des épreuves (le métro ou le train auront peut-être des problèmes de circulation ce jour-là) et préparez-lui un petit déjeuner copieux. Il se sera rendu sur place deux ou trois jours plus tôt afin de vérifier l'itinéraire.

Dites-lui bien que s'il rate cet examen, ce n'est pas la fin du monde mais que vous êtes persuadé de sa réussite.

> *Règle*
>
> Le soutenir sans le stresser.

18.

... est sportif de haut niveau

Si le sport en soi ne pose pas question, le sport de haut niveau, par le rythme de vie et la discipline du corps qu'il impose, interfère avec les processus de l'adolescence. Le rôle des parents est d'accompagner leur enfant dans ce projet à être champion tout en le protégeant.

Explications

Le danger, chez le jeune espoir, est de vouloir coller à son idéal de champion de façon trop absolue et de passer par un état d'abnégation de soi au profit du système, de la performance, ou de l'équipe.

L'encadrement des entraîneurs crée une néofamille qui prend le relais des parents et offre des modèles à l'ado, mais ce soutien se limite à un seul devenir autorisé : être champion. Le sport de haut niveau devrait permettre d'aider l'ado à s'émanciper de sa famille. Hélas, il peut aussi le maintenir en position régressive quand ce sont les parents qui gèrent l'entraînement. Le sport maintient alors l'ado sous la coupe des parents avec une emprise du pouvoir de ceux-ci sur le corps de l'enfant.

Cet objectif à devenir champion vient résumer tout son être. Il donne sens à sa vie à l'heure des grandes questions existentielles. Il nourrit le fantasme de toute-puissance, propre à cet âge. Il répond au désir de s'autoengendrer qu'ont les adolescents à la recherche d'une renaissance pour se décoller des figures parentales. D'ailleurs, ce modelage en futur champion par l'entraînement fait qu'il devient sa propre création. Il y a passage sous silence des questionnements psycho-affectifs et des angoisses propres à cet âge.

Cette maîtrise de son propre corps, que permet le sport de haut niveau, aide ces jeunes à traverser ces errements de l'adolescence dus au sentiment d'être sous l'emprise d'un corps qu'il ne contrôle pas. L'ado doit revêtir le corps de champion. Il n'a pas à s'habituer ni à accepter son nouveau corps, mais il doit agir dessus et le transformer. Le sport de haut niveau donne aussi une raison d'être à l'heure des grands questionnements existentiels. Il donne un idéal de vie. Cependant, si certaines angoisses sont passées sous silence, d'autres se révèlent chez le sportif de haut niveau. Et notamment celles qui concernent un corps qui peut se blesser ou ne plus répondre aux exigences. L'ado devient dépendant de son corps plus que tout autre. À défaut d'avoir des pensées gênantes, il a toujours son corps en tête. Et le destin de son corps est programmé vers la performance. Ce n'est pas seulement une dépendance en pensée. La sécrétion intense d'endorphines du fait des entraînements régulier rend l'ado mal dans sa peau, en état de manque, quand pour des raisons diverses il ne peut plus s'entraîner autant.

Ce rapport particulier au corps maintient aussi l'ado

dans les champs de la communication essentiellement motrice, comme lors de la petite enfance. Il aurait moins accès que les autres aux échanges non physiques, à la communication langagière et abstraite, à l'introspection. Ce sont donc des dimensions à développer chez lui.

Conseils

Aménagez sa scolarité

La principale question que se posent les parents de jeunes sportifs de haut niveau est le suivi scolaire. Leur enfant ne sera peut-être pas champion. La poursuite de sa scolarité ne sera pas remise en question même si elle nécessite des aménagements.

Des établissements publics permettent une inscription en classe « sport-études ». C'est un enseignement lourd, puisque sont associés un entraînement dans un domaine sportif particulier et des cours qui couvrent pratiquement l'ensemble du programme scolaire normal.

Une autre formule est proposée par le CNED, Centre national d'enseignement à distance. Cet enseignement public par correspondance permet d'aménager son emploi du temps pour la pratique sportive.

Enfin, certains cours privés aménagent aussi des horaires scolaires en fonction des entraînements.

Assurez l'organisation

Ces athlètes étudiants n'ont guère de temps à consacrer à leurs loisirs. Et c'est un véritable investissement pour les parents qui doivent assurer l'organisation et l'intendance (notamment l'accompagnement).

Habituellement, les études ont lieu le matin et l'entraînement l'après-midi. Mais l'inverse n'est pas moins intéressant. Les parents se transforment volontiers en coach. Ce n'est d'ailleurs souvent pas pour leur déplaire, surtout quand ils ont, eux-mêmes, une âme de sportif.

Si cela semble trop lourd, privilégiez l'internat.

Restez parents avant tout

Le rôle des parents est d'accompagner leur enfant, dans la mesure de leurs moyens, à réaliser son objectif de performance dans le domaine qu'il a choisi ; sans pour autant quitter leur place de parents pour celle d'entraîneurs. Il importe que les rôles soient différenciés pour que l'ado ait la possibilité de s'émanciper d'eux, en s'identifiant à d'autres modèles que sont les différents entraîneurs ou coachs en divers domaines qu'il pourra rencontrer.

Si ses réussites font évidemment plaisir aux parents, elles ne doivent pas être l'unique source de l'appréciation qu'ils portent sur leur ado. Ils seront heureux ou tristes des résultats par empathie avec leur enfant, mais pas pour eux-mêmes et leurs attentes propres d'« entraîneurs » réels ou imaginaires.

Il est en effet plus intéressant que le sport l'aide à s'émanciper plutôt qu'il le maintienne dans un statut de dépendance à ses parents. Mais les parents doivent lui assurer la sécurité affective et veiller à ce que ses nouveaux modèles ne lui portent pas préjudice.

Veillez à son hygiène de vie

Assurez-vous que votre enfant a un sommeil suffisant, une alimentation adaptée à son activité physique en prenant l'avis d'un nutritionniste. Veillez à ce que son entraînement laisse une place suffisante à la récupération et à la régénération.

Restez à son écoute

La tentation est grande de ne communiquer avec son ado qu'autour du sport puisque c'est le seul sujet qui semble l'intéresser. N'hésitez pas à discuter avec lui d'autres choses, de ses relations, de ses croyances, de ses questionnements existentiels d'adolescent et de lui proposer des réponses autres que purement physiques à son éventuel moment de mal-être. Incitez-le à exprimer verbalement ou par écrit ses différents ressentis.

Assurez sa protection

Le danger pour des parents de futur champion, c'est d'oublier leur ado derrière le champion. Plus il progresse, plus il est vu comme une machine à performance. Il est indispensable que les parents continuent de le voir comme leur enfant, dont ils doivent assurer la protection jusqu'à ce qu'il puisse se protéger lui-même.

Être parent, c'est veiller à la santé et à la sécurité physique, mais aussi morale de son enfant. Dans le cas d'un sport individuel, la relation entre l'entraîneur et l'ado, fille ou garçon, nécessite une grande confiance et une grande proximité. Elle devra cependant rester dans un cadre limité au respect de l'intimité de l'enfant.

> *Règle*
>
> Le sport n'a pas tous les droits sur votre enfant.

AMOUR ET SEXUALITÉ

Comment réagir si votre ado...

19.

... vit son premier chagrin d'amour

Si le sujet prête à sourire, le premier chagrin d'amour est une étape fondamentale dans la construction affective de l'ado et peut s'avérer très douloureux.

Explications

C'est un âge où ces questions sont vécues avec une intensité qui peut être extrême. Les ruptures amoureuses sont citées comme un évènement perturbateur par un ado sur deux. Elles donnent un coup de poignard dans l'estime de soi. Le manque d'assises psychologiques, d'expérience, de stabilité affective (l'ado a pris ses distances avec ses premiers amours que sont ses parents) fait qu'il peut être touché au plus profond de lui-même.

On est parfois étonné, car le premier chagrin d'amour ne correspond pas toujours à la première histoire d'amour, ni à la première séparation qui a pu se passer sans chagrin. Certains ados semblent collectionner les aventures, mais sans s'investir véritablement. Cependant, il arrive qu'une histoire prenne une importance vitale sans qu'ils s'y attendent, qui fera d'eux les premiers surpris par l'émoi qu'ils ressentent. Simplement parce que c'était lui, parce que c'était elle. Ils sont alors confrontés de plein fouet au mystère de l'amour.

Il y a, ai-je constaté, deux profils d'ados particulièrement vulnérables à un premier chagrin d'amour :

- Ceux qui ont vécu une rupture douloureuse dans leur petite enfance (maladie ou décès d'un parent, divorce conflictuel, séparation avec une nounou, déménagement avec perte d'un ami). La rupture actuelle vient alors raviver, en la décuplant, la douleur passée.
- Ceux qui, au contraire, n'ont jamais connu aucune frustration. Ceux auxquels on a toujours tout cédé. Qui dans la famille passaient avant tout le monde (notamment le mari ou la femme) et ont pu se croire les rois ou les reines à la maison, pensant être tout et combler à eux seuls leur mère ou leur père. Le chagrin d'amour est alors leur première expérience de rupture de lien affectif. Et elle est vécue comme une véritable castration, à laquelle ils n'étaient absolument pas préparés et qui les remet totalement en question.

Cependant, un ado qui surmonte un chagrin d'amour, connaît une nouvelle et véritable histoire d'amour aura passé un cap rassurant pour son avenir affectif.

Conseils

À éviter

Il importe de ne pas banaliser ce chagrin, et encore moins d'en sourire.

Ne lui servez pas des phrases comme « on est tous passés par là », « une de perdue, dix de retrouvées », car ce qu'il vit est une première pour lui.

Ne l'enfoncez pas, en lui faisant des reproches sur son attitude, quand bien même vous seriez déçu par cette séparation tant vous auriez bien fait de cette jeune fille votre belle-fille, ou de ce garçon votre gendre.

Des paroles de réconfort

Des paroles de réconfort, d'apaisement, rassurantes quant à ses qualités personnelles sont nécessaires.

Si votre ado vous fait part de son chagrin d'amour, c'est rassurant. Vous pourrez aborder la question fondamentale de l'amour, des bonheurs qu'il procure, mais aussi des souffrances dont il peut être la cause quand il n'est pas suffisamment partagé. Mais le plus souvent, l'ado ne va pas se confier à ses parents. Il arrive que la petite sœur qui est dans la confidence vous donne l'information. Autrement, vous devrez alors le deviner devant un changement d'humeur, une irritabilité, et une tristesse. Ou parce que vous n'entendrez plus parler d'un tel, ou qu'une telle ne passera plus le prendre à la maison. Dans ce cas, profitez d'un moment où vous n'êtes que tous les deux, et confiez-lui avec délicatesse votre impression qu'il est une victime de l'amour.

S'il nie toute douleur

Il est possible, bien sûr, que votre ado ait une attitude de déni. En ce cas, rien ne vous empêche de continuer de parler et de dire des généralités sur l'amour, sur l'espoir, et pourquoi pas sur vos propres chagrins antérieurs. Apprenez-lui que la fin d'une histoire ne fait pas de cette histoire un échec, comme la fin d'une vie ne signe pas que cette vie a été un échec.

C'est aussi l'occasion de l'inviter à exprimer par écrit, ou par un autre mode, son propre ressenti. Et de lui conseiller tel livre ou tel film qui aborde le sujet en montrant les étapes de la reconstruction.

> *Règle*
>
> Ne pas banaliser la maladie d'amour de son ado. Comme les oreillons, ça peut être grave à cet âge.

20.

... a un petit ami qui ne vous convient pas du tout

Il n'est pas facile pour des parents de réaliser que leur enfant quitte leurs bras pour ceux d'un autre. D'autant plus si cette personne ne correspond pas aux attentes parentales.

Explications

Si le choix de votre ado n'est pas le vôtre, c'est que vous l'avez bien élevé, car vous lui avez donné les moyens d'avoir sa propre liberté de choix.

Le fait de sortir avec quelqu'un à cet âge s'explique d'abord par le désir de quitter les jupes de sa mère (ou les bras de son père). Ce n'est donc pas un hasard si les critères de cet « autre » diffèrent largement de ceux qu'on juge valables pour son enfant. C'est cette « différenciation » que ce dernier recherche pour se décoller de vous.

Conseils

Patience

Apprenez à découvrir les qualités non apparentes de ce petit ami, et dites-vous qu'en général les histoires à l'adolescence ne durent pas bien longtemps.

Ne vous braquez pas

En vous braquant contre le petit ami de votre ado, vous risquez de lui donner plus d'importance qu'il n'en a à ses yeux. En l'empêchant de le rencontrer, vous risquez d'exacerber son désir, de donner du piment à son histoire tout en resserrant ses liens.

De la distance

Prenez acte que votre enfant est en âge d'avoir des histoires d'amour. Évitez les critiques directes contre l'heureux élu et arrangez-vous pour envoyer votre enfant en vacances ou en séjour linguistique dans un endroit ou il pourra rencontrer beaucoup d'autres ados sympathiques, prélude à de nouvelles histoires.

En cas de danger

Si cette relation met votre ado en danger moral, l'éloignement peut être une solution (internat ou déménagement). En cas de relation avec un adulte que l'on pourrait juger par exemple séducteur, délinquant, ou encore membre d'une secte, le rappel de la loi s'impose. Le Code pénal interdit les relations sexuelles avec un enfant de moins de quinze ans et, au-delà, votre ado reste sous votre responsabilité morale et sous votre autorité jusqu'à ses dix-huit ans. Il vous est possible de porter plainte si cet adulte fait entrave à votre autorité. Vous pouvez également demander une assistance éducative auprès d'un juge pour enfants.

> *Règle*
>
> La liberté amoureuse de votre ado ne vous déresponsabilise pas pour autant.

21.

… veut dormir à la maison avec son petit ami

Pour les ados d'aujourd'hui, la sexualité n'apparaît plus comme un tabou. Cela ne signifie pas qu'ils en connaissent bien les règles.

Explications

Le fait que votre ado ait envie d'avoir des relations sexuelles est plutôt bon signe pour son développement psychoaffectif.

Les rencontres amoureuses se font généralement au domicile familial (quatre fois sur dix pour les filles et une fois sur trois pour les garçons), que les parents soient au courant ou non.

Ce peut être simplement pour des raisons pratiques, votre enfant n'ayant pas d'autres endroits aussi confortables. Mais, quand il vous en fait la demande, il y a aussi la volonté de vous aviser qu'il a grandi, qu'il ou elle n'est plus le petit garçon ou la petite fille que vous avez connu(e). C'est à la fois se mettre sur un pied d'égalité avec vous dans ce domaine et à l'inverse placer sa sexualité sous votre regard.

CONSEILS

Ce que dit la loi

Il est important de rappeler à votre ado, car souvent il l'ignore, que la majorité sexuelle en France est fixée à quinze ans. Cela signifie que la loi n'autorise pas que l'on ait des relations sexuelles avant cet âge. Même s'il n'y a pas *stricto sensu* de sanctions prévues en cas de relations sexuelles entre deux mineurs de moins de quinze ans consentants, il est important de le notifier car les parents sont souvent désorientés face à la précocité supposée de leur ado dans ce domaine. Et cela montre que l'interdit n'est pas le fait du bon vouloir des parents, mais relève de la loi commune.

Ne l'incitez pas

Si votre ado a plus de quinze ans, rien ne vous oblige à le pousser à avoir des relations sexuelles avant qu'il n'y soit prêt, en devançant ses demandes et en lui proposant d'amener son (sa) petit(e) ami(e) dormir à la maison.

La sexualité n'est pas un sujet tabou

Il n'est pas dangereux d'aborder la question de la sexualité avec son ado à partir de quinze ans. Ne vous laissez pas paralyser par le discours ambiant qui interdit aux parents de se mêler de la sexualité de leur enfant. La sexualité est partie prenante de leur développement et de leur santé mentale et physique, et votre devoir est de l'accompagner. L'accompagner, ce n'est pas bien sûr y participer. L'aide que vous apporterez à votre enfant ne se paiera pas en retour de confidences intimes.

Encore faut-il que vous acceptiez l'idée que votre ado puisse avoir des relations sexuelles, avec des filles ou des garçons. Sachez que ne pas en parler n'empêchera pas le passage à l'acte, et parfois même le précipitera, tout en n'offrant pas les meilleures conditions de sécurité qui soient. Le plus simple est que ce soit le parent de même sexe qui aborde le sujet, mais ça n'a rien d'obligatoire.

Les règles de la sexualité humaine

Ce type de demande est l'occasion de compléter l'éducation à la sexualité chez votre enfant. L'éducation sexuelle ce n'est pas enseigner le *Kama-sutra*, mais c'est inculquer à votre enfant les règles de la sexualité humaine. Si ce n'est déjà fait, il est encore temps de les instruire à l'adolescence tant ces lois sont floues dans leur esprit. Cela se résume bien en une phrase : on ne peut faire l'amour qu'avec une personne humaine, vivante, de plus de quinze ans, qui n'est pas de sa famille et qui est d'accord. Cela signe l'interdit de la zoophilie, de la nécrophilie, de la pédophilie, de l'inceste et du viol.

Mais en dehors de la loi, il y a la morale personnelle et les convictions religieuses. Certains parents peuvent refuser, par exemple, que leur fille ait des relations sexuelles avant sa majorité, voire son mariage. En ce cas, on fera bien la différence dans son discours entre la loi civile et les coutumes religieuses.

Consultations médicales

Informez vos enfants de la nécessité d'avoir des rapports protégés. Votre médecin généraliste pourra les expliquer au garçon. Quant à la jeune fille, proposez-lui une consultation chez un gynécologue pour envisager un éventuel moyen contraceptif.

Ces entretiens et ces visites médicales proposés par les parents ont valeur de rite. Ils valident le fait que les parents reconnaissent la potentialité de leur ado à avoir des relations sexuelles. Ils pourront alors en avoir quand ils y seront prêts, et quand ils le souhaiteront. L'intérêt de ces démarches est que ces ados ne seront plus tentés d'avoir des relations sexuelles prématurées simplement pour signifier à leurs parents comme à eux-mêmes qu'ils sont en attente de cette reconnaissance.

Quel lieu pour s'aimer ?

Cette reconnaissance obtenue, il sera plus facile aux ados en âge, et prêts à le faire, de demander à leurs parents les clés de la chambre de bonne inoccupée, de la maison de campagne, ou de leur suggérer de profiter de ce beau week-end pour partir et leur laisser l'appartement... Les parents ne sont pas tenus d'accepter. Mais, en cas de refus, ils courent alors le risque que ces relations se passent dans un lieu inadapté au projet.

Quant à savoir si l'ado peut avoir des relations sexuelles dans l'appartement familial quand le reste de la famille est présent, le débat est posé. Certains acceptent en considérant qu'ils sont en âge d'en avoir, qu'ils n'ont pas d'autre lieu, et que les parents en ont bien eux-mêmes à la maison. D'autres avancent qu'en ne leur permettant pas, ils les pousseront à s'autonomiser plus rapidement. Si on est gêné, on peut accepter qu'ils le fassent quand personne n'est là.

Règle

Parler de sexualité avec son ado prévient les risques de grossesse, de maladies sexuellement transmissibles et de licences sexuelles.

22.

... se révèle homosexuel

Si l'homosexualité n'est plus un tabou comme au XXe siècle, elle reste un sujet d'interrogation et de préoccupation pour les parents des enfants concernés.

Explications

L'homosexualité est une des composantes de la sexualité humaine. Bien que réprouvée par certaines morales religieuses, elle est légale et n'est, pas plus que l'hétérosexualité, ni le résultat d'un trouble du développement, ni d'erreurs éducatives.

Nous naissons avec toutes les potentialités dans notre façon future de conjuguer la sexualité. Ces potentialités sont propres à l'humain et à quelques autres espèces animales (singes supérieurs), au contraire d'autres animaux dont la sexualité est préprogrammée génétiquement et soumise à l'instinct sexuel. Nos préférences sexuelles s'élaborent au cours de notre développement dès notre naissance et s'achèvent avec notre mort. Nous passons *grosso modo* par des étapes communes et par les mêmes stades de développement psychoaffectif (dont le fameux complexe d'Œdipe). Apprentissages, expériences, rencontres nous sont plus ou moins communs. Mais nous pouvons faire la même croisière, et en retenir chacun des souvenirs différents[1]. Notre orientation sexuelle adulte résulte de ces souvenirs.

À l'adolescence, cette orientation n'est pas fixée. Et des expériences sexuelles ou amoureuses avec des personnes de même sexe ne préjugent pas d'une orientation définitive (c'est d'ailleurs vrai pour des expériences hétérosexuelles). À cet âge, les pulsions sexuelles sont si fortes qu'elles peuvent faire feu de tout bois, avant qu'un choix préférentiel ne s'établisse ultérieurement.

Par ailleurs, la rencontre homosexuelle peut avoir, vis-à-vis des images parentales, la même valeur émancipatrice que la rencontre hétérosexuelle. Contrairement aux idées reçues, le garçon homosexuel ne rejette pas son identité masculine. Au contraire, ses expériences homosexuelles peuvent trahir la nécessité de se renforcer dans son identité masculine ou féminine. Pour le garçon, c'est une façon de se décoller du maternel en se renforçant virilement en compagnie d'autres garçons. Pour la fille, la quête peut être un renforcement de sa construction identitaire féminine que ne lui permettait pas le maintien d'une relation à la mère jugée subjectivement trop fusionnelle et qui ne ferait d'elle qu'un « petit bout de femme ».

Ces notions d'identité expliquent que l'ado qui ressent des désirs homosexuels (et ces types de désirs furtifs ou plus marqués ne sont pas rares à cet âge) s'en alarme. En effet, il pourrait se demander si, étant attiré par un garçon, il est bel et bien un garçon. À cela s'ajoute un regard social, qui est loin d'être indifférent

1. Voir, du même auteur, *Comment devient-on homo ou hétéro ?*, Paris, Lattès, 2006.

et qui exprime soit du rejet plus ou moins explicite, soit enferme dans un étiquetage social (si je suis homo, je dois adopter telle façon de vivre, tel look, avoir tel goût). Cette identité sociale, si elle peut rassurer les jeunes homos qui y voient une reconnaissance sociale, peut aussi rebuter un jeune qui ne s'y retrouverait pas et s'angoisserait à l'idée de ne pouvoir garder ses liens antérieurs, par exemple sa bande de copains hétéros.

Les parents d'adolescents qui sont ou se croient homosexuels cherchent une « cause » à cette orientation, imaginent volontiers que leur éducation en est à l'origine et s'inquiètent du rejet social dont pourra souffrir leur enfant.

Conseils

Ne condamnez pas

Que votre ado vous confie qu'il est homo, ou que vous le découvriez, il importe évidemment de ne pas le lui reprocher. Ni de vous le reprocher.

Informez et protégez

Les parents ont un rôle d'information et de protection. L'information, comme pour tous les ados, est relative aux règles de la sexualité humaine. Mais aussi aux dangers des rapports sexuels non protégés. Il ne s'agit pas simplement de lui parler des préservatifs, mais aussi des effets de l'alcool ou des drogues qui lèvent l'inhibition et font qu'on « oublie » les impératifs de protection.

Ils lui apprendront à oser dire non. Car les ados, pas sûrs d'eux, se sentent parfois prisonniers du désir de l'autre et ne savent pas toujours se refuser à ses demandes pressantes, quand bien même ils ne le désireraient pas.

Rassurez

Rassurez votre enfant en lui signifiant que, quelle que soit sa future orientation sexuelle, vous le reconnaissez comme votre enfant. Et que vous acceptez qu'il ait une vie amoureuse et sexuelle avec une personne de son sexe.

Ne pas rejeter son ado qui se penserait ou se révélerait homo est en soi un facteur de protection. Car les comportements sexuels à risques sont souvent le reflet d'un rejet de soi-même, qui peut être prévenu par une acceptation familiale.

Règle

Ne pas réduire son enfant à son orientation sexuelle.

23.

... est en âge de prendre la pilule

C'est aux mères d'aborder le sujet de la contraception avec leur fille, que celle-ci ait des petits amis ou non.

Explications

Les méthodes contraceptives sont indiquées aux jeunes filles en âge d'avoir des relations sexuelles et qui souhaitent en avoir, afin d'éviter une grossesse à un âge où l'on n'est pas prête à être mère. Il sera plus facile de parler de méthodes contraceptives avec sa fille si une éducation à la sexualité aura été donnée au fil de la petite enfance. Peut-être avez-vous déjà signalé à votre enfant qu'il existe des méthodes contraceptives qui permettent au couple de contrôler l'installation d'une grossesse ? Peut-être aussi votre fille a-t-elle vu, petite, une tablette de pilules dans la salle de bains, et vous lui avez tout simplement expliqué à quoi elles servent en lui précisant bien que vous n'êtes pas malade et que ce ne sont pas des médicaments qui soignent.

Certains parents craignent que parler de contraception avec leur fille ne la pousse à avoir des relations sexuelles prématurément. Or, statistiquement, plus les filles sont informées sur la procréation et les méthodes existant pour la contrôler en partie, moins il y a de risques de grossesse précoce. *Idem* pour les maladies sexuellement transmissibles.

Conseils

Prenez rendez-vous avec elle

Si votre fille est en âge de prendre la pilule, invitez-la à consulter un gynécologue qui ne sera pas obligatoirement le même que le vôtre. Laissez-lui le choix de l'accompagner ou non. Elle pourra le revoir au moins une fois par an.

Elle peut aussi se rendre au centre de planning familial le plus proche où toutes les informations nécessaires seront mises à sa disposition.

L'examen physique du gynécologue peut la troubler. Parlez-lui-en auparavant et invitez-la à réfléchir aux questions qu'elle pourrait poser au spécialiste pendant la consultation.

Quelles méthodes ?

Suite aux informations que le gynécologue ou l'équipe du planning lui donnera sur les différentes méthodes contraceptives (pilule, patch, anneau vaginal, implant ou stérilet), il importe que ce soit l'ado qui choisisse elle-même la méthode qui semble le mieux lui convenir. Même si elle est différente de la vôtre. En sachant qu'elle pourra en changer. Les minipilules œstro-progestatives sont aujourd'hui les plus utilisées à cet âge. Elles assurent une protection de huit heures environ au-delà de l'heure de la prise habituelle en cas d'oubli.

Invitez votre fille à vous aviser en cas d'oubli afin de l'aider à prendre les mesures nécessaires avec son médecin. La pilule du lendemain doit être prise dans les soixante-douze heures qui suivent un rapport sexuel. C'est un médicament d'urgence et non une méthode contraceptive. Il est aujourd'hui accessible aux lycéennes auprès de l'infirmier scolaire.

Liberté de choix

Une fois informée, la jeune fille peut aussi faire le choix de ne pas prendre de contraceptifs, ne serait-ce que parce qu'elle n'envisage pas de relations sexuelles de sitôt. Elle sera informée sur l'usage du préservatif. Elle pourra alors prendre contact elle-même avec le gynécologue quand elle en aura envie.

Pensez aux garçons

Les garçons adolescents sont, pour leur grande majorité, dans une grande ignorance concernant la fonction reproductrice des filles et ce malgré l'enseignement au lycée. Comme ils ignorent presque tout des mécanismes biologiques de la procréation. Ces informations seront données à vos garçons car le contrôle de la procréation est une affaire à deux.

> *Règle*
>
> La meilleure méthode contraceptive est celle que votre fille aura choisie.

24.

... veut un enfant maintenant

Certaines filles peuvent ressentir, dès quinze ans, un désir prégnant d'enfant. Grossesses volontaires ou accidentelles, quatre mille cinq cents jeunes filles de moins de dix-huit ans accouchent chaque année en France et treize mille autres ont recours à une IVG.

Explications

Chez certaines, ce désir est présent dès les premières relations sexuelles. Sans doute est-ce parce qu'elles ont associé comme équivalents dans leur esprit de petite fille le « faire l'amour » et le « faire un bébé ».

Ce désir d'être enceinte n'a rien d'anormal en soi. Il n'est que la suite du désir de la petite fille qui glissait sous son pull un oreiller pour être aussi puissante qu'une maman. Ce désir est souvent partie prenante de sa construction identitaire. Car pour elle, devenir femme c'est souvent devenir mère, quand ce qu'elle repérait de plus marquant chez ses modèles féminins était leur rôle maternel. D'ailleurs, la plupart des adolescentes qui se retrouvent effectivement enceintes ont une mère qui l'avait été jeune fille. Il est plus rare, mais possible, que ce désir résulte de l'attachement à un garçon avec lequel elle se projette déjà dans un avenir bordé de roses. En ce cas, la discussion peut inclure le garçon en question.

Parmi les motivations inconscientes d'une grossesse précoce, il y a aussi le désir de vérifier l'intégrité de ce nouveau corps de femme au destin procréatif. Ailleurs, le désir précoce d'enfant répond à des carences affectives (trouver en son enfant l'amour qui a fait défaut). Ou encore à la nécessité de s'émanciper d'une mère fusionnelle en lui « faisant » un enfant comme une dette de vie payée à celle qui lui a donné la vie et qui le lui fait bien sentir. Mais dans ce dernier cas, les parents sont rarement avisés et se retrouvent devant le fait accompli de la grossesse.

Conseils

Prenez ces réflexions au sérieux

Si votre fille adolescente annonce qu'elle voudrait un enfant maintenant, gardez-vous d'en sourire ou de vous contenter d'un « ce n'est pas de ton âge ». Car le risque est réel qu'elle concrétise ce désir de façon plus ou moins volontaire (exemple : oubli de pilule).

Reconnaissez sa maternité potentielle

Il importe dans un premier temps de reconnaître la capacité physiologique de votre fille à être mère, la potentialité de sa maternité afin qu'elle n'ait pas besoin de l'afficher par une grossesse prématurée. Autrefois, les rites traditionnels reconnaissaient cette capacité. De nos jours, c'est l'aspect du plaisir dans la sexualité qui est reconnu, tandis que la parentalité potentielle ne l'est plus. Et la contraception est vécue inconsciemment par certaines filles comme une méthode destinée à maintenir le corps infertile, comme un corps d'enfant, et non comme la reconnaissance d'une maternité potentielle. Or, c'est ainsi qu'il faut la présenter. *Idem* pour le préservatif, qui est trop souvent seulement présenté comme un moyen d'éviter les maladies sexuellement transmissibles.

Abordez avec elle les conséquences de la maternité à cet âge

Cependant, l'ado ne fait pas toujours la part des choses entre la dimension imaginaire héritée de l'enfance et la réalité d'avoir un enfant à soi.

Une fois qu'on lui aura dit qu'on trouve que son désir n'a rien d'anormal et qu'on est ravi qu'elle ait envie d'avoir des responsabilités futures, il faut l'inviter à réfléchir aux conséquences que ce projet impliquerait pour elle, concrètement.

N'hésitez pas à dresser avec elle, en usant d'une feuille et d'un crayon, l'emploi du temps d'une mère lycéenne. Elle verra aisément qu'il lui faudra sacrifier beaucoup de ses temps de plaisir.

Vous pouvez aussi aborder avec elle les conséquences délétères d'une grossesse précoce : risque de malformation et de mortalité de l'enfant plus élevé, état de dépendance de la mère vis-à-vis de son enfant, rupture des liens sociaux avec les personnes de son âge, frustration des plaisirs de son âge avec risque de rancune vis-à-vis de l'enfant, handicap pour la poursuite d'études ou de formations professionnelles et, en conséquence, renforcement de la dépendance parentale.

Confiez-lui des enfants

Proposez-lui de faire du baby-sitting, ou d'entreprendre, dès seize ans, une formation pour être animatrice de centres de vacances pour enfants afin qu'elle puisse exercer ses envies d'élever des petits d'homme.

Parlez-en avec votre fils

Il n'est pas inutile d'aborder le sujet avec un garçon. Certains peuvent être entraînés dans un projet commun avec leur petite amie. D'autres, plus naïfs ou moins précautionneux, considèrent que les moyens contraceptifs sont uniquement l'affaire des femmes. Il faut rappeler à votre garçon cette règle simple que tout homme qui accepte des rapports non protégés encourt la possibilité d'une procréation. Il faut l'informer, qu'il veuille ou non un enfant, que si un enfant naît de cette union, il devra remplir ses obligations de père (pensions alimentaires s'il n'en a pas la charge). S'il refuse de reconnaître cet enfant, la jeune fille pourra l'assigner pour une reconnaissance en paternité avec test ADN à la clé et la justice pourra le reconnaître officiellement comme père.

C'est pourquoi, en cas de doute sur la prise de moyens contraceptifs par leur partenaire, et même sans doute (car des accidents existent), vous lui conseillerez d'utiliser un préservatif (qui ne protège pas seulement des maladies sexuellement transmissibles).

Règle

Accepter de regarder sa fille comme une future mère pour éviter qu'elle ne le soit trop vite.

TRAITS DE PERSONNALITÉ

Comment réagir si votre ado...

25.

... manque de confiance en lui

On peut manquer de confiance en soi à tout âge. Mais l'adolescence est une période propice à ce type de mal-être.

EXPLICATIONS

La raison principale du manque de confiance en soi chez les jeunes de cet âge réside dans la nécessité d'expérimenter ses nouvelles capacités physiques et intellectuelles, avant d'en avoir la maîtrise. Les ados prennent aussi conscience de tout ce qui leur reste à connaître et leur tendance à idéaliser les autres et leurs capacités les empêche d'être trop sûrs d'eux.

Qu'il ou elle manque de confiance en lui ou en elle : tant mieux ! Ce n'est pas si mal si votre ado n'est pas trop sûr de lui. Le fait qu'il se rende compte de ses insuffisances ou de la nécessité à développer ses compétences en différents domaines est aussi un moteur pour apprendre. Mais n'hésitez pas à lui rappeler qu'à son âge vous n'étiez pas plus doué que lui et que l'expérience et le travail portent leurs fruits avec le temps.

Cependant, le manque de confiance en soi, trop marqué, peut décourager. Et devient un frein au développement personnel.

Conseils

Intéressez-vous à lui

Soyez attentif à ce qu'il dit, à ce qu'il fait, et demandez à son entourage adulte d'en faire autant.

Apprenez à être satisfait par ses réalisations. Même si ce n'est pas parfait, voyez le verre à moitié plein plutôt qu'à moitié vide. Félicitez-le s'il est performant dans les domaines de réussite qui sont les siens, même s'ils ne sont pas ceux que vous privilégiez (les réussites sportives, par exemple).

Développez son libre arbitre en lui demandant fréquemment son avis. Ce qui ne vous oblige pas à le suivre.

Limitez les reproches

Les reproches restant souvent lettre morte, on a tendance à les multiplier tant et tant qu'on finit par dire à son enfant, sans s'en rendre compte, une liste d'horreurs qu'on ne dirait pas à son pire ennemi. Comme il ne réagit pas, on croit qu'il est hermétique à nos propos. En fait, on réalise un travail de sape et on altère l'estime qu'il a de lui-même. Il va se croire effectivement nul, fainéant, idiot, égoïste...

N'exagérez pas ses défauts et ses points faibles. Vous, comme d'autres, les lui répétez suffisamment. Il risquerait de s'identifier trop à ce personnage plein de travers qu'on lui dessine.

Ne soyez pas avare en compliments

Écoutez-vous : on fait facilement des reproches à son ado (et il fait tout pour les mériter), mais on est bien plus économe en compliments, considérant que s'il fait bien, cela va de soi. Les ados souffrent de ne pas recevoir assez de compliments. Et si vous n'en trouvez pas, inventez-en ! Votre exercice sera de dire chaque jour autant de compliments que de reproches. D'ailleurs, cela rendra vos reproches plus facilement audibles par l'ado. Essayez de varier les compliments comme vous variez les reproches. Un bon truc, c'est de faire dire les compliments par l'entourage moins proche. L'impact n'en est que plus fort. « Un tel m'a dit que tu étais très intelligent ! », et vous voyez regonflée, en moins de deux, sa confiance en lui.

Apprenez-lui à répondre aux critiques

Enseignez à votre ado que l'on peut accepter une critique qui semble vraie, pour ensuite éventuellement se justifier en argumentant. Néanmoins, apprenez-lui aussi à refuser sans faiblir une critique qu'il trouve injuste. Surtout si la critique ne porte pas sur un comportement, mais est trop générale, ou trop personnalisée, par exemple, « t'es nul ! » ou « t'es fainéant ». Cela implique que vous acceptiez qu'il le fasse avec vous, ses parents, et que vous acceptiez donc vous-mêmes de ne pas avoir toujours raison. Enfin, encouragez-le aussi à remercier quand on lui fait un compliment.

Luttez contre sa dévalorisation

Reprenez-le systématiquement quand il se dévalorise. Reformulez ce qu'il dit. « Je suis nul » sera remplacé par « Je n'arrive pas à faire cet exercice ». Montrez-lui par l'exemple qu'on ne doit pas se laisser décourager par un petit échec.

Quand il critique des copains ou des voisins, montrez-vous tolérant. C'est souvent de lui qu'il parle inconsciemment.

Quand il se vante, ne le rabaissez pas. Ces prétentions apparentes ne sont souvent que la pointe émergée d'un iceberg de manque de confiance en soi.

Évitez les comparaisons avec ses frères ou ses amis. Contentez-vous de complimenter celui ou celle qui le mérite. Vous motiverez ainsi son esprit de compétition de façon positive.

Responsabilisez-le

Confiez-lui des responsabilités que vous sentez être à son niveau.

Favorisez son autonomie. Qu'il fasse ses propres expériences est la condition nécessaire à ses propres réussites.

Valorisez ses tentatives autant que ses succès.

Soutenez ses premiers pas

Accompagnez-le dans des expériences nouvelles dont il pourrait tirer fierté, comme le saut à l'élastique, le chant en public dans un karaoké ou la conduite accompagnée.

Face à une situation qui l'angoisse, aidez-le à repérer les vrais risques et les risques imaginaires. Engagez-le à vivre d'abord les situations stressantes en imagination, en envisageant toutes les éventualités.

Exhortez-le à définir des objectifs, c'est-à-dire ce à quoi il aimerait parvenir pour se sentir plus sûr de lui, quitte à les mettre par écrit. Et donnez-lui les moyens d'en réaliser certains (en l'inscrivant, par exemple, à un sport de combat) en se fixant des étapes (monter, par exemple, sa moyenne générale d'un point pour le mois prochain).

Apprenez-lui à s'aimer

L'ado qui n'ose pas craint souvent de nuire à autrui. Il a intégré trop fortement le respect de l'autre ; et de crainte de céder à son envie de prendre le dessus sur l'autre, il se sacrifie chaque fois. Il s'agit souvent d'un ado trop bien élevé, qui se sent au fond de lui coupable d'avoir été tant aimé par ses parents. Faites-lui entendre qu'il n'a pas moins de droits et n'est pas moins respectable que n'importe qui d'autre ; et conseillez-lui de se conduire vis-à-vis de lui-même comme s'il était son meilleur ami.

> *Règle*
>
> Ayez confiance en votre ado, il finira par croire en lui.

26.

… ment comme il respire

Il y a une recrudescence fréquente des mensonges à l'adolescence. C'est à l'origine de beaucoup de conflits et d'une perte de confiance de la part des parents.

Explications

Le dessein inconscient est parfois de protéger une intimité nouvelle du regard parental vécu comme intrusif. C'est un mensonge qui peut être simplement utilitaire, afin de retirer un avantage ou éviter un désagrément. Il en fait davantage usage que lorsqu'il était enfant car il se détache des règles de la bienséance à cet âge.

Le mensonge est utilisé par l'ado comme un moyen d'émancipation et d'autonomisation en attendant d'en trouver d'autres, moins problématiques. C'est aussi l'expression d'une agressivité contenue, d'un mépris vis-à-vis des interlocuteurs associés au sentiment agréable de manipuler l'autre.

Si l'ado ment, c'est aussi qu'il n'ose pas dire la vérité, sa vérité, car il ne l'assume pas. Cela peut être bon signe car cela prouve que l'ado a conscience que ses

Règle

Encourager votre ado à dire la vérité, c'est accepter qu'il ne soit pas parfait.

27.

... est trop timide

Certains enfants « profitent » de leur entrée dans l'adolescence pour se libérer de leur timidité. À l'inverse, la puberté est l'occasion, chez d'autres, de l'apparition ou d'un renforcement de la timidité déjà présente.

Explications

Ces ados aimeraient développer des contacts avec autrui, mais ils se sentent incapables de soutenir une conversation, ni le regard sur eux. Ils n'osent pas parler en public et il leur est difficile de s'inscrire dans quelque activité que ce soit malgré leur désir. Cette timidité est volontiers associée à des complexes physiques ou, plus globalement, à un manque de confiance en soi. Elle restreint leur vie sociale, génère chez eux des frustrations, et a des conséquences délétères sur leur scolarité : pas de participation orale, trous noirs, défaut de concentration du fait de la gêne.

La timidité qui naît à l'adolescence s'explique par une attitude globale de repli sur soi en attendant de mieux contrôler ses pensées, ses fantasmes, ses pulsions qui l'envahissent. L'ado parle peu car il craint d'être mis à nu.

Conseils

Prenez du recul sur vous-même

Vous pouvez proposer à votre enfant des exercices de relaxation s'il présente des manifestations physiques (palpitations, tremblements, rougeurs) lors d'accès de timidité. Dans un premier temps, vous pouvez l'inscrire à des cours de yoga.

Invitez-le à écouter véritablement son interlocuteur, sans penser à autre chose et notamment à l'image qu'il donne de lui-même.

Conseillez-lui de ne pas se focaliser sur des détails chez autrui comme chez lui.

Enseignez-lui qu'il est trop facile de se dire que ce sont les autres qui ne s'intéressent pas à lui, plutôt que de devoir affronter son propre manque d'intérêt pour autrui et sa propre timidité.

Proposez-lui des activités favorisant la prise de conscience de son image et un travail sur l'expression (mime, théâtre, danse, chant), sans oublier que sa timidité sera un frein à cette inscription sociale.

Aidez-le à prendre conscience et à corriger les conséquences de la timidité sur son allure physique : épaules voûtées, tête rentrée dans les épaules, voix peu audible, yeux baissés ou pieds en dedans.

Poussez-le à changer de look parfois. Pour cela, accompagnez-le dans des magasins de vêtements et incitez-le à essayer des habits (beaucoup de magasins proposent de les rapporter s'ils ne conviennent pas). N'hésitez pas à lui signaler que des tenues extravagantes suscitent chez certains du rejet.

Repérez les timidités masquées

Il y a des timides passifs qui suivent tout le monde et ne donnent jamais leur avis. Et les timides agressifs qui se montrent désagréables quand on les approche. Apprenez aux premiers le pouvoir de dire non, et aux seconds celui de dire oui.

Repérez la timidité qui se cache derrière des comportements d'agressivité, d'hyperactivité ou chez ceux qui ne s'arrêtent pas de faire le clown sans jamais pouvoir engager de relations véritables.

Faites-lui prendre conscience des risques d'escalade à lutter ponctuellement contre sa timidité par de l'alcool et du cannabis.

Renforcez sa confiance en lui

N'oubliez pas de le valoriser ou de le complimenter au moins une fois par jour.

Assurez-vous que vous l'écoutez bien quand il s'adresse à vous. Vous lui démontrerez ainsi qu'il a des choses à dire (car le timide pense n'avoir rien d'intéressant à communiquer).

Autonomisation

Des parents trop protecteurs, qui devancent les attentes de leur enfant, devront favoriser ses prises d'initiatives et son autonomisation. Poussez-le à aborder directement les personnes du quotidien (vendeur, serveur, hôtesse d'accueil).

Aidez-le, en prenant le temps de le questionner, à exprimer ses sentiments avec clarté, et à donner son opinion. « Moi je pense ceci... Et toi ? » « Qu'as-tu pensé de ce film ? » Interrogez-le systématiquement sur ce qu'il pense, en évitant de l'invalider en vous disant déçu ou blessé par sa prise de position. Vous pouvez répondre que vous n'êtes pas de cet avis, mais qu'il est bien qu'il ait son opinion.

Aidez-le à s'affirmer

Si votre enfant réagit surtout par des comportements d'évitement (reste à la maison, évite les rencontres), il faudra travailler avec lui sur la communication et lui proposer des exercices d'affirmation de soi.

Encouragez-le à regarder son interlocuteur dans les yeux (ou du moins au milieu du visage) sans se départir d'un demi-sourire. Car l'évitement du regard nuit à son image, et l'on risque de le considérer comme hautain ou hypocrite.

Engagez-le à dire plus souvent « je » et à parler davantage de ce qu'il connaît. Montrez-lui qu'en se retenant de dire ce qu'il pense des petites contrariétés qu'on lui impose, elles risquent de s'accumuler et de déclencher une réaction disproportionnée chez lui lors de l'une d'entre elles.

Conseillez-lui de demander des explications dans chaque situation où il se sent mal à l'aise, plutôt que de se fier à son simple jugement.

Le timide a un mauvais jugement. Incitez-le à faire des compliments ou à avoir des marques d'attention, à témoigner de l'intérêt pour autrui. Cela contribuera à donner de lui une bonne image, provoquera des retours positifs à son endroit, et l'autorisera à exprimer plus facilement ses griefs.

Demandez-lui de supprimer les mensonges, dont

les timides abusent pour se tirer d'affaire d'une situation gênante plutôt que d'affirmer ce qu'ils pensent.

Enfin, confiez-lui des responsabilités.

Règle

On ne soigne la timidité que si l'ado s'en plaint.

28.

... n'arrive pas à dire non (sauf à vous...)

Si votre ado sait s'opposer à tout ce que vous lui demandez, ce n'est pas aussi vrai, loin de là, en dehors de la maison. Il a souvent du mal à dire non aux autres.

Explications

Votre enfant a des difficultés à résister aux demandes de son entourage amical (et parfois aussi à lui-même) ce qui lui joue bien des tours et le met volontiers en danger.

La timidité et le manque de confiance en soi sont des situations favorisantes, mais relèvent parfois simplement d'une difficulté à communiquer.

Conseils

Faites-lui prendre conscience de son handicap

Parlez à votre enfant de sa difficulté à dire non à l'occasion d'une action qu'il a menée ou au contraire qu'il n'a pu mener pour cette raison.

Aidez-le à prendre du recul sur lui-même en visualisant ce type de situation et en analysant avec lui comment il aurait pu s'en sortir autrement.

Étudiez avec votre ado toutes les fois où il est important qu'il dise non :

- quand il est fatigué ou angoissé (donc pas en état de bien analyser la situation) ;
- quand son intuition le lui conseille ;
- s'il ne connaît pas la personne suffisamment pour lui faire confiance ;
- si la personne l'a déjà mené dans des situations périlleuses ;
- s'il y a un danger pour lui ou autrui ;
- s'il n'a pas envie de le faire ;
- s'il a besoin de réfléchir ou de demander des avis ;
- s'il avait prévu de faire autre chose ;
- s'il n'avait aucun intérêt personnel ou qu'il pourrait obtenir autrement ce qu'on lui propose.

Apprenez-lui à répondre

Invitez-le à ne pas répondre aussitôt à une demande. Qu'il prenne l'habitude de différer sa réponse surtout s'il ressent une gêne quand on lui demande quelque chose. Il doit alors se fier à son intuition et puisqu'il n'ose pas dire non, qu'il réponde de façon automatique qu'il va réfléchir et donnera sa réponse demain. Si son interlocuteur insiste, il fera la même réponse ou bien dira : « Si je dois répondre tout de suite, alors c'est non. » Si on lui demande de se justifier : « Pourquoi tu refuses ? C'est ton intérêt pourtant ! Tu as peur ou quoi ? », conseillez à votre ado de ne pas entrer dans ce cercle dangereux des justifications. Il pourra répondre par une phrase impasse telle que « parce que je n'ai pas envie ». Pour que le non soit mieux entendu, il doit être dit fermement, les yeux dans les yeux et en

Conseils

Pouvoir sur le temps

Inculquez-lui que maîtriser son temps, c'est le moyen d'acquérir son indépendance, bien plus que de tenter de résister aux contraintes portées par le temps quand les choses ne sont pas faites à l'heure.

Offrez-lui une montre et un agenda papier ou électronique. Invitez-le à faire usage des sonneries internes pour le rappeler à son rythme.

L'emploi du temps

Établissez avec lui un planning demi-heure par demi-heure d'une journée type de la semaine, d'un week-end type, puis d'une semaine type. Et comparez-le avec celui qui vient de s'écouler dans la réalité, et avec l'organisation idéale.

Conseillez-lui de laisser cet emploi du temps visible dans sa chambre.

Invitez-le à placer dans son agenda des temps morts qu'il pourra déplacer à son gré pour donner plus de souplesse à ses obligations, et gérer les imprévus. D'autant plus que chaque chose prend souvent plus de temps qu'on ne le croit.

Mettez alors en évidence avec lui tous les moments qu'il perd à faire des choses qui n'ont même pas le mérite de lui permettre de rêver ou de se reposer comme zapper devant la télé ou faire certains jeux sur l'ordinateur.

Les voleurs de temps

Repérez avec lui les « voleurs de temps » pour leur dire « non » ou « plus tard ». Montrez-lui qu'on peut éteindre son téléphone mobile pendant qu'on travaille et que le laisser allumé traduit une volonté inconsciente d'être interrompu.

Relevez les « voleurs de temps » internes : la difficulté à faire un choix et à prendre une décision, le manque d'ordre et de classement, le perfectionnisme avec le souci excessif des détails, le défaut de planification de la journée ou de la semaine et la fatigue.

Encouragez-le à cesser une activité nécessaire quand elle n'avance pas pour une autre tout aussi nécessaire qui pourrait être plus facilement menée à bien à ce moment donné.

À l'écoute de son propre rythme

Votre enfant doit apprendre à être à l'écoute de son rythme personnel. Quand on travaille, on a besoin de pause de cinq à dix minutes toutes les quarante minutes pour certains, soixante ou quatre-vingts pour d'autres. Conseillez-lui alors de les respecter mais de ne pas aller au-delà d'un temps de pause indispensable et de reprendre à temps.

Réévaluez les moments adéquats pour telle activité dans la journée ou dans la semaine. Certains ados seront plus efficaces à faire leurs devoirs entre 17 heures et 18 h 30 quand d'autres le seront davantage entre 20 h 30 et 22 heures.

Organisation du temps de travail

Chaque dimanche soir, votre ado pourra noter ce qui doit être fait cette semaine en établissant ensuite un classement prioritaire. En premier, ce qui est « urgent et important », puis ce qui est « urgent pas important », « important sans être urgent » et enfin « ni urgent ni important ».

Qu'il commence d'abord par ce qui est pénible et

garde les activités agréables pour la fin. Elles lui serviront de récompenses. Quand un travail est pénible, qu'il le divise en plusieurs parties. Il est parfois plus difficile psychologiquement d'accepter de se mettre à travailler quatre heures sur un sujet ardu plutôt que de se donner une heure par jour pour le faire.

Apprenez-lui à mesurer l'efficacité de ce qu'il fait afin qu'il fasse la différence entre les signes extérieurs de travail (se mettre à son bureau) et le travail proprement dit. Dites-lui de ne pas confondre activité et résultats, production réelle et fébrilité.

Recommandez-lui d'anticiper en imaginant le déroulé de l'action à entreprendre ou du travail à faire pour bien évaluer le temps nécessaire à son accomplissement et planifier. Qu'il profite des temps d'attente imprévus (comme un ami en retard) pour entreprendre des petites tâches rapides.

Poussez-le à déléguer à ses camarades l'organisation des sorties ou des travaux de groupe.

Positivez

Faites-lui remarquer les bénéfices d'une bonne gestion temporelle : moins de stress, moins de fatigue, plus de temps libre, valorisation du travail mieux fait. Enfin, plutôt que de lui rappeler sans cesse les objectifs qu'il n'a pas pu réaliser, remémorez-lui ceux qu'il a pu mener à bien et dans les temps.

> *Règle*
>
> Apprendre à embrasser le temps avant qu'il ne se consume.

30.

... n'est motivé par rien

Votre ado semble n'avoir envie de rien. Rien ne le mobilise vraiment. Il ne s'intéresse pas à grand-chose en dehors d'activités qui vous paraissent futiles (MSN, jeux vidéo) et n'a aucun projet à moyen ou à long terme.

Explications

Il peut s'agir d'un état dépressif. Dans ce cas, le manque de motivation est associé à d'autres signes comme une tristesse, un isolement social, des troubles du sommeil, un amaigrissement ou une forte irritabilité.

Une autre explication est que l'ado, remisant au placard de ses souvenirs ses centres d'intérêt et ses désirs d'enfant, se retrouve en manque d'envies. Il doit expérimenter de nouveaux champs pour voir si ses désirs peuvent y fleurir. Mais il peut être retenu par des inquiétudes de toutes sortes.

Ce manque de motivation peut aussi s'expliquer par un manque de confiance en soi fréquent à cet âge. L'ado n'a alors pas conscience de sa valeur. Il ne croit pas en lui, en ses capacités, en ses compétences et ses potentialités. Il a du mal à fixer des points d'ancrage à son désir, à se donner des buts. Il est coincé dans une forme d'« aquoibonisme », cette tendance à se demander à quoi bon vouloir si l'on ne peut rien. Alors si on lui demande ce qui l'intéresse, il cite des « désirs » précuits, les « fast-food » du désir, faciles à réaliser et qui n'engagent pas vraiment l'individu, comme les jeux vidéo ou les séries télé. Il s'agit alors de l'aider à trouver des désirs profonds, à croire en eux et à les réaliser.

Conseils

Trouvez des éléments de revalorisation

Regonflez la capacité à désirer de votre ado. Dans ce dessein, exposez-lui ce qu'il a pu réaliser jusque-là : ses projets menés à terme dans son enfance ou plus récemment, des plus modestes aux moins évidents, année par année s'il le faut. Souvent on a réalisé des choses sans effort, simplement par plaisir et donc on les considère comme sans importance. Recueillez les témoignages des membres de son entourage qui lui reconnaissent des qualités ou qui lui expriment sur divers points leur reconnaissance. Poussez-le d'ailleurs à s'entourer de personnes positives, désirantes, qui le valorisent et le stimulent. Reprenez avec lui point par point, par écrit s'il le faut, tout ce qu'il sait faire et ce qu'il aime faire. Trouvez avec lui, parmi une liste de qualités, celles qui lui correspondent en les illustrant d'exemples à partir de ces conduites passées.

Réactivez ses désirs

Pour commencer à définir des axes de motivations, demandez-lui de se souvenir de ses rêves d'enfant : devenir professeur d'école ou footballeur, rencontrer telle chanteuse...

Qu'il note les personnes, puis les activités qu'aujourd'hui il apprécie, le font rire, ou lui donnent le sentiment d'être intelligent.

Qu'il décrive ensuite son avenir comme il le rêve, que cela soit réaliste ou pas. Et qu'il l'illustre en dessinant sur une même feuille les différents éléments de la vie de rêve : un cheval, une moto, une famille, une île où vivre, un globe terrestre pour un voyage autour du monde... Plus les sujets sont primordiaux, plus ils occuperont une place importante dans le dessin.

Planifiez la réalisation des projets

Si des projets sont démotivants car ils paraissent inaccessibles, analysez avec lui les différentes étapes en un plan d'action à court et moyen terme, avec des délais.

Exemple : il veut protéger la planète de la pollution. À court terme : faire le tri des déchets, s'informer (livres, journaux, Net), travailler en classe pour occuper plus tard un poste de responsabilités et notamment en langues, en physique-chimie, et en sciences de la nature et de la vie. À moyen terme, militer dans une association de défense de la nature, respecter l'environnement dans son quotidien, rencontrer des ados et des adultes intéressés par le sujet pour les convaincre, préparer le bac et s'informer sur les métiers où il pourra être utile à la nature (administration des instances internationales, garde forestier, chef d'entreprise à la pointe dans la lutte contre le réchauffement).

Cherchez des modèles

Envisagez avec lui les conséquences de son immobilisme (métier inintéressant, peu de rencontres). En effet, la peur d'avoir une vie sans intérêt peut devenir une motivation. Cherchez avec lui des adultes de son entourage ou des personnes dont il a entendu parler et qui pourraient représenter à ses yeux des modèles d'existence dont il pourrait suivre l'exemple. Conseillez-lui de parler avec ses amis de leurs projets, de ce qui les motive. Éventuellement voyez s'il n'y a pas possibilité de faire des projets communs avec eux.

Évoquez vos attentes

Si rien ne le motive, exprimez vos attentes ou celles des personnes qui croient en lui. Il arrive qu'en répondant aux attentes des autres, ou en éveillant un sentiment de responsabilité vis-à-vis des gens qui ont investi sur soi, on trouve sa propre voie.

> *Règle*
>
> C'est souvent dans son passé que l'ado découvrira sa motivation pour le futur.

31.

... vit uniquement dans son rêve d'être star

Quel métier veux-tu faire plus tard ? Je veux être star !

EXPLICATIONS

La télévision est de plus en plus regardée par les jeunes. Et les modèles de célébrités vite acquises qu'elle propose ont un impact fort quant à leur volonté affirmée d'accéder à la gloire. Ils ont parfois passé plus de temps « en compagnie » de célébrités télévisuelles qu'avec certains membres de leur famille.

Certains ados s'identifient à ces vedettes, comme on s'identifie à des parents dont on voudrait faire la même profession. Ce désir fait force de loi et justifie à leurs yeux le renoncement à un véritable apprentissage, qu'il soit scolaire, ou préprofessionnel.

Dans les faits, ce sont les ados les moins performants scolairement qui sont les plus nombreux à se soulager de l'angoisse d'un avenir bouché par un refuge dans la rêverie. La célébrité télévisuelle serait-elle le nouvel opium des peuples ?

Ces rêves de célébrités sont parfois entretenus par

Surfez sur son désir pour l'aider à grandir

Il importe de profiter de l'énergie que ces rêves mobilisent pour que votre enfant se « dégourdisse » et devienne plus autonome. Profitez de l'étoile qu'il veut être pour l'aider à trouver son chemin. Profitez de ce désir pour qu'il se cultive et acquière des compétences dans quelque domaine que ce soit et aille à la rencontre des autres, des ados mais aussi des adultes qui pourront faire office de modèles en chair et en os. Que l'envie d'être star soit l'occasion pour lui de s'intéresser à un art, quel qu'il soit, et de s'épanouir par son intermédiaire. Emmenez-le voir des spectacles théâtraux ou des comédies musicales. Inscrivez-le à des cours de danse, de chant, d'art dramatique, à des ateliers d'écriture et pourquoi pas à des cours de langues étrangères (éventuellement sous forme de stages durant les vacances). Mais méfiez-vous de ces pseudo-écoles ou autres académies privées qui se proposent de faire de votre ado en errance scolaire une vedette de la radio ou de la scène moyennant des frais d'inscription prohibitifs et des diplômes bidon.

Proposez-lui des modèles

Les échanges avec les professeurs de ces différentes disciplines aident généralement les ados à redescendre sur terre. Pour aider votre enfant à se projeter dans un avenir concret une fois que le miroir aux alouettes aura perdu de son éclat, vous pouvez aussi favoriser ses rencontres avec des adultes bienveillants ayant un métier – artistique ou non – dans lequel ils s'accomplissent et auquel votre enfant pourrait prétendre au vu de ses capacités.

Règle

Profitez du désir de votre enfant d'être star pour l'aider à devenir un homme ou une femme accompli.

32.

... perd sa foi religieuse

Les parents s'étonnent ou s'alarment que leur enfant élevé dans la religion à laquelle ils croient prenne ses distances avec celle-ci à l'adolescence.

Explications

L'adolescence est une période de remise en question de ce qui a été transmis. Cela concerne aussi les croyances religieuses. Remettre en question ne signifie pas rejeter. Il s'agit pour l'ado de revisiter l'enseignement reçu à la lumière de sa nouvelle façon de penser, de ses nouveaux désirs et de ses nouveaux questionnements. Ce peut être un moyen de faire sienne, de s'approprier une croyance qui lui a été donnée. L'approche de la religion passe du concret des explications à une dimension plus abstraite. Chez les plus jeunes, et dans les religions monothéistes, l'image du divin renvoie à une image parentale et les textes sacrés à un guide de bonne conduite. Grossièrement, Dieu est un super-parent, garant de l'ordre, de la vie, du bien par rapport au mal. À l'adolescence, la prise de distance vis-à-vis des parents peut s'accompagner, dans un premier temps, d'une prise de distance vis-à-vis du Dieu en question. L'ado exprime parfois le sentiment d'avoir été leurré, et vit sa croyance passée comme une position infantile.

Le maintien de la foi à l'adolescence passe souvent par l'intériorisation du divin. Comme il y a une autonomisation de la pensée, il y a une autonomisation de la foi. Votre enfant va connaître un cheminement personnel qui le conduira à renoncer à sa croyance en Dieu tout en gardant foi en l'homme, à retrouver sa foi passée, ou à habiller d'une foi nouvelle son espace intérieur. Dans ces derniers cas, Dieu n'apparaîtra plus alors comme un super-parent mais sera intégré au soi.

Conseils

Favorisez son autonomie de pensée

Questionnez-le sans porter de jugement hâtif sur l'évolution de ses croyances, sur ses doutes, ses interrogations, ses nouvelles convictions. Faites-lui part de votre évolution personnelle au cours de votre existence.

Incitez à l'échange et à la réflexion

Des parents qui ont à cœur de maintenir leur enfant dans la foi éviteront la contrainte qui serait contre-productive. Ils veilleront à ce qu'il puisse échanger avec des théologiens qui ont l'habitude de communiquer avec des ados et qui leur conseilleront des ouvrages afin qu'ils puissent trouver des réponses aux questions existentielles propres à cet âge.

Soyez tolérant

Si votre ado persiste à ne plus croire en Dieu, gardez-vous de lui en faire grief. Qu'il n'ait plus la foi ne signifie pas qu'il n'est plus détenteur des valeurs de vie que vous lui avez transmises par ailleurs.

> *Règle*
>
> Garder foi en son enfant.

33.

... devient très pratiquant

Les ados peuvent s'engager avec la passion qui les caractérise dans une pratique religieuse qui détonne avec celle qu'ils avaient plus jeunes, et avec celle du reste de la famille, peu ou pas du tout pratiquante.

Explications

Il peut s'agir d'un comportement de rupture, d'opposition avec une famille ou un parent très antireligieux, ou avec des parents qui sont très croyants mais d'une autre confession. Il arrive que les parents très religieux aient eux-mêmes été en opposition avec leur famille athée.

L'investissement de l'ado dans la pratique religieuse est parfois, sur un plan psychologique, une façon inconsciente pour lui de contrôler par ce biais les pulsions qui l'assaillent. Sans s'apparenter pour autant à des TOC, cette organisation comportementale lui donne une maîtrise mentale sur ces pulsions d'origines diverses et les soulage car ces pulsions, agressives ou sexuelles, peuvent être angoissantes par leur intensité. Il arrive qu'il s'agisse d'une forme de renversement en son contraire de ce qui pourrait donner lieu à des conduites délictuelles. Malheureusement, dans de rares mais dramatiques cas, quand les tendances sont trop fortes, la pratique religieuse intégriste mène à des conduites délinquantes violentes.

Si les parents sont séparés et que la question religieuse les divise, il est possible que cet engagement ne soit que l'expression du désir de l'ado de se rapprocher du parent concerné par la pratique religieuse. Cela peut être entendu comme la volonté de changer de mode de garde (voir le chapitre 8) ou de contrebalancer une éducation très largement influencée par le parent non croyant.

Conseils

Ne vous braquez pas

L'erreur serait alors de se braquer et de cristalliser ainsi un comportement qui n'était à l'origine qu'un simple habit de défi. En évitant un affrontement idéologique, le soufflé se dégonflera de lui-même s'il n'est pas habité de foi profonde. Si à l'inverse il est consistant, il pourra prendre un aspect de croyance plus sereine et moins envahissante.

Le respect de la loi civile

Dans tous les cas, surveillez que cette pratique n'entre pas en contradiction avec les principes fondamentaux de votre éducation qui prônent la tolérance et s'opposent à la violence contre les individus. Enseignez à votre enfant qu'en France, comme dans tous les États laïcs, les règles et codes religieux n'ont pas force de loi, et que la loi dominante est la loi civile. Ainsi l'obligation scolaire reste de mise.

On peut défendre positivement ses principes de laïcité et son athéisme sans déprécier la croyance de l'autre parent.

Surveillez son entourage

Si vous décidez de le laisser pratiquer, assurez-vous de la qualité morale des personnes qui l'encadrent dans cette pratique, puisqu'elles auront un rôle essentiel dans l'achèvement de sa construction psychoaffective. N'hésitez pas à faire appel à la loi relative au détournement de mineurs si votre enfant paraît sous une emprise dangereuse.

D'une manière plus générale, vous garderez un œil sur les activités de votre enfant afin de vous assurer qu'au nom d'une croyance intégriste, il n'adopte pas des comportements dangereux, voire condamnables.

Informez-vous et maintenez le contact

Il sera vraisemblablement utile que vous vous intéressiez à la religion en question, si ce n'est pas déjà le cas, afin de pouvoir maintenir une voie de communication avec votre ado et d'échanger avec lui, comme avec ses accompagnants. Ce n'est pas une raison pour vous sentir contraint de devenir pratiquant, de changer de religion ou de renier votre athéisme de crainte de « perdre » votre enfant. Soutenir son enfant au cours de ses transmutations n'impose pas de se transfigurer.

Règle

Respecter ses croyances mais faire respecter la loi.

Favorisez les processus d'affirmation de soi et d'autonomie (voir le chapitre 27).

Pour répondre à ce « retard à l'allumage », parlez d'avenir avec votre enfant, de ses projets, de sa vie future sans vous. Abordez avec lui les sujets relatifs aux séparations, et, en particulier, de la plus radicale : la mort.

Si l'autre parent se montre plus émancipateur, n'hésitez pas à le laisser prendre la main.

Règle

Ne pas vous inquiéter si votre ado a des activités de son âge.

SITUATIONS DANGEREUSES

Comment réagir si votre ado...

35.

... circule librement sur le Net

En explorateurs de la vie, les ados sont très attirés par ce mode d'information et de communication. Internet est un portail ouvert sur le monde. Mais le monde n'est pas sans danger.

Explications

On n'interdira pas l'usage du Net, car c'est une formidable source d'informations, de savoir, de culture et un bon moyen de communication. Mais, à tout âge, on parlera d'Internet, de ses usages, de ses intérêts, de ses dangers, de ses pièges.

Il y a quelques règles, déjà transmises à votre enfant, mais qu'il est bon de rappeler à son jeune ado qui devient plus accro encore au Net, qui a soif de communiquer quitte à prendre des risques et à explorer des domaines licencieux, et dont l'autonomie lui offre plus de liberté de circulation.

Conseils

Mettez en place des moyens de contrôle

Il existe des logiciels de contrôle parental qui filtrent les contenus et limitent des activités. Renseignez-vous auprès des magasins spécialisés. Apprenez à consulter les rapports de votre logiciel de contrôle afin de surveiller les sites connectés.

Enfin, si vous utilisez un mot de passe, changez-en souvent. Vos ados sont malins.

Rappelez-lui certaines règles

Beaucoup de fausses informations circulent sur Internet. Plus l'ado sera jeune, plus il vous faudra insister auprès de lui pour qu'il respecte ces quelques règles élémentaires :

- Ne jamais communiquer d'informations personnelles sur lui, sur sa famille et en particulier son adresse et son numéro de téléphone. Que ce soit sur des messageries mais aussi sur des sites commerciaux.
- N'aller que sur des sites de discussions sécurisés, contrôlés par des animateurs et uniquement en des salons privés avec des personnes sélectionnées par lui.
- Ne pas aller à la rencontre d'inconnus contactés par le Net. Si c'est à visée de troc, par exemple, qu'il y aille accompagné, d'un adulte de préférence. La rencontre aura lieu dans un lieu public et en plein jour.
- Ne rien acheter par le Net en l'absence des parents.
- Ne pas se rendre sur les sites pornographiques en lui expliquant que le porno n'est destiné qu'à ceux qui ont déjà eu une vie sexuelle. Si ces sites sont interdits aux mineurs, c'est que leur visualisation risque de perturber sa vie sexuelle future.

- Vous prévenir s'il tombe sur un site illicite (pornographie infantile, fabrication de bombe artisanale, incitation au racisme, à l'antisémitisme, au sexisme, à l'homophobie).

Règle

Quand votre enfant est sur le Net, les dangers sont parfois les mêmes que s'il sortait tout seul.

36.

... prend des risques inconsidérés

À cet âge, on observe des mises en péril à partir d'actions décidées plus ou moins consciemment : conduite dangereuse en mobylette ou en rollers, sports à risques, alcool, comportements sexuels non protégés, certains comportements anorexiques...

Explications

La mise en péril s'explique par une méconnaissance du danger, une mauvaise évaluation des risques mais est plus souvent une forme de défi. Plus la société tend à assurer un maximum de sécurité des individus, plus les ados prennent des risques. Ils sont à la recherche de sensations fortes pour lutter contre un vécu morne. Ils veulent se donner un rôle actif pour lutter contre ce vécu de passivité face à tout ce qui leur arrive de nouveau. C'est aussi un moyen d'expérimenter les limites de leur nouveau corps. Et de se réapproprier ce corps qu'enfants ils considéraient comme la propriété de leurs parents. Mettre son corps en jeu pour le faire sien.

Par des comportements à risques, les ados renfor-

où commence la sécurité des autres. Par exemple rouler en état d'ivresse n'est pas acceptable car ça met la vie d'autrui en danger.

Quart d'heure de gloire

Tenez compte du besoin d'héroïsme des jeunes. Plus ils auront la possibilité d'avoir leur quart d'heure de gloire, quels qu'en soient les moyens (réussite sportive ou victoire à un concours de chant avec photo dans le journal local, bac pour un enfant dans un milieu sans diplôme), moins ils auront besoin de risquer leur peau.

Enfin, confiez à votre enfant des responsabilités. Car prendre des risques c'est tenter de se mettre à la hauteur des adultes. Les jeunes travailleurs ont bien moins de comportements à risques que les lycéens.

Règle

Encadrer les prises de risques.

37.

... a volé dans un supermarché ou dans votre porte-monnaie

Il n'est pas rare qu'un enfant commette ses premiers vols à l'adolescence. C'est la conduite délinquante la plus fréquente à cet âge.

Explications

Le vol concerne filles et garçons. Ce sont essentiellement des vols à l'extérieur. Habituellement, les parents l'apprennent quand, à la suite d'un larcin en grande surface, la police a été prévenue. Mais il s'agit parfois de vols à des comparses, au lycée notamment, ou encore d'exactions au sein même de la famille (vol d'argent en particulier).

Il y a derrière ces comportements des soubassements différents qui impliqueront des réponses différentes de la part des parents. Il y a LE vol, appelé à rester unique, mais aussi des vols qui se répètent jusqu'à devenir une véritable conduite déviante. Il y a le vol utilitaire d'un adolescent dans le besoin, et le vol purement ludique, quand les objets volés sont abandonnés ou bien offerts, et que l'acte compte alors bien plus que le gain de l'objet.

L'adolescent, pendant une période, expérimente à nouveau les règles ou les lois, et se conduit transitoirement comme l'enfant de trois-quatre ans qui refuse de s'y soumettre et se croit au-dessus d'elles. Le vol est parfois pour l'ado une forme de « sport », de conduite à risques, comme lorsqu'il jouait, plus jeune, aux gendarmes et aux voleurs. Il s'identifie alors à ces héros de cinéma, braqueurs de banque ou gentlemen cambrioleurs. Le plaisir est lié à l'acte et non à l'objet volé. À cela s'ajoute l'effet d'entraînement des vols à plusieurs. C'est aussi une forme maladroite d'émancipation, sous-tendue par le désir de montrer aux parents qu'on n'est plus le petit garçon ou la petite fille sage et obéissant qu'on était. En volant, c'est aux parents que l'ado cherche à se dérober.

Si les vols d'argent sont uniquement intrafamiliaux, c'est qu'ils expriment des troubles des interactions familiales ou du moins une confusion des genres. Légalement, il n'existe pas de vol au sein de la famille. L'argent y circule. On propose volontiers à son enfant de prendre de l'argent dans le portefeuille pour aller acheter du pain, et il peut être conduit à confondre l'argent commun et son argent personnel. Ce type de vol est parfois un signe de carence affective, réelle ou supposée par l'ado. L'argent en effet, chez certains, possède une forte valeur affective. Il n'est pas rare que l'ado, ressentant des sentiments hostiles à l'égard de ses parents (ce qui est normal à cet âge de nécessaire distanciation), projette sur eux ses sentiments. C'est-à-dire qu'il va attribuer ses propres sentiments négatifs à ses parents en imaginant que ce sont eux qui le rejettent. Et son vol d'argent répondra alors à ce vécu imaginaire de carence. Au contraire du vécu de carence, le jeune ado qui vole dans le porte-monnaie de sa mère s'octroie symboliquement un pouvoir sur son univers intime. C'est un retour de flamme de son désir œdipien.

En volant, il exprime quelquefois, non consciemment, qu'il souffre qu'un parent s'intéresse trop aux choses matérielles et privilégie le gain d'argent à l'affection partagée avec ses enfants. Et il n'a pas tort.

L'ado pointe parfois, par son comportement, des conflits familiaux autour de l'argent, notamment dans les situations de divorce, où il croit qu'un parent en vole un autre, via la baisse de pouvoir d'achat consécutif chez la mère, ou la prestation compensatoire payée par le père.

Enfin, certains de ces ados perçoivent ou imaginent des comportements malhonnêtes chez un parent (par exemple fraude fiscale, malversation financière passée sous silence d'un oncle incarcéré, micro-délit et petites magouilles du quotidien). C'est une façon de le signaler, de provoquer ou de s'identifier au parent.

Conseils

Ne banalisez pas

Si vous découvrez que votre ado a volé, dans un magasin par exemple, ne banalisez pas l'acte. Discutez avec lui de ses motifs et rappelez-lui la loi. Votre enfant doit être informé des conséquences personnelles, familiales, légales possibles de ses actes. Exigez qu'il rapporte l'objet aux commerçants (vous pouvez l'accompagner s'il le souhaite) ou le rembourse avec son argent de poche, et qu'il présente ses excuses. C'est une forme de réparation qui autorise que la punition ne soit que symbolique (suppression de sortie un soir ou de jeux vidéo pour un temps). C'est parfois un tiers qui s'en charge. Et une interpellation par le vigile du magasin, une convocation à la police, ou une retenue par le proviseur si le vol a eu lieu au lycée suffisent souvent à marquer un coup d'arrêt à cette conduite transgressive.

Ne vous privez pas d'un cours de morale sur les bienfaits de l'honnêteté citoyenne dans une société qui permet d'établir des relations de confiance entre les gens et prévient l'instauration d'un État policier.

Pas d'excès dans votre réaction

Gardez-vous de complaisance, mais aussi d'un excès de rigueur. Votre ado risquerait en effet de s'inscrire dans un comportement masochiste de répétition et de sacraliser cette conduite (si son vol provoque plus de réactions que n'importe quelle autre conduite, c'est qu'il est l'expression d'un véritable pouvoir sur les parents).

Favorisez son émancipation

Proposez-lui d'autres types d'émotions fortes ou d'autres « aventures » qui ne portent préjudice à personne et qui seront également des activités d'autonomisation comme des camps d'ados itinérants. Il existe aussi, pour les grands ados, des bourses proposées par des associations ou des collectivités (comme les bourses « jeunes talents » de la mairie de Paris) qui financent des projets de voyages autonomes. Vous pouvez d'autre part, dans la mesure de vos moyens, lui verser de l'argent de poche.

En cas de vols intrafamiliaux

Vérifiez dans un premier temps que les « besoins nouveaux » de votre ado ne masquent pas du racket dont il serait victime, ou des achats non réglementaires (tabac, cannabis).

Il importe ensuite de redéfinir les espaces, de rappeler que les parents et les enfants n'occupent pas la même place, et qu'il existe un rapport hiérarchique.

Afin de remettre des limites dans le champ familial, il convient éventuellement de lui rappeler par des paroles et par des attitudes (pudeur, distance, moindre complicité, renforcement de la vie de couple pour la mère), que sa mère ne lui appartient pas et qu'elle n'est pas sa copine.

Enfin, entretenez-vous avec lui de son vécu et de ses attentes affectives dans le domaine intrafamilial. Croit-il qu'on préfère son frère ? Pense-t-il qu'on l'aime moins depuis qu'il est ado sous prétexte qu'on le dispute plus souvent ? Qu'on l'aime moins que sa sœur, car il est lui un enfant adopté ?

Donnez l'exemple

C'est l'occasion de remettre en question son propre rapport à l'argent et aux choses matérielles. N'oubliez pas que l'amour ne s'achète pas et que le temps passé avec votre enfant à faire des activités banales n'a pas de prix. Analysez également la place de l'argent dans votre couple ou dans les conflits qui vous opposent à l'autre parent en cas de séparation.

Enfin, prenez garde aussi en tant que parents aux propos qui pourraient légitimer des conduites frauduleuses, tels que « les commerçants sont tous des voleurs » ou « les impôts, c'est du vol ».

Règle

L'honnêteté, cela s'enseigne.

38.

... a des comportements violents

Les comportements violents ne sont pas spécifiques de l'adolescence, mais restent une disposition particulière à cet âge de la vie.

Explications

Il y a des facteurs internes qui les expliquent. Ce sont les remaniements psychiques et physiques, qui libèrent beaucoup de tensions. Et l'ado n'a pas toujours, au début de sa puberté, les moyens de les contrôler. Le temps améliore les choses : entre treize et dix-huit ans, les actes de violences physiques diminuent de moitié chez les garçons, à mesure que l'adolescent met en place des moyens de contrôle internes. Cette violence physique est alors remplacée par une violence verbale, plus tolérable, qui progresse d'un tiers. C'est un âge où votre enfant ressent un profond sentiment d'insécurité interne en lien notamment avec les transformations qu'il subit. L'agressivité est le moyen le plus direct, le plus primaire pour se décharger de l'angoisse. C'est celui qui est utilisé par le nourrisson qui s'agite et crie

Rassurez-le

Une fois éliminés les facteurs externes, cherchez d'éventuels facteurs internes à votre ado. L'angoisse est l'un d'eux. Tout ce qui va aider votre enfant à apaiser ses diverses inquiétudes participera à le rendre moins agressif.

D'autres facteurs internes peuvent servir d'engrais à des comportements violents. Des questionnements sur son identité sexuelle peuvent provoquer chez un adolescent une recherche d'affirmation de soi virile dans l'agressivité. On abordera avec délicatesse la question, sur un plan général au début, dans un esprit d'ouverture et de tolérance.

Soyez fermes, mais bienveillants

À cela doit s'ajouter une nécessaire fermeté bienveillante, c'est-à-dire sans humiliation, de la part des adultes qui encadrent l'ado sujet à des comportements violents. Comme avec le jeune enfant, instaurez un cadre éducatif avec des systèmes de félicitations, de récompenses, de réprobations et de punitions en réponse aux comportements adaptés ou délétères. Cette fermeté a d'ailleurs également pour fonction de le rassurer puisque le jeune ado, grisé par ses nouvelles compétences, se croit volontiers tout-puissant. Or le « tout-puissant » n'a personne au-dessus de lui pour le protéger. C'est frustrant, certes, mais rassurant de constater qu'il y a des personnes, sinon au-dessus, du moins à côté, pour le contenir et le protéger, y compris de lui-même.

Aidez-le à s'exprimer

La difficulté à mettre en mots ses ressentis, propre à cet âge, est un facteur interne qui explique le recours à la violence, car l'acte vient prendre place là où le verbe fait défaut. Beaucoup de garçons deviennent des carpes à l'adolescence (voir le chapitre 1). Répondez à cela en favorisant toutes les modalités d'expressions physiques ou artistiques possibles (théâtre, sport, écriture, musique, art, militantismes divers) mais aussi en favorisant les échanges verbaux avec lui.

Faites appel à un tiers

Enfin, si vous vous sentez démuni face à une violence récurrente, n'hésitez pas à faire appel à des membres de votre famille ou à demander l'aide des services sociaux ou judiciaires.

Règle

La violence à l'adolescence, il faut l'éteindre avant qu'elle ne s'embrase.

39.

... se défend mal ou est un bouc émissaire

Le principe du bouc émissaire ne date pas d'hier. S'il existe au sein de toutes les communautés et à tout âge, il est particulièrement intense au collège.

Explications

Plus les enfants sont mal dans leur peau, comme c'est le cas au début de l'adolescence, plus ils sont tentés de projeter leur malaise sous la forme d'agressivité à l'encontre d'autrui. Le principe du bouc émissaire fédère le groupe : tous contre un. Et il protège individuellement les membres : « Si le groupe se dirige contre lui, moi je suis à l'abri » et « Si je le défends, on va me traiter comme lui » pourrait se dire chacun.

Il est rare que l'on décèle d'emblée la situation dans laquelle se trouve l'enfant car il ne va pas s'en plaindre, honteux qu'il est de son statut de victime et plus honteux encore de demander la protection d'un adulte à un âge où il est si mal vu de le faire.

La réponse doit être collective. Le collège ne se reposera pas sur le fatalisme de l'impossibilité à gérer les conflits entre jeunes. Pour éviter d'avoir à prendre ainsi le taureau par les cornes, la tentation peut être grande de la part des adultes responsables de tenir la victime pour responsable. « Si cela lui arrive c'est qu'il le cherche », « On n'est pas victime par hasard », entend-on. Il s'agit de la part de ces adultes de processus inconscients d'identification aux harceleurs qu'ils étaient enfants, ou bien d'une prise de distance avec le bouc émissaire qu'ils étaient eux-mêmes plus jeunes. Un ado fragilisé, déprimé, qui se défend mal aux premières attaques sera bien sûr plus facilement « utilisé » comme bouc émissaire. En outre le statut de bouc émissaire génère à moyen terme des comportements favorisant la victimisation. Mais il faut se garder de voir en la victime un coupable.

Conseils

Soyez attentifs

Si votre ado rechigne trop à aller en cours, s'il paraît triste, si ses notes chutent, ou s'il semble sans amis, il se peut qu'il soit victime de mauvais traitements. Abordez la question avec lui en insistant si nécessaire, tant la difficulté à le reconnaître peut être importante. En cas de doute, interrogez l'équipe éducative de son établissement scolaire.

Développez ses aptitudes sociales

Pour prévenir ce processus ou pour aider votre enfant à s'en sortir, aidez-le à accroître ses habiletés sociales et, en particulier, à défendre ses intérêts et à répondre aux insultes. Racontez-lui, ou faites raconter par les adultes de son entourage, comment vous ou vos amis faisiez au même âge pour vous défendre.

Apprenez-lui à répondre aux attaques

Expliquez à votre ado que tout agresseur va tester différentes insultes (le poids, la couleur, le nom, le comportement) pour faire réagir sa victime. Il finira bien sûr par atteindre son but. Conseillez à votre enfant de garder son calme en donnant systématiquement des réponses telles que « Et alors ? », « Et toi, tu t'es vu ? » afin de ne pas donner prise à ces attaques.

Aidez-le à s'affirmer

Apprenez-lui à ne pas céder quand on lui demande quelque chose qu'il ne veut pas donner, et de résister à la peur d'être rejeté. Invitez-le à prendre la parole en classe, à ne pas rester dans son coin. Reprenez-le quand il se dévalorise. S'il manque de confiance en lui ou s'il est timide, reportez-vous aux chapitres 25 et 27.

Exigez que votre enfant soit protégé

Il s'agit de forme de harcèlement collectif, et c'est toute la classe qui doit être réunie de manière officielle, en présence du chef d'établissement ou du professeur le plus respecté, afin de mettre le groupe, et chacun de ses membres, face à la lâcheté de leur comportement. C'est de l'éducation civique.

Si la demande de protection de votre enfant n'est pas entendue par l'équipe pédagogique et éducative du collège, remontez jusqu'à l'inspection académique. Un changement d'établissement peut s'avérer nécessaire. Si votre enfant semble en danger, vous pourrez prendre avis auprès de la brigade des mineurs.

Règle

Si un ado souffre, c'est peut-être qu'on le fait souffrir.

40.

... a des idées suicidaires

Un ado sur quatre reconnaît avoir eu, au moins une fois, des idées suicidaires. Et chez les filles entre quinze et dix-huit ans, c'est une sur trois. Un sur dix déclare en avoir très souvent.

Explications

La fréquence des idées suicidaires ne doit pas rendre les parents indifférents à leur expression au détour d'une conversation, dans un texte griffonné traînant dans la chambre ou sur un blog. Si la plupart des idées suicidaires ne conduisent heureusement pas à une tentative de suicide, la plupart de ces tentatives ont été précédées de ces idées.

En moyenne, deux élèves par classe font une tentative de suicide. Les filles sont celles qui en font le plus, sont les plus récidivistes, mais ce sont les garçons qui en meurent le plus (trois décès par suicide sur quatre sont ceux de garçons). Un millier d'adolescents se donnent la mort chaque année en France. C'est la deuxième cause de mortalité parmi cette population.

Les causes des tentatives de suicide à l'adolescence

sont polyfactorielles. Sur un plan individuel, l'ado ayant fait une tentative de suicide et plus encore celui qui se contente d'idéations suicidaires ne présente pas toujours de troubles majeurs tel un syndrome dépressif. La tentative de suicide ne correspond pas toujours à une volonté raisonnée de mourir, mais témoigne d'un trouble de la relation avec soi-même ou avec les autres. Des motivations inconscientes (voir le chapitre 36) et une démarche consciente s'entremêlent. Trois fois sur quatre il s'agit d'un acte impulsif. Elle fera systématiquement rechercher des actes de maltraitance ou d'agression sexuelle dont l'ado aurait été la victime. Il n'y a pas de personnalité type de l'ado suicidaire. C'est souvent un coup de tonnerre dans un ciel apparemment serein, mais l'on retrouve habituellement, si on le cherche, un évènement déclencheur (conflits, rupture, échec scolaire ou sportif).

Conseils

Prenez-le au sérieux

Si vous êtes le témoin de propos suicidaires, ne banalisez pas la chose. Bien que lancées de façon provocante, lors d'un moment de colère ou apparaissant comme du chantage, ces paroles sont à prendre en considération car elles peuvent être la pointe émergée d'un profond mal-être.

Ne dramatisez pas

En revanche, il ne faut pas dramatiser. Si vous répondez par la panique ou les larmes, l'ado est renvoyé à lui-même comme si vous dérobiez sa plainte pour la faire vôtre. Il peut aussi culpabiliser et à l'avenir n'évoquera plus ses ressentis. En vous voyant angoissés, l'ado risque de dédoubler son angoisse et de se croire sans protecteurs solides. Il peut enfin s'imaginer détenteur d'un grand pouvoir sur vous par ce biais, dont il pourrait vouloir abuser.

Que dire ?

En cas de propos suicidaires, on arrêtera aussitôt le sujet de conversation, y compris si l'on est en train de faire des reproches à son ado, pour lui rappeler que la mort est sans retour, qu'on l'aime, et pour lui dire le bien que beaucoup pensent de lui.

Cela ne signifie pas pour autant qu'on cédera sur le point de dispute qui précédait. Mais c'est l'occasion de lui proposer de discuter de ses états d'âme, ou de prendre rendez-vous pour lui avec un psychologue ou un pédopsychiatre.

Quand consulter ?

Cette prise de rendez-vous, réalisez-la sans attendre si à ces propos suicidaires s'ajoutent d'autres symptômes tels que des comportements violents, des conduites de dépendance (alcool, drogues, boulimie), un amaigrissement, un fléchissement scolaire, une tristesse ou une insomnie. Toute tentative de suicide, y compris la plus bénigne comme la prise de quelques médicaments, impose au mieux une hospitalisation pour bilan et, au minimum, l'avis spécialisé d'un médecin psychiatre.

Surveillez

Veillez au risque de récidive, qui est important notamment si le suicide a été prémédité, si l'ado use de drogue ou de l'alcool, si aucun facteur déclenchant

Des absences répétées, un désinvestissement de ses activités habituelles, des relations téléphoniques dont il ne vous parle pas, des propos mystiques doivent vous mettre la puce à l'oreille.

Si votre adolescent est majeur et qu'il est membre d'une secte, vous ne pouvez plus invoquer le détournement de mineur pour le mettre à l'abri de son gourou. Encore que, s'il est fragilisé par des troubles psychologiques, vous pourrez attaquer la secte pour abus sur personne vulnérable.

Maintenez les liens

Quelle que soit la situation, il importe malgré tout de garder le contact avec votre enfant. Faites preuve de subtilité et ne critiquez pas de front sa secte et son gourou en sa présence. Renseignez-vous sur cette organisation, ses méthodes, ses discours. Questionnez-le, de façon neutre, sur ses croyances sans porter de jugement. Prenez garde cependant à ne pas vous laisser à votre tour séduire par le discours de la secte et gardez-vous, pour plaire à votre enfant, de verser de l'argent. Questionnez-le aussi sur son quotidien et ses ressentis. De votre côté, évoquez ce qui pouvait l'intéresser dans le passé (centres d'intérêt, voire passions, personnes auxquelles il était attaché). Mobilisez les amis récents ou plus anciens, les collègues, la famille pour faire contrepoids à ses nouveaux liens. Ne cessez jamais de l'assurer de l'affection de tous car le vécu de solitude affective est le principal levier de commande des sectes.

Demandez de l'aide

Prenez contact avec un psychiatre, pour un avis sur la personnalité de votre enfant, et avec un avocat. Si votre ado présente des troubles psychiatriques qui auraient pu favoriser son adhésion à la secte, il vous est possible de le faire hospitaliser contre son gré en HDT (hospitalisation sur demande d'un tiers) moyennant un certificat rédigé par un médecin qui l'aura examiné.

Rencontrez si possible des familles concernées et des anciens adeptes de la secte. Ils vous donneront des informations et pourront communiquer plus facilement avec votre enfant car ils connaissent le « langage » de la secte.

Renseignez-vous auprès des associations de lutte contre les sectes et auprès de la mission interministérielle de vigilance et de lutte contre les dérives sectaires (http://www.miviludes.gouv.fr/).

Hors de la secte

Une fois votre ado sorti de la secte, la partie n'est pas finie car des « rechutes » sont possibles. Il faudra donc l'accompagner, idéalement l'éloigner géographiquement du lieu de la secte, et l'aider à se reprogrammer mentalement du fait des conditionnements auxquels il a été assujetti.

Règle

Ne pas baisser les bras.

DÉPENDANCES

Comment réagir si votre ado...

42.

... fume du tabac

C'est habituellement à l'adolescence que l'on commence à fumer. Et la consommation de tabac dans la population adolescente reste très importante malgré les campagnes de prévention. L'attitude des parents est essentielle pour aider leur enfant à ne pas commencer ou à s'arrêter.

Explications

C'est un âge où le risque d'entrée en dépendance est le plus grand. Les ados vont banaliser leur consommation, avançant comme arguments que tous leurs amis fument, qu'ils pourront se passer de tabac quand ils le décideront, imaginant garder la maîtrise. Plus on débute jeune, plus le risque d'une dépendance à l'âge adulte est important.

Fumer marque une rupture avec l'enfance. Il est probable que votre ado critiquait les fumeurs dans son jeune âge, comme tous les enfants. La cigarette donne de la contenance au sein du groupe et crée un lien avec les autres. Mais l'accoutumance fait qu'on se met aussi rapidement à fumer seul dans son coin.

Les dangers du tabac sur la santé, et notamment le risque de cancer, sont souvent connus des ados, mais ils leur semblent lointains car ils sont différés et noyés au sein des menaces réelles mais surtout imaginaires qu'ils sentent peser sur eux. L'ado a du mal à se projeter vivant, heureux et en bonne santé, tant il est pris dans les filets de son actualité adolescente. Son tabagisme s'inscrit alors dans le cadre de comportements à risques.

Conseils

Donnez l'exemple

La première règle pour prévenir la consommation de tabac de votre enfant, comme pour l'aider à l'arrêter est de ne pas ou de ne plus fumer vous-même. Vous pouvez vous faire prendre en charge pour cela. Il existe différentes méthodes efficaces qui se complètent, ainsi que des médicaments destinés aux adultes. En attendant, ne fumez pas devant lui, ne laissez pas traîner vos cigarettes et reconnaissez que vous souhaiteriez et seriez fier que, dans ce domaine, il soit plus fort que vous.

Prévenez une éventuelle consommation

Vous aurez parlé avec lui des méfaits et des dangers du tabac quand il était enfant. N'hésitez pas à évoquer le sujet quand il est ado même s'il ne fume pas, et cette fois de « grand » à « grand », en décodant les soubassements de la consommation de tabac parmi les membres de son entourage (manque de confiance en soi, personnes influençables). Valorisez les personnes qui ne fument pas parmi ses copains ou les adultes qu'il apprécie.

Si vous vous doutez qu'il a commencé à fumer, privilégiez la discussion raisonnée plutôt qu'une mise en place rigide de l'interdit qui risquerait de renforcer la consommation dans une visée émancipatrice.

Arguments : santé, beauté, finances et dépendance

Communiquez à votre ado les dangers du tabac. Certains jeunes sont particulièrement sensibles aux arguments esthétiques et de séduction (rides, dents jaunes, haleine de fumeur), à l'impact sur les performances sportives (souffle, récupération plus lente), souvent plus qu'au danger mortel du cancer du poumon plus abstrait pour eux.

Évoquez le tabagisme passif. Il peut être sensible à cet argument qui présente le tabac comme une agression plutôt que comme un interdit à ne pas transgresser ou un privilège de grands.

Sa consommation sera présentée comme un comportement infantile de soumission aux autres. Invitez-le dans ce sens à réfléchir aux entreprises de manipulation des fabricants de cigarettes.

Démontrez-lui que fumer est une forme de dépendance à un âge où il veut démontrer qu'il est indépendant.

Enfin, il reste l'argument financier qui est dissuasif à un âge où l'on a tant de besoins. Faites les comptes avec lui du coût d'une consommation régulière.

Déjouez ses arguments

Discutez avec lui de sa consommation en prenant votre temps. Évitez le conflit pour ne pas cristalliser son besoin d'autonomie et d'opposition dans la cigarette. Une fois que vous aurez pris le soin de l'écouter, analysez avec lui ses arguments :

- Non, la majorité des ados ne fument pas comme lui. Seulement un quart des ados de quinze ans et un tiers des treize ans fument régulièrement.
- Oui, le fait de fumer peu reste une marque de dépendance. Et mettez-le au défi de pouvoir se passer, ne serait-ce que deux semaines, de fumer quand il prétend ne pas être dépendant.
- Oui, fumer des cigarettes légères est dangereux car on a tendance à en fumer davantage.
- Non, le tabac ne relaxe pas. La détente procurée n'est en fait que l'apaisement d'un stress lié au manque de nicotine.

Apprenez-lui à dire non

Discutez de ce qu'il ressent quand les autres fument autour de lui : est-il gêné, sent-il une pression sur lui ? Développez son esprit critique et une prise de conscience sur son comportement face à la cigarette. Fournissez-lui des modalités de réponses à ses copains qui lui proposent des cigarettes afin de lui permettre de ne pas passer pour quelqu'un de trop policé et soumis aux discours des adultes. Plutôt que de lui conseiller une phrase telle que « je ne fume pas car mes parents ne veulent pas », préférez par exemple « j'ai abandonné la tétine à trois ans, ce n'est pas pour recommencer ». Montrez-lui qu'on s'affirme en refusant ce qu'on ne veut pas et qu'on obtient ainsi un certain respect des autres.

S'il n'a pas encore fumé, trouvez des réponses à son argument qu'il faut tout essayer. Car on sait que pour éviter une seconde fois, le mieux est de prévenir la

43.

... consomme du cannabis

À dix-huit ans, un ado sur deux a expérimenté au moins une fois le cannabis.

Explications

Une première prise n'implique pas une consommation régulière par la suite. Cependant, à dix-sept ans, un ado sur cinq en consomme plus de dix fois dans l'année. Il y a en effet différents types de consommateurs, comme de modes de consommation, qui vont de l'essai pour voir à la conduite de dépendance. La consommation de cannabis existe dans tous les milieux sociaux, et ce, quel que soit le mode de vie de l'ado, y compris chez les sportifs et les bons élèves. Les parents sous-estiment généralement la précocité de la première prise. Ils ont pourtant un rôle important à jouer afin de prévenir l'installation de problèmes graves.

Le cannabis est une plante dont les feuilles se consomment habituellement mélangées à du tabac, roulées en cigarette. Vous pouvez aussi le découvrir sous forme de résine, plaque compressée verte, brune ou jaune.

Les signes immédiats, visibles après la prise, sont variables : légère euphorie ou légère somnolence, yeux rouges, fringale, éventuel « bad trip » avec tremblements, vomissements et angoisse.

Les signes d'alerte de prises régulières peuvent être une fatigue inexpliquée, des difficultés de concentration, des difficultés scolaires, des états d'euphorie, des sautes d'humeur, du repli sur soi, des vols d'argent, une négligence grandissante...

L'ado qui renouvelle la prise de cannabis recherche une détente et une euphorie. C'est récréatif mais ce peut être aussi parfois à visée d'automédication, afin de calmer ses angoisses ou de « traiter » son insomnie.

Les risques sont une dépendance psychique, des troubles de l'humeur, des troubles anxieux, et surtout des comportements à risques par effet désinhibiteur et défaut de vigilance (accident de circulation, relations sexuelles non protégées, etc.).

Conseils

Informez-vous et parlez-en avec lui

Vous devez prendre des informations sur le cannabis afin de pouvoir en parler avec votre enfant. Vous lui en parlerez même s'il n'en consomme pas, dans une visée préventive, en lui désignant les méfaits d'une dépendance à ce produit ainsi qu'en analysant avec lui les motivations de ceux qui en consomment afin de l'aider à prendre du recul.

Si vous suspectez qu'il en consomme, vous ne devez pas craindre d'en parler, calmement, avec lui. Profitez d'un moment où vous êtes tranquilles tous les deux.

Contrôlez vos émotions afin qu'il ne se braque pas. Vous lui direz que vous voyez bien que quelque chose ne va pas, que ses résultats scolaires baissent, qu'il est parfois dans des états bizarres. Dites-lui ensuite directement que vous pensez qu'il prend du cannabis. S'il nie, donnez-lui des éléments probants (odeur dans sa chambre, cigarette coupée dans les poches du jean mis au linge sale).

Questionnez-le sur la fréquence et les modalités de sa consommation. Demandez-lui directement s'il consomme d'autres drogues (alcool, poppers, ecstasy, kétamine, héroïne). Ne vous énervez pas s'il nie ou s'emporte.

Informez-le

Mettez-le face à ses responsabilités et à la réalité sociale ; pour cela, informez-le sur les risques qu'il court et sur ce que dit la loi. Apprenez-lui que s'il est contrôlé par la police, il peut comme usager être conduit au tribunal où le juge pourra prononcer une obligation de soins, éventuellement sous la forme d'une hospitalisation. S'il vous dit qu'il n'est pas dépendant, mettez-le au défi de ne pas en prendre pendant quatre semaines.

Ni menace, ni chantage

Ne faites pas de chantage affectif, « si tu m'aimais tu n'en prendrais pas », car s'il cherche à être dépendant d'un produit, ce peut être en partie pour se décoller de la dépendance aux autres, et en particulier de sa dépendance à ses parents. Ne l'agressez pas en le traitant par exemple de toxicomane, car le danger serait qu'il se trouve une identité à peu de frais en tant que consommateur, à un âge où justement la question de savoir qui l'on est apparaît cruciale. Parlez-en aux adultes en qui l'ado a confiance, afin qu'ils puissent intervenir auprès de lui.

Mesures à prendre

Certains parents suppriment l'argent de poche de leur enfant quand ils constatent que celui-ci est entièrement consacré à l'achat de cannabis. Dans les faits, ce qui est vécu comme un « chantage à l'argent » est parfois contre-productif. Cela peut le couper davantage de vous. Voire augmenter le risque qu'il deale pour s'acheter son cannabis. En revanche, en cas de prise régulière, vous lui interdirez d'utiliser son deux-roues pour des raisons de protection (deux cent trente morts par an sur les routes sont imputées au cannabis). Il peut être utile de changer votre enfant d'établissement scolaire s'il y est sous l'influence de relations qui favorisent sa consommation.

Amenez-le chez le médecin généraliste qui l'orientera éventuellement vers un psychiatre ou un psychologue spécialisé dans ce type de problèmes, s'il dénote une dépendance ou des troubles psychologiques sous-jacents à la prise.

En cas de dépendance, la prise en charge médicale comprend parfois des médicaments pour aider l'ado à supporter la privation du produit. Mais c'est surtout une psychothérapie qui lui permettra de modifier son comportement vis-à-vis de la drogue, et de traiter les problèmes sous-jacents qui motivent cette consommation. Une hospitalisation peut être nécessaire, si on n'obtient pas le sevrage par des consultations.

Règle

La lutte doit moins porter contre le cannabis que contre les troubles psychiques qui poussent à en prendre.

44.

... est un accro au téléphone portable ou à MSN

Il vous a fait un cinéma incroyable pour avoir un téléphone portable et passe depuis des heures avec, à parler de choses totalement futiles avec des amis de classe qu'il vient à peine de quitter.

Explications

Le plus souvent, il n'y a pas lieu de s'inquiéter de ce besoin de bavasser à cet âge. On est en plein retour des pulsions orales qui sont débridées. Et l'ado, comme le petit enfant qu'il était, heureux de savoir parler, a besoin de discourir à tort et à travers. Mais la différence avec le petit enfant, c'est que s'il communique avec ses camarades, il peut être mutique avec ses parents. Pas d'inquiétude à avoir, là non plus. C'est qu'il a besoin de se décoller de vous, et craint de se livrer trop en parlant. Ce bavardage incessant, qui ressemble parfois plus à deux monologues qu'à un véritable dialogue, est un bon moyen de décharge émotionnelle. Il est un facteur d'apaisement. Ce n'est pas un hasard si c'est le soir au coucher, quand un sentiment d'insécurité interne peut surgir, que l'ado a le plus besoin de communiquer.

C'est aussi vrai avec les modes de communication par Internet, MSN, où les ados se retrouvent par groupe d'une même classe ou d'un même lycée. Même si le style et la syntaxe sont déstructurés, cela reste un formidable moyen d'expression écrite. Le téléphone portable comme MSN ne sont pas que des moyens de communication. Ils favorisent les échanges à cet âge, car c'est une période de la vie où la communication est parasitée par le défaut de contrôle de son image corporelle. On est mal à l'aise l'un face à l'autre, car on est mal à l'aise avec soi. Derrière un mobile ou un ordinateur, on n'est plus parasité, embarrassé par l'image de soi, ou le trouble éventuel créé par l'image de l'autre. À l'abri des apparences, on peut laisser libre cours à l'expression de son être intérieur. Communiquer avec l'autre, c'est aussi à cet âge communiquer avec soi-même. On apprend à se connaître en se livrant à autrui.

Conseils

Passez-vous de commentaires inutiles

Bien sûr, vous ne comprenez pas ce besoin de parler de choses aussi futiles au téléphone et vous êtes tenté de dénigrer ces échanges qui vous paraissent pour le moins informels. C'est inutile. Cela passera avec le temps. Et dites-vous qu'il est préférable que votre enfant bavasse plutôt qu'il satisfasse ses pulsions orales en fumant seul dans son coin ou qu'il s'isole devant un jeu vidéo.

À ses frais

L'argument financier est à prendre en considération. Il n'est pas acceptable que votre budget en pâtisse. Il y a désormais des forfaits qu'on ne peut dépasser, et surtout des cartes avec des temps limités. Enfin, des opérateurs font des offres avec des temps illimités après 20 heures ou le week-end. Cependant, ces dernières offres et les prélèvements automatiques donnent parfois l'illusion de la gratuité. Le plus sage est que les frais de téléphone soient à sa charge, et qu'il les gère à partir de son argent de poche que vous lui versez en conséquence.

Limitez le temps

Tout utiles qu'elles soient, ces activités de communication ne doivent pas devenir envahissantes et empêcher d'autres activités nécessaires au développement de votre ado (loisirs divers, travail scolaire, tâches domestiques, hygiène corporelle...). C'est pourquoi elles seront limitées dans le temps. N'hésitez pas à faire preuve de fermeté et à menacer de supprimer le portable si son usage se fait aux dépens des autres activités utiles.

Règle

Le laisser communiquer mais lui apprendre à écouter.

établir des limites de temps de jeu et l'encourager à s'intéresser à d'autres activités. Et s'il ne parvient pas à se contrôler, c'est à vous de le faire.

Vérifiez les âges de classement des jeux qu'il achète ou, si possible, le contenu de ceux qu'il télécharge afin de suspendre les jeux trop violents ou sexistes.

Limitez à deux heures maximales par jour le temps consacré aux jeux vidéo. En sachant qu'il y a du temps qui échappera à votre contrôle, notamment s'il joue chez des amis.

Maniez la carotte et le bâton

Utilisez l'achat de jeux ou de consoles nouvelles comme des « carottes » pour motiver l'investissement scolaire, mais aussi d'autres activités de loisirs, artistiques et sportives. N'hésitez pas à réduire l'usage de ces jeux en guise de punition car c'est une privation qui a le mérite de ne pas grever le développement personnel de l'enfant.

Jeux en réseau

Encouragez les jeux d'équipe. Ils doivent être l'occasion d'échanges sociaux. Mais attention, les plus grands jeux en réseau (World of Warcraft, Final Fantasy ou Everquest) sont de véritables univers parallèles où les joueurs en ligne construisent leur propre environnement virtuel au sein de ces jeux. Les joueurs se regroupent en communautés interagissantes, par messageries instantanées. Cette vie sociale virtuelle risque de prendre le pas sur la vie sociale réelle. C'est pourquoi il faut surtout l'encourager à faire en sus d'autres activités, et notamment des activités extérieures. C'est plus facile si votre enfant en avait déjà l'habitude. Le plaisir qu'il en tirera et les rencontres que ces activités permettront feront le meilleur contrepoids à sa dépendance.

Mixez vos cadeaux

Veillez enfin à l'impact économique. Ne mettez pas tout votre budget cadeau dans les jeux vidéo, même s'il vous y incite. Offrez ce qu'il aime mais aussi ce qui vous semble bien pour lui dans le même temps. Pourquoi pas un livre dans le même paquet-cadeau que le jeu vidéo ? Les jeux peuvent aussi se louer, s'échanger ou se télécharger légalement.

Attention au repli sur soi

Luttez également contre les facteurs favorisant le repli sur les jeux vidéo : le manque de confiance en soi et la timidité qui maintiennent l'ado à la maison. Si cette dépendance est en lien avec un état dépressif, ou si l'addiction s'installe dans le temps, prenez un avis spécialisé. Le psychiatre ou le psychologue travaillera alors sur le sens que l'ado donne au jeu, mettra en place un programme de diminution progressive du temps passé et engagera un travail de fond pour prévenir l'installation d'une autre dépendance.

Règle

Le jeu vidéo doit rester une activité parmi d'autres.

RAPPORTS AU CORPS
Comment réagir si votre ado...

46.

... est fasciné par les films d'horreur

Les salles de cinéma qui diffusent des films d'horreur sont principalement occupées par des ados. Les parents s'inquiètent de cet intérêt pour les films violents ou trash.

Explications

Les enfants ne sont généralement pas autorisés à y assister, et d'ailleurs ils les apprécient rarement. Quant aux adultes, en dehors de certains aficionados, leurs goûts se portent majoritairement sur d'autres types de films. Comment comprendre cet intérêt des ados, voire cette passion chez certains ?

Cela s'explique, je pense, par la rapidité des transformations corporelles qu'ils connaissent et leur importance sur une courte période lors de la puberté. En moins de deux ans, l'enfant se voit grandir de plusieurs centimètres, prendre plusieurs kilos et observe son corps se recouvrir de poils. Ses organes génitaux se modifient spectaculairement, ses seins poussent, sa voix se transforme, son odeur change, etc. Cette croissance n'est pas harmonieuse, et l'on voit par exemple des ados à la voix fluette mais avec de grandes jambes et un torse court.

Le cerveau met du temps à intégrer cette nouvelle image de soi et l'ado se voit de façon très disharmonieuse. L'ado est le héros de son propre film d'horreur. Nous, adultes, l'avons oublié, mais cette mutation est digne de celles que l'on peut observer dans les films d'horreur. D'autant que s'ajoutent des modifications cognitives, c'est-à-dire que le monde est perçu très différemment. Les croyances, les sentiments, la façon de penser se transforment, et parfois radicalement. Les êtres auxquels on était attaché nous apparaissent moins bienveillants, et le regard qu'on porte sur soi n'est plus le même. L'ado est aussi sujet à des fantasmes de toutes natures qui peuvent l'effrayer. Ces métamorphoses sont illustrées dans les films d'horreur et l'ado trouve de l'intérêt à voir ainsi projetées des représentations de ces images angoissantes. Il tente en les visionnant de les maîtriser et peut exprimer tout haut les angoisses qu'elles génèrent chez lui. L'ado joue à se faire peur pour exprimer des peurs internes et apprendre à les dominer sans danger.

En effet, évoquer les scènes et les frayeurs qu'elles occasionnent est un moyen socialement acceptable pour les ados de s'exprimer, d'être entendus et de se soulager ainsi en partie des angoisses suscitées par les transformations qu'ils subissent. Ils apprécient particulièrement de voir ces films à plusieurs. Car affronter ses peurs en groupe est un mode efficace de les surmonter. Car cela autorise une dimension cathartique que ne permet pas le visionnage en solo dans sa chambre.

Conseils

Vérifiez son insertion sociale

Si votre ado affectionne d'aller voir au cinéma des films d'horreur avec ses camarades, ne vous inquiétez pas outre mesure, à condition qu'il soit bien inscrit socialement. Assurez-vous qu'il a des amis, qu'il s'investit à l'école ou dans d'autres activités culturelles ou sportives, qu'il a d'autres divertissements.

Quand s'inquiéter ?

En revanche, certains ados sont presque dépendants de ce type de films, les visionnant sur DivX en solitaire, de façon compulsive, aux dépens d'autres activités. Cela peut traduire un pulsionnel envahissant qui les déborde ou une fixation sur des angoisses corporelles.

Plus inquiétant, cette activité reflète chez certains ados des angoisses psychotiques qui révèlent un trouble grave de la personnalité, une perception altérée, voire morcelée de soi (voir le chapitre 66). En ce cas, y sont associées des bizarreries de comportements et des difficultés relationnelles. Il faut alors prendre l'avis d'un pédopsychiatre.

> *Règle*
>
> Aidez votre ado à dominer ses peurs profondes.

47.

... s'habille n'importe comment

Devenu adolescent, votre enfant réclame plus que jamais d'adopter sa propre tenue vestimentaire, son propre look. Si, de nos jours, la tolérance parentale et sociale s'est améliorée face à l'évolution de la mode, la tenue vestimentaire reste fréquemment un conflit de générations.

EXPLICATIONS

De tout temps (Molière y faisait déjà allusion), la querelle des Anciens et des Modernes en ce qui concerne la mode vestimentaire a existé. Si les conflits dans la famille se limitent à ce sujet, c'est que tout va bien...

Choisir son look est, en premier lieu, un moyen pour l'ado de s'émanciper du pouvoir parental à le vêtir. L'ado s'autonomise aussi par son apparence.

Il y a d'autre part chez lui la volonté d'intégrer le groupe de ses pairs et de se conformer aux codes vestimentaires de son âge. Ce faisant, il témoigne qu'il n'est plus un enfant.

L'attention portée à l'apparence (même si le soin

48.

... ne se lave pas souvent

Cela vous étonne car il était un enfant propre. Aujourd'hui, s'il passe du temps dans la salle de bains, c'est davantage pour s'observer que pour prendre un bain.

Explications

Il est vrai que, plus jeune, vous lui disiez d'aller se laver les mains avant le repas suivant en cela un rituel bien défini, mais aujourd'hui, il se gère lui-même, et n'hésite pas à vous envoyer balader quand vous lui demandez s'il a pris sa douche.

Il arrive que cette négligence corporelle s'inscrive dans un relâchement plus général, avec désintérêt, fatigue et repli sur soi qui peuvent annoncer un syndrome dépressif. Cela demandera alors une prise en charge spécialisée.

Mais en dehors de ces cas, cette attitude peut se comprendre à la lueur des changements qui s'opèrent en lui. Garder son odeur comme sa « crasse », c'est une façon inconsciente de garder une partie de « soi », à l'heure où il a le sentiment que son corps qui change si vite lui échappe.

Il y a aussi une dimension inconsciente de régression. Votre ado retrouve le même plaisir à sentir sa propre odeur que lorsqu'il était nourrisson et qu'il sentait ses couches. C'est une forme de retrait sur soi, de marquage de son territoire (à l'instar des mammifères), car l'environnement (qu'il perçoit différent puisque son regard sur les choses a changé) lui semble un peu inquiétant.

Enfin, certains adolescents connaissent au début de cette période de leur vie une grande excitabilité et évitent au maximum les contacts corporels, se protégeant de l'éveil sensuel que procure le bain.

Conseils

Ne vous inquiétez pas

Si votre ado a été un enfant propre, il redeviendra un adulte propre. Cela ne justifie donc pas que vous en fassiez chaque jour un sujet de conflit. Cette période de relâchement est habituellement transitoire.

Offrez-lui un parfum

Ce n'est pas une raison pour ne pas lui faire un « cours » sur l'intérêt de l'hygiène. À la puberté, les sécrétions hormonales font que la sueur devient très odorante. Et l'ado ne s'en rend pas bien compte. Pourquoi ne pas lui offrir un kit toilette pour le motiver : un ensemble de savons et de shampoings parfumés avec un déodorant et une eau de toilette.

Favorisez la vie sociale

N'oubliez pas que les principaux motivateurs de la toilette des ados sont les ados eux-mêmes. Car si l'un d'entre eux sent mauvais, il va vite avoir droit au surnom de « putois », et s'empressera de prendre son bain en rentrant chez lui. Favorisez donc les rencontres avec des jeunes gens ou des jeunes filles, éventuellement un peu plus âgés car cette négligence est davantage présente au début de l'adolescence.

L'inscription au sport impose aussi la douche après le cours.

Faites preuve de patience

Last but not least, quand il y a une romance dans l'air, l'ado comprend aussitôt l'intérêt d'avoir des cheveux propres, une haleine mentholée et une agréable fragrance corporelle. C'est alors qu'on se plaint qu'il passe dorénavant trop de temps dans la salle de bains.

Règle

Il faut un peu de temps pour que l'ado soit dans le bain.

49.

... se trouve trop gros

À l'adolescence, il n'est pas rare que la croissance soit disharmonieuse et que votre ado manisfeste de l'embonpoint. Ce surpoids, qui remonte parfois à l'enfance, s'aggrave à partir de la puberté.

Explications

Ce sont le plus souvent les filles qui se trouvent trop grosses, quand les garçons à cet âge se trouvent insuffisamment musclés. La plainte de l'adolescente n'est pas toujours déraisonnable.

Ce sentiment d'être trop gros peut traduire, en dehors de la pression de l'environnement (images des mannequins, réflexions des copines), un défaut de perception de son image corporelle ou un refus de sa féminité. En effet, quand l'adolescente dit « je suis trop grosse », c'est qu'elle se trouve trop molle, qu'elle ne se sent pas assez belle, assez tonique, assez active.

L'ado qui se trouve trop gros masque derrière son surpoids des angoisses existentielles. On peut, grossièrement, résumer ces angoisses par des questionnements tels que : comment quitter l'enfance et vivre un jour sans ses parents ? Rencontrerai-je un jour l'amour ? Comment supporter les frustrations en général ? Il y a en effet souvent une participation psychologique à la prise de poids qui est un frein pour la réduire. Car l'hyperphagie (le fait de s'alimenter de façon excessive) peut être un mécanisme de lutte contre l'anxiété, la dépression ou encore une manière de récuser ainsi sa propre agressivité.

Conseils

Ne banalisez pas

On aurait tort, comme parents, de banaliser un surpoids sous le prétexte que votre ado a toujours été un peu rond, de prendre ses formes pour un signe de bonne santé, de lui dire que vous êtes comme ça dans la famille et qu'il n'y a rien à y faire. Le surpoids chez l'enfant et l'ado est un problème de santé publique, et la plainte de votre ado doit être l'occasion de prendre un avis médical. Le médecin généraliste, s'il constate un surpoids avéré, pourra vous orienter vers un endocrinologue s'il suspecte des problèmes hormonaux ou un diabète. Et ensuite vers un médecin nutritionniste, ou simplement un diététicien. Un régime et un accompagnement seront alors mis en place. Des activités physiques adaptées seront également proposées.

À l'inverse, le médecin pourra rassurer votre ado et lui montrer à partir de courbes de poids selon la taille s'il est dans la norme. Mais, hélas, le rassurer ne suffit pas toujours et l'ado peut avoir de lui une image déformée, se comparant par exemple à des mannequins filiformes.

Ne voyez pas que son poids en lui

Il importe que ce surpoids ne devienne pas pour lui une identité qu'à l'âge où l'on se cherche il ne croit pas s'être trouvée dans le personnage de la « gentille grosse » ou du « bon gros ». Les parents, s'ils ne doivent pas banaliser le problème, si problème il y a, éviteront de ne parler que de cela.

Une affaire de famille

En cas de surpoids avéré, l'un des obstacles au régime est la participation familiale. Si les placards sont pleins de biscuits ou de laitages sucrés, car les petits frères et sœurs les réclament, il ne sera pas possible pour l'ado de se contrôler. Si on veut que le régime soit efficace, il faut que ce soit l'occasion pour toute la famille d'avoir une alimentation équilibrée. Ce qui, même si les autres membres ne sont pas obèses, ne fera de mal à personne.

Renforcez son estime de soi

Il faut aider à développer l'estime que votre ado a de lui-même. Lui redonner confiance en lui. S'il s'agit d'une fille, le danger peut venir d'une maman ou d'une grande sœur belle, mince, et à qui tout semble réussir. Surtout si le père n'a d'yeux que pour cette dernière et semble se désintéresser d'elle. Faites intervenir la tante ou la marraine, qu'elle la soutienne dans la construction de sa féminité, en passant du temps avec elle, en lui faisant passer par exemple ces nouveaux rites d'initiation que sont ces séances de relooking, où la jeune fille va entre les mains du coiffeur, de l'esthéticienne, de la manucure, et se voit offrir une tenue de femme fatale.

En cas de difficultés psychologiques

Si l'ado se sent mal dans sa peau, il doit pouvoir trouver un interlocuteur, pourquoi pas au sein de la famille, auquel il puisse en parler. Si ce soutien familial et le régime, malgré le suivi par un diététicien, ne portent pas leurs fruits, des consultations avec un pédopsychiatre peuvent être nécessaires, surtout si des symptômes psychiques sont associés (tristesse, inhibition, insomnie, agressivité, complexes).

Règle

Le surpoids d'un ado est une affaire de famille.

50.

... veut porter un piercing ou se faire tatouer

La demande de percing (anneau ou clou de métal localisé dans la peau d'une partie du corps, généralement la langue, l'arcade sourcilière, le nombril, l'oreille) et de tatouages est croissante chez les ados. Au-delà de la mode, ces pratiques participent aujourd'hui des rituels de l'adolescence.

Explications

La motivation est présentée comme un critère esthétique. Il y a d'autres motivations plus inconscientes. L'une d'elles est le besoin de s'assurer de la permanence de son corps, et de le marquer pour le suivre à la trace. En personnalisant son corps, l'ado se confère une apparence identitaire. Il cherche par ce biais à avoir une maîtrise sur un corps nouveau qui lui échappe. Il cherche aussi à s'approprier son nouveau corps, pour dire qu'il n'est plus en votre possession, comme il pensait que l'était son corps d'enfant.

C'est aussi une façon pour l'ado de marquer les épreuves qu'il a le sentiment de vivre au quotidien, de

51.

... a toujours mal quelque part

C'est un âge où l'on observe une recrudescence des plaintes somatiques. Le plus fréquemment, ce sont des maux de tête, de ventre, des vertiges, des palpitations ou des douleurs articulaires. Ces plaintes sont deux fois plus fréquentes chez les filles que chez les garçons.

Explications

Derrière ces plaintes, il y a, de façon inconsciente, des questionnements autour de ce nouveau corps encore mal maîtrisé et qui inquiète. Perdre son anatomie d'enfant, c'est en effet perdre la sécurité d'un corps qui était placé tout entier sous la protection des parents considérés alors comme tout-puissants.

L'adolescence est une renaissance, l'adolescent revisite psychologiquement et affectivement les stades de sa petite enfance. Comme le nouveau-né (sujet aux vomissements, à l'eczéma, aux diarrhées quand il n'est pas bien moralement), il va exprimer physiquement ses contrariétés et ses inquiétudes.

Conseils

Un examen médical

La première attitude à adopter est, bien sûr, de faire passer à votre enfant un bilan médical approfondi avec son médecin traitant. En effet, bien que certaines de ses plaintes soient associées à un état anxieux, il peut être angoissé et avoir des problèmes somatiques. Cet examen médical, s'il ne met en évidence aucune anomalie physique, rassurera l'ado quant à la normalité de son fonctionnement corporel.

Mais cette réassurance est souvent insuffisante pour faire disparaître complètement les « somatisations », ces plaintes physiques sous-tendues par une origine psychologique.

Encouragez de nouvelles formes d'expression

Pour éviter que le corps soit de façon systématique le porte-parole de l'adolescent, la conduite à tenir est de favoriser les autres modalités d'expression et, en particulier, la parole ou l'écrit. Donnez-lui l'occasion de dire ce qu'il a sur le cœur ou dans sa tête, ce qui le tracasse personnellement mais aussi ce qu'il pense sur des sujets divers car il parle de lui au travers de ce qu'il peut dire sur des choses de la vie. Encouragez-le à écrire ses ressentis, et favorisez ou initiez ses modes d'expression artistiques (dessin, chant, musique, mime, théâtre, vidéo) qui sont des voies de libération émotionnelle.

Agissez sur l'entourage

Il arrive que le contexte familial favorise ce type de plainte quand un des parents a une maladie réelle (une ado qui a une mère cardiaque va s'inquiéter de ses propres palpitations, exprimant ainsi son inquiétude vis-à-vis de sa mère) ; ou bien quand un des parents est anxieux et somatise. Il ne faut pas hésiter alors à mettre en lumière le lien entre les deux pour mieux le rompre.

Prévenez une hypochondrie

Les parents doivent prendre garde à ce que l'apparition, somme toute banale, de ce type de plaintes ne soit pas le prétexte à la mise en place d'une véritable organisation « hypochondriaque » à deux, entre le jeune et un parent. Une inquiétude excessive du parent, des alternances incessantes de cajoleries ou d'hostilité en lien avec ces plaintes corporelles, des rapports de corps à corps (massages) risquent d'enraciner ces troubles et de maintenir l'ado et son parent dans une interdépendance autour du contrôle corporel à l'heure d'une nécessaire séparation.

Règle

Ne pas être trop complice avec le mal, mais écouter les craintes.

52.

… ne quitte pas la salle de bains

Lui qui traînait des pieds pour se laver, voilà qu'il squatte la salle de bains sans fin, tandis que le reste de la famille doit patienter.

Explications

« Mais que peut-il bien y faire pour y passer tant de temps ? » se demandent les parents qui ont oublié leur adolescence. C'est simple, votre ado se regarde, face au miroir, sous toutes les coutures, et avec insistance pour certaines parties de son corps qui lui importent, le fascinent ou le préoccupent plus que d'autres comme le visage. Il s'y lave ; parfois avec insistance, s'il est sujet à des TOC ou à des phobies de la saleté qui peuvent apparaître transitoirement à cet âge. C'est qu'il se sent vulnérable aux microbes, un peu comme, petit enfant, il craignait les petits animaux.

Ces phobies peuvent aussi se comprendre sur un plan psychique par des angoisses de mort, liées à la sexualité, ou à une trop grande proximité avec les membres de sa famille. L'ado qui se sent sale veut aussi symboliquement nettoyer sa culpabilité imaginaire en divers sujets, si fréquente à cet âge. Mais prendre son temps pour se laver est aussi pour lui un moyen de faire connaissance avec son nouveau corps, qui le fascine ou le trouble parfois. Et il va pour cela l'explorer, le toucher, afin de prendre bien conscience de ses limites et d'assurer son emprise sur lui. Il s'y isole car la salle de bains est souvent la seule pièce munie d'un verrou (c'est préférable pour éviter une surexposition de l'intimité) où il a l'assurance qu'il ne sera pas surpris à l'occasion par exemple d'exercice onanique. Il s'y relaxe, protégé par l'isolement, le calme habituel de cet endroit. L'humidité lui permet de régresser dans une pièce qui est un lieu habituel des soins que lui donnait la mère quand il était petit.

Conseils

Répartissez les tranches horaires

Ne jetez pas votre ado avec l'eau de son bain. Ce temps passé lui est utile. Ne vous moquez pas de lui. Mais il ne doit pas pour autant porter préjudice au reste de la famille qui a autant besoin que lui de la salle de bains. La réponse est organisationnelle. Répartissez les temps de passage. Et, pourquoi pas, proposez un peu plus de temps aux enfants adolescents ; à la condition qu'ils occupent les créneaux horaires les moins réclamés. C'est-à-dire que l'ado pourra faire usage de la salle de bains à d'autres moments de la journée, quand personne ne s'y rend. Par exemple tardivement dans la soirée ou l'après-midi s'il n'a pas cours.

Arrangez-vous pour que chacun ait sa serviette personnelle (choix de couleur) et un espace personnel dans les placards pour y ranger ses affaires.

Halte au gaspillage

N'oubliez pas cependant de lui rappeler la nécessité financière et écologique de ne pas gaspiller l'eau. Dites-lui de préférer les douches aux bains et, en cas de bain, de ne pas laisser couler l'eau chaude en continu pour le réchauffer.

D'autres troubles associés

Si vous repérez chez votre ado des inquiétudes concernant son fonctionnement corporel, proposez-lui un rendez-vous chez le médecin de famille avec lequel vous aurez abordé la question auparavant.

Si vous suspectez chez lui des TOC liés au nettoyage, abordez le sujet avec finesse car vous vous heurterez souvent à un déni de sa part (voir le chapitre 61).

> *Règle*
>
> Respectez l'intimité de votre enfant.

53.

... semble évoluer vers l'anorexie

On y pensera chez une jeune fille (l'anorexie touche neuf filles pour un garçon) qui réduit son apport alimentaire et s'amincit. Il ne s'agit pas d'un simple manque d'appétit mais d'un véritable refus de s'alimenter qui peut durer des années.

EXPLICATIONS

La jeune fille anorexique justifie le régime qu'elle débute par quelques rondeurs disgracieuses à ses yeux, mais elle prolonge son amaigrissement au-delà du bien-fondé. Classiquement, elle accompagne son régime d'une certaine hyperactivité, notamment sportive, et maintient un bon investissement scolaire. Un arrêt des règles est un des signes du diagnostic d'une anorexie qui s'installe. Des malaises liés à la carence alimentaire sont un signal d'alarme trop tardif.

Quand on lui fait remarquer sa perte de poids, l'anorexique nie. Elle cache sa minceur sous des vêtements amples, use de stratagèmes pour sauter des repas et va jusqu'à faire semblant de manger en dissimulant la nourriture, voire en absorbant des laxatifs ou en se faisant vomir. Car la perception qu'elle a d'elle-même est faussée : elle se voit grosse alors même que tous la trouvent trop maigre.

L'indice de masse corporelle est un indicateur de l'anorexie. On divise le poids en kilos par sa taille au carré, en mètres. Par exemple, une fille d'un mètre soixante-dix pesant cinquante kilos aura un indice de 17,3. Or, chez une ado de plus de quinze ans, il doit être supérieur à 18. S'il est inférieur à 15, une hospitalisation est conseillée. Elle est absolument impérative si cet indice est inférieur à 13. De même, on hospitalisera une ado qui perd dix kilos ou plus en trois mois.

L'anorexie mentale est une maladie médico-psychologique grave, pouvant conduire au décès, et qui justifie une prise en charge spécialisée conduite par un psychiatre. Il existe différents mécanismes psychologiques complexes qui sous-tendent ce type de comportement : difficulté à s'émanciper de ses parents, difficulté à renoncer à son corps d'enfant, lutte contre les dépendances, positions masochistes, refus de la sexualité. Plus la prise en charge est précoce, plus l'évolution sera favorable.

Les parents ressentent tour à tour de la culpabilité, de l'incompréhension, de la rancœur, de la colère. Ils peuvent se faire aider individuellement ou en famille. Il existe aussi des groupes de parole pour les familles.

Conseils

Décelez l'anorexie le plus tôt possible

Avant que la perte de poids ne s'affiche, des signes doivent vous alerter : une obsession du poids et une fascination pour les mannequins, le fait que votre fille

54.

... veut se faire opérer du nez

Il est de plus en plus fréquent de voir des adolescents recourir à la chirurgie esthétique. Les demandes portent généralement sur une modification du volume mammaire ou fessier, ainsi que sur la chirurgie de l'oreille et du nez. Ce n'est pas sans danger sur le plan psychologique.

Explications

Les « people », les adultes de la famille qui ont eu recours à la chirurgie esthétique, relayés par les innombrables articles ou talk-shows sur le sujet, favorisent la demande chez l'adolescent.

La croissance n'étant pas achevée, intervenir trop précocement donnera un résultat provisoire et potentiellement disharmonieux.

Il y a, par ailleurs, un risque de déception quant aux résultats, et un risque d'escalade, avec d'autres demandes, car au final c'est un changement plus profond qui est espéré.

Avec la puberté, l'ado qui se retrouve avec un nouveau corps ne se reconnaît plus. Et il ne peut se percevoir véritablement tel qu'il est. Il faut du temps pour s'habituer et apprendre à apprécier une nouvelle apparence. L'ado en question a souvent peu accès à son monde intérieur. Il imagine qu'en changeant son paraître il modifiera son être. Il rend une partie de son corps responsable de tous ses maux. Il imagine qu'il suffira, comme par magie, de changer un « morceau » de lui pour que tout aille mieux.

À quinze ans, soixante-quinze pour cent des filles et cinquante pour cent des garçons ne sont pas satisfaits de leur apparence physique. Ils sont parfois aux prises avec un perfectionnisme qu'ils vont appliquer à leur aspect physique. Ils vont rendre leur apparence responsable de leur manque de confiance en eux ou de leur difficulté à communiquer avec les autres. C'est contre ce perfectionnisme, cette vision déformée qu'ils ont d'eux-mêmes, et contre une mésestime de soi qu'il faut lutter avant de céder aux sirènes du passage à l'acte chirurgical. Et cela demande une force morale importante chez les parents, car les ados en font souvent un enjeu de pouvoir et d'émancipation. En effet, il s'agit alors pour eux de se réapproprier leur corps, d'en avoir la maîtrise, de le modifier à leur guise, de ne plus en faire la propriété de leurs parents, allant jusqu'à changer des caractéristiques physiques issues clairement d'un parent. Beaucoup d'ados cherchent de cette manière à se décoller d'une dépendance trop forte au père ou à la mère, comme dans les troubles du comportement alimentaire.

Cette volonté d'autonomie est de bon aloi, mais c'est dans la tête qu'elle doit s'opérer. Si c'est uniquement par la voie physique, le résultat sera précaire. En dehors de l'escalade, le risque psychologique est une dépression qui était masquée par l'obsession de la demande, face à la non-résolution des problèmes véritables. L'influence de la mode joue aussi un rôle, et le rôle des parents est d'aider leur enfant mineur à s'accepter et à imposer ce qu'il est aux yeux du monde.

Dans certains cas, il s'agit de dysmorphophobie. C'est une vision déformée d'une partie de soi qui s'inscrit dans une perception délirante de soi. Ce peut être un des premiers symptômes apparents d'une maladie psychiatrique grave, la schizophrénie. On la décrit aussi chez des maniaco-dépressifs ou chez les sujets envahis par les TOC. Une intervention chirurgicale risque de précipiter gravement la maladie et de provoquer des états délirants.

Conseils

Retardez au maximum

La principale consigne que je donne aux parents confrontés à ce type de demande est la prudence. Il n'y a jamais urgence à intervenir chirurgicalement en esthétique à l'adolescence, mais il peut être urgent de se questionner sur le malaise sous-jacent à cette demande. Les parents, même ceux qui ont eu recours à la chirurgie plastique, ne doivent pas être dupes, et savoir différer la réponse chirurgicale à une demande qui peut être insistante.

Prenez l'avis d'un chirurgien

Vous pouvez prendre l'avis d'un chirurgien plastique qui exerce en hôpital public. Il lui expliquera les limites de l'intervention et l'invitera à y réfléchir jusqu'à ses dix-huit ans. À l'inverse, il pourra repérer de véritables malformations qui pourront être prises en charge.

Consultez un psychiatre

S'il insiste, une consultation avec un psychiatre ou un psychologue pour ado est utile. En effet, l'ado a tendance à cristalliser un mal-être sur une partie de son corps, chargé symboliquement pour lui. C'est un mal-être dont il n'a pas conscience, puisque justement il est concentré sur cette idée fixe. Un suivi sera proposé avant toute intervention.

Apprenez à votre ado à s'aimer

Une fois que vous aurez expliqué à votre ado qu'il devra attendre sa majorité, aidez-le à apprécier le reste de son apparence, à se mettre en valeur malgré son « défaut », à prendre confiance en lui, à lutter contre ses difficultés à communiquer et à s'émanciper de vous (en lui proposant des activités, des voyages).

> *Règle*
>
> Il y a souvent urgence à différer.

MALAISES OU MALADIES

Comment réagir si votre ado...

55.

... se ronge les ongles

C'est ce qu'on appelle l'onychophagie. Cela peut se produire à tout âge, mais il n'est pas rare d'observer une recrudescence de ces conduites à partir de la puberté.

Explications

L'onychophagie concerne les ongles des mains mais aussi des pieds. Ce comportement peut faire suite à la succion du pouce, quand celle-ci s'est poursuivie jusqu'à la puberté ou à l'arrêt du tabac. Le plus souvent, l'ado se contente d'égaliser la longueur de ses ongles. Tous les doigts sont alors concernés. Mais chez certains, cela devient une activité compulsive pouvant provoquer un saignement par extension à la peau environnante. Au-delà de son aspect peu esthétique, cette conduite induit un risque d'infection (panaris) et est préjudiciable pour les dents.

L'onychophagie poussée à l'extrême traduit une anxiété mal maîtrisée, un débordement émotionnel, une oralité débridée (le même type de pulsion qui pousse à fumer) et une agressivité retournée contre soi (forme d'autocontrôle). Ces pratiques ne sont pas l'apanage des humains, puisqu'on les retrouve chez certains mammifères, comme le chien ou le chat quand ils sont exposés à une situation stressante. Pour ces derniers, tout se passe comme s'ils rongeaient leur frein pour se retenir de griffer...

Conseils

Traitez la cause

Le principal traitement consiste bien sûr à intervenir sur la cause, à savoir l'anxiété de fond et le manque de confiance en soi. Il passe par une réduction des facteurs de stress et la lutte contre l'ennui et la solitude.

Il arrive que l'ado imite l'un de ses parents. Une prise en charge commune sera d'autant plus efficace.

Favorisez l'expression de ses émotions

On invitera son enfant, chaque fois qu'il se ronge les ongles, à exprimer ce qu'il a sur le cœur afin de mettre en mots ce que son geste traduit : contrariété, inquiétude, émotion, questionnement, ressentiment. En effet, cette décharge psychomotrice utilise une énergie psychique qui pourrait servir à verbaliser les tensions, voire à trouver des solutions aux problématiques.

Vernis ou chapelet

On peut aussi intervenir « localement ». Un vernis amer sur les ongles ne règle que les onychophagies mineures. Mais il aide à prendre conscience de la conduite alors qu'elle est devenue réflexe.

Un petit objet à manipuler (à l'instar des chapelets)

de sommeil supérieur à la moyenne. On parle d'hypersomnie.

On éliminera la maladie de Gélineau ou narcolepsie. Elle peut débuter vers onze ans. L'ado a de brusques envies de dormir, totalement irrésistibles, à n'importe quelle heure de la journée. Il risque d'ailleurs, s'il ne se couche pas aussitôt, de chuter au sol. L'accès dure quelques minutes à quelques heures. L'origine est inconnue. Il existe aujourd'hui un traitement de fond qui prévient les crises.

On s'assurera qu'il n'y a pas d'apnée du sommeil. Cela concerne généralement des ados en surpoids. L'ado ronfle habituellement mais son sommeil est interrompu par des pauses respiratoires (il ne respire plus pendant quelques secondes). Cela entraîne des microréveils qui altèrent la qualité du sommeil de l'ado qui doit compenser en dormant plus.

D'autres maladies graves entraînent une hypersomnie, mais ce symptôme est volontiers associé à d'autres signes comme la fièvre ou une altération de l'état général (encéphalite, tumeur cérébrale). En cas de doute, on prendra un avis médical.

L'hypersomnie peut aussi avoir une cause psychologique. Il s'agit d'un refuge dans le sommeil en cas d'état dépressif. C'est une mise en hibernation chez l'ado qui ressent comme excessif l'ensemble des exigences externes et internes de son existence et s'en met à l'abri en fonctionnant au ralenti. Il régresse et retrouve le sommeil du nourrisson.

Conseils

N'inversez pas son rythme

Si votre ado a du mal à se lever le matin, veillez en conséquence à limiter tout ce qui retarde son sommeil. Si, malgré cela, votre ado décide de se coucher tard, libre à lui, mais ne transigez pas sur l'heure du lever pour aller en cours afin de ne pas le dérégulér davantage. En revanche, acceptez la « grasse mat » du week-end.

Protégez la qualité de son sommeil

Quand l'ado augmente son temps de sommeil, c'est parfois parce qu'il est de mauvaise qualité. Les parents veilleront donc à ce que l'ado bénéficie d'une bonne literie, d'un isolement sonore suffisant et tenteront de le convaincre de ne pas s'endormir devant la télé.

En cas de surpoids, un régime sera recommandé.

En cas d'apnée du sommeil, il existe un appareil que l'ado peut placer sur le visage pour réguler sa respiration. Plus radical, un petit traitement chirurgical sur le voile du palais peut donner de bons résultats.

Attention aux médicaments

Éliminez les traitements qui augmentent la durée du sommeil comme des antitussifs ou certains médicaments contre les allergies. Il en existe aujourd'hui qui n'entraînent pas de somnolence. Vérifiez que l'ado ne prend pas le soir des toxiques, pour s'endormir justement (alcool, cannabis).

Une dépression ?

Une hypersomnie doit être l'occasion d'échanger avec son ado sur son éventuel malaise et ses soucis. Un état dépressif se traduit souvent par des insomnies, mais il peut aussi entraîner un refuge dans le sommeil. Ce peut être transitoire. Mais, au-delà de quinze jours, on pourra prendre un avis auprès d'un médecin spécialiste.

Règle

Gardez un œil ouvert sur votre ado s'il dort trop.

57.

... n'arrive pas à s'endormir et se couche très tard

Plus d'un ado sur deux se plaint d'avoir du mal à s'endormir. Cette insomnie est souvent due à tous les remaniements psychiques et affectifs qui s'opèrent en eux.

Explications

Il faut savoir que la durée du sommeil diminue à la puberté. Elle passe en moyenne à neuf heures. L'heure d'endormissement est habituellement déplacée de 21 heures à minuit.

Certains ados, en général bons élèves et de nature perfectionniste, s'inquiètent à l'idée de ne pas s'endormir alors qu'ils font leur lot de sommeil nécessaire.

Le soir dans son lit, l'ado est passif et face à lui-même. Il ne peut éviter de penser. Et il se retrouve avec mille et une questions existentielles propres à cet âge auxquelles il a pu échapper la journée. Certains sont à l'aise avec ce bilan sur eux-mêmes. D'autres refusent toute introspection et essaient d'y échapper en retardant toujours plus l'heure du sommeil.

L'insomnie s'explique aussi par la peur des rêves. La

nuit, votre ado se transforme, un peu comme le fait le Docteur Jekyll. Tous ses fantasmes, ses désirs inconscients, les envies qu'il réprouve la journée, ses angoisses aussi, vont se libérer la nuit en rêves ou en cauchemars. Apparaît alors un aspect de lui-même qui l'effraie et dont il retarde la rencontre chaque soir en retardant le coucher. C'est pourquoi il a du mal à se laisser aller dans les bras de Morphée.

Enfin, l'insomnie peut aussi faire partie du tableau dépressif. Elle est alors associée à d'autres troubles comme des cauchemars répétés, une irritabilité, un repli sur soi, une tristesse, des difficultés scolaires et une perte de poids.

Conseils

Faites-lui passer un bilan physique

Un examen médical éliminera les causes physiques de l'insomnie que sont, par exemple, une hypertension artérielle. Cette dernière peut en effet apparaître à la puberté et expliquer une insomnie et des réveils nocturnes.

Évitez les somnifères

Gardez-vous de donner à l'emporte-pièce des somnifères pris dans votre armoire à pharmacie. Ces médicaments induisent un risque de dépendance et grèvent la qualité des rythmes du sommeil. Préférez les infusions de tilleul ou de fleur d'oranger.

Des exercices de relaxation pourront aider votre ado à lâcher prise. Vous pourrez aussi l'inscrire à des séances de yoga.

Veillez à éliminer toutes les sources d'excitation le soir : la télé dans la chambre, la prise d'excitants (café, thé, coca), les bains chauds...

Les parents interviendront si nécessaire sur l'environnement (isolation des fenêtres, température de la chambre, confort du lit). Et ils inciteront leur enfant à pratiquer des activités physiques la journée car elles régulent le sommeil. À l'inverse, les activités physiques le soir sont excitantes.

Retrouvez un doudou

Il faut accepter que votre ado, comme le petit enfant, ait à nouveau besoin d'aides à l'endormissement. Il va remplacer la berceuse par la musique de son baladeur MP3, l'histoire que maman racontait par des lectures ou une conversation téléphonique, le biberon par la bouteille de soda. Des rituels du coucher (petit TOC) peuvent réapparaître et s'accompagner parfois d'activités auto-érotiques, voire de doudou puisque certaines ados collectionnent des peluches.

Dialoguez

Plus l'ado aura la possibilité d'échanger pendant la journée avec un interlocuteur de qualité sur lui-même et sur les grandes questions de la vie qu'on s'est tous posées, moins il ruminera le soir.

S'il est angoissé le soir, il pourra être rassuré par un interlocuteur privilégié auquel il confiera certaines de ses pensées secrètes, émaillées de ses sentiments d'étrangeté, de ses inquiétudes quant à la stabilité de son identité. Expliquez-lui en retour que les pensées peuvent être libres tant que l'on contrôle ses actes.

Enfin, en cas de signes associés à l'insomnie, comme

en cas d'insomnie isolée mais résistante et handicapante, il faut consulter un médecin spécialiste.

Règle

Redevenir le gardien de son sommeil.

58.

... mange n'importe quoi n'importe comment

C'est un âge où l'on mange volontiers de manière anarchique. Ces mauvaises habitudes alimentaires peuvent entraîner une prise de poids et nuire à l'état général.

Explications

Plusieurs facteurs sont en cause :

- Un rejet des contraintes liées à la répartition des repas.
- Un appétit mal contrôlé et modifié du fait de la croissance.
- Une réactivation des pulsions orales débridées de la petite enfance (l'ado comme le petit enfant ont toujours quelque chose en bouche).
- L'ennui ou l'angoisse « traités » par la prise alimentaire.
- Un habitus alimentaire propre aux ados (restauration rapide).

En même temps la question de l'apparence pousse les ados, notamment les filles, à tenter de maîtriser maladroitement leurs apports.

dans un fast-food, proposez-leur un dîner ou un déjeuner où chacun participe à la fabrication du repas avec vous comme chef d'orchestre.

Règle

Une alimentation équilibrée, c'est une affaire de famille.

59.

... est triste

Des moments de tristesse sont normaux à l'adolescence. Mais attention à la dépression.

Explications

La tristesse s'allie parfois à des moments de repli, d'ennui, de morosité. Elle a la sécheresse du désert, chez le garçon notamment, ou l'humidité salée des larmes. C'est une période de perte et de séparation. L'adolescent fait ses adieux à son corps d'enfant qui devient, selon les mots de Saint-Exupéry dans *Le Petit Prince*, une « vieille écorce abandonnée ». Il fait aussi ses adieux à l'image de ses parents qui est radicalement transformée, mais aussi à son univers amical qui est éclairé d'un jour nouveau et qui lui apparaît tout autrement. La série des adieux concerne également ses croyances, sa morale, ses sentiments, ses goûts, sa façon de penser et d'aimer.

Chacune de ces pertes est une pierre lancée dans le jardin de la dépression. Car c'est bien d'elle qu'il faut se méfier. L'adolescence est une période à risques pour la dépression en raison de l'importance de ces pertes justement. Il n'est pas aisé de faire la différence entre déprime et dépression. En cas de doute, voyez un médecin spécialiste, un pédopsychiatre, pour faire la part des choses. Consultez si la tristesse persiste plus de deux semaines d'affilée ou est associée à des troubles du sommeil, un amaigrissement, des idées suicidaires, des prises de toxiques répétées ou des comportements agressifs quotidiens.

Conseils

Aidez-le à s'exprimer

Face à une tristesse isolée, irrégulière et sans signe de gravité associé, les parents inviteront leur ado à livrer ce qu'il a sur le cœur aux membres de la famille, aux personnes en qui il a confiance, à ses amis, à son journal intime ou à son blog (sur les blogs, voir le chapitre 72).

Que vous ayez ou non le temps et le cœur à l'écouter, il s'agit de ne pas ridiculiser cette tristesse. Relevez-la (« tu as l'air triste aujourd'hui »), et ajoutez ensuite quelques mots de réconfort tels que « j'ai de la peine pour toi » ou « je suis de tout cœur avec toi ». Si vous êtes occupé, proposez-lui d'en parler plus tard. Mais ne dramatisez pas. La vie de famille ne doit pas s'arrêter dès que votre ado a un chagrin.

Donnez des conseils

Il ne s'agit ni de mettre de l'huile sur le feu, ni de chercher à étouffer votre ado au risque de lui enfumer le cœur. La cause sera abordée si la tristesse semble réactionnelle à une situation actuelle (déception en amitié, chagrin d'amour, échec à une épreuve sportive ou scolaire). Donnez-lui alors des conseils pour réparer, rebondir, oublier, et aller de l'avant. Vous pourrez éventuellement citer des exemples tirés de votre propre adolescence.

Retour vers le passé

En l'absence de cause évidente, invoquez le passé car la tristesse est alors empreinte de nostalgie. Rappelez des souvenirs agréables de l'enfance, sortez les photos, visionnez les vidéos, rapportez de la cave les souvenirs (anciennes peluches, journal du bébé).

L'ado est rassuré de voir que ce qui a été peut être retrouvé et que vous restez le témoin et le garant de ce passé.

Mais, dans un second temps, tournez l'ado vers l'avenir et affirmez-lui que vous pensez que son futur sera au moins aussi bien que son passé. Les ados ont besoin que vous croyiez en leur futur.

Règle

Une tristesse prolongée impose de consulter.

60.

... se plaint de la solitude

C'est une plainte fréquente à cet âge, y compris quand l'ado semble entouré.

Explications

L'adolescence est une période de rupture avec ses amis d'enfance. On devient quelqu'un d'autre, et les centres d'intérêt qui étaient communs à l'école primaire diffèrent. L'intérêt pour l'autre sexe démobilise des amitiés fortes de l'enfance. En attendant que de nouveaux liens se créent, l'enfant peut souffrir au début de l'adolescence d'une certaine solitude. Ce sentiment risque d'être renforcé à l'occasion d'un déménagement ou d'un changement d'établissement. Une fragilité transitoire liée aux remaniements pubertaires (manque de confiance en soi, complexes, anxiété) sont d'autres facteurs qui favorisent un isolement social.

Conseils

Favorisez les rencontres

Vous éliminerez les facteurs psychologiques qui peuvent contribuer à le bloquer (voir les chapitres 25, 39 et 59).

Vous veillerez à recevoir en sa présence vos amis car il est possible que votre ado se lie plus aisément avec des adultes et que ces liens soient le marchepied vers une amélioration de sa confiance relationnelle.

Vous soutiendrez ou vous le pousserez vers tout ce qui est du registre des activités sociales extrascolaires car l'ambiance de son établissement se prête peut-être mal à de nouvelles relations qu'il pourra tisser en dehors du collège. Dans cette dynamique, vous privilégierez des vacances dans des clubs où la rencontre avec d'autres ados est aisée.

Apprenez-lui à communiquer

Vous l'aiderez à développer ses compétences relationnelles en lui donnant quelques conseils de base en communication. Ces conseils semblent simplement de bon sens, mais n'oubliez pas qu'à cet âge le bon sens fait véritablement défaut.

Ainsi, si votre ado se plaint de solitude mais se montre très critique envers son entourage :

- Expliquez-lui qu'on n'attrape pas les mouches avec du vinaigre et que c'est en formulant des appréciations aux autres plutôt que des reproches qu'ils auront envie de le fréquenter.
- Conseillez-lui de faire au moins un compliment par jour, sincère, bien entendu, à l'une au moins des personnes de son entourage.

- Demandez-lui de repérer deux personnes qui l'intéressent dans son établissement et une ou deux personnes qui se sont montrées aimables à son égard. Qu'il concentre ses objectifs sur elles en commençant simplement par leur dire bonjour chaque matin et en les nommant par leur prénom.
- Qu'il s'intéresse aux autres au lieu de tout faire – et parfois n'importe quoi – pour qu'on s'intéresse à lui.
- Invitez-le à écouter les autres et se mettre à leur place quand ces derniers lui parlent d'eux.
- Avant de parler de lui, recommandez-lui de questionner les autres et de les faire parler d'eux-mêmes.
- Quand il échange avec quelqu'un, incitez-le à pointer d'abord les points de convergence avant de mettre en avant les points de divergence. Certains ados cherchent trop à s'affirmer en s'opposant, y compris avec leurs pairs.
- Quand il n'est pas du même avis, qu'il donne son point de vue contraire de façon positive, « moi je pense que... », plutôt que de bloquer l'écoute de l'autre en affirmant son désaccord sous la forme négative « pas d'accord ! ».
- Donnez votre point de vue sur l'impact potentiellement péjoratif de son apparence, si celle-ci est trop datée par rapport aux jeunes de son âge ou trop cataloguée.

Ces différents conseils seront égrenés au cours d'échanges que vous aurez avec lui en prenant appui sur des exemples qu'il vous aura rapportés. Ils ne doivent pas apparaître sous une forme sentencieuse mais plutôt comme une forme de coaching pour lui faire prendre conscience que la solitude à cet âge ne renvoie pas à des manques de qualités personnelles, mais plutôt à des modes relationnels déficients qui mènent à des formes d'enfermement.

> *Règle*
>
> La communication, ça s'apprend.

une forme de permanence, un îlot de stabilité, grâce à la répétition (comme l'histoire, toujours la même, qu'il voulait entendre le soir quand il était petit). Les rituels comme les habitudes occupent. Ils lui donnent un semblant de repères dans son monde en plein bouleversement. En outre, ces TOC occupent également son esprit, empêchant ainsi l'irruption de pensées dérangeantes, de fantasmes sexuels ou agressifs qu'il réprouve.

En l'absence de prise en charge, les troubles disparaissent d'eux-mêmes dans dix à quinze pour cent des situations. En revanche, des soins mènent à une « guérison », ou à une amélioration, dans plus d'un cas sur deux.

Conseils

Pas de paroles blessantes

On s'abstiendra évidemment de moqueries. Quand bien même le rituel ou l'obsession vous paraîtraient ridicules ou bizarres, évitez des remarques du style « t'es toqué » ou « c'est complètement fou ! », car l'ado peut craindre de l'être véritablement. Il est inutile de demander à son ado de se contrôler, car c'est plus fort que lui, et il n'est pas question ici de faillite de sa volonté.

Pas de complicité avec le TOC

En revanche, on ne sera pas complice du symptôme. Et l'on ne changera pas son propre mode de vie pour répondre aux TOC de son ado, quand bien même notre indifférence apparente réveillerait de l'agressivité chez lui. Par exemple, ce n'est pas parce qu'il ne supporte pas de boire dans un verre qui n'a pas été lavé au moins cinq fois qu'on devra se soumettre à cette volonté de laver la vaisselle plusieurs fois. Il ne faut pas l'aider à réaliser ses TOC. Si, dans le cadre de son obsession, il vous pose plusieurs fois la même question, vous n'y répondrez qu'une seule fois. S'il insiste, répondez calmement, mais fermement, que vous y avez déjà répondu, et changez de sujet. Sinon, plutôt que le rassurer, vous renforcerez en fait le TOC. Ne pas aider le TOC, c'est aider votre ado.

Patience

Cependant, quelquefois, vous saurez céder. Avant un événement d'importance (examen, compétition sportive), vous accepterez d'être complice du rituel, mais un temps limité.

Si votre ado est pris en charge, l'évolution demandera un certain temps et sera irrégulière : deux pas en avant et un pas en arrière. Il ne faut pas juger les progrès au jour le jour, mais sur une longue durée. Il faut toujours valoriser ses efforts et l'encourager en cas de retour en arrière.

Différenciez le TOC de l'ado

Une des règles essentielles est de faire du TOC l'ennemi commun. C'est contre lui que parents et ado doivent combattre de concert. Contre le problème, pas contre l'ado. Vous devez être à l'écoute des plaintes de votre enfant, sans pour autant aider le TOC. Au même titre qu'avec un ado dépendant de drogues, vous n'irez pas lui en acheter. Vous devez reconnaître sa souffrance, mais refuser de céder aux attentes de son rituel car vous risqueriez d'aider sa « maladie ». Il ne s'agit pas d'assister le TOC. Apprenez cependant à mesurer le degré de souffrance. C'est aussi face au degré de handicap et de souffrance qu'il acceptera de se faire soigner par un médecin.

Renforcez son estime de soi

Tout ce qui permettra à l'ado de s'accomplir socialement, physiquement ou scolairement et renforcera son estime de soi aura un impact positif contre ses TOC. L'inscription dans des loisirs et des activités sportives ou sociales, bien qu'entravés par la présence des TOC, sera soutenue. Enfin, on aidera l'ado à être tolérant vis-à-vis de lui-même et à ne pas craindre ses pensées, si coupables qu'elles lui paraissent. Il devra entendre qu'on est coupable de ses actes, mais qu'on est libre de ses pensées. Et on l'invitera à s'exprimer autant que faire se peut, verbalement, par écrit, ou artistiquement, pour qu'il se décharge de la tension anxieuse qui est le moteur de ses TOC.

Sortez

En tant que parents, surtout s'il vous sollicite beaucoup, il est utile de prendre un peu de distance. Ces TOC sont aussi parfois un moyen inconscient de garder une maîtrise sur vous comme sur tout son environnement. Sortez, ayez des activités extérieures, voyez des amis. Cette liberté que vous vous accordez servira de modèle à votre enfant et de moteur pour qu'il se libère de ses propres chaînes.

Consultez

Si ces troubles sont fréquents, qu'ils inquiètent ou handicapent l'ado dans sa vie sociale, il ne faut pas hésiter à consulter un psychiatre qui traitera cela par une psychothérapie d'inspiration analytique ou bien cognitiviste. Des médicaments (inhibiteurs de la recapture de la sérotonine) peuvent être proposés, atténuant les TOC durant la période de prise, sans hélas en soigner la cause.

Règle

Être souple avec l'ado, mais dur contre le TOC.

62.

... a peur d'attraper une maladie grave

Cette peur peut devenir obsessionnelle à un âge où les préoccupations corporelles sont les plus fréquentes. Elle peut faire le lit d'une véritable maladie hypochondriaque.

Explications

L'hypochondrie est une forme particulière d'angoisse qui se porte sur la santé physique et se traduit par la crainte d'être victime d'une maladie grave s'activant au moindre dérangement physique.

Des formes mineures ne sont pas rares à cet âge en raison de l'importance des changements corporels, de la prise de conscience de la mort, et du sentiment d'être moins protégé par ses parents qui n'apparaissent plus invincibles.

Conseils

Rationalisez

Le premier mode de réponse est d'aider votre ado à se reposer sur la rationalisation. On favorisera la connaissance anatomique et physiologique du corps humain ainsi qu'une initiation au savoir médical par l'intermédiaire de livres de vulgarisation. (Profitez de son angoisse pour le motiver à lire...)

Échangez avec des professionnels du corps et de l'esprit

Rationaliser ne suffira pas à faire disparaître ses peurs, d'autant que découvrant de nouvelles maladies, il imaginera les avoir toutes. Mais ce savoir l'aidera peu à peu à mieux prendre le pouvoir sur son fonctionnement corporel (et à obtenir de meilleures notes en cours de sciences de la vie et de la terre). Proposez-lui des rencontres régulières avec son médecin généraliste, qui le rassurera sur la normalité de son corps en l'examinant tout en lui expliquant sa démarche clinique et en répondant à ses questions. Si les troubles s'installent, il vous orientera vers un psychiatre.

Donnez à votre ado l'occasion d'échanger sur la mort et les questions philosophiques qu'elle soulève particulièrement à cet âge. Trouvez pour cela un tiers féru de philosophie, psychologie ou théologie.

Attention à ne pas le surprotéger

Si on peut rassurer son ado, on ne doit pas devenir l'esclave de son hypochondrie. On évitera ainsi de changer la vie familiale pour répondre aux angoisses exprimées (si on est en week-end, par exemple, on ne va pas aux urgences de l'hôpital pour le rassurer). De même, les angoisses autour de sa maladie ne devront pas être le prétexte à une surprotection, à une relation trop fusionnelle, ou à trop d'intimité corporelle

Enfin, si cela est possible, on l'emmènera au théâtre voir *Le Malade imaginaire*, la pièce de Molière.

Règle

Rassurer sans tomber dans une relation hypochondriaque à deux.

63.

... fait encore pipi au lit

À partir de quatre ou cinq ans, l'enfant est normalement continent la nuit comme le jour. L'énurésie nocturne, le « pipi au lit », non pris en charge, peut perdurer jusqu'à l'adolescence.

EXPLICATIONS

L'énurésie nocturne concerne trois fois sur quatre des garçons. Généralement, elle a débuté dans la petite enfance et, qu'elle ait ou non été prise en charge, disparaît habituellement à la puberté, pour des raisons physiologiques (maturation physique), mais surtout psychologiques (remaniements psychiques, émancipation par rapport à ses parents et prise de contrôle de son nouveau corps). Cependant, cette énurésie qui a traîné pendant des années a pu laisser des traces affectives et nourrir un sentiment de mésestime de soi qu'il faudra prendre en compte. À force d'avoir entendu, enfant, des réflexions telles que « tu pourrais te retenir ! », ces ados sont persuadés de n'avoir pas un bon contrôle d'eux-mêmes. Ils vont compenser cette situation en devenant très ordonnés, très conscien-

également les activités externes à la maison pour réduire les conflits intrafamiliaux.

Éducation sur son corps

C'est aussi l'occasion d'informer votre ado sur le fonctionnement de son corps, et notamment du système génito-urinaire. Si nécessaire, vous pouvez l'envoyer en consultation chez son médecin traitant ou lui passer des livres. Une éducation à la sexualité peut aussi être dispensée pour dénouer d'éventuels malentendus en ce domaine (qui pourraient être à l'origine de l'énurésie). Toujours dans ce cadre, un respect des règles de pudeur à la maison est utile car faire pipi au lit est une façon inconsciente de garder immature son zizi ou sa zézette afin d'éviter le risque fantasmé d'une rencontre intrafamiliale.

Médicaments

Dans la prise en charge de cette énurésie chez l'adolescent, on peut aussi avoir recours à des médicaments, notamment à l'occasion de séjours à l'extérieur de la maison. Ces médicaments ne traitent pas la cause, mais peuvent suspendre le pipi au lit. Ils sont de trois types et doivent être associés à une surveillance médicale en raison d'effets indésirables possibles :

- Oxybutyne : surtout pour les envies soudaines de faire pipi, les fuites de la journée. Ce médicament agit en diminuant les contractions de la vessie.
- Desmopressine : qui agit en réabsorbant l'eau au niveau des reins.
- Les tricycliques qui diminuent l'anxiété et réduisent les contractions de la vessie.

Cures thermales

Les cures thermales ne sont pas sans intérêt. L'ado se retrouve avec des enfants qui ont le même problème que lui, ce qui l'aide à mieux supporter sa situation. Il fait des exercices de rééducation qui l'aident à prendre davantage le contrôle sur son corps. Enfin, l'éloignement de son milieu habituel lui permet de prendre de la distance avec les éventuels facteurs d'interactions familiales.

Règle

Le pipi chez l'ado se soigne en en cherchant les causes profondes.

64.
... est hyperactif

Votre ado peut présenter une hyperactivité avec un déficit de l'attention depuis l'enfance, qui s'est maintenue après la puberté, ou encore qui n'a été découverte que tardivement.

Explications

C'est un ado qui a des difficultés à maintenir son attention à l'école, dans des tâches quotidiennes ou dans les jeux, en dehors des jeux vidéo. Il est remuant et maladroit. Rester longtemps assis lui est pénible. Il parle souvent à tort et à travers. Impulsif, il lui est difficile d'attendre son tour. Dans les échanges verbaux, il interrompt systématiquement son interlocuteur et a tendance à répondre avant la fin de la question. Il a du mal à finir un travail, il semble vite se lasser d'une activité, est réfractaire à la contrainte, a des difficultés à s'organiser, oublie les consignes et perd souvent ses objets personnels. Des troubles de la lecture (dyslexie) ou de l'écriture sont fréquemment associés.

Son hyperactivité le rend pénible pour les autres et,

de fait, c'est un ado qui a souvent des problèmes relationnels.

Conseils

Changez son environnement

On recherchera tous les facteurs qui peuvent être à l'origine de cette hyperactivité tels qu'un excès de télévision ou de jeux vidéo, une maltraitance familiale, un parent déprimé, ou d'autres facteurs de stress continu.

Un placement en internat, quand il met l'ado à l'abri de stimuli intrafamiliaux excessifs, une limitation, voire une suppression des jeux vidéo peuvent apporter une amélioration.

Protégez votre couple

On n'est pas trop de deux avec un enfant hyperactif et le couple doit rester soudé. Il importe que l'un ne contredise pas l'autre systématiquement. Il est bon aussi que le couple se réserve au moins deux soirées par mois.

Agissez sur son cadre de vie

Un ado hyperactif a besoin d'un environnement calme, avec des règles claires et un rythme régulier. Il faut l'aider à s'ordonner. Pour cela, il faut lui proposer des rangements clairs dans sa chambre et un emploi du temps détaillé pour chaque jour. Il tiendra un agenda, idéalement électronique car il a du mal avec l'écrit. Pour ses affaires scolaires, on privilégiera un rangement par matière.

C'est un enfant qui est vite dissipé. C'est pourquoi

quand il aura besoin de se concentrer (pour faire ses devoirs, par exemple), on l'aidera à assurer le calme en limitant au maximum ses possibilités de distractions (pas de télé dans la chambre).

Il est préférable qu'il ait sa propre chambre, où il pourra s'isoler de ses frères et sœurs.

Développez ses activités physiques

L'ado hyperactif a besoin de se défouler physiquement. Des activités extérieures et en particulier sportives seront soutenues. Si l'espace à la maison le permet et si cela l'intéresse, on aménagera un atelier de bricolage par exemple.

Des paroles claires et chaleureuses

Les consignes que vous lui donnerez seront claires et précises, et vous ne lui en donnerez qu'une seule à la fois.

Conviez-le à exprimer ses émotions quand il vous semble plus agité que d'habitude. Car s'il parle beaucoup, ce n'est pas toujours de ce qu'il ressent.

Il doute souvent de lui et de l'attachement que l'on a pour lui. Arrangez-vous pour l'encourager, et pour le valoriser au moins aussi fréquemment que vous lui ferez des réprimandes.

Soyez attentif à l'augmentation du stress chez lui, et rassurez-le quand des signes de frustrations apparaissent.

Consacrez-lui au moins une dizaine de minutes quotidiennes à discuter de tout et de rien, sans reproches ni conflits. Mais soyez intransigeant s'il est grossier avec vous.

Faites-vous aider

Malheureusement l'hyperactivité est un facteur de risque de conduites délinquantes à l'adolescence. Il faut être vigilant et ne pas hésiter à faire appel à une aide éducative judiciaire si vous êtes débordé.

Une prise en charge spécialisée peut s'avérer nécessaire en cas de désadaptation sociale ou d'échec scolaire. Une psychothérapie de l'enfant, voire de la famille, une thérapie par l'hypnose (autohypnose), une prise en charge rééducative (orthophonie, psychomotricité à visée de relaxation, remédiation cognitive) auxquelles est parfois associé un traitement médicamenteux sont alors indiquées.

> *Règle*
>
> L'ado hyperactif a besoin de règles claires mais a aussi besoin d'être rassuré.

65.

... est atteint d'une maladie chronique

Il existe des réponses communes aux problèmes communs causés par les diverses maladies chroniques sévissant à l'adolescence.

Explications

Ces maladies, qui s'inscrivent par définition dans la durée, vont devoir être intégrées comme partie prenante de l'existence de l'adolescent, qu'elles aient débuté à la puberté ou dès la naissance. Elles sont aussi variées que l'eczéma, le diabète, les néphropathies, voire le sida depuis l'amélioration du pronostic vital.

L'ado va devoir s'approprier sa maladie. En effet, l'enfant considère son corps comme la propriété de ses parents. L'enfant malade chronique considère que son corps appartient au corps médical. L'entrée dans l'adolescence marque une autonomisation psychique qui passe notamment par la réappropriation de son corps propre. Cela se traduit parfois par des prises de risques où le corps est mis en jeu, par des marquages corporels (vêtement, tatouage, piercing) et par des prises de distance physiques vis-à-vis des parents. Chez l'ado malade chronique, cette réappropriation peut avoir comme conséquence un refus de se « soumettre » aux équipes médicales.

La dépendance à l'égard des parents, renforcée du fait de la maladie chronique, est source de tensions à l'heure d'un désir normal d'émancipation. En effet, le risque est grand que, dans son désir d'indépendance, l'ado associe mentalement les prises en charge médicales et parentales, desquelles il se dédouanerait pareillement.

L'adolescent traverse une période de refus de contraintes. Il nie tout danger. Le risque est alors un arrêt du traitement malgré les conséquences potentiellement létales que cela implique. L'ado peut aussi inscrire, dans son jeu dangereux avec la maladie, son désir de conduite à risques ou bien son désir d'emprise toute-puissante sur ses parents et son entourage.

À l'inverse, on observe chez certains enfants, et plus encore quand la maladie se déclare à l'adolescence, un investissement quasi obsessionnel de la prise en charge, faite avec rigueur et minutie. La maladie est alors intégrée au processus identitaire et participe à la définition que l'ado se fait de lui-même. Il placera parfois son énergie dans ce combat individuel, voire collectif au sein de mouvements associatifs.

Conseils

Information

L'entrée dans l'adolescence est l'occasion de redonner à son enfant des informations sur sa maladie. Vous pouvez demander l'aide du médecin spécialiste ou vous appuyer sur divers supports comme des livres.

66.

... devient inquiétant et de plus en plus bizarre

Il arrive malheureusement que l'adolescent semble perdre pied peu à peu. On observe un fléchissement scolaire auquel s'associent des conduites bizarres et une froideur du contact. On pense à la crise d'adolescence. Mais certains signes peuvent être, hélas, précurseurs d'une entrée dans la schizophrénie.

Explications

La schizophrénie est une maladie psychiatrique, qui appartient au registre des psychoses et se caractérise par de très importants troubles de la personnalité. La pensée est désorganisée, peut donner lieu à des états délirants et à une perte de contact avec la réalité, occasionnant des troubles du comportement, de la vie affective et sociale. Si les traitements ont beaucoup progressé, elle reste une maladie grave, chronique, qui doit être repérée et prise en charge au plus tôt.

La schizophrénie débute habituellement à l'adolescence. Parfois sur un mode brutal par un épisode délirant aigu : l'ado n'arrive plus à dormir ou reste alité. Il est dans un état de panique, est sidéré ou au contraire en grande exaltation. Il tient des propos confus, semble halluciné (il entend des voix) et peut avoir des comportements dangereux. Mais souvent l'installation est plus insidieuse. C'est à partir de trois mois de comportement associant un fléchissement scolaire, un isolement social, un désintérêt pour les activités de son âge, des préoccupations étranges ou ésotériques, des comportements agressifs ou de grandes rêveries que l'on peut parler de troubles schizoïdes. Cet état est volontiers l'antichambre de la maladie schizophrénique proprement dite, mais seulement l'antichambre, dont on peut sortir. En effet des épisodes psychotiques transitoires sont possibles à l'adolescence et une prise en charge adaptée peut prévenir une évolution chronique.

Il n'y a donc pas de signes spécifiques de la maladie. Le diagnostic intervient lorsque sont associés ces différents signaux d'alerte et qu'ils évoluent. On parlera autrement d'un épisode dépressif ou de moments critiques et transitoires de l'adolescence.

Afin de chercher d'autres signes et de prendre au plus tôt un avis spécialisé auprès d'un psychiatre, il faut s'alarmer devant les comportements suivants :

- Une labilité déconcertante de l'humeur, passant de l'état dépressif à des grands moments d'exaltation.
- Des prises de toxiques (drogues) répétées.
- Des comportements de plus en plus agressifs avec son entourage.
- Des actes excentriques répétés.
- Des fugues.
- Une tentative de suicide inattendue.
- Un repli sur soi et sur les jeux vidéo, entraînant une coupure progressive avec son entourage.
- Une absence d'intérêt pour les autres activités de son âge.

- Des observations prolongées devant le miroir accompagnées du sentiment d'une transformation corporelle angoissante chez lui.
- Un retour à des réactions infantiles, étranges.
- Des positionnements extrémistes qui s'installent dans la durée provoquant un isolement social.

On y pensera surtout si ces comportements surviennent chez un ado ayant déjà des troubles schizoïdes décrits plus haut.

La bizarrerie de comportement chez le jeune schizophrène touche en général toutes les sphères. Si votre ado paraît étrange à vos yeux mais qu'il est bien inséré socialement et que ses amis ou ses profs le trouvent tout à fait normal, c'est rassurant.

Mais la politique de l'autruche peut être dangereuse, et l'on ne se reposera pas trop sur ce qui, malgré tout, va bien chez son ado ou sur son refus de voir un médecin, pour retarder la prise en charge. Et chacun des signes décrits plus haut justifie de prendre au moins l'avis d'un généraliste. Au pire en le faisant venir à domicile.

Conseils

Quelles modalités de soins ?

Votre médecin traitant vous orientera vers un pédopsychiatre. Une fois la prise en charge mise en place, les parents continuent de jouer un rôle important. Le suivi a pu être initialisé en service hospitalier pour se faire ensuite sur le mode ambulatoire, c'est-à-dire en consultations. Si les troubles s'installent et s'aggravent, il peut être proposé un hôpital de jour ou un internat médico-pédagogique, au sein duquel l'ado sera pris en charge tout en pouvant poursuivre ses études dans un établissement ordinaire.

Veillez aux soins

Les parents feront en sorte de surveiller la bonne observance des soins. C'est-à-dire qu'ils s'assureront que l'ado se rend bien aux consultations et prend bien les médicaments éventuellement prescrits en le convainquant, si besoin chaque fois, de leur nécessité. Ils seront en contact régulier avec le médecin afin de lui communiquer les éléments nouveaux qui leur sont apparus.

Environnement stable

L'adolescent schizophrène a les mêmes envies que tous les ados de son âge et le même niveau de compréhension intellectuelle, mais il est beaucoup plus sensible et fragile aux stress de toutes sortes. Il doit donc évoluer dans un milieu à la fois enrichissant (socialement, culturellement, intellectuellement, physiquement), mais protégé.

Les parents créeront à la maison un environnement stable, évitant notamment les conflits favorisés par les mouvements émotionnels de l'ado.

On évitera les grandes discussions et tergiversations dans lesquelles l'ado peut se perdre et l'on n'hésitera pas à prendre des décisions fermes après les lui avoir expliquées.

Assurez-vous que votre ado bénéficie à la maison d'un rythme de vie régulier et rassurant. Et dispensez-vous des critiques, car elles sont vécues par lui à la puissance dix. Préférez les encouragements et les félicitations.

On travaillera au maintien des liens avec ses amis en

le poussant à les inviter à la maison ou dans d'autres cadres rassurants pour lui. Restez à son écoute sans pour autant céder à toutes ses demandes.

En cas de crise

Si des épisodes d'angoisse aiguë sont responsables d'états d'agitation, gardez-vous d'essayer de le contenir physiquement et préférez la parole apaisante faite de phrases courtes, dites lentement avec calme, afin de le convaincre de se rendre aux urgences. Si la situation menace de dégénérer, faites appel aux services de médecins qui se déplacent à domicile (SOS Médecins ou Urgences psychiatriques) et, au pire, au SAMU (15) ou aux pompiers (18).

Il existe des associations de parents d'enfants schizophrènes qui jouent un rôle de soutien et d'information.

Règle

Il faut traiter l'ado dès les premiers troubles.

AUTORITÉ
Comment réagir si votre ado...

Conseils

Rappelez-lui les règles

Il s'agit de dire à nouveau ce qui se fait et ce qui ne se fait pas, de mettre des limites, de rappeler à l'ordre sans agressivité ni rigidité excessive. C'est d'autant plus nécessaire s'il a de jeunes frères et sœurs. C'est alors l'occasion de le responsabiliser et de lui demander de donner le bon exemple vis-à-vis des puînés. En voyant ses jeunes frères et sœurs l'imiter, il peut se rendre compte que son attitude est régressive. Certains parents ont un bocal dans lequel l'ado met une pièce jaune tirée de son argent de poche chaque fois qu'il dit un gros mot, fait un pet ou un rot non contenu. C'est une façon ludique de signifier ces relâchements. Cette mission éducative n'est pas passionnante pour les parents, mais aide leur ado à réintégrer les règles de vie sociale et à maîtriser ses pulsions.

Proposez-lui des activités encadrées

L'inscription dans des activités de groupe (sportives ou de loisirs comme le scoutisme ou assimilé) aide votre ado car elles instaurent des règles qui n'émanent pas des parents. Ces activités sont d'autant plus efficaces quand elles sont portées par de jeunes adultes proches d'eux en âge et en centres d'intérêt, mais qui sont réglementés sur le plan pulsionnel.

Favorisez le développement de ses compétences

Enfin tout ce qui relève des savoir-faire, que cela soit sportif, manuel, intellectuel ou artistique, se nourrit de l'énergie de ces différentes pulsions. La mise en œuvre de ces savoir-faire appris à l'adolescence participe à l'organisation de ces pulsions (pulsions dérivées et sublimées dans l'apprentissage). C'est pourquoi, pour que cette période de régression ne s'installe dans la durée, il faut éviter que l'ado ne végète à la maison devant son écran.

Règle

Éduquer et rééduquer.

68.

... vous reproche de l'avoir fait naître

Les parents d'adolescent doivent avoir le cœur bien accroché quand leur enfant leur fait certaines réflexions qui les remettent en question. Ils peuvent alors penser à son propos que ce n'est pas seulement l'âge qui est ingrat chez lui.

Explications

En fait, ces remarques ne sont que l'écho des sentences qu'il exprimait du haut de ses quatre ans quand il vous disait qu'il voulait changer de maman. Inutile, donc, de vous morfondre et de croire que vous êtes une mauvaise mère. Si votre enfant s'autorise de tels propos c'est qu'il possède la sécurité affective pour le faire. Mais c'est aussi qu'il cherche à s'émanciper et qu'il n'y parvient pas dans sa tête. Le risque est alors qu'il le fasse par des conduites à risques dans une visée d'autoengendrement (voir le chapitre 36).

Il y a de l'agressivité mal contrôlée derrière ces propos, bien sûr, mais aussi le souci de se détacher de vous affectivement alors qu'il a le sentiment d'être encore trop dépendant.

Par ce type de réflexions, votre ado tient à vous montrer combien vous êtes dépendante de lui, de son bien-être et quelle emprise il a ainsi sur vous. Mais ce n'est que pour mieux se masquer sa difficulté à s'imaginer sans votre protection. Il est ambivalent. Il voudrait se décoller de vous tout en restant sous votre aile. La phrase « pourquoi tu m'as mis au monde » désigne une pseudo-émancipation, de par le reproche, mais valide *de facto* l'idée qu'il ne serait rien sans vous.

Conseils

Du calme

Ne réagissez pas à vif, souriez-en, sans cynisme ou rire jaune, cela le rassurera et lui montrera que vous n'êtes pas dupe. Si c'est dans le cadre d'une colère, évitez l'escalade qui serait de lui rétorquer par exemple que vous regrettez de l'avoir fait naître. C'est plutôt l'occasion de mettre un terme à la dispute et de passer à autre chose. Par temps plus calme, vous pourrez reprendre ce qui a été dit pour explorer les soubassements.

Responsabilisez-le

Ce genre de propos signe la nécessité de responsabiliser plus avant votre ado, afin de l'aider à s'autonomiser mentalement et affectivement. Tout en lui montrant que vous ne craignez pas qu'il devienne un adulte autonome, vous lui direz que plus tard il pourra compter sur votre aide en cas de besoin, dans la mesure bien sûr de vos possibilités à ce moment-là.

Réponse type

Quant à la réponse type s'il vous reproche de l'avoir fait naître ou des succédanés, vous pourrez lui signifier que c'est lui-même qui a choisi de naître. Et, d'une certaine manière, qu'il a choisi ses parents pour ce faire. Il aurait pu tout aussi bien faire le choix inconscient de ne pas naître et de rester à jamais un fœtus en partant en fausse couche par exemple.

Vous lui direz que vous vous êtes contentée d'aimer son père et de souhaiter sa venue mais que c'est lui qui a trouvé au sein de cet amour la source de son énergie vitale et au sein de votre corps les nutriments pour croître et naître. Et quoi qu'il en soit, vous vous réjouissez de son existence.

> *Règle*
>
> Rappelez votre ado à sa responsabilité d'exister.

69.

... n'obéit jamais

L'entrée en adolescence correspond souvent à une remise en question de l'autorité parentale. Il se croit tout-puissant, au-dessus des lois, gargarisé par ses nouvelles compétences, un peu comme l'enfant de trois ans qui dit non à tout.

Explications

L'autorité parentale reste indispensable à cet âge pour l'aider à accepter les frustrations, les contraintes inhérentes à l'existence, respecter la liberté des autres et surmonter ses pulsions.

En regardant autour de lui, l'ado a souvent le sentiment que, dans la société, adultes comme adolescents ne respectent pas la loi et les règles sociales. Et que les comportements irrévérencieux ou d'opposition sont valorisés dans les médias, que ce soient dans les fictions ou parmi les invités des talk-shows.

Mais sa remise en question des règles établies n'est pas seulement le refus des contraintes. Elle procède aussi d'une réflexion nécessaire pour lui sur le sens et le bien-fondé de chacune des lois et règles. C'est pourquoi il est productif avec lui de discuter de l'esprit des lois, de ce qui les anime et de leur objectif qui est la paix sociale et la protection individuelle.

Conseils

Redéfinissez les nouvelles règles

On n'éduque pas un ado comme un enfant de huit ans. Les exigences doivent évoluer. Il y a de nouveaux droits et de nouveaux devoirs. Et si on veut être obéi, il faut que les nouvelles consignes aient été clairement définies. Comme avec l'enfant de trois ans, il ne faut pas craindre de répéter et de vérifier. La répétition reste encore à cet âge un des grands fondements éducatifs.

Évitez les relations fusionnelles

Une règle essentielle pour préserver son autorité, c'est de préserver son intimité. Un ado qu'on traiterait comme une copine ou un petit mari se sentira tout permis. On évitera d'en faire son confident, et de le mêler à sa vie amoureuse. On se montrera pudique, et l'on évitera les jeux trop physiques avec lui, surtout si on vit seul avec.

Hiérarchisez ses attentes

On ne tombera ni dans le laisser-aller ni dans un autoritarisme excessif. On se gardera du chantage affectif (« fais-le pour me faire plaisir »). On saura moduler ses exigences, et l'on établira, seul ou avec l'autre parent, des priorités dans les attentes. On établira pour soi les dix points fondamentaux sur lesquels vous ne saurez pas transiger. C'est la zone rouge. Établissez ensuite en dix points une zone orange qui laisse place au compromis. Enfin, trouvez dix points qui n'étaient pas autorisés chez l'enfant, mais qui le deviennent chez l'ado, c'est la zone verte. Ce petit travail vous aidera à y voir plus clair dans vos exigences absolues (l'obligation scolaire, par exemple), votre capacité de compromis (la coiffure, par exemple) et dans votre aptitude à dire oui ; trois points qui sont le trépied d'une autorité efficace.

Négociez et sévissez

Il s'agit d'être capable de lâcher prise, mais de tenir bon sur l'essentiel. Il ne faut pas craindre la discussion, à condition qu'elle n'implique pas de votre part un renoncement systématique.

Quand l'ado n'en fait qu'à sa tête, mettez-le face à ses responsabilités et montrez-lui les risques qu'il court, notamment sur un plan légal. On ne sanctionnera que si on a prévenu. Les sanctions adaptées concernent le superflu, qu'on cessera de fournir, sans porter atteinte aux besoins élémentaires.

Confiez-lui des responsabilités éducatives

Une bonne façon d'apprendre à votre ado à obéir, c'est de lui donner des responsabilités et en particulier des responsabilités éducatives : baby-sitting, cours particuliers à des enfants d'école primaire, ou stage de formation pour être animateur de centres de loisirs.

L'intervention des tiers

Les activités sportives sont aussi une bonne façon de réintégrer les règles de la collectivité.

En cas de grandes difficultés à se faire obéir de façon chronique, on fera intervenir d'autres adultes en

tant à analyser ce qu'il fait et écouter ce qu'il dit. Des cours de théâtre ou d'audiovisuel aident l'ado à mieux se percevoir et à mieux maîtriser ses modes de communication et d'expression.

Du calme

Il vaut mieux prévenir que guérir. Gardez-vous de réagir en miroir et de répondre agressivement. Tentez de conserver votre calme si votre ado s'emporte. Retenez votre énervement, vos humeurs, vos réactions hostiles et demandez-lui de se calmer et de formuler autrement ce qu'il veut dire. C'est à vous de donner le ton par votre tempérance à la suite des échanges.

Fermeté bienveillante

Évitez les contacts physiques, ne tentez pas de le contenir en corps à corps. Gardez une petite distance entre lui et vous. Ne lui coupez pas la parole, mais dès que c'est à vous, dites-lui que vous attendez qu'il contrôle ses paroles et s'abstienne d'insultes. Expliquez-lui que vous ne le respecterez vraiment que s'il y parvient. Si son ton monte, gardez votre calme. Soyez ferme mais bienveillant. S'il devient menaçant, coupez court, en lui disant que vous attendrez qu'il s'apaise. Ayez en tête que l'objectif de votre éducation n'est pas d'avoir toujours le dernier mot. Mais d'apprendre à votre ado peu à peu à repérer, canaliser, dompter, maîtriser ses émotions, ses tensions et son impulsivité afin qu'il devienne un adulte policé et fort de self-control.

Règle

Dans le conflit, rester un modèle.

71.

... veut sortir le soir

Bien qu'il ne soit pas sans risques pour lui de le faire, il est rassurant que votre ado réclame à sortir le soir avec ses amis. S'il n'avait pas d'amis et ne voulait jamais quitter la maison, ce serait plus inquiétant.

Explications

L'envie de se retrouver entre amis du même âge à des heures où seuls les grands sortent est une façon de signifier qu'on n'est plus un enfant et qu'on souhaite s'ouvrir à l'aventure sociale.

À partir de quinze ans, une plus grande autonomie de sortie est possible. Le soir, les ados peuvent se retrouver les uns chez les autres, ou en bas du domicile. Les boîtes de nuit peuvent accueillir les jeunes à partir de seize ans.

Conseils

Mise en garde

La nuit, tous les chats sont gris et les ados se grisent. On ne se privera donc pas d'un discours de mise en garde sur les dangers de l'alcool, dont il use pour être à l'aise et dont rapidement on ne peut plus se passer pour oser aborder autrui. On n'oubliera pas non plus de lui parler de la conduite de son deux-roues en état d'ivresse.

Il est légitime que les parents s'enquièrent du lieu où leur enfant désire se rendre ainsi que des personnes qui l'accompagnent.

On peut donner des conseils de « vie nocturne » : ne pas traîner seul, ne pas monter dans la voiture d'un inconnu, garder ses distances quand on croise des bandes, sortir avec ses papiers d'identité.

Le téléphone portable a rendu les parents moins angoissés à l'idée de laisser leur ado sortir le soir. Il n'est pas inutile, à condition qu'il reste allumé.

Fréquence et horaires

Le nombre de sorties est fonction de l'âge, de la période de l'année (vacances scolaires) et de l'investissement scolaire. Un samedi soir sur deux est un rythme possible en période scolaire, voire tous les samedis pour les plus âgés qui ont un bon investissement scolaire.

La question du respect des horaires est un habituel sujet de conflits comme toutes les questions de limites. On tolérera des marges d'un quart d'heure à une heure sur l'horaire convenu, selon sa personnalité et celle de l'ado, mais au-delà il importe de sévir, si on a prévenu. Le plus logique est la suppression d'autorisations de sortie la semaine suivante. Il ne s'agit pas non plus de lui supprimer toutes les autres sorties.

S'il est majeur

À partir de dix-huit ans, votre ado est bien sûr libre de circuler, mais dans la mesure où vous l'hébergez, la vie commune impose des règles de vie commune, et notamment de politesse, qui font qu'il peut vous prévenir de l'heure de son retour probable. Votre maison n'est pas un hôtel.

> *Règle*
>
> Encadrer les sorties.

RELATIONS AVEC LE MONDE EXTÉRIEUR

Comment réagir si votre ado...

72.

... crée un blog

Rares sont les ados ayant accès à Internet qui n'éprouvent pas le souhait de créer un blog, ou journal sur la toile. Des règles s'imposent.

Explications

Sur leur blog, les ados affichent leurs émois, leurs pensées, leurs désirs, leurs angoisses, leur mal de vivre, leurs croyances et leurs passions, ainsi que des photos ou des vidéos d'eux et de leurs amis. À la différence des journaux intimes que tenaient leurs parents, ils exposent aux yeux de tous leur intimité alors qu'ils apparaissent si pudiques en dehors.

C'est une démarche en partie salutaire de leur part. Elle permet de s'exprimer, de communiquer et d'user de l'écrit et des modes de création qu'offre Internet (graphisme, audio, vidéo, photo). Cependant elle n'est pas sans dangers, contre lesquels il convient de les mettre en garde.

Conseils

Protégez-le de la tentation exhibitionniste

Demandez-lui s'il tient vraiment à ce que n'importe qui lise ce qu'il pense de sa famille, ou connaisse ses idées. Ne sera-t-il pas gêné si, plus tard, devenu adulte, on lui ressort ses écrits ou ses photos ?

Protégez-le de la diffamation

Il est nécessaire de faire à votre ado un petit cours de législation. Enseignez-lui que, s'il faut penser tout ce qu'on écrit, mieux vaut ne pas écrire tout ce que l'on pense. Informez-le que certains ados ont été exclus de leur établissement pour avoir insulté leurs profs sur leur blog. Et que les auteurs de blogs ne sont pas à l'abri de la loi : ainsi des personnes filmées dans leur cadre intime, dont les images seraient diffusées sur le Net, peuvent porter plainte. Dites-lui enfin que le droit d'auteur interdit de diffuser sans autorisation des écrits déposés.

Visitez son blog

Une fois ces mises en garde formulées, s'il accepte de vous donner son adresse, pourquoi ne pas visiter son blog ? Ce peut être un moyen de découvrir l'univers de votre enfant. Et cela vous donnera peut-être l'envie d'en créer un à votre tour.

Règle

La liberté du blog s'arrête où commence le respect des autres et de soi.

de valeur car le vestiaire ne sera probablement pas surveillé.

Sacs de couchage et sacs-poubelle

Acceptez la possibilité que certains invités dorment à la maison pour ceux qui habitent trop loin et prévoyez des sacs de couchage en conséquence. Prévoyez aussi des sacs-poubelle car, au matin, ces heureux hôtes seront en forme pour aider votre ado à tout remettre en ordre.

Règle

C'est sa soirée, mais vous avez un droit de regard.

74.

... veut un scooter

Que votre ado ait des envies d'autonomie, c'est bon signe. Mais vous pouvez craindre une mise en danger. Les accidents de circulation concernent, hélas, trop d'adolescents. Quarante pour cent des morts en deux-roues ont entre quatorze et dix-sept ans.

Explications

Votre ado peut conduire un scooter à partir de quatorze ans.

Il devra être titulaire du BSR, brevet de sécurité routière. Le BSR se compose d'une partie théorique et d'une partie pratique. La partie théorique est validée par l'ASSR (Attestation scolaire de sécurité routière). Elle est obtenue dans les établissements scolaires en classe de cinquième. Elle est obligatoire pour pouvoir passer à la partie pratique.

La partie pratique nécessite cinq heures de formation. Le programme porte sur les trois objectifs : choisir sa position sur la chaussée ; franchir une intersection ou changer de direction ; circuler dans des conditions normales sur route comme en agglomération. Enfin, i propose de connaître quelques situations présentant des difficultés particulières.

Cette formation ne vous prive pas d'enseigner à votre enfant le code de conduite automobile et de soumettre votre accord à une connaissance en ce domaine plus poussée que la moyenne des ados. Il existe des simulateurs des dangers de la route qu'ils utilisent pour s'entraîner : assis sur un scooter, votre ado est mis face à un écran en situation de conduite virtuelle.

Vous préférerez le scooter aux mini-motos trop dangereuses, inadaptées à la circulation publique car invisibles aux yeux des conducteurs de voitures et trop puissantes.

Il y a aussi, à la place du scooter, la possibilité d'une voiture électrique sans permis. Ces voitures (quads), qui ne peuvent pas être utilisées sur les voies rapides, sont utilisables à partir de seize ans et nécessitent le BSR option quadricycle ou le permis A1 ou B1. Elles sont plus sécurisantes en apparence. Mais en apparence seulement. En fait, elles sont peu maniables et difficiles à conduire. Elles ont une mauvaise tenue de route et se retournent facilement. On n'autorisera leur usage qu'à un ado prudent, très raisonnable, et après une formation auprès d'un professionnel.

Conseils

'autres moyens de transport

Vous aurez appris à votre enfant à se repérer dans :s transports en commun que vous aurez pris avec ıi afin de l'y habituer. Certains ados n'imaginent pas 'autres moyens de transport que la voiture ou le :ooter car leurs parents n'empruntent jamais les transports en commun. Certaines villes, comme Paris ou Lyon, proposent des locations de vélos à très bas prix selon la durée d'utilisation, disposés un peu partout.

Une « carotte » pour grandir

Les arguments en faveur du « cyclo » peuvent être la distance du domicile au centre-ville. Si votre ado tient vraiment à « son » scooter, vous êtes à même d'évaluer s'il est suffisamment « raisonnable » pour en avoir un. C'est l'occasion de le mettre à l'épreuve de se conduire comme un « grand », c'est-à-dire de respecter la parole donnée (heure de retour, par exemple) et d'attendre le scooter comme la récompense (une bonne année scolaire, par exemple).

Un véritable engagement

Vous assujettirez votre accord à la signature d'un contrat où votre ado s'engage sur un certain nombre de points :

- le respect du code de la route ;
- l'absence de conduite après la prise de produit susceptibles de modifier sa vigilance (alcool, cannabis) ;
- le non-débridage du cyclomoteur ;
- le port du casque ;
- l'absence de vêtements amples et une couverture de tout le corps (gants) ;
- un entretien régulier du scooter.

Si ces points ne sont pas respectés, vous suspendrez l'autorisation de s'en servir et vous vous autoriserez même à revendre l'engin.

Le casque sera de préférence intégral (meilleure protection) et sera homologué (étiquette verte NF ou blanche E).

Comme vêtement, préférez le cuir véritable et le coton ou le jean au synthétique (fond et brûle la peau). *Idem* pour le passager, si son scooter est homologué pour en recevoir.

L'entretien du scooter comprend la vérification des éclairages chaque jour, de la tension et la lubrification de la chaîne chaque semaine, et de la pression des pneus à froid au moins une fois par mois.

Si vous êtes trop angoissée

Pour certaines mères, il est trop difficile de prendre le risque de se sentir coupable s'il avait un accident avec son deux-roues. En ce cas, il devra attendre ses dix-huit ans. N'inventez pas alors de fausses raisons. Dites-lui, honnêtement, que vous craignez trop l'accident. Il se peut d'ailleurs qu'il renonce à son projet pour ne pas vous angoisser davantage. Il faut alors espérer qu'il ne renonce pas, pour autant, à tout projet d'autonomie.

C'est pourquoi, si vous refusez, vous devez lui donner les moyens de déplacement autonomes. N'oubliez pas que votre ado risque de se faire conduire en scooter par des camarades plus casse-cou que lui. Certains parents compensent leur refus en jouant les taxis à toute heure de la journée mais surtout le soir. C'est lourd pour eux et gênant pour l'ado, qui risque de réduire ses sorties pour éviter de mêler trop ses parents à sa vie intime. Proposez-lui pour le faire patienter la conduite automobile accompagnée.

Règle

Posséder un scooter impose des engagements solides.

75.

... déménage

Quel que soit l'âge, un déménagement n'est jamais anodin et peut être un facteur de stress, mais aussi de renouveau, en particulier à l'adolescence.

Explications

Ce projet peut être bien accueilli par l'ado, qui y voit une occasion de se faire une « nouvelle vie », surtout s'il rencontre des difficultés relationnelles avec les jeunes de son âge ou des soucis scolaires. C'est un nouveau départ, et symboliquement une façon de faire ses adieux à l'enfance, surtout si le domicile quitté était occupé depuis plusieurs années.

Mais ces adieux peuvent être douloureux quand l'ado est bien inséré socialement. Un déménagement fait partie des principaux facteurs de stress. Y compris quand c'est un déménagement volontaire et qu'il mène vers davantage de confort. En effet, il oblige à prendre conscience du temps qui passe et impose de rompre des attaches et des habitudes qui, bien que parfois pesantes, sont psychiquement rassurantes. Votre ado va devoir rompre avec son cercle d'amis, son établissement scolaire, son entourage de loisirs, qui lui offrent un cadre rassurant au sein duquel il grandit en harmonie.

Le déménagement est d'abord une affaire de famille, et les réactions de chacun influencent celles des autres. Les raisons du déménagement jouent un rôle majeur dans son appréciation. Si c'est dans le cadre d'un divorce, le refus de l'ado exprime sa tristesse ou son refus du mode de garde. En revanche, s'il correspond à une mutation professionnelle associée à un niveau de vie plus élevé, c'est mieux accueilli. Des réactions sont possibles les premières semaines qui suivent le déménagement, bien que l'ado n'ait pas obligatoirement exprimé d'opposition. Il s'agit habituellement de troubles de l'appétit, du sommeil, des cauchemars, des changements de tempérament allant de l'isolement au désir d'accaparer constamment l'attention. Plus consciemment, l'ado peut craindre de ne plus contrôler son existence. Il redoute moins de partir que de se sentir déraciné.

Les transitions font partie de la vie. Elles permettent d'aider l'ado à inscrire son existence dans une dynamique. Être accueilli dans un nouveau milieu sera pour lui un nouveau défi, une manière d'ouvrir son horizon à d'autres manières d'être bien.

Conseils

Prévenir

On le préviendra suffisamment à temps. Il prendra ses dispositions, aura le temps d'annoncer la nouvelle à ses amis et de se préparer mentalement. La période des grandes vacances est idéale pour déménager afin de ne pas couper en deux l'année scolaire.

Investir le futur lieu

Il ira avec vous visiter le prochain lieu de vie et repérer les centres d'intérêt pour les jeunes (piscine, salles de jeux vidéo en réseau, conservatoires, cinéma...). On pensera à l'inscrire à l'avance dans son futur établissement, mais aussi aux activités extérieures. Il pourra entrer dans des forums de discussion relatifs à l'établissement en question pour commencer à créer des liens.

Faire ses adieux

On photographiera le lieu que l'on quitte. Et l'on prendra son temps pour faire les cartons. Le mieux est qu'il fasse les siens. Ce sera l'occasion pour lui de revisiter ses années d'enfance. Il pourra faire le tri, mais s'il a des difficultés à jeter, ne le forcez pas. Le stress du déménagement suffit sans qu'on y ajoute trop de petits deuils. On placera ces choses inutiles dans des cartons qui seront mis à la cave du prochain appartement et pourront être jetés plus tard. Mais psychiquement, il est rassurant de savoir qu'on possède, à la cave des traces du passé. On lui donnera les moyens de revenir autant que possible dans l'ancienne région, et de rendre visite à ses amis surtout la première année.

Règle

Comme avec tout envol, penser à l'atterrissage.

mettent une formation en parallèle, même si elles sont moins rémunératrices.

Ne l'encouragez pas à prendre n'importe quel poste

On n'hésitera pas à rechercher avec lui des emplois à distance du domicile si les conditions proposées sont nettement plus favorables, en le faisant héberger par un parent de province, ou en sachant qu'il existe des foyers de jeunes travailleurs. À la condition que ce déménagement ne provoque pas un isolement social.

Veillez à son moral

L'ado n'est pas habitué à ce rythme qu'impose la vie professionnelle, d'autant qu'il poursuit généralement ses activités qui le portent à se coucher tard (jeux vidéo, sorties, copains). On surveillera le moral de son enfant et son état de fatigue afin de le pousser à se reposer pour prévenir des accidents du travail.

Les parents veilleront à ce que son investissement ne soit pas un surinvestissement avec fuite en avant ou, autrement dit, une fugue de soi-même. Certains ados s'oublient dans leur travail, étant emportés par les attentes de rendement de l'entreprise. Car, en dehors du risque de fatigue, s'il n'y a pas de retour sur investissement (prime, reconnaissance, congés exceptionnels), la désillusion risque d'être rude.

Règle

Le travail, c'est la santé, à condition de la protéger.

Pour conclure

Les enfants devenus adolescents continuent d'avoir besoin de leurs parents et d'une éducation. Mais celle-ci doit être adaptée à leur nouveau statut physique, psychologique, cognitif, affectif et social qui leur fait quitter l'enfance.

L'éducation parentale, au début de l'adolescence notamment, comprend un rappel des règles de savoir-vivre et des lois, ainsi que la prescription d'un contrôle de soi, à cet âge de remise en question et de débordement pulsionnel. Mais l'éducation parentale doit aussi favoriser leur émancipation en leur confiant des responsabilités nouvelles, de nouveaux droits et de nouveaux devoirs.

Les parents confieront ainsi à leurs ados de nouveaux espaces d'autonomie, et les pousseront si nécessaire vers d'autres horizons que le simple champ familial. Car les ados freinent parfois des quatre fers leur sortie de l'enfance. Cela se traduit par des troubles anxieux (angoisse de séparation, timidité, phobies scolaires, TOC) ou des conduites délétères (régressions, bêtises, petits délits) qui n'ont d'autres buts que de provoquer un contrôle parental renforcé.

Tout en se montrant rassurants, les parents aideront leur enfant à prendre de l'assurance pour grandir et quitter le vert paradis enfantin. Ils faciliteront les séjours linguistiques ou en camp d'ados et, d'une manière générale, la rencontre avec d'autres adolescents comme avec d'autres adultes bienveillants, au sein du cercle parental ou non, qui seront autant de modèles d'identification possibles, autour notamment d'activités de loisirs, intellectuelles ou sportives.

L'éducation parentale doit poursuivre son rôle de protection entrepris dès la naissance mais de façon plus verbale que physique : par des mises en garde, de l'information et de la formation, des exigences qui seront contractualisées, des limites dans les nouveaux espaces de liberté accordés, de l'accompagnement parfois.

Veiller sur son ado, mais aussi parfois le surveiller n'est pas déconseillé. Cependant, il faut le faire avec plus de distance qu'avec un enfant. On veille, et on surveille, de plus loin, et plus subtilement. Qu'il n'ait pas l'impression qu'on le « colle », mais qu'il puisse nous savoir accessibles en cas de besoin, et que l'on connaisse son emploi du temps.

On veille aussi à sa santé physique et morale en étant vigilants aux signaux d'alerte comme des idéations suicidaires, des accidents à répétition, un isolement social, des difficultés scolaires, des troubles du sommeil, des troubles du comportement alimentaire, ou des conduites de dépendance, et en n'hésitant pas à consulter un spécialiste en cas de doute.

On le protégera aussi d'une trop grande intimité avec ses parents, même s'il semble la réclamer. Car éduquer un ado nécessite la mise en place de paravents, qu'est en particulier la pudeur physique mais aussi morale. L'ado ne doit avoir le sentiment d'occuper ni la place du partenaire ni celle du confident.

Enfin, éduquer un ado implique d'accepter qu'il ne soit pas exactement celui ou celle dont on rêvait. Cette liberté d'être doit lui être accordée. D'autant que la route est encore longue avant son véritable accomplissement. Et qu'il n'est aujourd'hui que l'esquisse de l'adulte qu'il sera. Il sait ce que vous espérez pour lui et, au final, si adulte il ne se sent pas à la hauteur de vos attentes, il fera peut-être en sorte que son enfant le soit.

Si notre enfant n'est pas exactement celui qu'on voulait alors, c'est qu'on a réussi son éducation et qu'on lui a permis d'être en partie autonome par rapport à notre désir. On l'a autorisé à être lui-même. Donnez-lui foi en lui, quelle que soit la voie qu'il semble emprunter. Certes, l'amour ne suffit pas, mais sans amour on n'est rien du tout. Donnez-lui confiance en son avenir en croyant en lui, et en continuant de l'aimer malgré tout.

REMERCIEMENTS

À mes parents,
au docteur Gilles Marie Valet,
à José Bonaque, témoin privilégié de mon adolescence,
à maître Hervé Régoli, sans qui ce livre n'aurait jamais vu le jour.

DÉPENDANCES
Comment réagir si votre ado...

RAPPORTS AU CORPS
Comment réagir si votre ado...

MALAISES OU MALADIES
Comment réagir si votre ado...

AUTORITÉ
Comment réagir si votre ado...

RELATIONS AVEC LE MONDE EXTÉRIEUR
Comment réagir si votre ado...

Du même auteur :

QUEL ÂGE AURAIT-IL AUJOURD'HUI ? LE TABOU DES GROSSESSES INTERROMPUES, Paris, Fayard, 2007.

PARENTS, OSEZ VOUS FAIRE OBÉIR !, avec Bernadette Costa-Prades, Paris, Albin Michel, 2007.

COMMENT DEVIENT-ON HOMO OU HÉTÉRO ?, Paris, Lattès, 2006.

LA DEUXIÈME CHANCE EN AMOUR, avec Sylvie Angel, Paris, Odile Jacob, 2006.

LES PIPIS FONT DE LA RÉSISTANCE. COMMENT AIDER L'ENFANT À DEVENIR PROPRE, avec Carine Mayo, Paris, Albin Michel, 2006.

ÉLEVER UN GARÇON AUJOURD'HUI. EN FAIRE UN HOMME, PAS UN MACHO !, avec Pascale Leroy, Paris, Albin Michel, 2005.

COMMENT SURVIVRE QUAND LES PARENTS SE SÉPARENT ?, avec Bernadette Costa-Prades, Paris, Albin Michel Jeunesse, 2004.

SÉPARONS-NOUS MAIS PROTÉGEONS NOS ENFANTS, Paris, Albin Michel, 2004.

ILS N'ONT D'YEUX QUE POUR ELLE. LES JEUNES ET LA TÉLÉ, Paris, Fayard, 2002.

NOS ENFANTS AUSSI ONT UN SEXE. COMMENT DEVIENT-ON FILLE OU GARÇON ?, Paris, Robert Laffont, 2001.

ADOLESCENTS, LA CRISE NÉCESSAIRE, Paris, Fayard, 2000.

NE SOIS PAS TRISTE MON ENFANT. COMPRENDRE ET SOIGNER LA DÉPRESSION, Paris, Robert Laffont, 1999.

www.livredepoche.com

- le **catalogue** en ligne et les dernières parutions
- des **suggestions de lecture** par des libraires
- une **actualité éditoriale permanente** : interviews d'auteurs, extraits audio et vidéo, dépêches…
- **votre carnet de lecture** personnalisable
- des **espaces professionnels** dédiés aux journalistes, aux enseignants et aux documentalistes

pensées ou ses actes sont répréhensibles et qu'il cherche à les cacher. On devra en effet s'inquiéter si son ado ne se sent aucunement coupable de ses comportements délétères.

Le mensonge répété masque aussi souvent un manque d'estime de soi, et un besoin d'être reconnu par les autres, quitte à s'inventer un personnage pour cela.

À cet âge, les enfants ont tendance à prendre leurs rêves pour des réalités, et le succès des jeux vidéo s'explique comme cela. Le mensonge est souvent un demi-mensonge, mêlé à des éléments de réalité qui composent les « rêveries » des ados, en particulier chez les filles. La fonction en termes d'économie psychique pour ces ados rêveurs est d'anticiper en pensée ce qu'ils aimeraient devenir et seront peut-être. Les ados adhèrent volontiers à la toute-puissance de la pensée (à cette période de la vie, la mésestime de soi alterne avec des moments mégalomaniaques), qui place l'ado dans l'illusion que s'il dit quelque chose cela se produira. Dans ce sens, inventer des choses en mentant participerait de son désir de les rendre réelles.

Conseils

La vérité en exemple

Le rôle des parents est d'aider l'ado à « réapprendre » à dire la vérité. Donnez l'exemple en évitant de mentir. Ce qui ne signifie pas tout dire. Mais plutôt que de mentir, dites que tel sujet ne le regarde pas. Évitez de mentir à vos amis ou parents devant votre enfant, voire à les utiliser comme complices de vos mensonges.

Enfin, libérez les secrets de famille, car les mensonges des enfants traduisent parfois la conscience que quelque chose de fondamental dans l'histoire familiale lui est caché.

Ni dupe, ni intrusif, ni trop exigeant

Le fameux principe de « faute avouée, faute à moitié pardonnée » sera appliqué pour encourager votre enfant à assumer ses fautes.

Montrez-lui que vous n'êtes pas dupes du mensonge. Relevez-le sans pour autant en faire une affaire d'État.

Ne vous montrez pas trop intrusifs sur sa vie intime afin de le laisser préserver son jardin secret sans avoir à mentir. De même, n'ayez pas de niveaux d'exigences excessivement élevés, par exemple dans le domaine des résultats scolaires, afin de ne pas pousser votre ado au mensonge dans le dessein d'éviter déceptions ou représailles.

Le courage d'être vrai

Encouragez votre ado à assumer la vérité en lui démontrant que dire celle-ci est un signe de puissance. Poussez-le à exprimer ses désirs plutôt qu'à nier ses envies, de crainte de déranger l'autre. Incitez-le à s'inscrire dans la réalité en prenant des initiatives concrètes plutôt que de se réfugier dans la rêverie.

Notifiez que c'est à lui-même que l'ado menteur ment le plus. Et rappelez-lui les risques de la répétition des mensonges, qui, de paravents en paravents, finissent par faire disparaître l'individu aux yeux des autres. Expliquez-lui que le mythomane ayant perdu la confiance des autres finit par se retrouver seul au monde.

secouant la tête. Cela limitera l'insistance de l'interlocuteur ; votre ado peut s'entraîner devant son miroir.

Le respect de ses désirs

Apprenez à votre ado à ne pas craindre de se désolidariser en disant non car à moyen terme cela permet alors d'être davantage respecté.

Dites-lui que dire non à quelqu'un qui le pousse à faire ce qu'il n'a pas intérêt personnellement à faire, c'est dire oui à soi-même. Et conseillez-lui d'apprendre à dire oui à ses vrais désirs. Pour cela, il faut qu'il prenne le temps de réfléchir et qu'il inscrive noir sur blanc ce qu'il veut et ce qu'il ne veut pas pour lui.

Règle

Apprendre à votre enfant à dire oui à ses vrais désirs.

29.

... n'arrive pas à gérer son temps

Toujours en retard, mais impatient. Ne se rendant pas compte du temps qui passe mais trouvant le temps long. Le rapport au temps est perturbé à l'adolescence.

Explications

L'ado doit remettre les pendules internes à l'heure. Son horloge biologique est perturbée. Et son rythme de vie diffère. Il a pris conscience, par la brusquerie de ces modifications physiques, du temps qui passe et des changements qui se produisent avec leur caractère inéluctable. Il devient particulièrement sensible à l'écoulement du temps qui lui paraît trop long ou trop rapide. Il a souvent des difficultés à organiser son temps et a tendance à remettre au lendemain ce qu'il pourrait faire le jour même. Vous pouvez l'assister en ce domaine.

un parent qui idéalise son enfant ou qui espère voir réaliser par procuration ses propres chimères juvéniles. Mais le rêve de gloire est aussi le propre de la jeunesse depuis toujours. Les récits de héros, dans la Grèce et la Rome antiques ou ceux de la Résistance, concernaient de jeunes individus, et ont fait rêver des générations d'adolescents. À la gloire militaire des jeunes hommes répondaient pendant des siècles les rêves de sainteté ou de beau mariage des jeunes filles. La grâce télévisuelle a remplacé la grâce de Dieu. Alors qu'on se contentait d'être « connu » dans son village pour son talent d'artisan, les médias font qu'on rêve aujourd'hui de gloire internationale. La mondialisation touche aussi les rêves...

À cette période de la vie, il existe psychologiquement une certaine « mégalomanie », qui contrebalance des moments de mésestime de soi, autorise beaucoup d'audace et fait ne douter de rien. L'adolescent, comme l'enfant de trois ans, se croit le centre du monde et est grisé par ses compétences nouvelles qui lui font croire que le monde n'attendait que lui et qu'il est l'égal des plus grands. Il éprouve aussi ce besoin de retrouver cette adulation dont il était l'objet tout jeune, centre de l'attention de sa famille, c'est-à-dire du monde. À l'occasion de cette nouvelle naissance qu'est l'adolescence, ce n'est plus auprès de sa famille qu'il va rechercher cette vénération, mais au cœur du corps social.

Ces adolescents qui rêvent de gloire ne veulent pas retourner en arrière. Ils émettent un vœu d'émancipation vis-à-vis de leurs parents qui n'apparaît pas possible autrement, notamment par l'intermédiaire des études. Ce vœu s'accompagne de la crainte d'être abandonné, de se retrouver esseulé, incapable de supporter cette liberté nouvelle. La célébrité, telle qu'ils l'idéalisent, les protège. Elle est imaginée comme un cocon aussi protecteur que le cocon familial. Elle se présente comme une émancipation sans risque. La célébrité idéalisée protège de toutes les angoisses propres à cet âge : la solitude et la mort (puisque les stars sont immortelles). Ce rêve est un pansement contre ces angoisses, elle les masque sans les résoudre.

Conseils

Contrat à l'étude

Le rôle des parents n'est pas de briser les rêves, mais d'éviter que leur enfant ne s'y brise, parce que ces rêves seraient une impasse à son épanouissement. L'exigence quant à la scolarité doit être respectée. En France, elle est obligatoire jusqu'à seize ans et, au-delà, les parents sont en droit de demander à leur adolescent mineur de poursuivre ses études. Un contrat peut s'établir avec un engagement à suivre sa scolarité en échange de l'aide que les parents acceptent de lui apporter quant à sa formation « artistique ».

Ne soyez pas trop complice

Cependant, une trop grande complicité avec ce projet n'est pas de mise. Surtout si elle n'est pas assujettie à ce type de contrat. Si votre enfant a le projet de « faire » du cinéma ou des castings pour être mannequin, vous pouvez donner votre accord. Mais qu'il fasse les démarches par lui-même, au moins cela le responsabilisera et le poussera à apprendre à se débrouiller en ville.

34.

... ne fait pas de crise d'adolescence

Certains parents s'inquiètent quand tout se passe trop bien. Ils ont entendu que la période d'adolescence était une ère de conflits intrafamiliaux. Ils s'y sont préparés, or rien n'arrive. Pas de nuages à l'horizon.

Explications

Qu'ils se rassurent ! La « crise » d'ado n'est pas synonyme de conflits au sein de la famille. L'ado peut vivre sa transformation interne sans en faire payer le tribut à ses parents. Le conflit entre parents et enfants à cet âge est certes fréquent. Il traduit le malaise interne de l'ado, et souvent le trouble des parents face à ces changements. Mais ce malaise peut se ventiler autrement. Et, en particulier, par l'intermédiaire d'activités ou de relations avec d'autres personnes que les membres de sa famille.

Les conflits reflètent la volonté des ados de montrer aux parents qu'ils ne sont plus des enfants. Surtout quand ils ont le sentiment que les parents n'ont modifié ni leur regard, ni leur attitude vis-à-vis d'eux malgré leurs transformations. Ces conflits traduisent aussi la difficulté des ados à se décoller de l'univers parental protecteur autrement que par le clash. Mais il est des familles au sein desquelles l'ado ne ressent pas cette emprise. Notamment quand des petits frères et sœurs « occupent » les parents. Ou, à l'inverse, quand un aîné a déjà préparé les parents à l'émancipation inéluctable des enfants. Un passage sans conflits est aussi le fait d'ados qui réussissent bien, dans quelque domaine que ce soit, à vivre sans angoisse leur autonomie future. C'est le cas des ados qui sont dans la joie de grandir, dans le plaisir d'être avec ceux de leur âge, ayant bénéficié enfants d'un cadre sécurisant mais qui les laissait s'émanciper ; avec des parents d'un naturel peu anxieux et qui n'ont pas connu personnellement, ados, trop de tourments et de conflits intrafamiliaux.

En revanche, il faut se questionner si votre ado se conduit comme s'il n'avait pas grandi, s'il garde des centres d'intérêt de l'école primaire, ne réclame pas de responsabilités supplémentaires, fréquente des enfants plus jeunes et apparaît très dépendant de vous. Tout cela alors que la puberté semble bien engagée. Ce maintien dans l'enfance traduit une retenue psychique et émotionnelle, une résistance aux processus d'émancipation, afin d'éviter justement les inquiétudes ou la tristesse de quitter le vert paradis enfantin.

Conseils

En cas d'immaturité et de dépendance affective trop marquée de votre enfant à votre égard, assurez-vous par une réflexion et un regard sur vous-mêmes que vous n'êtes pas complices de cette retenue, appréhendant de voir votre enfant grandir.

cent aussi aux yeux de leurs pairs leur estime de soi s'ils réussissent, et se libèrent d'états de tension internes.

Chez d'autres, c'est une façon d'expier des fautes imaginaires. Les ados se sentent souvent coupables de pensées ou de fantasmes en lien avec tous leurs désirs nouveaux chargés de honte pour eux. S'ils s'en tirent, c'est que les forces supérieures ont pardonné. Se confier à la destinée en jouant sa vie, c'est aussi une façon de voir si la vie veut de nous. Si on est « attendu », à l'occasion de cette renaissance qu'est l'adolescence comme on l'a été nouveau-né par nos parents.

Ces conduites à risques font partie de la « crise d'adolescence » normale et traduisent une nécessaire tentative de dépassement de soi. Mais elles peuvent témoigner d'une pathologie. Ce n'est pas tant la nature de la prise de risques que sa répétition ou le désir de jouer avec la mort. Certains deviennent en effet dépendants des comportements à risques.

Conseils

Apprenez-lui à se protéger et à protéger

À tout âge, donnez à votre enfant une éducation à la sécurité de manière la plus objective qui soit et sans être anxiogène. Un stage en prévention routière au début de l'adolescence sera le bienvenu.

De même, dès seize ans, inscrivez-le à des cours de secourisme pour l'initier aux premiers soins et lui inculquer, par d'autres que vous, des éléments de prévention sanitaire.

Au lieu de vous montrer hyperprotecteur, il n'est pas inutile de discuter avec votre ado autour des risques acceptables et ceux qui ne le sont pas parce que incontrôlables et aux conséquences imprévisibles. Il s'agit d'une éducation à la gestion et à la maîtrise des risques, la finalité étant de mettre l'accent, lors de prise de risques, sur l'adoption de comportements de sécurité. En effet, les ados rejettent dans leur démarche de prise de risques la passivité. Il importe donc de leur présenter la sécurité comme une démarche active.

Invitez-le à développer ses aptitudes physiques

Invitez-le aussi à développer, à l'occasion d'enseignements sportifs notamment, son habileté, ses réflexes, son orientation spatiale, son équilibre. Une bonne forme physique doit lui être présentée comme son principal atout de prévention.

Félicitez-le !

Témoins directs ou non des comportements à risques de leurs enfants, les parents doivent rappeler les règles de sécurité et les dangers encourus. Mais ils ne doivent pas déprécier dans sa valeur intrinsèque l'action effectuée. Sinon, l'ado risque de pousser la barre toujours plus haut pour être considéré par « son exploit », ou pour chercher à s'émanciper par des actes dangereux. N'hésitez pas à reconnaître devant votre ado que vous avez eu peur, qu'il a pris de grands risques, que vous ne le croyiez pas capable de ça, qu'il n'est plus un enfant désormais.

Le respect d'autrui

C'est alors l'occasion de parler avec lui entre « hommes » ou entre « femmes » de ses projets, de ses attentes et de ses inquiétudes face à l'avenir. Dites-lui cependant que sa liberté de prendre des risques s'arrête quand il se sent mal. C'est celui que reprend le jeune ado débordé par son nouvel état.

Il y a aussi des facteurs externes. Il s'agit des violences présentes dans son environnement, violences familiales ou sociales, auxquelles l'ado est particulièrement sensible.

Les violences physiques sont nettement plus fréquentes chez les garçons (deux à trois fois), bien que, de nos jours, l'écart tende à diminuer entre les deux sexes. Il y a des raisons innées : les hormones mâles (testostérone) favorisent l'impulsivité et l'agressivité, et demandent aux garçons plus d'efforts pour réguler leur violence. Il y a des raisons acquises : l'éducation différenciée favorise la capacité de verbalisation émotionnelle chez les filles et leur permet une mise en mots de l'agressivité plus aisée. Et cette éducation légitime, de façon insidieuse, la bagarre comme une caractéristique virile du comportement.

Il s'agit en majorité de violences contre les biens. Ce sont alors surtout des violences en bande. L'effet d'entraînement du groupe et le sentiment d'impunité qu'il procure sont des facteurs favorisant indéniables. Quand il s'agit de violences contre des personnes (dix pour cent des comportements violents), elles sont souvent dirigées contre des ados.

Conseils

Cherchez les causes

Face à des comportements violents répétés à l'extérieur de la maison, enquérez-vous des éventuelles violences physiques, voire sexuelles dont votre enfant a pu être victime afin d'assurer sa protection et de déposer plainte. Car la plupart des ados auteurs de violences physiques graves contre des personnes ont eux-mêmes été victimes de violences.

Recherchez d'éventuelles prises de toxiques (alcool, solvant, cocaïne ou autres drogues) qui sont une cause, non rare, de comportements agressifs. Il en est de même de certains médicaments (corticoïdes, antidépresseurs, anxiolytiques).

Enfin, un ado menacé par un état dépressif peut inconsciemment lutter contre par des passages à l'acte violent. On recherchera, comme signes associés, des troubles du sommeil ou de l'appétit, des problèmes de santé physique, une baisse des performances scolaires ou une tristesse. Un état dépressif justifie une consultation chez un médecin spécialiste.

Violence intrafamiliale

Faites le point sur ce qui peut attiser la violence de votre enfant au sein de sa famille : des conflits entre parents, voire une violence conjugale, des difficultés psychologiques chez l'un des parents, un alcoolisme parental, un parent maltraitant.

Les garçons sont souvent atteints par une image paternelle déconsidérée (chômage, alcoolisme) et cherchent par une virilité agressive à restaurer maladroitement, dans l'action violente, cette image défaillante. La mère prendra garde à ne pas dégrader l'image du père et à trouver dans la famille des modèles masculins valorisants.

Une violence au sein de la famille (violence éducative, violence conjugale) peut aussi nourrir des comportements violents chez un enfant devenu adolescent. Si une psychothérapie familiale n'est pas possible, mettez votre ado à l'écart dans un internat.

(telle une rupture amoureuse) n'a été retrouvé ou s'il regrette d'être en vie après son geste.

Prévenez

La prévention passe aussi par une amélioration des conditions intrafamiliales. Et en particulier par la prise en charge de possibles violences intrafamiliales, d'alcoolo-dépendance ou de troubles psychologiques d'un parent, ou par la résolution de conflits majeurs entre les parents. Évitez les secrets de famille, les inversions des rôles entre parents et enfants et les relations trop fusionnelles.

Règle

Une idée suicidaire doit toujours être prise en considération.

41.

... est sous l'emprise d'une secte

La vulnérabilité des adolescents fait d'eux des proies aisées pour les sectes.

Explications

Une secte est une organisation qui au nom d'un projet spirituel restreint la liberté individuelle de ses membres et les assujettit à ses dirigeants. Les plus importantes d'entre elles sont souvent masquées derrière le paravent d'associations diverses, d'entreprises ou d'écoles de formation. Les adolescents sont des cibles aisées pour les mouvements sectaires en raison de leur quête d'idéal, de leur fragilité affective et de leur effort pour compenser leur prise de distance avec leur famille par la recherche d'un cadre rassurant d'inspiration familiale.

Conseils

Intervenez précocement

Prévenir l'adhésion à une secte repose sur une éducation menée dès la petite enfance favorisant l'esprit critique et l'estime de soi.

première. Parlez du pouvoir délibéré de ne pas tout essayer, du plaisir qu'il y a parfois dans le renoncement, de la fierté à ne pas avoir un comportement moutonnier et de la joie de se distinguer en étant celui qui n'essaiera jamais.

S'il a du mal à arrêter sa consommation, fixez des limites et, en particulier, exigez qu'il ne fume pas à la maison ni en présence des plus jeunes membres de la famille.

Proposez-lui des substituts

Pour l'aider à arrêter, une fois qu'on a réussi à le convaincre de la nécessité de le faire, on se proposera comme partenaire d'aide plutôt que comme censeur. Étudiez avec lui les moments où il a besoin de fumer et analysez ce qui le pousse à allumer une cigarette : moment d'attente, fin de repas, besoin de se donner une prestance, difficulté à refuser une cigarette, entourage qui fume, moment de mini-stress (contrariété, devoirs à faire). Proposez alors une contre-attitude : se brosser les dents après un repas, prendre un chewing-gum, bouger quand l'envie monte, balle antistress quand on téléphone, le bain chaud... Et, plus généralement, favorisez des activités qui renforcent l'estime de soi (sports, activités artistique ou associative).

Le jour J

Invitez-le à informer tout son entourage de son projet d'arrêter de fumer et à demander le soutien de ses amis pour cela même si paradoxalement ses copains fument.

Choisissez avec lui une date fatidique : des moments sans stress ou de changements d'habitudes comme des petites vacances. Ou bien une date symbolique tels un anniversaire ou un Nouvel An avec son lot de bonnes résolutions.

Faites-vous aider

En cas de dépendance forte, une prise en charge est possible. L'hypnose, conduite par un psychologue ou un médecin, est particulièrement indiquée. Enfin, rien ne vous empêche de lui faire miroiter un beau cadeau pour le récompenser de ses efforts.

> *Règle*
>
> Le tabac se combat en commun.

45.

… est dépendant aux jeux vidéo

La dépendance aux jeux vidéo est en augmentation en Occident et devient un véritable problème de santé publique.

Explications

L'adolescence est l'âge où les conduites de dépendance peuvent s'installer le plus aisément. On pourrait s'étonner qu'il n'existe pas de campagne gouvernementale de prévention pour limiter le temps d'exposition des jeunes comme il existe des campagnes de lutte contre la dépendance à l'alcool ou au tabac.

L'état de dépendance est par définition une consommation abusive d'un produit qui porte atteinte à la santé physique ou psychique incluant des conséquences psychoaffectives, comportementales, sociales, économiques (budget consacré aux jeux), professionnelles ou scolaires. Au-delà de trois heures quotidiennes, on peut parler d'usage abusif. Ce qui devrait être une distraction envahit sa vie.

Tous les ados ne sont pas égaux face à la dépendance aux jeux vidéo. Elle est fonction de l'état psychologique. Le phénomène d'accoutumance pousse à prolonger l'usage. Le phénomène de tolérance invite à une augmentation du temps de consommation aux dépens des autres activités jusqu'alors préservées. Mais c'est surtout à l'arrêt que le constat de la dépendance est évident du fait du phénomène d'assuétude qui se révèle au sevrage (ordinateur en panne, interdiction parentale, lieu isolé). On observe alors de l'irritabilité pouvant aller jusqu'à des conduites d'agressivité, de l'insomnie, de l'agitation, de l'anxiété ou de la morosité.

Les ados d'aujourd'hui ont baigné dès leur petite enfance dans l'univers des jeux vidéo. Et les jeunes parents les ont aussi connus, ce qui explique leur grande tolérance quant à l'usage excessif de leurs enfants. La sophistication croissante de ces jeux en fait véritablement des fabriques de rêves pour des ados qui les utilisent dans le dessein de s'éloigner de la réalité quotidienne et de vivre des aventures virtuelles enfermés dans un cocon, bref de prendre des risques sans risque. Même si les jeux vidéo intègrent notre patrimoine culturel et qu'ils sont l'occasion d'échanges avec ses pairs ou avec son père, ils maintiennent l'ado à la maison, restreignent ses activités sportives, ses autres loisirs, ses activités de création, et ses relations sociales. Ils le privent d'autant d'occasions d'expérimenter dans la réalité ses limites personnelles et de découvrir les limites du monde qui l'entoure.

Conseils

Limitez le temps d'usage

Sans dénigrer l'intérêt que peut représenter l'univers contenu dans ces jeux, vous devez aider votre ado à

qu'il y porte ne nous semble pas toujours « soigné ») reflète son souci de protéger son être incertain par le paraître. S'il tient à ce que l'on remarque tant son look, c'est pour qu'on oublie de regarder son être, dont il n'est pas sûr. Le style vestimentaire en différentes tribus (squatteur, shale, rock, rap, gothique, sport, tecktonik, classique...) exprime aussi un style de vie, les prémices d'une idéologie.

Conseils

Ne dénigrez pas ses choix

Une mauvaise attitude serait de critiquer et de dévaloriser les choix vestimentaires de votre enfant. Car l'ado le vivra comme une attaque personnelle, tant il fait corps avec son vêtement. Vous pouvez considérer que ses habits ne sont pas de votre goût, mais reconnaître que tous les goûts sont dans la nature. L'ado, au fond de lui, sera d'ailleurs rassuré de constater que sa volonté de différenciation a abouti.

À ce sujet, il n'est pas bon que les parents cherchent à suivre leur enfant à la trace, en adoptant les mêmes tenues qu'eux.

Tenue adaptée ou non

Les parents peuvent cependant discuter du caractère adapté ou non de telle tenue en fonction des situations. Dites-lui qu'il peut s'habiller ainsi pour sortir avec ses amis, mais devra faire un autre choix pour se rendre chez vos amis. Il s'agit d'une réinitialisation aux codes sociaux qui lui auront été transmis enfant. Vous pouvez aussi vous autoriser à donner un avis, purement artistique, sur son style vestimentaire, quant aux choix d'association de tissus, de couleurs ou au sujet de la taille, en courant le risque de vous faire envoyer balader.

En revanche, les parents le rappelleront à l'ordre s'il adopte une tenue qui s'apparente à une forme d'attentat à la pudeur.

La mode est un art. Cultivez-le

Enfin, si votre ado semble une véritable *fashion victim*, plutôt que de dénigrer son intérêt, cultivez-le. Pour cela, offrez-lui des magazines ou des livres sur l'histoire de la mode, visitez avec lui le musée de la Mode le plus proche de chez vous, faites appel à toutes vos relations pour lui permettre de se rendre dans des ateliers de couture ou d'assister à un défilé. Transformez sa superficialité et sa dépendance vestimentaire en véritable culture de cet art séculaire et de cette industrie florissante.

Règle

Laissez votre ado paraître pour protéger son être.

donner corps à l'affluence des émotions plurielles qu'il ressent au plus profond de lui. Ce sont aussi des sortes d'épreuves qu'il s'inflige face aux sentiments de culpabilité consécutifs à ses pensées et à ses comportements vécus comme transgressifs. Ces marquages occupent alors la fonction des cicatrices obtenues comme des trophées par des comportements à risques.

On pourrait analyser le message inconscient en fonction du motif du tatouage et du lieu du piercing. Le nombril exprime ainsi sans doute un besoin de s'émanciper de l'image maternelle.

Ces pratiques sont aussi un signe d'appartenance aux groupes d'amis de sa génération, un signe identitaire social.

Dans les sociétés traditionnelles, ces marquages corporels servaient de rites d'initiation pour exprimer la naissance d'une nouvelle identité. De la même manière, autrefois, en Occident, les jeunes qui « partaient à l'aventure », qui s'engageaient dans la Légion ou dans la marine, se tatouaient généralement.

Plus un ado aura du mal à se décoller de ses parents dans sa tête, à s'émanciper sans douleur, plus il sera tenté de prendre appui sur ces techniques.

En dehors du piercing et du tatouage, il existe d'autres techniques de marquage corporel qui sont beaucoup moins usuelles : le burning ou brûlure provoqué pour obtenir une cicatrice, le scaring ou le cutting – un marquage de la peau à l'aide d'un scalpel –, le branding ou marquage au rayon laser.

Conseils

Différez

Avant quinze ans, on différera la demande. Informez votre enfant des risques d'infections bactériennes et virales, de la possibilité d'allergies et du caractère définitif des tatouages et des cicatrices de piercing. S'il insiste, vous pouvez lui proposer des interventions sur son apparence qui ne laissent pas de traces définitives : vêtements, coiffure, tatouages lavables, teinture au henné (le mehndi).

Hygiène

À quinze ans, l'âge de la majorité sexuelle, on peut donc considérer que l'ado peut user plus librement de son corps et qu'il a une maturité plus importante pour prendre une telle décision. Mais rien ne vous oblige à donner votre accord (indispensable s'il est mineur). Assurez-vous avant que cela revête une importance suffisante pour lui.

Informez-vous alors des conditions d'hygiène dans lesquelles ces opérations seront pratiquées.

Une fois un tatouage ou un piercing réalisé, si les demandes se réitèrent et que c'est l'escalade, prenez un avis psychiatrique pour vous assurer qu'il ne s'agit pas d'un trouble de l'image corporelle.

> *Règle*
>
> Son corps lui appartient, mais vous en êtes encore le gardien.

partage de moins en moins souvent les repas avec vous, trie ses aliments dans son assiette, ressente des nausées dès qu'elle mange un peu plus que la moyenne, s'isole aux toilettes tout de suite après les repas. Plus globalement, tout changement majeur dans le comportement alimentaire doit vous faire envisager cette maladie.

Pas d'agressivité

Il est inutile de vous fâcher et de lui faire des reproches. Son comportement est plus fort qu'elle. Elle ne le fait pas pour vous embêter même si inconsciemment il y a parfois dans cette restriction alimentaire une volonté d'émancipation de sa part, un désir de ne plus dépendre de rien ni de personne.

Cependant il ne faut pas vous montrer complices de la maladie en vous laissant manipuler et en retardant la mise en route ou la poursuite des soins. Si votre fille rechigne, rappelez-lui que son corps lui appartient, certes, mais que vous êtes responsables de sa santé physique et mentale jusqu'à sa majorité.

Les personnes à consulter

La principale attitude que devront avoir les parents est de consulter au plus tôt. Le médecin généraliste évaluera la situation physique : le poids, la taille, et les conséquences physiques (carences) de son anorexie. Il vous orientera vers un pédopsychiatre ou un psychologue expérimenté en ce domaine et un nutritionniste. La surveillance du poids sera assurée par le médecin généraliste ou le nutritionniste qui conseillera une alimentation équilibrée tout en évitant les surcharges graisseuses. En cas d'échec du traitement ambulatoire (par de simples consultations), votre fille devra être hospitalisée en service spécialisé.

Règle

L'anorexie mentale est affaire de spécialiste et doit être prise en charge sans tarder.

peut être proposé, pour « occuper » les doigts. Un ensemble ciseaux, lime à ongles, pince à envies sera offert.

Des soins de manucure

Vous pouvez transformer ce tic en une conduite plus élaborée et plus saine, en proposant à votre ado de prendre soin de ses « extrémités ». Il pourra ainsi procéder au schéma suivant : masser matin et soir ses cuticules avec une huile spécifique (ou de l'huile d'olive), les repousser tout en douceur avec un bâtonnet de buis, couper à la pince ses envies sur le côté, appliquer sur ses mains une crème hydratante en insistant sur ses doigts, déposer un vernis durcisseur des ongles puis compléter le soin par le fameux vernis amer. Bien sûr, ces soins seront plus aisément proposés aux jeunes filles. Leur caractère ritualisé facilite le remplacement de l'activité compulsive. De plus, le fait de les entretenir est, métaphoriquement, une façon de prendre soin de soi, et l'on a moins envie de détériorer ce qui apparaît entretenu. Les adolescentes pourront choisir un vernis de couleur, ce qui rendra leurs ongles plus visibles et les fera réagir quand elles les approcheront de leurs dents.

Des soins manucures hebdomadaires, pour ceux qui en ont les moyens, seront un facteur de motivation et d'accompagnement en plus d'offrir un échange verbal et comportemental avec la professionnelle autour du symptôme. Pour les plus âgés, des faux ongles peuvent être d'une grande aide.

Règle

Aider l'ado à dire son stress autrement.

56.

… n'arrive jamais à se lever le matin

Quand l'ado a du mal à se lever le matin, c'est habituellement qu'il s'est couché trop tard la veille. Mais pas seulement…

Explications

La nuit, les ados ont un sentiment de liberté puisque les parents sont au lit. C'est un temps sans contraintes. Ils tentent de l'étirer. Cette difficulté à se lever le matin peut s'entendre comme une résistance passive aux obligations de la journée. L'inversion du rythme nycthéméral met en effet entre parenthèses la journée d'école puisque l'ado est embrumé dans sa somnolence et n'émerge véritablement qu'en fin d'après-midi. D'une manière générale, les adolescents sont en dette de sommeil à un âge où l'importance de leur construction nécessiterait justement de dormir davantage.

Cependant, il arrive que des ados qui se couchent à des heures raisonnables aient aussi du mal à se lever le matin. Ce sont des ados qui semblent avoir un besoin

Si cela n'entraîne pas toujours une prise de poids, cette anarchie alimentaire avec carences vitaminiques occasionne parfois fatigue physique mais aussi morale avec altération des performances scolaires. Les capacités cognitives, la concentration, l'attention nécessitent en effet une alimentation équilibrée. Il s'agit également de prévenir dès l'adolescence une mauvaise hygiène de vie future. Les objectifs sont connus : favoriser une alimentation diversifiée, bien répartie dans la journée, riche en fruits et légumes, en laitages, en réduisant les excès de sucre et de gras.

Conseils

Informez et protégez

Informez votre ado de la constitution des aliments, des pièges des publicités alimentaires, et de l'intérêt d'une bonne gestion alimentaire.

Évitez de remplir les placards de sodas, gâteaux, crèmes dessert, charcuterie et biscuits d'apéritif.

Insistez pour que votre ado déjeune le matin afin d'éviter les creux en milieu de matinée, propices aux grignotages.

Favorisez enfin les activités sportives, qui régulent le cycle glycémique.

Des activités culinaires

On favorisera l'apprentissage de la cuisine chez son enfant afin de lui permettre de maîtriser ce qu'il absorbe (les ateliers cuisine pour enfants se développent).

Dans le même courant d'idée, une initiation au jardinage de potager est de bon aloi.

Légumes et fruits

Pour que votre ado mange davantage de légumes, privilégiez ceux qu'il préfère, et servez-les avec des féculents qu'il apprécie. Rendez les fruits toujours accessibles, sur la table ou dans la cuisine. Optez pour les fruits faciles à éplucher comme les bananes, les fruits séchés en sachet, congelés, ou les salades de fruits (sans sucres ajoutés). Mettez des fruits dans vos recettes (canard à l'orange).

Laitages et eau

Si votre ado n'aime pas le lait, achetez différentes sortes de fromages.

Méfiez-vous des desserts lactés et des entremets qui ne doivent pas être confondus avec les yaourts. Inutile de faire appel aux produits dits « allégés » pour un ado, il en prendra davantage.

Conseillez-lui de boire beaucoup d'eau plate ou pétillante (vous l'aurez habitué à l'eau dès son jeune âge). On chassera de la table familiale les sodas sucrés.

Convivialité sans télé

Tenez bon sur les repas de famille. Moments d'échanges ou de conflits, ils permettent le maintien d'un lien au sein de la famille et, à moyen terme, libèrent des tensions. Ils permettent de réguler les prises alimentaires, favorisent le rassasiement, en évitant que l'ado ne s'alimente n'importe comment. Éteignez la télé pendant le repas sinon les enfants ne contrôlent pas ce qu'ils avalent. Interdisez, autant que faire se peut, le grignotage devant la télé mais aussi devant l'écran d'ordinateur.

Enfin, pourquoi ne pas proposer à votre enfant et ses amis des dîners d'ados ? Plutôt que de se retrouver

61.

... a des TOC

Qu'ils apparaissent ou s'aggravent à l'adolescence, les TOC suscitent interrogations et inquiétudes chez les parents qui se sentent souvent démunis pour aider leur enfant.

Explications

TOC signifie « trouble obsessionnel compulsif ». Ce sont des comportements, des actes (compulsions) ou des pensées (obsessions) que l'ado se sent contraint de faire, bien qu'ils lui apparaissent absurdes. L'ado est confronté à des pensées envahissantes, impossibles à chasser (obsessions). Pour les contenir, il doit se livrer à des comportements, des actes, des rituels particuliers (compulsions).

Les TOC peuvent avoir été déjà présents dans l'enfance et se renforcer à l'adolescence, mais le plus souvent ils se révèlent à cet âge. Ils sont plus ou moins intenses et embarrassants. Parmi les obsessions mentales, on peut rencontrer la crainte d'insulter ses parents ou ses enseignants, de blesser quelqu'un, d'oublier quelque chose, de commettre une faute, d'avoir un défaut physique, d'attraper une maladie...

Il y a aussi des rituels mentaux quand l'ado, par exemple, ne peut s'empêcher d'additionner les chiffres des plaques d'immatriculation qu'il croise.

Parmi les compulsions, il y a des superstitions bizarres (éviter, par exemple, de marcher sur les traits des carrelages), des pseudo-tics (gestes sans signification répétés), des listes de vérifications, ou encore la crainte de toucher certains objets (ex. poignées de portes). Ce peut être des rituels de lavage (l'ado se lave matin et soir, y consacre au moins une heure, et se lave les mains plusieurs fois par jour) ; des rituels de rangement (il consacre deux à trois heures quotidiennes à mettre de l'ordre chez lui) ; ou encore des rituels de vérifications (l'ado revient chez lui après être sorti de crainte d'avoir oublié de fermer le robinet).

Au début, l'ado va tenter de maintenir ces TOC secrets. Ce que les parents vont repérer, c'est une tendance à l'isolement, une lenteur, une irritabilité, et un certain perfectionnisme. Les TOC sont souvent associés à une personnalité marquée par le souci de l'ordre et une rigidité morale, ou à l'inverse par un relâchement généralisé. Ce n'est que lorsque les compulsions deviennent trop contraignantes, et qu'il a peur de devenir fou, que l'adolescent commence à en parler.

Ces rituels sont des mécanismes de défense, non conscients, contre diverses angoisses propres à l'adolescence. C'est plus fort que lui. Il ne peut les contrôler qu'au prix d'efforts extrêmes.

Confronté à des transformations physiques et psychiques massives, l'adolescent trouve dans les rituels

cieux, allant jusqu'à vouloir contrôler au maximum leurs actes, leurs pensées comme leurs sentiments.

Il arrive aussi que le pipi fasse de la résistance malgré l'entrée en puberté. Il ne faut alors pas hésiter à consulter un pédopsychiatre qui analysera les origines du symptôme. Elles sont de plusieurs types :

- Des problèmes relationnels au sein de la famille ou en dehors.
- Un moyen de relâcher des tensions de la journée. Ce sont des ados trop stricts avec eux-mêmes, qui se contrôlent trop toute la journée, ne se laissent jamais aller et vont, inconsciemment, la nuit, jusqu'à contrôler leurs rêves, préférant les interrompre par une énurésie plutôt que d'assumer les fantasmes agressifs ou sexuels qu'ils expriment.
- Peur de grandir. C'est un reliquat du petit enfant qu'il était. L'énurésie de l'ado, c'est l'enfance qui pleure encore. Une peur peut en cacher une autre. Il faut voir ce que cache encore aujourd'hui cette peur de grandir. Ce peut être la peur de mourir mais surtout celle de voir ses parents disparaître, ou simplement s'éloigner de soi.
- Anxiété ou humeur dépressive. L'énurésie est en effet un des symptômes de l'anxiété. Elle est alors associée à des cauchemars. Dans la dépression, elle est associée à une tristesse de l'humeur, à un fléchissement scolaire, à un manque de confiance en soi et à une irritabilité, voire à des idées noires.
- Un mode d'opposition. L'énurésie nocturne est parfois une forme de résistance passive à la toute-puissance parentale qui contrebalance parfois une docilité au quotidien.
- Des questionnements inconscients autour de la sexualité. En effet, la sexualité et la miction ont des organes

en commun. Rien d'étonnant que des questionnements autour de la sexualité qui remontent à la petite enfance se traduisent par des problèmes urinaires. Il peut, par exemple, exister une érotisation de la miction nocturne. C'est-à-dire que cette miction procure un certain plaisir, malgré la gêne occasionnée.

Conseils

Traitez les causes profondes

L'énurésie peut être l'expression de relations malsaines ou de conflits chroniques intrafamiliaux ou externes à la famille. On mènera l'enquête pour les repérer.

Si l'ado est dans un trop grand self-control, les parents l'aideront à être moins pointilleux et moins perfectionniste, à être plus tolérant avec lui-même, avec ses pensées et ses rêves, en faisant la part des choses entre des actes coupables et la liberté de les imaginer. Dans l'éducation qu'on lui donnera, on l'autorisera à davantage de souplesse mentale.

Si elle témoigne d'une peur de grandir, on favorisera chez son ado tous les processus d'autonomisation.

Enfin, en cas de doute sur un état dépressif, on prendra un avis spécialisé auprès d'un psychiatre.

Évacuez l'agressivité

Si elle témoigne d'une opposition inconsciente, il faut alors convier son ado à manifester ouvertement ses désaccords et à renoncer à vouloir tout faire pour plaire à ses parents. Il faut l'aider à exprimer, mais aussitôt à canaliser cette agressivité qui entraîne une culpabilité se traduisant par une énurésie. Favorisez

Certes, une information a déjà été donnée dans l'enfance, mais on acquiert à partir de la puberté un nouveau niveau de compréhension, élargi du fait de la maturation neurologique. Votre ado a besoin d'assimiler sa maladie à partir de sa nouvelle façon de se percevoir et de voir le monde.

Autonomisation

Une conduite d'opposition à la prise en charge impose, en plus d'une réintroduction de l'information, de relancer un nouveau niveau d'autonomisation dans les soins, tout en l'inscrivant dans un partenariat avec l'équipe médicale. Les parents doivent favoriser, autant que faire se peut, toute possibilité d'autonomie sans que l'ado se sente délaissé. En particulier, à la maison il sera permis à l'ado de gérer lui-même son traitement, ce qui n'interdira pas aux parents de vérifier qu'il le prend bien.

Ni banalisation, ni surprotection

La maladie est aussi une épreuve pour l'ensemble de la famille. Lorsque le diagnostic est porté à l'adolescence, il y a deux écueils à éviter. Le premier serait une attitude de surprotection et une angoisse qui se communiquerait à l'ado. L'autre écueil serait de nier les difficultés liées à la maladie. Ces difficultés touchent souvent tous les domaines de la vie de l'ado, et elles réveillent des angoisses particulières parmi lesquelles celle d'une mort prématurée.

Affirmation de soi encadrée

Face aux dangers de rupture de soins dans le cadre de comportements à risques propres à cet âge, il est utile de permettre à votre ado de s'affirmer d'une autre façon : sports, aventures, voyages, épreuves et responsabilités diverses.

Il lui sera aussi proposé de participer à des groupes d'adolescents organisés par des associations autour de la maladie en question.

En cas d'investissement excessif des soins et du handicap, contribuez à élargir ses champs d'intérêt et à l'aider à définir son identité.

Enfin, la rencontre avec des adultes, porteurs de la même maladie, et bien insérés socialement comme affectivement, les rassurera sur leur devenir.

Pas de questions taboues

Une guidance avec un psychologue ou un psychiatre, si elle est acceptée, l'aidera à se confronter à l'angoisse relative à son avenir et à son rapport au corps (très investi à cet âge). Ces angoisses peuvent aussi expliquer des résistances au traitement (comme la phobie des piqûres apparues à la puberté qui sont l'écho d'angoisse de pénétration). Ce sera aussi l'occasion d'aborder la question de la sexualité sur laquelle certaines maladies ou certains traitements ont une incidence qu'il importe de ne pas occulter.

> *Règle*
>
> Garder en tête que la maladie ne résume pas l'enfant.

67.

... rote, pète, et en rit bêtement

L'âge bête porte alors bien son nom, surtout du côté des garçons, quand on assiste au début de l'adolescence à ces relâchements si pénibles pour l'entourage.

Explications

Ces laisser-aller s'expliquent par un retour des pulsions de la petite enfance, qui ont été refoulées par l'éducation et ressurgissent à l'occasion de la puberté. Entre six et onze ans, ces pulsions orales, anales ou génitales ont été modelées, canalisées, domptées, cultivées. Toute une organisation psychique permet de définir la personnalité de l'enfant. Mais les remaniements psychiques de l'adolescence ébranlent cette architecture, le temps qu'une nouvelle organisation se mette en place et que ces différentes pulsions soient à nouveau sous contrôle. Une pulsion prend racine dans une région du corps chargée d'excitation. Son but est la satisfaction, c'est-à-dire l'apaisement de la tension.

La pulsion orale est satisfaite chez le nouveau-né

par la succion au biberon puis du pouce et ensuite par le plaisir de mettre en bouche, de cracher mais aussi de mordre, de crier, de chanter, de parler et de roter... Elles sont réactivées à l'adolescence et, encore mal contrôlées, elles expliquent les conduites de gloutonnerie ou de grignotage, mais aussi le fait chez l'ado d'avoir toujours quelque chose en bouche (stylo, cigarette ou cannette) ainsi que son plaisir à pousser des cris, à rire bêtement, ou à faire de drôles de bruits avec sa bouche.

Les pulsions dites anales se sont structurées autour de deux ans à partir de l'éducation à la propreté. Au même titre qu'il apprend à contrôler ses excrétions, le petit apprend à maîtriser les relations. Ce sont les pulsions d'emprise et d'opposition. Les réactivations de ces pulsions à partir de la puberté expliquent que votre enfant redevient opposant et aussi pénible qu'il l'était à trois ans, refusant tout ce qu'on lui propose. Dans cette attitude globale de régression, il se laisse aller, adoptant une attitude négligée et provocante, mangeant salement et retenant mal ses flatulences. Les pulsions anales expliquent aussi le retour en grâce des « gros mots » qui sont gros de l'importance que leur donnent les règles sociales et morales. Ils ont du mal à sortir de la bouche. On les sent passer. Les propos trash de l'ado ne sont que l'écho du « pipi caca » de l'enfant de trois-quatre ans.

Ces comportements de régression sont heureusement transitoires. Ils durent le temps de la petite enfance, entre deux et cinq ans. Les parents auront conscience qu'il y a un délai nécessaire à l'ado pour réaménager l'encadrement psychologique de ses pulsions. Ils l'aideront grâce à leur éducation à prendre de nouveaux repères.

qui l'ado a confiance (certains vont davantage écouter un grand-parent que leurs parents eux-mêmes).

On se gardera de dévaloriser l'autorité sociale (personnels de l'Éducation nationale, policiers, magistrats), qui prend heureusement le relais d'une autorité parentale réfutée. Les coups et les humiliations seront évidemment proscrits.

Faites-vous aider

Enfin, dans les situations les plus critiques, si l'ado s'inscrit dans des conduites délinquantes ou se met en danger, n'hésitez pas à demander une aide éducative auprès des services sociaux départementaux ou des services de la justice. Votre ado pourra avoir un simple rappel de la loi ou obtenir l'assistance d'un éducateur.

> *Règle*
>
> Lui apprendre à obéir.

70.

... se montre très agressif avec vous

Impulsif, votre ado se libère volontiers de ses tensions internes, en votre présence, par des regards de fauve, des insultes, des paroles fortes, des crachats, voire des coups dans les meubles.

Explications

Le mode conflictuel est un mode de communication privilégié à cet âge. Les ados testent ainsi leur pouvoir sur autrui.

Les ados agressifs ont du mal à réguler leurs émotions. Ils ont souvent des difficultés à différer le plaisir et supportent mal les frustrations. Ils n'ont pas une perception exacte, ni un bon contrôle d'eux-mêmes ; et ne se rendent pas toujours compte de leur façon de parler.

Conseils

La connaissance de soi

Aidez-le à prendre conscience de sa nouvelle image et de sa nouvelle façon d'être et de s'exprimer en l'inci-

73.

... organise une soirée à la maison

Que ce soit pour fêter un anniversaire ou la fin de l'année, la première grande soirée que votre ado organise à la maison est un moment important. Moment que vous n'êtes pas obligés de voir se renouveler toutes les semaines...

Explications

C'est évidemment un embarras pour les parents qui raignent le désordre, les détériorations et les accidents ui engageraient leur responsabilité. Mais ils peuvent ussi se satisfaire que leur enfant ait des amis à inviter. l'adolescence, la première « surprise-partie », comme n disait jadis, participe de son intégration sociale et ar là même de son émancipation. Mais cela nécessite n savoir-faire qui ne s'improvise pas. C'est alors occasion de lui apprendre à organiser une fête et accueil d'un groupe.

Conseils

Discrète surveillance

Contrairement à ce qu'il prétend, vous avez votre mot à dire. Ne lui promettez pas d'être absents le jour J, mais engagez-vous à vous faire le plus discrets possible. Vous pouvez aussi confier la surveillance de votre intérieur à un de ses oncles plus jeune que vous, par exemple.

Définir l'espace

Délimitez un territoire dans l'appartement où la soirée pourra se dérouler, ainsi que les pièces interdites (idéalement fermées à clé) dans lesquelles on mettra les objets fragiles. Si votre appartement ne vous semble pas adapté, voyez avec la mairie si la salle des fêtes peut se louer. Sinon, vous mettrez à l'abri tout ce qui est biens de valeur et numéraire, ainsi que les boissons alcoolisées ; inutile de tenter les ados malintentionnés.

Protection des biens et des personnes

Vous exigerez les noms de tous les invités, et vou vous entendrez sur un nombre maximum. Demandez lui de prévenir les voisins. Convenez d'une heure où l sono sera baissée, et les fenêtres fermées pour évite le tapage nocturne. Pour les préparatifs, c'est à lui d s'organiser. À vous d'exiger certaines mesures, comm de poser un drap de protection sur les meubles fragile ou d'utiliser de la vaisselle en plastique.

Bien sûr, votre ado aura la liberté de la programma tion musicale mais, s'il utilise encore des CD, conseillez lui de les étiqueter. Qu'il recommande aussi à ses am d'identifier les leurs et de ne pas venir avec des bier

76.

... entre dans le monde du travail

L'entrée dans la vie active est possible dès l'âge de seize ans. Mais dans les faits, avant dix-huit ans, c'est essentiellement sous la forme de stage de formation rémunéré que l'ado mineur entre dans le monde du travail.

Explications

Parmi toutes les techniques de conduite, rien d'autre n'attache plus solidement l'individu à la réalité de la société que le travail. En ce sens, il est un facteur de maturité et d'équilibre à cet âge d'instabilité. D'ailleurs, e taux de suicides dans la population des jeunes qui ravaillent est moindre que parmi les étudiants. Il onfère une identité sociale qui vient consolider une dentité globale en construction et lui offre un semlant de sens. Il permet un mode d'évacuation de iverses pulsions. Et confère une autonomie financière ui est le prélude à une autonomisation plus globale. la différence du jeu et du « travail » scolaire, qui sont ournés pour l'ado sur l'intérieur, le travail apparaît ourné vers le monde extérieur. En cela, il participe à on émancipation. Il peut l'aider à se détacher des nages parentales et de liens de dépendance trop forts sus de la petite enfance.

Encore faut-il que votre ado puisse trouver dans son environnement professionnel des adultes qui soient pour lui des modèles satisfaisants. Et non pas des individus démotivés, non pédagogues, qui cherchent à humilier le jeune comme ils ont été humiliés des années auparavant. C'est un des points différentiels fondamentaux du travail des jeunes par rapport à celui des adultes que la qualité intrinsèque des supérieurs comme substituts parentaux, notamment dans leur volonté bienveillante de transmission d'un savoir-faire. Un autre point est l'organisation adéquate de l'entreprise qui permette et soutienne ce type de transmission. Des conditions rebutantes d'un premier apprentissage ou emploi, un environnement inadapté à des jeunes débutants sont des facteurs de rejet et de démotivation vis-à-vis du monde du travail. C'est pourquoi il importe d'accompagner et de se renseigner au maximum sur ce qui attend en pratique le jeune (horaires, tâches à accomplir, encadrement). Ainsi que de s'informer sur la législation du travail relative aux mineurs, si c'est le cas avec votre ado.

Le chômage actuel pousse parfois à prendre n'importe quoi comme emploi. Mais les conséquences d'ur emploi dégradant peuvent être dramatiques chez ur individu en construction et provoquer une désillusio de l'engagement professionnel et un contre-investissement secondaire.

Conseils

Privilégiez la formation

Si les conditions matérielles de la famille l'autori sent, on privilégiera les embauches qui offrent ou per

Table

RELATIONS FAMILIALES
Comment réagir si votre ado...

À L'ÉCOLE
Comment réagir si votre ado...

AMOUR ET SEXUALITÉ
Comment réagir si votre ado...

TRAITS DE PERSONNALITÉ
Comment réagir si votre ado...

SITUATIONS DANGEREUSES
Comment réagir si votre ado...

Composition réalisée par NORD COMPO

Achevé d'imprimer en mars 2009 en Espagne par
LITOGRAFIA ROSÉS
Gava (08850)
Dépôt légal 1re publication : mars 2009
LIBRAIRIE GÉNÉRALE FRANÇAISE – 31, rue de Fleurus – 75278 Paris Cedex 06

30/8498/5

15 Weshalb ist nach Berufsbildungsgesetz und Handwerksordnung eine Probezeit vorgeschrieben?

Beide Vertragspartner, Auszubildender **und** Ausbildender, sollen sehen, ob der Auszubildende für diese Tätigkeit geeignet ist und ob sie ihm gefällt.

16 Wie lange dauert die Probezeit?

Die **Probezeit** beträgt mindestens einen Monat und höchstens vier Monate.

17 Auch nach Ablauf der Probezeit kann ein Berufsausbildungsverhältnis gekündigt werden.

Nennen Sie drei Gründe und geben Sie jeweils die entsprechende Kündigungsfrist an.

a) Aus **wichtigem Grund** können beide Vertragspartner kündigen, z. B.: Diebstahl, Beleidigung, Tätlichkeiten.
Kündigungsfrist: fristlos

b) Bei **Berufswechsel**
Kündigungsfrist: 4 Wochen

c) Bei **Berufsaufgabe**
Kündigungsfrist: 4 Wochen

18 Die Rechte und Pflichten des Auszubildenden sind in Berufsbildungsgesetz und Handwerksordnung festgelegt.

Nennen Sie jeweils vier davon.

a) **Pflichten des Auszubildenden:**
- Berufsschulpflicht
- Lernpflicht
- Pflicht zur Arbeitsleistung
- Sorgfaltspflicht
- Schweigepflicht
- Wettbewerbsverbot
- Gehorsamspflicht

b) **Rechte des Auszubildenden:**
- Recht auf Ausbildung
- Recht auf Ausbildungsvergütung
- Recht auf Fürsorge
- Recht auf Zeugnis

Möglichkeiten beruflicher Fortbildung und Umschulung

19 Zählen Sie verschiedene Möglichkeiten der allgemeinen und beruflichen Fortbildung auf.

1. Fortbildungslehrgänge einzelner Verbände und Kammern
2. Meisterschulen
3. Fachschulen
4. Volkshochschulen
5. Abendrealschulen
6. Abendgymnasien

© Holland + Josenhans

20 Weshalb ist eine berufliche Fortbildung für jeden Arbeitnehmer empfehlenswert?

Gründe für eine berufliche Fortbildung:
- Anpassung an den technischen Fortschritt.
- Wer beruflich aufsteigen will, muss zusätzliche Qualifikationen vorweisen können.
- Persönlicher Beitrag zur Sicherung des Arbeitsplatzes.

21 Nennen Sie drei Fälle, in denen für Arbeitnehmer eine berufliche Umschulung erforderlich sein kann.

Gründe für eine berufliche Umschulung können sein:
- längere Arbeitslosigkeit,
- Berufsunfähigkeit durch Krankheit oder Unfall,
- Unzufriedenheit mit dem erlernten Beruf,
- Aussterben des erlernten Berufs.

22 Die Förderung der Berufsausbildung ist gesetzlich geregelt.
Welches sind in diesem Zusammenhang die drei wichtigsten Gesetze?

a) Das Bundesausbildungsförderungsgesetz (**BAföG**)
b) Das Sozialgesetzbuch III – Arbeitsförderung – (**SGB**)
c) Aufstiegsfortbildungsförderungsgesetz (**AFBG**), sog. „MeisterBAföG"

23 Welche Bildungsmaßnahmen werden im Rahmen der Arbeitsförderung nach dem Sozialgesetzbuch unterstützt?

Die **Arbeitsförderung** fördert die **berufliche** Ausbildung in einem anerkannten Ausbildungsberuf sowie gerechtfertigte Fortbildungs- und Umschulungsmaßnahmen.

24 Das Berufsbildungsgesetz beinhaltet die Bereiche <u>Fortbildung</u> und <u>Umschulung</u>.
Unterscheiden Sie diese beiden Begriffe und führen Sie je ein Beispiel aus Ihrem Berufsleben an.

a) **Fortbildung:**
Die Fortbildungsmaßnahmen erfolgen auf der *Grundlage des erlernten Berufes.* Sie sollen die beruflichen Kenntnisse und Fertigkeiten erweitern und die Anpassung an die technische Entwicklung sowie den beruflichen Aufstieg ermöglichen, z. B. die →

© Holland + Josenhans

51 Durch das Jugendarbeitsschutzgesetz sollen jugendliche Arbeitnehmer vor körperlichen und sittlichen Gefahren geschützt werden.

Nennen Sie fünf Bestimmungen dieses Gesetzes.

Wichtige Bestimmungen des **Jugendarbeitsschutzgesetzes**:

a) ***Arbeitszeit***: höchstens $8^1/_2$ Std. am Tag, 40 Std. in der Woche

b) ***Verbot*** der Kinderarbeit

c) ***Verbot*** von Akkordarbeit, gefährlichen Arbeiten und Nachtarbeit

d) ***Ein Schultag*** mit mehr als 5 Unterrichtsstunden gilt als Arbeitstag

e) ***Urlaub***:
- 15-Jährige = 30 Werktage
- 16-Jährige = 27 Werktage
- 17-Jährige = 25 Werktage

f) ***Ärztliche Untersuchungen***:
- Erstuntersuchung
- Nachuntersuchung

g) ***Ruhepausen***:
- $4^1/_2$–6 Std. Arbeitszeit = 30 Min.
- mehr als 6 Std. Arbeitszeit = 60 Min.

52 Dürfen jugendliche Bäckerei- und Konditoreiverkäuferinnen an Samstagen und Sonntagen beschäftigt werden?

In Konditorei-Cafés ist die Beschäftigung erlaubt. Allerdings *müssen* 2 Sonntage im Monat beschäftigungsfrei sein. Zwei Samstage im Monat *sollen* beschäftigungsfrei sein.

53 Welche Institutionen überwachen die Einhaltung des Arbeitsschutzes?

a) Gewerbeaufsichtsamt

b) Technischer Überwachungsverein (TÜV)

c) Berufsgenossenschaft

© Holland + Josenhans

Sozialversicherungen

54 Nennen Sie die fünf Zweige der Sozialversicherung.

1. Krankenversicherung (KV)
2. Rentenversicherung (RV)
3. Arbeitslosenversicherung (ALV)
4. Unfallversicherung (UV)
5. Pflegeversicherung (PV)

55 Ordnen Sie den einzelnen Sozialversicherungsarten deren wichtigste Träger zu.

1. **Krankenversicherung:**
   Träger: Krankenkassen
2. **Rentenversicherung:**
   Träger: Deutsche Rentenversicherung
3. **Arbeitslosenversicherung:**
   Träger: Bundesagentur für Arbeit
4. **Unfallversicherung:**
   Träger: Berufsgenossenschaften
5. **Pflegeversicherung:**
   Träger: Pflegekassen, die bei den Krankenkassen eingerichtet wurden

56 Wer zahlt die Beiträge zu den einzelnen Sozialversicherungsarten?

	Arbeitgeber	Arbeitnehmer
KV	50 %	50 % [1]
RV	50 %	50 %
ALV	50 %	50 %
UV	100 %	–
PV	50 %	50 % [2,3]

[1] Seit Juli 2005 zahlen Arbeitnehmer einen Sonderbeitrag von 0,9 %.

[2] Um die Kosten der Arbeitgeber auszugleichen, strichen die Länder zunächst einen Feiertag, der stets auf einen Werktag fiel. In fast allen Bundesländern ist deshalb der Buß- und Bettag entfallen. In Sachsen wurde kein Feiertag gestrichen, deshalb zahlen die Arbeitnehmer hier den gesamten Beitrag.

[3] Kinderlose Arbeitnehmer zwischen 23 und 65 Jahren zahlen 0,25 % mehr. Hierfür gibt es keinen Arbeitgeberzuschuss.

© Holland + Josenhans

W0315007

Vorwort

Die nunmehr vorliegende Neuauflage des Prüfungsbuches Wirtschaftskunde enthält die neuesten Modalitäten der Abschlussprüfung. Inzwischen ist nicht nur ein umfangreiches Grundwissen erforderlich, sondern auch die Fähigkeit handlungsorientiert vorzugehen. Diese kann beispielsweise darin bestehen, dass anhand vorhandener Informationen Entscheidungen zu treffen sind oder dass Probleme gelöst werden, indem Materialien wie Gesetzestexte mit herangezogen werden.

Auch die neue Konzeption berücksichtigt, dass die Auszubildenden durch die betriebliche Ausbildung über wenig Freizeit verfügen. Deshalb wurde auf eine benutzerfreundliche Ausgestaltung besonderer Wert gelegt. So soll ein ausführliches **Sachwortverzeichnis** das schnelle Auffinden aller Themen ermöglichen.

Damit auf die einzelnen Teile des Buches schnell zugegriffen werden kann, sind sie an ihrer unterschiedlichen Farbe sofort zu erkennen.

Auf **weißem Hintergrund** ist das erforderliche **Grundwissen**. Hier sind alle für die Abschlussprüfung erforderlichen Stoffgebiete in Frage und Antwort erfasst. Des Öfteren sind die Antworten umfangreicher als es in der Fragestellung verlangt wurde. Dieses Verfahren wurde gewählt, um den Leser gründlicher zu informieren.

Auf **orangefarbenem Hintergrund** stehen die programmierten Fragen (**Multiple-Choice**). Diese Aufgaben finden Sie am Ende des entsprechenden Kapitels, direkt nach dem Grundwissen – allerdings nur bei Kapiteln, die bei manchen Kammern zusätzlich programmiert geprüft werden. Bitte beachten Sie, dass bei allen Multiple-Choice-Aufgaben immer *nur eine Antwort pro Aufgabe* möglich ist.

Auf **grauem Hintergrund** finden Sie die Originalbeispiele der so genannten **Fallaufgaben**. Ihre Bearbeitung erfordert teilweise handlungsorientiertes Vorgehen. Derzeit müssen in der Abschlussprüfung jeweils drei solcher Aufgaben bearbeitet werden.

Wir wünschen viel Erfolg bei der Arbeit mit dem Buch und bei der nachfolgenden Zwischenprüfung und Abschlussprüfung.

Stuttgart, im Januar 2006 — Verfasser und Verlag

© Holland + Josenhans

Inhaltsverzeichnis

© Holland + Josenhans

© Holland + Josenhans

Berufsbildung und Arbeitswelt

Formen der Berufsausbildung

1 Welche Gesetze regeln die Berufsausbildung?

a) das Berufsbildungsgesetz
b) die Handwerksordnung

2 Um in anerkannten Ausbildungsberufen eine einheitliche Ausbildung sicherzustellen, werden vom jeweils zuständigen Bundesministerium Ausbildungsordnungen erlassen.

Welche Mindestinhalte haben solche Ausbildungsordnungen?

Eine **Ausbildungsordnung** enthält:
a) Bezeichnung des Ausbildungsberufs
b) *Ausbildungsdauer*
c) *Ausbildungsberufsbild* (Kenntnisse, Fertigkeiten)
d) *Ausbildungsrahmenplan* (sachliche und zeitliche Gliederung der Ausbildung)
e) *Prüfungsanforderungen*

3 Dürfen Jugendliche in nicht anerkannten Ausbildungsberufen ausgebildet werden?

Nein, nur in staatlich anerkannten Ausbildungsberufen.

4 Wo ist festgelegt, ob ein Ausbildungsberuf „anerkannt" ist?

Anerkannte Ausbildungsberufe sind im „Verzeichnis der anerkannten Ausbildungsberufe" aufgeführt. Dieses Verzeichnis wird jedes Jahr neu veröffentlicht.

5 Die Berufsausbildung in der Bundesrepublik Deutschland erfolgt üblicherweise im „dualen System".

Erklären Sie diesen Begriff.

Im **dualen System** sind **zwei Träger** gemeinsam für die berufliche Ausbildung zuständig, nämlich der **Ausbildungsbetrieb** und die **Berufsschule**.

© Holland + Josenhans

6 Welche Hauptaufgaben haben Berufsschule und Ausbildungsbetrieb bei der Ausbildung im dualen System?

Die **Berufsschule** vermittelt vorwiegend Allgemeinbildung und Fachtheorie. Der **Ausbildungsbetrieb** ist hauptsächlich für die fachpraktische Ausbildung zuständig.

7 Welche Vorteile bietet die Ausbildung im dualen System?

a) Sie verbindet die Praxis im Betrieb mit der Theorie in der Schule.

b) Ziel der Schule ist die Vermittlung einer möglichst breiten Berufsausbildung und die Förderung der Allgemeinbildung. Dadurch wird der Gefahr einer ausschließlich betriebsbezogenen Ausbildung vorgebeugt.

c) Eine rein schulische Ausbildung wäre für den Steuerzahler zu teuer.

d) Die Ausbildung wird abwechslungsreicher.

8 Nennen Sie zwei mögliche Nachteile des „dualen Systems".

1. Unterschiedliche Qualität der Ausbildungsbetriebe
2. Ausbildungsbetriebe sind oft zu spezialisiert
3. teilweise mangelnde Abstimmung zwischen Ausbildungsbetrieben und Schulen

9 Berufliche Qualifikationen können auch durch berufliche Vollzeitschulen erworben werden.

Welche Vollzeitschulen bieten eine

a) Berufsvorbereitung,

b) berufliche Grundbildung,

c) volle Berufsausbildung?

a) **Berufsvorbereitung:**
   - Berufsvorbereitungsjahr

b) **berufliche Grundbildung:**
   - das Berufsgrundbildungsjahr
   - die einjährige Berufsfachschule
   - die zweijährige Berufsfachschule

c) **volle Berufsausbildung:**
   - die dreijährige Berufsfachschule
   - das Berufskolleg

© Holland + Josenhans

Berufsausbildungsvertrag

10 Wer sind die vertragschließenden Parteien beim Berufsausbildungsvertrag?

Der Ausbildungsvertrag wird zwischen dem **Ausbildenden** und dem **Auszubildenden** („Lehrling") geschlossen. Bei Minderjährigkeit des Auszubildenden ist die Unterschrift des *gesetzlichen Vertreters* erforderlich.

11 Welche Formvorschrift gilt für den Abschluss des Berufsausbildungsvertrages?

Der Vertrag muss vor Ausbildungsbeginn **schriftlich** abgeschlossen werden.

12 Welche Mindestangaben muss ein Berufsausbildungsvertrag enthalten?

Mindestangaben eines Berufsausbildungsvertrages:

- Art, sachliche und zeitliche Gliederung der Ausbildung
- Beginn und Dauer der Ausbildung
- Dauer der Probezeit
- Vergütung (Höhe, Termin)
- Urlaubstage
- regelmäßige tägliche Arbeitszeit
- Kündigungsvoraussetzungen

13 Die Überwachung der Berufsausbildung erfolgt nach dem Berufsbildungsgesetz durch die zuständigen Stellen.

Welche Stelle ist für Ihren Ausbildungsberuf zuständig?

Die Handwerkskammer

14 Neben der Überwachung der Berufsausbildung haben die zuständigen Stellen weitere Aufgaben.

Nennen Sie diese.

a) Überwachung der persönlichen und fachlichen Eignung der Ausbilder

b) Erlassen von Prüfungsordnungen

c) Verzeichnis der Berufsausbildungsverhältnisse (Lehrlingsrolle) führen

d) Prüfungsausschüsse bilden und Prüfungen durchführen

e) Beratung von Auszubildenden und Ausbildenden

© Holland + Josenhans

▷ *Fortsetzung der Antwort* ▷

Bäckerinnung bietet einen Kurs über EDV-Einsatz in der Bäckerei an.

b) **Umschulung:**
Die Umschulungsmaßnahmen sollen zu einer neuen beruflichen Tätigkeit befähigen, z. B. Umschulung einer Konditoreiverkäuferin zur Friseurin.

25 Für welche Bildungsmaßnahmen kann ein Bildungswilliger finanzielle Unterstützung nach dem Bundesausbildungsförderungsgesetz (BAföG) beantragen?

Durch **BAföG** werden **schulische** Bildungs- und Fortbildungsmaßnahmen gefördert wie z. B. Berufsfachschulen, Berufskollegs, Hochschulen, Fachhochschulen.

Einflüsse auf die menschliche Arbeitsleistung

26 Unterscheiden Sie zwischen inneren und äußeren Arbeitsbedingungen.

Geben Sie zusätzlich jeweils zwei Beispiele an.

a) **Innere Arbeitsbedingungen:**
Voraussetzungen, die der Arbeitnehmer mitbringt, wie z. B.:
- Einstellung zur Arbeit
- Leistungsfähigkeit
- Leistungsschwankungen
- Leistungsbereitschaft

b) **äußere Arbeitsbedingungen:**
Voraussetzungen, die der Arbeitnehmer am Arbeitsplatz vorfindet, wie z. B.:
- Arbeitszeit
- Arbeitsplatzgestaltung
- Betriebsklima
- neue Technologien

© Holland + Josenhans

[27] Wovon hängt die Leistungsfähigkeit eines Arbeitnehmers ab?

Die **Leistungsfähigkeit** hängt ab von
- der Berufsausbildung,
- den Fachkenntnissen,
- der körperlichen Eignung bzw. Verfassung,
- der Berufserfahrung,
- dem Lebensalter.

[28] Welche Faktoren erhöhen die Leistungsbereitschaft eines Arbeitnehmers?

Die **Leistungsbereitschaft** kann erhöht werden durch
- angemessenen Verdienst,
- Freude an der Arbeit,
- gute Aufstiegschancen,
- gutes Betriebsklima,
- Selbstständigkeit.

[29] Einen besonderen Einfluss auf die Arbeitsleistung hat die Gestaltung des Arbeitsplatzes.

Geben Sie fünf Anforderungen an, die ein Arbeitsplatz erfüllen sollte.

1. ausreichende Beleuchtung
2. Sauberkeit
3. Schutz vor Lärm
4. Schutz vor Unfallgefahren
5. ansprechende Farben
6. angenehme Temperaturen
7. ausreichende Belüftung

[30] Ein schlechtes Betriebsklima kann sich negativ auf den einzelnen Arbeitnehmer sowie auf den gesamten Betrieb auswirken.

Führen Sie jeweils zwei Auswirkungen an.

a) **Arbeitnehmer:**
   - Zunahme der Krankmeldungen
   - geringe Leistungsbereitschaft
   - erhöhte Neigung zum Arbeitsplatzwechsel

b) **Betrieb:**
   - mögliche Abschreckungswirkung auf Kunden
   - schlechte Arbeitsleistungen
   - erhöhte Unfallgefahr

© Holland + Josenhans

31 Die tägliche Leistungsfähigkeit eines Arbeitnehmers unterliegt erheblichen Schwankungen.

Wie versuchen viele Betriebe diese individuellen Leistungsschwankungen zu berücksichtigen?

Durch die Einführung der gleitenden Arbeitszeit.

32 Einen erheblichen Einfluss auf die menschliche Arbeit haben moderne Technologien.

a) Welche Vorteile sehen Sie darin?

b) Welche Probleme sehen Sie in modernen Technologien?

a) **Vorteile:**
- wesentlich *schnellere* und *exaktere Arbeit* (z. B. bei EDV-Anlagen, Industrierobotern)
- *Humanisierung der Arbeit*, sie verrichten Arbeiten, die für Menschen monoton oder gesundheitsschädigend sind.

b) **Probleme:**
- steigende Arbeitslosigkeit
- *erhöhte Konzentrationsanforderungen* bei Kontrolltätigkeiten
- *sich ständig ändernde Qualifikationsanforderungen* erfordern lebenslange Weiterbildung

Rechtliche Rahmenbedingungen und Schutzvorschriften in der Arbeitswelt

33 Wodurch werden die meisten Arbeitsunfälle verursacht?

1. Menschliches Versagen (ca. 80 % der Fälle)
2. fehlende Schutzvorrichtungen
3. technisches Versagen
4. Materialfehler

34 Wie können Arbeitsunfälle verhindert werden?

a) Beachtung der Unfallverhütungsvorschriften

b) Schutzvorrichtungen an Maschinen

c) regelmäßige Wartung und Überprüfung von Arbeitsmitteln und Geräten

© Holland + Josenhans

35 Durch zahlreiche Vorschriften soll der technische Arbeitsschutz die Gefahren am Arbeitsplatz und an den betrieblichen Einrichtungen vermindern.

Nennen Sie vier solcher Vorschriften.

a) *Gewerbeordnung*
b) *Arbeitsstättenverordnung*
c) *Arbeitssicherheitsgesetz* (Gesetz über Betriebsärzte, Sicherheitsingenieure und andere Fachkräfte der Arbeitssicherheit)
d) *Gerätesicherheitsgesetz* (Gesetz über technische Arbeitsmittel)
e) *Chemikaliengesetz* (Gesetz zum Schutz vor gefährlichen Stoffen)
f) *Gefahrstoffverordnung* (Verordnung über gefährliche Stoffe)
g) *Unfallverhütungsvorschriften*
h) *Arbeitsschutzgesetz*

36 Welches Gesetz ist die Grundlage des Unfallschutzes?

Die **Gewerbeordnung** von 1869 ist die Grundlage des Unfallschutzes. Sie wurde seitdem mehrfach durch zeitgemäße Regelungen ersetzt und erweitert. Ergänzende Gesetze sind z. B. die Arbeitsstättenverordnung, das Gerätesicherheitsgesetz, die Gefahrstoffverordnung, Unfallverhütungsvorschriften oder das Arbeitsschutzgesetz.

37 a) Wer erlässt die Unfallverhütungsvorschriften?
b) Wie wird die Einhaltung dieser Vorschriften überwacht?

a) **Unfallverhütungsvorschriften** erlassen die Berufsgenossenschaften der einzelnen Wirtschaftszweige.
b) Durch die staatlichen Gewerbeaufsichtsämter und durch Aufsichtsbeamte der Berufsgenossenschaften. Beide können Geldbußen verhängen, wenn die Schutzvorschriften missachtet wurden.

38 Warum wurde in der Bundesrepublik eine Gefahrstoffverordnung erlassen?

Derzeit werden schätzungsweise mehr als 45 000 chemische Stoffe in mehr als 1 000 000 Zubereitungen auf dem Markt angeboten. Die Folge des →

© Holland + Josenhans

▷ *Fortsetzung der Antwort* ▷

zunehmenden Gebrauchs von Chemikalien: mehr als 18 000 Berufskrankheiten werden jährlich auf die Einwirkung gefährlicher Stoffe zurückgeführt.

39 Bei der Schädigung durch Gefahrstoffe unterscheidet man

a) Sofortschäden und

b) Spätschäden.

Erläutern Sie diese Begriffe.

a) **Sofortschäden** treten direkt nach der Einwirkung oder kurz danach auf. Hierbei kann es sich um „harmlose Übelkeit", „ungefährliche Betäubungen" oder um schwere Schädigungen für das ganze Leben handeln.

b) **Spätschäden** werden erst nach jahrelanger Einwirkung bemerkt. Bei Krebs beispielsweise können Jahrzehnte vergehen, bis die Krankheit ausbricht, selbst wenn man nur kurz mit dem Krebs erzeugenden Stoff gearbeitet hat.

40 Welche Aufgabe hat die Gefahrstoffverordnung?

Sie soll Gesundheits- und Umweltgefahren verhindern, indem sie regelt,

- wie gefährliche Stoffe in den Verkehr gebracht werden,
- wie mit diesen Stoffen umgegangen wird,
- wie die Stoffe aufbewahrt werden,
- wie die Stoffe beseitigt werden.

41 Welches Gesetz enthält Sicherheitsvorschriften für technische Arbeitsmittel (Maschinen bzw. Geräte) und verpflichtet die Hersteller, nur solche Arbeitsmittel in Verkehr zu bringen, die den Unfallverhütungsvorschriften sowie den sicherheitstechnischen Erkenntnissen entsprechen?

Das Gerätesicherheitsgesetz.

© Holland + Josenhans

[42] Was regelt die Arbeitsstättenverordnung?

Die Arbeitsstättenverordnung regelt die Anforderungen an die menschenfreundliche Gestaltung der Arbeitsräume, d. h., sie enthält z. B. Vorschriften über Temperatur, Raumgröße, Lärmschutz, Beleuchtung usw.

[43] Welche Aufgabe hat der *soziale Arbeitsschutz*?

Der **soziale Arbeitsschutz** soll die Belastung durch die Arbeit begrenzen.

[44] Zählen Sie drei wichtige Vorschriften oder Gesetze auf, die Regelungen zum Arbeitszeitschutz enthalten.

1. Arbeitszeitgesetz
2. Gewerbeordnung
3. Bundesurlaubsgesetz
4. Ladenschlussgesetz

[45] Für bestimmte Personengruppen bestehen besondere Schutzgesetze.

Nennen Sie drei solcher Schutzgesetze.

1. Jugendarbeitsschutzgesetz
2. Schwerbehindertengesetz
3. Mutterschutzgesetz

[46] Welche Schutzvorschriften gelten für berufstätige werdende Mütter?

a) Verbot schwerer körperlicher Arbeiten
b) Verbot von Akkord- und Fließbandarbeit
c) Verbot von Nacht-, Sonntags- und Feiertagsarbeit
d) Gewährung von Sonderpausen
e) Kündigungsschutz
f) Beschäftigungsverbot **6 Wochen** vor der Entbindung und **8 Wochen** danach

[47] Nennen Sie vier wichtige Bestimmungen des Arbeitszeitgesetzes.

1. Die tägliche Arbeitszeit ist auf 8 Stunden begrenzt.
2. Die tägliche Arbeitszeit kann auf 10 Stunden ausgedehnt werden, wenn innerhalb von 6 Monaten im Durchschnitt nicht mehr als 8 Stunden pro Werktag gearbeitet wird. →

© Holland + Josenhans

▷ *Fortsetzung der Antwort* ▷

3. Sonntags- und Feiertagsarbeit sind verboten.
4. In bestimmten Bereichen ist Sonntagsarbeit und Feiertagsarbeit erlaubt.
5. Bei einer Arbeitszeit von 6 bis 9 Stunden beträgt die Ruhezeit 30 Minuten, 45 Minuten bei einer Arbeitszeit von mehr als 9 Stunden.
6. Im Tarifvertrag können Überstunden vereinbart werden, z. B. gegen Mehrarbeitszuschlag.

48 Nennen Sie vier Bereiche, in denen das Arbeitszeitgesetz die Sonntagsarbeit und Feiertagsarbeit gestattet.

1. Bäckereien und Konditoreien
2. Gastgewerbe
3. Verkehrsbetriebe
4. Krankenhäuser
5. Rundfunk- und Fernsehanstalten
6. Theater
7. Betriebe der Eisen- und Stahlerzeugung

49 Welches Einkommen erhält eine werdende Mutter während ihrer Mutterschutzfrist?

Mutterschaftsgeld, das von der Krankenkasse und vom Arbeitgeber bezahlt wird. Es entspricht dem durchschnittlichen Nettoarbeitsentgelt der letzten 3 Monate.

50 Elternzeit

a) Wer kann Elternzeit erhalten?

b) Wie lange wird Elternzeit gewährt?

c) Wie hoch ist das Erziehungsgeld, das während der Elternzeit gewährt wird?

d) Kann ein Arbeitgeber während der Elternzeit kündigen?

a) Die Mutter und der Vater können gleichzeitig Elternzeit (früher: Erziehungsurlaub) nehmen.

b) Elternzeit wird 3 Jahre gewährt. Wenn der Arbeitgeber einverstanden ist, kann das dritte Jahr bis zum achten Geburtstag des Kindes genommen werden.

c) Das Erziehungsgeld beträgt höchstens 450,– € pro Monat. Die Höhe der Zahlung hängt vom Einkommen ab. Erziehungsgeld wird höchstens 24 Monate gezahlt (Stand: 1. 1. 2006)

d) Nein, frühestens nach deren Ablauf.

© Holland + Josenhans

[57] Obwohl die Sozialversicherung eine Pflichtversicherung für alle Arbeitnehmer ist, gelten Ausnahmeregelungen für bestimmte Personengruppen.

Nennen Sie diese Gruppen.

a) Beamte
b) Selbstständige
c) Rentner
d) Arbeitnehmer ab einer bestimmten Einkommenshöhe (sog. Beitragsbemessungsgrenze und Versicherungspflichtgrenze)

[58] Erläutern Sie die wesentlichen Merkmale unseres Sozialversicherungssystems.

a) Die Versicherten zahlen die Hälfte der Versicherungsbeiträge.
b) Die andere Hälfte zahlt der Arbeitgeber.
c) Versicherte haben einen Rechtsanspruch auf Versicherungsleistungen.
d) Sozialversicherungen sind nach dem Selbstverwaltungsgrundsatz aufgebaut.

[59] Wovon hängt die Höhe der Sozialversicherungsbeiträge ab?

Die Sozialversicherungsbeiträge sind abhängig

– von den *Beitragssätzen*,
– vom *Verdienst* des Versicherten,
– von der *Beitragsbemessungsgrenze.*

[60] Erklären Sie, was man unter der *Beitragsbemessungsgrenze* versteht.

Höchstbetrag für die Beitragsberechnung. Liegt der Verdienst über der Beitragsbemessungsgrenze, dann wird der Beitrag nur bis zu dieser Grenze berechnet. Die Beitragsbemessungsgrenze wird jährlich neu festgelegt.

Ihre Höhe am 1. 1. 2006:

- monatlich 5 250,– € in der **Rentenversicherung** und **Arbeitslosenversicherung**
- monatlich 3 562,50 € in der **Krankenversicherung** und **Pflegeversicherung**

© Holland + Josenhans

61 Nennen Sie die wichtigsten Leistungen der Krankenversicherung.

Die wichtigsten Leistungen sind
- Maßnahmen zur Vorsorge und Früherkennung von Krankheiten
- Krankenhilfe
  - ärztliche Behandlung
  - zahnärztliche Behandlung
  - Arzneimittel
  - Verbandmittel
  - Heilmittel
  - Krankenhauspflege
  - häusliche Krankenpflege
- Mutterschaftshilfe
- Familienhilfe
- Krankengeld

62 Erläutern Sie die Bedeutung der Versicherungspflichtgrenze in der Krankenversicherung.

Arbeitnehmer sind nur dann pflichtversichert, wenn ihr Einkommen die **Versicherungspflichtgrenze** nicht überschreitet (2006: 3 937,50 €). Arbeitnehmer, die der Versicherungspflicht nicht mehr unterliegen, können sich freiwillig versichern, auch bei einer privaten Krankenkasse.

63 Welche Leistungen erbringt die Rentenversicherung?
Zählen Sie drei Beispiele auf.

a) *Rehabilitationsmaßnahmen,* um die Arbeitskraft zu sichern oder wiederherzustellen (z. B. Umschulung, Kur)

b) *Rentenleistungen*
   - Altersrente
   - Rente wegen Erwerbsminderung
   - Waisenrente
   - Witwen- bzw. Witwerrente

64 Im Zusammenhang mit der Rentenversicherung ist immer wieder vom „Generationenvertrag" die Rede.
a) Erläutern Sie diesen Begriff.
b) Welche Probleme sehen Sie in diesem Zusammenhang?

a) Die Beiträge der jeweils arbeitenden Generationen ermöglichen die Renten der im Ruhestand befindlichen Generation.

b) Die arbeitende Bevölkerung wird immer geringer, während die Zahl der Rentner immer mehr zunimmt, d. h. immer weniger Arbeitnehmer müssen immer mehr Renten finanzieren. →

© Holland + Josenhans

c) Machen Sie drei Lösungsvorschläge.

c) *Lösungsmöglichkeiten:*
- Erhöhung der Beiträge
- geringere Rentenerhöhungen
- Verlängerung der Lebensarbeitszeit
- staatliche Familienförderung zur Hebung der Geburtenzahl
- Teilrenten (Altersteilzeit)
- Absenkung des Rentenniveaus
- Der Staat fördert die freiwillige private Vorsorge durch Zulagen und Steuervergünstigungen (sog. „Riester-Rente")

65 Welcher Unterschied besteht zwischen Arbeitslosengeld und Arbeitslosengeld II?

a) **Arbeitslosengeld:**
- ist prozentual höher als Arbeitslosenhilfe. Versicherte mit Kind erhalten 67 % des pauschalierten Nettoverdienstes, Versicherte ohne Kind 60 % (Stand: 1. 1. 06)
- erfordert eine längere Anwartschaftszeit.
- Es besteht ein Rechtsanspruch auf Arbeitslosengeld.
- Die Dauer der Zahlung ist begrenzt. Sie hängt ab vom Alter des Versicherten sowie von dessen Beschäftigungszeit.

b) **Arbeitslosengeld II:**
- erhalten alle erwerbsfähigen Sozialhilfeempfänger und Langzeitarbeitslosen
- ist identisch mit der Sozialhilfe
- wird nur ausbezahlt bei Bedürftigkeit.
- Die Zahlung ist bei älteren Arbeitnehmern zeitlich unbegrenzt.
- ist keine Leistung der Arbeitslosenversicherung, sondern wird aus Steuermitteln finanziert. Die Bundesagentur für Arbeit zahlt es lediglich aus.

© Holland + Josenhans

66 Neben der Zahlung von Arbeitslosenunterstützung hat die Arbeitslosenversicherung weitere Aufgaben.
Geben Sie hierzu drei Beispiele.

a) Arbeitsmarkt- und Berufsforschung
b) Arbeitsvermittlung
c) Berufsberatung
d) Unterstützung von:
   - Ausbildung
   - Fortbildung
   - Umschulung
e) Kurzarbeitergeld

67 Welche Ereignisse sind durch die gesetzliche Unfallversicherung abgedeckt?

a) *Wegeunfall* (auf dem direkten Weg zum und vom Arbeitsplatz)
b) *Unfall am Arbeitsplatz*
c) *Berufskrankheit*

68 Welche Leistungen erbringt die gesetzliche Unfallversicherung?

a) *Unfallverhütung* durch Erlass von Unfallverhütungsvorschriften sowie die Überwachung von deren Einhaltung.
b) *Heilbehandlung* (ärztl. Behandlung, Arzneimittel, Krankenhausaufenthalt usw.)
c) *Verletztengeld* (entspricht dem Krankengeld)
d) *Verletztenrente*
e) *Hinterbliebenenrente*
f) *Sterbegeld*

69 Welche Leistungen erbringt die Pflegeversicherung?

Je nach Pflegebedürftigkeit unterschiedliche Zuschüsse zur ambulanten oder zur stationären Pflege.

70 Welches Gericht ist für Streitigkeiten aus dem Sozialversicherungsrecht zuständig?

In erster Instanz das **Sozialgericht**.
Die Berufungsinstanz bildet das **Landessozialgericht**.
Gegen dessen Urteile kann beim **Bundessozialgericht** Revision eingelegt werden.

71 Welcher bedeutende Grundsatz gilt für die Verfahren vor den Sozialgerichten?

Die Verfahren vor den Sozialgerichten sind **kostenfrei**.

© Holland + Josenhans

Private Zusatzversicherungen (Individualversicherungen)

72 Wie unterscheiden sich Sozialversicherungen von Privatversicherungen (Individualversicherungen)?

a) **Sozialversicherungen:**
- sind gesetzliche Pflichtversicherungen.
- Es gilt das *Solidaritätsprinzip*, d. h., die Beiträge richten sich nach dem Verdienst, die Leistungen nach den Erfordernissen.
- Die Leistungen sind gesetzlich geregelt.

b) **Individualversicherungen:**
- werden freiwillig abgeschlossen, keine Pflicht.
- Es gilt das *Leistungsprinzip*, d. h., die Beiträge (Prämien) richten sich nach versichertem Risiko und Leistungsumfang.
- Im Gegensatz zu den Sozialversicherungen decken sie nicht nur die personenbezogenen Risiken ab, sondern auch sachbezogene und vermögensbezogene.

73 In welche drei Gruppen können Privatversicherungen eingeteilt werden?

Geben Sie jeweils zwei Beispiele an.

a) **Personenversicherungen:**
- private Krankenversicherung
- private Unfallversicherung
- private Rentenversicherung
- Lebensversicherung

b) **Sachversicherungen:**
- Feuerversicherung
- Reisegepäckversicherung
- Hausratversicherung

c) **Vermögensversicherungen:**
- Privathaftpflichtversicherung
- Berufshaftpflichtversicherung
- Kfz-Haftpflichtversicherung
- Rechtsschutzversicherung

© Holland + Josenhans

74 Welche Aufgabe hat die Haftpflichtversicherung?

Sie übernimmt Schäden, die der Versicherte aus unerlaubter Handlung einem Dritten zugefügt hat.
Beispiel: verschuldeter Verkehrsunfall bei der Kfz-Haftpflicht.

75 Welche Schäden werden normalerweise durch eine verbundene Hausratversicherung abgedeckt?

1. Feuer
2. Einbruch-Diebstahl
3. Leitungswasser
4. Glasbruch

76 In einem Kaufhaus beschädigen Sie versehentlich eine teure Stereoanlage.
Welche Privatversicherung übernimmt den Schaden?

Die private Haftpflichtversicherung.

77 Welche der nachfolgend aufgeführten Versicherungen dienen nicht der privaten Vorsorge?

a) Hausratversicherung
b) Arbeitslosenversicherung
c) Reisegepäckversicherung
d) Lebensversicherung
e) gesetzliche Unfallversicherung
f) Rechtsschutzversicherung
g) gesetzliche Krankenversicherung

Nicht der privaten Vorsorge dienen:
b) Arbeitslosenversicherung
e) gesetzliche Unfallversicherung
g) gesetzliche Krankenversicherung

© Holland + Josenhans

78 Überprüfen Sie, ob die nachfolgend aufgeführten Privatversicherungen für die 19-jährige Bäckereiverkäuferin Martina sinnvoll sind. Martina wohnt in einer Einzimmerwohnung, die sie sich nach und nach einrichten möchte. Ihr Hobby ist Gleitschirmfliegen.

a) Hausratversicherung

b) private Unfallversicherung

c) Privathaftpflichtversicherung

d) private Rentenversicherung/Lebensversicherung

e) Berufsunfähigkeitsversicherung

a) **Hausratversicherung:** Nicht sinnvoll, da Martina noch keinen wertvollen Hausrat hat.

b) **private Unfallversicherung:** Sinnvoll aufgrund des nicht ganz ungefährlichen Hobbys. Außerdem übernimmt die gesetzliche Krankenversicherung nur die Heilbehandlung. Zurückbleibende Schäden wie Invalidität können nur durch eine private Unfallversicherung abgesichert werden. Dies ist für Martina besonders wichtig, da sie noch keine Rentenansprüche besitzt.

c) **Privathaftpflichtversicherung:** Sie sollte jeder Erwachsene besitzen, da Schadenersatzforderungen enorme Höhen erreichen können.

d) **private Rentenversicherung/ Lebensversicherung:** Sinnvoll als Altersvorsorge, da junge Beitragszahler in der gesetzlichen Rentenversicherung nur einen Teil ihrer Altersvorsorge sehen können.

e) **Berufsunfähigkeitsversicherung:** Sinnvoll, da die gesetzliche Rentenversicherung in den ersten Berufsjahren entweder keine oder nur geringe Renten zahlt, wenn man erwerbs- oder berufsunfähig wird.

© Holland + Josenhans

Multiple-Choice-Aufgaben – Berufsbildung und Arbeitswelt

1 Ein Firmeninhaber vereinbart im Mai mit einem Jugendlichen und dessen Eltern, den Jugendlichen ab 1. September zum Industriemechaniker auszubilden. Was muss der Firmeninhaber danach tun?

① Er muss unverzüglich den Berufsausbildungsvertrag schriftlich abschließen.
② Er muss den Jugendlichen sofort bei der Berufsschule anmelden.
③ Er muss unverzüglich das Arbeitsamt um Genehmigung zur Einstellung bitten.
④ Er muss ab 1. Juli die Ausbildungsvergütung zahlen.
⑤ Er muss bis spätestens Ende August das Kultusministerium um Genehmigung zur Einstellung bitten. ▶ ☐

2 Wer entscheidet in letzter Instanz bei Streitigkeiten aus dem Berufsausbildungsverhältnis?

① Der Betriebsrat
② Der Schlichtungsausschuss des Fachverbands
③ Die Industrie- und Handelskammer
④ Das Arbeitsgericht
⑤ Das Landgericht ▶ ☐

3 Wer stellt nach dem Berufsbildungsgesetz fest, welcher Betrieb ausbilden darf?

① Das Arbeitsamt
② Das Gewerbeaufsichtsamt
③ Die zuständige Gewerkschaft
④ Die Berufsgenossenschaft
⑤ Die zuständige Kammer, wie z. B. die Industrie- und Handelskammer oder die Handwerkskammer ▶ ☐

4 Welche Probezeit darf bei einem Ausbildungsverhältnis höchstens vereinbart werden?

① 3 Wochen
② 1 Monat
③ 2 Monate
④ 3 Monate
⑤ 4 Monate ▶ ☐

Lösungen der Aufgaben auf Seite 186
© Holland + Josenhans

5 In welchem Fall kann ein Ausbildungsverhältnis auch nach der Probezeit gekündigt werden?

① Vom Auszubildenden bei Berufsaufgabe oder bei Berufswechsel mit einer Kündigungsfrist von 4 Wochen.
② Vom Auszubildenden jederzeit fristlos ohne Angabe von Gründen.
③ Vom Ausbildenden bei rückläufiger Auftragslage mit einer 4-monatigen Kündigungsfrist.
④ Vom Ausbildenden jederzeit, wenn er feststellt, dass der Auszubildende das Ausbildungsziel nicht erreichen wird.
⑤ Vom Ausbildenden jederzeit, ohne Angabe von Gründen, mit einer Kündigungsfrist von 4 Wochen. ▶ ☐

6 Was enthält eine Ausbildungsordnung?

① Bestimmungen über die Höhe der Ausbildungsvergütung.
② Bestimmungen über die Urlaubsdauer.
③ Versetzungspläne in die einzelnen Betriebsabteilungen.
④ Richtlinien für den Berufsschulunterricht.
⑤ Bestimmungen über die Fertigkeiten und Kenntnisse, die während der Berufsausbildung zu vermitteln sind. ▶ ☐

7 Die Berufsausbildung erfolgt im Ausbildungsbetrieb und in der Berufsschule.
Wie wird diese Art der Ausbildung genannt?

① Berufsgrundbildung
② Duales System
③ Überbetriebliche Ausbildung
④ Berufsvorbereitung
⑤ Berufsfortbildung ▶ ☐

8 Warum wird die berufliche Flexibilität für alle Arbeitnehmer immer wichtiger?

① Weil die Unternehmungen immer häufiger und immer schneller den Standort ihrer Betriebe verlegen.
② Weil sich die technischen und wirtschaftlichen Verhältnisse in der Arbeitswelt immer schneller verändern.
③ Weil sich die Lebensarbeitszeit dadurch erheblich verkürzen lässt.
④ Weil durch Einsparungen der Deutschen Bahn AG und der Gemeinden die Arbeitsplätze immer schlechter mit öffentlichen Verkehrsmitteln erreichbar sind.
⑤ Weil die Arbeitszeit immer kürzer und die Möglichkeiten gut bezahlter Freizeitarbeit immer besser werden. ▶ ☐

© Holland + Josenhans
Lösungen der Aufgaben auf Seite 186

9 Welche Aussage zur beruflichen Fortbildung ist richtig?

① Sie hat zum Ziel, die beruflichen Kenntnisse und Fertigkeiten zu erhalten, zu verbessern und zu erweitern.
② Sie wird vor allem in den Berufsschulen durchgeführt.
③ Sie ist nur ab dem 25. Lebensjahr möglich und bis zum 45. Lebensjahr sinnvoll.
④ Sie erfordert mindestens den Hauptschulabschluss.
⑤ Sie endet stets mit einer Prüfung bei der Handwerkskammer. ▶ ☐

10 Welche Aussage über die berufliche Fortbildung ist richtig?

① Sie soll die Ausübung einer anderen Berufstätigkeit ermöglichen.
② Sie wird nur bis zum 35. Lebensjahr vom Arbeitsamt gefördert.
③ Sie soll berufliche Kenntnisse und Fertigkeiten nachholen.
④ Sie soll als besondere Förderungsmaßnahme weiter gehende Fertigkeiten und Kenntnisse im erlernten Beruf vermitteln.
⑤ Sie ist nur sinnvoll, wenn man beruflich aufsteigen will. ▶ ☐

11 Welche Bildungsmaßnahme zählt zur beruflichen Fortbildung?

① Nachholen des Hauptschulabschlusses
② Besuch einer Meisterschule
③ Teilnahme an einer Umschulungsmaßnahme
④ Berufsausbildung in Berufsschule und Ausbildungsbetrieb
⑤ Betriebspraktikum nach der Realschule ▶ ☐

12 Welche Institution ist gesetzlich verpflichtet, Arbeitnehmer im Bereich Fortbildung und Umschulung zu beraten?

① Gewerkschaft
② Agentur für Arbeit (Arbeitsamt)
③ Industrie- und Handelskammer
④ Handwerkskammer
⑤ Arbeitgeberverband ▶ ☐

13 Welche Aufgabe hat unter anderem die Industrie- und Handelskammer bzw. die Handwerkskammer?

① Festlegen der Höhe der Ausbildungsvergütung
② Feststellen der Eignung von Ausbildungsstätten
③ Ausarbeitung der sachlichen und zeitlichen Gliederung der Berufsausbildung
④ Kostenlose Bereitstellung des Prüfungsmaterials für die Zwischen- und Abschlussprüfungen
⑤ Überwachung des Berufsschulunterrichts ▶ ☐

Lösungen der Aufgaben auf Seite 186
© Holland + Josenhans

14 Erläutern Sie, was man unter beruflicher Umschulung versteht?

① Eine Maßnahme, in der Aussiedler auf die Arbeit in der Industrie vorbereitet werden.
② Eine Maßnahme in der Berufsschule, in der Lehrlinge auf die Gesellenprüfung vorbereitet werden.
③ Eine Ausbildungsmaßnahme für Erwachsene, die den Wechsel in eine andere zukunftsorientierte Tätigkeit ermöglichen soll.
④ Eine Ausbildung für arbeitslose Jugendliche, um deren Ausbildungsfähigkeit zu verbessern.
⑤ Eine Maßnahme der Handwerkskammer, in der Gesellen eines bestimmten Handwerks in neuen Technologien unterwiesen werden. ▶ ☐

15 Welche Aussage über die Kinderarbeit ist richtig?

① Die Kinderarbeit ist nur noch in der Landwirtschaft erlaubt.
② Kinder dürfen im elterlichen Betrieb wöchentlich 16 Stunden beschäftigt werden.
③ Kinder dürfen nur in der Zeit von 10 bis 18 Uhr beschäftigt werden.
④ Die Beschäftigung von Kindern ist grundsätzlich verboten.
⑤ Kinderarbeit ist nur in den Schulferien zulässig. ▶ ☐

16 Mit welchen der genannten Arbeiten dürfen Jugendliche grundsätzlich nicht, d. h. nur in bestimmten Ausnahmefällen, beschäftigt werden?

① Mit Akkord- und Fließbandarbeiten.
② Mit Arbeiten, die auch den Einsatz körperlicher Kräfte erfordern.
③ Mit Arbeiten in Räumen, die ausschließlich künstlich beleuchtet sind.
④ Mit Arbeiten, die überwiegend im Freien zu verrichten sind.
⑤ Mit Arbeiten, die vorwiegend in stehender Haltung zu verrichten sind. ▶ ☐

17 Wer überwacht die Einhaltung des Jugendarbeitsschutzgesetzes?

① Die Handwerkskammer bzw. Industrie- und Handelskammer
② die Polizei
③ das Gewerbeaufsichtsamt
④ die Berufsgenossenschaft
⑤ die zuständige Innung ▶ ☐

© Holland + Josenhans
Lösungen der Aufgaben auf Seite 186

18 Wie viel Tage Urlaub kann ein Auszubildender nach dem Jugendarbeitsschutzgesetz beanspruchen, wenn er zu Jahresbeginn 17 Jahre alt ist?

① 18 Werktage
② 23 Werktage
③ 25 Werktage
④ 27 Werktage
⑤ 30 Werktage ▶ ☐

19 Bis zu welchem Alter gilt normalerweise das Jugendarbeitsschutzgesetz?

Das Jugendarbeitsschutzgesetz gilt bis zur Vollendung des
① 16. Lebensjahres
② 18. Lebensjahres
③ 21. Lebensjahres
④ 14. Lebensjahres
⑤ 17. Lebensjahres ▶ ☐

20 Welche Aussage über die betriebliche Beschäftigung von werdenden Müttern ist richtig?

① Werdende Mütter dürfen in den letzten 8 Wochen vor der Entbindung nicht mehr beschäftigt werden.
② Werdende Mütter dürfen mit Akkordarbeiten beschäftigt werden, wenn sie dazu ihr Einverständnis geben.
③ Werdende Mütter dürfen nicht mit Akkordarbeiten beschäftigt werden.
④ Mütter dürfen in den 10 Wochen nach der Entbindung nicht beschäftigt werden.
⑤ Werdende Mütter dürfen in der Zeit zwischen 18 und 7 Uhr nicht beschäftigt werden. ▶ ☐

21 In welchem Zeitraum dürfen werdende Mütter nicht beschäftigt werden?

① 4 Wochen vor und 6 Wochen nach der Entbindung
② 4 Wochen vor und 8 Wochen nach der Entbindung
③ 6 Wochen vor und 6 Wochen nach der Entbindung
④ 6 Wochen vor und 8 Wochen nach der Entbindung
⑤ 6 Wochen vor und 10 Wochen nach der Entbindung ▶ ☐

Lösungen der Aufgaben auf Seite 186
© Holland + Josenhans

22 Welche Aussage über den Schwerbehindertenschutz ist nicht richtig?

① Schwerbehinderte haben Anspruch auf zusätzlichen Jahresurlaub.
② Schwerbehinderte können nur mit Zustimmung der Hauptfürsorgestelle gekündigt werden.
③ Betriebe sind verpflichtet, mindestens 5 % ihrer Arbeitsplätze mit Schwerbehinderten zu besetzen.
④ Betriebe, die keine Schwerbehinderten beschäftigen, müssen eine Ausgleichsabgabe bezahlen.
⑤ Für Schwerbehinderte gilt grundsätzlich eine kürzere Arbeitszeit. ▶ ☐

23 Wo ist für alle Arbeitnehmer über 18 Jahre der gesetzliche Mindesturlaub geregelt?

① In der Gewerbeordnung
② Im Bundesurlaubsgesetz
③ Im Betriebsverfassungsgesetz
④ Im Jugendarbeitsschutzgesetz
⑤ Im Arbeitszeitgesetz ▶ ☐

24 Was soll durch betriebliche Maßnahmen zur Humanisierung der Arbeit erreicht werden?

① Abbau von Arbeitsplätzen
② Erhöhung des Gewinns des Unternehmers
③ Senkung der Produktionskosten
④ Verringerung der körperlichen und seelischen Belastungen
⑤ Verringerung der Wochenarbeitszeit ▶ ☐

25 Unter welcher Voraussetzung kann die nach dem Arbeitszeitgesetz zulässige werktägliche Arbeitszeit von acht auf 10 Stunden erhöht werden?

① Wenn der Arbeitnehmer die Verlängerung vom Arbeitgeber verlangt.
② Wenn innerhalb von sechs Kalendermonaten im Durchschnitt acht Stunden werktäglich nicht überschritten werden.
③ Wenn die zusätzlichen zwei Stunden als Überstunden bezahlt werden.
④ Wenn die zusätzlich gearbeiteten Stunden im Lauf des Kalenderjahrs als Freizeit abgegolten werden.
⑤ Wenn die Zeit von 10 Stunden im Arbeitsvertrag als Normalarbeitszeit vereinbart wird. ▶ ☐

© Holland + Josenhans
Lösungen der Aufgaben auf Seite 186

26 Welche Institution ist gesetzlich beauftragt, Unfallverhütungsvorschriften zu erstellen?

① Gewerbeaufsichtsamt
② Technischer Überwachungsverein (TÜV)
③ Landesarbeitsamt
④ Landesregierung
⑤ Berufsgenossenschaft ▶ ☐

27 Die regelmäßige tägliche Arbeitszeit eines Arbeitnehmers über 18 Jahre beträgt 8 Stunden. Welche Zeit muss diesem Arbeitnehmer nach den gesetzlichen Vorschriften insgesamt für Ruhepausen mindestens gegeben werden?

① 15 min
② 20 min
③ 30 min
④ 45 min
⑤ 60 min ▶ ☐

28 Welche Aussage über die Sozialversicherungen ist richtig?

① Die Versicherungen verwalten sich durch gewählte Organe selbst.
② Die Mitgliedschaft in den Sozialversicherungen ist freiwillig.
③ Die Versicherungen werden vom Staat verwaltet
④ Versicherte, die innerhalb eines Jahres keine Leistungen beanspruchen, erhalten eine Beitragsrückerstattung.
⑤ Die Höhe der Beiträge ist unabhängig von der Einkommenshöhe. ▶ ☐

29 In welcher Zeile der Tabelle ist der Beitrag zur Versicherung zwischen Arbeitgeber und Arbeitnehmer richtig aufgeteilt?

	Versicherung	Arbeitgeber	Arbeitnehmer
①	Krankenversicherung	30 %	70 %
②	Krankenversicherung	–	100 %
③	Rentenversicherung	–	100 %
④	Arbeitslosenversicherung	100 %	–
⑤	Unfallversicherung	100 %	–

▶ ☐

Lösungen der Aufgaben auf Seite 186

© Holland + Josenhans

30 Wer führt die Sozialversicherungsbeiträge für die beschäftigten Arbeitnehmer ab?

① Der Arbeitgeber
② Der Arbeitnehmer
③ Der Arbeitnehmer und der Arbeitgeber
④ Das Finanzamt
⑤ Das Arbeitsamt ▶ ☐

31 Welche Aussage über die gesetzliche Krankenversicherung ist richtig?

① Den Beitrag zur Krankenversicherung trägt der Arbeitgeber allein.
② Die Höhe des Beitrags richtet sich nach der Höhe des Nettolohns bzw. des Nettogehalts des Arbeitnehmers.
③ Die Höhe der Leistungen der Krankenversicherung ist abhängig von der Höhe der Beitragsleistung des Versicherten.
④ Die Kosten für Hilfsmittel, z. B. Zahnersatz, trägt die Krankenversicherung in jedem Fall in voller Höhe.
⑤ Der nicht berufstätige Ehepartner eines Versicherten ist mitversichert. ▶ ☐

32 Welche Aussage über die Leistungen der gesetzlichen Krankenversicherung ist richtig?

① Die von der Krankenkasse zu übernehmenden Regelleistungen sind gesetzlich vorgeschrieben.
② Mehrleistungen dürfen die Krankenkassen nur mit Genehmigung des Bundesarbeitsministers übernehmen.
③ Leistungen dürfen nur an Versicherte, die länger als 6 Wochen Mitglied sind, gewährt werden.
④ Der Umfang der Leistungen richtet sich nach der Höhe des Beitrags, den der Versicherte zahlt.
⑤ Leistungen werden höchstens 26 Wochen gewährt. ▶ ☐

33 Wonach richtet sich die Höhe des Beitrags zur gesetzlichen Krankenversicherung bei pflichtversicherten Arbeitnehmern?

① Nach der Höhe des Bruttolohns bzw. Bruttogehalts
② Nach der Verdiensthöhe und der Krankheitshäufigkeit
③ Nach dem Familienstand und der Anzahl der Familienmitglieder
④ Nach der Lohnhöhe und der Anzahl der Familienangehörigen
⑤ Nach der Höhe der gewünschten Leistungen ▶ ☐

© Holland + Josenhans

Lösungen der Aufgaben auf Seite 186

34 Welche Aussage über die Zugehörigkeit eines versicherungspflichtigen Arbeitnehmers zu einer gesetzlichen Krankenkasse ist richtig?

① Der Arbeitgeber entscheidet allein über die zuständige Krankenkasse.
② Jedem Wirtschaftszweig ist eine bestimmte Krankenkasse zugeordnet.
③ Versicherungspflichtige Arbeitnehmer werden der Allgemeinen Ortskrankenkasse (AOK) zugeordnet.
④ Jeder Versicherungspflichtige kann seine Krankenkasse frei wählen.
⑤ Die Zuständigkeit der Krankenkasse ist im Tarifvertrag festgelegt. ▶ ☐

35 Welchen Anteil vom Beitrag zur Arbeitslosenversicherung muss der Arbeitgeber bezahlen?

① Keinen
② Ein Viertel des Beitrags
③ Die Hälfte des Beitrags
④ Drei Viertel des Beitrags
⑤ Den gesamten Beitrag ▶ ☐

36 Wonach richtet sich die Höhe des Arbeitslosengeldes?

① Nach der Höhe der insgesamt entrichteten Beiträge
② Nach den insgesamt entrichteten Beiträgen und nach dem Lebensalter
③ Nach dem pauschalierten Nettoverdienst
④ Nach dem Lebensalter und nach der Anzahl der Familienangehörigen
⑤ Nach der Anzahl der Beitragsjahre ▶ ☐

37 Welche Leistungen erbringt die Rentenversicherung <u>nicht</u>?

① Altersruhegeld, wenn die gesetzliche Altersgrenze erreicht wird.
② Kuren, um die Erwerbsfähigkeit zu sichern.
③ Zahlung von Beihilfen, wenn noch kein Anspruch auf Arbeitslosengeld besteht.
④ Hinterbliebenenrente.
⑤ Zahlung einer Rente wegen Erwerbsminderung. ▶ ☐

Lösungen der Aufgaben auf Seite 186
© Holland + Josenhans

38 Wovon hängt die Höhe der Altersrente eines Arbeitnehmers ab?

① Nur von der Anzahl der Beitragsjahre des Arbeitnehmers.
② Nur von Durchschnittseinkommen des Arbeitsnehmers.
③ Von der Anzahl der Beitragsjahre und dem Durchschnittseinkommen des Arbeitnehmers.
④ Von dem Durchschnittseinkommen des Arbeitnehmers und dem Durchschnittseinkommen aller Arbeitnehmer.
⑤ Von der Anzahl der Beitragsjahre und dem Durchschnittseinkommen des Arbeitnehmers sowie dem Durchschnittseinkommen aller Arbeitnehmer. ▶ ☐

39 Wonach richtet sich der Beitrag, den ein Arbeitnehmer für die Rentenversicherung zu entrichten hat?

① Nach dem Nettoverdienst des Arbeitnehmers
② Nach dem Bruttoverdienst des Arbeitnehmers
③ Nach dem Lebensalter des Arbeitnehmers
④ Nach dem Nettoverdienst und dem Lebensalter
⑤ Nach dem Bruttoverdienst und dem Lebensalter ▶ ☐

40 Welche Aussage über die Finanzierung der gesetzlichen Unfallversicherung ist richtig?

① Die Finanzierung erfolgt je zur Hälfte durch die Beiträge der Arbeitgeber und Arbeitnehmer.
② Die Finanzierung erfolgt allein durch die Beiträge der Arbeitgeber.
③ Die Finanzierung erfolgt allein durch den Staat.
④ Die Finanzierung erfolgt durch die gesetzlichen Krankenkassen.
⑤ Die Finanzierung erfolgt durch die Bundesanstalt für Arbeit und freiwillige Beiträge der Arbeitgeber. ▶ ☐

41 Wie kommt das Versicherungsverhältnis eines Arbeitnehmers mit der gesetzlichen Unfallversicherung zustande?

① Durch den Abschluss des Versicherungsvertrags durch den Arbeitnehmer.
② Durch Zahlung der ersten Prämie durch den Arbeitnehmer.
③ Durch die Mitgliedschaft des Arbeitnehmers in einer Gewerkschaft.
④ Durch Willenserklärung des Arbeitnehmers gegenüber seinem Vorgesetzten.
⑤ Durch Abschluss des Arbeitsvertrages. ▶ ☐

© Holland + Josenhans

Lösungen der Aufgaben auf Seite 186

42 Welche der genannten Leistungen wird von der gesetzlichen Unfallversicherung nicht erbracht?

① Zahlung von Krankengeld bei allgemeinen Erkrankungen
② Übernahme der Kosten für Heilbehandlung nach Arbeitsunfällen
③ Übernahme der Kosten der Umschulung bei Berufsunfähigkeit wegen einer Berufskrankheit
④ Zahlung einer Verletztenrente nach Arbeitsunfällen
⑤ Zahlung einer Rente an Hinterbliebene von Unfallopfern ▶ ☐

43 Herr Müller hat Werkzeugmechaniker gelernt und wird nach der bestandenen Abschlussprüfung sofort arbeitslos. Hat er Anspruch auf Arbeitslosengeld?

① Nein, da Auszubildende keine Beiträge zur Arbeitslosenversicherung zahlen.
② Nein, da er noch keine Beiträge als Facharbeiter gezahlt hat.
③ Nein, da er weniger als 4 Jahre beschäftigt war.
④ Nein, da es in diesem Beruf noch offene Stellen gibt.
⑤ Ja ▶ ☐

44 Auf dem Weg in den Betrieb stürzt ein Arbeitnehmer und zieht sich einen Beinbruch zu. Wer trägt die Behandlungskosten?

① Der Arbeitgeber, da der Unfall auf dem Weg zur Arbeit passiert ist
② Der Arbeitnehmer, da er nicht genügend aufgepasst hat
③ Die Berufsgenossenschaft
④ Die Haftpflichtversicherung
⑤ Die Krankenkasse ▶ ☐

45 Ein Arbeitnehmer, der einen Arbeitsunfall erlitten hat, möchte Rechtsansprüche gegen die Berufsgenossenschaft durchsetzen. Vor welchem Gericht muss er gegebenenfalls Klage erheben?

① Vor dem Amtsgericht
② Vor dem Arbeitsgericht
③ Vor dem Verwaltungsgericht
④ Vor dem Sozialgericht
⑤ Vor dem Landgericht ▶ ☐

Lösungen der Aufgaben auf Seite 186
© Holland + Josenhans

46 Welche Aussage über die Krankenversicherung von Arbeitslosen ist richtig?

① Mit Beginn der Arbeitslosigkeit erlischt die gesetzliche Krankenversicherung. Der Arbeitslose muss sich selbst privat versichern.
② Den Beitrag zur Krankenversicherung muss der Arbeitnehmer drei Wochen lang weiterzahlen, dann übernimmt der Staat die Beitragszahlung.
③ Mit Beginn der Arbeitslosigkeit wird der Arbeitslose automatisch Mitglied der Allgemeinen Ortskrankenkasse.
④ Während der Arbeitslosigkeit bleibt der Arbeitslose Mitglied der Krankenkasse. Die Bundesanstalt für Arbeit übernimmt die Beitragszahlungen.
⑤ Der Arbeitslose bleibt weiterhin Mitglied der Krankenkasse. Er muss jedoch die Hälfte des bisherigen Beitrags selbst zahlen. ▶ ☐

47 Welche Aussage über die Privatversicherungen (Individualversicherungen) ist nicht richtig?

① Privatversicherungen werden freiwillig abgeschlossen.
② Die Prämien für die Privatversicherungen richten sich nach dem versicherten Risiko und nach dem versicherten Leistungsumfang.
③ Die Prämien für die Privatversicherungen richten sich nach dem Bruttoverdienst des Versicherten.
④ Privatversicherungen gliedern sich in Personenversicherungen, Sachversicherungen und Vermögensversicherungen.
⑤ Wer der Sozialversicherungspflicht unterliegt, kann zusätzlich Privatversicherungen abschließen. ▶ ☐

48 Welche der genannten Versicherungen gehört nicht zur Privatversicherung?

① Lebensversicherung
② Private Krankenversicherung
③ Arbeitslosenversicherung
④ Rechtsschutzversicherung
⑤ Private Haftpflichtversicherung ▶ ☐

© Holland + Josenhans
Lösungen der Aufgaben auf Seite 186

Grundlagen des Vertragsrechts

Rechts- und Geschäftsfähigkeit

[1] Unterscheiden Sie zwischen Rechtsfähigkeit und Geschäftsfähigkeit.

a) **Rechtsfähigkeit** ist die Fähigkeit, Träger von Rechten und Pflichten zu sein. Beispiele: Erbrecht, Steuerpflicht

b) **Geschäftsfähigkeit** ist die Fähigkeit, Rechtsgeschäfte vollgültig abzuschließen. Beispiele: Kündigung, Kaufvertrag

[2] Wann beginnt und wann endet die Rechtsfähigkeit von natürlichen Personen (Menschen)?

Die **Rechtsfähigkeit** beginnt mit der Vollendung der Geburt und endet mit dem Tod.

[3] Wann beginnt und wann endet die Rechtsfähigkeit von juristischen Personen?

Die **Rechtsfähigkeit** von juristischen Personen beginnt mit der Eintragung in ein öffentliches Register (z. B. Vereinsregister, Handelsregister) und endet mit der Löschung.

[4] Welche der folgenden Personen sind „juristische Personen"?

a) Richter

b) Vertreter eines Backofenherstellers

c) Aktiengesellschaft

d) Rechtsanwalt

e) Erna Müller

f) Stadt Stuttgart

Juristische Personen sind:

c) Aktiengesellschaft

f) Stadt Stuttgart

[5] Man unterscheidet drei Stufen der Geschäftsfähigkeit.

Nennen Sie diese.

a) Geschäftsunfähigkeit

b) beschränkte Geschäftsfähigkeit

c) volle Geschäftsfähigkeit

© Holland + Josenhans

6 Welche Altersgrenzen gelten für die einzelnen Stufen der Geschäftsfähigkeit?

Geschäftsfähigkeit	
Geschäftsunfähigkeit	Geburt bis 7. Lebensjahr
beschränkte Geschäftsfähigkeit	7. bis 18. Lebensjahr
volle Geschäftsfähigkeit	ab dem vollendeten 18. Lebensjahr

7 Die 5-jährige Katrin holt aus ihrer Spardose 15,00 Euro und kauft damit eine Puppe. Ist dieser Kaufvertrag gültig?

Er ist **nichtig** (ungültig), da 5-Jährige geschäftsunfähig sind.

8 Eine 17-jährige Konditoreiverkäuferin schließt ohne Wissen ihrer Eltern einen Kaufvertrag ab. Welche rechtliche Wirkung hat dieser Vertrag?

Der Kaufvertrag ist **schwebend unwirksam**, d. h., erst durch die nachträgliche Genehmigung des gesetzlichen Vertreters wird das Rechtsgeschäft voll gültig.

9 Welche Rechtsgeschäfte kann eine beschränkt Geschäftsfähige auch ohne die Zustimmung ihres gesetzlichen Vertreters abschließen?

Geschäfte, die
- mit eigenen Mitteln (Taschengeld) bewirkt werden,
- einen *rechtlichen Vorteil* bringen.

10 Die 16-jährige Martina kauft von ihrem Taschengeld einen Discman für 90,00 Euro.

a) Ist dieser Kaufvertrag gültig?

b) Wie ist die Rechtslage, wenn sie den Kaufpreis nicht sofort bezahlen kann und deshalb mit dem Händler Ratenzahlung vereinbart?

a) Der Kaufvertrag ist gültig, da beschränkt Geschäftsfähige über ihr Taschengeld verfügen können.

b) Der Vertrag ist nichtig (ungültig), da beschränkt Geschäftsfähige keine Ratenkäufe abschließen dürfen, (→ mit Taschengeld nur Bargeschäfte).

© Holland + Josenhans

[11] Ordnen Sie die folgenden Personen den einzelnen Stufen der Geschäftsfähigkeit zu:

a) eine 19-jährige,

b) einen 5-jährigen,

c) einen 15-jährigen.

a) volle Geschäftsfähigkeit

b) Geschäftsunfähigkeit

c) beschränkte Geschäftsfähigkeit

Rechtsgeschäfte

[12] Wodurch entstehen Rechtsgeschäfte?

Rechtsgeschäfte entstehen durch die Abgabe von **Willenserklärungen**.

[13] Unterscheiden Sie zwischen einseitigen und zweiseitigen Rechtsgeschäften.

Geben Sie zusätzlich jeweils ein Beispiel an.

a) **Einseitige Rechtsgeschäfte** entstehen durch die *Willenserklärung einer Seite.*
Beispiele: Kündigung, Testament, Anfechtung

b) **Zweiseitige Rechtsgeschäfte** entstehen durch *übereinstimmende Willenserklärungen von zwei Seiten.*
Beispiele: Arbeitsvertrag, Kaufvertrag, Mietvertrag

[14] Wie werden zweiseitige Rechtsgeschäfte genannt?

Zweiseitige Rechtsgeschäfte werden auch **Verträge** genannt.

[15] Wie können Willenserklärungen abgegeben werden?

a) mündlich

b) schriftlich

c) durch schlüssiges (konkludentes) Handeln

[16] Erläutern Sie anhand eines Beispiels, wie durch konkludentes (schlüssiges) Handeln ein Vertrag entstehen kann.

a) Ein Fahrgast gibt dem Busfahrer das Fahrgeld, dieser händigt wortlos den Fahrschein aus.

b) Ein Passant nimmt am Kiosk eine Zeitung und legt das Geld hin.

© Holland + Josenhans

17 Für viele Rechtsgeschäfte besteht ein gesetzlicher Formzwang.

Erläutern Sie kurz die Bedeutung dieses Formzwangs.

Das Rechtsgeschäft muss in der gesetzlich vorgeschriebenen Form abgeschlossen werden.
Wird diese Formvorschrift nicht beachtet, kann das Rechtsgeschäft nichtig sein.

18 Für den Abschluss bestimmter Rechtsgeschäfte bestehen Formvorschriften.

Erläutern Sie kurz diese Formvorschriften.

a) **Schriftform:**
Die Willenserklärung wird schriftlich festgehalten und von den Beteiligten eigenhändig unterschrieben. Beispiele: Berufsausbildungsvertrag, Ratenkaufverträge, Kündigung von Arbeitsverträgen

b) **öffentliche Beglaubigung:**
Die Echtheit der Unterschrift unter einem Schriftstück wird amtlich oder notariell beglaubigt. Beispiele: Anträge auf Eintragung ins Grundbuch oder Handelsregister

c) **öffentliche Beurkundung:**
Ein Notar hält die Willenserklärung schriftlich fest und bestätigt Inhalt und Echtheit. Beispiele: Eheverträge, Grundstückskauf, Schenkungsversprechen

19 Überlegen Sie, weshalb der Gesetzgeber diese Formvorschriften erlassen hat.

a) Erhöhung der Rechtssicherheit (leichte Beweisbarkeit)

b) Schutz vor Übereilung und Leichtfertigkeit

20 Welcher Unterschied besteht zwischen nichtigen und anfechtbaren Rechtsgeschäften?

a) **Nichtige Rechtsgeschäfte** sind von Anfang an *nichtig* (ungültig).

b) **Anfechtbare Rechtsgeschäfte** sind von Anfang an vollgültig. Durch Anfechtung jedoch werden sie *rückwirkend nichtig.*

21 Unter welchen Voraussetzungen ist ein Rechtsgeschäft anfechtbar?

Rechtsgeschäfte sind **anfechtbar** bei
- arglistiger Täuschung,
- widerrechtlicher Drohung,
- Irrtum.

© Holland + Josenhans

22 Unter welchen Voraussetzungen ist ein Rechtsgeschäft nichtig?

Rechtsgeschäfte sind **nichtig** bei
- Gesetzesverstoß,
- Abschluss mit Geschäftsunfähigen,
- Verstoß gegen die guten Sitten,
- Scherzgeschäften,
- Scheingeschäften,
- Formmangel.

23 Nennen Sie zwei Beispiele für Rechtsgeschäfte, die gegen die guten Sitten verstoßen.

1. Mietwucher
2. Zinswucher

24 Geben Sie zwei Beispiele für gesetzeswidrige Rechtsgeschäfte.

1. Rauschgifthandel
2. Hehlerei
   (Handel mit gestohlenen Sachen)

25 Begründen Sie, ob die folgenden Rechtsgeschäfte nichtig sind oder anfechtbar.

a) Ein Händler verkauft ein Motorrad als unfallfrei, das er nach einem Totalschaden selbst repariert hat.
b) Der kurzsichtige Juwelier verkauft eine teure Goldkette als Modeschmuck.
c) Ein Bäcker droht, seine Verkäuferin zu entlassen, wenn sie sich nicht mit seinem Sohn verlobt.
d) Ein Händler verkauft normales Obst als besonders gesunde „Bio-Ware".
e) Die Renovierung einer Konditorei kostet 100 000,00 €. Um Steuern zu sparen, einigen sich Konditor und Handwerker auf eine „offizielle Rechnung" von lediglich 80 000,00 €. Der Konditor will deshalb nur noch 80 000,00 € zahlen.
f) Die 6 Jahre alte Martina holt aus ihrer Spardose 10,00 € und kauft damit Schokolade.

a) anfechtbar wegen arglistiger Täuschung
b) anfechtbar wegen Irrtums
c) anfechtbar wegen widerrechtlicher Drohung
d) anfechtbar wegen arglistiger Täuschung
e) die Rechnung ist nichtig, da sie zum Schein ausgestellt wurde
f) nichtig wegen Geschäftsunfähigkeit

© Holland + Josenhans

Kaufvertrag

26 Ein Kaufvertrag kommt durch zwei übereinstimmende Willenserklärungen zustande.

Wie heißen diese Willenserklärungen?

a) **Antrag** (Angebot, Bestellung)
b) **Annahme** (Bestellung, Bestellungsannahme)

27 Welche Pflichten ergeben sich aus dem Kaufvertrag für Käufer und Verkäufer?

a) **Käufer:**
   - Zahlung des Kaufpreises
   - Annahme der Ware

b) **Verkäufer:**
   - Lieferung und Übereignung der Ware (mangelfrei, rechtzeitig, am rechten Ort)
   - Annahme des Kaufpreises

28 Jeder Kaufvertrag besteht aus zwei Teilen, dem *Erfüllungsgeschäft* und dem *Verpflichtungsgeschäft*.

Erklären Sie diese Aussage.

Mit Vertragsabschluss verpflichten sich die Partner zu bestimmten Leistungen (= **Verpflichtungsgeschäft**). Diese müssen dann erfüllt werden (= **Erfüllungsgeschäft**).

29 Welche rechtliche Wirkung hat normalerweise ein Angebot für den Anbieter?

Ein Anbieter ist grundsätzlich an sein Angebot gebunden.

30 Welche Rechtswirkung hat ein Angebot für den Empfänger?

Keine, da er nicht verpflichtet ist, das Angebot anzunehmen.

31 Ist ein Händler verpflichtet, auf Wunsch des Kunden seine Schaufensterauslage zu verkaufen?

Nein, Schaufensterauslagen sind kein Angebot. **Angebote** sind an **bestimmte Personen** gerichtet und nicht an die Allgemeinheit.

32 Nennen Sie drei weitere Beispiele für Kaufaufforderungen, die rechtlich kein Angebot sind.

a) Zeitungsanzeigen
b) Postwurfsendungen
c) Fernsehwerbung
d) Prospekte

© Holland + Josenhans

33 Wie kann ein Anbieter die Bindung an sein Angebot ausschließen?

Ein Anbieter kann die Bindung an sein Angebot durch **Freizeichnungsklauseln** ausschließen. Beispiele: unverbindlich, so lange Vorrat reicht, Angebot freibleibend

34 Wie lange ist ein Anbieter an sein Angebot gebunden, wenn er es

a) mündlich abgegeben hat,

b) durch einen Brief unterbreitet hat?

a) Ein **mündliches Angebot** gilt nur für die Dauer des Gesprächs.

b) Ein **briefliches Angebot** muss nach ca. einer Woche angenommen werden. (Beförderungsdauer + Überlegungsfrist)

35 Gibt es gesetzliche Formvorschriften für den Abschluss von Kaufverträgen?

Für Kaufverträge gilt im Allgemeinen der Grundsatz der **Formfreiheit**, d. h. sie können mündlich, schriftlich usw. abgeschlossen werden.

Ausnahmen:
- *Ratenkäufe* (Schriftform)
- *Grundstückskäufe* (notarielle Beurkundung)

36 Welche wichtigen Angaben sollte ein schriftlicher Kaufvertrag enthalten?

Ein schriftlicher Kaufvertrag sollte enthalten:
- Preis
- Art und Güte der Ware
- Liefertermine, Lieferfristen
- Garantie- bzw. Kundendienstleistungen
- Zahlungsbedingungen
- Verpackungs-, Transportkosten
- Gerichtsstand
- Preisnachlässe

37 Wie muss geliefert werden, wenn die Warenqualität nicht besonders vereinbart wurde?

- Die Ware muss sich für den im Vertrag *vorausgesetzten Verwendungszweck* eignen.
- Wurde keine Verwendung vereinbart, ist die Ware in einer Beschaffenheit zu liefern, wie sie bei gleichartigen Sachen üblich ist.

38 Wer trägt die Verpackungskosten, wenn vertraglich nichts vereinbart wurde?

Die Kosten der *Versandverpackung* trägt der *Käufer*, die *Verkaufsverpackung* geht zu Lasten des *Verkäufers.*

© Holland + Josenhans

39 Wer trägt die Transportkosten, wenn diesbezüglich keine Vereinbarungen getroffen wurden?

Die *Transportkosten* trägt der *Käufer*, da Warenschulden Holschulden sind.

40 Bei den Zahlungsbedingungen können Rabatt und Skonto vereinbart werden.

a) Unterscheiden Sie diese beiden Begriffe.

b) Wie ist der Abzug solcher Preisnachlässe geregelt, wenn bei Kaufvertragsabschluss hierüber nichts vereinbart wurde?

a) – **Skonto** ist ein Preisnachlass für vorzeitige Zahlung. Beispiel: „Zahlbar in 30 Tagen, bei Zahlung innerhalb 10 Tagen 3 % Skonto".
– **Rabatt** ist ein Preisnachlass, der z. B. gewährt werden kann
- für Stammkunden (Treuerabatt),
- bei Mengenabnahme (Mengenrabatt),
- für Mitarbeiter (Personalrabatt),
- als Jubiläumsrabatt usw.

b) **Preisabzüge** sind nur möglich, wenn sie vertraglich vereinbart wurden.

41 Erklären Sie folgende Begriffe:

a) Erfüllungsort

b) Gerichtsstand

a) Der **Erfüllungsort** ist der Ort, an dem die vertragsmäßig vereinbarte Leistung zu erbringen ist. Hier gehen Kosten und Risiko auf den Gläubiger über.

b) Der **Gerichtsstand** gibt an, an welchem Gerichtsort bei Vertragsstreitigkeiten Klage erhoben werden muss.

42 Welche Bedeutung haben die folgenden Aussagen?

a) Geldschulden sind Schickschulden.

b) Warenschulden sind Holschulden.

a) Der Käufer erfüllt den Vertrag, wenn er das Geld an seinem Wohnsitz rechtzeitig absendet. Kosten und Gefahr gehen immer zu Lasten des Käufers.

b) Der Verkäufer muss die Ware am Ort seiner Niederlassung bereithalten, der Käufer sie auf eigene Gefahr und Kosten abholen. Lässt er sie durch den Verkäufer zusenden, trägt er das Transportrisiko.

© Holland + Josenhans

43 Unterscheiden Sie die Begriffe:

a) Besitz

b) Eigentum

a) **Besitz:**
Besitzer ist jemand, der die tatsächliche Herrschaft über eine Sache hat, z. B. der Mieter einer Wohnung.

b) **Eigentum:**
Eigentümer ist, wer die rechtliche Herrschaft über eine Sache hat. Beispiel: der Vermieter ist Eigentümer einer Wohnung, der Mieter ist Besitzer.

44 In den meisten Kaufverträgen erfolgt die Lieferung unter „Eigentumsvorbehalt".

Erklären Sie diesen Begriff.

Eigentumsvorbehalt besagt, dass die gelieferte Ware bis zur vollständigen Bezahlung Eigentum des Verkäufers bleibt. Dem Käufer wird die Ware zwar übergeben, aber er wird zunächst nur ihr Besitzer. Kommt er mit der Zahlung in Verzug, kann der Verkäufer sie zurücknehmen und vom Vertrag zurücktreten, wenn er zuvor erfolglos eine Nachfrist gesetzt hat.

Pflichtverletzungen bei der Erfüllung von Kaufverträgen

45 Welche Mängel können bei einer mangelhaften Lieferung auftreten?

Ein Sachmangel liegt vor, wenn die Ware nicht die vertraglich vereinbarte Beschaffenheit hat, also:

- ***falsche Ware,*** z. B. Kamillentee statt Bronchialtee
- ***zu wenig,*** z. B. 2 kg Tee statt 5 kg
- ***fehlerhafte Ware,*** z. B. Kittel mit Löchern
- ***schlechte Qualität,*** z. B. Nachtcreme riecht ranzig
- ***Montagemangel,*** z. B. fehlende Montageanleitung oder unsachgemäße Montage
- ***nicht eingehaltene Werbeaussagen,*** z. B. Benzinverbrauch eines Autos
- ***Rechtsmangel,*** z. B. Verkauf eines Autos, das sicherungsübereignet ist

© Holland + Josenhans

46 Je nach Sachverhalt kann der Käufer bei einer mangelhaften Lieferung unterschiedliche Rechte in Anspruch nehmen.

a) Nennen Sie diese.

b) Erläutern Sie, in welcher Reihenfolge diese Rechte in Anspruch genommen werden können.

a)
- **Nacherfüllung**
- **Rücktritt vom Vertrag**
- **Minderung** (Preisnachlass)
- **Schadenersatz**

b) **Zuerst** muss der Käufer die **Nacherfüllung** verlangen. Erst wenn diese während einer *angemessenen Frist* fehlschlägt (bei Reparatur zwei Versuche) hat er die Möglichkeit
- vom Kaufvertrag zurückzutreten oder
- den Kaufpreis zu mindern *(Minderung)*
- zusätzlich *Schadenersatz* zu verlangen

47 Wie kann bei einer mangelhaften Lieferung die Nacherfüllung erfolgen?

Der Käufer *kann wählen* zwischen
- der Beseitigung des Mangels *(Nachbesserung)* und
- der Lieferung einer mangelfreien Sache *(Ersatzlieferung)*

48 Unter welchen Voraussetzungen kann ein Käufer bei einer mangelhaften Lieferung Schadenersatz verlangen?

Schadenersatz kann **nur** verlangt werden, wenn der Käufer dem Verkäufer erfolglos eine angemessene Frist zur Nacherfüllung gesetzt hat.

Anmerkung: Die Nachfrist ist entbehrlich, wenn besondere Umstände vorliegen, die eine sofortige Geltendmachung des Schadenersatzanspruchs rechtfertigen.

49 Martina erwirbt in einer Boutique eine Bluse. Auf der Verpackung steht, dass das Kleidungsstück waschbar sei. Beim Waschen geht die Bluse ein und färbt auf andere Wäschestücke ab.

Welche Rechte kann Martina beanspruchen?

Da Werbeaussagen nicht eingehalten wurden, liegt ein Sachmangel vor. Sie kann deshalb Nacherfüllung verlangen und zusätzlich Schadenersatz. Da besondere Umstände vorliegen, ist eine Nachfrist für den Schadenersatzanspruch nicht erforderlich.

© Holland + Josenhans

[50] Erna Pfiffig kauft im Möbelhaus Müller einen Schrank als Sonderangebot zu einem günstigen Preis. Nachdem die Ware beschädigt geliefert wird, setzt sie Herrn Müller eine angemessene Nachfrist für die Lieferung eines mangelfreien Schrankes. Dieser weigert sich den Mangel zu beseitigen, da er gerade keinen LKW zur Verfügung habe.

a) Kann Erna Pfiffig vom Vertrag zurücktreten, um den gleichen Schrank anderswo zu kaufen?

b) Als sie versucht, den gleichen Schrank anderswo zu kaufen, muss sie feststellen, dass er überall viel teurer ist als beim Möbelhaus Müller. Kann Erna Pfiffig den Mehrpreis von Herrn Müller verlangen?

a) Ja, da Herr Müller die Nacherfüllung verweigert hat, kann sie vom Vertrag zurücktreten.

b) Da sie erfolglos eine Nachfrist gesetzt hat, kann sie zusätzlich Schadenersatz verlangen, hier: die Erstattung des Mehrpreises.

[51] Innerhalb welcher Frist muss bei einer mangelhaften Lieferung bei einem Verbrauchsgüterkauf geprüft und gerügt werden?

Innerhalb von 2 Jahren, dann verjährt die Sachmangelhaftung (Gewährleistung).

Anmerkung:
Ein Verbrauchsgüterkauf liegt vor, wenn ein Verbraucher von einem Unternehmer eine bewegliche Sache kauft.

[52] Können die Rechte des Käufers bei einer mangelhaften Lieferung eingeschränkt oder abgeändert werden?

Ja, durch **„Allgemeine Geschäftsbedingungen" (AGB)**.

Anmerkung:
siehe hierzu auch Kapitel Verbraucherbewusstes Verhalten (S. 64 f.)

[53] Käufer und Verkäufer, die ihre Verpflichtungen aus einem Kaufvertrag nicht erfüllen, geraten in Verzug.
Welche Verzugsarten werden unterschieden?

a) Lieferungsverzug

b) Annahmeverzug

c) Zahlungsverzug

© Holland + Josenhans

[54] Welche Voraussetzungen müssen vorliegen, damit ein Lieferer in Verzug gerät.

a) Die Lieferung muss **fällig** sein.
b) Die Lieferung muss durch eine **Mahnung** angefordert werden und die Mahnung erfolglos bleiben.
Bei kalendermäßig bestimmten Terminen (z. B. Lieferung am 16. 7. 06) ist keine Mahnung erforderlich.
c) Es muss ein **Verschulden** des Lieferanten vorliegen.

[55] Welche Rechte hat der Käufer beim Lieferungsverzug?

Käuferrechte beim Lieferungsverzug:

a) **Unter Setzung einer Nachfrist** kann der Käufer
  - Lieferung verlangen (Nacherfüllung)
  - Lieferung *und* Schadenersatz wegen verspäteter Lieferung verlangen
b) **Nach Verstreichen einer angemessenen Nachfrist** kann der Käufer
  - die Lieferung ablehnen und vom Vertrag zurücktreten oder
  - Schadenersatz *statt* der Leistung verlangen
  - zusätzlich Schadenersatz verlangen.

[56] Wenn der Käufer die ordnungsgemäß gelieferte Ware nicht abnimmt, gerät er in Annahmeverzug.

Welche Rechte kann der Lieferer in diesem Fall in Anspruch nehmen?

Beim **Annahmeverzug** kann der Verkäufer
- die Ware zurücknehmen und vom *Vertrag zurücktreten,*
- die Ware auf Kosten des Käufers *einlagern und auf Abnahme klagen,*
- die Ware *öffentlich versteigern lassen* (Selbsthilfeverkauf).

[57] Welche Rechte hat der Gläubiger bei Zahlungsverzug?

Beim **Zahlungsverzug** kann der Verkäufer
- Zahlung verlangen, auf Zahlung klagen,
- Zahlung und Schadenersatz verlangen,
- nach Ablauf einer *Nachfrist* Schadenersatz wegen Nichterfüllung verlangen und die Ware zurücknehmen,
- nach Ablauf einer *Nachfrist* vom Vertrag zurücktreten und die Ware zurücknehmen.

Anmerkung: Siehe auch S. 65: Folgen des Zahlungsverzugs

© Holland + Josenhans

Verjährung von Forderungen

58 **Erläutern Sie die Wirkung der Verjährung.**

Der Gläubiger kann nach Ablauf der Verjährungsfrist seine Forderung *nicht mehr gerichtlich einklagen*. Der Schuldner kann die Leistung verweigern. Die Forderung besteht aber dennoch weiter.

59 **Nennen Sie die wichtigsten Verjährungsfristen und geben Sie die Forderungen an, die in der jeweiligen Frist verjähren.**

Wichtige Verjährungsfristen	
30 Jahre	▶ familien- und erbrechtliche Ansprüche ▶ vollstreckbare Titel, z. B. Gerichtsurteil
10 Jahre	▶ Ansprüche aus Rechten an Grundstücken, z. B. Kauf, Hypothek, Grundschuld
5 Jahre	▶ Ansprüche aus Mängeln an Bauwerken
3 Jahre	▶ die regelmäßige Verjährungsfrist für alle Ansprüche
2 Jahre	▶ Sachmangelhaftung (Gewährleistungsansprüche) beim Verbrauchsgüterkauf

60 **Wodurch kann die Verjährung gehemmt werden? Zählen Sie drei Möglichkeiten auf.**

1. Mahnbescheid
2. Klageerhebung
3. höhere Gewalt
4. Verhandlungen über den Anspruch
5. Beginn eines schiedsrichterlichen Verfahrens

61 **Welcher Unterschied besteht zwischen Hemmung und Neubeginn der Verjährung?**

a) Beim **Neubeginn** fängt die Frist aufs Neue an, beginnend am Tag des Neubeginns.

b) Bei der **Hemmung** ruht der Verjährungsablauf für einen bestimmten Zeitraum. Die Frist verlängert sich um die Dauer der Hemmung. Vom Hemmungsgrund hängt es ab, ob noch eine Nachfrist von 3 oder 6 Monaten hinzugerechnet wird.

© Holland + Josenhans

62 Wodurch wird ein Neubeginn der Verjährung bewirkt?

Einen Neubeginn der Verjährung bewirkt:

a) Schuldanerkenntnis durch den Schuldner (z. B. durch Abschlagszahlung, Zinszahlung)
b) gerichtliche oder behördliche Vollstreckungshandlungen
c) die Anerkennung von Mängelansprüchen durch Nacherfüllung

63 Herr Köpf vergisst die am 15. 3. 2006 fällige Zahnarztrechnung.

Wann beginnt und wann endet die Verjährungsfrist?

Beginn: 31. 12. 2006
Ende: 31. 12. 2009

Begründung: Die allgemeine Verjährungsfrist beträgt 3 Jahre, ***beginnend ab dem Jahresende****, in dem der Anspruch entstand.*

64 Tanja kauft in einem Fachgeschäft am 16. 8. 2006 einen Mikrowellenherd.

Wann ist ihr Anspruch auf Sachmangelhaftung (Gewährleistung) verjährt?

Beginn: 16. 8. 2006
Ende: 16. 8. 2008

Begründung: Für Ansprüche auf Sachmangelhaftung (Gewährleistung) beträgt die Verjährungsfrist zwei Jahre, beginnend ***ab dem Tag der Entstehung des Anspruchs.***

65 Frau Elster bezahlt die Rechnung für die gelieferten Torten vom 17. 6. 2005 nicht.

a) Wann wäre die Forderung des Konditormeisters verjährt?

b) Am 1. 7. 2006 überweist Frau Elster eine Abschlagszahlung.

Welche Auswirkung auf die Verjährung hat diese Abschlagszahlung?

a) ***Beginn:*** 31. 12. 2005
Ende: 31. 12. 2008

b) Die Verjährung beginnt neu.
Beginn: 1. 7. 2006
Ende: 1. 7. 2009

© Holland + Josenhans

Vertragsarten

66 Geben Sie die Vertragspartner und die wesentlichen Inhalte von folgenden Vertragsarten an:

a) Kaufvertrag
b) Mietvertrag
c) Leihvertrag
d) Pachtvertrag
e) Darlehensvertrag
f) Dienstvertrag

Wichtige Vertragsarten	
Kaufvertrag	**Käufer – Verkäufer** Übereignung von Sachen gegen Bezahlung
Mietvertrag	**Mieter – Vermieter** **Gebrauch** von Sachen **gegen Entgelt**. Rückgabe derselben Sache, z. B. Mietauto.
Leihvertrag	**Leiher – Verleiher** **Gebrauch** von Sachen, **unentgeltlich**. Rückgabe derselben Sache, z. B. Buch aus Leihbücherei.
Pachtvertrag	**Pächter – Verpächter** **Gebrauch** von Sachen + **Ertrag**, **gegen Entgelt**, Rückgabe derselben Sache, z. B. Pacht eines Gartens.
Darlehensvertrag (Sachdarlehensvertrag)	**Darlehensgeber – Darlehensnehmer** **Verbrauch** von Sachen, entgeltlich oder unentgeltlich. Rückgabe **gleichartiger** (aber anderer) Sachen, z. B. „Ausleihen von fünf Eiern".
Werkvertrag	**Unternehmer – Besteller** Herstellung „eines Werkes" gegen Vergütung, z. B. Autoreparatur.
Dienstvertrag	**Arbeitgeber – Arbeitnehmer** Leistung von Diensten gegen Bezahlung.

67 Wie unterscheiden sich

a) Mietvertrag und Leihvertrag,

b) Mietvertrag und Pachtvertrag?

a) Der *Leihvertrag* ist im Gegensatz zum Mietvertrag *unentgeltlich*.

b) Dem Mieter steht nur der Gebrauch einer Sache zu, dem *Pächter Gebrauch und Ertrag*.

© Holland + Josenhans

68 Welche Vertragsarten liegen in den folgenden Fällen vor?

a) Herr Baumann bringt sein Auto zur Reparatur.

b) Herr Pfiffig bringt seinem Schneider einen Anzugsstoff, um sich daraus einen Maßanzug schneidern zu lassen.

c) Frau Huber holt sich in der Stadtbücherei ein Buch.

d) Frau Putzig wählt im Einrichtungshaus einen Stoff aus und lässt sich Vorhänge daraus nähen.

e) Ein Rechtsanwalt vertritt seinen Mandanten vor Gericht.

a) Werkvertrag

b) Werkvertrag

c) Leihvertrag

d) Werkvertrag *)

e) Dienstvertrag

---

*) **Anmerkung:** Hat ein Vertrag die Lieferung und Herstellung beweglicher Sachen zum Gegenstand, dann werden die Vorschriften über den Kaufvertrag angewendet.

Haftung und Schadenersatz

69 Erklären Sie den Begriff „Haftung".

Haftung ist die Verpflichtung einer Person, den Schaden zu ersetzen, den sie durch eigenes Verschulden verursacht hat.

70 Welche wichtigen Haftungsgründe gibt es?

a) **Haftung aus Verträgen**
- Versicherungsverträge
- Garantieerklärungen
- schuldhafte Vertragsverletzung

b) **Haftung nach dem Produkthaftungsgesetz**

c) **Unerlaubte Handlung**

© Holland + Josenhans

[71] a) Wie haften Minderjährige für unerlaubte Handlungen?
b) Wie haften Eltern für unerlaubte Handlungen ihrer Kinder?

a) – **Minderjährige unter 7 Jahren** haften nicht für verursachte Schäden, da sie *nicht deliktsfähig* sind.
– **Minderjährige von 7 bis 18 Jahren** haften nur dann für verursachte Schäden, wenn sie die erforderliche Einsicht besaßen, d. h. sie sind *beschränkt deliktsfähig*.
– **Kinder,** die am Straßenverkehr teilnehmen, haften erst ab **10 Jahren.** Diese Haftungsbefreiung gilt allerdings nicht, wenn sie absichtlich einen Schaden herbeiführen. Beispiel: Die neunjährige Carola wirft von einer Autobahnbrücke Pflastersteine auf die fahrenden Autos.

b) **Eltern** haften nur, wenn sie ihre Aufsichtspflicht verletzt haben.

[72] Welcher Grundsatz gilt für Personen, die zum Schadenersatz verpflichtet sind?

Es gilt der Grundsatz der **Naturalherstellung**, d. h. es muss der Zustand hergestellt werden, der ohne das schädigende Ereignis vorhanden wäre.

[73] Nennen Sie Beispiele für Schäden, bei denen statt Naturalherstellung Schadenersatz in Geld möglich ist.

Schadenersatz in Geld ist möglich, z. B. bei
- Totalschaden,
- Wertminderung,
- Verdienstausfall,
- Schmerzensgeld.

© Holland + Josenhans

Verbraucherbewusstes Verhalten

Verbraucherberatung

1 Erläutern Sie, was man unter Verbraucherschutz versteht.

Durch den **Verbraucherschutz** soll in erster Linie verhindert werden, dass der Bürger in der modernen Konsumgesellschaft gesundheitliche Schäden erleidet und wirtschaftlich übervorteilt wird.

2 Ein Verbraucher hat verschiedene Möglichkeiten, sich vor dem Kauf einer Ware zu informieren.

Nennen Sie drei davon.

1. Erkundigung bei Fachleuten im Bekanntenkreis
2. Veröffentlichungen der Stiftung Warentest
3. Testberichte in den Massenmedien
4. Fachzeitschriften
5. Ausprobieren (z. B. Probefahrt)

3 Zählen Sie drei verschiedene Institutionen auf, die Verbraucherinteressen vertreten.

1. Verbraucherzentralen
2. Verbraucherverbände
   wie z. B. der Deutsche Mieterbund
3. Stiftung Warentest
4. Massenmedien

4 Welche Aufgaben nehmen die Verbraucherzentralen wahr?

Verbraucherzentralen:
- vertreten die Verbraucherinteressen gegenüber Staat und Wirtschaft,
- leisten Öffentlichkeitsarbeit durch Veranstaltungen und zahlreiche Informationsschriften,
- unterstützen Verbraucher bei Reklamationen,
- gehen gegen unlauteres Verhalten von Anbietern vor,
- führen Beratungsgespräche z. B. über Wohnen, Einkauf, Ernährung, Energieeinsparung.

© Holland + Josenhans

[5] Die Verbraucherschutzvereine haben verschiedene Möglichkeiten, um die Verbraucherinteressen zu wahren.

Zeigen Sie dies am Beispiel der Mieterschutzvereine.

Möglichkeiten der **Mieterschutzvereine** sind z. B.:
- Rechtsberatung,
- Hilfe bei der Auflösung des Mietvertrages,
- Rechtsbeistand bei Gerichtsverfahren.

[6] In den Medien erfolgt eine sehr umfangreiche Verbraucherberatung.

Belegen Sie diese Aussage durch verschiedene Beispiele.

1. Veröffentlichungen der Stiftung Warentest, z. B. die Zeitschriften „test" sowie zahlreiche Sonderhefte
2. Broschüren der Verbraucherzentralen und Verbraucherverbände
3. Informationschriften der Ministerien von Bund und Ländern, z. B. „Wegweiser für Verbraucher", „Dein Recht als Mieter"
4. Tipps von Tageszeitungen
5. Fachzeitschriften, z. B. über Computer oder Autos
6. Verbrauchersendungen in Fernsehen und Hörfunk, z. B. WISO, Plusminus

Verbraucherschutzgesetze

[7] Zählen Sie fünf wichtige Verbraucherschutzbestimmungen auf.

Wichtige Verbraucherschutzbestimmungen

- **BGB (Bürgerliches Gesetzbuch)**
  Es enthält z. B. Regelungen zu Haustürgeschäften, Ratenkauf, Fernabsatzverträgen, allgemeinen Geschäftsbedingungen und Verbraucherkrediten
- **Gesetz gegen unlauteren Wettbewerb (UWG)**
- **Produkthaftungsgesetz**
- **Preisangabenverordnung**
- **Eichgesetz**
- **Lebensmittel-Kennzeichnungsverordnung**
- **Textilkennzeichnungsgesetz**

© Holland + Josenhans

8 Zählen Sie vier gesetzliche Warenkennzeichnungsvorschriften auf.

1. Lebensmittel-Kennzeichnungsverordnung
2. Eichgesetz
3. Preisangabenverordnung
4. Textilkennzeichnungsgesetz
5. Qualitätsklassen (Handelsklassen)

9 Welche Waren werden nach Handelsklassen gekennzeichnet und angeboten?

Alle wichtigen Obst- und Gemüsesorten. Eine niedrigere Handelsklasse macht sich im Preis bemerkbar.

10 Durch Güte- und Prüfzeichen werden Mindestanforderungen für die Sicherheit und Qualität der betreffenden Waren festgelegt.

Nennen Sie fünf solcher Zeichen.

1. Wollsiegel
2. Weinsiegel
3. Deutsche Markenbutter
4. DIN-Zeichen
5. VDE (Verband Deutscher Elektrotechniker)
6. GS geprüfte Sicherheit (für technische und elektrische Geräte)
7. CE-Zeichen (wenn Mindestsicherheitsnormen der EU erfüllt werden)

11 Welche wichtigen Angaben müssen auf Fertigpackungen angebracht werden, in denen Lebensmittel enthalten sind?

1. Verkehrsbezeichnung der Ware
2. Verzeichnis der Zutaten
3. Mindesthaltbarkeitsdatum
4. Anschrift des Herstellers oder Verkäufers
5. Handelsklasse bzw. Qualitäts- oder Güteklasse
6. Ursprung der Ware (z. B. Anbaugebiet)
7. Füllmenge (Mengenangabe, Gewichtsangabe)

© Holland + Josenhans

[12] Welche Produkte dürfen mit dem nachfolgend abgebildeten Zeichen gekennzeichnet werden und wie wird dieses Zeichen genannt?

Besonders umweltfreundliche Produkte dürfen mit dem **Umweltzeichen** gekennzeichnet werden.

[13] Mit welchen Angaben müssen Textilerzeugnisse gekennzeichnet werden?

Der Verbraucher muss deutlich erkennen können, welche Rohstoffe in welcher Menge in dem Textilerzeugnis enthalten sind (z. B. 75 % Baumwolle, 25 % Polyester).

[14] Nennen Sie drei wichtige Regelungen der Preisangabenverordnung.

Regelungen der **Preisangabenverordnung**:

- Ausgestellte Waren müssen mit einer deutlichen Preisangabe versehen sein.
- Preise für Dienstleistungen (z. B. Friseur, Gaststätten) müssen in Schaufenstern oder Schaukästen ausgehängt sein.
- Heranfahrende Kraftfahrer müssen von der Straße aus die Kraftstoffpreise der Tankstellen deutlich erkennen können.
- Kreditverträge müssen den „effektiven Jahreszins" enthalten.
- Die angegebenen Preise müssen Endpreise sein, d. h. inkl. Mehrwertsteuer.
- Bei Waren, die noch abgewogen werden, müssen die Preise in 100 g oder 1000 g angegeben werden.

© Holland + Josenhans

[15] Welche Absicht verfolgt das „Gesetz gegen den unlauteren Wettbewerb" (UWG)?

Es soll Verbraucher vor dem wettbewerbswidrigen Verhalten einzelner Anbieter schützen.

[16] Welche Handlungen eines Anbieters sind nach dem UWG verboten?

Nach dem **UWG** sind verboten:
- **Falsche Angaben**, z. B. über Qualität, Herstellungsmethode oder Ursprung der angebotenen Ware.
- **Irreführung der Verbraucher** durch „Lockvogelangebote"[1].
- **Sittenwidrige Werbung**, z. B. aufdringliches Ansprechen des Verbrauchers auf der Straße oder belästigende Anrufe bei ihm zu Hause.
- **„Anschwärzung"**, der Werbende würdigt Produkte der Konkurrenz herab.
- **Zusendung von unbestellter Ware**.
- **Missbrauch von Sonderveranstaltungen**, z. B. das Nachschieben von Waren bei Räumungsverkäufen.

[1] „Lockvogelangebote" = Angebote mit besonders günstigem Preis und evtl. Mengenbeschränkung, durch die der Kunde zum Kauf anderer, oft überteuerter Waren veranlasst werden soll.

[17] <u>Fernabsatzverträge</u>

Welches besondere Recht kann ein Verbraucher nach dem BGB (Bürgerlichen Gesetzbuch) in Anspruch nehmen, wenn er einen Fernabsatzvertrag abschließt?

Bestellungen per Katalog, Brief, Internet oder Telefon können innerhalb von 14 Tagen ohne Angabe von Gründen an den Lieferanten zurückgeschickt werden. Dieses Widerrufsrecht gilt auch bei Haustürgeschäften (nicht möglich ist ein Widerruf bei Internetauktionen sowie bei Lieferung von Speisen und Getränken, z. B. einem Pizzaservice).

[18] <u>Elektronischer Geschäftsverkehr (e-commerce)</u>

Für Verträge, die auf elektronischem Weg (in der Regel Internet) abgeschlossen werden, gelten besondere Bestimmungen des BGB zum Schutz der Kunden.

Nennen Sie diese.

Nach den Bestimmungen über den **elektronischen Geschäftsverkehr** muss der Unternehmer
1. sicherstellen, dass Eingabefehler vor Abgabe der Bestellung erkannt und berichtigt werden können.
2. dem Kunden die Möglichkeit einräumen, Vertragsbedingungen und

→

© Holland + Josenhans

▷ *Fortsetzung der Antwort* ▷

allgemeine Geschäftsbedingungen nicht nur am Bildschirm abzurufen, sondern diese auch problemlos auf dem eigenen PC zu speichern.
3. den Eingang der Bestellung unverzüglich mit E-Mail bestätigen.

Verstößt der Händler gegen eine der drei Bedingungen, dann kann der Kunde nicht wie sonst üblich innerhalb von 14 Tagen, sondern innerhalb von 6 Monaten vom Vertrag zurücktreten.

19 Beurteilen Sie die folgenden Fälle und geben Sie an, gegen welche Vorschrift dabei gegebenenfalls verstoßen wurde.

a) Die Brauerei Pichler verkauft ihr Bier unter dem Werbeslogan: „Das beste Bier der Welt!"

b) In einem Supermarkt hängt folgendes Angebotsplakat:

Unser Knüller
Schweinefilet 500 g **9.99** €

c) Eine Fleischerei bietet importierte Hähnchen als „Deutsche Freilandhähnchen" an.

d) Sie erhalten von einem Versandhaus für 45 € unbestellt einen Pullover zugeschickt.

a) verboten nach UWG

b) verboten nach der Preisangabenverordnung

c) verboten nach UWG

d) verboten nach UWG

20 Wie soll das Produkthaftungsgesetz den Verbraucher vor fehlerhaften Waren schützen?

Durch das **Produkthaftungsgesetz** wird der Hersteller verpflichtet, den Schaden zu ersetzen, der durch ein fehlerhaftes Produkt entstanden ist. Dabei haftet der Hersteller verschuldensunabhängig, d. h., es ist unerheblich, ob ihn ein Verschulden trifft oder nicht.

© Holland + Josenhans

21 Welche Waren werden nicht vom Produkthaftungsgesetz erfasst?

1. Arzneimittel
2. landwirtschaftliche Rohprodukte

22 Wie hoch ist nach dem Produkthaftungsgesetz die Selbstbeteiligung bei einem Sachschaden?

Die Selbstbeteiligung beträgt 575 €.

23 Welches besondere Recht kann ein Käufer bei einem Ratenkauf (Teilzahlungsgeschäft) in Anspruch nehmen?

Einen **Ratenkauf** kann der Käufer innerhalb von 14 Tagen ohne Angabe von Gründen *schriftlich* widerrufen.

24 Wie sollten Sie den Widerruf eines Ratenverkaufs zustellen?

Aus Gründen der Beweisbarkeit empfiehlt sich die Versendung als Einschreiben.

25 Bei einem Ratenkauf ist der Verkäufer verpflichtet, dem Käufer bestimmte Angaben mitzuteilen.

Nennen Sie diese.

Mitzuteilen sind:
- Barzahlungspreis
- Teilzahlungspreis
- Anzahl, Höhe und Fälligkeit der Raten
- effektiver Jahreszins
- deutliche Belehrung über das Widerrufsrecht (2. Unterschrift)

26 Welche Vorteile sprechen für den Ratenkauf?

a) Sofortige Verfügbarkeit der Ware
b) Widerrufsmöglichkeit innerhalb von 14 Tagen
c) gleichmäßige Verteilung der Zahlungsbelastung
d) Möglichkeit, Sonderangebote auszunützen

27 Nennen Sie drei mögliche Nachteile beim Ratenkauf.

1. Zinsbelastung
2. kein Skontoabzug möglich
3. zusätzliche Belastung durch Bearbeitungsgebühren
4. die Dauer der Ratenzahlung kann die Nutzungsdauer der Ware übersteigen

© Holland + Josenhans

[28] Haustürgeschäfte

Welche besonderen Rechte räumt das BGB (Bürgerliche Gesetzbuch) einem Kunden ein, der ein so genanntes „Haustürgeschäft" abschließt?

- **Haustürgeschäfte** können innerhalb von 14 Tagen ohne Angabe von Gründen schriftlich widerrufen werden.
- Innerhalb von 14 Tagen nach Erhalt der Ware hat der Kunde ein Rückgaberecht.

[29] Welche Geschäfte fallen unter den Begriff „Haustürgeschäfte"?

Nennen Sie zwei Beispiele.

Haustürgeschäfte entstehen durch überraschendes Ansprechen des Kunden am Arbeitsplatz, an der Wohnung, bei Kaffeefahrten, bei Freizeitveranstaltungen, auf der Straße.

[30] Nennen Sie drei Beispiele für Geschäfte, die nicht unter die Regelungen des BGB über den Widerruf von Haustürgeschäften fallen.

1. Wenn der Kunde den Vertreter selbst bestellt hat
2. bei Versicherungsverträgen*
3. bei Bagatellgeschäften (unter 40,00 €)

* **Anmerkung:** Hier gibt es ein spezielles Widerrufsrecht von 14 bzw. 30 Tagen nach dem Versicherungsvertragsgesetz und nach den Bestimmungen über Fernabsatzverträge.

[31] Allgemeine Geschäftsbedingungen

Erläutern Sie, was man unter „allgemeinen Geschäftsbedingungen" (AGB) versteht.

AGB sind vorformulierte Vertragsklauseln. Sie gelten für alle Verträge, die der betreffende Geschäftsmann abschließt, und enthalten meist Abänderungen der gesetzlichen Bestimmungen (BGB).

[32] Weshalb wurden in das BGB zahlreiche Bestimmungen zur Regelung der allgemeinen Geschäftsbedingungen aufgenommen?

Durch die AGB änderten viele Geschäftsleute die gesetzlichen Regelungen zu ihren Gunsten ab und übervorteilten so die Kunden.

[33] Zählen Sie drei wesentliche Regelungen auf, die das BGB zur Regelung der „allgemeinen Geschäftsbedingungen" (AGB) enthält.

1. AGB werden nicht automatisch Vertragsbestandteil. Der Kunde muss darauf hingewiesen werden, sie zur Kenntnis nehmen können und sie akzeptieren.
2. Das „Kleingedruckte" muss mühelos lesbar und verständlich sein. →

© Holland + Josenhans

▷ *Fortsetzung der Antwort* ▷

3. Unangemessen lange Lieferfristen sind nicht zulässig.
4. Überraschende Klauseln sind unzulässig.
5. Preiserhöhungen dürfen frühestens 4 Monate nach Vertragsabschluss erfolgen.
6. Die gesetzlichen Sachmangelhaftungsfristen dürfen nicht verkürzt werden.
7. Bei mangelhafter Lieferung gilt grundsätzlich das BGB. Vorbehaltene Nachbesserungen müssen kostenlos erfolgen.

34 Vier Wochen nach Lieferung des Teppichbodens erscheint der Händler bei Frau Huber, um den Teppichboden zu reinigen. Als diese sich weigert, erklärt er, dass er aufgrund seiner Allgemeinen Geschäftsbedingungen berechtigt sei, monatlich eine vergütungspflichtige Reinigung durchzuführen.

Wie beurteilen Sie den Fall?

Überraschende Klauseln sind nach dem BGB (Bürgerlichen Gesetzbuch) unzulässig.

Folgen von Zahlungsverzug

35 Wann gerät ein Schuldner in Zahlungsverzug?

Zahlungsverzug liegt vor,

a) wenn zum fest vereinbarten Zahlungstermin nicht gezahlt wurde
b) wenn innerhalb der vereinbarten Zahlungsfrist nicht gezahlt wurde
c) wenn der Gläubiger nach Eintritt der Fälligkeit mahnt und diese Mahnung erfolglos bleibt
d) spätestens nach Ablauf von 30 Tagen seit Zugang einer Rechnung.

Anmerkung: Siehe auch S. 51 Zahlungsverzug

© Holland + Josenhans

[36] Nennen Sie die wichtigsten Schritte des außergerichtlichen Mahnverfahrens.

Zahlungserinnerung
↓
1. Mahnung
↓
2. Mahnung mit Androhung gerichtlicher Maßnahmen

[37] Zahlt ein Schuldner nicht, so kann er auf Veranlassung des Gläubigers durch das Gericht zur Zahlung aufgefordert werden.

Nennen Sie die genaue Bezeichnung für diese gerichtliche Zahlungsaufforderung.

Mahnbescheid

[38] Welche Möglichkeit hat der Gläubiger, wenn der Mahnbescheid erfolglos bleibt?

Er kann einen **Vollstreckungsbescheid** beantragen.

[39] Wie wird ein Gläubiger verfahren, wenn der Schuldner auf den Vollstreckungsbescheid nicht reagiert?

Er wird nach Ablauf der Einspruchsfrist (14 Tage) vom Gerichtsvollzieher die **Zwangsvollstreckung** durchführen lassen.

[40] Wie kann ein Schuldner auf einen Mahnbescheid reagieren?

a) *Er zahlt* – das Verfahren ist beendet.
b) *Er erhebt Widerspruch* – auf Antrag Gerichtsverhandlung.
c) *Er reagiert nicht* – Gläubiger kann Vollstreckungsbescheid beantragen.

[41] Wie kann ein Schuldner auf einen Vollstreckungsbescheid reagieren?

a) *Er zahlt* – das Verfahren ist beendet.
b) *Er erhebt Einspruch* – von Amts wegen Gerichtsverhandlung.
c) *Er reagiert nicht* – Gläubiger kann Zwangsvollstreckung durchführen lassen.

[42] Welches Gericht ist für den Erlass eines Mahnbescheids zuständig?

Das für den Gläubiger zuständige Amtsgericht.

© Holland + Josenhans

43 Welche Möglichkeit hat der Gläubiger bei einer erfolglosen Zwangsvollstreckung?

Er kann verlangen, dass der Schuldner ein Vermögensverzeichnis aufstellt und darüber eine **eidesstattliche Versicherung** abgibt. Bei Verweigerung kann er **Beugehaft** beantragen.

44 Wie wird die Zwangsvollstreckung durchgeführt?

Der Gerichtsvollzieher pfändet den pfändbaren Teil des Vermögens des Schuldners.

45 Wie läuft eine Sachpfändung ab?

Der Gerichtsvollzieher beschlagnahmt die zu pfändenden Gegenstände, indem er sie mitnimmt oder ein Pfandsiegel anbringt.

46 Wie werden die gepfändeten Gegenstände verwertet?

Die gepfändeten Gegenstände werden öffentlich versteigert, wobei der Schuldner mitsteigern darf. Den Erlös der Versteigerung erhält bis zur Höhe seiner Forderung der Gläubiger. Eventuelle Mehrerlöse bekommt der Schuldner.

47 Bestimmte Gegenstände sind unpfändbar.

Geben Sie hierzu zwei Beispiele.

1. Gegenstände für eine einfache Lebensführung, z. B. Bett, Fernseher, Herd
2. Gegenstände für die Berufsausübung, z. B. die Geige eines Musikers
3. Teile des Einkommens

48 Ein Zivilprozess kann auf verschiedene Weise beendet werden.

Wie enden die folgenden Verfahren?

a) Der Kläger erscheint nicht zur Verhandlung.
b) Die Parteien einigen sich.
c) Der Kläger erkennt, dass er keinen Erfolg haben wird.
d) Jede Partei ist überzeugt von ihrer Position.

a) Versäumnisurteil (Klage wird abgewiesen)
b) Vergleich
c) Zurücknahme der Klage
d) Urteil

© Holland + Josenhans

Umgang mit Geld

Zahlungsmöglichkeiten

1 Man unterscheidet drei verschiedene Zahlungsarten. Erläutern Sie kurz deren Merkmale.

a) **Barzahlung:**
Es wird mit Bargeld bezahlt; weder Zahler noch Zahlungsempfänger benötigen ein Konto.
Beispiele: persönliche Geldübergabe, Minuten-Service der Postbank, Express-Brief

b) **Halbbare Zahlung:**
Da ein Teil der Zahlung bargeldlos abläuft, muss entweder der Zahler oder der Zahlungsempfänger über ein Girokonto verfügen.
Beispiele: Zahlschein, Barscheck, Nachnahme.

c) **Bargeldlose Zahlung:**
Die Zahlung erfolgt vollkommen bargeldlos, von Konto zu Konto, deshalb müssen Zahler und Zahlungsempfänger jeweils über ein Girokonto verfügen.
Beispiele: Überweisung, Verrechnungsscheck, Dauerauftrag, Lastschrift.

2 In welchen Fällen ist die Barzahlung sinnvoll?

a) Bei alltäglichen Geschäften über niedrige Beträge.

b) Wenn weder Zahlungsempfänger noch Zahler ein Girokonto haben.

c) Bei Zweifeln an der Zahlungswilligkeit oder Zahlungsfähigkeit

3 Worauf sollte bei jeder Barzahlungsform geachtet werden?

Auf die Aushändigung einer *Quittung* bzw. eines Zahlungsbeleges.

© Holland + Josenhans

[4] Welche Barzahlungsbelege kennen Sie?	Barzahlungsbelege sind – Kassenzettel, – quittierte Rechnung, – Quittung, – Einlieferungsschein des Express-Briefes.
[5] Welche Angaben müssen aus einer Quittung unbedingt ersichtlich sein?	1. Name des Zahlers 2. Zahlungsbetrag 3. Zahlungsgrund 4. Datum der Zahlung 5. Empfangsbestätigung 6. Unterschrift des Zahlungsempfängers
[6] Wann ist eine Zahlung mit Express-Brief oder mit dem Minuten-Service der Postbank sinnvoll?	Bequeme Barzahlungsmöglichkeit, wenn Zahlungsempfänger und Zahler nicht am gleichen Ort wohnen und kein Girokonto besitzen.
[7] Welche Nachteile sehen Sie in der Zahlung durch Express-Brief oder Minuten-Service?	Die Gebühren sind wesentlich höher als bei anderen Zahlungsarten.
[8] Welche Voraussetzungen müssen gegeben sein, damit man am halbbaren oder am bargeldlosen Zahlungsverkehr teilnehmen kann?	Man muss über ein **Girokonto** verfügen bei Banken oder Sparkassen.
[9] Heutzutage verfügt nahezu jedermann über ein Girokonto. **Nennen Sie vier Leistungen, die ein Kontoinhaber in Anspruch nehmen kann.**	1. Teilnahme am Scheckverkehr 2. Durchführen von Überweisungen, Daueraufträgen, Lastschriften usw. 3. Spardaueraufträge mit gleichem Betrag oder mit Beträgen in wechselnder Höhe (als Abschöpfung der am Monatsende verbleibenden Restbeträge) 4. Kreditgewährung

© Holland + Josenhans

[10] Welche Voraussetzungen muss man in der Regel erfüllen, um ein Girokonto zu eröffnen?

Wer ein Girokonto eröffnen will, muss
- volljährig sein (bei Minderjährigen müssen die gesetzlichen Vertreter zustimmen),
- seinen Personalausweis vorlegen,
- die Geschäftsbedingungen der Bank anerkennen,
- seine Unterschrift zu Prüfzwecken hinterlegen.

[11] Wozu dient der Kontoauszug?

a) Er informiert über den aktuellen Kontostand.
b) Er zeigt die Einzahlungen und Auszahlungen auf.
c) Er dient als Kontrolle des gesamten Zahlungsverkehrs, da alle Kontoauszüge fortlaufend nummeriert sind.

[12] Wie erfolgt die Zahlung mit Zahlschein?

Der Schuldner zahlt das Geld bei einer Bank oder Sparkasse *bar* mit einem **Zahlschein** ein. Dem Zahlungsempfänger wird der Betrag auf dem Girokonto gutgeschrieben. Bei der Einzahlung muss eine Gebühr entrichtet werden.

[13] In welchen Fällen ist ein Geldeinzug durch Nachnahme sinnvoll?

a) Häufig sollen Waren nur gegen sofortige Bezahlung ausgehändigt werden wie z. B. beim Versandhandel.
b) Um nicht bezahlte Rechnungen bar einzuziehen.

[14] Welche wichtigen Angaben müssen bei einem Überweisungsformular eingetragen werden?

a) Name und Anschrift von Zahlungsempfänger und Zahler
b) Kontonummer von Zahlungsempfänger und Zahler
c) Bankleitzahl der Bank des Zahlungsempfängers
d) Überweisungsbetrag
e) Datum
f) Unterschrift des Zahlers

© Holland + Josenhans

15 Die folgende Abbildung zeigt ein verkleinertes Überweisungsformular, wie es bei den meisten Banken verwendet wird.

Geben Sie an, wer die einzelnen Teile erhält.

Ⓐ

Ⓑ

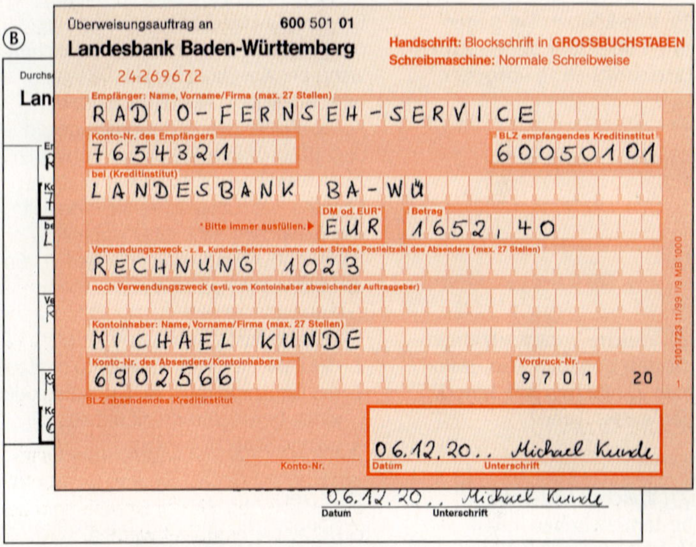

Überweisungsauftrag an 600 501 01
Landesbank Baden-Württemberg
Handschrift: Blockschrift in GROSSBUCHSTABEN
Schreibmaschine: Normale Schreibweise
24269672
Empfänger: Name, Vorname/Firma (max. 27 Stellen)
RADIO-FERNSEH-SERVICE
Konto-Nr. des Empfängers
7654321
BLZ empfangendes Kreditinstitut
60050101
bei (Kreditinstitut)
LANDESBANK BA-WÜ
Bitte immer ausfüllen. DM od. EUR EUR
Betrag 1652,40
Verwendungszweck - z. B. Kunden-Referenznummer oder Straße, Postleitzahl des Absenders (max. 27 Stellen)
RECHNUNG 1023
noch Verwendungszweck (evtl. vom Kontoinhaber abweichender Auftraggeber)
Kontoinhaber: Name, Vorname/Firma (max. 27 Stellen)
MICHAEL KUNDE
Konto-Nr. des Absenders/Kontoinhabers
6902566
Vordruck-Nr. 9701 20
BLZ absendendes Kreditinstitut
Konto-Nr.
06.12.20.. Michael Kunde
Datum Unterschrift
2101723 11/99 I/9 MB 1000
Durchs…
Lan…
06.12.20.. Michael Kunde
Datum Unterschrift

Ⓐ verbleibt bei der Bank als Auftragsbeleg.
Ⓑ verbleibt als Zahlungsbeleg beim Zahler.

16 Welche Vorteile sehen Sie in der Einrichtung eines Dauerauftrages?

a) Sicherheit, dass die Zahlung nicht vergessen wird.

b) Arbeitserleichterung, da für die Zahlungen nur einmalig ein Beleg, nämlich der Dauerauftrag, ausgefüllt werden muss.

17 In welchen Fällen ist die Einrichtung eines Dauerauftrages sinnvoll?

Wenn an denselben Zahlungsempfänger länger *gleich bleibende Zahlungen* geleistet werden müssen.
Beispiele: Miete, Rundfunkgebühren, Vereinsbeiträge, Zeitungsabonnements.

© Holland + Josenhans

18 Wann ist eine Zahlung nach dem Lastschriftverfahren (Einzugsermächtigung) empfehlenswert?

Wenn wiederkehrende Zahlungen in *wechselnder Höhe* an den gleichen Zahlungsempfänger geleistet werden müssen. Beispiel: Telefonrechnung.

19 Wie können Sie gegen einen überhöht abgebuchten Lastschriftbetrag vorgehen?

Bei einer unberechtigten Abbuchung muss die Bank den Betrag zurückbuchen, wenn der Kontoinhaber die Belastung nicht anerkennt. Allerdings muss der Kontoinhaber den Widerspruch gegen die unberechtigte Abbuchung unverzüglich einlegen, d. h. sobald er davon Kenntnis hat. Einsprüche, die innerhalb von **6 Wochen** nach einer unberechtigten Abbuchung erfolgen, werden von den Banken immer akzeptiert.

20 Welche Voraussetzungen müssen gegeben sein, damit man Zahlungen mit Scheck begleichen kann?

1. Volljährigkeit
2. der Zahler muss ein Girokonto besitzen
3. das Girokonto muss ein Guthaben oder einen bewilligten Kredit aufweisen
4. gültige Scheckformulare

21 Welcher Unterschied besteht zwischen einem Verrechnungsscheck und einem Barscheck?

a) **Verrechnungsscheck:** Ein Verrechnungsscheck darf nicht bar ausbezahlt werden. Der Scheckbetrag wird auf dem Konto des Überbringers *gutgeschrieben.*

b) **Barscheck:** Der Überbringer erhält den Scheckbetrag am Schalter des Kreditinstituts *bar ausbezahlt.*

22 Wie kann ein Barscheck zu einem Verrechnungsscheck gemacht werden?

Indem man in der Regel in die linke obere Ecke des Schecks „Nur zur Verrechnung" einträgt. Diese Eintragung ist unwiderruflich.

23 Weshalb gilt die Zahlung mit Verrechnungsschecks als besonders sicher?

Der Verrechnungsscheck wird nicht bar ausbezahlt, sondern nur auf dem Konto des Einreichers gutgeschrieben. Da nachvollzogen werden kann, wem er gutgeschrieben wurde, ist eine missbräuchliche Verwendung fast ausgeschlossen. →

© Holland + Josenhans

Anmerkung: In letzter Zeit werden zunehmend gestohlene Verrechnungsschecks eingelöst, vor allem auf ausländischen Girokonten, die mit gefälschten Papieren eröffnet wurden. Für den Zahler ist das Geld verloren, denn er trägt das Risiko der Übermittelung. Verbraucherzentralen und Banken warnen deshalb davor, Verrechnungsschecks in einfachen Briefen zu verschicken.

[24] Teilen Sie die Ziffern in der nachfolgenden Scheckabbildung nach folgenden Gesichtspunkten ein:

a) gesetzliche Bestandteile des Schecks

b) kaufmännische Bestandteile des Schecks

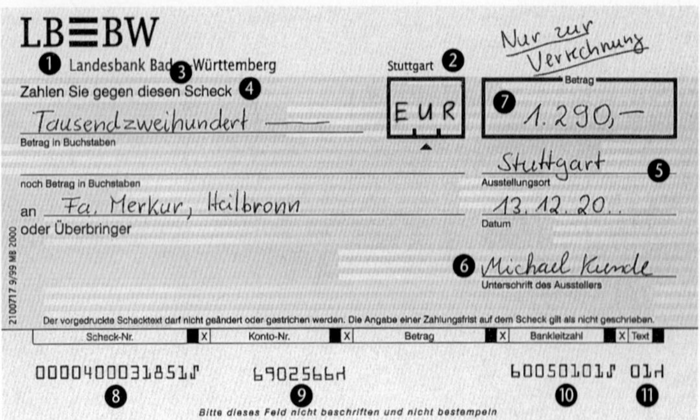
LB≡BW
❶ Landesbank Bad❸ Württemberg
Stuttgart ❷
Nur zur Verrechnung
Zahlen Sie gegen diesen Scheck ❹
EUR
❼ Betrag 1.290,–
Tausendzweihundert ——
Betrag in Buchstaben
noch Betrag in Buchstaben
Stuttgart ❺
Ausstellungsort
an Fa. Merkur, Heilbronn
oder Überbringer
13. 12. 20..
Datum
❻ Michael Kunde
Unterschrift des Ausstellers
21 00717 9/99 MB 2000
Der vorgedruckte Schecktext darf nicht geändert oder gestrichen werden. Die Angabe einer Zahlungsfrist auf dem Scheck gilt als nicht geschrieben.
Scheck-Nr. X Konto-Nr. X Betrag X Bankleitzahl X Text
0000400031851⑈ 6902566⑆ 60050101⑈ 01⑆
❽ ❾ ❿ ⓫
Bitte dieses Feld nicht beschriften und nicht bestempeln

a) **Gesetzliche Bestandteile:**
- ❶ Bezogenes Geldinstitut
- ❷ Zahlungsort
- ❸ Wort „Scheck" im Text der Urkunde
- ❹ die unbedingte Anweisung, eine bestimmte Geldsumme zu zahlen
- ❺ Tag und Ort der Ausstellung
- ❻ Unterschrift des Ausstellers

b) **kaufmännische Bestandteile:**
- ❼ Scheckbetrag in Ziffern
- ❽ Schecknummer
- ❾ Kontonummer
- ❿ Bankleitzahl
- ⓫ Codierzeile

© Holland + Josenhans

[25] Wenn Sie den Scheck aus Aufgabe [24] betrachten, werden Sie feststellen, dass der Betrag in Ziffern von dem Betrag in Worten abweicht.

Welchen Betrag wird die Bank auszahlen?

Bei Abweichungen ist der Betrag in Worten maßgebend (gesetzlicher Bestandteil).

[26] Was versteht man unter Reiseschecks und wann ist deren Verwendung sinnvoll?

Der **Reisescheck** ist ein über einen bestimmten Euro-Betrag oder anderen Währungsbetrag ausgestellter Scheck. Er wird vom Bankkunden bei der Ausstellung bar bezahlt und kann von ihm anschließend überall im In- und Ausland zur Zahlung genutzt werden.

[27] Ein Kunde möchte seine Einkäufe mit Scheck bezahlen. Der Verkäufer ist nur bereit, Bargeld anzunehmen.

Ist der Käufer verpflichtet, mit Bargeld zu bezahlen, oder kann er auf Scheckzahlung bestehen?

Nein, er muss bar bezahlen, da ein Scheck kein gesetzliches Zahlungsmittel ist.

Zahlung mit Karten

[28] Welche Nutzungsmöglichkeiten ermöglichen Kundenkarten wie Bank- oder Sparkassenkarten?

a) In Verbindung mit einer persönlichen Geheimzahl kann mit ihnen an allen ec-Geldautomaten Bargeld abgehoben werden.

b) Die Karten ermöglichen verschiedene Formen der bargeldlosen Zahlung.

© Holland + Josenhans

[29] Die nachfolgende Abbildung zeigt eine weitere bargeldlose Zahlungsmöglichkeit.

a) Wie wird sie genannt?

b) Erläutern Sie kurz den Zahlungsvorgang.

a) **Kreditkarte**

b)
- Der Zahler hat bei einer Kreditkartengesellschaft, die seine Kreditkarte ausstellt, ein Konto.
- Zur Zahlung legt er die Kreditkarte vor.
- Der Zahlungsempfänger reicht die Rechnung mit Unterschrift und Angaben des Zahlers bei der Kartengesellschaft ein.
- Die Kartengesellschaft zahlt den Betrag abzüglich einer Provision aus.
- Der Zahler erhält in der Regel monatlich eine Abrechnung von der Gesellschaft über die bezahlten Beträge.

[30] Die nachfolgenden Abbildungen weisen auf verschiedene Zahlungsmöglichkeiten mit Karten hin.

Geben Sie an, wie die einzelnen Zahlungsmöglichkeiten genannt werden.

Geben Sie außerdem an, wie jeweils der Zahlungsvorgang erfolgt.

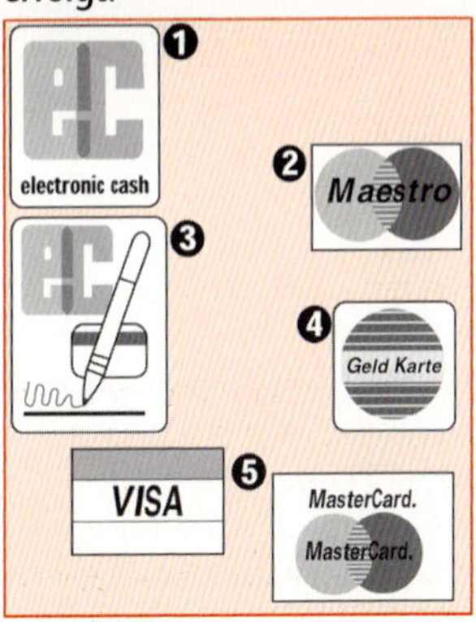

❶ **Electronic cash**
Zahlung mit:
Kundenkarte (z. B. Bankkarte) + Geheimzahl

❷ **Maestro** (= electronic cash weltweit)
Zahlung mit:
Kundenkarte (z. B. Bankkarte) + Geheimzahl

❸ **POZ** (= **P**oint **o**f Sale ohne **Z**ahlungsgarantie)
Zahlung mit:
Kundenkarte (z. B. Bankkarte) + Geheimzahl + Unterschrift

❹ **Geldkarte**
Zahlung mit:
aufladbarer Geldkarte

❺ **Kreditkarte**
Zahlung mit:
Kreditkarte + Unterschrift

© Holland + Josenhans

[31] Welche Ausrüstung benötigen Sie, wenn Sie Ihre Bankgeschäfte mit Homebanking bzw. Internetbanking erledigen möchten?

- einen Telefonanschluss
- einen PC
- entsprechende Software
- ein Modem

[32] Welche Zahlungsmöglichkeiten halten Sie in den folgenden Fällen für besonders sinnvoll?

a) Kauf eines Buches

b) monatliche Wohnungsmiete

c) monatliche Telefonrechnung

d) Kauf eines Farbfernsehgerätes

e) Begleichung der Malerrechnung

a) **Barzahlung**, da es sich um einen geringen einmaligen Betrag handelt.

b) **Dauerauftrag**, da eine wiederkehrende Zahlung in *gleich bleibender* Höhe vorliegt.

c) **Lastschriftverfahren (Einzugsermächtigung)**, da es sich um eine wiederkehrende Zahlung in *schwankender* Höhe handelt.

d) **Electronic cash, Kreditkarte oder Barscheck**, da es sich um einen größeren Geldbetrag handelt. Aus Sicherheitsgründen trägt man größere Geldbeträge nicht mit sich herum.

e) **Überweisung**, da einmalig ein höherer Betrag gegen Rechnung bezahlt werden muss.

[33] Einem Lieferanten sollen 140 € bezahlt werden, wobei Sie lediglich seine Anschrift kennen.

Geben Sie zwei Zahlungsvorschläge.

a) Minuten-Service der Postbank

b) Zahlung mit Express-Brief

c) Zusendung eines Verrechnungsschecks

Kaufkraftschwankungen

[34] Erläutern Sie, was man unter der Kaufkraft des Geldes versteht.

Die **Kaufkraft** (Geldwert) gibt an, welche Gütermenge man für einen bestimmten Geldbetrag kaufen kann.

[35] Welche Auswirkung auf die Kaufkraft haben

a) steigende Preise,

b) sinkende Preise?

a) Steigen die Preise, sinkt die Kaufkraft.

b) Sinken die Preise, steigt die Kaufkraft.

© Holland + Josenhans

36 Wie kann der Wert des Geldes (Kaufkraft) gemessen werden?

Um die Kaufkraft zu messen, werden Messzahlen (Indizes) verwendet, welche Preisveränderungen anzeigen. Der wichtigste Index für die Verbraucher ist der vom statistischen Bundesamt ermittelte **Preisindex für die Lebenshaltung**.

37 Wie kommt der Preisindex für die Lebenshaltung zustande?

In einem *„Warenkorb"* werden die Konsumausgaben von Durchschnittshaushalten zusammengefasst. Die Preise in einem bestimmten Jahr, dem *Basisjahr*, setzt man gleich 100. Dann ermittelt man, was derselbe Warenkorb in den folgenden Monaten oder Jahren kostet. Preisänderungen vor und nach dem Basisjahr werden in Prozent ausgedrückt.

38 Wann spricht man von *Inflation* und wann von *Deflation*?

a) **Inflation:**
Kaufkraftverlust (Geldentwertung), da die Geldmenge schneller wächst als die Gütermenge.

b) **Deflation:**
Kaufkraftzunahme (steigender Geldwert), da die Geldmenge langsamer wächst als die Gütermenge.

39 Wie wirkt sich eine Inflation auf die Bürger aus?
Zählen Sie mindestens drei Auswirkungen auf.

Inflation bedeutet
- steigende Preise,
- abnehmende Kaufkraft,
- Abnahme der effektiven Schuldenlast,
- Entwertung von Sparguthaben.

40 Nennen Sie drei Auswirkungen einer Deflation für die Bürger.

Deflation bedeutet
- sinkende Preise,
- zunehmende Kaufkraft,
- Zunahme der effektiven Schuldenlast,
- Sparguthaben gewinnen an Wert.

41 Weshalb sind Sparer und Gläubiger besonders stark von einer Inflation betroffen?

a) Die Kaufkraft der Ersparnisse nimmt ab.

b) Das ausgeliehene Geld hat bei der Rückzahlung einen geringeren Wert.

© Holland + Josenhans

42 Wie versucht die Bevölkerung eine Entwertung ihrer Ersparnisse zu vermeiden?

Die Ersparnisse werden in Sachwerten angelegt. Beispiele: Häuser, Gold, Grundstücke, Aktien

43 Wer hat in den Ländern der Währungsunion darauf zu achten, dass die Kaufkraft des Geldes erhalten bleibt?

Die Europäische Zentralbank (EZB). Die Hauptaufgabe der EZB ist die Sicherung der Preisstabilität.

44 Seit 1999 ist der Euro (€) die Währung der Bundesrepublik Deutschland sowie die Währung der Mitgliedstaaten der Währungsunion.

Erläutern Sie diese Aussage.

Der Euro (€) ist das alleinige gesetzliche Zahlungsmittel. Er muss angenommen werden zur Bezahlung einer Schuld, *Banknoten* unbegrenzt, *Münzen* begrenzt (max. 50 Stück).

45 Wer hat das Recht zur Ausgabe von

a) Eurobanknoten,
b) Euromünzen?

a) Eurobanknoten: die EZB
b) Euromünzen: die einzelne Regierung des jeweiligen Mitgliedslandes

46 Erläutern Sie, was man unter einem Wechselkurs versteht.

Der **Wechselkurs** gibt den Außenwert einer Währung an, nämlich wie viele Einheiten einer ausländischen Währung auf einen € entfallen, z. B. 1,57 Schweizer Franken für einen €.

47 Wo werden Wechselkurse gebildet?

An den Devisenbörsen.

48 Man unterscheidet feste und flexible (freie) Wechselkurse.

Erklären Sie diese Begriffe.

a) **Feste Wechselkurse:**
Es existieren amtlich festgelegte Kurse (Umtauschverhältnisse), die für einen längeren Zeitraum gelten und auf die sich die beteiligten Staaten geeinigt haben. Beispiel: Europäisches Währungssystem (EWS)

b) **Flexible Wechselkurse:**
Der Kurs (Umtauschverhältnis) wird an den Devisenbörsen laufend neu bestimmt durch Angebot und Nachfrage (sog. Floaten).

© Holland + Josenhans

49 Welche Vorteile bieten feste Wechselkurse?

a) Keine heftigen Kursschwankungen, denn starke Kursschwankungen haben große Auswirkungen auf Einfuhr (Import) und Ausfuhr (Export).

b) Sichere Kalkulation bei Aus- und Einfuhren.

50 Welche Länder gehören derzeit dem Europäischen Währungssystem II (EWS II) an?

Dänemark, Estland, Lettland, Litauen, Malta, Slowenien und Zypern.

51 Für welche weiteren Länder wird das Europäische Währungssystem zukünftig von erheblicher Bedeutung sein?

Im Mai 2004 wurde die EU um folgende Länder erweitert: Estland, Lettland, Litauen, Malta, Polen, Slowakei, Slowenien, Tschechien, Ungarn und Zypern. Neue EU-Mitglieder müssen mindestens 2 Jahre dem EWS angehört haben, wenn sie an der Währungsunion teilnehmen möchten.

52 Dänemark gehört dem Europäischen Währungssystem (EWS II) an. Deshalb darf sich der Kurs der dänischen Krone gegenüber dem Euro nur in einem festgelegten Rahmen bewegen.

Ordnen Sie auf der nachfolgenden Abbildung den Zahlen 1–4 die folgenden Begriffe zu und erklären Sie deren Bedeutung.

- **Parität**
- **Bandbreite**
- **Oberer Interventionskurs**
- **Unterer Interventionskurs**

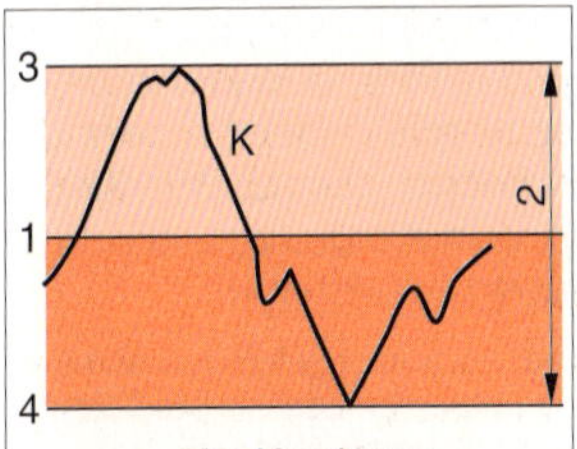

K = Kurskurve

1 = Parität
Amtlich festgelegter Wechselkurs zwischen den Währungen der Mitgliedsländer. Bezugsgröße: Euro

2 = Bandbreite
Die Währungskurse der Mitgliedsländer des EWS dürfen von der Parität nur innerhalb bestimmter Grenzen nach oben oder unten abweichen. Diesen Bereich nennt man Bandbreite.

3 = Oberer Interventionskurs
Obere Grenze der Bandbreite. Droht der Kurs einer Mitgliedswährung diese Grenze zu überschreiten, sind die Notenbanken der übrigen Mitgliedsländer zu Interventionen (zum Eingreifen) verpflichtet. → Sie müssen die betreffende Währung verkaufen, um den Kurs zu drücken.

4 = Unterer Interventionskurs
Untere Grenze der Bandbreite. Droht der Kurs einer Mitgliedswährung diese Grenze zu unterschreiten, sind die Notenbanken der übrigen Mitgliedsländer zu Interventionen (zum Eingreifen) verpflichtet. → Sie müssen →

© Holland + Josenhans

▷ *Fortsetzung der Antwort* ▷

die betreffende Währung kaufen, um den Kurs zu stützen.

53 Angenommen, der Wechselkurs des Euro würde gegenüber dem US-Dollar ansteigen.

Welche Auswirkungen hat dieser Anstieg für

a) deutsche Amerikaurlauber?

b) einen Importeur von arabischem Rohöl, der seine Öleinfuhren mit US-Dollars bezahlen muss?

c) eine deutsche Automobilfabrik, die ihre Autos in die USA exportiert?

a) **Amerikaurlauber:**
Der Urlaub wird billiger, da die Reise-Dollars mit weniger Euro bezahlt werden müssen.

b) **Rohölimporteur:**
Die Öleinfuhr wird billiger, da weniger Euro aufgewendet werden müssen für den Dollarbetrag, mit dem das Öl bezahlt werden muss.

c) **Exporteur:**
Käufer in den USA bezahlen ihre Autos in Dollars, der Exporteur erhält beim Umtausch weniger Euro. Um den gleichen Euro-Betrag zu erhalten, muss er seine Preise in den USA erhöhen. Mögliche Folge: Rückgang des Exports.

54 Gehen Sie von der Bundesrepublik Deutschland aus und untersuchen Sie, in welchen Fällen der Wechselkurs des Euro steigt und in welchen Fällen der Wechselkurs sinkt.

a) Exporte werden teurer

b) Importe werden teurer

c) Auslandsreisen werden teurer

d) Auslandsreisen werden billiger

a) Wechselkurs steigt

b) Wechselkurs sinkt

c) Wechselkurs sinkt

d) Wechselkurs steigt

55 Wie sollte sichergestellt werden, dass nur stabile Währungen an der Währungsunion teilnehmen?

Die Mitgliedsländer der Währungsunion durften bestimmte Grenzen bei der *Staatsverschuldung*, der *Haushaltsverschuldung*, dem *Preisanstieg* und dem *Zinsniveau* nicht übersteigen.

Anmerkung: Auch nach seiner Teilnahme an der Währungsunion darf ein Land diese Grenzen nicht überschreiten, andernfalls muss es „Strafe" zahlen.

© Holland + Josenhans

[56] Am 1. Januar 2002 wurden die Euro-Banknoten und Euro-Münzen eingeführt.

a) In welchen Ländern ist heute (2006) der Euro gesetzliches Zahlungsmittel?

b) Welche EU-Länder haben sich entschieden, an der Währungsunion nicht teilzunehmen und stattdessen ihre nationalen Währungen zu behalten?

a) Belgien, Deutschland, Finnland, Frankreich, Irland, Italien, Luxemburg, Niederlande, Österreich, Portugal, Spanien, Griechenland

b) Dänemark, Großbritannien, Schweden

Anmerkung:
siehe auch Frage [51], S. 79: Neue EU-Länder

[57] Zählen Sie drei Vorteile auf, die für eine einheitliche europäische Währung sprechen.

1. Verluste durch Wechselkursschwankungen entfallen
2. Grenzüberschreitende Investitionen werden erleichtert
3. Kosten für den Umtausch in verschiedene Währungen entfallen

Sparen

[58] Sparer können unter verschiedenen Sparformen wählen.

Nennen Sie mindestens vier Beispiele.

1. Sparbuch
2. Termineinlagen (Festgeld)
3. festverzinsliche Wertpapiere
4. Aktien
5. Investmentzertifikate
6. Versicherungssparen
7. Bausparen

[59] Von welchen Gesichtspunkten sollte die Wahl der Anlageform abhängig gemacht werden?

Die Wahl der Sparform hängt ab von:

- **Ertrag (Rendite)**
- **Risiko**
- **Verfügbarkeit**
- **Steuerersparnis** wegen staatlicher Förderung der Sparform, z. B. Bausparen, Beteiligungssparen, Immobilien

© Holland + Josenhans

[60] Welcher Zusammenhang besteht normalerweise zwischen Verfügbarkeit, Ertrag und Risiko einer Geldanlage?

a) Bei Geldanlagen mit hoher Verzinsung ist die Verfügbarkeit beschränkt.
b) Geldanlagen mit großem Ertrag haben ein vergleichsweise hohes Risiko.

[61] Bei einem normalen Sparbuch werden die Einlagen nicht hoch verzinst.
Weshalb ist es dennoch die verbreitetste Sparform?

Wegen der schnellen Verfügbarkeit des Geldes. Innerhalb eines Kalendermonats können je nach Bank zwischen 1 500 und 2 000 € abgehoben werden, höhere Beträge müssen normalerweise 3 Monate vorher gekündigt werden. Welche Kündigungsfrist letztendlich gilt, hängt von den *allgemeinen Sparbedingungen* der jeweiligen Bank ab.

[62] Womit muss ein Sparer rechnen, der ein normales Sparbuch besitzt und kurzfristig 3 000 € abheben möchte?

Für den Betrag, der den monatlich zulässigen Abhebungsbetrag übersteigt, wird das Kreditinstitut Vorschusszinsen berechnen.

[63] Welchen Vorteil bringt dem Sparbuchinhaber eine vereinbarte längere Kündigungsfrist?

Bei vereinbarten Kündigungsfristen (z. B. 6 Monate, 1 Jahr, 2 Jahre) werden höhere Zinsen gezahlt.

[64] Wie ist die Verfügbarkeit von
a) Termineinlagen,
b) Aktien,
c) festverzinslichen Wertpapieren?

a) **Termineinlagen** sind für die gesamte Laufzeit von 1, 3, 6 oder 12 Monaten festgelegt.
b) **Aktien** können an jedem Börsenhandelstag zum Tageskurs verkauft werden.
c) **Festverzinsliche Wertpapiere** können an jedem Börsenhandelstag zum Tageskurs verkauft werden.

[65] Welches Risiko gehen Sie ein, wenn Sie Ihre Ersparnisse anlegen in:
a) Sparbriefen,
b) festverzinslichen Wertpapieren,
c) Aktien?

a) **Sparbriefe:** kein Risiko
b) **Festverzinsliche Wertpapiere:** Kursverluste – aber auch Kursgewinne – sind möglich, falls vor Fälligkeit verkauft wird.
c) **Aktien:** Kursverluste und Kursgewinne sind möglich. In Extremfällen kann es zu einem Totalverlust kommen.

© Holland + Josenhans

[66] Erläutern Sie, was man unter festverzinslichen Wertpapieren versteht.

Festverzinsliche Wertpapiere sind Urkunden. Ihr Aussteller verpflichtet sich, das erhaltene Geld dem Käufer des Wertpapiers zu einem bestimmten Zeitpunkt zurückzuzahlen und bis dahin einen vereinbarten Zinssatz zu entrichten. Beispiele: Pfandbriefe, Kommunalobligationen, Anleihen des Bundes.

[67] Von welchen Faktoren hängt die Rendite (wirklicher Ertrag) eines festverzinslichen Wertpapiers ab?

a) Vom *Nominalzins* (auf dem Wertpapier angegebener Zins)
b) vom *Anschaffungskurs* (Kurswert beim Kauf)
c) von der *Laufzeit*
d) vom *Rückzahlungskurs*

[68] Bei Aktien kann man erhebliche Kursverluste erleiden. Festverzinsliche Wertpapiere sind dagegen sichere Geldanlagen. Stimmen diese Aussagen?

Mit einer **Aktie** beteiligt man sich an einer Unternehmung, ihrem Vermögen und ihren Fähigkeiten. Ändert sich beispielsweise deren Ertragsaussicht, verschlechtert sich der Kurs, teilweise unter den Einstandskurs. Bei **festverzinslichen Wertpapieren** gibt man dem Aussteller des Papiers einen Kredit. Dieser wird nach Ablauf der vereinbarten Laufzeit in voller Höhe zurückgezahlt. Während der Laufzeit kann es zu Kursschwankungen kommen, wenn der Kapitalmarktzins gegenüber dem Wertpapierzins steigt oder fällt. An der 100 %igen Endauszahlung des Nennbetrages ändert sich jedoch nichts.

[69] Welche Gewinnmöglichkeiten bietet eine Aktie normalerweise dem Aktionär?

a) Dividende (Gewinnanteil)
b) evtl. Kursgewinne bei Verkauf
c) Bezugsrechte bei Kapitalerhöhungen

[70] Weshalb haben Investmentzertifikate geringere Kursschwankungen als Aktien?

Der Wertpapierbestand der Investmentfonds ist breit gestreut.

© Holland + Josenhans

71 Welchem Zweck dient das Bausparen?

Der Bausparer erhält ein zinsgünstiges Darlehen, das zum Kauf, zur Renovierung oder zum Bau eines Hauses oder einer Wohnung verwendet werden kann.

72 Welchen Zweck hat das Versicherungssparen?

Private Zukunftsvorsorge

73 Kapitaleinkünfte, die den Freibetrag von 1 421 € übersteigen, unterliegen der Zinsabschlagsteuer.*

a) Wie viel Prozent beträgt die Zinsabschlagsteuer?

b) Wie wird die Zinsabschlagsteuer erhoben?

a) Die **Zinsabschlagsteuer** beträgt 30 %. Sie ist eine Vorauszahlung auf die tatsächliche Einkommensteuerschuld.

b) Die Bank behält die Steuer ein und führt sie an das Finanzamt ab.

* Ab 1. 1. 2007 beträgt der Freibetrag 801 €.

74 Ein Sparer möchte seinen Freibetrag in Anspruch nehmen.

Wie muss er verfahren, damit seine Bank die Zinsabschlagsteuer nicht einbehält.

Der Sparer muss seiner Bank einen **Freistellungsauftrag** erteilen. Wer sein Geld bei mehreren Banken angelegt hat, muss mehrere Freistellungsaufträge erteilen. Deren Summe darf den Freibetrag jedoch nicht übersteigen (Ledige 1 421 €, Verheiratete 2 842 €).*

* Ab 2007: Ledige 801 €, Verheiratete 1 551 €.

75 Welche Sparformen werden staatlich gefördert?

a) Beteiligungssparen (= Kauf von Beteiligungspapieren wie z. B. Aktien)

b) Bausparen

76 Welche Einkommensgrenzen gelten für die staatliche Sparförderung

a) beim Bausparen,

b) beim Beteiligungssparen?

a) Bausparen: 25 600 € zu versteuerndes Einkommen bei Ledigen, 51 200 € bei Verheirateten

b) Beteiligungssparen: 17 900 € zu versteuerndes Einkommen bei Ledigen, 35 800 € bei Verheirateten.

Stand: 1. 1. 2006

© Holland + Josenhans

77 Welche Sparleistungen fördert der Staat durch steuerfreie Arbeitnehmersparzulagen?

Stand 1. 1. 2006

a) Bausparen, jährlich höchstens 9 % von 470 € (Ledige)

b) Beteiligungssparen, jährlich höchstens 18 % von 400 € (Ledige). In den neuen Bundesländern beträgt die Arbeitnehmersparzulage 22 % für 2004 und 18 % ab 2005.

78 Welche zusätzliche Förderung gewährt der Staat für das Bausparen?

Stand 1. 1. 2006

8,8 %ige Bausparprämie von höchstens 512 € bei Ledigen (1 024 € Verheiratete)

Kreditvertrag

79 Welches sind die bedeutendsten Kreditarten für Privatleute?

a) Dispositionskredit

b) Anschaffungsdarlehen

c) Hypothekendarlehen

80 Erläutern Sie, was man unter einem Dispositionskredit versteht und welche Vorteile er einem Kreditnehmer bietet.

Dispositionskredit:
Der Kreditnehmer kann sein Girokonto überziehen, z. B. bis zum einfachen oder doppelten Monatseinkommen.
Vorteile:
- jederzeitige Zahlungsfähigkeit
- ein besonderer Kreditvertrag wird nicht benötigt
- Zinsen fallen nur an, so lange überzogen ist
- jede Einzahlung vermindert die Kreditsumme

81 Ute will für 2 000 € einen Gebrauchtwagen kaufen. Sie überlegt, ob sie den Wagen durch einen Überziehungskredit (Dispositionskredit) oder durch ein zweijähriges Anschaffungsdarlehen finanzieren soll.
Wozu würden Sie raten?

Zinsen für Überziehungskredite sind relativ hoch, bei längeren Laufzeiten sind Anschaffungsdarlehen günstiger.

© Holland + Josenhans

82 Wozu werden Hypothekendarlehen benötigt?

In der Regel um den Bau bzw. den Kauf von Häusern oder Eigentumswohnungen zu finanzieren.

83 Nennen Sie vier mögliche Sicherheiten, die eine Bank für eine Kreditgewährung verlangen könnte.

1. Sicherungsübereignung
2. Lohn- und Gehaltsabtretung
3. Bürgschaft
4. Grundschuld, Hypothek
5. Verpfändung von Wertpapieren, Schmuck usw.

84 Erläutern Sie, was man unter einer Sicherungsübereignung versteht.

Eine Sache (z. B. gekauftes Auto) wird zur Sicherheit vertraglich dem Kreditinstitut übereignet, der Schuldner darf sie jedoch weiter benutzen. Werden die Zahlungsverpflichtungen nicht erfüllt, nimmt der Gläubiger die Sache in Besitz, verkauft sie und deckt dadurch seine Forderung.

85 Mit Hilfe der *Schufa* prüft die Bank die Kreditwürdigkeit, bevor sie einen Kreditvertrag eingeht.

Erklären Sie diese Aussage.

Träger der **Schufa** sind Kreditinstitute und Einzelhandelsuntemehmen. Bei der Schufa (Schutzgemeinschaft für allgemeine Kreditsicherung) werden in Anspruch genommene Kredite gespeichert. Wird ein gewährter Kredit nicht zurückbezahlt, dann wird dies ebenfalls bei der Schufa registriert. Anhand der Informationen der Schufa gewinnen die Kreditinstitute einen ersten Eindruck, ob ein Kreditnehmer in der Lage ist, einen Kredit zurückzuzahlen.

86 <u>Verbraucherdarlehensvertrag</u>

Durch das BGB (Bürgerliches Gesetzbuch) sollen Verbraucher vor Übervorteilung geschützt werden, wenn sie einen Kredit aufnehmen, der 200 € übersteigt.

Nennen Sie die wichtigsten Bestimmungen für den Verbraucherdarlehensvertrag (Verbraucherkredit).

1. Kreditverträge müssen schriftlich abgeschlossen werden.
2. Dem Kreditnehmer müssen bestimmte Mindestangaben gemacht werden (z. B. Nominalzins, Effektivzins, Gesamtbetrag der Raten, Nebenkosten, Sicherheiten usw.)
3. Kreditverträge können innerhalb von 14 Tagen ohne Angabe von Gründen schriftlich widerrufen werden.

© Holland + Josenhans

13 Welche gesetzliche Kündigungsfrist gilt für alle Arbeitnehmer?

Für alle Arbeitnehmer gilt eine einheitliche Kündigungsfrist von 4 Wochen zum 15. eines Monats oder zum Monatsende[1].

[1] Längere Fristen gelten für langjährige Mitarbeiter. Diese Fristen sind aber nur für den Arbeitgeber verbindlich, sofern der Tarifvertrag keine abweichenden Regelungen enthält.

14 Langjährige Mitarbeiter können längere Kündigungsfristen beanspruchen.
Nennen Sie diese verlängerten gesetzlichen Kündigungsfristen.

Betriebs-zugehörigkeit	verlängerte Kündigungsfristen
ab 2 Jahren	**1 Monat** zum Monatsende
ab 5 Jahren	**2 Monate** zum Monatsende
ab 8 Jahren	**3 Monate** zum Monatsende
ab 10 Jahren	**4 Monate** zum Monatsende
ab 12 Jahren	**5 Monate** zum Monatsende
ab 15 Jahren	**6 Monate** zum Monatsende
ab 20 Jahren	**7 Monate** zum Monatsende

15 Eine Arbeiterin erhält am 10. Mai die Kündigung. Wann ist ihr letzter Arbeitstag?

Der letzte Arbeitstag ist der 15. Juni, da bis zum Monatsende nicht die erforderliche Kündigungsfrist von 4 Wochen erreicht wird.

16 Nennen Sie drei Personengruppen, die einen besonderen Kündigungsschutz genießen.

1. Werdende Mütter
2. Schwerbehinderte
3. Auszubildende
4. Betriebsratsmitglieder
5. Wehrdienstleistende

17 Begründen Sie die Notwendigkeit des besonderen Kündigungsschutzes am Beispiel eines Betriebsratsmitgliedes.

Nur ein Betriebsrat, der keine Kündigung befürchten muss, kann seine Aufgaben uneingeschränkt wahrnehmen.

© Holland + Josenhans

18 Welche Voraussetzungen müssen vorliegen, damit ein Arbeitnehmer Rechte aus dem Kündigungsschutzgesetz geltend machen kann?

1. Der Arbeitnehmer muss dem Betrieb länger als 6 Monate angehören.
2. Der Betrieb muss mehr als 5 Arbeitnehmer beschäftigen, bei Neueinstellungen mehr als 10.

19 Welche Unterlagen erhält ein entlassener Arbeitnehmer von seinem Arbeitgeber?

1. Zeugnis
2. Lohnsteuerkarte
3. Sozialversicherungsnachweise
4. Urlaubsbescheinigung
5. evtl. Ausgleichsquittung
6. Lohnsteuerbescheinigung

20 Wozu dient die Ausgleichsquittung?

Eine Ausgleichsquittung wird vom Arbeitgeber und vom Arbeitnehmer unterschrieben. Beide bescheinigen sich darin gegenseitig, dass sie keine Forderungen (z. B. Urlaub, Lohn, Arbeitskleidung) mehr haben.

Tarifverträge

21 Weshalb wird ein Tarifvertrag auch als kollektiver Arbeitsvertrag bezeichnet?

Da der Tarifvertrag Löhne und Arbeitsbedingungen für Arbeitnehmer ganzer Wirtschaftszweige regelt, nennt man ihn auch einen kollektiven Arbeitsvertrag.

22 Wer schließt Tarifverträge ab?

Tarifverträge werden zwischen den Gewerkschaften und den Arbeitgeberverbänden abgeschlossen.

23 Man unterscheidet grundsätzlich zwei verschiedene Tarifvertragsarten.

a) Nennen Sie diese.

b) Geben Sie die wesentlichen Merkmale jeder Art an.

c) Weshalb wurde diese Unterscheidung vorgenommen?

a) Man unterscheidet:
   - den Mantel- oder Rahmentarifvertrag
   - den Lohn- bzw. Gehaltstarifvertrag

b) Der **Manteltarifvertrag** regelt die Arbeitsbedingungen wie z. B.: Urlaub, Urlaubsgeld, Arbeitszeit, Kündigungsfristen, Pausen, soziale Leistungen, Mehrarbeit

   Der **Lohntarifvertrag** regelt die Höhe der Entlohnung. →

© Holland + Josenhans

▷ *Fortsetzung der Antwort* ▷

c) Manteltarifverträge haben eine mehrjährige Laufzeit, Lohntarife gelten in der Regel nur ein Jahr. Durch die Aufteilung müssen bei der jährlichen Lohnanpassung die Rahmenbedingungen nicht jedes Mal neu verhandelt werden.

24 Erklären Sie folgende Begriffe aus dem Tarifvertragsrecht.

a) Tarifautonomie

b) Friedenspflicht

c) Unabdingbarkeit des Tarifvertrages

d) Allgemeinverbindlichkeit

a) **Tarifautonomie:** Arbeitgeberverbände und Gewerkschaften dürfen selbstständig Tarifverträge abschließen. Der Staat hat kein Eingriffsrecht.

b) **Friedenspflicht:** Während der Laufzeit eines Tarifvertrages dürfen keine Arbeitskampfmaßnahmen (Streik, Aussperrung) durchgeführt werden.

c) **Unabdingbarkeit des Tarifvertrags:** Ein Einzelarbeitsvertrag darf nur *bessere*, niemals schlechtere Bedingungen als der Tarifvertrag enthalten. Diese Bestimmung gilt jedoch nur, wenn der Tarifvertrag für den Arbeitsvertrag verbindlich ist.

d) **Allgemeinverbindlichkeit:** Der Bundesminister für Wirtschaft und Arbeit kann einen Tarifvertrag für allgemein verbindlich erklären. Er gilt dann für alle Arbeitnehmer des betreffenden Wirtschaftszweiges, also auch für diejenigen, die nicht den vertragsschließenden Verbänden angehören.

25 Ein Tarifvertrag ist nicht allgemein verbindlich.

Sind die Tarifbestimmungen beim Abschluss eines Einzelarbeitsvertrages verbindlich, wenn der Arbeitnehmer Mitglied in der Gewerkschaft, der Arbeitgeber jedoch nicht im Arbeitgeberverband ist?

Nein, denn ein Tarifvertrag ist nur dann verbindlich, wenn Arbeitgeber *und* Arbeitnehmer den vertragsschließenden Verbänden angehören, also muss der Arbeitnehmer in der Gewerkschaft und der Arbeitgeber im Arbeitgeberverband sein.

© Holland + Josenhans

26 Eine Arbeitnehmerin erhält laut Arbeitsvertrag 26 Werktage Jahresurlaub. Im Tarifvertrag sind 25 Tage vorgesehen. Im Bundesurlaubsgesetz ist von 24 Werktagen die Rede. Zusätzlich liegt eine Betriebsvereinbarung vor, die 28 Tage Urlaub vorsieht.

Wie viel Urlaubstage kann sie beanspruchen?

Nach dem Grundsatz der Unabdingbarkeit gilt die günstigste Regelung, in diesem Fall 28 Tage.

27 Nach gescheiterten Tarifverhandlungen kommt es häufig zum Arbeitskampf.

Welches sind in diesem Zusammenhang die äußersten Mittel von Arbeitgebern und Gewerkschaften?

a) Arbeitgeber: *Aussperrung*
b) Arbeitnehmer: *Streik*

28 Unter welchen Voraussetzungen kann eine Gewerkschaft zum Streik aufrufen?

a) Der Gewerkschaftsvorstand muss eine **Urabstimmung** genehmigen.
b) 75 % der Stimmberechtigten (also der abstimmenden Gewerkschaftsmitglieder) müssen bei dieser Urabstimmung für einen Streik stimmen.[1]

[1] Einzelne Gewerkschaften haben in ihren Satzungen andere Voraussetzungen.

29 Welche Auswirkungen hat eine Aussperrung für die betroffenen Arbeitnehmer?

- Die ausgesperrten Arbeitnehmer dürfen nicht an ihren Arbeitsplatz.
- Da sie nicht arbeiten dürfen, erhalten sie auch keinen Lohn bzw. kein Gehalt.
- Deshalb erhalten Gewerkschaftsmitglieder Streikgeld.
- Nicht Organisierte müssen von ihren Ersparnissen leben.

© Holland + Josenhans

30 Man unterscheidet verschiedene Streikarten.

Nennen Sie drei davon.

a) **Generalstreik:** Die gesamte Wirtschaft eines Landes wird bestreikt.

b) **Flächenstreik:** Ein ganzer Wirtschaftszweig wird bestreikt.

c) **Schwerpunktstreik:** Nur die wichtigsten Betriebe eines Wirtschaftszweiges werden bestreikt.

d) **Wilder Streik:** Es wird ohne Urabstimmung und ohne Genehmigung der Gewerkschaft gestreikt.

e) **Warnstreik:** Die Arbeit wird für kurze Zeit unterbrochen, um die Streikbereitschaft zu zeigen.

31 Um ihre Forderungen durchzusetzen und um Streikgelder zu sparen, lässt die Gewerkschaft ver.di (Vereinte Dienstleistungsgewerkschaft) „lediglich" die Beschäftigten der Müllabfuhr streiken.

Welche Streikart liegt vor?

Ein **Schwerpunktstreik**, da nur die wichtigsten Betriebe bestreikt wurden.

32 Um politische Forderungen durchzusetzen, haben 2002 in Italien alle Arbeitnehmer die Arbeit niedergelegt.

Um welche Streikart handelt es sich?

Einen **Generalstreik**, da die gesamte Wirtschaft bestreikt wurde.

Betriebsvereinbarung

33 Wer sind die Vertragspartner bei einer Betriebsvereinbarung?

Betriebsvereinbarungen werden zwischen dem Arbeitgeber und dem Betriebsrat geschlossen.

34 Unterscheiden Sie zwischen Tarifvertrag und Betriebsvereinbarung.

Während Tarifverträge für ganze Wirtschaftszweige geschlossen werden, gelten Betriebsvereinbarungen nur für den einzelnen Betrieb.

© Holland + Josenhans

35 Welche wichtigen Punkte können in einer Betriebsvereinbarung geregelt werden?

Geben Sie drei Beispiele an.

Betriebsvereinbarungen regeln z. B.
- Beginn und Ende der täglichen Arbeitszeit
- Pausen
- betriebliche Sozialeinrichtungen
- Unfallverhütungsvorschriften
- Urlaubspläne

Interessenvertretung der Arbeitnehmer

36 Welche Voraussetzungen muss ein Arbeitnehmer erfüllen, damit er bei Betriebsratswahlen kandidieren kann?

Er muss mindestens 6 Monate dem Betrieb angehören und mindestens 18 Jahre alt sein.

37 Wer ist wahlberechtigt bei Betriebsratswahlen?

Wahlberechtigt ist jeder Arbeitnehmer, der das 18. Lebensjahr vollendet hat.

38 Ab welcher Arbeitnehmerzahl darf ein Betriebsrat gewählt werden?

a) In Betrieben, die mindestens 5–20 Arbeitnehmer haben, kann ein **Betriebsobmann** gewählt werden.
b) In Betrieben mit mehr als 20 Arbeitnehmern kann ein aus drei Mitgliedern bestehender **Betriebsrat** gewählt werden.

39 Welche allgemeinen Aufgaben hat der Betriebsrat?

a) Er beantragt beim Arbeitgeber Maßnahmen, die dem Betrieb und den Arbeitnehmern dienen.
b) Er bereitet die Wahl der Jugend- und Auszubildendenvertretung (JAV) vor und führt sie durch.
c) Er arbeitet mit der JAV zusammen.
d) Er bringt die Anregungen von Arbeitnehmern und JAV beim Arbeitgeber vor.
e) Er achtet darauf, dass Tarifverträge, Arbeitsschutzgesetze, Unfallverhütungsvorschriften usw. eingehalten werden.

© Holland + Josenhans

40 Wer vertritt im Betrieb die besonderen Belange der jugendlichen Arbeitnehmer?

Die **Jugend- und Auszubildendenvertretung (JAV)**. Wählbar sind alle Arbeitnehmer des Betriebes, die noch keine 25 Jahre alt sind.

41 Wer wählt die Jugend- und Auszubildendenvertretung?

Wahlberechtigt sind alle jugendlichen Arbeitnehmer sowie Auszubildende unter 25 Jahren.

42 Wie lange ist die Amtszeit
a) der Jugend- und Auszubildendenvertretung,
b) des Betriebsrates?

a) JAV: 2 Jahre
b) Betriebsrat: 4 Jahre

43 In welchen betrieblichen Bereichen hat der Betriebsrat
a) ein Beratungsrecht
b) ein eingeschränktes Mitbestimmungsrecht
c) ein Mitbestimmungsrecht?

a) **Beratungsrechte** hat der Betriebsrat in *wirtschaftlichen* Angelegenheiten.
b) Ein **eingeschränktes Mitbestimmungsrecht** hat der Betriebsrat in *personellen* Angelegenheiten.
c) Ein **Mitbestimmungsrecht** besitzt der Betriebsrat in *sozialen* Angelegenheiten.

44 Geben Sie je drei Beispiele an für
a) soziale Angelegenheiten,
b) personelle Angelegenheiten.

a) *Soziale Angelegenheiten:*
z. B.:
- Arbeitszeit
- Sozialeinrichtungen
- Unfallverhütung
- Urlaub
- Pausen

b) *personelle Angelegenheiten:*
z. B.:
- Einstellungen
- Versetzungen
- Kündigungen
- Umgruppierungen

© Holland + Josenhans

45 Nehmen Sie Stellung zu folgenden betrieblichen Situationen.

a) Die Geschäftsleitung verlegt den täglichen Arbeitsbeginn eine Stunde vor.

b) Einige Mitarbeiter sollen in ein Zweigwerk versetzt werden.

c) Betriebsrat und Geschäftsleitung einigen sich nicht über die Verwaltung der Betriebskantine.

d) Die Geschäftsleitung beschließt die Herstellung eines neuen Produktes.

e) Der Arbeitgeber hat bei der Auswahl des zu kündigenden Arbeitnehmers soziale Gesichtspunkte nicht ausreichend berücksichtigt.

a) Die Veränderung der Arbeitszeit ist eine **soziale Angelegenheit**, d. h. der Betriebsrat hat ein **Mitbestimmungsrecht**. Ohne seine Zustimmung ist die Maßnahme nicht möglich.

b) Die Versetzung von Mitarbeitern ist eine **personelle Maßnahme**. Der Betriebsrat hat deshalb nur ein **eingeschränktes Mitbestimmungsrecht**. Er kann seine Zustimmung nur verweigern, wenn er schwer wiegende Gründe hat.

c) Die Verwaltung betrieblicher Sozialeinrichtungen gehört zum **sozialen Bereich**. Hier hat der Betriebsrat ein **Mitbestimmungsrecht**, d. h. ohne seine Zustimmung sind Maßnahmen nicht möglich.

d) Die Herstellung neuer Produkte gehört zum **wirtschaftlichen Bereich**. Hier hat der Betriebsrat nur ein Beratungsrecht.

e) Die Kündigung ist nach dem Kündigungsschutzgesetz unzulässig. Ohne eine Anhörung des Betriebsrates ist die Kündigung unwirksam. Da soziale Gesichtspunkte unberücksichtigt blieben, wird der Betriebsrat widersprechen und der Arbeitnehmer wird beim Arbeitsgericht Klage einreichen. Die Folge: der Arbeitnehmer muss so lange weiterbeschäftigt werden, bis das Arbeitsgericht entschieden hat.

46 Beschreiben Sie kurz Aufgabe und Zusammensetzung einer Betriebsversammlung.

Einmal pro Kalendervierteljahr muss der Betriebsrat eine **Betriebsversammlung** abhalten und einen Tätigkeitsbericht abgeben. Arbeitgeber und Arbeitnehmer haben das Recht, auf der Versammlung zu sprechen. Geleitet wird sie vom Betriebsratsvorsitzenden.

© Holland + Josenhans

47 Neben der Betriebsratswahl haben die Arbeitnehmer von Kapitalgesellschaften eine weitere Mitbestimmungsmöglichkeit.

Erläutern Sie kurz diese Möglichkeit.

In Großbetrieben wählen die Arbeitnehmer die Hälfte, in kleineren Kapitalgesellschaften ein Drittel der **Aufsichtsratsmitglieder**.

48 Geben Sie für die nachfolgenden Abbildungen an, in welchem Gesetz die Mitbestimmung jeweils geregelt ist, und erläutern Sie die Abbildung.

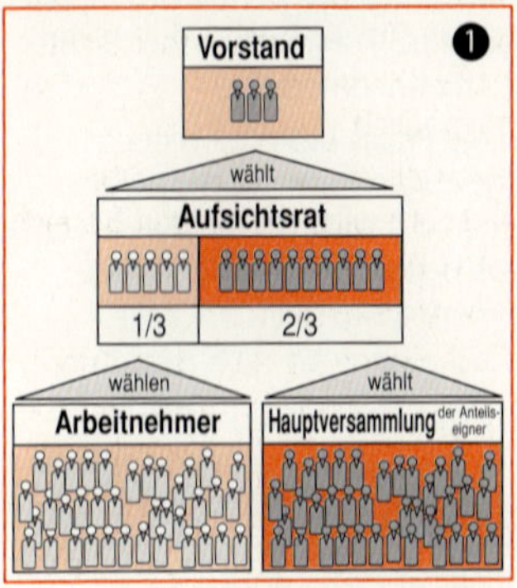

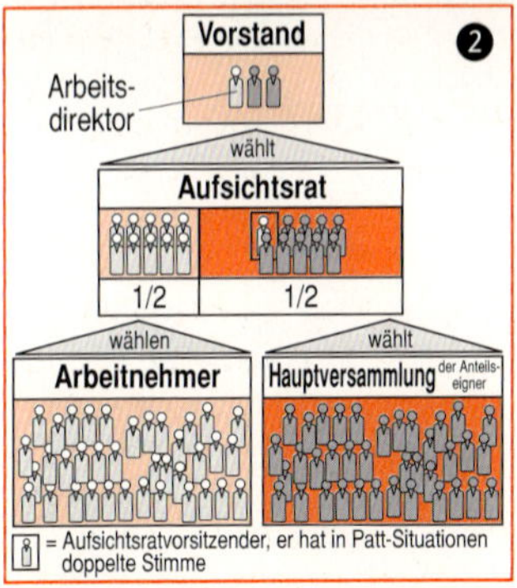

❶ **Mitbestimmung nach dem Betriebsverfassungsgesetz von 1952:**

Dieses Gesetz gilt für Großbetriebe mit *weniger als 2 000 Beschäftigten.* Hier wählen die Arbeitnehmer ein Drittel und die Anteilseigner zwei Drittel der Aufsichtsratsmitglieder. Die Folge: Die Anteilseigner haben ein erhebliches Übergewicht.

❷ **Mitbestimmung nach dem Mitbestimmungsgesetz 1976:**

Dieses Gesetz gilt für Großbetriebe mit *mehr als 2 000 Beschäftigten.* Hier wählen Arbeitnehmer und Anteilseigner jeweils die Hälfte der Aufsichtsratsmitglieder. Die Anteilseigner haben durch das doppelte Stimmrecht des Aufsichtsratsvorsitzenden dennoch ein Übergewicht.

© Holland + Josenhans

Arbeitsgericht

49 Für welche Streitigkeiten sind Arbeitsgerichte zuständig?

Arbeitsgerichte sind zuständig für Streitigkeiten zwischen
- Arbeitnehmern und Arbeitgeber aus dem Arbeitsvertrag,
- Auszubildenden und Ausbildenden aus dem Berufsausbildungsvertrag,
- den Tarifvertragsparteien aus dem Tarifvertrag,
- Betriebsrat und Arbeitgeber aus dem Betriebsverfassungsrecht.

50 a) Erläutern Sie die Zusammensetzung eines Arbeitsgerichtes in der 1. Instanz.
b) Begründen Sie diese Zusammensetzung.

a) 1 Berufsrichter als Vorsitzender, 1 ehrenamtlicher Richter der Arbeitgeberseite, 1 ehrenamtlicher Richter der Arbeitnehmerseite.

b) Um die Praxis des Arbeitslebens ausgewogen zu berücksichtigen, werden die Laienrichter jeweils von der Arbeitgeber- und der Arbeitnehmerseite gestellt.

51 Müssen die Parteien das Urteil des Arbeitsgerichts widerspruchslos hinnehmen?

Nein, gegen das Urteil des **Arbeitsgerichts** kann *Berufung* beim **Landesarbeitsgericht** eingelegt werden. Gegen Urteile des Landesarbeitsgerichts kann beim **Bundesarbeitsgericht** *Revision* eingelegt werden.

52 Womit beginnt das Verfahren beim Arbeitsgericht?

Mit einer *Güteverhandlung*.

© Holland + Josenhans

Multiple-Choice-Aufgaben – Grundlagen des Arbeitsrechts

1 Welche Pflicht hat der Arbeitgeber im Rahmen des Arbeitsverhältnisses nicht?

① Sanitäre Einrichtungen einzurichten und zu unterhalten
② Die Vergütung pünktlich zu zahlen
③ Auf Wunsch des Arbeitnehmers unbezahlten Urlaub zu gewähren
④ Die Unfallverhütungsvorschriften zu beachten
⑤ Bei Beendigung des Arbeitsverhältnisses ein Zeugnis auszustellen ▶ ☐

2 Ein Arbeiter ist unverschuldet arbeitsunfähig erkrankt. Welche Verpflichtung hat er nicht?

① Dem Arbeitgeber den Namen der Krankheit zu nennen
② Dem Arbeitgeber unverzüglich die Arbeitsunfähigkeit zu melden
③ Den Arbeitgeber über die voraussichtliche Dauer der Arbeitsunfähigkeit zu informieren
④ Spätestens nach Ablauf des dritten Tages dem Arbeitgeber eine ärztliche Bescheinigung einzureichen
⑤ Die ärztlichen Weisungen zu beachten ▶ ☐

3 Welche Unterlagen müssen Sie in jedem Fall bei Antritt einer neuen Stelle als Facharbeiter dem Arbeitgeber vorlegen?

① Schulzeugnis, Lohnsteuerkarte
② Personalausweis, Versicherungsnachweis
③ Reisepass, Führungszeugnis
④ Geburtsschein, Facharbeiterbrief
⑤ Lohnsteuerkarte, Versicherungsnachweis ▶ ☐

4 Welche Voraussetzung muss ein Arbeitnehmer erfüllen, wenn er Rechte aus dem Kündigungsschutzgesetz geltend machen will?

① Er muss das 21. Lebensjahr vollendet haben.
② Er muss deutscher Staatsangehöriger sein.
③ Er muss verheiratet sein.
④ Er muss dem Betrieb ohne Unterbrechung länger als sechs Monate angehören.
⑤ Er muss das 50. Lebensjahr vollendet haben und mindestens 25 Jahre berufstätig sein. ▶ ☐

© Holland + Josenhans

Lösungen der Aufgaben auf Seite 186

5 Welche Kündigungsfrist gilt für alle Arbeitnehmer?

① 14 Tage auf das Monatsende
② 6 Wochen auf Quartalsende
③ 4 Wochen auf das Monatsende
④ 4 Wochen auf den 15. eines Monats oder auf das Monatsende
⑤ 6 Wochen auf jeden Werktag ▶ ☐

6 Welche Vereinbarung in einem Arbeitsvertrag ist unzulässig?

① Die tägliche Arbeitszeit beträgt 8 Stunden.
② Der Jahresurlaub beträgt 20 Werktage.
③ Die Probezeit beträgt einen Monat.
④ Lohn wird nach dem jeweils gültigen Tarifvertrag gezahlt.
⑤ Für die Anschaffung von Arbeitskleidung wird ein Zuschuss gezahlt. ▶ ☐

7 In welchem Fall wird das Arbeitsverhältnis beendet?

① Der Arbeitgeber stirbt.
② Das Unternehmen wird verkauft und hat einen neuen Eigentümer.
③ Eine Arbeitnehmerin tritt den Erziehungsurlaub an.
④ Eine Arbeitnehmerin nimmt den vom Arbeitgeber vorgeschlagenen Aufhebungsvertrag an.
⑤ Ein Arbeitnehmer wird zum Grundwehrdienst einberufen. ▶ ☐

8 Welche Aussage entspricht dem Bundesurlaubsgesetz?

① Der Arbeitgeber kann keinen Einfluss auf die zeitliche Festlegung des Urlaubs nehmen.
② Der gesamte Urlaub muss *immer* zusammenhängend genommen werden.
③ Bei der zeitlichen Festlegung des Urlaubs sind die Urlaubswünsche des Arbeitnehmers und die betrieblichen Belange zu berücksichtigen.
④ In Tarifverträgen kann der Mindesturlaub herabgesetzt werden.
⑤ Verzichtet der Arbeitnehmer auf seinen Urlaub, so muss der Arbeitgeber ihn durch Geld abgelten. ▶ ☐

Lösungen der Aufgaben auf Seite 186

© Holland + Josenhans

9 Eine Auszubildende hat nach ihrer Berufsausbildung das erste Arbeitsverhältnis begonnen.
Nach welcher Betriebszugehörigkeit (sog. Wartezeit) kann sie erstmals Urlaub beanspruchen?

① Sofort nach Abschluss des Arbeitsvertrages
② Nach einem Monat
③ Nach drei Monaten
④ Nach sechs Monaten
⑤ Nach zwölf Monaten ▶ ☐

10 Welche Personengruppen genießen einen besonderen Kündigungsschutz?

① Schwerbehinderte, junge Mütter
② Langjährige Betriebsangehörige, leitende Angestellte
③ Auszubildende, Teilzeitbeschäftigte
④ Schwerbehinderte, jugendliche Arbeitnehmer
⑤ Werdende Mütter, Auszubildende ▶ ☐

11 Der Inhaber einer Firma wechselt.
Welche Aussage zum Arbeitsverhältnis ist richtig?

① Der neue Inhaber kann die Arbeitsbedingungen von sich aus neu festsetzen.
② Die Arbeitsverhältnisse bestehen zunächst mit unveränderten Rechten und Pflichten weiter.
③ Alle Arbeitsverhältnisse sind gekündigt.
④ Die Arbeitsverhältnisse können von beiden Seiten jederzeit fristlos gekündigt werden.
⑤ Die Arbeitsverhältnisse sind gekündigt, aber die Arbeitnehmer sind berechtigt, auf Wiedereinstellung zu klagen. ▶ ☐

12 Ein Arbeitnehmer wurde gekündigt, ohne dass der Betriebsrat angehört wurde.
Welche Rechtslage ergibt sich nach dem Betriebsverfassungsgesetz?

① Die Kündigung ist wirksam, da eine Anhörung des Betriebsrates nicht vorgeschrieben ist.
② Die Kündigung ist wirksam, da weder die Anhörung noch die Zustimmung des Betriebsrates vorgeschrieben ist.
③ Die Kündigung ist unwirksam, da eine Anhörung des Betriebsrates erfolgen muss.
④ Die Kündigung ist unwirksam, da bei jeder Kündigung der Betriebsrat zustimmen muss.
⑤ Die Kündigung wird erst durch die nachträgliche Anhörung des Betriebsrates wirksam. ▶ ☐

© Holland + Josenhans
Lösungen der Aufgaben auf Seite 186

13 Welche Angaben können einem einfachen Arbeitszeugnis entnommen werden?

① Angaben über die Leistung des Arbeitnehmers
② Angaben über seine Betriebsratstätigkeit
③ Angaben über Art und Dauer der Beschäftigung
④ Angaben über die Führung des Arbeitnehmers
⑤ Angaben über das Sozialverhalten des Arbeitnehmers ▶ ☐

14 Welche Hauptpflicht übernimmt ein Arbeitgeber, wenn er einen Arbeitsvertrag abschließt?

① Die Pflicht, für die Weiterbildung eines Arbeitnehmers zu sorgen
② Die Pflicht, die vereinbarte Vergütung zu bezahlen
③ Die Pflicht, die Vergütung immer im Voraus zu bezahlen
④ Die Pflicht, sich den tarifvertraglichen Vereinbarungen zu unterwerfen
⑤ Die Pflicht, den Arbeitnehmer angemessen am Gewinn zu beteiligen ▶ ☐

15 Eine außerordentliche (fristlose) Kündigung ist nur gerechtfertigt, wenn ein „wichtiger Grund" vorliegt. In welchem Fall liegt ein „wichtiger Grund" vor?

① Der Arbeitnehmer führt die ihm übertragenen Arbeiten schlampig aus.
② Der Arbeitnehmer wird zum Wehrdienst einberufen.
③ Der Arbeitnehmer gibt Betriebsgeheimnisse gegen Entgelt preis.
④ Der Arbeitnehmer fehlt häufig wegen Krankheit.
⑤ Der Arbeitnehmer war in seiner Freizeit an einer Massenschlägerei von Fußballanhängern beteiligt. ▶ ☐

16 Welche der genannten Fragen darf ein Arbeitgeber bei einem Einstellungsgespräch stellen?

① Welche beruflichen Prüfungen haben sie abgelegt und welche Noten haben Sie dabei erreicht?
② Welche Krankheiten haben Sie bisher gehabt?
③ Beabsichtigen Sie, in nächster Zeit eine Ehe zu schließen?
④ Gehören Sie einer politischen Partei an?
⑤ Welches Vermögen besitzen Sie bzw. Ihre Eltern? ▶ ☐

Lösungen der Aufgaben auf Seite 186
© Holland + Josenhans

17 Was versteht man unter Tarifautonomie?

① Das Recht der Arbeitgeber, übertarifliche Löhne zu zahlen
② Die Abhängigkeit der Lohnerhöhung von der Steigerung des Bruttosozialprodukts
③ Die Pflicht der Arbeitgeber, mindestens Tariflohn zu zahlen
④ Das Recht der Tarifvertragsparteien, Tarifverträge ohne staatliche Einmischung abzuschließen
⑤ Das Recht der Gewerkschaften, einen Streik auszurufen ▶ ☐

18 In einem Tarifkonflikt legen die organisierten Arbeitnehmer in den Betrieben nach Aufruf der zuständigen Gewerkschaft für eine Stunde die Arbeit nieder.
Wie nennt man diese Arbeitskampfmaßnahme?

① Warnstreik
② Generalstreik
③ Schwerpunktstreik
④ Wilder Streik
⑤ Arbeitsboykott ▶ ☐

19 Die Arbeitnehmer einer Abteilung eines Betriebs treten in einen „Streik", der von der Gewerkschaft nicht unterstützt wird. Welche Maßnahme des Arbeitgebers ist rechtlich zulässig?

① Sofortige Aussperrung aller Arbeitnehmer des Betriebs
② Fristlose Entlassung der an diesem Streik beteiligten Arbeitnehmer
③ Sofortige Halbierung der Löhne und Gehälter der Streikenden
④ Sofortige Streichung der übertariflichen Zahlungen an alle Arbeitnehmer des Betriebs
⑤ Auflösung des Betriebsrats ▶ ☐

20 Welche Vereinbarung wäre in einem Tarifvertrag nicht zulässig?

① Die Arbeitnehmer erhalten im Kalenderjahr 5 Tage Sonderurlaub für die Teilnahme an Bildungsmaßnahmen.
② Für Mehrarbeit wird ein Zuschlag von 35 % der regelmäßigen Vergütung gezahlt.
③ Die Wochenarbeitszeit der Schichtarbeiter beträgt 38 Stunden.
④ Die Laufzeit des Tarifvertrags beträgt 24 Monate.
⑤ Alle Arbeitnehmer eines Betriebes müssen Gewerkschaftsmitglieder sein. ▶ ☐

© Holland + Josenhans
Lösungen der Aufgaben auf Seite 186

21 Was kann in einem Tarifvertrag nicht geregelt werden?

① Dauer des Urlaubs
② Höhe von Lohn und Gehalt
③ Lohn und Gehaltsgruppen
④ Täglicher Arbeitsbeginn
⑤ Regelmäßige wöchentliche Arbeitszeit ▶ ☐

22 In Rahmentarifverträgen sind häufig Lohn- und Gehaltsgruppen ausgewiesen.
Was ist für die Eingruppierung eines Arbeitnehmers ohne Bedeutung?

① Berufsausbildung des Arbeitnehmers
② Familienstand des Arbeitnehmers
③ Körperliche Beanspruchung des Arbeitnehmers
④ Verantwortung des Arbeitnehmers für 2 Personen
⑤ Beschaffenheit des Arbeitsplatzes ▶ ☐

23 Welche der genannten Vereinbarungen wäre in einer Betriebsvereinbarung rechtlich zulässig?

① Die Arbeitnehmer sind zur Teilnahme an Betriebsfeiern und -ausflügen verpflichtet.
② Die Arbeitnehmer haben 10 % ihres Urlaubsgeldes an die Aktion „Brot für die Welt“ zu überweisen.
③ Arbeitnehmer, die mehr als 10 Jahre im Betrieb tätig sind, erhalten im Kalenderjahr einen Tag Zusatzurlaub.
④ Die Arbeitnehmer verzichten auf das Recht der fristlosen Kündigung.
⑤ Bei Erkrankung des Arbeitnehmers werden die ersten drei Tage als Urlaubstage angerechnet. ▶ ☐

24 Welche der genannten Fragen wird nicht in einer Betriebsvereinbarung geregelt?

① Betriebliche Ordnungs- und Sicherheitsvorschriften (Betriebsordnung)
② Verwaltung der Betriebskantine
③ Fahrgeldzuschuss für die Arbeitnehmer
④ Finanzierung neuer Betriebseinrichtungen
⑤ Festsetzung von Akkordsätzen ▶ ☐

Lösungen der Aufgaben auf Seite 186
© Holland + Josenhans

25 Wo ist die Mindestentlohnung von Arbeitnehmern geregelt?

① Im Manteltarifvertrag
② Im Lohnfortzahlungsgesetz
③ Im Arbeitszeitgesetz
④ Im Lohn- und Gehaltstarifvertrag
⑤ Im Betriebsverfassungsgesetz ▶ ☐

26 Welches legale Mittel kann eine Gewerkschaft einsetzen, um bei Tarifauseinandersetzungen ihre Forderungen durchzusetzen?

① Blockade aller Betriebszufahrten
② Betriebsbesetzungen
③ Aussperrungen
④ Gewerkschaftsmitglieder sabotieren die Produktion
⑤ Streik ▶ ☐

27 Wer ist beim Abschluss eines Tarifvertrages beteiligt?

① Das Arbeitsministerium
② Das Arbeitsgericht
③ Die Industrie- und Handelskammer
④ Die Handwerkskammer
⑤ Der zuständige Arbeitgeberverband und die zuständige Gewerkschaft ▶ ☐

28 Die Satzung einer Gewerkschaft verlangt, dass eine Urabstimmung durchgeführt wird, bevor Arbeitskampfmaßnahmen eingeleitet werden.
Welche Erläuterung hierzu ist richtig?

① Alle Arbeitnehmer in dem betroffenen Tarifgebiet stimmen über diese Maßnahmen ab.
② Die Gewerkschaft muss mit dem zuständigen Arbeitgeberverband ihre geplanten Maßnahmen abstimmen.
③ Die Arbeitnehmer, die Mitglieder der Gewerkschaft sind, stimmen über die geplanten Maßnahmen ab.
④ Die Gewerkschaft muss ihre Maßnahmen mit dem zuständigen Wirtschaftsministerium abklären.
⑤ Es muss eine paritätische Schlichtungskommission gebildet werden. Deren Mitglieder stimmen über die geplanten Maßnahmen ab. ▶ ☐

© Holland + Josenhans
Lösungen der Aufgaben auf Seite 186

29 Zwischen dem Metallarbeitgeberverband und der IG Metall wurde ein Tarifvertrag abgeschlossen.
Darf ein Arbeitgeber der Metallindustrie trotzdem untertarifliche Löhne zahlen?

① Ja, wenn die schlechte Auftragslage es erfordert.
② Ja, wenn der Betrieb seit mehr als drei Monaten kurzarbeitet.
③ Ja, wenn das Arbeitsamt die Genehmigung dazu erteilt.
④ Ja, wenn der Arbeitgeber dem Arbeitgeberverband nicht angehört und wenn der Tarifvertrag nicht für allgemein verbindlich erklärt wurde.
⑤ Nein, jeder Arbeitgeber muss sich an den Tarifvertrag halten. ▶ ☐

30 Welche Aussage über Manteltarifverträge trifft zu?

① Manteltarifverträge regeln Arbeitsbedingungen wie z. B. Arbeitszeit, Urlaub oder Überstundenzuschläge.
② Manteltarifverträge regeln spezielle Besonderheiten des einzelnen Betriebs wie z. B. Pausenregelung, Arbeitsanfang, Arbeitsende. Sie werden zwischen Arbeitgeber und Betriebsrat vereinbart.
③ Die Arbeitgeberverbände sind berechtigt, einen Manteltarifvertrag für allgemein verbindlich zu erklären.
④ Die Gewerkschaften sind berechtigt, einen Manteltarifvertrag für allgemein verbindlich zu erklären.
⑤ Wenn wichtige Gründe vorliegen, kann jeder Arbeitgeber von den Bestimmungen des Manteltarifvertrages abweichen. ▶ ☐

31 Welche Aussage über Tarifverträge ist *richtig*?

① Während der Laufzeit eines Tarifvertrags sind Streik oder Aussperrung untersagt.
② Die Laufzeit der Tarifverträge muss nach dem Tarifvertragsgesetz mindestens 12 Monate betragen.
③ Nach dem Tarifvertragsgesetz müssen Tarifverträge drei Monate vor Ablauf der Laufzeit gekündigt werden.
④ Die meisten Tarifverträge werden zwischen dem DGB und den Arbeitgeberverbänden abgeschlossen.
⑤ Die im Tarifvertrag vereinbarten Arbeitsbedingungen können beim Vorliegen zwingender Gründe, z. B. Rezession, unterschritten werden. ▶ ☐

Lösungen der Aufgaben auf Seite 186
© Holland + Josenhans

32 Welche Aussage über Tarifverträge ist richtig?

① Tarifverträge werden immer von den Spitzenorganisationen auf Bundesebene ausgehandelt und gelten dann für das gesamte Bundesgebiet.
② Tarifverträge dürfen nicht gegen geltendes Recht verstoßen.
③ Tarifverträge müssen vom Bundesarbeitsministerium genehmigt werden.
④ Tarifverträge gelten stets für alle Arbeitgeber und Arbeitnehmer des Tarifbereichs.
⑤ Tarifverträge können jederzeit von beiden Vertragspartnern gekündigt werden. ▶ ☐

33 In einem allgemein verbindlichen Tarifvertrag ist eine bestimmte Entlohnung festgelegt.
Welche Bedeutung hat diese Festlegung?

① Die Entlohnung darf nicht überschritten werden.
② Die Höhe der Entlohnung ist völlig unverbindlich.
③ Die Entlohnung kann geringfügig über- oder unterschritten werden.
④ Die Entlohnung darf nicht mehr als 15 % überschritten werden.
⑤ Die Entlohnung darf nicht unterschritten werden. ▶ ☐

34 Eine Arbeitnehmerin ist Mitglied der zuständigen Gewerkschaft. Ihr Arbeitgeber gehört dem entsprechenden Arbeitgeberverband an.
Wonach richtet sich die Höhe des Arbeitslohnes?

① Die Lohnhöhe richtet sich nach dem gültigen Lohntarifvertrag.
② Die Lohnhöhe richtet sich nach den Empfehlungen der Gewerkschaft.
③ Die Lohnhöhe muss zwischen den Vertragsparteien frei ausgehandelt werden.
④ Die Lohnhöhe richtet sich nach dem Mindestsatz der Sozialhilfe.
⑤ Die Lohnhöhe wird gemeinsam von Arbeitgeber und Betriebsrat festgelegt. ▶ ☐

35 Was ist im Betriebsverfassungsgesetz <u>nicht</u> geregelt?

① Mitbestimmungsrechte des Betriebsrats
② Recht zur Durchführung von Betriebsversammlungen
③ Erlass von Unfallverhütungsvorschriften
④ Aufgaben der Jugend- und Auszubildendenvertretung
⑤ Zusammensetzung des Betriebsrats ▶ ☐

© Holland + Josenhans
Lösungen der Aufgaben auf Seite 186

36 Für welche Betriebe sieht das Betriebsverfassungsgesetz die Wahl eines Betriebsrates vor?

① Für Betriebe, in denen mehr als drei Arbeitnehmer beschäftigt werden.
② Für Betriebe, in denen mindestens fünf ständige Arbeitnehmer beschäftigt werden, von denen drei wählbar sein müssen.
③ Für Betriebe, die einen Jahresumsatz von mindestens 25 000 € erzielen.
④ Für Betriebe, in denen mindestens drei Arbeitnehmer beschäftigt werden, von denen mindestens einer wählbar ist.
⑤ Für Betriebe, in denen mindestens vier ständige Arbeitnehmer beschäftigt werden und deren Jahresumsatz mindestens 50 000 € beträgt. ▶ ☐

37 In welchem Fall können die Arbeitnehmer eines Industriebetriebs auf der Wahl eines Betriebsrates bzw. eines Betriebsobmannes bestehen?

① Wenn in diesem Betrieb mindestens 3 ständige wahlberechtigte Arbeitnehmer, die auch wählbar sind, beschäftigt werden.
② Nur dann, wenn in dem Betrieb mehr als 10 ständige wahlberechtigte Arbeitnehmer, von denen 5 wählbar sind, beschäftigt werden.
③ Wenn mindestens 5 ständige wahlberechtigte Arbeitnehmer, von denen drei wählbar sind, beschäftigt werden.
④ Nur dann, wenn mehr als 20 ständige wahlberechtigte Arbeitnehmer beschäftigt werden.
⑤ Nur dann, wenn mehr als 50 wählbare Arbeitnehmer beschäftigt werden. ▶ ☐

38 Welche Aussage über die Betriebsratswahlen ist falsch?

① Sie werden alle vier Jahre durchgeführt.
② Sie erfolgen geheim und unmittelbar.
③ Wahlberechtigt sind alle Arbeitnehmer, die das 18. Lebensjahr vollendet haben.
④ Wahlpflicht besteht für alle organisierten Arbeitnehmer.
⑤ Die Kosten der Wahl tragen die Arbeitgeber. ▶ ☐

Lösungen der Aufgaben auf Seite 187
© Holland + Josenhans

39 Hat die Jugend- und Auszubildendenvertretung das Recht, selbst mit dem Arbeitgeber zu verhandeln?

① Ja, aber nur, wenn es um Fragen der Berufsausbildung geht.
② Nein, denn mit dem Arbeitgeber verhandelt nur der Vorsitzende des Betriebsrats.
③ Ja, wenn es um Fragen der Arbeitszeit und der Ausbildungsvergütung geht.
④ Nein, sie muss den Betriebsrat einschalten.
⑤ Ja, aber nur, wenn es um Fragen des Berufsschulunterrichts geht. ▶ ☐

40 Welche der genannten Personen ist <u>kein</u> Arbeitnehmer im Sinne des Betriebsverfassungsgesetzes?

① Umschüler
② Vorstandsmitglied einer AG
③ Sekretärin des Arbeitgebers
④ Gastarbeiter
⑤ Teilzeitbeschäftigte ▶ ☐

41 In einem Betrieb soll ein Betriebsrat gewählt werden. Wer kann in den Betriebsrat gewählt werden?

① Nur die Wahlberechtigten, die das 24. Lebensjahr vollendet haben.
② Nur die Wahlberechtigten, die einer Gewerkschaft angehören.
③ Nur die Wahlberechtigten, die die deutsche Staatsangehörigkeit besitzen.
④ Nur die Wahlberechtigten, die das 21. Lebensjahr vollendet haben.
⑤ Nur die Wahlberechtigten, die das 18. Lebensjahr vollendet haben und mindestens 6 Monate im Betrieb sind. ▶ ☐

42 Welche Aussage über den Vorsitzenden des Betriebsrats ist richtig?

① Vorsitzender des Betriebsrats ist derjenige, der bei der Betriebsratswahl die meisten Stimmen erhalten hat.
② Der Betriebsratsvorsitzende muss der größeren der beiden Gruppen angehören, wenn Arbeiter und Angestellte im Betrieb tätig sind.
③ Zum Betriebsratsvorsitzenden kann vom Betriebsrat auch ein Arbeitnehmer gewählt werden, der nicht im Betriebsrat ist.
④ Sind Arbeiter und Angestellte im Betrieb tätig, wird für jede Gruppe ein Betriebsratsvorsitzender gewählt.
⑤ Den Vorsitzenden des Betriebsrats wählt der Betriebsrat aus seiner Mitte. ▶ ☐

© Holland + Josenhans
Lösungen der Aufgaben auf Seite 187

43 Wer übernimmt die Kosten, die durch die Tätigkeit des Betriebsrats verursacht werden?

① Der Arbeitgeber
② Das Arbeitsamt
③ Die im Betrieb vertretenen Gewerkschaften
④ Die Betriebsratsmitglieder selbst, da die Tätigkeit ehrenamtlich ist.
⑤ Die Kosten werden auf alle im Betrieb beschäftigten Arbeitnehmer umgelegt. ▶ ☐

44 Welches ist keine gesetzliche Aufgabe des Betriebsrats?

① Die Einhaltung der Tarifverträge und Unfallverhütungsvorschriften zu überwachen.
② Mit der Jugend- und Auszubildendenvertretung eng zusammenzuarbeiten.
③ Die Eingliederung von Schwerbehinderten zu fördern.
④ Darauf zu achten, dass die Produktionskosten niedrig bleiben und keine Arbeitsplätze gefährden.
⑤ Die Beschäftigung älterer Arbeitnehmer im Betrieb zu fördern. ▶ ☐

45 Wer ist wahlberechtigt bei der Wahl des Betriebsrates?

① Alle Arbeitnehmer, die dem Betrieb mindestens 6 Monate angehören.
② Alle Arbeitnehmer, die mindestens 18 Jahre alt sind.
③ Alle Arbeitnehmer des Betriebes.
④ Alle Arbeitnehmer mit deutscher Staatsangehörigkeit.
⑤ Alle Arbeitnehmer, die Mitglied einer Gewerkschaft sind. ▶ ☐

46 Ein 24-jähriger Arbeitnehmer will in seinem Betrieb bei der Wahl zur Jugend- und Auszubildendenvertretung kandidieren. Darf er gewählt werden?

① Ja, denn er hat das 25. Lebensjahr noch nicht vollendet.
② Nein, denn er ist bereits älter als 18 Jahre und somit volljährig.
③ Nein, denn während seiner Amtszeit würde er das 25. Lebensjahr erreichen.
④ Ja, wenn er noch Auszubildender ist; in diesem Fall ist das Lebensalter unerheblich.
⑤ Ja, aber sobald er 25 Jahre alt wird, muss er aus dem Amt ausscheiden. ▶ ☐

Lösungen der Aufgaben auf Seite 187
© Holland + Josenhans

47 Wo werden die Einzelheiten der Tätigkeit des Betriebsrates gesetzlich geregelt?

① Im Mitbestimmungsgesetz
② Im Arbeitsförderungsgesetz
③ Im Betriebsverfassungsgesetz
④ In der Gewerbeordnung
⑤ Im Tarifvertragsgesetz ▶ ☐

48 In welchem Fall darf der Arbeitgeber nach dem Betriebsverfassungsgesetz nicht allein entscheiden?

① Über die geplanten Werbemaßnahmen
② über die Gehälter der leitenden Angestellten
③ über die Erzeugnisse, die er herstellen will
④ über Beginn und Ende der täglichen Arbeitszeit sowie der Pausen
⑤ über die Finanzierung von Investitionen ▶ ☐

49 Welche Aussage über den Streik ist richtig?

① Jeder Streik bedarf der Zustimmung des Betriebsrats.
② Ein Streik ist nur dann rechtmäßig, wenn zuvor eine Urabstimmung stattgefunden hat, in der mindestens 95 % der Arbeitnehmer für einen Streik stimmen.
③ Ein Streik darf erst begonnen werden, wenn der Bundesminister für Arbeit seine Zustimmung erteilt hat.
④ Ein Streik ist nur dann rechtmäßig, wenn er von einer Gewerkschaft geführt wird.
⑤ Nach 12 Wochen kann der Bundesminister für Arbeit einen Streik für beendet erklären, um die Wirtschaft vor Schaden zu bewahren. ▶ ☐

50 Welche Aussage über den Deutschen Gewerkschaftsbund (DGB) ist richtig?

Der Deutsche Gewerkschaftsbund
① ist nicht berechtigt, sich zu Problemen des Schulwesens zu äußern
② ist von den Weisungen der Bundesregierung abhängig.
③ enthält sich grundsätzlich aller Stellungnahmen zu gesellschaftspolitischen Fragen
④ ist für die Angestellten nicht zuständig
⑤ ist die Dachorganisation der im DGB zusammengeschlossenen Einzelgewerkschaften. ▶ ☐

© Holland + Josenhans
Lösungen der Aufgaben auf Seite 187

51 Welche Leistungen gewähren die Gewerkschaften ihren Mitgliedern nicht?

① Unterstützungsleistungen bei Streiks
② Rechtsschutz bei Streitigkeiten aus dem Arbeitsverhältnis
③ Unterstützung bei Betriebsunfällen
④ Bildungsmaßnahmen für Jugendliche
⑤ Vertretung vor dem Arbeitsgericht ▶ ☐

52 Welcher der genannten Vorteile ergibt sich aus der Zugehörigkeit zu einer Gewerkschaft für den Arbeitnehmer?

① Rechtsvertretung bei Streitigkeiten vor dem Arbeitsgericht
② geringerer Beitrag zur Arbeitslosenversicherung
③ höheres Krankengeld
④ Anspruch auf zwei Wochen Bildungsurlaub pro Jahr
⑤ höherer Tariflohn ▶ ☐

53 Wonach richtet es sich, welcher Einzelgewerkschaft des DGB ein Arbeitnehmer angehören kann?

① Nach seiner Stellung im Betrieb
② nach seiner Ausbildung
③ nach der Zugehörigkeit seines Betriebes zu einem bestimmten Wirtschaftszweig
④ nach dem Beschäftigungsverhältnis (Arbeiter oder Angestellter)
⑤ nach der freien Wahl des Arbeitnehmers ▶ ☐

54 Welche Aussage über die Gewerkschaften ist richtig?

① Gewerkschaftsmitglied kann man erst nach Vollendung des 21. Lebensjahres werden.
② Die Gewerkschaften schließen mit den Unternehmensleitungen Betriebsvereinbarungen ab.
③ Die Gewerkschaften vertreten die Forderungen der organisierten Arbeitnehmer gegenüber den Arbeitgebern.
④ Die Gewerkschaften sind Zusammenschlüsse aller Beschäftigten eines Wirtschaftszweiges.
⑤ Die Gewerkschaften dürfen Tarifverträge nur im Einvernehmen mit den Arbeitgebern kündigen. ▶ ☐

Lösungen der Aufgaben auf Seite 187
© Holland + Josenhans

55 Welche Aussage über die Betriebsversammlung ist richtig?

① Nur Gewerkschaftsmitglieder dürfen an einer Betriebsversammlung teilnehmen.
② Betriebsversammlungen sind öffentliche Veranstaltungen, an denen jedermann teilnehmen darf.
③ Die Betriebsversammlung wird vom Arbeitgeber einberufen, wenn er es für nötig hält, allen Arbeitnehmern wichtige Entscheidungen mitzuteilen.
④ Betriebsversammlungen können durch regelmäßig stattfindende Betriebsausflüge ersetzt werden.
⑤ In jedem Kalendervierteljahr hat der Betriebsrat in einer Betriebsversammlung einen Tätigkeitsbericht abzugeben. ▶ ☐

56 Welche Aussage über die Arbeitsgerichtsbarkeit ist nicht richtig?

① In allen Instanzen wirken Vertreter der Arbeitgeber und der Arbeitnehmer bei der Urteilsfindung mit.
② Vor Beginn der eigentlichen Verhandlung hat der Vorsitzende eine Güteverhandlung anzusetzen, in der eine gütliche Einigung versucht werden soll.
③ Vor dem Arbeitsgericht besteht kein „Anwaltszwang".
④ Die Kosten des Verfahrens trägt immer der Arbeitgeber.
⑤ Die Arbeitsgerichtsbarkeit besteht aus drei Instanzen. ▶ ☐

57 Welche Aussage über die Betriebsversammlung im Sinne des Betriebsverfassungsgesetzes ist richtig?

Die Betriebsversammlung
① ist eine Sitzung des Betriebsrates.
② ist eine Zusammenkunft der Aktionäre eines Betriebes.
③ wird vom Arbeitgeber geleitet.
④ ist eine vom Arbeitgeber geleitete Versammlung der Arbeitnehmer eines Betriebes.
⑤ ist eine vom Betriebsrat einberufene Versammlung der Arbeitnehmer eines Betriebes, an welcher der Arbeitgeber teilnehmen darf. ▶ ☐

© Holland + Josenhans
Lösungen der Aufgaben auf Seite 187

Entlohnung der Arbeit

Lohnformen

1 Man unterscheidet verschiedene Lohnarten.
Nennen Sie diese.

Lohnformen:
a) *Zeitlohn*
b) *Leistungslohn*
- Prämienlohn
- Akkordlohn
  - Stückgeldakkord
  - Stückzeitakkord

c) *Beteiligungslohn*

2 Bei welchen Tätigkeitsmerkmalen ist der Zeitlohn die geeignete Lohnform?

a) Wenn Qualität wichtiger ist als die Arbeitsmenge.
b) Wenn das Arbeitsergebnis schwer zu messen ist (z. B. bei Büroberufen).
c) Wenn unterschiedliche Arbeiten anfallen (z. B. Bäckereiverkäuferinnen).

3 Nennen Sie den jeweils wichtigsten Vor- und Nachteil des Zeitlohnes für
a) den Arbeitnehmer,
b) den Arbeitgeber.

a) **Arbeitnehmer:**
Vorteil: geringerer Leistungsdruck (weniger Stress).
Nachteil: Mehrleistungen bzw. Leistungsunterschiede werden nicht berücksichtigt.
b) **Arbeitgeber:**
Vorteil: bessere Qualität der Arbeit.
Nachteil: Leistungskontrollen sind nötig.

4 Unter welchen Voraussetzungen kann Akkord gearbeitet werden?

a) Der Arbeiter muss das Arbeitstempo beeinflussen können.
b) Die Arbeitsgänge müssen sich wiederholen.
c) Für das einzelne Stück muss die Bearbeitungszeit (Normalleistung) vorliegen.

© Holland + Josenhans

5 Der Akkordlohn bietet für Arbeitnehmer und Arbeitgeber zahlreiche Vorteile.

Nennen Sie die wichtigsten davon.

a) **Arbeitgeber:**
- durch Lohnanreiz hohe Arbeitsleistung
- Leistungskontrollen sind unnötig
- Kostensenkung
- Produktivitätssteigerung

b) **Arbeitnehmer:**
- Mehrleistung hat mehr Verdienst zur Folge
- leistungsgerechtere Entlohnung

6 Welche Nachteile des Akkordlohnes sehen Sie für

a) den Arbeitnehmer,

b) den Arbeitgeber?

a) **Arbeitnehmer:**
- mögliche Gesundheitsschäden durch andauernde Höchstleistung
- erhöhte Unfallgefahr

b) **Arbeitgeber:**
- nachlassende Qualität
- Qualitätskontrollen sind nötig

7 Eine Arbeiterin lötet elektrische Schaltungen. Für diese Akkordarbeit werden pro Stück 0,25 € vergütet.

Welchen Akkordlohn erhält sie bei einer Tagesleistung von 250 Stück?

Welchem Normalstundenlohn entspricht diese Leistung?

Akkordlohn

$= 0{,}25\ € \times 250\ \text{St.} = \underline{\underline{62{,}5\ €}}$

Normalstundenlohn

$= 62{,}5\ € : 8\ \text{h} = \underline{\underline{7{,}81\ €}}$

8 Eine Arbeiterin erhält einen Grundlohn von 6,4 €/Std. Die Normalleistung beträgt 16 Stück/Std. Ihre tatsächliche Leistung beträgt jedoch 156 Stück in 8 Stunden.

Berechnen Sie

a) den Stückakkordsatz,

b) den Bruttolohn,

c) den tatsächlichen Stundenlohn.

a) **Stückakkordsatz:**

$$\frac{6{,}40\ €}{16\ \text{Stück}} = \underline{\underline{0{,}4\ €}}$$

b) **Bruttolohn:**

$156\ \text{Stück} \times 0{,}4\ € = 62{,}4\ €$

c) **tatsächlicher Stundenlohn:**

$$\frac{62{,}4\ €}{8\ \text{Stunden}} = \underline{\underline{7{,}8\ €}}$$

© Holland + Josenhans

9 Durch welche Lohnart wird versucht, die Vorteile von Zeitlohn und Akkordlohn zu verbinden sowie deren Nachteile zu vermindern?

Durch den **Prämienlohn**.

10 Geben Sie drei Beispiele für die Anwendung des Prämienlohns.

a) *Qualitätsprämien* für gute Arbeit
b) *Terminprämien* für eingehaltene Termine
c) *Ersparnisprämien* für sparsamen Umgang mit Material
d) *Mengenprämien*, wenn mehr hergestellt wird

11 Erklären Sie, was man unter einem Beteiligungslohn versteht.

Beteiligungslohn:
Die Arbeitnehmer sind am Unternehmenserfolg beteiligt, z. B. durch:
- Auszahlen von *Gewinnanteilen*
- *Kapitalbeteiligung* mit Belegschaftsaktien

12 Welche Gründe können einen Arbeitgeber veranlassen, seinen Mitarbeitern einen Beteiligungslohn zu gewähren?

a) Die Arbeitnehmer haben ein größeres Interesse am Unternehmenserfolg.
b) Höhere Arbeitsleistung.
c) Mehr Kapital für Investitionen.
d) Weniger Wechsel von Arbeitnehmern, da die Zufriedenheit bei der Arbeit größer ist.

13 Welche Schwierigkeiten stehen einer allgemeinen Einführung des Beteiligungslohnes im Wege?

a) Unternehmen erzielen unterschiedliche Gewinne.
b) Manche Unternehmungen, z. B. öffentliche, erwirtschaften keine Gewinne.
c) Die Frage, ob die Arbeitnehmer auch an Verlusten beteiligt sind.

© Holland + Josenhans

Gerechte Entlohnung

14 Viele Unternehmen versuchen durch Arbeitsplatzbewertung eine leistungsgerechtere Entlohnung zu erreichen.

Welches sind hierbei die zwei wichtigsten Bewertungsmethoden?

a) **Analytische Arbeitsbewertung:**
Die Arbeit wird nach verschiedenen Anforderungen untersucht (analysiert), z. B. nach:
- Umwelteinflüssen
- Verantwortung
- körperlicher Belastung
- geistiger Belastung
- geistigem Können
- körperlichem Können

b) **Summarische Arbeitsbewertung:**
Die Arbeit wird pauschal als Ganzes bewertet, in der Regel nach Lohngruppen.

15 Neben der Leistung werden für die Ermittlung des gerechten Lohns soziale Gesichtspunkte berücksichtigt.

Nennen Sie drei Beispiele.

Soziale Gesichtspunkte:
- Alter
- Familienstand
- Dauer der Betriebszugehörigkeit

Lohnabrechnung

16 Unterscheiden Sie zwischen Bruttogehalt (bzw. Bruttolohn) und Nettogehalt (bzw. Nettolohn).

Der **Bruttolohn** ist der vereinbarte Gesamtlohn.

Den **Nettolohn** erhält man, wenn man den Bruttolohn um die gesetzlichen Abzüge vermindert.

17 Im Bruttolohn können Zulagen und Zuschläge enthalten sein.

Erläutern Sie diese beiden Begriffe.

a) **Zulagen** (in Euro) können nach unterschiedlichen Gesichtspunkten gewährt werden.
Beispiele: Schmutzzulage, Gefahrenzulage, Lärmzulage, Kassenzulage, Arbeitgeberanteile zu den vermögenswirksamen Leistungen. →

© Holland + Josenhans

▷ *Fortsetzung der Antwort* ▷

b) **Zuschläge** (in %) werden als Prozentzuschläge vom Grundlohn berechnet. Ihre Höhe ist tariflich oder gesetzlich geregelt.
Beispiele: Zuschläge für Mehrarbeit, Sonntagsarbeit, Nachtarbeit.

18 Welche gesetzlichen Abzüge werden vom Bruttolohn einbehalten?

gesetzliche Abzüge:
a) Lohnsteuer
b) Kirchensteuer
c) Solidaritätszuschlag
d) Arbeitnehmeranteile zur gesetzlichen Sozialversicherung

19 Unterscheiden Sie Nettolohn und ausbezahlten Lohn.

Vermindert man den Nettolohn um die *sonstigen Abzüge*, dann erhält man den **ausbezahlten Lohn**.

20 Geben Sie drei Beispiele für sonstige Abzüge.

Sonstige Abzüge:
- Mietzahlungen für Betriebswohnungen
- Einbehaltung ausgezahlter Vorschüsse
- Lohnpfändungen
- Sparbeiträge für Sparverträge

21 Erklären Sie, was man unter Lohnzusatzkosten[1] versteht.

Lohnzusatzkosten sind Kosten, die ein Arbeitgeber zusätzlich zum Bruttolohn des Arbeitnehmers aufbringen muss.
Beispiele:
- Arbeitgeberanteile zur Sozialversicherung
- Lohnfortzahlung bei Krankheit
- Urlaub

[1] In Westdeutschland betrugen im Dienstleistungsgewerbe und im produzierenden Gewerbe die durchschnittlichen Lohnzusatzkosten 2003 rund 78 % der gezahlten Löhne

22 Welcher Unterschied besteht zwischen *Nominallohn* und *Reallohn*?

a) Der **Nominallohn** ist der in *Geld* ausgedrückte Lohn. Da der Nominallohn die Preissteigerungen enthält, berücksichtigt er nicht die Kaufkraft.
b) Der **Reallohn** berücksichtigt die *Kaufkraft*, also die Warenmenge, die damit gekauft werden kann. Man ermittelt ihn jedes Jahr, indem man die Preissteigerungen herausrechnet.

© Holland + Josenhans

23 Der Nominallohn einer Verkäuferin ist um 4% gestiegen, die Preissteigerungsrate der Volkswirtschaft beträgt 6%.

Wie wirkt sich dies auf den Reallohn der Verkäuferin aus?

Der Reallohn der Verkäuferin ist um 2% gesunken.

24 Die Arbeiterin Amanda Meier hat einen Stundenlohn von 8,20 €. Im letzten Monat kam sie auf 168 Arbeitsstunden. Zusätzlich leistete sie 8 Überstunden, für die ein Zuschlag von 25% gewährt wird.

a) Berechnen Sie den Bruttolohn.

b) Berechnen Sie den Nettolohn und berücksichtigen Sie dabei folgende Abzüge: Lohnsteuer 114,25 €, Kirchensteuer 8% der Lohnsteuer, Solidaritätszuschlag 5,5% der Lohnsteuer, Arbeitnehmeranteil zur Sozialversicherung 22%.

a)

168 Std. zu 8,20 €	1377,60 €
+ 8 Std. zu 10,25 €	82,00 €
Bruttolohn	1 459,60 €

b)

Bruttolohn	1 459,60 €
– Lohnsteuer	114,25 €
– Solidaritätszuschlag	6,28 €
– Kirchensteuer	9,14 €
– Sozialversicherung	321,11 €
Nettolohn	1008,82 €

25 Das Bruttogehalt einer Teilzeitkraft beträgt 1 552,00 €. Die Lohnsteuer beläuft sich auf 141,16 €, die Kirchensteuer auf 11,29 €, der Solidaritätszuschlag auf 7,76 €, der Arbeitnehmeranteil zur Sozialversicherung auf 341,44 €. Die vermögenswirksamen Leistungen betragen 39,88 €.

a) Wie hoch ist das Nettogehalt?

b) Wie hoch ist der auszuzahlende Betrag?

a)

Bruttogehalt	1 552,00 €
– Lohnsteuer	141,16 €
– Kirchensteuer	11,29 €
– Solidaritätszuschlag	7,76 €
– Sozialvers.	341,44 €
Nettogehalt	1050,35 €

b)

Nettogehalt	1050,35 €
– vermögenswirksame Leistungen	39,88 €
auszuzahlender Betrag	1010,47 €

© Holland + Josenhans

[26] Zeigen Sie am Beispiel der Grafik über Arbeitskosten, dass der Industriestandort Deutschland zunehmend in Gefahr gerät.

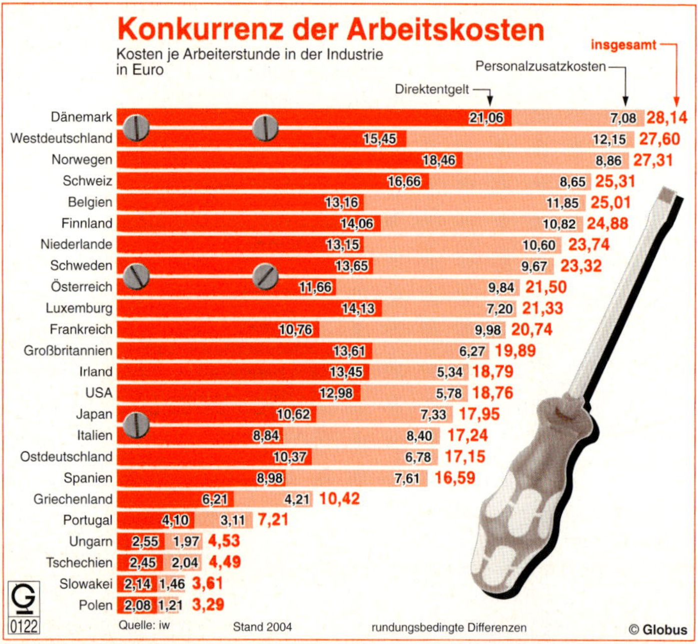

Eine besondere Stärke im internationalen Wettbewerb waren bisher die Motivation und die Qualifikation der deutschen Arbeitnehmer. Allerdings machen die hohen Lohnkosten zusammen mit den hohen Lohnzusatzkosten die deutschen Arbeitnehmer zu den teuersten Beschäftigten. Da auch die anderen Kosten, z. B. die Grundstückspreise, in Deutschland besonders hoch sind, überlegen viele Investoren, ob sie ihre Investitionen nicht in Länder mit niedrigerem Kostenniveau verlagern sollen.

[27] Welche Länder innerhalb der Europäischen Union kommen als *„Billiglohnländer"* für die *„Kapitalflucht"* von Investoren in Frage?

Betrachten Sie hierzu die Abbildung in der vorigen Aufgabe.

a) Polen
b) Slowakei
c) Tschechien
d) Ungarn

Anmerkung: Selbst diese „Billiglohnländer" haben innerhalb von Europa ihre Konkurrenten. In Russland betrugen 2003 die Arbeitskosten je Stunde 1,60 €, in Rumänien 1,55 € und in Bulgarien sogar nur 1,49 €

© Holland + Josenhans

Multiple-Choice-Aufgaben – Entlohnung der Arbeit

1 Welche Aussage über den Zeitlohn ist richtig?

① Zeitlohn ist ein Lohn, bei dem die Qualität der Arbeit stets geringer ist als beim Akkordlohn.
② Zeitlohn wird berechnet aus Stundenlohn und geleisteter Arbeitszeit.
③ Zeitlohn wird berechnet nach der Stückzahl, die in einer bestimmten Zeit hergestellt wird.
④ Zeitlohn ist die vom Arbeitsamt gezahlte Unterstützung während der Arbeitslosigkeit.
⑤ Zeitlohn ist die Vergütung für ein Arbeitsverhältnis auf Zeit (z. B. Saisonarbeit). ▶ ☐

2 Welche Aussage zum Akkordlohn ist falsch?

① Der Akkordlohn eignet sich für Tätigkeiten, bei denen Sorgfalt, Qualität und Gewissenhaftigkeit wichtiger sind als die produzierte Menge.
② Akkordarbeit setzt voraus, dass der Arbeitnehmer das Arbeitstempo selbst bestimmen kann.
③ Bei der Akkordarbeit müssen sich die Arbeitsgänge wiederholen.
④ Bei der Akkordarbeit muss der Arbeitgeber Qualitätskontrollen durchführen.
⑤ Damit Akkord gearbeitet werden kann, muss die Bearbeitungszeit des einzelnen Stücks, die so genannte Normalleistung, feststehen. ▶ ☐

3 Welche Aussage über den Zeitlohn ist nicht richtig?

① Zeitlohn wird bezahlt, wenn die Leistung nicht oder nur schwer gemessen werden kann.
② Beim Zeitlohn muss der Arbeitgeber Arbeitskontrollen vornehmen.
③ Der Zeitlohn führt immer zu körperlicher Überforderung von Arbeitnehmern.
④ Grundlage für die Entlohnung nach Zeitlohn ist die geleistete Arbeitszeit.
⑤ Beim Zeitlohn wird das Risiko des mangelnden Arbeitseifers allein vom Arbeitgeber getragen. ▶ ☐

© Holland + Josenhans

Lösungen der Aufgaben auf Seite 187

4 Welcher Vorteil trifft nicht auf den Akkordlohn zu?

① Die Arbeitsleistung steigt, da Mehrleistung einen höheren Lohn zur Folge hat.
② Die Entlohnung wird leistungsgerechter.
③ Der Arbeitgeber muss nicht mehr kontrollieren, ob die Arbeitnehmer arbeiten.
④ Die Arbeitsproduktivität steigt.
⑤ Die Qualität der Arbeit steigt. ▶ ☐

5 Welche Tätigkeit eignet sich für den Akkordlohn?

① Telefonistin
② Heimarbeiterin
③ Fließbandarbeiter
④ Wartungstechniker einer Fluggesellschaft
⑤ Sekretärin ▶ ☐

6 Was gehört nicht zu den Lohnzusatzkosten, für die der Arbeitgeber aufkommen muss?

① Urlaubsgeld
② Lohnfortzahlung bei Krankheit
③ Beiträge zur gesetzlichen Unfallversicherung
④ Lohnsteuer
⑤ Arbeitgeberanteile zur gesetzlichen Rentenversicherung ▶ ☐

7 Welcher Lohn ist die Grundlage für die Berechnung der Sozialversicherungsbeiträge?

① Der Nettolohn
② Der Bruttolohn
③ Der Bruttolohn nach Abzug der Lohn- und Kirchensteuer
④ Der Bruttolohn nach Abzug der Lohnsteuer
⑤ Der Nettolohn nach Abzug der Steuern ▶ ☐

8 Welche Aussage über die Lohnabrechnung ist richtig?

① Bruttolohn – Steuern und Sozialversicherungsbeiträge = Nettolohn
② Bruttolohn – Steuern und Sozialversicherungsbeiträge = ausbezahlter Lohn
③ Nettolohn + sonstige Abzüge (z. B. vermögenswirksame Leistungen) = ausbezahlter Lohn
④ Nettolohn + vermögenswirksame Leistungen = ausbezahlter Lohn
⑤ Nettolohn – Steuern und Sozialversicherungsbeiträge = Bruttolohn ▶ ☐

Lösungen der Aufgaben auf Seite 187

© Holland + Josenhans

9 Welche Aussage über den Akkordlohn ist richtig? ① Der Akkordlohn ist nur in der Metallindustrie üblich. ② Der Akkordlohn hängt nur von der im Betrieb verbrachten Zeit ab. ③ Der Akkordlohn wird bezahlt für Arbeiten, bei denen besonders hohe fachliche Anforderungen gestellt werden. ④ Der Akkordlohn hängt von der Leistung ab. ⑤ Der Akkordlohn hängt vor allem von der Dauer der Betriebszugehörigkeit des Arbeitnehmers ab. ▶	☐
10 Wofür zahlen Arbeitgeber keinen Zuschlag zum Lohn? ① Für Überstunden ② Für betriebliche Weiterbildungsmaßnahmen ③ Für Nachtarbeit ④ Für Sonntagsarbeit ⑤ Für besondere Erschwernisse, z. B. Schmutzarbeit, Arbeit in großer Hitze ▶	☐
11 Was versteht man unter dem Begriff Nettoarbeitsentgelt? ① Das Arbeitsentgelt vor Abzug der Steuern und der Sozialabgaben. ② Die Summe der Abzüge vom Arbeitsentgelt. ③ Das Arbeitsentgelt nach Abzug der Steuern und der Sozialabgaben. ④ Das Arbeitsentgelt vor Abzug der Sozialabgaben. ⑤ Das Arbeitsentgelt vor Abzug der Steuern. ▶	☐
12 Welche Auswirkung hat eine Entlohnung im Zeitlohn für den Arbeitnehmer? ① Die Höhe des Lohnes ist allein von der hergestellten Stückzahl abhängig. ② Der Arbeitnehmer kann nur schwer übersehen, welchen Lohn er zu erwarten hat. ③ Für die Urlaubszeit wird vom Arbeitgeber keine Vergütung gezahlt. ④ Überstunden werden nicht vergütet. ⑤ Eine höhere Leistung hat im Augenblick keine höhere Bezahlung zur Folge. ▶	☐

© Holland + Josenhans
Lösungen der Aufgaben auf Seite 187

Soziale Marktwirtschaft

Markt als Koordinator von Angebot und Nachfrage

[1] Erläutern Sie, was man unter einem Markt versteht.

Ein **Markt** ist jedes Zusammentreffen von Anbietern und Nachfragern, um Güter auszutauschen. Beispiele: am Marktplatz, im Supermarkt, bei einer Versteigerung.

[2] Nach der Art der gehandelten Güter unterscheidet man verschiedene Marktarten.

Nennen Sie hierzu fünf Beispiele.

Marktarten:

1. Arbeitsmarkt
2. Automarkt
3. Antiquitätenmarkt
4. Kapitalmarkt
5. Kaffeemarkt
6. Dienstleistungsmarkt
7. Konsumgütermarkt
8. Geldmarkt
9. Investitionsgütermarkt

[3] Wie werden die Märkte genannt, auf denen folgende Güter gehandelt werden:

a) Kurzfristige Kredite,
b) Arbeitsleistungen,
c) Hypotheken,
d) Fernsehgeräte,
e) Schleifmaschinen,
f) Friseurleistungen?

a) Geldmarkt
b) Arbeitsmarkt
c) Kapitalmarkt
d) Konsumgütermarkt
e) Investitionsgütermarkt
f) Dienstleistungsmarkt

[4] Entsprechend der Zahl der Marktteilnehmer unterscheidet man grundsätzlich drei verschiedene Marktformen.

Nennen Sie diese.

Marktformen:

1. Polypol
2. Oligopol
3. Monopol

© Holland + Josenhans

5 Geben Sie zu den nachfolgenden Abbildungen die entsprechenden Marktformen an.

1. Polypol
2. Angebotsoligopol
3. Angebotsmonopol

1.

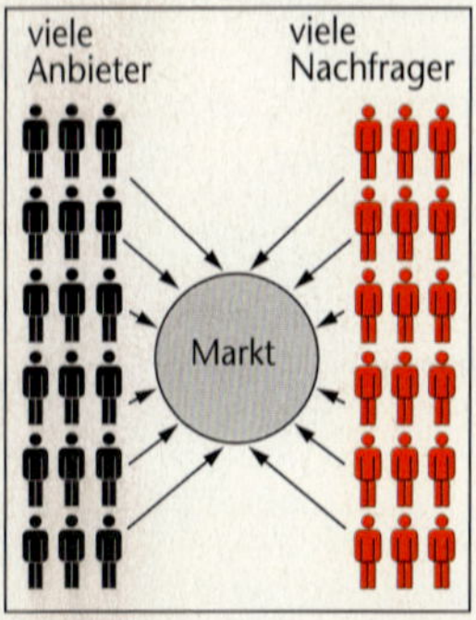

2.

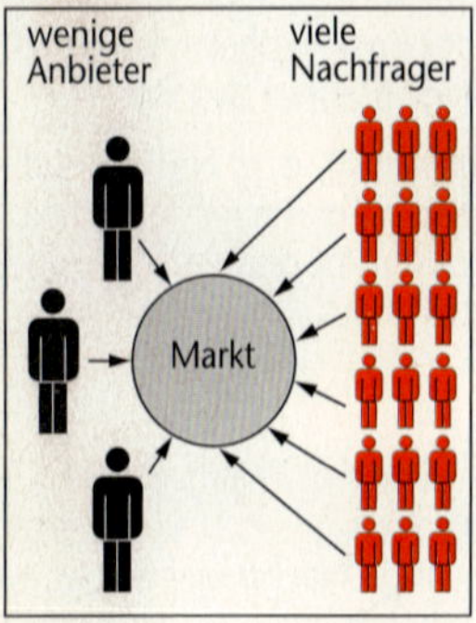

3.

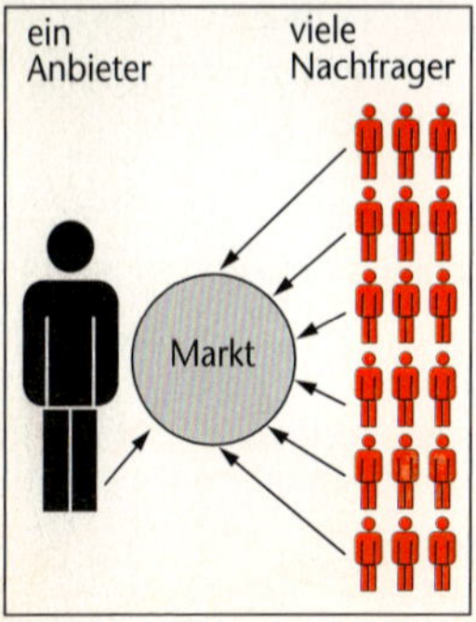

© Holland + Josenhans

6 Geben Sie jeweils ein Beispiel für folgende in der Bundesrepublik Deutschland vorkommende Marktformen:

a) Angebotsmonopol

b) Nachfragemonopol

c) Angebotsoligopol

d) Nachfrageoligopol

a) – Deutsche Post AG bis 2007 im Bereich der Briefbeförderung
– Wasserwerke

b) – Deutsche Bahn AG für Lokomotiven
– Bundeswehr für Panzer

c) – Zigarettenmarkt
– Benzinmarkt
– Automarkt

d) – Vielen Landwirten stehen wenige Molkereien gegenüber.

7 Nennen Sie drei typische Verhaltensweisen bei einem Angebotsoligopol.

a) *Preisabsprachen*

b) *Schädigungswettbewerb* (ruinöse Konkurrenz)

c) Ersatz des Preiswettbewerbs durch besonders *intensive Werbung*

d) *Preisführerschaft,* d. h. ein Oligopolist, meist der mit dem größten Marktanteil, bestimmt den Preis, die anderen ziehen nach.

8 Wie wirkt sich bei vollständiger Konkurrenz der Preis eines Gutes auf

a) die Nachfragemenge und

b) die Angebotsmenge aus?

a) *Einfluss auf die Nachfragemenge:*
- hoher Preis
  → geringe Nachfragemenge
- niedriger Preis
  → hohe Nachfragemenge

b) *Einfluss auf die Angebotsmenge:*
- hoher Preis
  → großes Angebot
- niedriger Preis
  → geringes Angebot

9 Erläutern Sie, was man unter dem Gleichgewichtspreis versteht.

Beim **Gleichgewichtspreis** stimmen angebotene Menge und nachgefragte Menge überein. Hier wird der größte Umsatz erzielt.

© Holland + Josenhans

10 Angebot und Nachfrage beeinflussen den Preis des Gutes. Wie entwickelt sich bei vollständiger Konkurrenz der Preis in folgenden Situationen:

a) Hohe, zunehmende Nachfrage,

b) geringe, abnehmende Nachfrage,

c) geringes Angebot,

d) hohes, zunehmendes Angebot.

a) steigender Preis
b) sinkender Preis
c) steigender Preis
d) sinkender Preis

11 Ein Monopolist kann den Preis selbstständig und ohne Rücksicht auf Konkurrenten bestimmen. Dennoch werden auch Monopolbetriebe verschiedene Gesichtspunkte berücksichtigen, wenn sie ihre Preise festsetzen.

Nennen Sie drei davon.

1. Bei höheren Preisen geht die Nachfrage zurück, bei niedrigen steigt sie an.
2. Auch Monopolbetriebe versuchen den größtmöglichen Gewinn zu erzielen. Dies ist bei dem Preis der Fall, wo der Unterschied von Einnahmen und Kosten am größten ist.
3. Bei zu hohen Preisen schränken sich die Nachfrager ein oder steigen auf Ersatzgüter um.
4. Evtl. greift der Staat bei allzu hohen Preisen ein und untersagt die Preisfestsetzung.

12 In unserer sozialen Marktwirtschaft richtet sich der Preis nicht immer nach Angebot und Nachfrage.

Suchen Sie hierzu zwei Beispiele und begründen Sie Ihre Überlegungen.

a) **Landwirtschaft**:
Viele Landwirte könnten von frei gebildeten Marktpreisen nicht leben. Deshalb greifen in der Europäischen Union die EU-Behörden in das Marktgeschehen ein, um Mindestpreise zu sichern.

b) **Arbeitsmarkt**:
Obwohl die Zahl der Arbeitslosen groß ist, sinkt die Bezahlung der Arbeitenden nicht.

© Holland + Josenhans

13 Welche Preisuntergrenze gilt für privatwirtschaftliche Unternehmungen?

Die Preisuntergrenze ergibt sich aus den Selbstkosten. Langfristig kann keine Unternehmung diese Grenze unterschreiten. Allerdings ist sie von Betrieb zu Betrieb verschieden.

14 Erklären Sie, was man unter einem nicht organisierten Markt versteht.

Ein **nicht organisierter Markt** ist das zufällige Zusammentreffen von Käufern und Verkäufern, z. B. in einem Ladengeschäft.

15 Zählen Sie zwei Beispiele für organisierte Märkte auf.

a) Börsen
b) Messen
c) Wochenmärkte

Wettbewerbsstörungen

16 Welche besondere Form der Unternehmenskonzentration zeigt die Abbildung?

Die Abbildung zeigt den Aufbau eines **Kartells.**

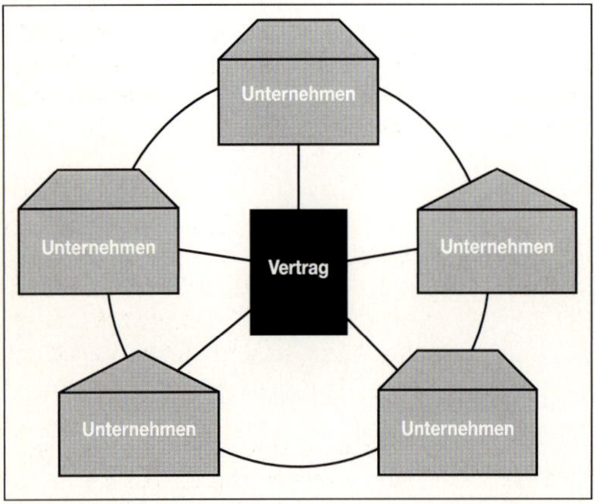

17 Erläutern Sie, was man unter einem Kartell versteht.

Ein **Kartell** ist der vertragliche Zusammenschluss von Unternehmungen, die *ihre wirtschaftliche Selbstständigkeit eingeschränkt* (durch Vertrag), ihre rechtliche Selbständigkeit jedoch behalten haben.

© Holland + Josenhans

18 Erklären Sie folgende Begriffe:

a) Preiskartell,

b) Gebietskartell,

c) Rabattkartell,

d) Normen- und Typenkartell,

e) Quotenkartell.

a) **Preiskartelle (= verboten)**
Die Mitglieder verpflichten sich einheitliche Preise zu verlangen.

b) **Gebietskartelle (= verboten)**
Die Mitglieder teilen sich bestimmte Absatzgebiete zu.

c) **Rabattkartelle (= verboten)**
Die Mitglieder gewähren die gleichen Rabatte.

d) **Normen- und Typenkartelle (= anmeldepflichtig)**
Die Mitglieder beschließen die einheitliche Anwendung von Normen und Typen.

e) **Quotenkartelle (= verboten)**
Die Mitglieder teilen sich bestimmte Produktionsmengen zu, um über die Angebotsmenge den Preis zu beeinflussen.

19 Die Erdöl exportierenden Länder haben sich in der OPEC zu einem Kartell zusammengeschlossen. Um welche Kartellart handelt es sich bei diesem Zusammenschluss?

Bei diesem Zusammenschluss liegt ein Preis- und ein Quotenkartell vor, weil die OPEC-Staaten die Preise je Barrel Rohöl und die Fördermenege je Mitgliedsland festlegen wollen.

20 Erklären Sie, was man unter einem Konzern versteht.

Ein **Konzern** ist ein Zusammenschluss von rechtlich selbstständigen Unternehmungen, die durch eine einheitliche Leitung *ihre wirtschaftliche Selbstständigkeit aufgegeben* haben, z. B.: Muttergesellschaft VW, Tochtergesellschaft Audi.

21 Erläutern Sie folgende Begriffe aus dem Bereich der Konzerne:

a) Muttergesellschaft,

b) Tochtergesellschaft,

c) Schwestergesellschaften,

d) Holdinggesellschaft.

a) **Muttergesellschaft** nennt man das Konzernunternehmen, das die anderen Unternehmen beherrscht.

b) **Tochtergesellschaften** werden die abhängigen Unternehmen genannt.

c) **Schwestergesellschaften** sind Unternehmen, die gegenseitige Beteiligungen besitzen. →

© Holland + Josenhans

▷ Fortsetzung der Antwort ▷

d) Eine **Holdinggesellschaft** liegt vor, wenn an der Spitze eines Konzerns eine reine Verwaltungsgesellschaft steht, die nur Beteiligungen besitzt, selbst aber nicht produziert.

22 Erläutern Sie, was man unter einem Trust versteht.

Ein **Trust** ist ein Zusammenschluss von Unternehmen, die sowohl ihre *rechtliche* als auch ihre *wirtschaftliche Selbstständigkeit verlieren.* Sie werden zu einem neuen Unternehmen verschmolzen. Man bezeichnet dies auch als **Fusion.**

23 Grundsätzlich kann ein Trust auf zwei Arten entstehen.

Nennen Sie diese.

a) Durch **Aufnahme**; ein Unternehmen nimmt die anderen auf.

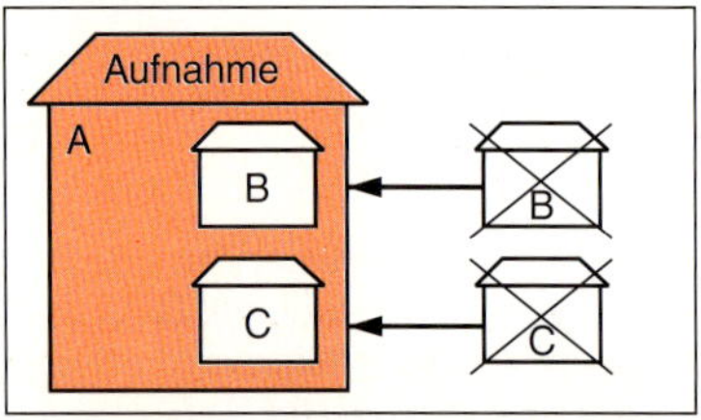

b) Durch **Neugründung**; es wird eine neue Gesellschaft gegründet, in der alle aufgehen.

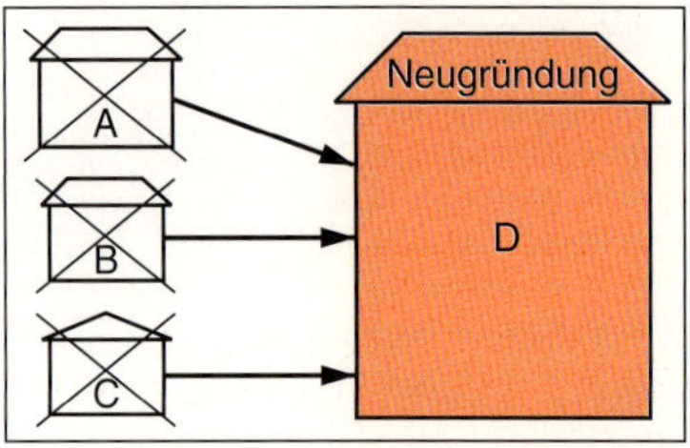

© Holland + Josenhans

24 Begründen Sie, in welcher der nachfolgenden Abbildungen eine anorganische, in welcher eine horizontale, und in welcher eine vertikale Unternehmenskonzentration vorliegt.
Erläutern Sie zusätzlich diese Begriffe.

a) **Horizontaler Zusammenschluss:**
= in allen zusammengeschlossenen Unternehmen werden gleichartige Produkte hergestellt.
Hier: drei zusammengeschlossene Unternehmen verkaufen allesamt Möbel.

b) **vertikaler Zusammenschluss**
= Unternehmen einer Produktionskette sind zusammengeschlossen.
Hier: Sägewerk – Möbelfabrik – Möbelgeschäft

c) **anorganischer Zusammenschluss:**
= Zusammenschluss branchenfremder Unternehmen. Hier: Brauerei – Bank – Möbelfabrik

a)
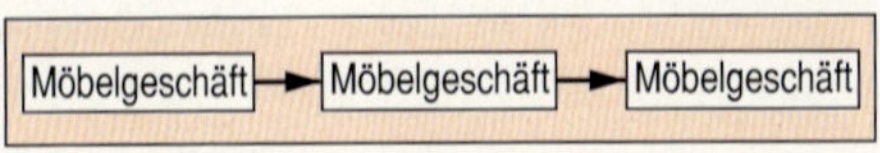

b)
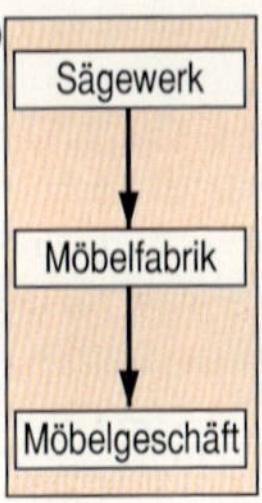

c)
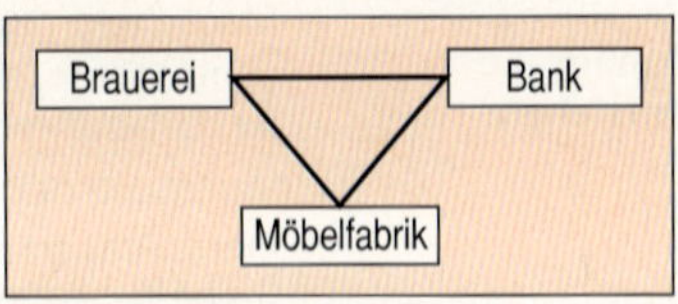

25 Welche Vorteile bringt die Unternehmenskonzentration?

Vorteile der Unternehmenskonzentration sind:

- Sicherung von Beschaffungsmöglichkeiten
- Sicherung von Absatzmöglichkeiten
- Kostenvorteile
- Rationalisierungsmöglichkeiten →

© Holland + Josenhans

▷ *Fortsetzung der Antwort* ▷

- Risikoverteilung bei anorganischen Zusammenschlüssen; Verluste in einem Wirtschaftszweig könnnen durch Gewinne in einem anderen ausgeglichen werden.
- Preissenkungen, wenn die Unternehmen ihre Kostenersparnis weitergeben.
- Höhere Kapitalkraft ermöglicht neue Entwicklungen und umfangreichere Forschungen.
- Normung und Typisierung ermöglicht eine kostengünstigere Massenproduktion.
- Durch eine größere Marktmacht können sich Unternehmen im internationalen Wettbewerb besser behaupten.

26 Welche Nachteile können durch übermäßige Unternehmenskonzentration für die Volkswirtschaft entstehen?

Derartige Nachteile sind:

- Möglichkeit monopolistisch überhöhter Preise, da der Wettbewerb weitgehend entfällt.
- Hemmung des Fortschritts durch den Schutz rückständiger Betriebe (keine Konkurrenz)
- Behinderung des Leistungswettbewerbs, wenn die Kosten unwirtschaftlich arbeitender Betriebe den Preis bestimmen
- Konzern- und Trustbildung kann marktbeherrschende Unternehmen entstehen lassen.
- Fehlentscheidungen derartiger Großbetriebe können zu Wirtschaftskrisen führen.

27 Wer wacht darüber, dass marktbeherrschende Unternehmen ihre wirtschaftliche Macht nicht missbrauchen?

Das Bundeskartellamt in Bonn.

© Holland + Josenhans

28 In welchem Gesetz sind Unternehmenszusammenschlüsse geregelt?

Im Gesetz gegen Wettbewerbsbeschränkungen **(Kartellgesetz)**

29 Nennen Sie wichtige Bereiche des Kartellgesetzes.

a) Fusionskontrolle bei Unternehmenskonzentrationen

b) Missbrauchsaufsicht gegenüber marktbeherrschenden Unternehmen

c) Überwachung des Kartellverbotes

30 Unter welchen Voraussetzungen kann das Bundeskartellamt die Fusion von zwei Unternehmungen verbieten?

Vereinfacht ausgedrückt: wenn durch den Zusammenschluss eine marktbeherrschende Stellung entstehen würde.

31 Eine wichtige Aufgabe des Kartellamtes ist die Missbrauchsaufsicht.

Erläutern Sie, was man darunter versteht.

Hat ein Unternehmen keinen Konkurrenten oder unterliegt es keinem wesentlichen Wettbewerb, dann spricht man von einer marktbeherrschenden Stellung. Nutzt ein Unternehmen diese Stellung missbräuchlich aus, kann das Kartellamt dies untersagen.

32 Wie kann das Kartellamt Verstöße gegen das Wettbewerbsrecht ahnden?

Mit Geldbußen in Millionenhöhe.

33 Der Staat greift nicht nur wettbewerbsfördernd in den Wirtschaftsablauf ein, sondern auch wettbewerbsstörend.

Nennen Sie drei Beispiele solcher Eingriffe.

Staatliche Eingriffe sind u. a.

- Erhebung von Einfuhrzöllen
- Monopole öffentlicher Unternehmen, z. B. Wasserwerke
- Subventionen, z. B. Wohngeld, Bergbau, Landwirtschaft
- Festsetzen von Mindestpreisen, z. B. EU-Landwirtschaft

34 Welche Ziele strebt die EU durch ihre Eingriffe in den Agrarmarkt an und welcher Maßnahmen bedient sie sich dabei?

Ziele:

- Sicherstellung der Lebensmittelversorgung der Bevölkerung, auch in Krisenzeiten

→

© Holland + Josenhans

▷ *Fortsetzung der Antwort* ▷

- sicheres Einkommen für Landwirte
- freier Warenverkehr innerhalb der EU
- Schutz des gemeinschaftlichen Preisniveaus gegen Unterbietung durch den Weltmarkt

Maßnahmen:
- Abnahmegarantie
- feste Preise
- Schutz durch Einfuhrzölle

35 Erklären Sie folgende Preise der Marktordnung des EU-Agrarmarktes:

a) Richtpreis,

b) Marktpreis,

c) Interventionspreis,

d) Weltmarktpreis.

a) **Richtpreise** werden von den Agrarministern der EU-Mitgliedsstaaten festgelegt. Sie sollen den Landwirten ein vernünftiges Einkommen sichern und die Verbraucherpreise in angemessenen Grenzen halten.

b) **Marktpreise** entwickeln sich nach Angebot und Nachfrage. Sie können z. B. bis zu den niedrigeren Interventionspreisen sinken.

c) **Interventionspreise** sind Mindestpreise. Zu diesen Preisen kauft die EU Restmengen auf, die zu einem angemessenen Marktpreis (aufgrund des zu hohen Angebots) nicht abgesetzt werden können.

d) Die **Weltmarktpreise** der meisten Agrarprodukte sind niedriger als die EU-Richtpreise.

36 Die EU ist verpflichtet, Restmengen landwirtschaftlicher Produkte zum festgelegten Mindestpreis (Interventionspreis) aufzukaufen.

Zeigen Sie am Beispiel dieser Abnahmegarantie, welche Folgen staatliche Eingriffe in das Marktgeschehen haben können.

a) Da die Abnahme garantiert ist, entstehen enorme Überschüsse, z. B. bei Wein, Fleisch, Gemüse.

b) Die Überschüsse müssen aufgekauft und eingelagert oder vernichtet werden, dies erfordert enorme Ausgaben (fast 50 % des gesamten EU-Haushalts)

c) Kleinere Betriebe leben weiterhin am Rande des Existenzminimums, während rentable Großbetriebe Subventionen erhalten.

© Holland + Josenhans

Bedeutung des Staates in der sozialen Marktwirtschaft

37 Zählen Sie drei Wirtschaftsordnungen auf.

1. Freie Marktwirtschaft
2. Zentralverwaltungswirtschaft (zentrale Planwirtschaft)
3. soziale Marktwirtschaft

38 Die freie Marktwirtschaft war die Wirtschaftsordnung der Industriestaaten des 19. Jahrhunderts.

Nennen Sie drei Merkmale der freien Marktwirtschaft.

1. Freie Planung von Produktion und Verbrauch
2. Preisbildung durch Angebot und Nachfrage
3. freier Wettbewerb mit dem Ziel maximalen Gewinns
4. Privateigentum an Produktionsmitteln
5. der Staat greift in den Wirtschaftsablauf nicht ein. Er sichert lediglich: Rechtspflege, Bildung, Geldwesen, persönlichen Schutz, Vertragsfreiheit, Privateigentum usw.

39 Nennen Sie drei Merkmale der Zentralverwaltungswirtschaft.

1. Totale staatliche Planung von Verbrauch und Produktion, Arbeitseinsatz, Lohnhöhe usw.
2. staatliche Preisfestsetzung
3. Produktionsmittel sind Staatseigentum
4. oberstes Ziel ist nicht Gewinnerzielung, sondern Planerfüllung

40 Nennen Sie jeweils drei Vorteile und drei Nachteile der freien Marktwirtschaft.

a) **Vorteile:**
- freie Entfaltung der Persönlichkeit
- freie Berufs- und Arbeitsplatzwahl
- Höchstleistungen durch freien Wettbewerb und Gewinnaussicht
- frei verfügbares Privateigentum, auch an Produktionsmitteln

b) **Nachteile:**
- Ausbeutung wirtschaftlich Schwacher
- Preisabsprachen sind möglich
- keine arbeits- und sozialrechtliche Absicherung →

© Holland + Josenhans

▷ *Fortsetzung der Antwort* ▷

- Löhne teilweise unter dem Existenzminimum
- Konjunkturschwankungen mit großer Arbeitslosigkeit
- Arbeitslosigkeit kann Verelendung, Kinderarbeit usw. zur Folge haben

41 Welche Vorteile und welche Nachteile der Zentralverwaltungswirtschaft kennen Sie?

Nennen Sie jeweils drei Beispiele.

a) **Vorteile:**
- Staat verhindert die Ausbeutung wirtschaftlich Schwacher
- keine Arbeitslosigkeit, da jeder Arbeitnehmer „verplant" werden kann
- keine Konjunkturschwankungen
- verbilligte Güter des Grundbedarfs (Wohnraum, Grundnahrungsmittel usw.)

b) **Nachteile:**
- keine freie Berufs- und Arbeitsplatzwahl
- kein Privateigentum an Produktionsmitteln
- Versorgungslücken
- mangelnder Leistungsanreiz
- geringe Auswahl an Konsumgütern
- aufwendiger Verwaltungsapparat

42 Wie wird die Wirtschaftsordnung der Bundesrepublik Deutschland genannt?

Die **soziale Marktwirtschaft**

43 Welcher Hauptunterschied besteht zwischen der freien Marktwirtschaft und der sozialen Marktwirtschaft?

Bei der **sozialen Marktwirtschaft** greift der Staat in den Wirtschaftsablauf ein, um die wirtschaftlich Schwächeren zu schützen, z. B. durch Gesetze oder Subventionen. Die **freie Marktwirtschaft** wird also eingeschränkt zugunsten sozialer Gerechtigkeit.

© Holland + Josenhans

44 In welchen Bereichen erfolgen die staatlichen Eingriffe in der sozialen Marktwirtschaft?

- *Sozialpolitik,* z. B. Sozialversicherungen
- *Wettbewerbspolitik,* z. B. Kartellgesetz
- *Einkommenspolitik,* z. B. Steuerprogression
- *Strukturpolitik,* z. B. Subventionen
- *Konjunkturpolitik,* z. B. öffentliche Ausgaben
- *Öffentliche Unternehmungen,* z. B. Verkehrsbetriebe

45 Weshalb ergreift der Staat in der sozialen Marktwirtschaft konjunkturpolitische Maßnahmen?

Starke Konjunkturschwankungen können zu Produktionseinschränkungen, Arbeitslosigkeit oder Inflation führen.

46 Nennen Sie drei Gesetze, die in der Bundesrepublik Deutschland der Sicherung des Wettbewerbs dienen.

- Kartellgesetz (Gesetz gegen Wettbewerbsbeschränkungen)
- Gesetz gegen unlauteren Wettbewerb (UWG)
- die Preisangabenverordnung
- das Eichgesetz

47 Welche Aufgabe haben öffentliche Unternehmungen in unserer sozialen Marktwirtschaft?

Die gleichmäßige Versorgung der Bevölkerung mit wichtigen Gütern und Dienstleistungen. Beispiel: Öffentliche Verkehrsbetriebe bedienen auch unrentable Nebenstrecken.

48 Eine wesentliche Aufgabe des Staates in der sozialen Marktwirtschaft ist die soziale Sicherheit und Gerechtigkeit. Mit welchen Maßnahmen der Sozialpolitik soll dies erreicht werden?

a) Sozialversicherungen
b) Sozialhilfe bzw. Sozialgeld
c) Wohngeld
d) Sozialwohnungen
e) Ausbildungsförderung
f) Sparförderung
g) Kindergeld
h) Steuerprogression
i) Arbeitsschutzbestimmungen

49 Zählen Sie drei Beispiele für Arbeitsschutzbestimmungen auf.

1. Kündigungsschutzgesetz
2. Mutterschutzgesetz
3. Schwerbehindertengesetz
4. Arbeitszeitgesetz
5. Jugendarbeitsschutzgesetz

© Holland + Josenhans

Sozialprodukt als gesamtwirtschaftliche Messgröße

[50] Erklären Sie, was man unter dem Bruttoinlandsprodukt versteht.

Das **Bruttoinlandsprodukt** ist der in Marktpreisen ausgedrückte Wert aller Güter und Dienstleistungen, die innerhalb eines Jahres in einem Staat innerhalb der Landesgrenzen erzeugt worden sind.

[51] Welcher Unterschied besteht zwischen *nominalem* und *realem* Bruttoinlandsprodukt?

a) **Nominales Bruttoinlandsprodukt:** Es wird zu Marktpreisen bewertet und *enthält* somit sämtliche *Preissteigerungen* der Güter und Dienstleistungen, die in der Volkswirtschaft erzeugt worden sind.

b) **Reales Bruttoinlandsprodukt:** Im Gegensatz zum nominalen Bruttoinlandsprodukt enthält es *keine Preissteigerungen.* Man legt hierzu die Preise eines bestimmten Basisjahres, z. B. 1993, zugrunde und berechnet den Wert der erzeugten Güter und Dienstleistungen in Preisen des Basisjahres.

[52] Welches Bruttoinlandsprodukt, das reale oder das nominale, gibt Auskunft darüber, ob der Lebensstandard einer Bevölkerung gestiegen ist?

Das reale Bruttoinlandsprodukt, da es um Preissteigerungen bereinigt ist.

[53] Weshalb gibt das reale Bruttoinlandsprodukt allein keine verlässliche Auskunft darüber, ob der Lebensstandard einer Bevölkerung gestiegen ist?

Nur wenn das reale **Bruttoinlandsprodukt pro Kopf** steigt, wächst der Lebensstandard. Erst jetzt stehen jedem Einwohner mehr Güter und Dienstleistungen zur Verfügung. Wächst dagegen die Bevölkerungszahl schneller als das reale Bruttoinlandsprodukt, so sinkt der Lebensstandard → Problem vieler Entwicklungsländer.

© Holland + Josenhans

54 Wo entsteht das Bruttoinlandsprodukt?

Nennen Sie zwei Bereiche.

Entstehungsbereiche des Bruttoinlandsproduktes:
- Produzierendes Gewerbe (z. B. Handwerk, Industrie)
- Dienstleistungsbereich (z. B. Banken, Versicherungen)
- Handel, Gastronomie
- Land- und Forstwirtschaft

55 Wie wird das Bruttoinlandsprodukt verwendet?

Verwendung des Bruttoinlandsproduktes:
- Privater Verbrauch
- Staatsverbrauch
- Investitionen
- Außenbeitrag (= Differenz zwischen Einfuhr und Ausfuhr)

56 Normalerweise steigt der Wert des realen Bruttoinlandsprodukts von Jahr zu Jahr.

Nennen Sie hierfür zwei Gründe.

a) Produktivitätssteigerungen durch neue Technologien (z. B. Computer, Roboter) oder durch Rationalisierung
b) mehr Staatsausgaben
c) gestiegener Konsumbedarf der Arbeitnehmer, z. B. durch zunehmende Berufstätigkeit der Frauen

57 Zeigen Sie an zwei Beispielen, dass die Aussagekraft des Bruttoinlandsprodukts begrenzt ist.

- Viele Leistungen sind nicht erfasst, z. B. Hausfrauenarbeit, ehrenamtliche Vereinsarbeit.
- Schwarzarbeit ist nicht genau erfasst (ca. 15–20 % des Bruttoinlandsproduktes – mit steigender Tendenz)
- Es enthält auch Leistungen, die den Lebensstandard mindern, z. B. Aufwendungen für die Beseitigung von Umweltschäden, Unfallschäden etc.

Probleme der sozialen Marktwirtschaft

58 In den letzten Jahren wurden die sozialen Leistungen erheblich verbessert. Welche Probleme sehen Sie in diesem Zusammenhang?

Verbesserte Sozialleistungen bewirken höhere Kosten. Die Folge:
- steigende Sozialversicherungsbeiträge
- Einschränkung der Leistungen (siehe z. B. Krankenversicherung)
- erhebliche Staatsverschuldung, um staatliche Leistungen wie die Sozialhilfe, Sozialgeld, Kindergeld zu finanzieren

© Holland + Josenhans

59 a) Welches Problem kennzeichnet die Zukunft der Rentenversicherung?

b) Welche Lösungsvorschläge sind hierzu im Gespräch?

a) Immer weniger Beitragszahler müssen immer mehr Renten finanzieren.

b)
- Erhöhung der Beiträge
- Absenkung des Rentenniveaus
- Erhöhung des Rentenalters
- höhere Staatszuschüsse
- Teilrenten
- erhöhte Eigenvorsorge
- Der Staat fördert die freiwillige private Vorsorge durch Zuschüsse und Steuervergünstigungen (Rentenreform 2001)

60 Häufig wird behauptet, das soziale Netz würde von vielen missbraucht.

Nennen Sie hierzu drei Beispiele.

- Wohngeld weiterbeziehen, obwohl die Einkommensgrenze überschritten ist.
- Sozialgeld oder Sozialhilfe beziehen, obwohl man arbeitsfähig ist und Arbeit bekommen könnte.
- Bei Arbeitsunlust Krankheit vorschieben; durch die Lohnfortzahlung fällt kein Entgelt aus.
- Arbeitsbereitschaft vortäuschen, um bei Arbeitslosigkeit Arbeitslosenunterstützung kassieren zu können.

61 a) Erläutern Sie die Begriffe: Subventionen, Staatsquote, Privatisierung.

b) Beurteilen Sie die Entwicklung der Staatsquote in Deutschland.

c) Weshalb wird in Deutschland zunehmend privatisiert?

a)
- **Subventionen** sind finanzielle Hilfen ohne Gegenleistung, die der Staat an Unternehmen gewährt. Subventionen erhalten z. B. die Werftindustrie, die Landwirtschaft, der Bergbau. Um die Staatsquote zu senken, wird zunehmend versucht, Subventionen abzubauen.
- Die **Staatsquote** gibt an, welchen Anteil die Staatsausgaben am Bruttoinlandsprodukt haben (2004: 47,5 %)
- Unter **Privatisierung** versteht man den Verkauf von öffentlichen Unternehmen an private Käufer. Beispiele: Deutsche Telekom AG, Deutsche Bahn AG, Deutsche Post AG →

© Holland + Josenhans

▷ *Fortsetzung der Antwort* ▷

b) Die Staatsquote ist in den letzten Jahren Besorgnis erregend gestiegen (1960: 32,9 %, 2004: 47,5 %). Die Abgabenlast von Arbeitnehmern und Unternehmen hat deshalb die Belastungsgrenze erreicht. USA und Japan haben z. B. erheblich niedrigere Staatsquoten (30–40 %).

Die Folge: Unsere hohe Staatsquote wird auch als Gefahr für den Industriestandort Deutschland angesehen.

c)
- Viele öffentliche Betriebe arbeiten unrentabel, sie benötigen erhebliche Staatszuschüsse. Man erwartet, dass Privatunternehmen produktiver arbeiten und deshalb kostengünstiger anbieten.
- Durch den Verkauf erzielt der Staat Einnahmen, gleichzeitig entfallen bisher erforderliche Zuschüsse.

[62] Im Dezember 1991 wurde im Vertrag von Maastricht die Einführung einer Währungsunion sowie die Entwicklung einer Wirtschafts- und Sozialunion beschlossen.

Welche Probleme müssen gelöst werden, damit deren Einführung ein Erfolg wird?

Unter anderem müssen folgende Bereiche angepasst (harmonisiert) werden:
- zahlreiche Normen und Vorschriften (allein in Deutschland mehr als 20 000)
- unterschiedliche Qualifikationen und Abschlüsse, z. B. manche Staaten kennen keine Meisterprüfung
- unterschiedliches Steuerrecht, z. B. die Mehrwertsteuersätze
- Unterschiede im Bereich des Arbeitsrechts
- Unterschiede im Bereich des Arbeitsschutzes
- Unterschiede im Bereich der Sozialgesetzgebung
- Unterschiede im Bereich des Umweltschutzes

© Holland + Josenhans

63 Kritiker des EU-Binnenmarktes befürchten, dass er dazu beiträgt soziale Rechte in Deutschland zu demontieren.

Erläutern Sie diese Befürchtung.

Die Sozialgesetzgebung der Bundesrepublik hat innerhalb der EU ein besonders hohes Niveau. Nur wenige Länder wie Frankreich, Dänemark oder Luxemburg haben einen ähnlichen Standard. Um die Wettbewerbsfähigkeit ihrer Industrie nicht zu schmälern, lehnen viele EU-Länder wie z. B. Großbritannien ab, sich diesem höheren Standard anzupassen. Sie möchten, dass die EU sich am niedrigeren Niveau orientiert. Die angestrebte „Harmonisierung" gefährdet aber auch die strengen Vorschriften des deutschen Arbeitsschutzes, des Arbeitsrechtes, des Gesundheitsschutzes usw.

Anmerkung: Die Aufnahme der 10 neuen Mitgliedstaaten wie Litauen, Polen oder Tschechien im Mai 2004 hat diese Unterschiede noch vergrößert. Beispielsweise verdient ein Facharbeiter in diesen Ländern nur ca. 200 € im Monat. Es wird deshalb befürchtet, dass Unternehmen ihre Produktion in diese Länder verlagern, falls diese Unterschiede nicht „harmonisiert" werden.

64 In welchem Gesetz sind die Ziele unserer staatlichen Wirtschaftspolitik festgelegt?

Im **Stabilitätsgesetz,** genauer gesagt im „Gesetz zur Förderung der Stabilität und des Wachstums in der Wirtschaft".

65 Im Stabilitätsgesetz sind die vier allgemeinen Ziele unserer staatlichen Wirtschaftspolitik festgelegt.

Wie lauten diese vier Ziele?

1. Preisstabilität
2. Vollbeschäftigung
3. angemessenes Wirtschaftswachstum
4. außenwirtschaftliches Gleichgewicht

66 Weshalb spricht man bei den vier allgemeinen Zielen der staatlichen Wirtschaftspolitik auch vom magischen Viereck?

Magisches Viereck:
Es bedarf der Kunst eines Magiers, alle Ziele gleichzeitig und gleich gut zu erreichen. Denn unter Maßnahmen zur Förderung eines Zieles leidet häufig ein anderes.

© Holland + Josenhans

67 Um welche Ziele wurde das magische Viereck zum magischen Sechseck erweitert?

a) Umweltschutz
b) gerechte Einkommens- und Vermögensverteilung

68 Zwischen den einzelnen Zielen der Wirtschaftspolitik (magisches Viereck bzw. Sechseck) bestehen zahlreiche Zielkonflikte.

Geben Sie hierzu zwei Beispiele.

1. Preisstabilität erfordert preisdämpfende Maßnahmen, diese gefährden Wirtschaftswachstum und Vollbeschäftigung.
2. Wirtschaftswachstum kann Umweltschutz gefährden.
3. Vollbeschäftigung erfordert Maßnahmen, welche die Preisstabilität gefährden.

69 Erklären Sie, was man unter der Konjunktur versteht.

Unter **Konjunktur** versteht man die Veränderung der Wirtschaftslage. Die Veränderung ersieht man aus gesamtwirtschaftlichen Daten wie z. B. Preise, Beschäftigung, Produktion usw. Vereinfacht ausgedrückt: **Konjunktur** → *die jeweilige Wirtschaftslage*

70 Benennen Sie in der nachfolgenden Abbildung die einzelnen Phasen eines Konjunkturzyklus und geben Sie zu jeder der vier Konjunkturphasen mindestens zwei Merkmale an.

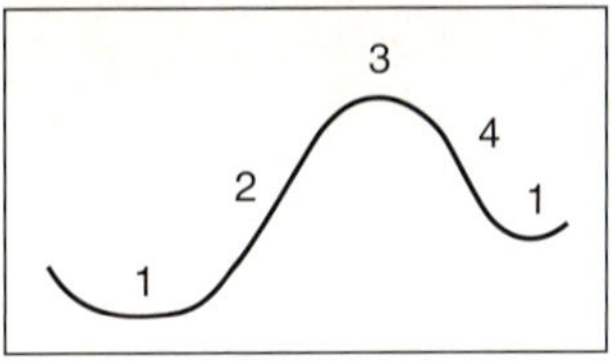

1 **Depression (Tiefstand):**
   - kaum Investitionen
   - niedrige Preise
   - Produktionstiefstand
   - hohe Arbeitslosigkeit
   - tiefe Börsenkurse

2 **Expansion (Aufschwung):**
   - Produktion nimmt zu
   - Investitionen nehmen zu
   - Preise steigen
   - Arbeitslosigkeit geht zurück
   - Börsenkurse steigen

3 **Boom (Hochkonjunktur):**
   - Produktionshöchststand
   - Vollbeschäftigung bzw. Überbeschäftigung
   - Inflationäre Entwicklung bei Löhnen und Preisen
   - Börsenkurse auf Höchststand →

© Holland + Josenhans

▷ *Fortsetzung der Antwort* ▷

4 Rezession (Abschwung):
- Investitionen nehmen ab
- Produktionsrückgang
- zunehmende Arbeitslosigkeit
- sinkende Preise
- sinkende Börsenkurse

71 Die staatliche Konjunkturpolitik soll antizyklisch sein. Beispielsweise soll der Staat während einer Depression konjunkturbelebende Maßnahmen ergreifen, in Zeiten der Hochkonjunktur dagegen konjunkturdämpfende.

Geben Sie jeweils zwei Beispiele an.

a) **Konjunkturdämpfende Maßnahmen:**
- Staatsaufträge vermindern
- Steuern erhöhen
- Sparprämien gewähren
- Abschreibungen senken

b) **Konjunkturfördernde Maßnahmen:**
- Staatsaufträge erhöhen
- Steuern senken
- Sparprämien verringern
- Abschreibungen erhöhen

72 Wie lange dauert in der Regel ein Konjunkturzyklus?

Ca. 4–5 Jahre

73 Wie wirken sich
a) Steuererhöhungen und
b) Steuersenkungen
während einer Rezession (Abschwung) aus?

a) *Steuererhöhungen* verringern die Massenkaufkraft und verschärfen die ohnehin schwierige Konjunkturlage.

b) *Steuersenkungen* vergrößern die Massenkaufkraft und stützen somit die Not leidende Konjunktur.

74 Wie wirken sich
a) Steuererhöhungen und
b) Steuersenkungen
während einer Hochkonjunktur aus?

a) *Steuererhöhungen* bewirken durch die erfolgte Abschöpfung von Massenkaufkraft eine Dämpfung der Konjunktur.

b) *Steuersenkungen* bewirken durch zusätzliche Massenkaufkraft ein weiteres Ankurbeln der ohnehin schon überhitzten Konjunktur.

© Holland + Josenhans

75 Durch welche Maßnahmen können

a) der Staat,
b) die Unternehmer und
c) die Verbraucher

während einer Rezession (Abschwung)die Konjunktur beleben?

Nennen Sie jeweils zwei Beispiele.

a) *Staat:*
- Steuersenkungen
- Staatsaufträge erhöhen
- Investitionszulagen

b) *Unternehmer:*
- Sonderangebote machen
- Inanspruchnahme staatlicher Konjunkturprogramme
- zusätzliche Werbung
- Bereitstellung günstiger Kredite durch Banken

c) *Verbraucher:*
- Ausnutzung von Sonderangeboten
- Inanspruchnahme von Krediten
- zusätzlicher Konsum, evtl. Auflösung von Sparguthaben

76 Wie kann die Europäische Zentralbank (EZB) die Wirtschaftspolitik beeinflussen?

Die **EZB** kann die Geldmenge verkleinern oder vergrößern, indem sie z. B. die Refinanzierungssätze oder die Mindestreservesätze erhöht oder senkt. Als Folge davon verbilligen oder verteuern sich die Kredite der Privatbanken entsprechend.

Finanzierung staatlicher Aufgaben

77 Welche öffentlichen Abgaben erhebt der Staat, um seinen Haushalt auszugleichen?

1. Steuern
2. Zölle
3. Gebühren und Beiträge

78 Wodurch unterscheiden sich

a) Gebühren und
b) Beiträge?

a) **Gebühren** sind Preise für bestimmte staatliche Leistungen *an den einzelnen Bürger,* z. B. für einen Pass, Rundfunk.

b) **Beiträge** sind Preise für bestimmte staatliche Leistungen *an die Gemeinschaft,* z. B. für die Kanalisation, Sozialversicherung.

© Holland + Josenhans

79 Was versteht man unter Zöllen?

Nennen Sie drei Zollarten.

Zölle sind Abgaben, die im grenzüberschreitenden Warenverkehr erhoben werden, z. B. Einfuhrzölle, Ausfuhrzölle, Schutzzölle

80 Welchem Zweck dienen Schutzzölle?

Sie sollen die inländische Wirtschaft vor ausländischer Konkurrenz schützen, indem niedrigere Weltmarktpreise auf das Inlandsniveau angehoben werden. Beispiele: Landwirtschaft, Textilindustrie

81 Die öffentliche Hand (Bund, Länder, Gemeinden) verwendet ihre Einnahmen zur Erfüllung öffentlicher Aufgaben.

Nennen Sie drei Beispiele.

1. Soziale Sicherung
2. Verteidigung
3. Verkehrswesen, Straßenbau
4. Bildung
5. Polizei und Justiz
6. Gesundheitswesen

82 Welche Ziele versucht der Staat durch die Steuererhebung zu erreichen?

a) Finanzierung der Staatsaufgaben
b) Beeinflussung der Konjunktur
c) Beeinflussung des Konsumentenverhaltens (z. B. hohe Tabaksteuer soll vom Rauchen abhalten)
d) gerechte Verteilung von Einkommen und Vermögen (z. B. Steuerprogression)

83 Teilen Sie Steuern nach der Erhebungsart ein.

Nach der Erhebungsart unterscheidet man **direkte** und **indirekte** Steuern.

84 Unterscheiden Sie zwischen direkten und indirekten Steuern.

a) **Direkte Steuern** werden beim Steuerschuldner *direkt* erhoben. Steuerzahler und Steuerträger sind dieselbe Person. Beispiele: Einkommensteuer, Grundsteuer, Gewerbesteuer
b) **Indirekte Steuern** werden auf dem Umweg über bestimmte Waren erhoben, sie sind im Kaufpreis enthalten. Der Käufer *zahlt* sie also *indirekt,* da der Verkäufer sie an das Finanzamt überweist. Beispiele: Umsatzsteuer, Kaffeesteuer, Mineralölsteuer

© Holland + Josenhans

[85] Teilen Sie Steuern nach dem Steuergegenstand ein.

Nach dem Steuergegenstand unterscheidet man:
- **Besitzsteuern**
- **Verkehrsteuern**
- **Verbrauchsteuern**

[86] Zählen Sie drei Besitzsteuern auf.

1. Einkommensteuer
2. Lohnsteuer
3. Grundsteuer

[87] Unterscheiden Sie zwischen *Verbrauchsteuern* und *Verkehrsteuern*.

a) **Verbrauchsteuern** erfassen Beträge, die für bestimmte Verbrauchsgüter ausgegeben werden. Beispiele: Biersteuer, Tabaksteuer, Kaffeesteuer, Mineralölsteuer

b) Bei **Verkehrsteuern** werden bestimmte Vorgänge besteuert, z. B.
   - ein Warenumsatz (Mehrwertsteuer)
   - ein Grundstücksverkauf (Grunderwerbsteuer)

[88] Man unterscheidet Besitzsteuern, Verkehrsteuern, Verbrauchsteuern, direkte und indirekte Steuern. Ordnen Sie die folgenden Steuern der entsprechenden Steuerart zu:

Kaffeesteuer, Grundsteuer, Grunderwerbsteuer, Biersteuer, Erbschaftsteuer, Kraftfahrzeugsteuer, Schaumweinsteuer, Einkommensteuer, Gewerbesteuer, Mehrwertsteuer.

a) **Besitzsteuern:** Grundsteuer, Erbschaftsteuer, Einkommensteuer, Gewerbesteuer

b) **Verkehrsteuern:** Grunderwerbsteuer, Kraftfahrzeugsteuer, Mehrwertsteuer

c) **Verbrauchsteuern:** Kaffeesteuer, Biersteuer, Schaumweinsteuer

d) **Direkte Steuern:** Grundsteuer, Erbschaftsteuer, Einkommensteuer, Gewerbesteuer, Grunderwerbsteuer, Kraftfahrzeugsteuer

e) **Indirekte Steuern:** Mehrwertsteuer, Kaffeesteuer, Biersteuer, Schaumweinsteuer

[89] Teilen Sie Steuern nach dem Empfänger ein.

Nach dem Empfänger teilt man ein:
- Bundessteuern
- Ländersteuern
- Gemeindesteuern
- gemeinschaftliche Steuern

© Holland + Josenhans

[90] Das Einkommensteuergesetz unterscheidet sieben Einkunftsarten.

Nennen Sie diese.

1. Einkünfte aus Land- und Forstwirtschaft
2. Einkünfte aus Gewerbebetrieb
3. Einkünfte aus selbstständiger Arbeit
4. Einkünfte aus nichtselbstständiger Arbeit
5. Einkünfte aus Kapitalvermögen
6. Einkünfte aus Vermietung und Verpachtung
7. sonstige Einkünfte

[91] Ordnen Sie den entsprechenden Einkunftsarten zu:
a) Zinsgutschrift der Bank für Bundesanleihen
b) Mieter überweist die fällige Miete
c) Ausbildungsvergütung
d) Einkünfte eines sebstständigen Konditormeisters

a) Einkünfte aus Kapitalvermögen
b) Einkünfte aus Vermietung und Verpachtung
c) Einkünfte aus nichtselbstständiger Arbeit
d) Einkünfte aus Gewerbebetrieb

[92] Erklären Sie, was man unter einer Steuererklärung versteht.

Die **Steuererklärung** ist ein Vordruck, der dem Finanzamt mit den entsprechenden Belegen und allen verlangten Angaben eingereicht werden muss. Sie ist die Grundlage für die Berechnung der Steuerschuld.

[93] Wann erhält der Steuerpflichtige seinen Steuerbescheid?

Das Finanzamt prüft die abgegebene *Steuererklärung* und teilt das Ergebnis in Form eines **Steuerbescheides** mit.

[94] Welcher Unterschied besteht zwischen Einkommensteuer und Lohnsteuer?

Die **Lohnsteuer** ist keine eigenständige Steuerart, sondern eine besondere Erhebungsform der Einkommensteuer bei Lohn- und Gehaltsempfängern.

Der **Einkommensteuer** unterliegen natürliche Personen, deren Einnahmen aus den sieben Einkunftsarten stammen.

© Holland + Josenhans

95 Weshalb werden die Arbeitnehmer bei der Lohnsteuererhebung in Steuerklassen eingeteilt?

Durch die Einteilung in **Steuerklassen** sollen die persönlichen Verhältnisse wie z. B. Familienstand, Kinderzahl usw. berücksichtigt werden. In den einzelnen Steuerklassen ist die Steuer deshalb unterschiedlich hoch.

96 Teilen Sie folgende Arbeitnehmer in die entsprechenden Steuerklassen ein:

a) einen ledigen Arbeitnehmer,

b) einen verheirateten Arbeitnehmer, dessen Frau nicht arbeitet

c) Herr Bauer verdient 1 400,00 €, Frau Bauer 1 600,00 €

a) Klasse I
b) Klasse III
c) beide in Klasse IV

97 Begründen Sie, weshalb ein Arbeitnehmer eine Antragsveranlagung zur Einkommensteuer (= „freiwillige Einkommensteuererklärung") beantragen kann.

Die Lohnsteuer ist eine *Jahressteuer,* die jedoch *monatlich* erhoben wird. Dies kann zu Überzahlungen führen, wenn sich während des Jahres steuerliche Veränderungen ergeben. So werden z. B. Arbeitnehmer nach Gehaltserhöhungen so besteuert, als würde das höhere Gehalt das ganze Jahr über bezogen.

Weitere Gründe:
- Werbungskosten übersteigen Pauschbetrag
- Sonderausgaben übersteigen Pauschbetrag
- außergewöhnliche Belastungen sind entstanden
- durch Heirat erfolgte Steuerklassenänderung
- schwankende Einkommenshöhe wegen Arbeitslosigkeit oder Krankheit
- eine Arbeitnehmersparzulage wird beantragt

Die zu viel bezahlten Steuern werden auf Antrag („freiwillige Einkommensteuererklärung") zurückbezahlt.

© Holland + Josenhans

98 Erklären Sie, was man bei einer „freiwilligen Einkommensteuererklärung" (Antragsveranlagung) unter Werbungskosten versteht.

Werbungskosten sind Aufwendungen, die durch das Arbeitsverhältnis verursacht worden sind, z. B.:
- Arbeitskleidung
- Fahrtkosten
- Beiträge zu Berufsverbänden

Die Werbungskosten sind in einem Arbeitnehmer-Pauschbetrag von 920,00 € enthalten. Dieser ist in die Steuertabellen eingearbeitet und wird bei der monatlichen Lohnsteuerberechnung automatisch berücksichtigt. Nachgewiesene höhere Kosten können geltend gemacht werden.

99 a) Einem Arbeitnehmer sind im vergangenen Jahr 800,00 € Werbungskosten entstanden.

Wie wirkt sich dieser Betrag in seiner Einkommensteuererklärung aus?

b) Einem Arbeitnehmer sind im vergangenen Jahr 1 500,00 € Werbungskosten entstanden.

Welchen Betrag erhält er hierfür bei seiner Einkommensteuererklärung zurückerstattet, wenn sein durchschnittlicher Steuersatz 25 % beträgt?

a) In die Steuertabellen ist der Arbeitnehmer-Pauschbetrag von 920,00 € bereits eingearbeitet, d. h., er wird beim Steuerabzug schon berücksichtigt. Deshalb wirken sich nur Werbungskosten aus, die über 920,00 € liegen.

b) 1 500,00 € – 920,00 € = 580,00 €

→ 25 % von 580,00 € = **145,00 €**

100 Wovon hängt die Höhe der zu zahlenden Lohnsteuer ab?

Nennen Sie drei Faktoren.

Die Höhe der Lohnsteuer hängt ab:
- vom Familienstand
- von der Steuerklasse
- vom Alter (Altersentlastungsbetrag)
- von der Kinderzahl
- von der Einkommenshöhe
- vom Steuertarif

© Holland + Josenhans

101 Wie wird das zu versteuernde Einkommen eines Arbeitnehmers ermittelt?

Einnahmen
- Werbungskosten (Arbeitnehmer-Pauschbetrag)
- Sonderausgaben
- außergewöhnliche Belastungen

= zu versteuerndes Einkommen

102 Im Zusammenhang mit der Einkommensteuer spricht man von der Steuerprogression.

Erklären Sie diesen Begriff.

Mit zunehmendem Einkommen steigt der Steuersatz, d. h. wer mehr verdient, bezahlt nicht nur *absolut,* sondern auch *prozentual mehr Steuern.*

103 Seit 2005 ist der neue Einkommensteuertarif vollständig eingeführt. Er unterscheidet verschiedene Zonen mit verschiedenen Steuersätzen.

Nennen Sie diese.

1. Nullzone
2. Progressionszone (15–42 %)
3. Proportionalzone (42 %)

Einkommensteuertarif 2005

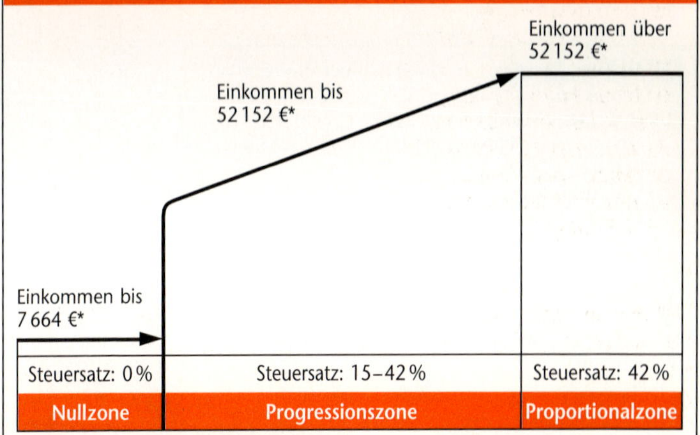

* Die genannten Beträge gelten für Ledige.
Für zusammen veranlagte Ehegatten gelten jeweils die doppelten Summen.

© Holland + Josenhans

Multiple-Choice-Aufgaben – Soziale Marktwirtschaft / Unternehmenskonzentration

1 Mehrere Unternehmen vereinbaren einheitliche Preise für ihre gleichartigen Erzeugnisse. Welche Aussage ist richtig?

① Das Kartellgesetz verbietet derartige Absprachen.
② Derartige Absprachen sind eine wichtige Grundlage der sozialen Marktwirtschaft.
③ Derartige Absprachen sind zulässig, wenn dadurch Arbeitsplätze erhalten werden können.
④ Derartige Absprachen sind zulässig, wenn es sich um marktbeherrschende Unternehmen handelt.
⑤ Derartige Absprachen sind zulässig, da der Staat sich prinzipiell nicht in den Wirtschaftsablauf einmischt. ▶ ☐

2 Welche Aufgabe hat das Bundeskartellamt?

① Festlegung der unverbindlichen Preisempfehlungen für Markenartikel.
② Darauf zu achten, dass die Verbraucherpreise nur in begründeten Fällen erhöht werden.
③ Darüber zu wachen, dass die Preisempfehlungen der Hersteller im Handel auch eingehalten werden.
④ Die Wirtschaft vor staatlichen Eingriffen zu schützen.
⑤ Darauf zu achten, dass der Wettbewerb nicht eingeschränkt wird. ▶ ☐

3 Welche Aussage zur Unternehmenskonzentration ist falsch?

① Bei einem Konzern sind mehrere rechtlich selbstständige Unternehmen unter einer einheitlichen Leitung zusammengefasst.
② Die Fusion von Unternehmen ist verboten.
③ Schwestergesellschaften sind Unternehmen, die gegenseitig Kapitalbeteiligungen besitzen.
④ Bei einem Konzern verlieren die Unternehmen ihre wirtschaftliche Selbstständigkeit.
⑤ Bei einem Kartell sind die Unternehmen rechtlich selbstständig; sie geben jedoch einen Teil ihrer wirtschaftlichen Selbstständigkeit auf.

▶ ☐

Lösungen der Aufgaben auf Seite 187

© Holland + Josenhans

4 Was verbietet das Kartellgesetz unter anderem?

① Zusammenarbeit zwischen verschiedenen Unternehmungen bei der Erzeugnisentwicklung
② Zahlung übertariflicher Löhne
③ Export von Erzeugnissen, die im Inland knapp sind
④ Werbung mit unzutreffenden Behauptungen
⑤ Vereinbarungen zwischen Unternehmungen zur Beschränkung des Wettbewerbs ▶ ☐

5 Mehrere marktbeherrschende Unternehmen vereinbaren, ihre Erzeugnisse zu einheitlichen Preisen zu verkaufen. Wie wird dieser Zusammenschluss genannt?

① Trust
② Syndikat
③ Kartell
④ Absatzgenossenschaft
⑤ Konzern ▶ ☐

6 Welche Kartellart ist nicht verboten?

① Gebietskartell
② Preiskartell
③ Quotenkartell
④ Kalkulationskartell
⑤ Normen- und Typenkartell ▶ ☐

7 Wer ist zuständig für die Genehmigung, Anmeldung und Überwachung von Kartellen?

① das Gewerbeaufsichtsamt
② das Bundeskartellamt in Bonn
③ das zuständige Finanzamt
④ das zuständige Regierungspräsidium
⑤ das Bundeswirtschaftsministerium ▶ ☐

8 Eines der folgenden Ziele ist nicht Bestandteil des „Stabilitätsgesetzes“:

① Stabiles Preisniveau
② Angemessenes Wirtschaftswachstum
③ Vollbeschäftigung
④ Verringerung der Staatsverschuldung
⑤ Außenwirtschaftliches Gleichgewicht ▶

© Holland + Josenhans

Lösungen der Aufgaben auf Seite 187

Simulation einer Unternehmensgründung

Unternehmensziele

1 Welche Unternehmen lassen sich hinsichtlich ihrer Zielsetzung unterscheiden?

a) erwerbswirtschaftliche Unternehmen
b) öffentliche Unternehmen

2 Wer ist Eigentümer
a) erwerbswirtschaftlicher und
b) öffentlicher Unternehmen?

a) private Personen (natürliche und/oder juristische Personen)
b) öffentlich-rechtliche Körperschaften wie z. B. Bund, Länder, Gemeinden

3 Nennen Sie wichtige Ziele erwerbswirtschaftlicher Unternehmen.

1. Gewinnmaximierung
2. hohe Rentabilität
3. großer Marktanteil

4 Nennen Sie wichtige Ziele öffentlicher Unternehmen.

a) **Bedarfsdeckungsprinzip:** Gleichmäßige und preisgünstige Versorgung der Bevölkerung mit wichtigen Gütern und Dienstleistungen, z. B. Krankenhäuser, Verkehrsbetriebe, Wasserwerke.
b) **Verlustminimierung:** Diese Unternehmen können ihre Leistungen nicht kostendeckend anbieten. Verluste werden durch die öffentliche Hand gedeckt, z. B. Theater, öffentliche Verkehrsbetriebe.
c) **Kostendeckungsprinzip:** Die Kosten der Tätigkeit sollen durch die Preise gedeckt werden. Ein Gewinn wird nicht erzielt, z. B. Müllbeseitigung, Wasserwerke.
d) **Angemessener Gewinn:** Diese Unternehmen wollen einen angemessenen Gewinn erzielen, z. B. Energieversorgungsunternehmen.

© Holland + Josenhans

5 Welcher Grundgedanke war ausschlaggebend für die Gründung von Genossenschaften?

Ausgangspunkt war der Grundgedanke der **gegenseitigen Hilfe.** Nur durch Zusammenschluss und gemeinschaftliches Handeln konnten sich wirtschaftlich schwächere Handwerker und Landwirte gegenüber Großbetrieben behaupten. Sie vereinbarten deshalb Maßnahmen zur Selbsthilfe, wie z. B. den gemeinsamen Einkauf von Rohstoffen.

6 Nach dem verfolgten Zweck unterscheidet man mehrere Arten von Genossenschaften.

Nennen Sie vier davon.

1. Absatzgenossenschaft
2. Einkaufsgenossenschaft
3. Betriebsgenossenschaft
4. Baugenossenschaft
5. Produktionsgenossenschaft
6. Kreditgenossenschaft
7. Konsumgenossenschaft

Standort und Gründung

7 Nennen Sie fünf Faktoren, die bei der Wahl des Standortes berücksichtigt werden müssen.

Standortfaktoren:
- Kundennähe
- Konkurrenz
- Verkehrsanbindung
- Arbeitskräfte
- behördliche Auflagen
- Kosten (z. B. Mieten, Steuern, Energiekosten)

8 Weshalb ist die Standortwahl meist ein Kompromiss?

Es ist selten möglich, alle Standortfaktoren gleichermaßen zu berücksichtigen. So sind z. B. beim einen Standort die Kosten höher, dafür ist die Konkurrenzsituation besser. Ein anderer Standort hat z. B. niedrigere Kosten, dafür bestehen behördliche Auflagen usw. Standortentscheidungen sind deshalb Kompromisse. Gewählt wird meist der kostengünstigste Standort.

© Holland + Josenhans

9 Nennen Sie die berufsbezogenen Voraussetzungen für die Gründung eines Handwerksbetriebes.

Eintrag in der Handwerksrolle, Voraussetzung hierzu ist die Meisterprüfung oder 6 Jahre Berufspraxis als Geselle.

10 Welche Ansprechpartner bieten für Existenzgründer erste Informationen?

a) Berufsständische Organisationen wie Industrie- und Handelskammern, Handwerkskammern
b) Fachverbände und verschiedene Institute der Wirtschaft
c) staatliche Einrichtungen
d) Rechtsanwälte und Notare
e) Steuerberater
f) Unternehmensberater

11 Nennen Sie die wichtigsten öffentlichen Förderprogramme für Unternehmensgründungen.

a) Eigenkapitalhilfedarlehen
b) Existenzgründungsdarlehen

12 Welche Vorteile bieten diese Darlehen dem Kreditnehmer?

Sie bieten z. B.
- tilgungsfreie Jahre,
- verbilligte Zinssätze
- Verzicht auf Sicherheiten.

13 Wo muss das gegründete Unternehmen angemeldet werden?

a) bei der Handwerkskammer bzw. Industrie- und Handelskammer
b) beim Finanzamt
c) beim Gewerbeamt
d) bei der Berufsgenossenschaft

Anmerkung: siehe auch S. 164 f. berufsständische Organisationen

14 Viele Existenzgründer wählen das Franchise-Verfahren.

Erläutern Sie, was man darunter versteht.

Franchising:
Ein Franchise-Geber räumt einem Franchise-Nehmer das Recht ein, seine Waren und Dienstleistungen zu verkaufen. Er bietet ihm Marke, Know-how und Marketing sowie einen Gebietsschutz an.
Beispiele: McDonalds, Eismann, Coca-Cola, Obi, Photo-Porst, Pizza Hut.

© Holland + Josenhans

15 Welche Vorteile und Nachteile bietet das Franchising für den Franchise-Nehmer?

Vorteile:

Der Franchise-Geber

- führt Markttests durch
- bietet Kalkulationshilfen
- bietet laufende geschäftliche Beratung und Betreuung
- übernimmt Werbung
- gewährleistet Ausbildung und Fortbildung
- bietet evtl. Sicherheitsnetz
- bietet Gebietsschutz

Nachteile:

- Einschränkung des Entscheidungsspielraums
- vertragliche Bindung
- geringerer Gewinn

Wahl der Rechtsform eines Unternehmens

16 Nennen Sie drei Merkmale einer Einzelunternehmung.

Der Unternehmer

- trägt allein die volle Verantwortung für die Unternehmung,
- ist alleiniger Eigentümer des Geschäftsvermögens,
- trifft alle wesentlichen Entscheidungen selbst,
- erhält den erzielten Gewinn allein,
- haftet auch mit seinem Privatvermögen.

17 Nennen Sie je zwei Unternehmensformen, die

a) den Personengesellschaften und

b) den Kapitalgesellschaften zuzurechnen sind.

Personengesellschaften
– Kommanditgesellschaft (KG) – Offene Handelsgesellschaft (OHG) – BGB-Gesellschaft

Kapitalgesellschaften
– Aktiengesellschaft (AG) – Gesellschaft mit beschränkter Haftung (GmbH)

© Holland + Josenhans

[18] Eine sehr häufig anzutreffende Unternehmensform ist die Gesellschaft des bürgerlichen Rechts (BGB-Gesellschaft bzw. GbR).

Nennen Sie deren Merkmale.

Folgende Merkmale gelten für die BGB-Gesellschaft (GbR):
- Rechtsgrundlage ist das BGB (daher der Name).
- Zwei oder mehr Personen schließen sich vertraglich zusammen, um ein bestimmtes Geschäft abzuwickeln.
- Die Gesellschaft hat keine eigene Rechtspersönlichkeit. Verträge werden deshalb nicht von der Gesellschaft, sondern von den einzelnen Gesellschaftern geschlossen.
- Die gemeinschaftliche Geschäftsführung erfordert die Zustimmung aller Gesellschafter; die Vertretung der Gesellschaft erfolgt gemeinschaftlich.
- Die Gesellschafter haften als Gesamtschuldner.

[19] Zählen Sie drei Beispiele für eine GbR (BGB-Gesellschaft) auf.

1. Mehrere Personen spielen gemeinsam Lotto.
2. Mehrere Personen bilden eine Fahrgemeinschaft.
3. Konditoreiverkäuferinnen betreiben zusammen ein Café.
4. Ärzte schließen sich zu einer Gemeinschaftspraxis zusammen.

[20] Erstellen Sie eine Übersicht, in der Sie die Einzelunternehmung, die OHG, die KG, die GmbH, die AG und die Genossenschaft hinsichtlich folgender Merkmale vergleichen:

a) Gründung,

b) Geschäftsführung und Vertretung,

c) Haftung,

d) wichtige Gesellschaftsorgane,

e) Gewinnverteilung.

→

© Holland + Josenhans

▷ *Antwort* ▷

	Gründung	Geschäftsführung und Vertretung	Haftung	wichtige Gesellschaftsorgane	Gewinnverteilung
Einzelunternehmung	allein von Einzelunternehmer	allein von Einzelunternehmer	allein und unbeschränkt	–	allein an Einzelunternehmer
OHG (Offene Handelsgesellschaft)	mindestens: 2 Personen	jeder Gesellschafter	jeder Gesellschafter unbeschränkt	Gesellschafterversammlung	4 % auf Kapitaleinlage, Rest nach Köpfen
KG (Kommanditgesellschaft)	mindestens: 1 Komplementär, 1 Kommanditist	nur die Komplementäre	Komplementäre unbeschränkt, Kommanditisten nur mit ihrer Kapitaleinlage	Gesellschafterversammlung	4 % auf Kapitaleinlage, Rest in angemessenem Verhältnis
GmbH (Gesellschaft mit beschränkter Haftung)	mindestens: 1 Person, 25 000 € Stammkapital	der Geschäftsführer	nur mit den Stammeinlagen	Gesellschafterversammlung, Geschäftsführer	nach Stammeinlagen
AG (Aktiengesellschaft)	mindestens: 1 Person, 50 000 € Grundkapital	der Vorstand	nur mit den Aktien	Hauptversammlung, Aufsichtsrat, Vorstand	Dividende je nach Aktiennennwert
eG (eingetragene Genossenschaft)	mindestens 7 Personen	der Vorstand	in der Regel nur mit dem Geschäftsanteil	Generalversammlung, Aufsichtsrat, Vorstand	nach Geschäftsanteilen

[21] Otto Knittel und Walter Oehme gründen zusammen eine OHG.

Erklären Sie, wie Otto Knittel im Insolvenzfall (früher Konkurs) haftet.

Knittel und Oehme haften im Insolvenzfall gleich, und zwar

- **unbeschränkt,** d. h. mit Gesellschafts- und Privatvermögen.
- **unmittelbar,** d. h. jeder Gläubiger kann sich direkt an einen der Gesellschafter wenden und Bezahlung der Schuld verlangen.
- **gesamtschuldnerisch,** d. h. „einer für alle, alle für einen“ (keine Einrede der Haftungsteilung).

© Holland + Josenhans

22 Wie haften **a) die Gesellschafter der AG,** **b) die Gesellschafter der KG?**	a) Alle Gesellschafter (Aktionäre) sind Teilhafter, sie haften nur mit ihrem Geschäftsvermögen (Aktien). b) Die KG unterscheidet zwei Arten von Gesellschaftern: – **Komplementäre** = Vollhafter: Sie haften mit Geschäfts- und Privatvermögen. – **Kommanditisten** = Teilhafter: Sie haften nur mit der Kapitaleinlage.
23 Nennen Sie die Organe der Aktiengesellschaft und deren Hauptaufgaben.	a) **Vorstand:** Leitung der Gesellschaft b) **Aufsichtsrat:** Wahl und Überwachung des Vorstands c) **Hauptversammlung:** Wahl eines Teils des Aufsichtsrates, Beschluss von Satzungsänderungen
24 Die Hauptversammlung ist das Beschlussorgan der AG und die Vertretung der Aktionäre. Wie wird in der Hauptversammlung abgestimmt?	Auf jede Aktie entfällt eine Stimme, d. h. ein Aktionär, der mehrere Aktien besitzt, hat mehrere Stimmen.
25 Nennen Sie die wichtigsten Rechte, die ein Aktionär aus seiner Aktie beanspruchen kann.	a) Stimmrecht in der Hauptversammlung b) Dividende (Gewinnanteil) c) Bezugsrecht bei Kapitalerhöhungen
26 Erklären Sie folgende Begriffe aus dem Bereich der AG: **a) Dividende,** **b) Nennwert einer Aktie,** **c) Kurswert einer Aktie.**	a) **Dividende:** Gewinnanteil, der auf eine Aktie ausgeschüttet wird. b) **Nennwert:** Wert, der auf einer Aktie aufgedruckt ist. Er muss mindestens 1 € betragen. c) **Kurswert:** Der Preis, den die Aktie beim Verkauf an der Börse erzielt. Der Kurswert wird gebildet durch Angebot und Nachfrage.

© Holland + Josenhans

27 Nennen Sie die Organe der Genossenschaft.

a) **Vorstand:**
= leitendes Organ

b) **Aufsichtsrat:**
= überwachendes Organ

c) **Generalversammlung:**
= beschließendes Organ

28 Wie

a) nennt man die Mitglieder der Genossenschaft?

b) nennt man die Beteiligung bei einer Genossenschaft?

c) haften die Mitglieder einer Genossenschaft?

d) wird in der Generalversammlung abgestimmt?

a) Genossen

b) Geschäftsanteil

c) in der Regel nur mit dem Geschäftsanteil

d) nach Köpfen

29 Aus unterschiedlichen Gründen wechseln Unternehmen ihre Rechtsform.

Welches sind die häufigsten Gründe für die Wahl folgender Unternehmsformen:

a) Kommanditgesellschaft,

b) GmbH,

c) Aktiengesellschaft.

a) – Persönliche Gründe wie Alter, Erbfall
– Verteilung der Arbeitsbelastung
– Beteiligung von Fachkräften
– Kapitalbeschaffung

b) – Beschränkung der Haftung
– steuerliche Vorteile

c) Durch die Ausgabe von Aktien können große Kapitalbeträge beschafft werden.

30 Nennen Sie die wesentlichen Merkmale einer GmbH.

Die wesentlichen Merkmale einer GmbH sind:

- Eine GmbH ist eine juristische Person.
- Das Stammkapital beträgt mindestens 25 000 €.
- Die Haftung der Gesellschafter erstreckt sich nur auf das Gesellschaftsvermögen.
- Die Gewinnverteilung erfolgt entsprechend den Anteilen am Stammkapital.
- Der Firmenname muss die Bezeichnung „mit beschränkter Haftung" enthalten.

© Holland + Josenhans

31 a) Welche Unternehmensform zeigt die nachfolgende Abbildung?
b) Erläutern Sie den Aufbau dieser Unternehmensform.
c) Weshalb erfreut sich diese Unternehmensform zunehmender Beliebtheit?

a) Die Abbildung zeigt eine **GmbH & Co. KG**

c) Dies ist eine Kommanditgesellschaft (KG), deren Vollhafter eine GmbH ist. Die Kommanditisten sind in der Regel auch Gesellschafter der GmbH.

d) – steuerliche Vorteile
– die Möglichkeit, das Privatvermögen aus der Haftung herauszuhalten.

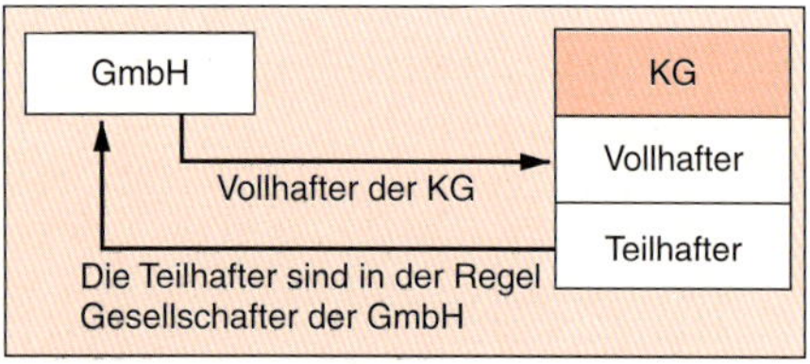

Berufsständische Organisationen

32 In welche Organisationen ist das Handwerk fachlich und regional gegliedert?

a) **Fachliche Gliederung:**
– Innungen
– Landesinnungsverbände
– Bundesinnungsverbände

b) **regionale Gliederung:**
– Kreishandwerkerschaften
– Handwerkskammern
– Deutscher Handwerkskammertag

33 In welche Organisationen ist die Industrie fachlich und regional gegliedert?

a) **Fachliche Gliederung:**
Industrielle Fachverbände

b) **regionale Gliederung:**
Industrie- und Handelskammern

34 In welchen Handwerksorganisationen ist der selbstständige Handwerker
a) Pflichtmitglied
b) freiwilliges Mitglied?

a) **Pflicht:**
Handwerkskammer

b) **freiwillig:**
Innung

35 Aus welchen Mitgliedern setzt sich eine Kreishandwerkerschaft zusammen?

Kreishandwerkerschaften umfassen alle Innungen eines Stadt- oder Landkreises.

© Holland + Josenhans

36 Wer ist in der Innung Mitglied?

Innung:
Freiwillige Mitgliedschaften von *selbstständigen Meistern eines Handwerks*, z. B. Bäckerinnung, Friseurinnung

37 Nennen Sie vier wichtige Aufgaben einer Innung.

1. Pflege von Gemeingeist und Berufsehre
2. Überwachung der Lehrlingsausbildung im Auftrag der Handwerkskammer
3. fachliche und wirtschaftliche Beratung der Mitglieder
4. evtl. Abnahme der Gesellenprüfung im Auftrag der Handwerkskammer
5. Förderung und Beratung der Berufsausbildung
6. evtl. Schlichtung bei Streitigkeiten zwischen Mitgliedern und deren Kunden
7. evtl. Einrichtung von Innungskrankenkassen

38 Zählen Sie vier wichtige Aufgaben der Handwerkskammern auf.

1. Führung der Handwerksrolle
2. Genehmigung von Innungen und Kreishandwerkerschaften
3. Regelung und Überwachung der Berufsausbildung
4. Erlass von Gesellen- und Meisterprüfungsordnungen
5. Durchführen von Ausbildungsseminaren
6. Überwachung von Innungen und Kreishandwerkerschaften
7. Abnahme von Gesellen- und Meisterprüfungen

© Holland + Josenhans

Finanzierung

39 Unterscheiden Sie zwischen Eigenfinanzierung und Fremdfinanzierung.

a) Eigenfinanzierung:
Die Kapitalgeber sind **Miteigentümer,** d. h. sie
- haben Einfluss auf die Geschäftsleitung,
- sind am Gewinn beteiligt,
- haften für die Verbindlichkeiten des Unternehmens.

b) Fremdfinanzierung:
Die Kapitalgeber sind **Kreditgeber** (= Finanzierung erfolgt durch Fremdkapital), d. h., sie
- haben keinen direkten Einfluss auf die Geschäftsleitung,
- haben Anspruch auf Zinsen,
- übernehmen keine Haftung, sondern sind Gläubiger des Unternehmens.

40 Welche Bedeutung hat Eigenkapital bei einer Unternehmensgründung?

Eigenkapital
- kann zur Finanzierung eingesetzt werden. Dadurch werden weniger Kredite benötigt und die finanzielle Belastung ist geringer,
- dient als Sicherheitspolster zur Überbrückung finanzieller Engpässe,
- erhöht die Kreditwürdigkeit.

41 Welche wichtigen Finanzierungsregeln sind zu beachten für die Finanzierung des
a) Anlagevermögens,
b) Umlaufvermögens?

a) **Anlagevermögen** sollte möglichst durch Eigenkapital finanziert werden. Ist dies nicht möglich, dann zumindest mit langfristigem Fremdkapital.

b) **Umlaufvermögen** kann mit kurzfristigem Fremdkapital finanziert werden.

42 Weshalb sollte die Laufzeit der Fremdkapitalaufnahme die Nutzungsdauer der damit finanzierten Maschinen nicht übersteigen?

Können Maschinen nicht mehr genutzt werden, müssen neue beschafft, also neue Kredite aufgenommen werden. Wäre der Kredit für die alten Maschinen noch nicht getilgt, würde eine finanzielle Doppelbelastung entstehen.

© Holland + Josenhans

[43] Voraussetzung für die Fremdfinanzierung ist die Kreditwürdigkeit.
Wovon hängt die Kreditwürdigkeit eines Unternehmens ab?

Die Kreditwürdigkeit ist abhängig
- von der Rechtsform des Unternehmens (Einzelunternehmen, Personen- oder Kapitalgesellschaft),
- von der Haftung der Gesellschafter (persönliche und unbeschränkte Haftung oder auf die Kapitaleinlage beschränkte Haftung),
- von der Höhe des vorhandenen Eigenkapitals und vorhandener Vermögenswerte als Sicherheiten,
- von den Jahresabschlüssen des Unternehmens und einer Auswertung der letzten Geschäftsjahre sowie der zukünftigen Ertragsaussicht.

[44] Erklären Sie die Funktionsweise des Lieferantenkredits.

Der Käufer nutzt die Zahlungsfrist aus, verliert aber evtl. die Möglichkeit des Skontoabzugs. Die Folge: Bis zum vereinbarten Zahlungstermin entstehen ihm keine Finanzierungskosten. Er kann vorhandene Gelder anderweitig anlegen. Der Lieferant erhält sein Geld später. Unter Umständen muss er selbst zwischenfinanzieren, was den Gewinn schmälert.

[45] Erläutern Sie den Unterschied zwischen einem Kontokorrentkredit und einem Bankdarlehen.

a) Beim **Kontokorrentkredit** kann das Geschäftskonto bis zur vereinbarten Höhe überzogen werden (Kreditlimit).
b) Ein **Bankdarlehen** wird in einer bestimmten Höhe ausbezahlt und in der Regel mit festen Tilgungsraten zurückbezahlt.

[46] Beschreiben Sie drei verschiedene Kreditsicherungen, die bei Unternehmenskrediten üblich sind.

1. Bei der **Bürgschaft** kann der Gläubiger (Bank) vom Bürgen die Zahlung verlangen, wenn der Schuldner seinen Zahlungsverpflichtungen nicht nachkommt. →

© Holland + Josenhans

▷ *Fortsetzung der Antwort* ▷

2. Bei der **Verpfändung** von Wertpapieren, Waren und sonstigen Vermögenswerten geht das Pfandobjekt in den Besitz des Gläubigers über. Dieser kann es verwerten, wenn der Schuldner seine Verpflichtungen nicht erfüllt.
3. Bei der **Sicherungsübereignung von beweglichen Sachen** wird das Eigentum an dem sicherungsübereigneten Gegenstand auf den Kreditgeber übertragen. Der Schuldner bleibt Besitzer und kann den Gegenstand weiterhin nutzen.
4. Eine **Hypothek oder Grundschuld** wird im Grundbuch eingetragen, wenn Gebäude oder Grundstücke als Sicherheit dienen.

47 Die Effektivverzinsung hilft verschiedene Kreditangebote zu vergleichen. Erläutern Sie diese Aussage.

Die Effektivverzinsung gibt Auskunft über die tatsächliche Belastung durch einen Kredit, da sie die Zinsen, alle Gebühren und sonstige Kosten berücksichtigt.

Anmerkung: Nach dem Verbraucherkreditgesetz ist Privatleuten der effektive Jahreszins beim Vertragsabschluss anzugeben.

48 a) Erklären Sie die Besonderheiten eines Leasingvertrages.
b) Nennen Sie drei Vorteile des Leasing.

a) Der **Leasingvertrag** hat große Ähnlichkeit mit dem Miet- und Pachtvertrag. Ein Leasingnehmer zahlt an den Leasinggeber die Leasingrate. Dafür wird ihm der langfristige Gebrauch einer Sache gestattet, die er am Ende der vereinbarten Leasingzeit zurückgeben muss oder erwerben kann. Beispiele: Leasing von Autos, Maschinen, Computern usw.

b) *Vorteile des Leasing:*
   - Statt hoher Investitionskosten fallen Leasingraten an, die sich über die gesamte Vertragsdauer verteilen.
   - Es werden weder Eigenkapital noch Bankkredite zur Finanzierung der Investitionen benötigt. →

© Holland + Josenhans

▷ *Fortsetzung der Antwort* ▷

- Die Leasinggesellschaft betreut und berät ihre Kunden.
- Durch Leasing kann man immer über die neueste Technik verfügen.

Betriebliche Kosten

49 Erklären Sie folgende Begriffe:
a) Kosten,
b) betriebliche Leistungen.

a) **Kosten:**
Kosten sind der in Geld ausgedrückte Verbrauch von Gütern und Dienstleistungen zur Erstellung der betrieblichen Leistungen, z. B. Kosten für Rohstoffe, Lohnkosten, Stromkosten, Mieten usw.

b) **Betriebliche Leistungen:**
Als betriebliche Leistungen bezeichnet man den Wert der hergestellten Erzeugnisse (Sachgüter und/oder Dienstleistungen).

50 Von wem werden die betrieblichen Kosten letztendlich bezahlt?

Kosten gehen in die Kostenrechnung ein und werden letztendlich vom Kunden bezahlt.

51 Erklären Sie, was man unter Einzelkosten versteht, und geben Sie zusätzlich ein Beispiel an.

Einzelkosten sind **direkte Kosten,** d. h. sie lassen sich der einzelnen betrieblichen Leistung unmittelbar (direkt) zurechnen, z. B.

- das für ein Produkt verbrauchte Material
- Lohnkosten (direkt erfassbare Fertigungslöhne)

52 Erläutern Sie, was man unter Gemeinkosten versteht und geben Sie zusätzlich ein Beispiel an.

Gemeinkosten sind **indirekte Kosten,** d. h., sie lassen sich der einzelnen betrieblichen Leistung nicht unmittelbar (direkt) zurechnen, weil sie für den Gesamtbetrieb anfallen, z. B.

- Energiekosten
- Pacht für die Geschäftsräume

© Holland + Josenhans

53 Welche der folgenden Kosten sind Einzelkosten, welche sind Gemeinkosten?

- **Fertigungsmaterial (Rohstoffe)**
- **Gehälter der Verwaltung**
- **Akkordlöhne**
- **Kosten der EDV-Anlage**
- **Miete für Ausstellungsräume**

a) *Einzelkosten:*
- Fertigungsmaterial
- Akkordlöhne

b) *Gemeinkosten:*
- Gehälter der Verwaltung
- Kosten der EDV-Anlage
- Miete für Ausstellungsräume

54 In der nachfolgenden Abbildung sehen Sie den Verlauf von fixen Kosten und von variablen Kosten.

Erklären Sie diese Kostenarten und geben Sie jeweils ein Beispiel dazu an.

a) **Fixe Kosten** sind Kosten, die vom Beschäftigungsgrad unabhängig sind, d. h. sie fallen auch dann an, wenn nicht produziert wird.

Zum Beispiel:
- Mieten
- Kreditzinsen
- Abschreibungen

b) **Variable Kosten** sind Kosten, die vom Beschäftigungsgrad abhängig sind, d. h. je mehr produziert wird, desto höher sind die variablen Kosten.

Zum Beispiel:
- Fertigungsmaterial (Rohstoffe)
- Fertigungslöhne

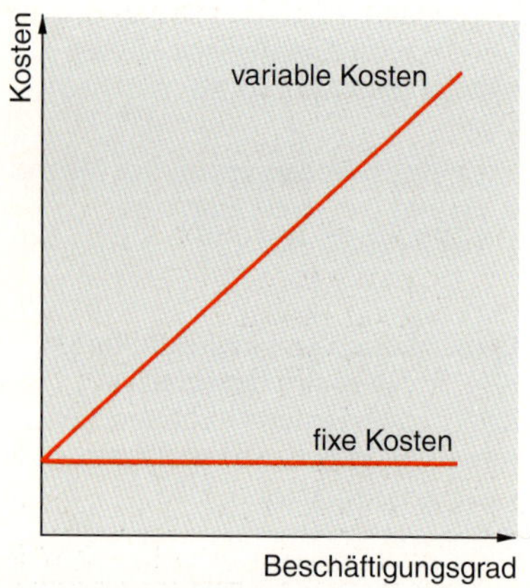

© Holland + Josenhans

55 Bei der Produktion von 12 000 Stück einer Ware sind folgende Kosten entstanden:

Fertigungslöhne 60 000 €, Stromkosten für Maschinen 800 €, Gehälter der Verwaltung 40 000 €, Kreditzinsen 8 000 €, Fertigungsmaterial 27 200 €, Miete für Werkräume 4 000 €, Abschreibungen 16 000 €.

a) Welche der angefallenen Kosten sind Einzelkosten, welche sind Gemeinkosten?

b) Wie hoch sind die fixen Kosten?

c) Wie hoch sind die variablen Kosten?

d) Wie hoch sind die Stückkosten?

a) **Einzelkosten:**
- Fertigungslöhne
- Fertigungsmaterial

Gemeinkosten:
- Stromkosten
- Gehälter der Verwaltung
- Miete für Werkräume
- Abschreibungen
- Kreditzinsen

b)	Gehälter	40 000 €
	Miete	4 000 €
	Abschreibungen	16 000 €
	+ Kreditzinsen	8 000 €
	Fixe Kosten	**68 000 €**
c)	Stromkosten	800 €
	Fertigungslöhne	60 000 €
	+ Fertigungsmaterial	27 200 €
	Variable Kosten	**88 000 €**
d)	Fixe Kosten	68 000 €
	+ variable Kosten	88 000 €
	Gesamtkosten	**156 000 €**

156 000 € : 12 000 Stück
= 13 € Stückkosten

56 Divisionskalkulation: Eine Brotfabrik hat in einem Monat 2 080 000 Toastbrote produziert. Dabei entstanden Gesamtkosten in Höhe von 499 200,00 €.

a) Ermitteln Sie die Selbstkosten für ein Toastbrot.

b) Wie hoch ist der Verkaufspreis ohne Mehrwertsteuer, wenn 0,08 € als Gewinnzuschlag zu berücksichtigen sind?

a) **Selbstkosten je Stück**

$$= \frac{\text{Gesamtkosten}}{\text{erzeugte Menge}}$$

Selbstkosten je Toastbrot

$$= \frac{\text{Gesamtkosten}}{\text{erzeugte Menge}}$$

$$= \frac{499\,200\text{ €}}{2\,080\,000\text{ Toastbrote}} = \mathbf{0{,}24\text{ €}}$$

b)	Selbstkosten	0,24 €
	+ Gewinnzuschlag	0,08 €
	Verkaufspreis o. Mwst.	**0,32 €**

© Holland + Josenhans

[57] Zuschlagskalkulation: Berechnen Sie die Selbstkosten eines Werkstücks, wenn bei der Herstellung folgende Kosten berücksichtigt werden:

Fertigungslöhne 800,00 €, Fertigungsmaterial 2 000,00 €, Materialgemeinkosten 15 %, Fertigungsgemeinkosten 120 %, Verwaltungsgemeinkosten 5 %, Vertriebsgemeinkosten 3 %

	Fertigungsmaterial	2 000,00 €
+	Materialgemeinkosten	300,00 €
=	Materialkosten	2 300,00 €
	Fertigungslöhne	800,00 €
+	Fertigungsgemeinkosten	960,00 €
=	Herstellkosten	4 060,00 €
	Verwaltungsgemeinkosten	203,00 €
+	Vertriebsgemeinkosten	121,80 €
=	**Selbstkosten**	**4 384,80 €**

Marketing

[58] Erläutern Sie den Begriff „Marketing".

Mit **Marketing** sind alle Maßnahmen gemeint, die für ein Unternehmen und seine Produkte Märkte schaffen bzw. den Markt beeinflussen und Nachfrage produzieren.

[59] Welche Aufgaben hat die Marktforschung?

Die Marktforschung untersucht
- Absatzmärkte,
- das Verhalten von Marktkonkurrenten,
- das Verbraucherverhalten.

[60] Was versteht man unter Marketing-Mix?

Marketing-Mix ist der zielgerichtete Einsatz und die Kombination der verschiedenen Marketinginstrumente wie

- Produkt- und Sortimentsgestaltung,
- Preisgestaltung,
- Werbung,
- Kundenbetreuung,
- Vertrieb und Verkauf,
- Kundenservice.

© Holland + Josenhans

61 Ein Handwerksbetrieb kann durch seine Produktpolitik den Absatz beeinflussen. Die wichtigsten Problemfelder der Produktpolitik sind die Produktmodifikation, die Produktvariation und die Produktselektion.

Erläutern Sie die unterstrichenen Begriffe.

a) **Produktmodifikation:** Ein Produkt wird ständig an neue Trends, technische Entwicklungen und Kundenbedürfnisse angepasst, z. B. Farben in der Mode, Katalysator beim Auto.

b) **Produktvariation:** Ein bestimmtes Produkt wird in verschiedenen Produktvarianten angeboten, um unterschiedliche Zielgruppen anzusprechen, z. B. Auto als Limousine, Cabrio oder Variant.

c) **Produktselektion:** Produkte werden bewusst gefördert oder aus dem Programm genommen, je nachdem wie erfolgreich sie verkauft werden, z. B. Trend zu Trekkingrädern – diese werden in größeren Stückzahlen produziert, während normale Fahrräder ohne Gangschaltung nicht mehr gefragt sind – diese werden nicht mehr hergestellt.

62 Welche Fragen muss ein Unternehmen bei seiner Preisgestaltung beachten?

a) Welchen Preis akzeptiert der Kunde?
b) Wie reagiert er auf Preisveränderungen?
c) Wie hoch sind die Produktionskosten?
d) Wie sind die Preise der Konkurrenten?
e) Was kosten mögliche Ersatzprodukte?
f) Ab welchem Preis steigt der Kunde auf Ersatzprodukte um?

63 Erläutern Sie den Begriff *Werbung*.

Unter **Werbung** versteht man die Meinungsbeeinflussung des Kunden, damit er die Produkte bzw. die Leistungen des Unternehmens kauft. Sie enthält alle Maßnahmen, die geeignet sind, den Absatz zu fördern.

64 Nennen Sie fünf Aufgaben der *Werbung*.

Aufgaben der Werbung sind:

- alte Kunden erhalten und neue gewinnen →

© Holland + Josenhans

▷ *Fortsetzung der Antwort* ▷

- neue Produkte oder Leistungen am Markt einführen
- den Verbraucher informieren
- ein Firmen- oder Markenimage aufbauen
- psychologische Anreize bieten, um ein bestimmtes Produkt zu kaufen

65 Nennen Sie drei Gesetze, die den Verbraucher vor manipulierender Werbung schützen?

1. Gesetz gegen den unlauteren Wettbewerb
2. Eichgesetz
3. Preisangabenverordnung
4. Textilkennzeichnungsgesetz

66 Wie beurteilen kritische Verbraucher die Werbung?

- Werbung ist sehr teuer. Da sie über die Preise hereingeholt werden muss, zahlt sie letztendlich der Verbraucher.
- Werbeinhalte versprechen, was die Produkte oft nicht halten können.
- Fehlende Markttransparenz, Fachkenntnisse und Erfahrung schwächen die Position des Verbrauchers.

67 Welchen Ansprüchen muss die Aussage einer Werbung genügen?

a) **A** (Attention) → Die Werbung soll Aufmerksamkeit erregen

b) **I** (Interest) → Die Werbung soll Interesse wecken

c) **D** (Desire) → Die Werbung soll den Besitzwunsch wecken

d) **A** (Action) → Die Werbung soll Kaufentscheidung auslösen

= AIDA-Formel

68 Erläutern Sie den Begriff „Public Relations".

Public Relations (Öffentlichkeitsarbeit) hat das Ziel die Unternehmung öffentlich bekannt zu machen. Genießt ein Unternehmen in der Öffentlichkeit Ansehen und Vertrauen, dann werden auch seine Werbemaßnahmen erfolgreicher →

© Holland + Josenhans

▷ *Fortsetzung der Antwort* ▷

sein und der Absatz steigt. Während die Werbung Produkte empfiehlt, wendet sich Public Relations im vertrauensbildenden Sinne stets an die gesamte Öffentlichkeit, z. B. durch Zeitungsberichte, Unterstützung von sozialen Einrichtungen, Sponsorentätigkeit für Sportvereine usw.

69 Begründen Sie die zunehmende Bedeutung des Ökomarketing.

1. Verbraucher achten zunehmend auf umweltfreundliche Produkte und auf betrieblichen Umweltschutz.
2. Energiesparmaßnahmen führen zu Kostensenkungen, dadurch können Preiserhöhungen vermieden werden.
3. Umweltschutz verbessert deshalb das Unternehmensimage.
4. Durch Umweltschutz und umweltfreundliche Produkte lassen sich neue Märkte und Käufergruppen erschließen.

70 Weshalb sind Kundenservice und -beratung gerade im Handwerk besonders wichtig?

a) Da viele Produkte und Dienstleistungen heute in Beschaffenheit und Preis sehr ähnlich sind, kommt es darauf an, die eigenen Erzeugnisse von denen der Konkurrenz abzuheben. Dies erfolgt häufig über guten Service und fachkundige Beratung.

b) Das Handwerk kann auf die individuellen Bedürfnisse des Kunden besser eingehen.

71 Ein wichtiger Marketingbereich ist die Qualitätssicherung.

Welche Folgen können sich ergeben, wenn schlechte Qualität produziert und verkauft wird?

Mögliche Folgen schlechter Qualität:

- höhere Prüf- und Folgekosten (z. B. Reparaturleistungen)
- höhere Herstellkosten
- weniger Gewinn
- Kundenreklamationen
- Verlust von Marktanteilen, da Kunden verloren gehen

© Holland + Josenhans

Multiple-Choice-Aufgaben – Existenzgründung / Betrieb

1 Welches sind die drei Produktionsfaktoren?

① Arbeit, Kapital, Boden
② Energie, Arbeit, Rohstoffe
③ Arbeit, Kapital, Organisation
④ Arbeit, Boden, Organisation
⑤ Kapital, Rohstoffe, Arbeit ▶ ☐

2 Welcher der genannten Wirtschaftszweige gehört zur so genannten Urproduktion?

① Bergbau
② Metallindustrie
③ Textilindustrie
④ Brauereiwirtschaft
⑤ Verlagswesen ▶ ☐

3 Worin unterscheiden sich öffentliche Unternehmungen von privaten Unternehmen?

Öffentliche Unternehmungen
① reagieren auf Marktveränderungen schneller als private Unternehmungen.
② betreiben im Gegensatz zu privaten Unternehmungen keine Werbung.
③ müssen bei der Preisfestsetzung auch soziale Gesichtspunkte berücksichtigen.
④ erzielen in der Regel höhere Gewinne als private Unternehmungen.
⑤ arbeiten in der Regel rationeller als private Unternehmungen. ▶ ☐

4 Welche Aussage über die von der öffentlichen Hand betriebenen Theater und Schwimmbäder ist richtig?

① Die Gewinne dieser Betriebe fließen in die Gemeindekassen.
② Diese Betriebe arbeiten kostendeckend, d. h. sie machen weder Gewinne noch Verluste.
③ Diese Betriebe arbeiten nach dem erwerbswirtschaftlichen Prinzip, d. h. sie müssen Gewinne erzielen.
④ Entstandene Verluste dieser Betriebe decken die Städte und Gemeinden aus ihren Haushalten.
⑤ Diese Betriebe dürfen geringe Verluste erwirtschaften, die dann durch erhöhte Eintrittspreise ausgeglichen werden. ▶ ☐

5 Zu welchem Zweck wird in der Hauptsache eine private Unternehmung gegründet?

① Herstellen von Gütern
② Erzielen von Gewinn
③ Bereitstellen von Dienstleistungen
④ Schaffen von Arbeitsplätzen
⑤ Verteilen von Gütern ▶ ☐

Lösungen der Aufgaben auf Seite 187
© Holland + Josenhans

6 Welches Beispiel ist kein Dienstleistungsbetrieb?

① Werbeberatung
② Versicherung
③ Friseur
④ Konditorei
⑤ Bank

▶ ☐

7 Welche Behauptung über den Handwerksbetrieb ist richtig?

① Die Fertigung im Handwerksbetrieb ist meist lohnintensiv.
② Im Handwerksbetrieb ist der Unternehmer nur noch leitend und nicht mehr praktisch mitarbeitend tätig.
③ Zwischen dem Handwerksbetrieb und dem Endverbraucher ist immer der Handel eingeschaltet.
④ Der Handwerksbetrieb muss erhebliche Aufwendungen für die Werbung treiben.
⑤ Der Kapitalbedarf eines Handwerksbetriebs ist stets größer als der eines Industriebetriebs.

▶ ☐

8 Welche Aussage trifft auf Industriebetriebe nicht zu?

① Industriebetriebe sind Pflichtmitglieder in der IHK.
② Industriebetriebe sind Mittel- bis Großbetriebe.
③ Industriebetriebe produzieren hauptsächlich in Massen- und Serienfertigung.
④ Industriebetriebe vertreiben ihre Produkte direkt an die Kunden.
⑤ Industriebetriebe beschäftigen Angelernte, Facharbeiter, Techniker und Ingenieure.

▶ ☐

9 Welches ist kein Ziel einer öffentlichen Unternehmung?

① Gleichmäßige Versorgung der Bevölkerung mit wichtigen Gütern und Dienstleistungen
② Kostendeckung
③ Erzielung eines angemessenen Gewinns
④ Arbeitsplatzsicherung
⑤ Erzielung eines maximalen Gewinns

▶ ☐

10 Welcher Betrieb arbeitet nach dem Prinzip der Kostendeckung und nicht nach dem Prinzip der Gewinnerzielung?

① Handwerksbetrieb
② Industriebetrieb
③ öffentlicher Betrieb
④ Dienstleistungsbetrieb
⑤ Handelsbetrieb

▶ ☐

© Holland + Josenhans

Lösungen der Aufgaben auf Seite 187

[11] Bei welcher Produktion spielt der Produktionsfaktor Kapital die wichtigste Rolle?

① Industrielle Herstellung von Werkzeugmaschinen
② Anfertigung eines Gemäldes
③ Einzelfertigung von Bekleidungsstücken
④ Weinanbau
⑤ Kunsthandwerkliche Herstellung von Gebrauchsgegenständen ▶ ☐

[12] Durch welche Maßnahme kann die Arbeitsproduktivität eines Betriebs erhöht werden?

① Durch Vergrößerung der Anzahl der Belegschaftsmitglieder
② Durch Erhöhung der Anzahl der Überstunden
③ Durch Rationalisierung der Fertigung
④ Durch Abschaffung von Schichtarbeit
⑤ Durch Senkung der Materialkosten ▶ ☐

[13] Eine Unternehmung stellt Werkzeugmaschinen her. Aufgrund der starken Konkurrenz auf dem Weltmarkt müssen die Preise gesenkt werden, wodurch die Verkaufserlöse sinken. Welche Aussage ist richtig?

① Der Gewinn wird größer
② Die Produktivität steigt
③ Die Wirtschaftlichkeit wird größer
④ Die Rentabilität wird größer
⑤ Die Wirtschaftlichkeit der Unternehmung wird kleiner ▶ ☐

[14] In einer Zeitung lesen Sie: *„In den nächsten Jahren wird die Arbeitsproduktivität durchschnittlich um 2,5 % zunehmen."* Was bedeutet das?

① Die Arbeitsleistung pro Stunde wird sich durchschnittlich um 2,5 % erhöhen.
② Die Löhne und Gehälter werden im Jahresdurchschnitt um 2,5 % steigen.
③ Der Anteil der Überstunden an der Gesamtarbeitszeit wird um 2,5 % abnehmen.
④ Die Gewinne der Unternehmungen werden um 2,5 % sinken.
⑤ Die Arbeitslosigkeit wird jährlich um 2,5 % abnehmen. ▶ ☐

Lösungen der Aufgaben auf Seite 187

© Holland + Josenhans

15 Welche der genannten Größen sind erforderlich, um die Rentabilität eines Unternehmens zu ermitteln?

① Der Gewinn und die Lohnkosten
② Die Leistungseinheiten je Arbeitsstunde
③ Der Gewinn und das eingesetzte Kapital
④ Die Verkaufspreise der Erzeugnisse und ihre Herstellkosten
⑤ Der Umsatz und die Anzahl der Belegschaftsmitglieder ▶ ☐

16 Wegen mangelnder Rentabilität musste ein Betrieb geschlossen werden.
Welche Aussage ist richtig?

① Die Produktionskapazität des Betriebs reichte nicht mehr aus, um die gestiegene Nachfrage zu befriedigen.
② Die Lieferanten konnten nicht mehr bezahlt werden.
③ Die Verzinsung des Kapitals war nicht mehr ausreichend gegeben.
④ Die Arbeitsproduktivität war zu groß.
⑤ Die Maschinen waren veraltet. ▶ ☐

17 Die Wirtschaftlichkeit einer Unternehmung soll beurteilt werden.
Welche Daten müssen bekannt sein?

① Der Umsatz und der Gewinn
② Der Gewinn und die produzierte Menge
③ Der Umsatz und die Anzahl der Beschäftigten
④ Der Verkaufserlös und die Gesamtaufwendungen
⑤ Der Gewinn und die Lohnkosten ▶ ☐

18 Durch Rationalisierungsmaßnahmen kann in einem Betrieb eine Arbeitskraft in einer Arbeitsstunde mehr als vorher produzieren.
Welche Aussage ist richtig?

① Die Kapitalkosten sinken.
② Der Personalbedarf wird größer.
③ Die körperliche Arbeitsbelastung nimmt zu.
④ Die Qualität der hergestellten Güter nimmt ab.
⑤ Die Arbeitsproduktivität steigt. ▶ ☐

© Holland + Josenhans
Lösungen der Aufgaben auf Seite 187

19 Was wird durch Rationalisierung der Fertigung meist erreicht?

① Verringerung der Produktivität
② Verringerung des Kapitaleinsatzes
③ Verringerung der nervlichen Beanspruchung der Arbeitnehmer
④ Verringerung der Schichtarbeit
⑤ Verringerung des Anteils der Lohnkosten an den Produktionskosten

20 Welches Ziel haben betriebliche Maßnahmen zur Humanisierung der Arbeit?

① Die Senkung der Produktionskosten.
② Die Reduzierung der wöchentlichen Arbeitszeit.
③ Den Abbau von unrentablen Arbeitsplätzen.
④ Die Steigerung des Unternehmensgewinns.
⑤ Die Verringerung der körperlichen und seelischen Belastungen durch die Arbeit.

21 Welchen Vorteil bietet die Rechtsform der Einzelunternehmung für den Inhaber?

Der Einzelunternehmer
① haftet für die Verbindlichkeiten nur mit dem Gesellschaftsvermögen.
② ist von der Beitragspflicht für die IHK bzw. Handwerkskammer befreit.
③ erhält in Krisenzeiten eher eine staatliche Unterstützung als eine Kapitalgesellschaft.
④ geht ein geringeres Risiko ein als die Eigentümer einer Kapitalgesellschaft.
⑤ kann schnell entscheiden, da er sich nicht mit anderen Kapitalgebern abstimmen muss.

22 Welcher der genannten Begriffe muss in die Übersicht der Unternehmungsformen in das mit 2 gekennzeichnete Rechteck eingetragen werden?

① Genossenschaften
② Personengesellschaften
③ Kartelle
④ Kapitalgesellschaften
⑤ Handelsgesellschaften

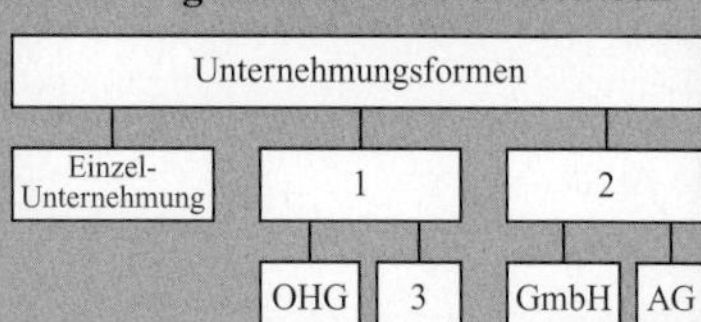

Lösungen der Aufgaben auf Seite 187 © Holland + Josenhans

[23] Welche Bedeutung hat die Abkürzung „e. K." in einem Firmenschild?

① eingetragener Kleingewerbebetrieb
② eingetragener Kaufmann
③ eingetragene Komplementärgesellschaft
④ eingetragene Kreditgenossenschaft
⑤ eingetragene Kommanditgesellschaft ▶ ☐

[24] Welche Aussage über die Einzelunternehmung ist falsch?

① Der Inhaber trägt das alleinige finanzielle Risiko.
② Der Inhaber muss die Geschäfte allein führen.
③ Der Inhaber besitzt alle Rechte an der Unternehmung.
④ Der Inhaber kann allein und schnell entscheiden.
⑤ Der Inhaber kann über den Gewinn allein verfügen. ▶ ☐

[25] Welche Aussage über die Einzelunternehmung ist richtig?

① Einzelunternehmungen hängen sehr stark von den Fähigkeiten des Unternehmers ab.
② Einzelunternehmungen sind besonders kapitalstark.
③ Bei Einzelunternehmungen wird das Risiko stets von mehreren Kapitalgebern getragen.
④ Einzelunternehmungen können sich nur sehr langsam den Marktveränderungen anpassen.
⑤ Einzelunternehmungen sind besonders kreditwürdig. ▶ ☐

[26] Für welche Unternehmungen ist die Rechtsform der Einzelunternehmung geeignet?

① Unternehmungen mit großem Kapitalaufwand
② Kleinunternehmungen
③ Unternehmungen mit Betrieben in vielen Ländern der Erde
④ Unternehmungen im Bank- und Versicherungsbereich
⑤ Unternehmungen der öffentlichen Hand ▶ ☐

[27] Wie weit geht die Haftung einer GmbH?

① Die GmbH haftet mit ihrem gesamten Geschäftsvermögen.
② Die GmbH haftet nur bis zur Höhe des Stammkapitals.
③ Die GmbH haftet bis zum 1,5fachen des Stammkapitals.
④ Die GmbH haftet mit ihrem gesamten Vermögen, die Gesellschafter außerdem mit ihrem Privatvermögen.
⑤ Die GmbH haftet mit ihrem gesamten Vermögen, die Geschäftsführer außerdem mit dem Privatvermögen. ▶ ☐

© Holland + Josenhans
Lösungen der Aufgaben auf Seite 187

28 Um welche Unternehmungsform handelt es sich, wenn das Geschäftskapital von Vollhaftern und Teilhaftern aufgebracht wird?

① OHG
② AG
③ KG
④ GmbH
⑤ Genossenschaft ▶ ☐

29 Wer führt die Geschäfte einer Aktiengesellschaft?

① Der Vorstand
② Die Aktionäre
③ Der Aufsichtsrat in seiner Gesamtheit
④ Der Vorsitzende des Aufsichtsrats
⑤ Die Hauptversammlung ▶ ☐

30 Welche Aussage über den Vorstand einer Aktiengesellschaft ist richtig?

① Der Vorstand wird von der Hauptversammlung gewählt.
② Dem Vorstand müssen zwei Arbeitgeber- und zwei Arbeitnehmer-Vertreter angehören.
③ Der Vorstand hat in der Hauptversammlung Stimmrecht.
④ Dem Vorstand muss ein Aktionär, der mindestens 3 % der Aktien besitzt, angehören.
⑤ Der Vorstand führt die Geschäfte der Aktiengesellschaft ▶ ☐

31 Welche Aufgabe hat unter anderem der Aufsichtsrat einer Aktiengesellschaft?

① Er ernennt den Vorstand und kontrolliert ihn.
② Er führt die Geschäfte der Unternehmung.
③ Er beruft die Hauptversammlung der Aktionäre ein.
④ Er verhandelt mit dem Betriebsrat über soziale Maßnahmen in der Unternehmung.
⑤ Er schließt mit dem Betriebsrat Betriebsvereinbarungen ab. ▶ ☐

32 Welche Aussage über die Hauptversammlung einer Aktiengesellschaft ist richtig?

① In der Hauptversammlung haben die Arbeitnehmer gleiches Stimmrecht wie die Aktionäre.
② Die Hauptversammlung wählt die Vertreter der Aktionäre in den Aufsichtsrat.
③ Die Hauptversammlung bestellt den Vorstand.
④ An der Hauptversammlung muss jeder Aktionär teilnehmen.
⑤ In der Hauptversammlung hat jeder Anwesende nur eine Stimme. ▶ ☐

Lösungen der Aufgaben auf Seite 187

© Holland + Josenhans

33 Welcher Vorteil spricht für die Gründung einer GmbH & Co. KG?

① Die Gründungskosten sind niedriger als bei einer einfachen Personengesellschaft.
② Eine seltenere Firmenbezeichnung erregt mehr Aufmerksamkeit im Geschäftsleben.
③ Der Vorteil der Haftungsbeschränkung wird verbunden mit steuerlichen Vorteilen.
④ Diese Unternehmensform genießt eine besonders große Kreditwürdigkeit.
⑤ Außenstehende vermuten unter dieser Bezeichnung eine große Firma.

34 Wie wird bei einer Kommanditgesellschaft die Person genannt, die sowohl mit ihrem Geschäftsvermögen als auch mit ihrem Privatvermögen haftet?

① Aktionär
② Kommanditist
③ Genosse
④ Kommanditgesellschafter
⑤ Komplementär

35 Welcher der genannten Begriffe muss in der Übersicht der Unternehmungsformen in das mit 2 gekennzeichnete Rechteck eingetragen werden?

① eG
② AG
③ KG
④ GmbH & Co. KG
⑤ Personengesellschaften

36 Welche Aussage über die Aktionäre einer Aktiengesellschaft ist nicht richtig?

① Die Aktionäre müssen in der AG nicht persönlich mitarbeiten.
② Die Aktionäre sind die Eigentümer der AG.
③ Die Aktionäre haben ein Stimmrecht in der Hauptversammlung.
④ Die Aktionäre haften für die Verbindlichkeiten der AG auch mit ihren Privatvermögen.
⑤ Den Gewinnanteil der Aktionäre bezeichnet man als Dividende.

© Holland + Josenhans
Lösungen der Aufgaben auf Seite 187

37 Welche Aussage über die Mitgliedschaft in einem Arbeitgeberverband ist richtig?

① Jede Unternehmung ist gesetzlich verpflichtet, einem Arbeitgeberverband beizutreten.
② Die Mitgliedschaft beruht auf freiwilliger Basis.
③ Mitglied in einem Arbeitgeberverband können nur die Inhaber von Einzelunternehmungen werden.
④ Mitglied in einem Arbeitgeberverband kann eine Unternehmung nur werden, wenn sie mehr als 20 Arbeitnehmer beschäftigt.
⑤ Die Mitgliedschaft eendet mit dem Tod des Eigentümers der Unternehmung. ▶ ☐

38 Welches Ziel verfolgen unter anderem die Arbeitgeberverbände?

① Verkürzung der Arbeitszeit bei vollem Lohnausgleich
② Ausweitung der betrieblichen Mitbestimmung der Arbeitnehmer
③ Abbau sämtlicher Subventionen
④ Interessenvertretung der Mitglieder gegenüber den Gewerkschaften
⑤ Offenlegung der Mittel aller Interessenverbände und der politischen Parteien ▶ ☐

39 Welche Aufgabe hat unter anderem die Handwerkskammer?

① Wahrnehmung sozialpolitischer Belange
② Abschluss von Tarifverträgen
③ Interessenvertretung aller Wirtschaftszweige im Bereich von Industrie, Handel und Verkehr
④ Interessenvertretung der Handwerksbetriebe
⑤ Entscheidung von arbeitsrechtlichen Streitigkeiten in Industrie und Handel ▶ ☐

40 Welche Aufgabe gehört in den Zuständigkeitsbereich einer Industrie- und Handelskammer?

① Beratung der Unternehmungen in arbeitsrechtlichen Fragen
② Vermittlung von Ausbildungsstellen
③ Durchführung von Industriemeister-Prüfungen
④ Abschluss von Tarifverträgen
⑤ Erarbeitung von Unfallverhütungsvorschriften ▶ ☐

Lösungen der Aufgaben auf Seite 187
© Holland + Josenhans

41 Welche der genannten Aufgaben nimmt die Industrie- und Handelskammer bzw. Handwerkskammer wahr?

① Erlass von Unfallverhütungsvorschriften
② Durchführung der Zwischen- und Abschlussprüfungen
③ Überwachung der Buchführung der Mitgliedsbetriebe
④ Erhebung der Gewerbesteuer
⑤ Erlass von Ausbildungsordnungen ▶ ☐

42 Welche Aufgabe hat unter anderem die Industrie- und Handelskammer bzw. die Handwerkskammer?

① Festlegen der Höhe der Ausbildungsvergütung
② Feststellen der Eignung von Ausbildungsstätten
③ Ausarbeitung der sachlichen und zeitlichen Gliederung der Berufsausbildung
④ Kostenlose Bereitstellung des Prüfungsmaterials für die Zwischen- und Abschlussprüfungen
⑤ Überwachung des Berufsschulunterrichts ▶ ☐

43 Wo ist die Mitgliedschaft gesetzliche Pflicht (= Zwangsmitgliedschaft)?

① Deutsche Angestelltengewerkschaft
② Industrie- und Handelskammer
③ Deutscher Gewerkschaftsbund
④ Bundesverband der Deutschen Industrie
⑤ Deutscher Hausfrauenbund ▶ ☐

44 Wo muss ein Handwerksbetrieb Mitglied sein?

① In der Industrie- und Handelskammer
② Im Deutschen Gewerkschaftsbund
③ Im Bundesverband der Deutschen Industrie
④ In der Handwerkskammer
⑤ Im Deutschen Handwerkskammertag ▶ ☐

45 In welchem Beispiel kann man von Investition sprechen?

① Klaus kauft sich ein Fahrrad, um schneller zur Schule zu kommen.
② Familie Maier kauft sich einen neuen Kühlschrank.
③ Familie Schulz lässt sich von einer Installationsfirma einen neuen, sparsamen Brenner einbauen und bekommt dafür vom Landkreis Fördermittel.
④ Die Elektrohandwerksfirma Weise kauft für die Werkstatt eine Tischbohrmaschine.
⑤ Familie Müller lässt in ihrem Eigenheim neue Fenster mit höherer Wärmedämmung einbauen. ▶ ☐

© Holland + Josenhans
Lösungen der Aufgaben auf Seite 187

Multiple-Choice-Aufgaben – Lösungen

Aufgabe	Lösung	Aufgabe	Lösung	Aufgabe	Lösung
Berufsbildung und		28.	①	7.	④
Arbeitswelt		29.	⑤	8.	③
1.	①	30.	①	9.	④
2.	④	31.	⑤	10.	⑤
3.	⑤	32.	①	11.	②
4.	⑤	33.	①	12.	③
5.	①	34.	④	13.	③
6.	⑤	35.	③	14.	②
7.	②	36.	③	15.	③
8.	②	37.	③	16.	①
9.	①	38.	⑤	17.	④
10.	④	39.	②	18.	①
11.	②	40.	②	19.	②
12.	②	41.	⑤	20.	⑤
13.	②	42.	①	21.	④
14.	③	43.	⑤	22.	②
15.	④	44.	③	23.	③
16.	①	45.	④	24.	④
17.	③	46.	④	25.	④
18.	③	47.	③	26.	⑤
19.	②	48.	③	27.	⑤
20.	③	**Grundlagen**		28.	③
21.	④	**des Arbeitsrechts**		29.	④
22.	⑤	1.	③	30.	①
23.	②	2.	①	31.	①
24.	④	3.	⑤	32.	②
25.	②	4.	④	33.	⑤
26.	⑤	5.	④	34.	①
27.	③	6.	②	35.	③

© Holland + Josenhans

Aufgabe	Lösung
36.	②
37.	③
38.	④
39.	④
40.	②
41.	⑤
42.	⑤
43.	①
44.	④
45.	②
46.	①
47.	③
48.	④
49.	④
50.	⑤
51.	③
52.	①
53.	③
54.	③
55.	⑤
56.	④
57.	⑤

Entlohnung der Arbeit

Aufgabe	Lösung
1.	②
2.	①
3.	②
4.	⑤
5.	②
6.	④
7.	②
8.	①
9.	④
10.	②
11.	③
12.	⑤

Soziale Marktwirtschaft/Unternehmenskonzentration

Aufgabe	Lösung
1.	①
2.	⑤
3.	②
4.	⑤
5.	③
6.	⑤
7.	②
8.	④

Existenzgründung/Betrieb

Aufgabe	Lösung
1.	①
2.	①
3.	③
4.	④
5.	②
6.	④
7.	①
8.	④
9.	⑤
10.	③
11.	①
12.	③
13.	⑤
14.	①
15.	③
16.	③
17.	④
18.	⑤
19.	⑤
20.	⑤
21.	⑤
22.	④
23.	②
24.	②
25.	①
26.	②
27.	①
28.	③
29.	①
30.	⑤
31.	①
32.	②
33.	③
34.	⑤
35.	③
36.	④
37.	②
38.	④
39.	④
40.	③
41.	②
42.	②
43.	②
44.	④
45.	④

© Holland + Josenhans

Fallaufgaben

Der nachfolgende Teil enthält Fragen, die frei beantwortet werden müssen. Sie müssen also selbst einen Satz oder Abschnitt als Antwort schreiben – teilweise ist sogar handlungsorientiertes Vorgehen erforderlich. Jede Fallaufgabe umfasst in der Regel mehrere Kapitel aus dem Lehrplan.

1 Grundlagen des Vertragsrechts/Umgang mit Geld (Winter 2001/2002)

Der 18-jährige Thomas hat seine Gesellenprüfung bestanden und zieht in eine eigene Wohnung. Er benötigt eine Waschmaschine und findet im Versandhauskatalog eine passende für 495,00 €.

1. Wie kommt in diesem Fall ein Kaufvertrag zustande?

Da Thomas knapp bei Kasse ist, überlegt er die Maschine in Raten zu bezahlen. Im Katalog findet er folgende Zahlungsmöglichkeiten:

Kaufpreis (in €) bis	Teilzahlungspreis in € bei Zahlung in Monatsraten							
	3	6	9	12	18	24	30	36
300,00	306,39	311,16	315,93	–	–	–	–	–
400,00	408,52	414,88	421,24	427,84	–	–	–	–
500,00	510,65	518,60	526,55	534,80	–	–	–	–
600,00	612,78	622,32	631,86	641,76	662,24	–	–	–
800,00	817,04	829,76	842,48	855,68	883,52	911,36	–	–
1.000,00	1.021,30	1.037,20	1.053,10	1.069,60	1.104,40	1.139,20	1.174,00	–
1.200,00	1.225,56	1.244,64	1.263,72	1.283,52	1.325,28	1.367,04	1.408,80	1.450,56
Zinsaufschlag pro Monat Laufzeit	0,71 %	0,62 %	0,59 %	0,58 %	0,85 %	0,85 %	0,85 %	0,85 %
Effektiver Jahreszins	12,92 %	13,10 %	13,31 %	13,65 %	13,68 %	13,78 %	13,69 %	13,64 %

2. In wie vielen Raten kann Thomas die Waschmaschine zurückbezahlen, wenn er sich so lange wie möglich Zeit lassen will?
3. Berechnen Sie den Teilzahlungspreis und seine monatliche Belastung in €.

Die Maschine wird geliefert. Am gleichen Tag fährt Thomas für 4 Wochen nach Spanien. Als er zurückkommt, stellt er fest, dass das Intensivprogramm nicht funktioniert.

Lösungen auf Seite 203

4. Kann Thomas die Waschmaschine noch reklamieren? (Begründung)

In den Allgemeinen Geschäftsbedingungen (AGB) im Katalog steht, dass im Falle einer mangelhaften Lieferung die Gewährleistungsansprüche zunächst auf Nachbesserung beschränkt werden.

5. Ist diese Beschränkung Bestandteil des Kaufvertrages? (Begründung)
6. Welche weiteren Rechte hätte Thomas nach dem Gesetz?

BGB*

§ 305 Einbeziehung Allgemeiner Geschäftsbedingungen in den Vertrag

(2) Allgemeine Geschäftsbedingungen werden nur Bestandteil eines Vertrages, wenn der Verwender bei Vertragsabschluss die andere Vertragspartei ausdrücklich [...] auf sie hinweist und der anderen Vertragspartei die Möglichkeit verschafft, in zumutbarer Weise von ihrem Inhalt Kenntnis zu nehmen [...]

* Gesetzestext vereinfacht und an BGB-Reform angepasst

2 Grundlagen des Vertragsrechts/Umgang mit Geld (Winter 2003/2004)

Leistungsverzeichnis der Kreissparkasse		Leistungsverzeichnis der Volksbank	
• Monatliche Grundgebühr	3,00 €	• Kontoführung pro Monat	5,50 €
• Überweisungsaufträge – SB-Überweisung – mit Beleg	 0,10 € 5,50 €	• Keine Buchungsgebühren • Überweisung mit Beleg pro Buchung	 0,25 €
• Kontoauszug am Drucker	-,-- €	• Kontoauszug am Drucker	-,-- €
• Überziehungskredit Zinssatz für Dispositionskredit	 12,5 %	• Zinssatz für Dispositionskredit	12,5 %
• Dauerauftrag	-,-- €	• Kundenkarte	-,-- €
• Kundenkarte pro Jahr	-,-- €	• Visa-Karte	-,-- €
• Visa-Card Hauptkarte pro Jahr	20,45 €	• Barabhebungen – an eigene Kunden am Automaten – an der Kasse	 -,-- € 1,50 €
• Barabhebungen an eigene Kunden – am Geldautomaten – bar am Schalter	 -,-- € 1,00 €		

Petra Schmidt (18) hat gerade ihre Lehre abgeschlossen. Im nächsten Monat wird sie in ein festes Arbeitsverhältnis übernommen. Als Auszubildende hatte sie ein gebührenfreies Girokonto bei der örtlichen Kreissparkasse. Nun muss sie jedoch Gebühren bezahlen. Sie überlegt sich deshalb, ob sie bei der Kreissparkasse bleiben oder zur Volksbank wechseln soll.

Lösungen auf Seite 203

Erfahrungsgemäß hat sie im Monat folgende Buchungen auf ihrem Girokonto:

5 Daueraufträge, 7 Überweisungen am Automaten, 2 Überweisungen mit Beleg,
2 Barabhebungen an der Kasse und 8 Barabhebungen am Automaten.

Eine Kreditkarte benötigt Petra im Augenblick nicht.

1. Führen Sie unter Berücksichtigung der Preis- und Leistungsverzeichnisse der beiden Kreditinstitute eine Kostenvergleichsrechnung durch. Welches Kreditinstitut würden Sie Petra empfehlen?
2. Angenommen, Petra entscheidet sich in Zukunft für eine Visa-Card. Würde sich dadurch am Kostenvergleich etwas ändern? (rechnerischer Nachweis)
3. Bisher hat Petra ihr Geld am Kassenschalter abgehoben. Warum sollte sie dies in Zukunft vermeiden?
4. Was könnte Petra veranlassen, auch bei günstigeren Konditionen eines anderen Kreditinstituts das eigene nicht zu wechseln? Nennen Sie vier Gründe.
5. Um am Homebanking teilnehmen zu können, kauft Petra in einem Fachgeschäft einen neuen PC für 1.300,- €. Nach drei Wochen stellt sie fest, dass der PC nicht richtig funktioniert. Da bei einem Kaufhaus gerade ein gleichwertiger Rechner für 999,- € angeboten wird, möchte sie ihr defektes Gerät im Fachgeschäft zurückgeben und ihr Geld wieder bekommen. Kann sie darauf bestehen? Begründen Sie Ihre Antwort.
6. Petras Freund Mathias hat sich im Autohaus Mayer e. K. für 18.000,- € einen gebrauchten BMW 320 i gekauft. In den allgemeinen Geschäftsbedingungen im Kaufvertrag steht, dass keinerlei Gewährleistungen seitens des Autohauses übernommen werden. Acht Monate nach dem Kaufdatum hat das Fahrzeug einen Getriebeschaden. Wie ist die Rechtslage?

Lösungen auf Seite 203/204

3 Umgang mit Geld/Soziale Marktwirtschaft (Winter 2003/2004)

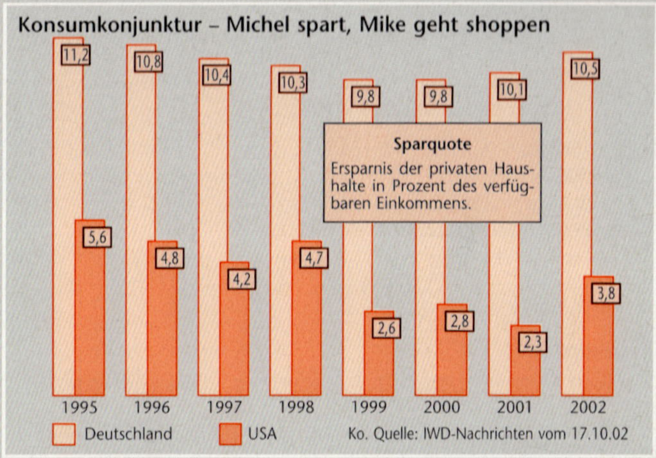

1. Erläutern Sie die Aussage des Schaubildes Michel spart, Mike geht „shoppen".
2. Um das Wievielfache ist die Sparquote in Deutschland im Jahr 2002 höher als in den USA? Welche Auswirkungen hat dies auf die Wirtschaft?
3. Erklären Sie den Begriff „Konjunktur".
4. Zeichnen Sie einen typischen Konjunkturverlauf und beschreiben Sie das Konsumverhalten der Verbraucher in den einzelnen Phasen.
5. In welcher Konjunkturphase befindet sich Deutschland zurzeit? (Begründen Sie)
6. Welchen Einfluss auf das Sparverhalten der Bürger haben
   - drohende Arbeitslosigkeit
   - eingetretene Arbeitslosigkeit?
7. Viele Auszubildende sparen nicht, sondern sind verschuldet. Beschreiben Sie mögliche Auswirkungen der Überschuldung (2 Beispiele).

Lösungen auf Seite 204/205

4 Grundlagen des Arbeitsrechts/Entlohnung der Arbeit/soziale Marktwirtschaft (Winter 2003/2004)

Frau Edeltraut Schönfelder, 28 Jahre, verheiratet, 2 Kinder, ist seit 4 Jahren Leiterin der Kundenbetreuung in einem großen Handwerksbetrieb. Ihr Mann, ebenfalls berufstätig, hat die Steuerklasse III und die beiden Kinderfreibeträge sind auf seiner Lohnsteuerkarte eingetragen.

Ihre persönlichen Daten zur Abrechnung lauten:

– Arbeitgeberzuschuss vermögenswirksame Leistungen	26,00 €
– Vermögenswirksamer Sparbetrag	50,00 €
– Lohnsteuer, Kirchensteuer, Solidaritätszuschlag	514,00 €
– Arbeitnehmeranteil Sozialversicherungen	530,82 €

Auszug aus dem

Entgelttarifvertrag		**Manteltarifvertrag**	
Angestellte mit selbstständiger Tätigkeit im Rahmen allgemeiner Anweisungen und mit entsprechender Verantwortung für ihre Tätigkeitsbereiche, z. B. Leiter/-in Kundenberatung, Supervisor, Gruppenleiter/in		Urlaub:	22 Arbeitstage, ab dem vollendeten 30. Lebensjahr 28 Arbeitstage
1. und 2. Jahr der Tätigkeit	2354,00 €	Arbeitszeit:	37,5 Stunden in der Woche, bei einer 5-Tage-Woche
3. bis 5. Jahr der Tätigkeit	2552,00 €		
ab dem 5. Jahr	2784,00 €		

Bundesurlaubsgesetz

§ 1 Urlaubsanspruch:	Jeder Arbeitnehmer hat in jedem Kalenderjahr Anspruch auf bezahlten Erholungsurlaub
§ 3 Dauer des Urlaubs:	(1) Der Urlaub beträgt jährlich mindestens 24 Werktage. (2) Als Werktage gelten alle Kalendertage, die nicht Sonn- oder gesetzliche Feiertage sind.
§ 4 Wartezeit:	Der volle Urlaubsanspruch wird erstmalig nach sechsmonatigem Bestehen des Arbeitsverhältnisses erworben.

1. Ermitteln Sie das Bruttoentgelt für Frau Schönfelder aufgrund der vorliegenden Angaben.
2. Wie viele Urlaubstage stehen Frau Schönfelder nach dem Manteltarifvertrag zu?
3. Entspricht die Anzahl der Urlaubstage den gesetzlichen Bestimmungen? (Begründung)

Lösungen auf Seite 205

4. Im obigen Auszug aus dem Manteltarifvertrag finden Sie nur Angaben zum Urlaub und der Wochenarbeitszeit. Welche weiteren Vereinbarungen können in einem Manteltarifvertrag noch getroffen werden? (Nennen Sie drei weitere mögliche Vereinbarungen)
5. Ermitteln Sie das Nettogehalt und den Auszahlungsbetrag von Frau Schönfelder. (Zeigen Sie den Rechnungsweg auf)
6. Zeigen Sie eine mögliche Alternative bei der Wahl der Steuerklassen für das Ehepaar Schönfelder auf und begründen Sie diese.

5 Simulation einer Unternehmensgründung/Umgang mit Geld (Sommer 2003)

Die Sportprofi Maier e.K. ist ein mittelständisches Unternehmen mit 10 Mitarbeitern. Das Unternehmen handelt vor allem mit Sportartikeln aus den USA. Zum Angebot gehören u. a. Sportschuhe, Sportbekleidung und Golfschläger.

1. Um welche Unternehmensform (Rechtsform) handelt es sich bei Sportprofi Maier e.K.?
2. Nennen Sie drei Vorteile dieser Rechtsform für den Unternehmer Maier.
3. Welche Gründe könnten Herrn Maier dazu veranlassen, sein Unternehmen in eine GmbH umzuwandeln?
4. Beschreiben Sie das Schaubild.

„Die Welt" vom 16. Oktober 2002

5. Welche Auswirkungen könnte die Wechselkursänderung des Euro zwischen Oktober 2001 und Oktober 2002 auf die Sportprofi Maier e.K. gehabt haben? (Zwei Auswirkungen)
6. Die Firma Sportprofi Maier e.K. importiert u.a. Golfschläger, die in den USA 120 US$ kosten. Wie viele Euro waren das am 1. Oktober 2001 und am 15.Oktober 2002?

Lösungen auf Seite 205/206

6 Umgang mit Geld/Soziale Marktwirtschaft (Sommer 2002)

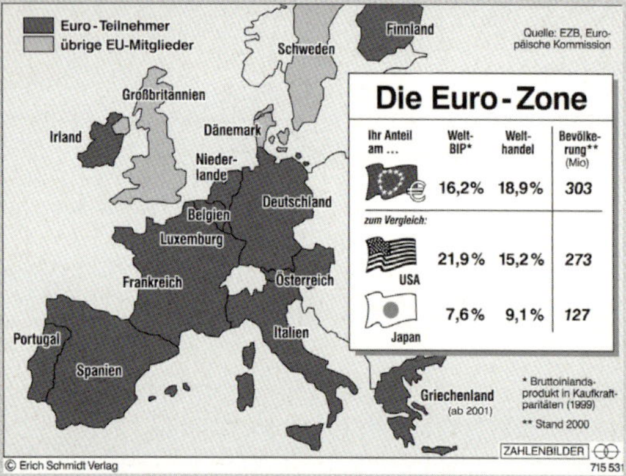

1. Nennen Sie die drei Mitgliedsstaaten der Europäischen Union, die sich nicht der Euro-Zone angeschlossen haben.
2. Erläutern Sie anhand des Textes drei Vorteile der gemeinsamen Währung für die Euro-Teilnehmer.
3. Worüber gibt das in dem Schaubild genannte Bruttoinlandsprodukt (BIP) Auskunft?
4. Vergleichen Sie das BIP der Euro-Zone mit dem der USA. Berücksichtigen Sie dabei die jeweiligen Bevölkerungszahlen.
5. Erklären Sie anhand eines Beispiels, dass eine Erhöhung des Bruttoinlandsproduktes nicht unbedingt eine Steigerung des Wohlstandes bedeuten muss.
6. Die Ausweitung des im Text genannten Welthandels wird von vielen Menschen befürwortet, von anderen aber abgelehnt. Erklären Sie je zwei Gründe, die für und die gegen einen steigenden Welthandel sprechen.

Euro schafft den Binnenmarkt

Mit rund 300 Millionen Einwohner bildet die Euro-Zone einen Wirtschafts- und Währungsraum, der fa ein Sechstel der Weltproduktion un ein Fünftel des Welthandels auf sic vereinigt. Durch die Währungsunio wurden die Voraussetzungen für ein echten Binnenmarkt geschaffen. Zw schen den teilnehmenden Staaten gi es kein Wechselkursrisiko mehr; da erleichtert den Handel über die Grenzen hinweg. Es bildet sich ein effizienter Finanzmarkt heraus, wei grenzüberschreitende Bankgeschäft schneller und billiger abgewickelt werden können. Und schließlich gil es mehr Preistransparenz und Wettbewerb, weil sich Güter- und Diens leistungsangebote aus verschiedene Ländern unmittelbar miteinander ve gleichen lassen.

Aus: Wirtschaft und Unterricht, Jahrg. 27/Nr. 4, Mai 2001

Lösungen auf Seite 206/207

7 Grundlagen des Arbeitsrechts (Sommer 2004)

Nach Abschluss ihrer Berufsausbildung bewirbt sich Bettina Schulz als Werkzeugmechanikerin bei Firma Werkzeugbau Wagner GmbH. Nach dem Vorstellungsgespräch wird der Arbeitsvertrag durch Handschlag besiegelt.

1. Welche Vorschriften sind im Arbeitsrecht hinsichtlich der schriftlichen Festlegung von Vertragsinhalten vorgesehen?

Herr Wagner hat Bettina vier Wochen Urlaub pro Jahr versprochen.

2. Prüfen Sie, ob dies den gesetzlichen Regeln entspricht.

Bettina hat Angst vor einer Kündigung. Sie weiß, dass im Arbeitsrecht der Kündigungsschutz verankert ist.

3. Für welche Arbeitnehmer gilt der allgemeine Kündigungsschutz? (Zwei Angaben)

Das Arbeitsrecht nennt drei Voraussetzungen einer sozial ungerechtfertigten Kündigung.

4. Nennen Sie diese Voraussetzungen mit je einem Beispiel.

Kündigungen sind auch aus wichtigem Grund möglich.

5. Erklären Sie, was damit gemeint ist.
6. Welche Fristen müssen Arbeitgeber und Betriebsrat bei Kündigungen aus wichtigem Grund einhalten?

Betriebsverfassungsgesetz (BetrVG)

§ 102 **Mitbestimmung bei Kündigungen.**

(1) Der Betriebsrat ist vor jeder Kündung zu hören. Der Arbeitgeber hat ihm die Gründe für die Kündigung mitzuteilen. Eine ohne Anhörung des Betriebsrats ausgesprochene Kündigung ist unwirksam.

(2) Hat der Betriebsrat gegen eine ordentliche Kündigung Bedenken, so hat er diese unter Angabe von Gründen dem Arbeitgeber spätestens innerhalb einer Woche schriftlich mitzuteilen. Äußert er sich innerhalb dieser Frist nicht, gilt seine Zustimmung zur Kündigung als erteilt. Hat der Betriebsrat gegen eine außerordentliche Kündigung Bedenken, so hat er diese unter Angabe der Gründe dem Arbeitgeber unverzüglich, spätestens jedoch innerhalb von drei Tagen, schriftlich mitzuteilen. Der Betriebsrat soll … vor seiner Stellungnahme den betroffenen Arbeitnehmer hören…

Lösungen auf Seite 207/208

Bürgerliches Gesetzbuch (BGB)

§ 626 **Fristlose Kündigung aus wichtigem Grund.**

(1) Das Dienstverhältnis kann von jedem Vertragsteil aus wichtigem Grund ohne Einhaltung einer Kündigungsfrist gekündigt werden, wenn Tatsachen vorliegen, auf Grund derer dem Kündigenden unter Berücksichtigung aller Umstände des Einzelfalles und unter Abwägung der Interessen beider Vertragsteile die Fortsetzung des Dienstverhältnisses … nicht zugemutet werden kann.

(2) Die Kündigung kann nur innerhalb von zwei Wochen erfolgen. Die Frist beginnt mit dem Zeitpunkt, in dem der Kündigungsberechtigte von den für die Kündigung maßgebenden Tatsachen Kenntnis erlangt. Der Kündigende muss dem anderen Teil auf Verlangen den Kündigungsfall unverzüglich schriftlich mitteilen.

Bundesurlaubsgesetz (BUrlG)

§ 1 **Urlaubsanspruch.**

Jeder Arbeitnehmer hat in jedem Kalenderjahr Anspruch auf bezahlten Erholungsurlaub.

§ 2 **Dauer des Urlaubs.**

(1) Der Urlaub beträgt jährlich mindestens 24 Werktage.

(2) Als Werktage gelten alle Kalendertage, die nicht Sonn- oder gesetzliche Feiertage sind.

Kündigungsschutzgesetz (KSchG)

§ 1 **Sozial ungerechtfertigte Kündigungen.**

(1) Die Kündigung des Arbeitsverhältnisses gegenüber einem Arbeitnehmer, dessen Arbeitsverhältnis in demselben Betrieb oder Unternehmen ohne Unterbrechung länger als sechs Monate bestanden hat, ist rechtsunwirksam, wenn sie sozial ungerechtfertigt ist.

(2) Sozial ungerechtfertigt ist die Kündigung, wenn sie nicht durch Gründe, die in der Person oder in dem Verhalten des Arbeitnehmers liegen, oder durch dringende betriebliche Erfordernisse, die einer Weiterbeschäftigung des Arbeitnehmers in diesem Betrieb entgegenstehen, bedingt ist.

§ 23 **Geltungsbereich.**

(1) … Die Vorschriften [des §1] gelten nicht für Betriebe und Verwaltungen, in denen in der Regel zehn oder weniger Arbeitnehmer ausschließlich der zu ihrer Berufsausbildung Beschäftigten beschäftigt werden.

Nachweisgesetz (NachwG)

§ 2 **Nachweispflicht.**

(1) Der Arbeitgeber hat spätestens einen Monat nach dem vereinbarten Beginn des Arbeitsverhältnisses die wesentlichen Vertragsinhalte schriftlich niederzulegen, die Niederschrift zu unterzeichnen und dem Arbeitnehmer auszuhändigen …

Lösungen auf Seite 207/208

8 Soziale Marktwirtschaft (Winter 2004/2005)

Einkommensteuerreform – Die Light-Variante

Gerade noch rechtzeitig haben sich Regierung und Opposition darauf geeinigt, die für 2005 angesetzte Steuersenkung wenigstens zum Teil auf 2004 vorzuziehen. Ob der gefundene Kompromiss der Konjunktur den erhofften Impuls geben kann, steht indes in den Sternen ... Im Detail ändert sich der Einkommensteuertarif so:

Steuersätze: Der Eingangssteuersatz sinkt 2004 auf 16 %, der Spitzensteuersatz auf 45 %. Die Steuersätze dazwischen reduzieren sich entsprechend. Ab Januar 2005 werden die Steuersätze dann – wie ursprünglich geplant zwischen 15 und 42 % liegen.

Einkommensgrenzen: Der Grundfreibetrag erhöht sich auf 7 664 Euro ... Die Einkommensschwelle, bei der der Spitzensteuersatz von 45 % greift, liegt bei 52 152 Euro. Das ist allerdings immer noch weniger als die 46,9 %, die bislang in dieser Verdienstregion fällig waren ...

iwd – Informationsdienst des Instituts der deutschen WIrtschaft Köln Nr.51/52 vom 18.12 2003

Der Einkommensteuertarif (vereinfacht)

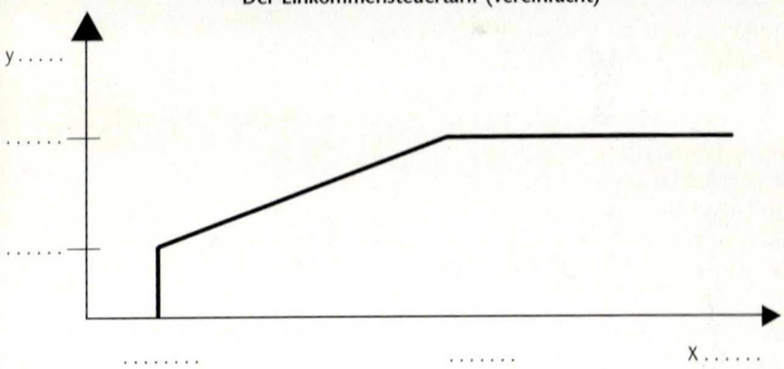

1. Übernehmen Sie die Grafik auf Ihr Lösungsblatt. Beschriften Sie die Achsen und tragen sie die aktuellen Werte für 2005 in die Grafik ein.
2. Markieren Sie die im Text erwähnte „Progressionszone" in der Grafik farbig und erklären Sie den Begriff.
3. Welche Bedeutung hat der im Text erwähnte Grundfreibetrag für den Steuerzahler?
4. Welche Auswirkung hat die Einkommensteuerreform für Steuerzahler?

Lösungen auf Seite 208

5. In dem Text wird ein Zusammenhang zwischen Steuerreform und Konjunktur hergestellt. Erklären Sie die Auswirkungen von Steuersenkungen auf die Konjunktur.
6. Welche Ziele des „magischen Vierecks" könnten durch diese Steuerreform positiv beeinflusst werden? Beschreiben Sie die Wirkung.

9 Simulation einer Unternehmensgründung /Grundlagen des Arbeitsrechts (Winter 2004/2005)

**Manteltarifvertrag
Leder erzeugende Industrie**

**§ 4
Zuschläge für Mehr-, Nacht-, Sonntags- und Feiertagsarbeit**

1. Die Zuschläge betragen
– für Mehrarbeit 25 %
– für Sonntagsarbeit 50 %
– für Arbeit an Feiertagen, die nach den gesetzlichen Bestimmungen zu bezahlen sind, gleichgültig, ob sie auf einen Wochentag oder Sonntag fallen 150 %
– für Nachtarbeit bei regelmäßiger Nachtarbeit oder Nachtschicht (Wechselschicht)
für die Zeit von 20.00 Uhr bis 23.00 Uhr 10 %
für die Zeit von 23.00 Uhr bis 6.00 Uhr 25 %

**Bestehende Zusatzvereinbarungen
für die Leder-Bader e.K.**

In Anlehnung an § 4.1 des Manteltarifvertrags gelten folgende Bestimmungen weiter:

a) Gewerbliche Arbeitnehmer
– Bei regelmäßiger Nachtschicht (Wechselschicht) 20 %
– Für Nachtschicht, die mindestens 3 Monate ohne Unterbrechung gemacht wird, wird in der Zeit von 22.00 Uhr bis 6.00 Uhr ein zusätzlicher Zuschlag bezahlt von 15 %
– Für Nachtschicht von Samstag 18.00 Uhr bis Montag 6.00 Uhr 50%

Für Nachtschicht von mindestens 4 zusammenhängenden Wochen und bei mindestens 2 und mehr in die Nachtschicht fallenden Arbeitsstunden für Weiche und Wasserwerkstatt ein zusätzlicher Zuschlag von 15 %

Die Leder-Bader e.K. ist ein mittelständisches Unternehmen mit 30 gewerblichen Arbeitnehmern und 10 Angestellten. Hans Bader ist Mitglied im Arbeitgeberverband der Leder erzeugenden Industrie. Das Unternehmen verarbeitet vor allem Naturleder, das zu Fensterleder und Fensterschwämmen weiterverarbeitet wird.

1. Um welche Unternehmensform handelt es sich hier?
2. Formulieren Sie drei Vorteile und drei Nachteile dieser Unternehmensform.

Lösungen auf Seite 208/209

3. Bernd Schott (Gewerkschaftsmitglied) ist gelernter Schneider und arbeitet als Lederzuschneider in der Leder-Bader e.K.
   Welche Auswirkungen hat die neben dem Manteltarifvertrag bestehende Zusatzvereinbarung für Bernd Schott?
4. Ermitteln Sie den prozentualen Zuschlag, den Bernd Schott erhält, wenn er regelmäßig samstags zwischen 23.00 Uhr und 6.00 Uhr arbeiten muss.
5. Vergleichen Sie den Zuschlagsatz, wenn er regelmäßig zur selben Zeit freitags arbeitet.
6. Nennen Sie vier weitere Inhalte, die in einem Manteltarifvertrag geregelt sein können.
7. Worin sehen Sie die Bedeutung von Tarifverträgen für die Tarifvertragsparteien?

10 Umgang mit Geld/Grundlagen des Vertragsrechts (Sommer 2005)

Ralf Maier, 19 Jahre, arbeitet als Maschinenschlosser bei der Firma Freud GmbH in Weinheim. Sein Gehalt überweist ihm die Firma Freud pünktlich zum Monatsersten auf das Konto Nr. 12345678 bei der Starkenburg-Sparkasse in Heppenheim. Am 17. Oktober 2004 druckt Ralf folgenden Auszug am Kontoauszugsdrucker aus:

Muster

Sparkasse Starkenburg   BLZ 509 514 69   Auszug 53   Blatt 1
Nr. 12345678

Datum	Erläuterungen	Betrag
	Kontostand 31.09.2004, Auszug Nr. 52	435,18 H
	Währung: EUR	
01.10.	Lohn, Gehalt Freud GmbH 6543/654865	1.124,12 H
02.10.	Miete DA-NR 0123456	320,00 S
06.10.	Scheck Nr. 333, Zahlung für Fahrrad, Bitsch	150,00 H
11.10.	Geldautomat Sparkasse GA NR000123 BLZ509 514 69 11.10/12.12UHR Weinheim	50,00 S
12.10.	Scheck Nr. 321321321	80,00 S
13.10.	Lastschrift Wert: 13.10.2004 RUNDFUNKANSTALT Teilnehmernummer 123456	48,45 S
15.10.	Lastschrift MediaMarkt, Mannheim 05748984660 POZ56743 12.10.04 9.20 MEZ	210,00 S
16.10.	Kartenzahlung SHELL 5432 Weinheim EC 700021345 15.10 7.30 MEZ	61,85 S

Ralf Maier

Int. Bank Account Nummer:
DE30 5674 1234 0055 7650 65
SWIFT-BIC.: HELADEF3HPE

1. Um welche Art von Bankkonto handelt es sich?
2. Erklären Sie, welche Vorgänge bzw. Handlungen den Buchungen vom 2. Oktober, 6. Oktober, 11. Oktober, 12. Oktober und 13. Oktober zu Grunde liegen könnten.

Lösungen auf Seite 209/210

3. Vergleichen Sie die Lastschrift vom 15. Oktober mit der Kartenzahlung vom 16. Oktober 2004. Worin unterscheiden sich die beiden Zahlungsarten?
4. Erläutern Sie, was man unter einem Dispositionskredit versteht.
5. Am 12. Oktober 2004 hat sich Ralf beim Medien-Markt für 210,00 € eine Digitalkamera von Sony gekauft. Als er die Kamera zu Hause aus der Verpackung nimmt, stellt er fest, dass das Gehäuse der Kamera nicht richtig schließt.
   Begründen Sie, welches Recht Ralf Ihrer Meinung nach hier geltend machen sollte.
6. Erst drei Wochen später hat Ralf Zeit zum Medien-Markt zu fahren, um das Gerät zu reklamieren. Der Mann am Service lehnt die Reklamation ab. Er behauptet, das Gerät sei Ralf heruntergefallen und er müsste es auf seine Kosten reparieren lassen.
   Beurteilen Sie die Rechtslage.

BGB

§ 476 Beweislastumkehr

Zeigt sich [bei einem Verbrauchsgüterkauf] innerhalb von sechs Monaten seit Gefahrübergang [Übergabe] ein Sachmangel, so wird vermutet, dass die Sache bereits bei Gefahrübergang mangelhaft war, es sei denn, diese Vermutung ist mit der Art der Sache oder des Mangels unvereinbar.

11 Umgang mit Geld/Grundlagen des Arbeitsrechts (Sommer 2005)

Der Geselle Klaus Richtig (32 Jahre, verheiratet, ein Kind) verdient 1 800,00 € netto im Monat. Seine Frau hat einen Nebenjob und verdient 400,00 € netto pro Monat dazu. Sie planen einen Autokauf und bekommen von der Oma einen Zuschuss von 3 000,00 €. Ihre Wahl fällt auf einen vier Jahre alten Golf IV Diesel, der beim Autohändler 9 800,00 € kosten soll.

Der Autohändler bietet bei Barzahlung 800,00 € Rabatt. Deshalb halten Sie auf dem Weg nach Hause bei Ihrer Bank und bekommen folgendes Angebot:

Finanzierung:

6,5 % Jahreszins

Laufzeit 2 Jahre

Lösungen auf Seite 210

Der Autohändler macht Ihnen zusätzlich folgendes Angebot:

Leasing:

Leasingsonderzahlungen bei Fahrzeugübergabe	3 000,00 €
Monatliche Leasingrate	150,00 €
Laufzeit	2 Jahre
Restschuld nach zwei Jahren	3 680,00 €

1. Wie hoch wären die monatlichen Raten bei der Kreditfinanzierung durch die Bank?
2. Zu welchem der beiden Angebote würden Sie der Familie Richtig raten? Begründen Sie Ihre Meinung.
3. Nennen Sie vier Inhaltspunkte, die sowohl in einem Leasing- als auch in einem Ratenkreditvertrag enthalten sein müssen.
4. Die Familie Richtig entscheidet sich für den Kreditvertrag. Welche Sicherheiten könnte die Bank verlangen? Nennen Sie zwei.
5. Klaus Richtig hat nun Angst, dass er im Fall von Arbeitslosigkeit die Schulden nicht zurückzahlen kann. Seine Frau tröstet ihn: er hätte ja Kündigungsschutz. Worin besteht der allgemeine Kündigungsschutz für Arbeitnehmer?

12 Berufsbildung und Arbeitswelt/Arbeitsrecht (Winter 2005/2006)

1. Sabine absolviert gerade eine dreijährige Berufsausbildung im dualen System. Ihr französischer Cousin Pierre erlernt in Frankreich den Beruf des Mechatronikers. In seinem Heimatland erfolgt die Berufsausbildung in der Regel rein schulisch.
   Nennen Sie je drei Vor- und Nachteile des dualen Ausbildungssystems.
2. Pierre interessiert sich für die arbeitsrechtlichen Aspekte, die für ihn bei der rein schulischen Ausbildung keine Rolle spielen. Daher fragt er Sabine, ob ihr gekündigt werden könne.
   Unter welchen Voraussetzungen kann Sabine gekündigt werden, bzw. kann sie selbst kündigen? Erläutern Sie die Möglichkeiten.
3. Sabine bekommt eine monatliche Ausbildungsvergütung von 545,00 €. Von den vermögenswirksamen Leistungen von 40 €/Monat übernimmt ihr Ausbildungsbetrieb die Hälfte.
   Berechnen Sie den Nettolohn von Sabine. (Rechenweg)
   Gehen Sie von folgenden Beitragssätzen zur Sozialversicherung aus:

Krankenversicherung	14,0 %
Rentenversicherung	19,5 %
Pflegeversicherung	1,7 %
Arbeitslosenversicherung	6,5 %

   Es fallen keine Steuern an.

Lösungen auf Seite 210/211/212

4. Im Berufsschulunterricht erfährt Sabine von den Problemen der gesetzlichen Rentenversicherung. Nennen Sie drei Ursachen für diese Probleme.
5. Was kann Sabine über die Pflichtversicherung hinaus für Ihre Altersversorgung tun? Machen Sie ihr zwei Vorschläge und bewerten Sie diese.

13 Umgang mit Geld/Grundlagen des Vertragsrechts/Arbeitsrecht (Winter 2005/2006)

Die Entwicklung des Geldvermögens in Deutschland							
	Geldvermögen insgesamt in Mrd. €	Davon Sparbuch, Termingeld u.a.	Geldanlagen bei Versicherungen	Investmentfonds	Aktien	Festverzinsliche Wertpapiere	Sonsti
1995	2.697	1.128 (42 %)	573 (21 %)	190 (7 %)	204 (8 %)	348 (13 %)	254 (
1999	3.576	1.266 (35 %)	808 (23 %)	362 (10 %)	484 (15 %)	369 (10 %)	287 (
2003	3.922	1.399 (35 %)	997 (25 %)	464 (12 %)	231 (8 %)	442 (11 %)	390 (1

1. Welche zwei Sparformen wurden laut Tabelle 2003 von den Deutschen bevorzugt?
2. Beschreiben Sie die Entwicklung des Aktiensparens von 1995 bis 2003 und geben Sie eine mögliche Begründung für diese Entwicklung.
3. Erklären Sie die Begriffe „Investmentfonds" und „festverzinsliche Wertpapiere".
4. Erläutern Sie die Sparform, mit der Sie jeweils die Sparziele „Auto" und „Eigentumswohnung" am besten erreichen.
5. Andrea, 19 Jahre, unverheiratet, Auszubildende, hat seit zwei Jahren einen Bausparvertrag. Die Bausparsumme beträgt 16.000 €. Davon muss sie 50 % ansparen. Sie nützt die staatliche Bausparförderung und lässt auch ihre vermögenswirksamen Sparbeträge auf das Bausparkonto überweisen. Beim Abschluss des Bausparvertrags war Andrea noch minderjährig.
   Wie konnte sie trotzdem den Vertrag rechtsgültig abschließen?
6. Nennen Sie die beiden Arten der Sparförderung, die Andrea beantragen kann.
7. In der Betriebsvereinbarung ihres Arbeitgebers steht, dass das Unternehmen 40 % der vermögenswirksamen Sparleistung übernimmt.
   Wer handelt die Bedingungen der Betriebsvereinbarung aus?

Lösungen auf Seite 212/213

Lösungen zu den Fallaufgaben

1.1 Kataloge sind keine Angebote, da sie an die Allgemeinheit gerichtet sind. Sie sind deshalb nicht verbindlich und stellen lediglich eine Aufforderung an den Kunden dar, selbst einen Antrag zu machen. Durch seine Bestellung macht Thomas einen solchen Antrag. Ein Kaufvertrag ist folglich entstanden, wenn das Versandhaus liefert oder wenn es den Antrag durch eine Bestellungsannahme bestätigt.

1.2 Maximal 12 Raten

1.3

	495,00 €	Warenwert
+	34,45 €	Zinsen (495 · 0,58 % · 12)
=	**529,45 €**	**Teilzahlungspreis**

monatliche Rate = 529,45 € : 12 Monate = **44,12 €/Monat**

1.4 Thomas kann den Fehler noch reklamieren, da die Sachmangelhaftung 2 Jahre beträgt.

1.5 Die AGB waren im Katalog abgedruckt. Bestandteil des Vertrages werden sie jedoch nur, wenn z. B. auf dem Bestellschein ausdrücklich darauf hingewiesen wurde. Die Beschränkung auf Nachbesserung ist somit möglich.

1.6 Zuerst wahlweise Ersatzlieferung oder Nachbesserung, nach deren Fehlschlagen in einer angemessenen Nachfrist: wahlweise Rücktritt vom Vertrag oder Preisnachlass sowie zusätzlich Schadenersatz.

2.1 *Kreissparkasse:*

monatl. Grundgebühr		3,00 €
5 Daueraufträge		0,00 €
7 Überweisungen	= 7 · 0,10 € =	0,70 €
2 Überweisungen mit Beleg	= 2 · 0,50 € =	1,00 €
2 Barabhebungen an der Kasse	= 2 · 1,00 € =	2,00 €
8 Barabhebungen am Automaten		0,00 €
Summe		**6,70 €**

Volksbank:

monatl. Kontoführung		5,50 €
5 Daueraufträge		0,00 €
7 Überweisungen		0,00 €
2 Überweisungen mit Beleg	= 2 · 0,25 € =	0,50 €
2 Barabhebungen an der Kasse	= 2 · 1,50 € =	3,00 €
8 Barabhebungen am Automaten		0,00 €
Summe		**9,00 €**

Ergebnis: Petra sollte das Konto bei der Kreissparkasse behalten.

© Holland + Josenhans

2.2 monatl. Anteil der Visa-Card = 20,45 € : 12 = 1,70 €
monatliche Kosten 6,70 + 1,70 Kosten der Visa-Card = **8,40 €**
Ergebnis: Auch mit Visa-Card bleibt die Kreissparkasse die günstigere Bank.

2.3 Die Barabhebungen am Kassenschalter sind sehr teuer, bei der Sparkasse 1,00 € und bei der Volksbank 1,50 € pro Abhebung.

2.4 Günstigere Lage, Bequemlichkeit, laufende Kredite, gute Beratung, hervorragender Service, persönliche Beziehungen usw.

2.5 Nein, zuerst hat sie einen Anspruch auf Nacherfüllung, d. h., sie kann wählen zwischen Nachbesserung (Reparatur) und Neulieferung (Lieferung einer mangelfreien Sache). Ein Rücktritt vom Vertrag ist nur möglich, wenn der Verkäufer die Nacherfüllung verweigert oder wenn die Nacherfüllung fehlschlägt (bei Reparatur zwei Versuche).

2.6 Mathias hat einen Gebrauchsgüterkauf abgeschlossen. Die Sachmangelhaftung (Gewährleistung) für gebrauchte Sachen kann vom Händler nicht ganz ausgeschlossen werden. Er kann sie lediglich auf ein Jahr verkürzen.

3.1 Der Deutsche „Michel" spart in schlechten Zeiten und verzichtet auf Konsum. Der Amerikaner „Mike" spart weniger und konsumiert mehr.

3.2 10,5 : 3,8 = 2,76fache, die Nachfrage ist in den USA höher als in Deutschland

3.3 Unter Konjunktur versteht man die jeweilige wirtschaftliche Gesamtlage sowie den Wirtschaftsverlauf.

3.4

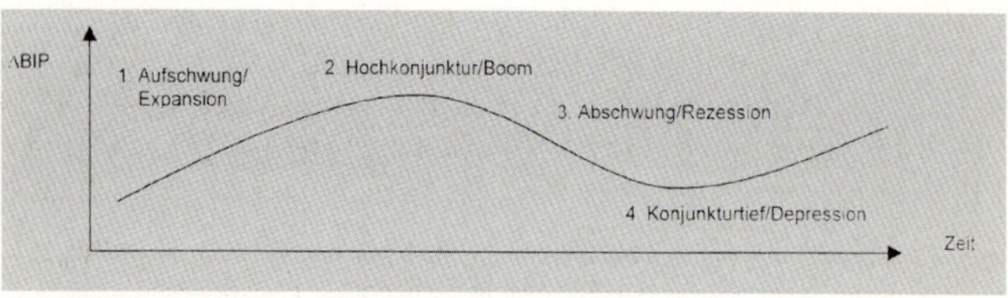

- Expansion: Nachfrage/Konsum nimmt zu
- Boom: Nachfrage/Konsum erreicht Höhepunkt
- Rezession: Nachfrage/Konsum geht zurück
- Depression: Nachfrage/Konsum erreicht Tiefstand

3.5 Antwort abhängig von der Begründung, z. B. am Beginn einer Rezession, weil die Arbeitslosigkeit steigt und das BIP gegenüber dem Vorjahr gesunken ist.

© Holland + Josenhans

3.6 – Bei drohender Arbeitslosigkeit sparen die Bürger vorbeugend.
– Bei eingetretener Arbeitslosigkeit haben die Bürger weniger Einkommen zur Verfügung und können deshalb weniger sparen.

3.7 z. B. drohende Lohnpfändung, Konsumeinschränkung

4.1 Frau Schönfelder befindet sich im 4. Jahr der Tätigkeit. Deshalb befindet sie sich in Gehaltsstufe 2 mit 2.552,00 € Tariflohn zuzüglich 26,00 € Arbeitgeberbeitrag zur vermögenswirksamen Leistung. Dies ergibt einen Bruttoverdienst von **2.578,00 €**.

4.2 Da Frau Schönfelder 28 Jahre alt ist, hat sie Anspruch auf **22 Arbeitstage Urlaub.**

4.3 Die 22 Arbeitstage sind ausreichend, da sie über dem gesetzlichen Mindesturlaub von 24 Werktagen (6 Werktage pro Woche) liegen.

4.4 Weitere mögliche Inhalte: Kündigungsfristen, Abfindungen, Pausenzeiten, Schichtzeiten, Arbeitsschutzmaßnahmen, vermögenswirksame Leistungen, Fahrtkostenzuschüsse, Arbeitskleidung, Weihnachtsgeld, Mehrarbeitsvergütung

4.5

Bruttoentgelt	2.578,00 €
– Steuern	514,00 €
– Sozialversicherungen	530,82 €
= Nettoentgelt	**1.533,18 €**
– Sparbetrag	50,00 €
= Auszahlungsbetrag	**1.483,18 €**

4.6 Bei Herrn Schönfelder ist die Steuerklasse III eingetragen. Da beide verheiratet sind, besteht für Frau Schönfelder nur die Möglichkeit von Steuerklasse V, da beide Ehegatten Arbeitnehmer sind. Eine weitere Möglichkeit wäre, dass beide sich für die Steuerklasse IV entscheiden. Diese Wahl bietet sich an, wenn beide Ehepartner etwa gleich viel verdienen.

5.1 Eine Einzelunternehmung, die in das Handelsregister eingetragen ist. Die Abkürzung e. K. bedeutet eingetragener Kaufmann.

5.2 – schnelle Anpassung auf Marktveränderungen
– schnelle und flexible Entscheidungen
– alleiniger Gewinnanspruch
– freie Entfaltungsmöglichkeiten
– persönliches Engagement zahlt sich aus

© Holland + Josenhans

5.3
- Beschränkung der Haftung
- Regelung der Nachfolge
- Beteiligung von Fachleuten
- Eigenkapitalbeschaffung
- Verteilung der Arbeitsbelastung
- Betriebsaufspaltung
- steuerliche Vorteile
- Mitarbeiterbeteiligung

5.4 Das Schaubild zeigt die Veränderungen des Wechselkurse des Euro. Die Kurve zeigt auf der y-Achse den Wechselkurs des Euro in US $ (der Preis eines Euro in US $), die x-Achse ist die Zeitachse. Der Wechselkurs des Euro steigt vor allem zwischen April 2001 und Juli 2002.

5.5 Im Oktober ist ein Euro 0,9125 US $ wert, im Oktober 2002 sind es 0,9810 US $. Dies bedeutet, dass Herr Maier im Oktober 2002 für importierte Ware weniger bezahlen muss als im Oktober 2001. Seine Gewinnspanne wird dadurch höher. Er könnte die Preissenkungen weitergeben und durch eine gestiegene Nachfrage den Umsatz erhöhen.

5.6 01.10.2001:

0,9125 US $ = 1 €
120,0000 US $ = x €

$$x = \frac{1 \cdot 120}{0{,}9125} = \mathbf{131{,}50\ €}$$

15.10.2002:

0,9810 US $ = 1 €
120,0000 US $ = x €

$$x = \frac{1 \cdot 120}{0{,}981} = \mathbf{122{,}32\ €}$$

6.1 Großbritannien, Dänemark, Schweden

6.2 Z. B.
- Kein Wechselkursrisiko, das erleichtert den Handel über die Grenzen hinweg, z. B. bei langfristigen Verträgen
- Grenzüberschreitende Bankgeschäfte können schneller und billiger abgewickelt werden, z. B. keine Umtauschgebühren
- kein Restgeld aus Urlaubsreisen in der Eurozone.
- Preistransparenz und Wettbewerb, z. B. bei Vergleichen der Preise mit dem Urlaubsland

6.3 Über den Wert der Güter und Dienstleistungen, die in einem Staat innerhalb eines Jahres erzeugt worden sind.

6.4 Der Anteil am BIP liegt bei den USA um 5,7 Prozentpunkte über dem der Eurozone, obwohl die Bevölkerungszahl geringer ist.

6.5 Z. B.
- Die Beseitigung von Schäden als Folge von Unfällen oder Umweltkatastrophen.
- Die Bevölkerungszahl steigt mehr als das BIP.
- Ungleiche Einkommensverteilung, die nicht allen Bevölkerungsgruppen zugute kommt.

© Holland + Josenhans

- Der Staat kann große Teile verbrauchen, z. B. für die Verwaltung oder Rüstung.

6.6 **Dafür**, z. B.
- Die internationale Konkurrenz wird größer, dadurch sinken die Preise.
- Die weltweite Nachfrage steigt, dies schafft Arbeitsplätze.
- Lohnkosten und Lebensstandard werden sich weltweit angleichen.
- Die bessere Verteilung der Güter verringert die Zahl der Hungersnöte.

Dagegen, z. B.
- Es setzt ein weltweiter Wettlauf ein um die niedrigsten Lohn- und Sozialkosten.
- Die Unternehmenskonzentration und Rationalisierung nimmt zu, dadurch steigt die Arbeitslosigkeit.
- Laut Schaubild teilen sich 14 Staaten 45,7 % des Welthandels. Es wird deshalb befürchtet, dass sich die Kluft zwischen armen und reichen Ländern weiter vergrößert.
- Die Umweltzerstörung nimmt weiter zu, weil am Weltmarkt billige Produktion gefragt ist.

7.1 Gemäß § 2 des Nachweisgesetzes wird der Arbeitgeber verpflichtet, spätestens einen Monat nach Beginn des Arbeitsverhältnisses die wesentlichen Vertragsinhalte schriftlich niederzulegen, die Niederschrift zu unterzeichnen und dem Arbeitnehmer auszuhändigen.

7.2 Gemäß § 2 des Bundesurlaubsgesetzes haben Arbeitnehmer einen Mindesturlaub von 24 Werktagen (einschließlich Samstagen), also von vier Wochen. Demnach ist die Regelung des Arbeitsvertrages zulässig.

7.3 Gemäß § 1 des Kündigungsschutzgesetzes für alle Arbeitnehmer, die mehr als sechs Monate in einem Betrieb beschäftigt sind und in denen gemäß § 23 Kündigungsschutzgesetz mehr als 10 Arbeitnehmer beschäftigt werden.

7.4 Gemäß § 1 (2) des Kündigungsschutzgesetzes ist eine Kündigung sozial ungerechtfertigt, wenn die Kündigungsgründe **nicht** in der Person oder im Verhalten des Arbeitnehmers oder in dringenden betrieblichen Erfordernissen liegen. Personenbedingte Kündigungen sind z. B. zulässig, wenn ein Arbeitnehmer nicht bereit oder fähig ist, sich fortzubilden oder sich in neue Technologien einzuarbeiten. Verhaltensbedingte Kündigungen sind z. B. möglich bei Störungen des Betriebsfriedens, wiederholter Unpünktlichkeit oder bei häufig schlechten Arbeitsleistungen. Betriebsbedingte Kündigungen sind z. B. möglich bei Auftragsmangel, Rationalisierungsmaßnahmen oder der Schließung von Betriebsanlagen.

© Holland + Josenhans

7.5 Gemäß § 626 BGB kann die Kündigung fristlos erfolgen, wenn dem Arbeitgeber oder dem Arbeitnehmer die Fortsetzung des Arbeitsverhältnisses nicht mehr zugemutet werden kann. Ein Arbeitgeber kann so beispielsweise bei Diebstahl, Tätlichkeit, Betrug oder beharrlicher Arbeitsverweigerung fristlos kündigen.

7.6 Gemäß § 626 BGB muss die fristlose Kündigung innerhalb von zwei Wochen nach dem Entstehen des Kündigungsgrundes erfolgen. Wenn der Betriebsrat gegen eine außerordentliche Kündigung Bedenken hat, so muss er dies gemäß § 102 des Betriebsverfassungsgesetzes dem Arbeitgeber innerhalb von drei Tagen mitteilen.

8.1 **Der Einkommensteuertarif (vereinfacht)**

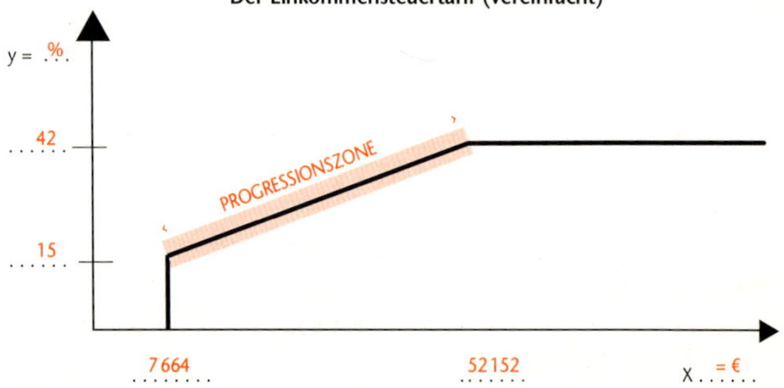

8.2 Siehe Markierung in der Grafik.
Der Begriff Steuerprogression bedeutet, dass mit steigendem Einkommen die Steuerbelastung sowohl vom Prozentsatz als auch vom Betrag her zunimmt.

8.3 Der Grundfreibetrag bleibt steuerfrei, d. h., ein zu versteuerndes Einkommen bis 7.664,00 € wird nicht besteuert.

8.4 Die Steuersenkung führt zu einem höheren Nettoeinkommen, d. h., die Bürger haben mehr Geld zur Verfügung.

8.5 Durch die Steuersenkung soll die Konjunktur (Wirtschaftslage) positiv beeinflusst werden, z. B. durch Belebung der Konsum- und Investitionsgüternachfrage, da die Bürger mehr Geld ausgeben können.

8.6 Wirtschaftswachstum und Vollbeschäftigung:

- Wirtschaftswachstum:
  Steigende Einkommen → steigende Nachfrage → steigende Produktion → steigendes Wirtschaftswachstum

© Holland + Josenhans

- Vollbeschäftigung:
  Steigende Einkommen -> steigende Nachfrage -> steigende Produktion -> steigendes Wirtschaftswachstum

---

9.1 Es handelt sich um eine Einzelunternehmung.

9.2 Vorteile:
- Der Unternehmer verfügt alleine über den Gewinn.
- Der Unternehmer kann alleine und schnell entscheiden.
- Der Unternehmer kann sich schnell an wirtschaftliche Veränderungen anpassen.

Nachteile:
- Der Unternehmer haftet unmittelbar und unbeschränkt mit seinem Geschäfts- und Privatvermögen.
- Der Unternehmer trägt das Risiko alleine.
- Die Kapitalkraft ist begrenzt.
- Die Nachfolge des Betriebsinhabers kann Probleme bereiten.

9.3 Es gilt das Günstigkeitsprinzip, d. h., es gilt immer der für den Arbeitnehmer günstigere Zuschlagssatz.

9.4 Für Nachtschicht von Samstag 18.00 Uhr bis Montag 6.00 Uhr: 50 %

9.5 Bei regelmäßiger Nachtschicht (Wechselschicht): 25 %

9.6 Ein Manteltarifvertrag regelt z. B. Kündigungsfristen, Probezeit, Arbeitszeit, Urlaub, Ruhetage usw.

9.7 Tarifverträge
- vereinheitlichen Mindestbedingungen wie Löhne Arbeitszeit, Urlaub usw.
- vereinfachen den Abschluss von Arbeitsverträgen
- schaffen mehr Gerechtigkeit durch Gleichstellung mit anderen Arbeitnehmern
- begrenzen die Macht der Arbeitgeber
- sorgen für mehr Chancengleichheit zwischen Arbeitgebern und Arbeitnehmern
- sind Kalkulationsgrundlage für Arbeitgeber
- tragen dazu bei, den Arbeitsfrieden in den Betrieben zu sichern.

10.1 Es handelt sich um ein Girokonto.

10.2 02. Okt.: Ralf zahlt seine Miete mit einem Dauerauftrag.

06. Okt.: Von Herrn oder Frau Bitsch erhält Ralf für ein Fahrrad einen Scheck über 150,00 €, den er einzahlt.

© Holland + Josenhans

11. Okt.: um 12.12 Uhr hebt Ralf am Geldautomaten in Weinheim 50,00 € ab.

12. Okt.: Ralf bezahlt mit einem Scheck über 80,00 €.

13. Okt.: Die Rundfunkanstalt bucht die fälligen Rundfunkgebühren mittels Lastschrift ab.

10.3 Bei der Lastschrift (Buchung am 15.10.) handelt es sich um **POZ: P**oint **o**f Sale ohne **Z**ahlungsgarantie. Die Zahlung erfolgt mit Bankkarte und Unterschrift. Die Bankkarte wird lediglich zur Übertragung der Bankverbindungsdaten verwendet. Es wird eine Einzugsermächtigung (Lastschriftauftrag) ausgestellt und vom Kunden unterschrieben. Die Zahlung wird durch die Kundenbank nicht garantiert.
Bei der Kartenzahlung (Buchung 16.10.) handelt es sich um **POS: P**oint **o**f **S**ale bzw. **E**lectronic **C**ash. Die Zahlung erfolgt mit Bankkarte und PIN (persönliche Identifikationsnummer). Am Ort des Vertrags wird eine Online-Buchung vom Konto des Kunden auf das Konto des Verkäufers vorgenommen. Dabei wird die Zahlung durch die Kundenbank garantiert.

10.4 Kurzfristiger Kredit zur Abdeckung von Kontoüberziehungen (Überziehungskredit). Die Laufzeit ist unbefristet. Die Zinsen sind in der Regel hoch. Der Ausgleich erfolgt in der Regel durch Lohnzahlungen. Es wird kein besonderer Kreditvertrag abgeschlossen, sondern die Bank räumt dem Kunden die Möglichkeit ein, sein Girokonto bis zu einem bestimmten Limit zu überziehen.

10.5 Ralf kann Nacherfüllung beanspruchen, d. h., er kann wählen zwischen Ersatzlieferung (Neulieferung) und Nachbesserung (Reparatur). Ralf sollte Ersatzlieferung verlangen.

10.6 Innerhalb von sechs Monaten nach dem Kauf gilt nach § 476 BGB die Beweislastumkehr, d. h., der Medien-Markt muss beweisen, dass die Ware bei der Übergabe in Ordnung war und dass Ralf sie zu Hause beschädigt hat.

11.1

Kaufpreis	9 800,00 €
– Rabatt	800,00 €
– Zuschuss Oma	3 000,00 €
= Kreditbetrag	6 000,00 €
+ Zinsen für 2 Jahre	780,00 €
Kreditkosten	6 780,00 €

Kreditkosten 6.780,00 € : 24 Monate = <u>282,50 €/Monat</u>

© Holland + Josenhans

11.2 Schülerabhängige Antwort:
Argumente für einen Kredit:
- höhere Monatsraten, aber nach zwei Jahren ist das Auto abbezahlt
- insgesamt billiger

Argumente für Leasing
- geringere monatliche Zahlung

11.3 Die Verträge müssen enthalten:
- Barzahlungspreis und Teilzahlungspreis
- effektiven Jahreszins
- Anzahl, Höhe und Fälligkeit der Raten
- Belehrung über Widerrufsrecht

11.4 Sicherungsübereignung (KFZ-Brief), Bürgschaft, Lohnabtretung, Vollkaskoversicherung

11.5 Gemäß Kündigungsschutzgesetz darf einem Arbeitnehmer, der in einem Betrieb mit mindestens 10 Beschäftigten seit mindestens 6 Monaten beschäftigt ist, nur dann gekündigt werden, wenn die Kündigung sozial gerechtfertigt ist. Davon ausgenommen sind personenbedingte, verhaltensbedingte oder betriebsbedingte Kündigungen.

12.1 Vorteile:
- die Ausbildung wird abwechslungsreicher
- verbindet die Praxis im Betrieb mit der Theorie in der Schule
- ausreichend Zeit für Fachtheorie und Allgemeinbildung
- eine rein schulische Ausbildung wäre für den Steuerzahler zu teuer
- der Auszubildende arbeitet in einem realen Arbeitsumfeld

Nachteile:
- Ausbildungsbetriebe haben eine unterschiedliche Qualität
- Ausbildungsbetriebe sind oft zu spezialisiert
- teilweise mangelnde Abstimmung zwischen Ausbildungsbetrieben und Schulen
- das Lehrstellenangebot ist abhängig von der Konjunktur (Wirtschaftslage)

12.2 Der Auszubildende *kann gekündigt* werden innerhalb der Probezeit (mindestens 1, höchstens 4 Monate) ohne Angabe von Gründen. Nach der Probezeit aus wichtigem Grund (z. B. Diebstahl oder Beleidigung) fristlos.
Der Auszubildende *kann selbst kündigen* innerhalb der Probezeit ohne Angabe von Gründen. Nach der Probezeit aus wichtigem Grund (z. B. Diebstahl oder Beleidigung) fristlos.

© Holland + Josenhans

Des Weiteren kann der Auszubildende bei Berufsaufgabe oder Berufswechsel mit einer Kündigungsfrist von vier Wochen kündigen.

12.3

	Ausbildungsvergütung	545,00 €
+	Arbeitgeberanteil vwL	20,00 €
	Bruttolohn	565,00 €
–	Krankenversicherung	39,55 €
–	Rentenversicherung	55,08 €
–	Pflegeversicherung	4,80 €
–	Arbeitslosenversicherung	18,36 €
	Nettolohn	447,21 €

12.4
- Zunahme der Versicherungsempfänger durch geburtenstarke Jahrgänge
- Verlängerung der Lebenserwartung und damit der Bezugsdauer der Versicherungsleistungen
- Abnahme der Beitragszahler durch sinkende Geburtenrate und Arbeitslosigkeit

12.5
- staatlich geförderte private Altersvorsorge („Riesterrente", „Rürup-rente")
- private Rentenversicherung
- Eigentumsbildung, z. B. Eigentumswohnung

Bewertung schülerabhängig, z. B.
- Riesterrente wird bevorzugt, da der Staat erhebliche Zulagen zahlt.
- Private Rentenversicherung wird bevorzugt, da bei der Riesterrente die Zulagen zurückgezahlt werden müssen, wenn man später im Ausland lebt.
- Eigentumswohnung wird bevorzugt, weil private Rentenversicherungen mit dem Tode des Versicherten enden und die Hinterbliebenen unversorgt sind.

13.1
- Sparbuch, Termingeld u. a.
- Geldanlagen in Versicherungen

13.2 Das Aktiensparen hat bis zum Jahr 1999 mit 15 % am Geldvermögen erheblich zugenommen. Im Jahr 2003 ist der Anteil auf 6 % zurückgegangen und lag somit unter dem Stand von 1995.

© Holland + Josenhans

Gründe:
Riesige Kursgewinne bei Aktien vor allem verursacht durch Wachstum im Informationssektor, Handy, Mobilfunk, Internet usw. bis zum Jahr 2000. Dann erfolgte ein Rückgang der Weltkonjunktur, der enorme Kurseinbrüche an den Börsen zur Folge hatte. Ursachen waren u. a. Marktsättigung im IT-Bereich und Terroranschläge. Durch die Kurseinbrüche haben viele Kleinanleger einen Großteil ihres Vermögens verloren. Sie bevorzugen deshalb wieder sichere Geldanlagen.

13.3 Investmentfonds:
Kapitalanlagegesellschaften legen das Geld der Sparer in Wertpapierfonds an. Die Wertpapiere (Aktien, festverzinsliche Wertpapiere) werden nach dem Grundsatz der Risikomischung gekauft. Die Sparer erhalten dafür klein gestückelte Anteilscheine (Investmentzertifikate). Man unterscheidet Aktienfonds, Rentenfonds und gemischte Fonds.
Festverzinsliche Wertpapiere:
Sind Urkunden. Ihr Aussteller verpflichtet sich, das erhaltene Geld dem Käufer zu einem bestimmten Zeitpunkt zurückzuzahlen und bis dahin einen vereinbarten Zinssatz zu entrichten. Beispiele: Pfandbriefe, Kommunalobligationen, Anleihen des Bundes. Festverzinsliche Wertpapiere können an jedem Börsenhandelstag zum Tageskurs verkauft werden.

13.4 Schülerabhängige Antwort, die in sich begründet sein muss.

13.5 Mit Zustimmung des gesetzlichen Vertreters (in der Regel die Eltern) konnte sie den Bausparvertrag abschließen.

13.6 – Wohnungsbauprämie (8,8 % aus höchstens 512,00 €)
– Arbeitnehmersparzulage (9 % aus höchstens 470,00 €)

13.7 Betriebsvereinbarungen werden zwischen Arbeitgebern und Betriebsräten geschlossen.

© Holland + Josenhans

Sachwortverzeichnis

© Holland + Josenhans

© Holland + Josenhans

© Holland + Josenhans

W0315006

CE QU'ILS ONT VU...
AU SEUIL
DE LA MORT

Collection L'Âge d'Être
dirigée par Laurence Fritsch

—

L'ÂGE D'ÊTRE ET SES TECHNIQUES
Marie Borrel — Ronald Mary
CES POUVOIRS QUI SONT EN NOUS
John Volkmar
TRANSFORMEZ VOS DÉSIRS EN RÉALITÉ
Richard Khaitzine
LA MORT EST UN NOUVEAU SOLEIL
Elisabeth Kübler-Ross
NAÎTRE ET RENAÎTRE DANS L'EAU
Michel Odent
LA VIE SECRÈTE DES PLANTES
Peter Tompkins — Christopher Bird
MAÎTRISEZ VOTRE DESTIN
Philippe Morando
UTILISEZ LES POUVOIRS DE VOTRE CERVEAU
Jacquelyn Wonder-Priscilla Donovan
LA MAGIE DES RUNES
Edred Thorsson
SOYEZ ZEN
Charlotte Joko Beck
CES COULEURS QUI NOUS GUÉRISSENT
Docteur Roland Di Sabatino
VERS L'ÉTERNELLE JEUNESSE
Gérard Edde
VOS VIES ANTÉRIEURES
Elaine Stephens
EVEILLEZ LES FACULTÉS PSYCHIQUES DE VOTRE ENFANT
Dr Alex Tanous et Catherine Fair Donnelly
UN ÉCLAIR D'ÉTERNITÉ
J. van De Wetering

L'AGE D'ETRE

Dr KARLIS OSIS
Dr ERLENDUR HARALDSSON

Ce qu'ils ont vu... au seuil de la mort

Préface du
Dr Élisabeth KUBLER-ROSS

GARANCIÈRE

La loi du 11 mars 1957 n'autorisant, aux termes des alinéas 2 et 3 de l'article 41, d'une part, que les « copies ou reproductions strictement réservées à l'usage privé du copiste et non destinées à une utilisation collective » et, d'autre part, que les analyses et les courtes citations dans un but d'exemple et d'illustration, « toute représentation ou reproduction intégrale, ou partielle faite sans le consentement de l'auteur ou de ses ayants droit ou ayants cause, est illicite » (alinéa 1er de l'article 40).
Cette représentation ou reproduction, par quelque procédé que ce soit, constituerait donc une contrefaçon sanctionnée par les articles 425 et suivants du code pénal.

© Dr Karlis Osis and Dr Erlendur Haraldsson, 1977.
© Québec-Amérique et Éditions du Rocher, 1982.

ISBN 2-266-03998-9

Les auteurs

Karlis Osis et Erlendur Haraldsson sont deux des rares psychologues qui aient obtenu un doctorat en philosophie en présentant une thèse sur la perception extra-sensorielle, le premier à Munich en 1950, le second à Fribourg en 1972.

Karlis Osis, né à Riga en 1917, a été l'un des pionniers des expériences de perception extra-sensorielle (PES) avec des animaux avant de commencer une enquête sur les visions précédant la mort à l'université Duke. Directeur de recherches à l'*American Society for Psychical Research* à New York jusqu'en 1975 puis boursier de l'ASPR (bourse de recherche Chester F. Carlson), Karlis Osis s'est surtout fait connaître par les expériences qu'il a menées sur la PES à distance (jusqu'à 10 000 milles).

Erlendur Haraldsson, né à Reykjavik en 1931, a été également adjoint de recherche à l'*American Society for Psychical Research* avant de devenir maître de conférences à l'université d'Islande à Reykjavik. Que ce soit sur le terrain ou au cours de recherches purement expérimentales, il s'est illustré comme chercheur dans le domaine de la médiumnité et des phénomènes axés sur la survie. Il s'est également intéressé aux expériences psychiques spontanées.

Tous deux sont membres de nombreuses sociétés s'intéressant à la parapsychologie. Ils se sont unis pour mener en Inde une vaste enquête sur les expériences vécues par les mourants tout en étudiant certains phénomènes parapsychiques chez les Yogis, notamment Sri Sathya Sai Baba dans le sud de l'Inde.

Sommaire

Remerciements

Les recherches dont ce livre est la synthèse ont été rendues possibles grâce à l'appui de plusieurs organismes et de nombreux particuliers à qui nous tenons à exprimer toute notre gratitude. Nos enquêtes ont été réalisées sous les auspices de l'American Society for Psychical Research. Nos remerciements sincères s'adressent au conseil d'administration et au personnel de l'ASPR, en particulier au Dr Gardner Murphy — le président de l'époque — ainsi qu'au président actuel, le Dr Montague Ullman. Nous remercions le regretté Chester F. Carlson et Mme Carlson du vif intérêt qu'ils nous ont manifesté et du soutien, essentiel à notre projet, qu'ils nous ont accordé auprès des fondations Shanti et Code. Merci à la Parapsychology Foundation de nous avoir autorisés à utiliser des citations tirées de ses publications. Cet organisme a d'ailleurs parrainé l'étude-pilote ; nous remercions à ce propos la regrettée Eileen Garrett ainsi que Frances P. Bolton. L'enquête faite en Inde a été presque entièrement financée grâce au legs généreux de M. James Kidd. La direction de l'université d'Islande a eu l'amabilité d'accepter un arrangement avec l'un de nous — Erlendur Haraldsson — afin de lui permettre de se consacrer à cette étude. Merci pour son appui indispensable, lors de l'enquête faite en Inde, à l'équipe de psychologues du Bureau de Psychologie d'Uttar Pradesh et notamment au docteur Yamuna Prasad ainsi qu'à Parmashwar Dayal.

L'équipe américaine chargée des interviews et du traitement des données se composait des personnes suivantes: Fern Cedeberg, Dorothy C. Donath, Mary Leslie, Donna McCormick, Marion L. Nester, Theresa O'Rourke, Saija Osis, Wally Pearlman, le docteur Thomas Todd, Sarah Van Steenburgh, et plusieurs autres.

Le projet n'a pu être réalisé que grâce à leur travail acharné. Nous remercions des conseils judicieux qu'ils nous ont donnés, à diverses étapes du projet, les docteurs Walter H. Clark, Jan Ehrenwald, William Gardner, Hornel Hart, Herbert H. Hyman, David Kahn, Gardner Murphy, Humphrey Osmond, Jamuna Prosad, Ian Stevenson, Thomas Todd, Malcolm Turner, Montague Ullman et plusieurs autres.

Merci beaucoup à John White qui s'est chargé de la correction de notre manuscrit.

Enfin, nos plus sincères remerciements s'adressent aux médecins et aux infirmières qui ont bien voulu nous faire part des expériences qu'ils ont vécues au chevet des mourants. Nous sommes particulièrement reconnaissants aux directeurs médicaux et aux chefs de section des hôpitaux indiens qui ont organisé à notre intention des rencontres avec leur personnel de médecins et d'infirmières. Merci au Prof. H.S. Bajpai, Dr M.P. Mehrotra, Dr Mittal, Dr Kedar Nath, Col. M. Tajudin, Prof. K.N. Udupa, Dr Waishnava et aux autres.

Note aux lecteurs

Ce livre est l'aboutissement de la première enquête scientifique pluri-culturelle sur les visions précédant la mort. Nous croyons pourtant qu'il serait possible d'approfondir encore davantage le sujet. Nous aimerions donc que les lecteurs nous fassent parvenir des rapports sur les visions précédant la mort (ou autres expériences connexes), dont ils ont été témoins et qui pourraient nous être utiles en vue de recherches futures. Toute suggestion ou offre de service en ce qui concerne des projets de recherches sur cette question seront également les bienvenues. S'adresser aux docteurs Karlis Osis et Erlendur Haraldsson, aux soins de l'American Society for Psychical Research, 5 Ouest, 73e Rue, New York, N.Y. 10023.

Préface

Le livre *Au seuil de la mort*, de Karlis Osis et Erlendur Haraldsson, tous deux docteurs en philosophie, relate des expériences paranormales vécues par des mourants, en présence de médecins et d'infirmières ; c'est un ouvrage que devraient lire tous les chercheurs et scientifiques qui se posent des questions sur ces champs d'investigation, récemment redécouverts et suscitant un intérêt croissant dans le public (Moody, Kübler-Ross), que sont la mort et la vie après la mort.

Il faut féliciter les docteurs Osis et Haraldsson d'avoir consacré toutes ces années de labeur patient et fervent à un sujet qui, au début de leurs recherches, était encore tabou ; ces deux hommes savaient, avant même de commencer leur travail, qu'ils ne devaient pas trop compter sur l'appui de ce monde matérialiste et sceptique qui est le nôtre, sur cette société qui se paie le luxe d'envoyer des hommes sur la Lune et du matériel scientifique sur Mars afin d'y découvrir une vie extra-terrestre, quand elle ne connaît rien ou presque rien aux phénomènes de la vie et de la mort qui existent sur sa propre planète.

Le travail des auteurs s'est fait tranquillement et discrètement et, j'en suis sûre, au su d'une portion extrêmement restreinte de notre population. C'est grâce à des « travailleurs dans l'ombre » comme eux, qui consacrent consciemment et amoureusement des années de leur vie à l'étude de la mort, que nous en viendrons enfin à comprendre que ce phénomène n'est pas un aboutissement mais une renaissance, un simple passage vers un niveau de conscience plus élevé.

Les auteurs ont étudié des centaines de cas d'Indiens et d'Américains, tant hindous que chrétiens, afin de recueillir les données inhérentes aux expériences subjectives que ces patients ont vécues au seuil de la mort.

L'expérience humaine est à cet instant la même pour tous et varie très peu en fonction de l'acquis culturel ou religieux. Elle est influencée davantage par la profondeur et l'authenticité du credo de l'individu — ce qu'ont d'ailleurs confirmé nos propres recherches.

Tous ceux qui s'intéressent au problème de la vie après la mort devraient prendre le temps d'étudier ce livre et de méditer sur sa profondeur ainsi que sur le soin que ses auteurs ont mis à nous démontrer une fois de plus l'existence d'un « au-delà » ou, ce qui est peut-être aussi important, le fait que tous les hommes sont semblables, à la naissance et à la mort ; c'est donc la qualité de notre foi et non notre étiquette religieuse qui, un jour, contribuera à nous faire passer, en toute quiétude, dans le jardin de Dieu.

Dr Élisabeth KÜBLER-ROSS

Le mystère de la mort

Tous les choix sans exception sont influencés par la façon dont la personnalité envisage son destin, et le corps, sa mort. En dernière analyse, c'est notre conception de la mort qui détermine les réponses que nous faisons à toutes les questions que nous pose la vie... De là, donc, la nécessité de nous *préparer* à mourir.

Dag HAMMARSKJÖLD

Ce que nous croyons et ce que nous savons

Le sort qui nous est réservé après la mort est sans doute l'un des plus importants domaines de l'expérience humaine sur lequel nous puissions nous pencher. Selon l'optique scientifique qui prévaut actuellement, ce destin est plutôt cruel. Les ouvrages médicaux n'affirment-ils pas, sur un ton péremptoire, que lorsque le cœur cesse de pomper le sang, le cerveau, n'étant plus irrigué, commence à s'altérer rapidement (en moins d'un quart d'heure ou à peu près) ? À ce moment, disent ces ouvrages, la personnalité du patient *n'est plus*, tout simplement. Elle est irrémédiablement détruite. L'individu a cessé d'exister.

Depuis des siècles, les facultés de médecine inculquent ce concept sinistre et inflexible aux médecins et aux infirmières (ceux-là mêmes qui seront près de nous pour nous aider à mourir). Mais cette vision du destin humain n'a-t-elle pas été si solidement établie que pour interdire tout doute ? S'agit-il d'une vérité sûre qui vaut pour toutes les situations ?

Il est surprenant de constater que les expériences vécues par les mourants eux-mêmes contredisent souvent l'optique médicale admise. Quels aperçus de la mort nous donnent les mourants ? Que vivent-ils ? Que « voient »-ils au dernier instant ? Du point de vue où ils se trouvent, la mort est-elle un triste anéantissement ou une renaissance ?

Même si la plupart des patients sombrent apparemment dans l'oubli sans en avoir conscience, d'autres, par contre, lucides jusqu'à la toute fin, affirment qu'ils « voient » dans l'au-delà et peuvent même, avant d'expirer, relater cette expérience. Certains des mourants auront des apparitions de parents et d'amis décédés. D'autres verront des figures religieuses ou mythologiques. D'autres encore verront des paysages d'un autre monde, enivrants de lumière, de beauté et de vives couleurs. Ces expériences transforment l'être. Elles lui apportent sérénité, quiétude et allégresse, tout en vivifiant ses sentiments religieux. Ces patients font une « belle mort », ce qui contraste étrangement avec la tristesse et la douleur dont on entoure généralement le passage de vie à trépas. D'autres mourants ne signalent aucune vision mais n'en passent pas moins par la même transformation, laquelle emporte parfois la disparition de toute douleur physique.

Ces cas étonnants de visions précédant la mort nous ont été communiqués séparément lorsque nous faisions, chacun de notre côté, des recherches sur les phénomènes métapsychiques et paranormaux. Nous avons tous deux été fortement impressionnés par la similitude des détails entre les divers rapports d'expérience. Comme nous nous intéressions déjà aux mêmes questions, il n'est pas tout à fait étrange que les circonstances nous aient un jour réunis afin d'entreprendre cette étude de longue haleine sur les mourants qui sont demeurés lucides jusqu'aux derniers instants de leur existence.

Notre enquête est, selon nous, la première étude vraiment scientifique ayant jamais été faite sur les expériences vécues au moment de la mort. En premier lieu, nous avons recueilli une quantité énorme de données par le biais de trois enquêtes approfondies auprès de médecins et d'infirmières qui ont assisté des mourants. En second lieu, nos recherches ont été menées dans deux milieux culturels différents, soit aux États-Unis et en Inde. En troisième lieu, nos données ont été recueillies soigneusement et systématiquement grâce aux techniques modernes d'échantillonnage, y compris les questionnaires et les interviews de vérification. Enfin, en quatrième lieu, nos données ont été soumises à une analyse statistique, de modèle et de contenu, par le biais d'une évaluation faite par ordinateur.

Même si nous avons observé dans nos recherches la plus grande rigueur scientifique possible, nous n'en avons pas pour autant négligé l'aspect humain de l'enquête. En effet, la mort n'est pas uniquement une question intellectuelle. Il s'agit plutôt d'un phénomène que l'on doit comprendre avec la totalité de son être. Nous avons donc cherché à l'examiner tant objectivement que subjectivement. Lorsque c'était possible, nous avons relevé directement les dernières paroles des mourants, ce qui nous a permis d'être réellement en contact avec ce qui se passe dans les chambres d'hôpitaux.

Ce que nous avons découvert nous a à la fois surpris et rempli d'espoir. Ce livre constitue un nouveau témoignage, fondé sur les observations de plus d'un millier de médecins et d'infirmières, à l'appui du concept de la survie. Nous allons même anticiper sur nos conclusions en disant que ce témoignage donne fortement à penser qu'il existe bel et bien une vie après la mort — d'ailleurs, aucune autre hypothèse ne pourrait mieux expliquer les données recueillies. En effet, les visions précédant la mort ne peuvent en aucune façon s'expliquer par un conditionnement, qu'il soit médical, psychologique ou culturel. Qui plus est, elles n'ont que peu de rapports avec l'âge, le sexe, la scolarité, la religion et le statut socio-économique de ceux qui les ont eues. Nous estimons que le corpus de données que constituent nos témoignages ainsi que les résultats d'autres recherches approfondies sur la même question (lesquels seront examinés sous peu) nous permettent de croire (cette conviction étant fondée sur les faits, rationnelle et, par conséquent, réaliste) qu'il existe bel et bien une vie après la mort.

Nous nous empressons cependant d'ajouter que nos découvertes ne doivent en aucun cas être considérées comme « le mot de la fin ». En effet, nous sommes d'avis que ce serait faire preuve d'arrogance et de manque de jugement que de proclamer que notre étude met le point final au débat sur ce sujet. Elle aura toutefois contribué à tracer, à partir des témoignages recueillis jusqu'ici, un portrait tout à fait plausible, quoique timide, de ce que peut être l'au-delà. Nos recherches nous ont fait découvrir des phénomènes nouveaux et nous ont donné un aperçu original de ce qu'il est convenu d'appeler « le grand Inconnu ».

Prenons par exemple les deux expériences suivantes, qui sont tout à fait caractéristiques des centaines de cas que nous avons recueillis.

> Une patiente de soixante-dix ans vit son défunt mari à plusieurs reprises avant de prédire sa propre mort. Elle affirma avoir vu son mari lui apparaître dans une fenêtre et l'inviter par gestes à sortir de la maison. Ces apparitions avaient pour but de l'appeler auprès de lui. La fille de cette femme et d'autres proches étaient présents lorsqu'elle prédit sa mort, qu'elle sortit la robe dans laquelle elle voulait être inhumée, qu'elle s'étendit sur son lit pour dormir un peu et qu'elle mourut, environ une heure plus tard. Elle paraissait calme, résignée à mourir et même le désirant. Avant de voir son mari, elle n'avait pas parlé de sa mort imminente. Le médecin fut tellement surpris de cette mort subite, qu'aucun motif d'ordre médical ne suffisait à expliquer, qu'il vérifia si elle ne s'était pas empoisonnée. Il ne découvrit pas de traces d'empoisonnement ni même de médicaments, quels qu'ils soient, dans la maison.

L'extrait suivant rapporte le cas d'une femme de soixante ans, souffrant d'un cancer de l'intestin.

> Soudain (c'est le médecin qui relate les faits), elle ouvrit les yeux. Elle appela son (défunt) mari par son prénom et lui dit qu'elle allait le rejoindre. Elle esquissa un sourire si beau, si paisible, comme si elle s'apprêtait à tomber dans les bras de quelqu'un à qui elle avait beaucoup pensé. Elle dit : « Guy, me voici ! » Elle ne semblait pas se rendre compte de ma présence. On eût presque dit qu'elle se trouvait dans un autre monde. C'était comme si quelque chose de merveilleux lui avait été révélé ; elle vivait quelque chose qui était extraordinairement beau.

En soi, ces cas ne prouvent rien. Les hallucinations peuvent être interprétées de diverses façons. Cependant, si, après avoir réuni de tels cas, nous les confions à un ordinateur pour qu'il en dégage les caractéristiques communes, celui-ci sera peut-être en mesure de nous dire si ces expériences corroborent le concept de la survie ou si elles démontrent au contraire que la totalité de la personnalité s'anéantit dans la mort.

Au cours de nos recherches, nous avons souvent été mis en présence de rapports faisant état d'une soudaine amélioration de l'humeur du patient, quelques instants avant sa mort. « Leurs traits s'illuminent », note-t-on fréquemment. « Une quiétude et une sérénité inexplicables les pénètrent », disent certains. Pourquoi de telles transfigurations se produisent-elles? Est-ce parce que ces mourants sont en train de vivre leur anéantissement? Certes non! Ces transformations intérieures des patients sont parfois à ce point profondes qu'elles effraient les infirmières et les médecins présents ou qu'elles donnent un nouveau sens à leur existence. L'expérience suivante fut particulièrement bouleversante. Un médecin de Boston fut appelé auprès d'un de ses patients dont le cœur avait cessé de battre. Après qu'il eut appliqué énergiquement les techniques modernes de réanimation, le patient revint à la vie. Naturellement, le médecin s'attendait à être remercié du service rendu. Ce qui ne fut pas le cas, car le « ressuscité » ouvrit les yeux et dit avec colère : « Pourquoi donc m'avez-vous ramené, docteur? C'était si beau ! » Cette expérience de la mort fut apparemment si agréable qu'elle l'emporta sur l'instinct qu'on nous attribue et qu'on dit si puissant : l'instinct de conservation.

Faut-il adhérer d'emblée à de telles déclarations sur l'immortalité? Ce serait là faire preuve de naïveté. Nous ne pouvons interpréter correctement ces données sans en savoir davantage sur les antécédents médicaux, psychologiques et culturels des patients. L'on administre par exemple de la morphine à de nombreux patients en phase terminale afin d'atténuer leurs douleurs. Or, cette drogue peut provoquer d'étonnantes hallucinations. Par conséquent, nous ne pouvons ni accepter ni rejeter *a priori* les récits des patients sans les avoir d'abord examinés minutieusement par le biais de méthodes scientifiques éprouvées.

Sinon, nous ne ferions qu'ajouter une simple opinion au vaste dossier, déjà si controversé, de la vie après la mort, où médecins et prêtres cherchent à se convaincre les uns les autres, laissant les patients eux-mêmes dans la plus totale confusion. Pourtant, tous ces gens, qu'ils soient médecins, prêtres ou patients, ont besoin de connaître la vérité. Ils veulent savoir si les faits se tiennent et s'ils forment un ensemble cohérent qui confirme ou infirme l'hypothèse de la survie. C'est justement ce que nous tentons de faire dans ce livre.

L'étude de la mort ne commence certes pas avec les recherches contemporaines sur la question. Presque toutes les cultures ont plus ou moins adhéré au concept de l'immortalité. Il semble que ce concept fasse partie de notre conscience collective au moins depuis l'époque où les hommes de Néandertal commencèrent à enterrer leurs morts en les oignant de terre rouge, il y a de cela quelque cent mille ans. Ces coutumes funéraires primitives ont toujours été associées à une quelconque religion organisée — comme la croyance dans l'au-delà. Elles constituent la preuve — certes muette — que nos ancêtres les hominidés n'étaient pas complètement « matérialistes ».

Les gens d'aujourd'hui non plus, d'ailleurs. Selon une enquête faite en 1975 par la société Gallup Opinion Index, mieux connue sous le nom de « Sondages Gallup », 69% des Américains croient qu'il existe une vie après la mort. (Le sondage a aussi révélé que 20% des Américains n'y croient pas, tandis que 11% n'ont pas d'opinion.) Ces résultats confirment ceux qui ont été obtenus en 1973 lors d'un sondage effectué par la maison Roper Poll, à savoir que 70% des Américains croient à l'au-delà.

Les croyances, cependant, peuvent être rationnelles ou irrationnelles selon qu'elles ont ou non des fondements logiques. La simple opinion n'a que peu de poids et ce, quel que soit le nombre de gens qui l'acceptent ou quelle que soit l'autorité qui l'émette (archevêché ou faculté de médecine). La connaissance véritable est beaucoup plus difficile à acquérir que les opinions ou les convictions ; elle doit se fonder sur une observation lucide de la réalité. La croyance rationnelle a pour base la connaissance, les faits. Elle naît des expériences qui ont été passées au crible de l'analyse logique et, dans la mesure du possible, de l'enquête scientifique.

L'on peut classer sous trois étiquettes principales les raisons de croire à l'immortalité : l'étiquette philosophique, l'étiquette mystico-religieuse et l'étiquette scientifique. Dans sa façon d'aborder la question de la mort, la philosophie nous apporte certains arguments traditionnels à l'appui de la théorie de la survie. Ces arguments ont déjà été fort bien résumés[1] :

1. L'*argument ontologique*, qui fonde l'immortalité sur l'immatérialité et sur l'irréductibilité de la substance de l'âme.

2. L'*argument téléologique*, fondé sur le concept des fins de l'homme, sur sa propension à se libérer de plus en plus des exigences de l'espace et du temps et à développer au maximum ses potentialités intellectuelles et morales (le développement de celles-ci étant impossible dans les conditions de vie prévalant ici-bas).

3. L'*argument éthique*, c.-à-d. la nécessité morale d'un équilibre ultime entre les punitions et les récompenses reçues par chacun, cet équilibre ne pouvant pas être atteint au cours de l'existence terrestre.

4. L'*argument historique*, c.-à-d. le fait que cette croyance est ancienne et très répandue, ce qui démontre qu'elle est profondément ancrée dans la nature humaine.

Même si ces arguments ont été invoqués depuis des siècles sur un ton dogmatique, il est évident qu'ils ne sont pas acceptés par tous. Pourquoi ? Peut-être parce qu'ils se fondent sur la logique intellectuelle et non sur l'expérience.

Par contre, les témoignages des mystiques sont, *eux*, fondés sur l'expérience. Les œuvres classiques de R.M. Bucke (*Cosmic Consciousness*) et de William James (*Varieties of Religious Experience*) rapportent par dizaines des exemples d'expériences mystiques qui prévalent contre toute argumentation logique et tout débat intellectuel. Chez les mystiques, la peur de la mort tombe comme un masque, non pas, cependant, par suite de l'intervention de la raison, mais plutôt comme une illusion qui aurait été percée à jour. Leurs expériences font apparaître le cosmos comme une présence, un *tout* vivant, et l'existence après la mort physique comme un phénomène tout à fait certain.

Malheureusement, si la logique et la raison n'ont pas, jusqu'ici, réussi à fournir la preuve qu'il existe un au-delà, les expériences des mystiques n'ont pas, elles non plus, permis de rallier tous les suffrages. Existe-t-il un autre moyen par lequel nous pourrions contrôler à la fois la logique et l'expérience? On a certes déjà conçu de vastes structures logiques par la seule imagination, en ne tenant aucun compte de la réalité (par ex. dans les délires paranoïdes). Mais il est également certain que ces hallucinations, qui sembleront tout à fait réelles, ne seront le fruit que de quelque excentricité d'un esprit troublé. Comment vérifier si nos structures logiques ainsi que les expériences vraiment convaincantes que nous pouvons être amenés à vivre sont réelles? Est-il possible de soumettre au contrôle de l'expérience les prétentions philosophiques et mystiques sur la question?

Nous croyons que seule la science peut nous fournir la réponse. Nous entendons naturellement par là la *méthode scientifique*, et non l'opinion qui prévaut chez les scientifiques. Nous sommes partisans de l'approche empirique. À notre sens, l'arbitre suprême de la connaissance n'est ni la philosophie ni l'autorité en place, quelle qu'elle soit. Nous préférons nous fier au corpus cohérent de nos données, vérifiées avec le plus d'objectivité possible, pour déterminer ce qui est, ce qui n'est pas et ce qui pourrait peut-être exister.

Ceci dit, que peut nous révéler la science sur le problème de la mort et sur la possibilité d'une vie après la mort ?

Les preuves scientifiques de la survie se répartissent en cinq grandes catégories qui se caractérisent chacune par des phénomènes qui leur sont propres, c'est-à-dire indépendants les uns des autres. Ces catégories sont les suivantes :

1. La médiumnité.
2. Les apparitions, en particulier celles qui sont perçues collectivement.
3. Les souvenirs de vies antérieures.
4. Les expériences extra-corporelles ou de dédoublement.
5. Les observations précédant la mort.

La dernière catégorie fait l'objet du présent livre. Les autres sont issues d'investigations faites depuis plus d'un siècle par des parapsychologues compétents. Nous examinerons brièvement ces catégories au chapitre III, en nous servant de l'optique parapsychologique pour jeter une lumière nouvelle sur l'étude de la mort. Mais, pour ne pas trop nous écarter de notre sujet, mettons de côté la parapsychologie et, revenant à la science, voyons ce qu'elle peut nous révéler sur la mort.

On appelle « thanatologie » l'étude scientifique de la mort. Cette étude a été amorcée au cours de la dernière décennie par des psychologues et des psychiatres qui désiraient être en mesure de conseiller les mourants et leur famille. Les thanatologues se fixaient pour objectif d'enseigner au corps médical comment aider les patients en phase terminale à faire face à leur mort prochaine et comment compatir à la douleur des parents du disparu. Ces gens se sont appliqués et s'appliquent encore avec ardeur à interviewer les mourants et à les observer dans leurs interactions avec le personnel médical et les membres de leur propre famille. Grâce à eux, nous avons beaucoup appris sur les processus psychologiques qui interviennent aux derniers moments de la vie.

La thanatologie s'est révélée fort utile grâce à son exploration des aspects physiologiques, psychologiques et sociaux de la mort. Mais ses recherches ont-elles assez approfondi le sujet? Nous croyons que non.

Presque sans exception, le travail du thanatologue se fonde sur la conviction que la mort met fin à l'existence humaine, et la tâche de ceux qui font profession d'aider les autres semble se résumer à enseigner au patient à accepter cette fin. Mais, au juste, qu'apprend-on aux patients à accepter? Selon l'optique de ce qu'il est convenu d'appeler le « monde de la science » (cette optique étant inculquée, comme on l'a vu précédemment, à même les cours de médecine), l'anéantissement final, tenu pour certain, marque la fin de la destinée humaine. Nous nous permettons toutefois de demander au corps médical pourquoi il est si sûr que toutes les réponses ont été données.

La science a-t-elle dit son dernier mot? La science moderne a-t-elle définitivement réfuté la croyance dans la survie ou cette croyance repose-t-elle véritablement sur des faits? Ce qu'il nous faut, ce sont des renseignements sûrs à propos de la mort; nous ne pouvons les obtenir qu'avec l'aide de la méthodologie scientifique, en mettant de côté les opinions et concepts véhiculés par l'establishment scientifique. Inspirés par l'esprit de recherche du savant, nous reprendrons donc la question là où la thanatologie l'a laissée.

Il est intéressant de remarquer qu'une éminente thanatologue, le Dr Élisabeth Kübler-Ross, auteur du best-seller *On Death and Dying*, en est venue à la conclusion que l'hypothèse de l'anéantissement est insoutenable. Selon elle, les expériences des mourants qu'elle a elle-même assistés prouvent qu'il existe une forme quelconque de survie.

Lorsque de telles expériences sont portées à la connaissance de professionnels, peuvent-elles être étudiées d'une manière vraiment scientifique? La chose ne va pas de soi; tout repose sur le choix des méthodes appropriées. Les questions de méthode seront examinées au chapitre III. Pour l'instant, voyons quels sont les motifs qui nous ont amenés à entreprendre cette étude.

La notion de survie est-elle testable ?

« Mais docteur, ne seriez-vous pas en train d'essayer d'attraper un papillon avec un piège à ours ? » s'est exclamé une médium après avoir fait le tour de notre laboratoire de parapsychologie. En fait, il y avait du vrai dans ses paroles. Certaines recherches métapsychiques, mais non pas toutes, ont en effet été menées fort maladroitement. Les phénomènes sur lesquels nous nous penchons sont, convenons-en, plutôt subtils, évanescents et difficiles à observer, car ils surgissent spontanément. Sans méthodologie appropriée, toute investigation sera entravée, avant d'être paralysée. Jetons donc un regard lucide sur ce qui peut être réalisé dans ce domaine et sur ce qui n'est qu'espoir irréaliste et qu'utopie.

Plusieurs objections fondamentales ont été faites à l'égard des recherches sur la survie, chacune d'elles se conformant, par sa nature, à l'« orientation » de ceux qui l'ont formulée.

1. Selon l'optique admise dans le milieu scientifique, l'univers est une « réalité » exclusivement matérielle, dont les composantes (matière et énergie) sont toutes connues de la science physique. L'esprit et la conscience ne seraient que des sous-produits (épiphénomènes) de l'organisme et n'auraient, par conséquent, aucune existence en soi. Ce concept, qui prévaut encore aujourd'hui au sein de la communauté scientifique, n'est cependant — il faut bien le dire ! — que pure philosophie et ne s'appuie aucunement sur la science. Il s'agit d'une métathéorie fondée à la fois

sur l'acceptation de certaines hypothèses (que les philosophes nomment « monisme matérialiste ») et sur le rejet des hypothèses émises sur le même sujet par la religion et les diverses écoles philosophiques.

2. Les farouches partisans du « Principe de parcimonie »* se sont attaqués quant à eux aux recherches sur la survie sur le plan de la méthodologie. D'après le principe qu'ils invoquent, les explications ne doivent pas être multipliées inutilement et, parmi plusieurs hypothèses, il faut toujours choisir la plus simple. Certes, l'hypothèse selon laquelle un élément de la personnalité humaine, tel que l'âme, survit à la mort du corps et poursuit son existence dans une « autre réalité » n'a rien de simple et se trouve, de ce fait, à « multiplier les explications ». Nous croyons cependant que de tels concepts, nouveaux et fondamentaux, peuvent être justifiés par un corpus cohérent de faits, aussi logiques que nombreux. En psychologie, les notions primordiales d'« esprit » et de « conscience » ont été rejetées par suite d'une application rigoureuse du « Principe de parcimonie ». Elles n'ont toutefois pas tardé à se révéler nécessaires et ont été réintroduites depuis 1960. Il serait peut-être temps de réexaminer à son tour la notion d'« âme », surtout quand les faits issus de l'expérience l'exigent.

3. On exige souvent que soient exclues toutes les explications des phénomènes autres que la survie et ce, sans tenir compte du fait que les autres explications peuvent être fort maladroites et même tirées par les cheveux. Certains parapsychologues ont longtemps cherché à réaliser « l'expérience décisive » qui « prouverait indubitablement l'immortalité » sans qu'elle puisse être rejetée par le simple prolongement dans l'imaginaire des autres explications. Cette manière d'envisager la question a donné peu de résultats, car le phénomène de la vie après la mort est sans doute par trop complexe pour nous fournir une telle preuve.

---

* Law of Parsimony.

D'éminents chercheurs tels que Ian Stevenson et Hornel Hart (Stevenson, 1974 ; Hart, 1959) ont déjà, face à l'évidence, adhéré totalement à l'hypothèse de la survie [1]. D'autres chercheurs, comme le parapsychologue de renommée internationale J.B. Rhine (1960), ont simplement affirmé que cette question ne peut être soumise à une investigation concluante — c'est-à-dire qu'elle se situe au-delà des possibilités d'investigation de la science, du moins avec les méthodes dont elle dispose actuellement. Rhine a cependant proposé plus tard une approche qui, selon lui, pourrait se révéler efficace (1975). Le grand psychologue américain Gardner Murphy (1961) déclare qu'étant placé devant les faits qui témoignent de la survie, il avait l'impression, par rapport à l'optique du monde scientifique dont il est le tenant, d'être le chêne de la fable, frappé par la foudre. Malgré tout, les progrès sont très lents et ils peuvent laisser croire que la recherche — qui est peut-être aussi inadéquate que le piège à ours de tantôt — n'a véritablement qu'une utilité limitée.

Comme nous l'avons signalé plus tôt, il existe toute une gamme de phémonèmes complexes à l'appui de l'au-delà. Malheureusement, la plupart de ces phénomènes ne peuvent être observés que dans la vie et au moment précis où, spontanément, ils se produisent. Il est impossible de les étudier par le biais d'expériences contrôlées. Leur réalité ne peut donc être établie scientifiquement par une expérience dite « décisive ». Les recherches menées sur les phénomènes parapsychiques s'apparentent plutôt aux problèmes multidimensionnels auxquels font face les chercheurs dans le domaine de la théorie de la personnalité. En fait, l'hypothèse de la survie est bel et bien une théorie de la personnalité. Si elle s'avère juste, elle appelle des changements radicaux dans les concepts touchant la personnalité humaine. À ce que nous sachions, il n'existe en psychologie aucune « expérience décisive » — du genre de celle qu'on exige de nous — qui « prouve » les théories de Skinner, de Freud, de Rogers et des autres. Les recherches sur les phénomènes en rapport avec la personnalité deviennent malheureusement tellement complexes qu'il faut, par nécessité, adopter une approche différente. Un ensemble de phénomènes, qui circonscrivent des problèmes fondamentaux, pourra par exemple être cerné par des recherches fondées tant sur l'observation que sur l'expérience, et les données qui en découleront seront alors organisées conformément à une théorie précise. Si le corpus de faits est assez important et qu'il cadre convenablement avec la théorie, cette dernière sera d'ordinaire supposée valable et recevra un accueil plutôt favorable dans le monde de la psychologie scientifique.

Il serait, selon nous, tout à fait injuste d'exiger de nous une expérience décisive fournissant la preuve de la survie, quand cette exigence n'est pas imposée aux autres théories de la personnalité. Ce serait par contre une erreur de soustraire la question de la survie à l'enquête scientifique à cause de ce simple critère qui, d'ailleurs, n'a rien de réaliste. Les succès qu'ont connus les recherches sur la personnalité donnent à penser qu'elles pourraient s'appliquer avec un égal bonheur à un domaine aussi complexe que celui de la vie après la mort. L'utilité de telles recherches est d'ailleurs confirmée par les succès obtenus dans l'exploration, sur une grande échelle, des phénomènes qui constituent les assises mêmes de l'hypothèse de la survie (visions précédant la mort, apparitions, messages adressés à des médiums, souvenirs de vies antérieures). Notre projet ne visait certes pas à fournir une preuve indubitable de la survie, mais bien à explorer une catégorie de phénomènes qu'on ne peut passer sous silence lorsque l'on désire jeter un peu de lumière sur cette question. Notre enquête nous a permis d'apprendre beaucoup de choses qui, à notre sens, sont autant de témoignages probants que de connaissances nouvelles. Nous nous proposons dans ce livre de transmettre à la communauté scientifique et au public en général toute l'information que nous avons recueillie.

Un siècle d'efforts soutenus et d'études minutieuses a permis aux chercheurs du domaine de la parapsychologie d'accumuler, à l'appui de l'hypothèse de la survie, des trésors de données factuelles, observées méthodiquement. Cet imposant corpus de faits bat en brèche la théorie de l'anéantissement et il n'est pas de chercheur sérieux qui en fera litière. Depuis le début des recherches sur la parapsychologie, il y a de cela plus d'un siècle, de nombreux ouvrages de grande qualité ont été écrits par d'éminents scientifiques tels que William James, Henry Sidgwick, Frederic Myers, Gardner Murphy et C.J. Ducasse. Malheureusement, la plupart de ces études sont dissimulées parmi les documents spécialisés et sont, d'ordinaire, inconnus des hommes de science comme du public en général. Le sociologue Hornell Hart de l'université Duke, dans son livre *The Enigma of Survival* (1959), ainsi que le psychiatre suédois Nils O. Jacobson, dans son ouvrage intitulé *Life Without Death* (1973), nous offrent une vue d'ensemble des recherches qui ont été effectuées et des données qui en découlent (par ex. les apparitions dont ont été témoins plusieurs observateurs, les messages médiumniques révélant des faits que seul le défunt connaissait, les visions précédant la mort, les expériences de dédoublement, et autres phénomènes physiques considérés comme des messages provenant du défunt — les horloges qui s'arrêtent, les tableaux qui tombent du mur, les cloches qui sonnent, etc.). Le livre *Man's Concern with Death* (1968), écrit par le grand historien britannique Arnold Toynbee en collaboration avec d'autres auteurs, offre une anthologie des divers points de vue exprimés sur la mort et la survie.

Quant à l'ouvrage en deux volumes de Myers, intitulé *Human Personality and Its Survival of Bodily Death* (1903), et au condensé des œuvres de William James, préparé par Murphy et Ballou (1969), ce sont de véritables classiques qui donnent un aperçu des meilleures recherches qui ont été faites avec l'aide de médiums. Salter (1961) offre une vue d'ensemble des recherches effectuées surtout en Grande-Bretagne, tandis que Ducasse (1961) traite en détail des problèmes philosophiques rattachés à la question de la vie après la mort. Des travaux plus spécialisés sur les témoignages à l'appui de la réincarnation ont été publiés par Stevenson (1974). Les témoignages émanant de ce qu'il est convenu d'appeler les correspondances croisées*, lesquelles étaient apparemment des messages d'érudits décédés, transmis au début du siècle par le biais de médiums, tant en Grande-Bretagne, qu'aux États-Unis et en Inde, sont comme les pièces d'un casse-tête : elles n'ont de sens que lorsqu'elles sont mises ensemble. Ces expériences ont été discutées en long et en large par Murphy (1961) et Saltmarsh (1939). K. et Z. Richmond (1938), (1939), donnent quant à eux un aperçu plus détaillé des recherches britanniques d'avant-garde effectuées avec l'aide de médiums. MacKenzie (1971) et Tyrrell (1962) ont traité en détail des cas d'apparition.

De nombreux individus affirment avoir vécu ce qu'on appelle des expériences de dédoublement : ils ont senti que leur « conscience » quittait leur corps, qu'elle se rendait dans un autre lieu (elle demeurait parfois dans la même pièce, mais voyageait souvent vers d'autres villes et d'autres pays) où, tout à fait détachée de l'enveloppe corporelle, elle pouvait se déplacer, observer et même agir. Les apparitions de ces projections extra-corporelles sont plutôt rares mais il est arrivé qu'elles soient observées simultanément par plusieurs personnes (Hart, 1954, 1953-56 ; Osis et Haraldsson, 1976 (inédit)). Des apparitions de gens décédés[2] se sont également produites devant plusieurs témoins réunis (Hart, 1953-56 ; Tyrrell, 1962). Des médiums, des chamanes, des yogis et autres voyants, partout dans le monde, ont raconté leurs contacts avec les morts. Certes, nombreux sont les rapports sur des phénomènes du genre qui ne résistent pas à l'examen scientifique. Pourtant, certaines expériences médiumniques, soumises à un contrôle strict, se sont révélées fort impressionnantes. Les correspondances croisées[3] en sont un exemple, en particulier dans les cas célèbres du « Léthé » et de « L'oreille de Dionysos » (Murphy, 1961), lorsque furent apparemment communiquées des sources très lointaines de la littérature grecque

* Cross correspondences.

classique, par la voix d'une femme en transe et d'autres médiums particulièrement doués, qui ne possédaient aucune notion de littérature classique. Les messages auraient été supposément transmis par deux érudits décédés qui avaient enseigné à Oxford, A.W. Verrall et S.H. Butcher. Les recherches poussées de Stevenson sur les souvenirs de réincarnation et la connaissance de langues étrangères (y compris les langues mortes), inconnues du locuteur, appuient également, il va sans dire, l'hypothèse de la survie (Stevenson, 1974, 1974).

Il est surprenant de constater à quel point les expériences spontanées de contact avec les morts sont répandues. Au cours d'un sondage, effectué en 1973 à l'échelle nationale par Andrew Greeley du National Opinion Research Centre (université de Chicago), on a posé à un échantillon représentatif de 1 467 Américains la question suivante: « Avez-vous déjà senti que vous étiez en contact avec une personne décédée? » Vingt-sept pour cent des Américains interrogés ont répondu affirmativement. Greeley en conclut: « Plus de cinquante millions d'Américains ont donc de telles expériences, et six millions en ont *souvent*. » Nous disposons de renseignements analogues pour un pays européen, l'Islande, où 31% de la population affirment avoir été, d'une façon ou d'une autre, en contact avec les morts (Haraldsson, 1976). Les veufs et les veuves, touchés par une perte cruelle, semblent deux fois plus prédisposés — 51% (Greeley, 1975) — à connaître ce type d'expériences avec leur conjoint décédé.

Même si ce sondage a été mené avec la plus grande rigueur scientifique, nous avons peine à croire que la moitié des veufs américains ont réellement été « en contact avec une personne décédée ». Il ne semble pas que l'on puisse communiquer avec le Ciel aussi facilement! Ajoutons cependant qu'une autre étude, effectuée cette fois en Grande-Bretagne, a abouti aux mêmes résultats en utilisant une méthode tout à fait différente. Le chercheur en question, W.D. Rees, est entré en contact avec tous les veufs et veuves qu'il a pu joindre (81%) dans des communautés choisies à l'avance et il les a interrogés sur la communication avec les morts. Or, 47% d'entre eux avaient été, à un moment ou à un autre, en contact avec le conjoint décédé. Les types d'expériences se répartissent comme suit : 39% avaient senti la présence de l'autre, 14% l'avaient vu, 13% l'avaient entendu et 12% lui avaient parlé. En outre, 3% des veufs interviewés avaient été touchés par le conjoint défunt (Rees, 1971).

Les gens confient-ils facilement de telles expériences ? La réponse est « non » ! Seulement 28% des veufs qui, lors de l'enquête menée en Grande-Bretagne, ont affirmé avoir eu ces expériences, s'étaient déjà ouverts à quelqu'un là-dessus. La raison la plus courante invoqué pour n'en parler à personne était la peur du ridicule. Qui plus est, aucun de ces veufs n'avait soufflé mot de la chose à son propre médecin (Rees, 1971) ! Il faut croire qu'on ne confie pas aisément ces expériences au corps médical britannique. Cette attitude aura toutefois le désavantage de confirmer les médecins dans leur conviction que de tels phénomènes n'existent pas. La méfiance des patients est sans doute l'une des raisons pour lesquelles nombre de médecins, même après des dizaines d'années de pratique, n'ont jamais reçu de confidences de patients (ou de leurs proches) à propos d'expériences inhérentes à l'au-delà. Seuls des professionnels chaleureux, ouverts et attentifs à leurs patients, comme le Dr Kübler-Ross et le Dr Charles Garfield (Garfield, 1975), parviennent à observer véritablement ces phénomènes.

Les recherches sur les visions précédant la mort : le passé et le présent

Les visions précédant la mort nous sont depuis toujours familières. On les retrouve dans les biographies et dans les œuvres littéraires de toutes les époques. Ce qui nous fait défaut, ce sont des études scientifiques sur la question. Deux pionniers des recherches parapsychologiques, le spécialiste britannique d'études classiques Frederic Myers et le philosophe de l'université Columbia James H. Hyslop, ont certes décrit plusieurs cas de visions précédant la mort, mais ils n'ont pas mené d'enquête proprement dite sur ce sujet. Ces expériences sont donc demeurées pratiquement inconnues des cercles scientifiques jusqu'à ce qu'elles se manifestent dans l'entourage immédiat d'un professeur de physique du Royal College of Science à Dublin, Sir William Barrett.

Dans la nuit du 12 janvier 1924, l'épouse de Barrett, qui était médecin spécialiste en chirurgie obstétricale, se précipita chez elle dans un état de grande excitation afin de faire part à son mari de l'étrange expérience dont elle venait d'être témoin à l'hôpital. Lady Barrett avait, semble-t-il, été mandée pour accoucher une femme du nom de Doris (son nom de famille ne fut pas inscrit dans le rapport écrit) ; le bébé avait pu être sauvé, mais la mère se mourait. Comme le raconta Lady Barrett :

> Soudain, elle fixa l'un des coins de la pièce et un sourire radieux illumina tous ses traits. « Oh, comme c'est beau ! Comme c'est beau ! » dit-elle. « Qu'est-ce qui est beau ? » m'enquis-je. « Ce que je *vois* ! » répondit-elle d'un ton grave et exalté. « Que voyez-

vous? » « Une lumière étincelante et si belle — des êtres merveilleux. » Il est difficile de décrire la ferveur avec laquelle elle s'abîmait dans sa vision et le sentiment de réalité qui s'en dégageait. Puis — comme si son attention avait soudain été attirée sur un point précis —, elle poussa une sorte de cri joyeux : « Mais c'est Papa ! Oh, il est si content que j'aille le rejoindre ; il *est* si content. Comme ce serait formidable si W. (son mari) pouvait venir, lui aussi. »

On lui apporta alors son bébé. Elle le regarda attentivement, puis dit : « Croyez-vous que je devrais rester pour le bien de l'enfant ? » Enfin, se tournant de nouveau vers la vision, elle dit : « Je ne peux pas... Je ne peux pas rester ; si vous voyiez ce que je vois, vous sauriez que je ne peux pas rester. »

Ce que la jeune femme « voyait » était apparemment si réel, si agréable et si « captivant » qu'elle était disposée à sacrifier sa vie pour elle et même à abandonner son propre enfant !

Elle se tourna vers son mari qui venait d'entrer et lui dit : « Tu ne confieras pas l'enfant à quelqu'un qui ne l'aimera pas, n'est-ce pas ? » Puis, elle le repoussa gentiment en disant : « Laisse-moi regarder la jolie lumière[1]. »

S'agissait-il simplement de la réalisation d'un souhait sous la forme d'une hallucination ? Barrett a retenu cette hypothèse avant de la rejeter car, au nombre des apparitions de personnes décédées, il en fut une que Doris ne pouvait s'attendre à voir : sa sœur Vida, qui était morte trois semaines plus tôt et dont on avait caché le décès à Doris, vu son état. Doris fut donc légèrement surprise dans la suite de sa vision :

Elle dit à son père : « Je viens ! » et, se tournant au même moment vers moi pour me regarder, elle ajouta : « Oh, il est si près de moi. » Ramenant son regard au même endroit, elle dit d'un air plutôt perplexe : « Vida est auprès de lui. » Se tournant encore vers moi, elle répéta : « Vida est avec lui. » Ensuite, elle dit : « Tu me veux auprès de toi, Papa ; je viens[2]. »

Barrett fut si impressionné par l'apparition de Vida qu'il se mit à recueillir tous les cas analogues qu'il put ; il les réunit avec soin dans un petit livre intitulé *Death-bed Visions* (1926).

C'est la première étude du genre qui soit vraiment méthodique. Barrett découvrit que les visions des mourants mettaient souvent en scène des personnes décédées venues les emporter vers une demeure céleste. Il constata également que nombre de ces visions se produisaient lorsque le patient était tout à fait lucide, et qu'elles lui faisaient fréquemment voir des choses auxquelles il ne s'attendait pas. Ainsi, des enfants furent surpris d'apercevoir des « anges » sans ailes. En outre, dans plusieurs des cas relevés par Barrett, les apparitions ont été accueillies soit de façon exaltée, soit encore avec sérénité et quiétude. Il a aussi rapporté quelques rares cas où un proche ou une infirmière, présents au chevet du mourant, ont semblé partager les visions de celui-ci.

Trente ans plus tard, le livre de Barrett incita l'un de nous (Osis) à entreprendre une étude systématique des expériences précédant la mort, en utilisant cette fois des méthodes modernes d'enquête qui n'étaient pas disponibles à l'époque. Osis fut frappé par le fait que les chercheurs du domaine de la parapsychologie, sauf Barrett, avaient jusque-là complètement négligé d'examiner les expériences des mourants eux-mêmes et qu'ils avaient plutôt mis l'accent sur les apparitions de personnes décédées observées par des proches au moment même de la mort d'un individu ou quelque temps après. Pourquoi ne pas recueillir directement les expériences des patients? s'est-il demandé. Il s'agira de rassembler un nombre de cas suffisamment important et détaillé et de soumettre le tout à l'analyse scientifique.

Osis nota également que les rapports du personnel médical, présentés dans l'ouvrage de Barrett, semblaient plus objectifs que ceux des prêtres ou des parents qui assistaient le mourant. Il en est ainsi du compte rendu de Lady Barrett. Osis en conclut que le corps médical lui fournirait des témoins dignes de confiance. Il décida donc d'entreprendre une vaste enquête auprès de milliers de médecins et d'infirmières en leur demandant de lui faire part des visions qu'avaient eues leurs patients avant de mourir.

Pour mener efficacement une telle enquête, il fallait cependant disposer de ressources importantes, tant sur le plan humain que monétaire. Par bonheur, les circonstances se montrèrent favorables. À cette époque, Osis était directeur de recherches à la Parapsychology Foundation à New York, organisme que présidait Eileen Garrett. Cette femme remarquable était l'une des médiums les plus douées de son temps. Elle était également écrivain et éditeur. Son existence se passait littéralement « entre deux mondes » car, tout en demeurant active au plus haut degré dans le monde physique, elle pouvait voir, par exemple autour des gens qui lui rendaient visite à son bureau, des images parfaitement identifiables de parents décédés. Ce qui ne l'empêcha pas de s'interroger souvent sur la réalité de ses visions. Elle avait connu personnellement Sir William Barrett ; elle accepta donc avec enthousiasme le projet de recherches d'Osis.

La Fondation fut appuyée par une représentante éminente du Congrès américain, Frances P. Bolton, qui fait partie des familles Whitney et Payne. L'enquête projetée l'impressionna favorablement ; elle y vit une incursion de la science dans le royaume de l'esprit. Des amis de la Fondation, notamment l'écrivain Aldous Huxley et le grand spécialiste des recherches psychiatriques, le Dr Humphrey Osmond, se montrèrent très enthousiastes à l'égard du projet et y apportèrent leur concours. Certains conseillers médicaux manifestèrent cependant beaucoup de scepticisme et prédirent un échec complet de l'enquête. En fait, le questionnaire ne manqua pas d'attirer certains commentaires sarcastiques, comme « Pourquoi ne pas mieux employer votre temps — à faire de la sculpture sur bois, par exemple ? », ou comme « Je ne crois pas à la *fécondation* extra-sensorielle ! ». Malgré cela, un grand nombre d'autres médecins répondirent avec enthousiasme et relatèrent parfois de façon émouvante la façon dont leurs observations avaient modifié leur conception de la vie et de la mort.

L'enquête-pilote, menée en 1959-60, fut un succès : 640 questionnaires furent retournés. L'ensemble des réponses se fondait sur l'observation de 35 000 mourants. On rapporta près de 700 cas d'amélioration de l'humeur du patient avant sa mort, 900 cas de visions et 1 300 cas d'apparitions. Cent quatre-vingt-dix médecins et infirmières furent par la suite interviewés de façon approfondie, ce qui nous fournit suffisamment de données pour procéder à une analyse scientifique valable. En 1961, le projet avait été mené à terme. La Parapsychology Foundation publia, sous forme de monographie, un rapport final intitulé *Deathbed Observations by Physicians and Nurses*[3].

En 1962, Osis devint directeur de recherches à l'American Society for Psychical Research. Fondé en 1885, cet organisme avait, au cours des années, effectué sur une grande échelle des recherches sur la PES *, la psychokinésie, la médiumnité et autres phénomènes paranormaux. Dans son nouveau poste, Osis conçut un deuxième projet d'enquête sur les observations de mourants, en collaboration cette fois avec des experts en médecine, en psychiatrie et en méthodologie d'enquête. Le but : confirmer ou infirmer les résultats de la première enquête. Les modalités : une enquête méthodique auprès de 5 000 médecins et infirmières, choisis au hasard dans les cinq États les plus proches de New York.

Il s'agissait d'un projet coûteux et comme, en 1962, les finances de l'ASPR étaient à leur plus bas, on doutait de pouvoir en assurer la réalisation. C'est alors que Chester F. Carlson, inventeur du photocopieur Xerox, entra en scène. Ce physicien avait pendant longtemps adhéré à la conception matérialiste de l'univers prônée par ses collègues. Pourtant, mis en présence de faits de nature spirituelle et paranormale, il avait fini par modifier son opinion. Ses

* Perception Extra-Sensorielle.

propres expériences avec sa femme Doris, qui possède des dons médiumniques, convainquirent Carlson que la réalité ne se limite pas à ce que la science tient pour vrai.

Lorsqu'Osis lui exposa pour la première fois son projet d'enquête, Carlson savait parfaitement qu'au dire de la communauté scientifique, la vie après la mort est une impossibilité. Pourtant, cette même communauté avait porté un jugement semblable à l'égard de son invention, la xérographie ; à l'époque, pas moins de vingt grandes sociétés, dont IBM et Eastman-Kodak, avaient rejeté l'invention que Carlson leur proposait. Il était malgré tout parvenu à la mettre en pratique. Ainsi, après un examen minutieux du projet d'Osis, Carlson conclut que l'impossible pourrait de nouveau être réalisé.

C'est donc avec une certaine ironie qu'il finança le projet « impossible » à même les revenus tirés de l'invention de sa machine « impossible ». Carlson fut ravi de constater que le corps médical réservait cette fois un accueil beaucoup plus favorable au questionnaire sur les observations de mourants. Au total, 1 004 questionnaires furent retournés, ce qui représentait environ 50 000 observations.

Osis avait à présent en mains suffisamment de données pour effectuer l'analyse des facteurs d'ordre médical et psychologique que comportent les visions précédant la mort. Quant à l'analyse des facteurs culturels, elle fut malheureusement stoppée net. Le problème venait de ce que les Américains ont tous le même fond religieux — la Bible. Osis et ses collaborateurs conclurent à l'évidence que les visions des patients américains devaient être comparées à celles de gens vivant dans un milieu culturel où la Bible ne fait pas partie de l'éducation religieuse. Où donc pourrait-on vérifier, se demandèrent-ils, si ces visions constituent ou non une projection des « histoires » contenues dans la Bible, c'est-à-dire une sorte de revécu visuel final de l'acquis culturel ? Le président de l'ASPR, Gardner Murphy, suggéra le Japon. Carlson choisit l'Inde. Enfin, après qu'on eut soigneusement examiné tous les facteurs, ce fut l'Inde qui fut retenue.

Malheureusement, Chester F. Carlson mourut avant d'avoir pu accorder son soutien financier à cette partie de l'étude. D'autres grandes fondations furent contactées, mais aucune ne fut disposée à appuyer un projet portant sur un sujet aussi original que la vie après la mort. Si on acceptait en général de financer les recherches sur la mort-anéantissement, on se refusait à envisager l'hypothèse de la survie — en dépit des sondages d'opinion qui démontrent que 70% des Américains croient à l'immortalité. Quoi qu'on puisse dire du processus de distribution des fonds publics dans un pays démocratique, il est impossible de ne pas parler d'iniquité lorsque l'on refuse de tenir compte d'un intérêt manifesté par près des trois quarts de la population.

Le projet fut donc mis sur les tablettes et il y resta jusqu'à ce qu'en 1964 surgit le cas James Kidd. Kidd était mineur à Phoenix, en Arizona. Ses voisins le croyaient très pauvre. Il emprunta même un jour un pic pour faire de la prospection dans les Superstition Mountains de l'Arizona. Il vivait dans une chambre miteuse qu'il payait quatre dollars par semaine.

Le matin du 9 novembre 1949, Kidd partit faire de la prospection, mais il ne revint pas. Il fut déclaré mort quelques années plus tard. Quand on ouvrit, à cause du loyer depuis longtemps en souffrance, un coffret de sûreté à son nom dans une banque de Douglas (Ariz.), on y découvrit un grand nombre de valeurs, ainsi qu'un testament, gribouillé au crayon sur un morceau de papier; le texte se lisait comme suit:

> ceci est mon seul et unique testament, daté du deuxième jour de janvier 1946. Je n'ai aucun héritier et je n'ai pas été marié au cours de ma vie et après que tous les frais d'enterrement auront été réglés et ($100) cent dollars donnés à un pasteur évangélique pour qu'il prie sur ma tombe, qu'on vende tous mes biens en liquide et en valeurs qui sont chez E.F. Hutton C° Phoenix et ceux qui sont dans le coffret de sûreté et que cet argent serve à des recherches ou à la vérification scientifique qu'il y a une âme qui quitte le corps à la mort; je pense qu'un jour on pourra photographier l'âme quittant le corps à la mort, James Kidd.

On sait peu de choses sur James Kidd[4]. Il semble qu'il ait vécu une existence simple et recluse. Un collègue mineur le qualifia de « tête pleine de livres » et dit : « Jim pouvait vous apprendre beaucoup, il avait toujours quelque chose à offrir. J'avais l'habitude de dire aux autres gars : « Cessez de boire et écoutez, les gars, et vous apprendrez[5]. »

En juillet 1971, après plusieurs années de contestation et de revendication du legs de $270 000 par 130 candidats, celui-ci fut attribué à l'ASPR afin qu'elle pût vérifier l'hypothèse suivante :

> Nous émettons l'hypothèse qu'un élément quelconque de la personnalité humaine est en fait en mesure, en de rares occasions, d'opérer hors du corps vivant (devenant par le fait même « extra-corporel »), et que cet élément continue à exister après que le cerveau eut cessé de fonctionner et que l'organisme s'est décomposé.

L'ASPR utilisa les deux tiers de l'argent du legs pour ses propres recherches et remit l'autre tiers à la Psychical Research Foundation à Durham (N.C.), laquelle se consacre à l'étude des questions touchant la survie.

James Kidd, un homme dont la scolarité se limitait à l'école primaire, suscita un intérêt à l'échelle mondiale sur les recherches visant à prouver l'existence d'une âme qui quitterait le corps au moment de la mort. Les media transmirent partout dans le monde le message laconique contenu dans son testament. Les journaux parlèrent abondamment de la controverse juridique soulevée par les 130 candidats au legs. Les magazines *Life* et *Reader's Digest*, ainsi que nombre d'autres journaux et revues, publièrent le récit de la vie de James Kidd.

En 1969, au lendemain de l'annonce de la décision rendue par le tribunal, quatre équipes de différents réseaux de télévision se rendirent à l'ASPR. Le monde entier désirait savoir si les recherches pourraient prouver la réalité de ce concept qui habite depuis si longtemps le cœur des hommes : l'âme immortelle. Des érudits aux connaissances incommensurables avaient écrit des montagnes de livres sur cette question. Comme nous l'avons mentionné plus tôt, l'on compte parmi ces savants le grand historien Arnold Toynbee, des philosophes de renommée internationale tels que C.J. Ducasse et H.H. Price, des écrivains majeurs comme Aldous Huxley, sans oublier l'éminent psychologue Gardner Murphy. Mais jamais rien n'avait suscité autant d'intérêt dans le monde que les simples gribouillages d'un mineur sans instruction, appelé James Kidd.

L'on disposait donc à présent des fonds nécessaires pour mener l'enquête en Inde. Mais il fallait aussi, pour les besoins d'une telle enquête, faire appel à des ressources d'un autre type. C'est à ce moment que l'un de nous (Haraldsson), qui était exceptionnellement qualifié pour l'enquête à mener en Inde, se joignit à l'équipe de l'ASPR Il avait déjà passé un an là-bas avant d'entreprendre des études de psychologie dans des universités américaines et allemandes. Il avait beaucoup voyagé en Orient; il avait même écrit un livre sur le Kurdistan, lequel fut publié en islandais et en allemand. Haraldsson nous fournit une information de première main sur l'Orient; nous en avions grandement besoin pour notre projet.

Nous avons donc mis sur pied une équipe qui, à notre sens, possédait la formation et l'expérience nécessaires pour entreprendre cette vaste enquête. Nous avions également sur place, en Inde, des amis, psychologues qualifiés, qui connaissaient les coutumes locales et possédaient de nombreux contacts dans le nord du pays. Le Dr Jamuna Prasad, qui était à l'époque directeur du Bureau of Psychology de l'État le plus peuplé de l'Inde (Uttar Pradesh) se montra très enthousiaste à l'égard du projet. Il se rendit cependant compte que nos méthodes américaines ne seraient pas efficaces en Inde et, après avoir examiné toutes les possibilités, il nous convainquit de modifier notre façon de procéder. Plusieurs membres du personnel sous la direction du Dr Prasad, en particulier Parmashwar Dayal, prirent contact avec les autorités médicales, partout dans l'État, et nous procurèrent tous les renseignements dont nous avions besoin. À ce propos, le Dr Ian Stevenson, de l'université de la Virginie, fut pour nous un conseiller fort utile. Il avait beaucoup voyagé en Inde car il effectuait pour son compte des recherches sur les souvenirs de vies antérieures chez les jeunes enfants. Il nous accompagna dans nos déplacements au cours de la première semaine, et nous apporta une aide de tous les instants. Le Dr Prasad fut aussi de nos déplacements au début de l'enquête. Plus tard, il nous confia aux soins de membres de son personnel — Dayal en particulier.

C'est à Allahabad, après avoir longuement consulté les docteurs Stevenson et Prasad, que nous décidâmes d'adapter nos méthodes d'enquête au milieu indien. Nous remplaçâmes les enquêtes par la poste et par téléphone par des interviews directes avec les médecins et les infirmières. En Inde, on ne se sert pas du téléphone de la même façon qu'en Occident. Ainsi, la durée maximale des appels interurbains est de neuf minutes. En outre, les communications sont lentes à établir et en général, mauvaises. Il faut d'une à six heures — parfois même des jours — avant qu'une voix monotone ne vous communique la grande nouvelle : « Vous avez la communication avec Allahabad. » Devant une telle situation, il nous a fallu faire les interviews directement.

Rien ne fonctionna comme prévu mais, heureusement, tout finit par s'arranger. Un Indien peut être extrêmement aimable, mais ne pas se rendre aux rendez-vous fixés. L'anglais parlé en Inde n'est qu'un cousin éloigné de l'américain, et il est très difficile à comprendre au début. Par exemple, en Inde on ne sait pas ce que c'est qu'un « Coke » ; si vous désirez étancher votre soif, vous devez demander un « Coca-Cola ».

Il y eut un autre problème qui tenait au fait que nous, Occidentaux, ne possédons pas les anticorps nous permettant de nous protéger contre certains virus des climats tropicaux. Nous avons appris là-bas que, quelle que soit la soif qui vous tenaille dans cette chaleur étouffante, il ne faut jamais boire de l'eau ou du lait qui n'a pas été bouilli, ou même tenter de se rafraîchir en mangeant une glace.

Malgré toutes ces précautions, nous avons tous souffert de cette affection courante chez les touristes : la dysenterie.

Dans le nord de l'Inde, la voie publique est encombrée par un incroyable mélange de voitures et de véhicules d'un autre âge. Les voitures klaxonnent sans arrêt en essayant de se rayer un chemin parmi d'autres usagers de l'autoroute qui avancent à la vitesse de quatre milles à l'heure. Ces usagers sont des charrettes tirées par des bœufs, des voitures à cheval connues sous le nom de *tonga*, des vaches sans nombre, des ânes chargés de ballots, des troupeaux de chèvres, des caravanes de chameaux et, par-ci par-là, des éléphants. On trouve partout des sortes de tricycles spécialement conçus pour un conducteur et deux passagers. Les conducteurs de ces véhicules nous pressaient de monter avec eux. « Après tout, se disaient-ils, ces étrangers ne comprennent rien à la monnaie du pays ; ils pourraient tout aussi bien, sans s'en rendre compte, payer le double du prix de la course : dix cents de plus ! » Qui plus est, certains chauffeurs de taxis ne partaient pas tant que vous ne faisiez pas l'effort de pousser un peu leur voiture.

On trouve en Inde une classe de gens instruits qui compte environ cinquante millions d'individus, lesquels possèdent une vaste culture et des goûts occidentaux. Ils côtoient une masse de cinq cent millions de pauvres diables qui semblent sortir tout droit des siècles précédents.

Les facultés de médecine indiennes ont des normes très strictes, la plupart des professeurs ayant reçu leur formation en Grande-Bretagne ou aux États-Unis. Les médecins qui pratiquent depuis longtemps ont une réputation bien établie et vivent dans des appartements ou des maisons confortables. Par contre, un interne pourra être logé dans une petite chambre austère aux murs de béton nus. Lorsque nous arrivions à un hôpital, le médecin-chef ou le chirurgien-chef réunissait habituellement son personnel de vingt à cinquante médecins afin de nous rencontrer. En général, les médecins indiens furent plus aimables et plus prodigues de leur temps que ne le furent leurs collègues américains. Ils remplirent presque tous notre questionnaire.

On rencontre beaucoup d'infirmières indiennes de foi chrétienne ; les hindous semblent nourrir certains préjugés à l'égard des soins infirmiers. En Inde, le statut de l'infirmière est inférieur à celui de ses consœurs américaines. Ainsi, les infirmières manifestaient la plus grande incrédulité lorsque nous leur disions qu'en Amérique les médecins épousent souvent des infirmières. La plupart des infirmières chrétiennes viennent de l'État de Kerala, au sud-ouest du pays. Selon la légende, la foi chrétienne fut apportée au Kerala par l'un des apôtres du Christ, Saint Thomas. Même si sa mission fut couronnée de succès dans cet État, l'apôtre fut tué, quelque temps plus tard, sur l'ordre d'un maharajah, près du site actuel de la ville de Madras.

Comme la plupart des infirmières ne possédaient que de faibles connaissances de la langue anglaise, elles furent surtout interviewées par notre collègue indien, Dayal. En général, cependant, les médecins maîtrisaient bien l'anglais et se seraient sentis offensés de ne pas être interviewés personnellement par nous. Les Indiens sont très fiers de l'amélioration rapide des soins médicaux depuis l'Indépendance, et ils ont raison de l'être. Par exemple, l'espérance de vie a passé, dans un temps relativement court, de vingt-huit à quarante-deux ans. Nous en profitons pour remercier de tout cœur le corps médical indien pour l'aimable collaboration qu'il nous a offerte.

Au cours des années 1960 et 1970, nous étions les seuls à étudier le phénomène des visions précédant la mort. Puis, au milieu des années 1970, les recherches dans ce domaine connurent une recrudescence d'intérêt, que suscitèrent notamment les travaux du Dr Élisabeth Kübler-Ross et du Dr Raymond Moody. Le Dr Kübler-Ross, rendue célèbre par ses recherches remarquables sur la mort et les mourants, a interviewé des centaines de patients en phase terminale. Ces derniers lui ont révélé le même genre d'expériences qui avaient étonné Sir William Barrett, cinquante ans plus tôt, et nous-mêmes quelque temps plus tard. Même si les résultats de ses travaux ne sont pas encore publiés, le Dr Kübler-Ross a indiqué dans un communiqué de presse que les données qu'elle a recueillies l'ont convaincue « sans l'ombre d'un doute » qu'il existe vraiment une vie après la mort.

Le Dr Moody a, quant à lui, publié en 1975 *La vie après la vie*. Il a réuni dans son livre cinquante récits de patients qui frôlèrent la mort et qui en réchappèrent. Même si son ouvrage est fort différent du nôtre, tant dans ses points faibles que dans ses points forts, nous en recommandons fortement la lecture à titre de document complémentaire. Les données recueillies par Moody, principalement après des conférences qu'il donna sur les recherches effectuées sur la survie, lui furent principalement fournies par des gens venus l'écouter. Il en tire des conclusions, sans avoir cependant procédé à une analyse statistique des facteurs en cause. Quoi qu'il en soit, les récits de cas qu'il présente sont plus riches de détails et comportent des descriptions plus colorées des expériences de l'au-delà que les nôtres.

Les conclusions de Moody concordent pour la plupart avec les nôtres. Ses patients lui ont dit avoir vécu une vision rétrospective très rapide des événements de leur existence — une sorte de film se déroulant sous leurs yeux. Un très petit nombre d'expériences de ce type nous ont été relatées au cours de notre enquête-pilote, et il n'en a pas été question dans nos enquêtes ultérieures. Le fait est que de tels phénomènes de mémoire (dite « panoramique ») ne se produisent pas seulement chez les patients qui sont près de mourir, et c'est la raison pour laquelle nous ne les avons pas retenus.

Un autre type d'enquête a été mené par le Dr Charles Garfield, psychologue clinicien à l'université de Californie à San Francisco. Le Dr Garfield, qui se spécialise dans les cas de patients en phase terminale, assiste ces derniers en leur fournissant un soutien affectif et en gagnant leur amitié et leur confiance. Au cours du processus, ils en viennent habituellement à lui confier ce qu'ils vivent, et ils le font beaucoup plus ouvertement qu'ils ne le feraient avec un médecin qui demeure froid et distant. Le Dr Garfield a, par ce biais, recueilli des descriptions très détaillées de ce que les mourants voient, et il a donné une interprétation éclairée de ces phénomènes (1975).

La recrudescence des recherches effectuées sur les visions précédant la mort nous stimule grandement. Nous espérons qu'elles s'étendront à tous les phénomènes qui, apparemment, émanent des morts et nous font supposer l'existence d'un « autre monde » — apparitions devant plusieurs témoins, expériences de dédoublement, souvenirs de vies antérieures et communications médiumniques. Si les connaissances acquises par suite de l'étude de ces phénomènes confirment toutes l'existence de l'au-delà, l'humanité y aura gagné un nouvel art de vivre et de mourir.

L'enquête-pilote

Un début fort prometteur

Les données analysées dans ce livre ont été recueillies lors de trois grandes enquêtes, effectuées à diverses époques, sur les expériences des mourants :

1. *Une étude-pilote*, soit une enquête à l'échelle nationale, effectuée en 1959-60 sous les auspices de la Parapsychology Foundation et dirigée par Osis. C'est à cette étude que nous nous référerons lorsqu'il nous arrivera de parler de la « première enquête américaine ».
2. *Une enquête aux États-Unis*, menée par Osis entre 1961 et 1964 dans cinq États américains : New York, New Jersey, Connecticut, Rhode Island et Pennsylvanie. Nous l'appellerons parfois la « deuxième enquête américaine ».
3. Une enquête en Inde, menée par nous deux dans le nord de l'Inde en 1972-1973.

L'étude-pilote, publiée en 1961 sous forme de monographie par la Parapsychology Foundation , s'intitule *Deathbed Observations by Physicians and Nurses*. Le présent chapitre en offre un résumé. Quant aux enquêtes effectuées aux États-Unis et en Inde, elles sont, pour la première fois, analysées au complet dans ces pages, bien qu'un document technique ait déjà été publié sur le sujet en 1977 dans le *Journal of the American Society for Psychical Research.*

Les enquêtes comportaient deux étapes principales. Dans un premier temps, les infirmières et les médecins choisis étaient invités à remplir un bref questionnaire. Si l'observateur rapportait des cas intéressants, l'on communiquait avec lui afin de procéder à une interview plus approfondie, ce qui constituait la deuxième étape du processus. Après cette mise au point, qui nous donne une vue d'ensemble du programme de recherches, voyons comment s'est déroulée l'étude-pilote et quels en ont été les résultats. Nous reviendrons, dans les chapitres suivants, sur la deuxième enquête américaine et sur l'enquête indienne.

À la fin de 1959, un questionnaire fut envoyé par la poste à un échantillon stratifié, prélevé au hasard, de 5 000 médecins et de 5 000 infirmières pratiquant leur métier aux États-Unis. L'échantillon comprenait 2 000 généralistes, 1 000 médecins des hôpitaux, 1 000 médecins à demeure, 1 000 internes, 2 500 infirmières de soins généraux et 2 500 infirmières privées. Le questionnaire portait sur les expériences que ces gens avaient vécues au chevet des mourants : combien de patients avaient-ils vu mourir? avaient-ils observé chez ces patients, peu de temps avant leur mort, des phénomènes particuliers (hallucinations, changement de comportement, etc.)? Le questionnaire ne s'appliquait pas seulement aux patients décédés, mais aussi à ceux qui, après avoir frôlé la mort, avaient pu être ramenés à la vie. Les cas de patients qui avaient affirmé voir apparaître, par exemple, un frère encore vivant, une mère défunte ou une figure religieuse comme le Christ, furent l'objet d'une enquête plus approfondie. Il en fut de même des visions portant principalement sur des lieux — cités célestes ou jardins splendides baignant dans une lumière paradisiaque. Enfin, une question portait sur les cas de modification soudaine de l'humeur du patient, et des questions secondaires étaient réservées aux expériences de dédoublement, de prédiction par le patient du moment de sa mort, et de rappels de souvenirs, qu'on désigne sous le nom de « mémoire panoramique » (c.-à-d. une sorte de « film de l'existence » qui se déroule en quelques secondes, juste avant la mort).

À la fin des années 1950, les milieux professionnels nourrissaient à l'égard des phénomènes paranormaux beaucoup plus de préjugés qu'aujourd'hui. Quoi qu'il en soit, 640 observateurs du monde médical retournèrent le questionnaire après l'avoir rempli. Ils se trouvaient à rapporter 35 540 observations de patients au seuil de la mort. Un nombre relativement élevé de patients avaient, semble-t-il, vécu des expériences intéressantes : 1 318 d'entre eux avaient eu des apparitions, 884 des visions, et l'on avait noté chez 753 patients une modification soudaine de l'humeur, peu de temps avant la mort. Les mourants étaient donc fréquemment les hôtes de phénomènes directement liés au concept de la survie (par ex. les aperçus extra-sensoriels de l'au-delà).

Cent quatre-vingt-dix cas furent soumis à une enquête plus approfondie par le biais de questionnaires et d'interviews téléphoniques interurbaines. Un questionnaire qui devait servir de guide à l'interviewer fut notamment conçu pour chaque catégorie de phénomènes. Les 150 cas d'apparition qui constituaient l'échantillon final permirent de procéder à une analyse statistique détaillée. Quant aux autres phénomènes, ils ne fournirent que des échantillons restreints (25 cas de visions et 15 de modification de l'humeur), d'où le terme « étude-pilote » pour qualifier cette première enquête.

Les interviews ont permis d'explorer chaque cas en profondeur et d'étoffer par le fait même les descriptions des phénomènes observés. Voici quelques exemples de questions qui furent posées à l'observateur : Qui figurait dans l'apparition ? Le patient est-il demeuré conscient du milieu environnant au cours de l'expérience ? Quelles étaient les intentions du « visiteur » ? Comment le patient a-t-il réagi à l'apparition ? Combien de temps s'est-il écoulé entre l'hallucination et la mort du patient ? Et ainsi de suite.

D'autres questions portaient sur la fiche médicale du patient, par exemple le diagnostic principal, les antécédents hallucinatoires, la température, les médicaments administrés — en fait, tout ce qui aurait pu provoquer des hallucinations. Enfin, l'observateur était invité à fournir le plus de renseignements personnels possibles sur le patient : nom, âge, sexe, scolarité, intensité de la foi, croyance dans la survie.

Tous ces facteurs, ainsi que les interactions existant entre eux, furent ensuite soumis à des analyses détaillées. Certaines visions furent certes attribuées à des causes pathologiques (scènes délirantes et divagations sur des sujets terre à terre), mais la plupart d'entre elles ne donnèrent pas l'impression d'être de simples hallucinations. En effet, dans la plupart des cas, le mourant était, sous tous les rapports, parfaitement lucide et maître de lui quand il affirmait qu'un être lui apparaissait pour le conduire dans un autre monde. Ces expériences étaient en général de plus courte durée, plus cohérentes, plus axées sur la mort du patient et sur son passage dans l'autre monde que les créations décousues émanant d'ordinaire d'un esprit troublé. Les données recueillies confirmèrent les conclusions que Barrett (1926) et Hyslop (1908) avaient déjà tirées de leurs observations cliniques, à savoir que la majorité des hallucinations mettant en scène des personnes tenaient vraiment de l'apparition (c.-à-d. hallucination ou perception extra-sensorielle d'une personne, sans perte de contact avec le milieu environnant). Les données recueillies sur les patients en phase terminale révélèrent que 83% des personnes figurant dans les hallucinations étaient des parents et que presque tous ceux (90%) dont l'identité avait pu être établie étaient des proches : mère, père, conjoint, fratrie, progéniture. Ce qui contraste fortement avec les hallucinations, mettant en scène, pour la plupart, des étrangers ou des personnages bizarres, qui furent le lot de ceux dont les facultés mentales étaient troublées.

L'on rapporta également deux fois plus d'apparitions de personnes décédées (70%) que de personnes encore vivantes, ce qui concorde parfaitement avec les résultats d'études cliniques antérieures. Notons que, chez les individus en bonne santé qui ont eu des apparitions, les rapports sont inversés. En effet, des enquêtes menées aux États-Unis et en Europe ont révélé qu'entre 10 et 17% de la population dite « normale » ont des hallucinations, lesquelles mettent cinq fois plus souvent en scène des personnes vivantes que des personnes décédées.

Pour quelle raison les personnes décédées apparaissent-elles en si grand nombre aux patients en train de mourir ? Eh bien ! il semble que, dans la plupart des cas, l'apparition a pour mission de conduire le patient dans l'au-delà. En d'autres mots, la présence de ces visiteurs (personnes décédées ou figures religieuses) a manifestement pour but d'aider le sujet à passer d'un mode d'existence à un autre.

Ces apparitions sont-elles réelles ? C'est-à-dire : émanent-elles de la PES ou ne sont-elles que des hallucinations, provoquées par le cerveau troublé du mourant ? La plupart des analyses effectuées eurent en fait pour objet de mettre au jour des schémas à l'appui soit de l'hypothèse du « cerveau troublé », soit de l'hypothèse de la survie (à savoir la réalité des apparitions). On regroupa donc tous les patients que leur fiche médicale pouvait prédisposer aux hallucinations (par exemple, les troubles ou lésions ayant affecté le cerveau), et on compara leur dossier à celui des autres patients. Le groupe prédisposé aux hallucinations n'avait pas eu plus d'apparitions de parents décédés que l'autre groupe. Par contre, leurs hallucinations étaient plus décousues, plus incohérentes et portaient davantage sur des sujets terre à terre (rappel de souvenirs ou conversations avec des personnages imaginaires en visite à l'hôpital). Tandis que la majorité des patients du deuxième groupe avaient eu des apparitions dont la mission était de les conduire dans l'au-delà, seulement un tiers des patients « prédisposés » avaient attribué cette intention aux êtres qui leur étaient apparus. Des facteurs tels que la fièvre et l'administration de calmants (morphine ou démérol — mépérédine) n'accrurent pas la fréquence des apparitions. La même remarque s'applique au degré de lucidité des patients. Comme le signale Osis dans sa monographie intitulée *Deathbed Observations by Physicians and Nurses* : « Les mourants parfaitement lucides et suffisamment conscients du milieu environnant pour pouvoir "interagir" avec lui ont plus souvent d'apparitions que ceux dont l'esprit est troublé et dont l'aptitude à communiquer est limitée[1]. »

En outre, les analyses « démontrent clairement que le délire ne constitue pas la base des apparitions qui précèdent la mort et qui coïncident avec l'hypothèse de la survie[2]. » Notons qu'aucun écart notable ne fut relevé entre les hommes et les femmes, et entre les vieux et les jeunes. Les deux sexes se partagèrent également les apparitions du père et de la mère. Qui plus est, la personnalité des patients n'exerça aucune influence sur les visions, alors que l'on sait que, d'ordinaire, les hallucinations sont très étroitement liées à ce facteur. En effet, les apparitions rapportées semblaient provenir véritablement de l'extérieur du sujet, et non pas être de simples projections de souhaits ou de désirs insatisfaits.

Si l'on jette un coup d'œil aux apparitions dont l'identité put être établie, l'on se rend compte que 90% d'entre elles mirent en scène des parents très proches : père, mère, conjoint, fratrie, progéniture. Si l'on s'en rapporte à l'hypothèse de la survie, il n'y a rien d'étonnant à ce que les proches parents soient les plus susceptibles de rendre visite au patient, vu que ce sont eux qui s'intéressent le plus à lui. Certes, l'inverse pourrait être vrai : étant donné les liens qui l'unissent aux siens, le patient aurait facilement tendance à *imaginer* leur présence. Dans ce dernier cas cependant, les « visiteurs » seront indifféremment des parents vivants et des parents décédés, tandis que, s'ils ont par surcroît mission d'« emporter » le patient dans l'au-delà, il ne pourra s'agir (c'est évident !) que de parents décédés. Or, nous remarquons que le pourcentage d'apparitions de personnes décédées est beaucoup plus élevé chez les proches parents (83%) que chez les parents éloignés (50%) ou les individus sans lien de parenté avec le patient (43%).

Les apparitions dont la mission semblait être d'« emporter » le patient eurent-elles une influence sur le processus même de la mort ? Certaines différences au niveau des données portèrent à croire que oui. Ainsi, 76% de ceux dont la mort suivit presque immédiatement l'apparition (moins de 10 minutes) indiquèrent qu'*on* venait les « chercher » ; par contre, chez ceux qui expirèrent plus d'une heure après avoir vécu cette expérience, les pourcentages variaient entre 44% et 25%. Un écart aussi important démontre-t-il que l'apparition emporte véritablement le patient (c.-à-d. qu'elle active le processus de la mort) ?

Si les apparitions sont vraiment des messagers de l'au-delà, l'accueil qui leur est réservé s'apparente-t-il, par exemple, aux sentiments éprouvés par les mystiques en présence du surnaturel — une « quiétude qui dépasse tout entendement » ? La question ne fut pas posée aussi directement aux observateurs, mais il ressort néanmoins que près de la moitié des patients (46%) furent calmés par l'apparition. Ce qui englobe le sentiment de « quiétude rayonnante » qu'on nous a si souvent rapporté. Ajoutons que les sentiments de calme et de quiétude se sont manifestés beaucoup plus souvent chez les patients lucides (66%) que chez ceux dont les facultés étaient troublées.

En bref, les données recueillies par l'enquête-pilote coïncidaient parfaitement avec l'hypothèse de la survie. Comme il s'agissait de la première enquête du genre, Osis crut qu'il fallait procéder à une quelconque vérification de ces résultats, déjà fort intéressants. Une deuxième enquête s'imposait, qui permettrait d'établir que les phénomènes observés procédaient d'une vision extra-sensorielle et qu'il ne s'agissait en aucun cas d'une simple succession de coïncidences. Malheureusement, cette seconde enquête ne put être menée immédiatement après la première. Les circonstances, au nombre desquelles il faut mentionner « le grand procès de l'âme », s'y opposèrent pendant un certain temps. Mais les nuages finirent par se dissiper et l'on put effectuer la deuxième enquête américaine et sa contre-enquête, l'enquête indienne. Le chapitre suivant constitue un exposé général de ce que voient les mourants.

Que voient les mourants ?

Les visions précédant la mort se fondant, par leur nature, sur le vécu des mourants, nous vous invitons à les aborder de la même manière que nous, c'est-à-dire en communiant avec ce qu'elles ont de plus profond. Vous serez ainsi mieux à même de comprendre l'analyse des données statistiques qui suivra. Cette analyse exigera de nous beaucoup de logique et de perspicacité, si nous voulons parvenir à séparer le réel de l'imaginaire. Mais, avant d'en arriver là, prenons d'abord contact avec les expériences vécues par les mourants en examinant quelques cas de visions, tirés de la seconde enquête américaine et de l'enquête indienne.

Il serait faux de prétendre qu'il y a apparition chaque fois qu'un patient « voit » quelque chose qui demeure invisible aux yeux du médecin. Il existe en effet nombre d'hallucinations incohérentes au cours desquelles des patients marmonnent, dans une sorte de rêve éveillé, des choses qui n'ont aucun sens pour l'observateur médical. Nous n'avons d'ailleurs pas tenu compte de ces cas dans nos analyses.

De plus, les visions, même cohérentes, qui nous ont été rapportées, n'étaient pas toutes axées explicitement sur la mort du patient. Certaines exprimaient des préoccupations on ne peut plus « terre à terre ». Ainsi, un jeune horloger indien de trente ans eut une hallucination au cours de laquelle il prenait sa revanche sur celui qui l'avait blessé par balle à l'épaule et à la poitrine : il se vit mettre le feu à la boutique de son agresseur, au bazar.

L'hallucination viendra parfois combler l'absence de compagnie dont souffre un patient confiné dans une chambre d'hôpital. Une Américaine de cinquante-huit ans, souffrant d'un cancer, accueillait ainsi régulièrement un « visiteur » distingué :

> Chaque soir, lorsque je revenais de dîner, elle me disait que le rabbin venait de lui rendre visite. Je crus d'abord qu'elle disait la vérité mais, quand je m'en informai au personnel de l'étage, on m'affirma que personne n'était entré dans la chambre. La chose se reproduisit presque tous les soirs. Apparemment, ces « visites » la rassérénaient.

Les hallucinations servirent même d'excuse à un patient énurétique ; ce pauvre paysan indien souffrait de troubles cardiaques :

> Il avait des hallucinations chaque jour, soit le matin, soit au milieu de la nuit. Il affirmait d'ordinaire avoir vu telle ou telle personne (vivante) de son village. Parfois, il urinait dans son lit. Lorsqu'on lui faisait la remarque, il disait : « Ce n'est pas moi ; Untel est venu, il m'a poussé hors du lit, il s'est couché et a fait pipi. » Il n'aimait pas ces visiteurs. Parfois, il leur tournait le dos afin de ne pas les voir. Il se cachait même sous les draps en disant : « Untel arrive ! »

Lorsque nous avons procédé au tri de l'ensemble des cas, nous avons prêté une attention particulière aux hallucinations de nature pathologique. Nous avons en effet relevé nombre de cas où les facultés mentales du sujet semblaient s'affaiblir progressivement, à mesure que cessaient ses fonctions physiologiques. Voyons par exemple ce qu'on nous a rapporté sur cette Américaine septuagénaire, souffrant de troubles cardiaques :

> Au début, elle eut des apparitions de gens décédés peu de temps auparavant. Puis, ses hallucinations mirent en scène des personnes qui étaient mortes depuis plus longtemps. Elle se trouva à régresser à chaque hallucination, jusqu'à ce qu'elle atteigne le stade infantile (« gou-gou, da-da ») et qu'elle expire enfin en

adoptant la position fœtale. Au cours de sa régression, la patiente ne revint jamais à une personne avec qui elle avait déjà « communiqué ». Elle passa plutôt d'une hallucination à l'autre en rajeunissant d'autant au niveau de son comportement.

Des cas de ce genre s'expliquent naturellement assez bien par l'hypothèse de l'anéantissement qui veut que la dégénérescence, puis l'arrêt total des fonctions du cerveau, entraînent l'extinction de la personnalité. Nous ne doutons pas, loin de là, que nombre d'expériences vécues par les mourants vont dans le sens de cette hypothèse, celle du corps médical, pour qui la mort constitue le point final de l'existence humaine. Nous en convenons parfaitement. Pourtant, ce qui nous intéresse et ce que nous tentons de faire, c'est d'attirer l'attention de la science comme du public en général sur un corpus important de phénomènes, longtemps négligés, qui donnent à penser qu'il existe vraiment une vie après la mort. Nous irons même jusqu'à dire que les cas susmentionnés peuvent être logiquement incorporés à un tableau d'ensemble plus vaste, sans que l'existence de l'au-delà en soit réfutée pour autant.

Pour revenir à notre tri, notons que nous n'avons pas rejeté automatiquement les cas d'hallucinations cohérentes portant sur des sujets terre à terre (d'ici-bas). En fait, ils nous ont été très utiles aux fins de comparaison. Nous les avons donc soigneusement analysés afin de déterminer ce qui les distinguait des cas d'hallucinations axées sur l'au-delà. En effet, si les deux types de cas étaient construits sur le même modèle, il faudrait en conclure que toutes les hallucinations émanent de la même source, soit de fonctions mentales gravement troublées ou encore d'un comportement schizoïde face à la mort prochaine. Heureusement, comme nous le montreront les chapitres suivants, nous avons découvert des différences frappantes entre les deux types d'hallucinations.

Près de la moitié des données recueillies proviennent de patients en phase terminale, décédés peu de temps après avoir « vu » des personnes qui sont demeurées invisibles aux yeux de nos observateurs. Nous donnerons à ces cas le nom d'« apparitions » ou d'« hallucinations mettant en scène des personnes ».

Nombreux sont les patients parfaitement lucides, dont les hallucinations semblaient être un « coup d'œil jeté sur l'autre monde ». Ainsi, cette jeune Américaine de seize ans, qui venait tout juste de sortir du coma. Elle était tout à fait consciente quand elle dit à notre observateur :

> « Je ne peux pas me lever ! » Et elle ouvrit les yeux. Je la remontai un peu sur le lit et elle dit : « Je le vois, je le vois. J'arrive ! » Elle expira aussitôt après, les traits illuminés par une sorte d'exaltation.

Qu'est-ce qui a bien pu rendre aussi « rayonnante et exaltée » cette jeune fille de seize ans, qui entrait à peine dans la vie ? La jeunesse du patient semble n'avoir aucune importance. Cette fascination inexplicable, exercée par un invisible « Inconnu » se reproduira encore et encore sous nos yeux. Elle touchera des patients torturés par la douleur, malheureux et angoissés, qui, devenant soudain « rayonnants » et « exaltés », seront pressés d'entrer dans cet « autre monde » dont ils viendront d'avoir un bref aperçu. Dans certains cas, comme dans celui de cette Indienne diabétique, l'état d'exaltation nous sera en quelque sorte expliqué par le patient :

> Elle continua à marmonner. J'écoutai car ses proches croyaient qu'elle voulait me dire quelque chose. Elle me dit que sa mère, dont la mort remontait à plusieurs années, était venue et qu'elle l'avait invitée à l'accompagner dans la maison de Dieu. Lorsque je rapportai ces paroles aux membres de sa famille, ils me demandèrent de la prier de ne pas partir. Selon eux, c'était là un mauvais présage, à savoir qu'elle allait mourir et qu'on ne pouvait plus rien pour elle. La patiente me répondit qu'elle s'en allait et qu'elle en était heureuse : « Je m'en vais ; Maman m'appelle auprès d'elle. Je m'en vais dans la maison de Dieu. » Ce furent ses dernières paroles. Pourtant, tout le monde s'attendait à ce qu'elle se rétablisse.

Ces expériences ne touchent pas que les femmes. Ainsi, un homme de 65 ans, souffrant d'un cancer à l'estomac, était, semble-t-il, tout à fait lucide quand il se mit à regarder au loin; des choses lui apparurent qui semblaient des plus réelles. Il tourna son regard vers un mur, ses yeux et son visage s'illuminèrent comme s'il voyait quelqu'un. Il parla de lumière, de lumière étincelante, et il vit des gens qui étaient pour lui très réels. Il dit: « Bonjour! » et « Voici ma mère! » Quand ce fut fini, il ferma les yeux et parut apaisé. Il fit quelques gestes, les bras tendus. Avant l'expérience, il était très malade et il avait des nausées; après, il se montra paisible et serein.

Dans ce dernier cas, le patient fut non seulement envahi par cette « quiétude qui dépasse tout entendement », mais sa vision se trouva de surcroît enrichie par cette « lumière étincelante » dont font souvent état les textes religieux.

Parfois, l'apparition semblera si réelle que le patient lui prêtera des intentions terre à terre. Ce fut le cas pour cet homme de 70 ans, souffrant de troubles cardio-vasculaires. Son esprit était clair, il n'avait pas de fièvre et on ne lui avait administré aucune drogue (détail important: le patient mourut chez lui):

> Il regarda au-delà de moi et l'appela (son épouse défunte): « Mary, dit-il, irais-tu sur la véranda, derrière, me chercher une bonne tomate fraîche? » Quand sa conversation avec sa femme fut terminée, il se tourna vers moi et dit: « Vous croyez sans doute que je suis fou parce que je parlais à ma femme, mais je l'ai vraiment vue, vous savez! »

Tout lui semblait si réel, si convaincant. Les patients douteront très rarement de la réalité de ce type d'apparition

Par contre, l'apparition causera parfois une grande surprise:

> Un homme de 50 ans, souffrant d'une maladie coronarienne, vit un vieil ami, décédé depuis quelque temps: « Mais que fais-tu ici (il nomma celui qu'il interpellait)? » Ce furent les dernières paroles qu'il prononça avant d'expirer.

Cette « visite » était apparemment fort inattendue. Au nombre des cas qui nous ont été rapportés, ceux des patients qui, contre toute attente, moururent après avoir eu une apparition, revêtent un intérêt particulier. Dans le cas suivant, par exemple, les prévisions de mort se réalisèrent *en dépit* du pronostic optimiste du médecin. L'incident s'était produit trois ans avant notre interview ; il nous fut relaté par un médecin attaché au grand hôpital Ervin à Delhi. Une petite fille de trois ou quatre ans fut amenée à l'hôpital par ses parents, à qui elle répétait depuis trois jours que Dieu s'apprêtait à la rappeler à lui. La bambine avait peur et elle était très angoissée. Les parents, troublés par son comportement, avaient décidé de consulter un médecin, bien que l'enfant ne se plaignît d'aucune douleur. Le médecin nous déclara qu'il l'avait lui-même examinée et qu'elle était apparemment en parfaite santé. Pourtant, elle n'arrêtait pas de crier, comme un leitmotiv : « Dieu m'appelle et je vais mourir. » On essaya de la distraire mais, après quelques minutes, elle recommençait sa rengaine. Si ce n'était de cette idée fixe, elle paraissait parfaitement normale. Elle semblait entendre et voir quelque chose, qu'elle ne décrit cependant pas. Contre toute raison et vu que ses parents insistaient beaucoup, on la garda à l'hôpital. Le lendemain, notre médecin fut très surpris d'apprendre du médecin de service que la petite fille était morte d'un collapsus circulatoire graduel, sans cause apparente. Cette expérience avait dérouté notre médecin, plus que tout ce qu'il avait vécu jusque-là dans sa pratique professionnelle.

Ce cas peut s'expliquer de deux façons :

1. La petite a effectivement reçu un message de mort par perception extra-sensorielle et d'une source extérieure à elle.
2. Elle est morte par une sorte d'auto-suggestion.

L'auto-suggestion pourrait dans ce cas précis nous fournir une explication logique ; encore faudrait-il savoir d'où provenait en premier lieu cette suggestion ? Ni les parents de la fillette, ni le médecin qui l'a auscultée, ne s'expliquaient comment une enfant de trois ans, qui ne connaissait presque rien à la mort, pouvait un jour décider de disparaître en invoquant le fait que Dieu la rappelait à lui. Par contre, si le « message » provenait d'une source extérieure, nous serions bien embarrassés d'établir l'identité du « messager ». Pourquoi la bambine attribua-t-elle la voix autoritaire qu'elle entendait à Dieu et non à un autre personnage masculin au caractère impérieux (un grand-père décédé, par exemple)?

L'identification de la figure religieuse a également posé certains problèmes chez les adultes. En effet, un grand nombre de patients ont vu un homme, vêtu de blanc et auréolé de lumière, qui leur ont apporté une quiétude et une sérénité inexplicables, et en qui ils ont cru reconnaître, selon les cas: un ange, Jésus, Dieu ou, chez les hindous, Krishna, Çiva et Deva.

Dans de très rares cas, par contre, le patient ne se préoccupa pas d'identifier la figure religieuse qui lui apparut. Témoin le cas suivant, qui nous a été rapporté par un médecin indien. L'observation avait été faite peu de temps avant notre interview:

> Le patient (un commerçant dans la trentaine), qui souffrait d'une importante perforation abdominale, raconta qu'il voyait une lumière étincelante ainsi que quelques personnages inconnus qui l'invitaient apparemment à les rejoindre. Le patient sembla en déduire que sa mort était imminente. Avant d'avoir cette expérience, il s'attendait à se rétablir.

Raymond Moody, psychiatre à l'université de la Virginie et auteur de *La vie après la vie*, donne aux apparitions de ce type le nom d'« êtres de lumière », lequel conviendrait beaucoup mieux à ces « entités » que les noms de dieux que leur ont attribués nos patients.

Ajoutons que les mourants étaient pour la plupart convaincus que ces apparitions venaient de l'autre monde, même si certains d'entre eux n'aimaient pas leurs intentions. Prenons par exemple le cas de cette jeune fille de dix-neuf ans qui vit venir à elle son père, en plus d'apercevoir d'autres personnes entourés d'une *lumière étincelante* (l'un des signes caractéristiques des visiteurs de l'au-delà). Cette apparition sembla effrayer au plus haut point la jeune fille, qui appela l'infirmière et lui dit: « Edna, tiens-moi bien! », avant d'expirer dans ses bras. Dans ce cas-ci, la volonté du patient s'opposait apparemment à celle de l'apparition. Ce type d'expérience contredit de façon éclatante l'hypothèse de l'auto-suggestion ou de l'exaucement d'un souhait.

Il est évident que les cas susmentionnés tiennent davantage de l'apparition que de l'hallucination. Il arrivera aussi que le patient sera l'objet d'une « hallucination totale » — c'est-à-dire qu'il ne sera plus du tout conscient du milieu environnant et que, d'après son discours, il semblera se situer dans deux mondes à la fois. Dans certains cas, ce n'est pas l'apparition qui « vient » vers le patient, mais bien le patient qui se sent « partir » (comme s'il se déplaçait spontanément vers le « lieu » d'où émane l'apparition) ou qui se retrouve purement et simplement dans ce « lieu ». Ce fut le cas chez cet Indien dans la quarantaine qui souffrait d'une affection hépatique :

> On ne lui avait administré aucun calmant, il n'avait qu'une fièvre légère, mais il avait l'esprit un peu confus (il répondait difficilement aux questions, même s'il paraissait conscient du milieu environnant et des gens qui l'entouraient.) Il décrivit son expérience au moment où il la vécut, et aussi après. Il raconta qu'il se sentait voler ou se déplacer dans l'air vers un autre monde, où il vit des dieux assis, qui l'appelaient. Il voulait se rendre là-bas et priait les gens autour de lui de le laisser partir. « Allez-vous-en, je vais mourir, » disait-il. Le patient était très heureux de voir ces dieux. L'hallucination se produisit à deux reprises ; il affirma que ce n'était pas une hallucination, mais une expérience réelle. Il était à chaque fois transporté de joie et disait que c'était là où il voulait vivre. Auparavant, il refusait de mourir ; il se préoccupait beaucoup de sa maladie et se plaignait de ce que les médecins le soignaient mal. Après la première hallucination, il n'eut plus peur de mourir ; il avait l'air mieux et se disait très heureux de l'expérience qu'il avait vécue. Une ou deux heures plus tard, il entra dans un coma profond et ne reprit jamais connaissance. Il mourut deux jours plus tard.

Les hallucinations totales diffèrent grandement des simples hallucinations. Dans ce dernier cas en effet, l'apparition est la seule chose visible au patient et, naturellement, invisible à l'observateur.

Parfois, le patient fait simplement allusion à la nature de la vision. Ainsi, un jeune homme dans la vingtaine, qui mourut de blessures multiples par balles dans la région abdominale, vit Jésus. Il dit : « Si c'est là où je m'en vais, je n'ai pas peur de mourir. » Son humeur passa alors de la peur à la sérénité et à la résignation.

Nous avons eu passablement de difficulté à établir une distinction entre les cas d'hallucinations totales et les expériences extra-corporelles, car nos observateurs avaient oublié, la plupart du temps, de noter les différences subtiles qui nous auraient permis de distinguer les deux phénomènes. Par exemple l'autre monde et ses « habitants » apparaîtront parfois au patient dans une sorte d'image éclair, comme dans les phénomènes de PES. En d'autres occasions (comme chez cet Indien qui souffrait d'une affection hépatique), le patient se sentira transporté dans l'autre monde, comme dans les expériences de dédoublement. Quoi qu'il en soit, il semble que la représentation de l'au-delà varie, du moins dans ses détails les plus subtils, selon l'acquis culturel du patient, tandis que certains éléments fondamentaux comme l'éclat, les riches couleurs, la quiétude, l'harmonie et l'extraordinaire beauté caractérisent sans exception toutes les visions et ce, que le patient soit chrétien, hindou, juif ou musulman.

Ajoutons cependant que cette représentation de l'au-delà ne s'accordera pas toujours avec le symbolisme inhérent à la religion du patient. Elle se fondera parfois sur la mythologie gréco-latine, que le patient aura appris à connaître à l'école. Un homme vit par exemple sa femme qui l'attendait, debout sur la berge opposée d'un fleuve. Il s'agissait apparemment du « Fleuve de l'Oubli » qui sépare les deux mondes et qui, dans la mythologie grecque, porte le nom de Léthé. Il existe également plusieurs différences d'ordre culturel entre les Indiens et les Américains. Ainsi, les hindous se représenteront le Ciel par des portails nacrés et des rues en or. En Inde, le mourant est en général « appelé » sur un ton impératif ou même « emporté » contre son gré, tandis que, chez les Américains, l'apparition se présente souvent au patient en lui faisant signe, en lui tendant la main ou en le renseignant sur l'endroit où il doit se rendre. Les relations interpersonnelles entre le mourant et l'apparition (un proche décédé) seront parfois même d'une telle intensité qu'elles rejetteront dans l'ombre les gestes ou les paroles destinés à instruire ou à guider le patient. Un homme vit ainsi la petite amie de son adolescence, qui avait été tuée dans un accident et avec qui il comptait se marier. Il lui dit : « Je t'attends depuis si longtemps. Je savais que tu viendrais à moi. »

Dans certains cas, le mourant conversera longuement avec l'apparition. Ainsi, une mère interrogea son fils décédé sur les circonstances qui avaient entouré sa mort, au cours de la seconde guerre mondiale. Les dialogues seront parfois même relativement complexes, comme en fait foi ce rapport sur une femme dans la cinquantaine qui souffrait d'un cancer de l'abdomen :

> Lorsque j'entrai dans la chambre, elle avait une conversation animée avec son mari. Je me tournai vers son fils, assis à son chevet, et il me dit : « Elle croit parler à mon père qui est mort depuis dix-sept ans. » La patiente avait les yeux ouverts, mais elle semblait être dans une sorte de transe. Elle parlait sur un ton monocorde : « Les enfants sont bien — nous avons des petits-enfants. On eût dit qu'elle racontait à son mari tous les événements familiaux qui s'étaient produits depuis sa mort. Elle répondit aussi à plusieurs questions qu'il lui posa.

Ces cas impressionnèrent beaucoup nos observateurs. Ils suscitèrent même, en certaines occasions, de fortes réactions négatives, comme par exemple chez cette infirmière qui soignait une femme de 69 ans qui souffrait d'un cancer dans sa phase terminale :

> Sur un ton très doux et le sourire aux lèvres, elle conversa amoureusement avec lui (son mari défunt) ; elle lui dit à quel point elle l'aimait, à quel point il lui manquait et qu'elle savait qu'elle irait bientôt le rejoindre. Elle dit : « Ce ne sera plus très long maintenant avant que je sois près de toi. » Étendant le bras comme si elle sentait la main de son mari, elle ajouta : « Tu as l'air bien. On a bien pris soin de toi. »

L'infirmière nous confia, d'une voix où perçait le malaise, ses impressions sur cette expérience :

> Ce fut une expérience très éprouvante. L'une des plus saisissantes que j'aie jamais vécues. C'était tout à fait déroutant. Je crois à peu de choses. Mais que cette femme ait vu quelqu'un, quand je suis sûre et certaine qu'elle n'était sous l'effet d'aucune drogue... Il faut qu'il se soit vraiment produit quelque chose. L'expression de son visage — ah ! si j'avais eu en main un appareil photo. Toutes les rides de son visage avaient disparu et elle souriait, satisfaite et rassurée.

Une autre infirmière nous a dit : « Ça donnait la chair de poule ! »

Malheureusement, aucun des patients ne s'assura vraiment de l'identité de l'apparition, et aucune apparition ne tenta de faire la preuve de son identité. Il n'y a sans doute que les parapsychologues qui exigeront d'une apparition (même s'il s'agit de leur propre mère !) qu'elle fasse voir ses pièces d'identité.

Les patients occidentaux ne virent apparemment pas d'incarnations de la mort, comme ce fut le cas chez les Indiens. En effet, dans la mythologie indienne, Yama est le dieu de la mort et les Yamdoots, ses messagers. D'aucuns croient que, lorsqu'ils viennent chercher les gens pour les emporter dans le royaume des morts, les Yamdoots revêtent une apparence qui varie selon le genre de vie qu'a menée le mourant. L'hallucination suivante, qui met en scène un Yamdoot, a ceci de particulier qu'elle est uniquement auditive :

> Une dame distinguée dans la soixantaine fut admise à l'hôpital pour un simple bilan de santé ; elle ne manifestait aucun symptôme morbide apparent. Je l'examinai soigneusement. Elle avait un peu de fièvre mais, pour le reste, elle semblait en parfaite santé. Après l'examen, je me souviens qu'elle m'a dit : « Je vais me rétablir. » J'ai répondu : « Sans aucun doute ; vous n'avez qu'une légère fièvre ; lorsque vous aurez subi tous les examens, vous pourrez retourner chez vous. » Quelque vingt heures plus tard, elle dit à des proches qui lui rendaient visite que quelqu'un lui murmurait à l'oreille : « Ton heure est venue ; viens avec moi. » On lui demanda ce que ça pouvait bien être : « Yamdoot ! » répondit-elle. Elle répéta son histoire deux ou trois fois. Puis, elle

sombra, calme et sereine, dans un état de demi-conscience, et mourut deux ou trois heures plus tard.

Le Yamdoot ne semble différer ici que par le nom des figures religieuses qui apparaissent aux patients occidentaux.

Notons que la venue du Yamdoot ne se fait pas toujours dans le calme. Un infirmier d'expérience nous a rapporté le cas suivant :

Le patient, un policier hindou dans la quarantaine, souffrait de tuberculose pulmonaire. Il n'avait, à ce moment-là, qu'une légère fièvre, mais il fallait le toucher ou le secouer doucement pour qu'il réponde à nos questions. Soudain, il dit : « Le Yamdoot vient me chercher. Aidez-moi à sortir du lit pour qu'il ne me trouve pas. » Il pointa le doigt vers l'extérieur, puis vers le plafond. « Le voici ! » Sa chambre était située au rez-de-chaussée. Dehors, près du mur de l'hôpital, il y avait un grand arbre sur lequel s'étaient posés une multitude de corbeaux. Or, au moment même où le patient eut sa vision, tous les corbeaux s'envolèrent avec fracas. On eût dit un coup de pistolet. Surpris, nous nous sommes précipités hors de la chambre par une porte qui donnait directement sur l'extérieur, mais nous n'avons rien vu qui ait pu effrayer les oiseaux. Ils avaient l'habitude de demeurer là, paisiblement. Leur fuite soudaine se grava dans la mémoire de toutes les personnes présentes, d'autant plus qu'elle s'était produite au moment même où le patient avait sa vision. On aurait dit que les oiseaux avaient senti qu'il se passait quelque chose de terrible. Quant au patient, il entra aussitôt dans le coma et expira quelques minutes plus tard.

Une infirmière indienne de religion chrétienne nous a rapporté un autre cas d'apparition coïncidant avec un phénomène physique. Le patient, dans la quarantaine, souffrait de tuberculose pulmonaire. L'infirmière le connaissait depuis plusieurs années (il était un ami intime de sa famille) :

Il n'était sous l'effet d'aucun calmant, il était tout à fait lucide et n'avait pas de fièvre. Il faisait preuve d'une grande ferveur religieuse et croyait à la survie de l'âme. Nous savions qu'il allait mourir et il le savait sans doute aussi, car il nous demandait de prier pour lui. Dans la chambre où il reposait se trouvait un escalier qui menait à l'étage. Soudain, il s'écria : « Regardez, les anges descendent l'escalier. Le verre est tombé et s'est brisé. »

Toutes les personnes présentes se tournèrent vers l'escalier. On avait effectivement posé sur l'une des marches un verre que nous vîmes éclater en mille morceaux, sans raison apparente. Il ne tomba pas, il éclata tout simplement. Naturellement, nous n'aperçûmes pas les anges. Une expression de bonheur et de quiétude se peignit sur les traits du patient, qui rendit alors son dernier soupir. Même après sa mort, l'expression de quiétude et de sérénité demeura sur son visage.

Les phénomènes physiques qui coïncidèrent avec les deux cas d'apparition que nous venons de rapporter impressionnèrent grandement nos observateurs. Et pourtant, ce type d'expérience semble assez courant puisque nous en avons relevé plusieurs cas dans nos échantillons (ajoutons qu'il s'agissait rarement de phénomènes pouvant s'apparenter à la psychokinésie.) Si nous avons fait mention des deux cas susmentionnés, c'est qu'ils présentent des analogies avec les phénomènes physiques qui ont été observés au moment de la mort d'un individu, à une certaine distance du lieu où il s'est éteint, mais dans l'entourage immédiat de personnes qui lui étaient chères (Rhine, 1961). Ainsi, lorsque mourut Thomas A. Edison, les horloges s'arrêtèrent à l'heure exacte de sa mort, chez deux de ses associés, tandis que l'horloge de parquet que l'inventeur avait chez lui s'arrêta elle-même quelques minutes plus tard.

Voyons maintenant quelques cas d'apparition où le « visiteur » possède apparemment une volonté qui lui est propre, laquelle peut même aller à l'encontre de celle du patient :

Une catholique de 61 ans souffrait d'un cancer qui avait atteint sa phase terminale. Elle vit apparaître sa mère, puis Dieu, qui semblait avoir fixé l'heure de sa mort (à savoir le premier vendredi du mois, jour favorable dans la vieille tradition catholique). La patiente fit cependant une erreur de date. Croyant que le *lendemain* était le premier vendredi du mois, elle fit venir l'aumônier et lui dit : « J'aimerais que vous passiez me voir demain, à huit heures moins dix (l'heure présumée de sa mort). » Pourtant, contrairement à ce qu'elle croyait, elle mourut à 7 h 50 le vendredi suivant, qui était *véritablement* le premier vendredi du mois. La prédiction de la vision était donc réalisée.

Le cas suivant laisse supposer que le patient peut, jusqu'à un certain point, *marchander* avec l'apparition. Cette patiente de 60 ans, qui souffrait d'un cancer, était la sœur de l'infirmière. Son défunt mari lui apparut trois nuits consécutives :

> Il l'appelait. Il voulait l'avoir auprès de lui. Elle lui dit qu'elle n'était pas prête à partir, pas avant de savoir qu'on s'occuperait d'Agnes (l'infirmière). Elle ne fut disposée à partir, semble-t-il, que lorsque son désir fut satisfait. Elle dit alors : « Maintenant, je suis prête à partir. Je peux partir. »

C'est en effet ce qui arriva, puisqu'elle mourut moins de 24 heures plus tard. L'infirmière en fut très impressionnée. « Certaines hallucinations sont provoquées par les médicaments, mais ce n'était pas le cas chez ma sœur. Elle pouvait voir ou prédire des choses, ce qui m'était tout à fait impossible. »

Des expériences de ce genre se produiront notamment chez des patients convaincus de se rétablir et pas du tout disposés à « partir ». Un cardiaque de 56 ans, très lucide, vit ainsi apparaître une femme qui venait le chercher :

> Il fixa un bouquet de fleurs ; elle (l'apparition) ne semblait pas lui inspirer de la répulsion ; elle lui faisait un peu peur, c'est tout. Il pointa le doigt vers elle et dit : « La voici encore. Elle vient me chercher. » Il décrivit la main de la femme et aussi les fleurs qui se trouvaient dans la chambre. Il ne paraissait pas très désireux de partir, mais il n'en fit pas un drame. Il devint plus calme. Cette expérience le rasséréna. Il mourut le lendemain.

Au début, le patient était donc en désaccord avec l'apparition ; puis, il s'apaisa, tirant de cette rencontre avec l'autre monde une quiétude et une sérénité incomparables. Par contre, dans certains cas, il se produira un véritable choc de volontés, comme chez ce jeune Indien dans la vingtaine, assez instruit, qui se rétablissait d'une mastoïdite. Son état de santé était excellent :

> On devait lui donner son congé ce jour-là. Soudain, à cinq heures du matin, il cria : « Il y a quelqu'un ici. Il est vêtu de blanc. Non ! Je n'irai pas avec toi ! » Dix minutes plus tard, il n'était plus de ce monde.

Le patient, comme les médecins, étaient certains de la guérison.

Voici enfin le cas d'une hindoue dans la trentaine, souffrant de brûlures au second degré. Au début, l'intention qu'avait le « visiteur » de l'emporter lui apparut comme un enlèvement cruel. Elle implora le secours de l'infirmière :

> Je vous en prie, ma sœur, aidez-moi. Il y a là quatre hommes vêtus de blanc qui viennent vers moi. Ils veulent que je les accompagne. » On eût dit qu'ils l'entraînaient de force.

La femme était terrifiée. Pourtant, dix minutes plus tard, elle dit à l'infirmière :

> « J'ai vu un grand arbre. Sur chaque feuille était écrit : Rama, Rama (l'une des incarnations du dieu Vishnu). »

Elle était dès lors prête à mourir. Eut-elle vraiment un aperçu de l'au-delà par perception extra-sensorielle, ce qui lui fit accepter plus facilement son passage dans l'autre monde ?

Être ou ne pas être : mise au point et vérification d'un modèle

L'enquête-pilote nous a beaucoup appris. Tous les renseignements que nous en avons tirés et que nous avons par la suite examinés sous divers angles (parapsychologie, psychologie et médecine) nous ont permis d'émettre une série d'hypothèses sur ce que serait l'expérience de la mort s'il existait réellement une vie après la vie. Cette série d'hypothèses s'appelle un *modèle*. Tout comme les architectes, qui construisent des modèles (ou maquettes) des édifices qui seront érigés, ou comme les savants, qui créent des modèles théoriques qui seront par la suite « testés » (c.-à-d. soumis à des investigations précises afin d'établir s'ils sont ou non exacts), nous avons mis au point un modèle dont nous espérions tirer les caractéristiques du comportement des mourants, dans les instants précédant la mort. Notre modèle est bipolaire, en ce sens qu'il oppose deux concepts qui s'excluent mutuellement : l'hypothèse de la survie et l'hypothèse de l'anéantissement. Nous savions au départ que, si les résultats obtenus confirmaient l'une des deux hypothèses, l'autre serait automatiquement infirmée. Nos recherches devaient donc aboutir à des conclusions, à tout le moins provisoires, sur la question de la survie.

On trouvera dans les pages qui suivent une esquisse du modèle que nous avons créé à partir de notre hypothèse de base. Les principaux éléments à l'appui de la survie, que nous fournissent les visions précédant la mort, sont jumelés à une liste de réfutations, tirées de l'hypothèse de l'anéantissement.

TABLEAU I

Modèle fondé sur les visions précédant la mort, d'après les deux principales hypothèses qui les expliquent

Survie	**Anéantissement**
La mort est le passage d'un mode d'existence à un autre.	La mort provoque l'anéantissement de la personnalité humaine.

1. Origine des visions précédant la mort

PES	*Cerveau troublé et réactions pathologiques*
Il existe des visions, fondées sur la PES, qui ne sont pas causées par un dysfonctionnement du système nerveux ou du cerveau en train de mourir.	
a) Messages télépathiques de visiteurs d'un autre monde (par exemple, des parents décédés et des figures religieuses).	a) Les visions des mourants sont causées par un dysfonctionnement du système nerveux et du cerveau en train de mourir.
b) Aperçus, par voyance ou préconnaissance, de l'existence qui suit la mort.	b) Les visions sont des réactions schizoïdes destinées à atténuer, grâce à une fuite dans l'imaginaire surnaturel, le stress et les sentiments d'isolement éprouvés par le patient.

2. Influence des facteurs d'ordre médical sur les visions précédant la mort

(Troubles du cerveau, administration de drogues (par ex. la morphine), empoisonnement par urémie, fièvre, antécédents hallucinatoires)

À peu près aucun rapport	*Rapport très étroit entre les deux*
a) La prédisposition aux hallucinations n'augmentera pas la fréquence des phénomènes liés à la survie.	La prédisposition aux hallucinations accroîtra la fréquence des phénomènes liés à la survie; plus les fonctions mentales du sujet seront troublées, plus il aura de fantasmes sur l'au-delà.
b) Les conditions défavorables à la PES diminueront la fréquence des phénomènes.	

3. Contenu des visions précédant la mort

Perceptions	*Hallucinations*
Les visions seront de deux ordres : hallucinations et perceptions véritables de la réalité extérieure par PES. a) Les hallucinations seront moins cohérentes et se rapporteront à des sujets terre à terre (souvenirs, désirs et préoccupations diverses). b) Les perceptions véritables seront plus cohérentes, axées sur la mort du patient et sur son passage dans l'au-delà. Elles mettront en scène des messagers d'un autre monde et des lieux dont nous ne pouvons nous faire une juste idée.	Toutes les visions sont des hallucinations et chaque élément qui les composent ont leur source dans l'information emmagasinée dans le cerveau. Ce sont des projections des souvenirs, des espoirs, des désirs, des préoccupations et des angoisses de l'individu, ainsi que de son conditionnement culturel (par la famille, la société et les institutions religieuses).

4. Influence des facteurs d'ordre psychologique sur les visions précédant la mort

(Degré de lucidité, croyance dans la survie, croyance dans l'au-delà (religion) prévisions du patient quant à sa mort ou à son rétablissement)

Ouverture de la conscience à un autre monde	*Hallucinations sur des sujets terre à terre ou fantasmes sur l'au-delà*
a) Degré de lucidité. Dans des conditions normales (ou lorsque le contact avec la réalité est demeuré intact), l'ouverture de la conscience à l'autre monde sera facilitée ; par contre, lorsque ce contact aura été perdu, les possibilités d'ouverture en seront d'autant diminuées.	a) Degré de lucidité. Dans des conditions normales (ou lorsque le contact avec la réalité est demeuré intact), les hallucinations seront beaucoup moins nombreuses que lorsque le contact avec la réalité aura été perdu.
b) La croyance dans la survie et dans un autre monde (religion) facilitera les visions précédant la mort, notamment celles qui se situeront au-dessus des différences individuelles, nationales et culturelles.	b) La croyance dans la survie et dans un autre monde facilitera les hallucinations sur ce sujet, lesquelles seront conformes au credo de l'individu et à son atavisme culturel.
c) Les espoirs de guérison du patient n'influeront pas sur la fréquence des visions.	c) Les espoirs de guérison du patient faciliteront la production d'hallucinations portant sur des sujets

	terre à terre, tandis que la certitude de mourir provoquera des fantasmes sur l'au-delà.
d) Un stress important, tel que reflété par l'humeur du patient avant une hallucination, fera obstacle à la PES et, par conséquent, n'influera pas sur la fréquence des apparitions axées sur la survie.	d) Un stress important provoquera des réactions schizoïdes de compensation, augmentant ainsi la fréquence des hallucinations axées sur la survie.
5. Diversité de contenus selon les individus et les cultures	
Le contenu variera très peu. Les perceptions qui comportent des éléments caractéristiques de l'au-delà seront essentiellement les mêmes chez les hommes comme chez les femmes, chez les jeunes comme chez les vieux, chez les gens instruits comme chez les illettrés, chez les pratiquants comme chez les non-pratiquants, chez les Américains comme chez les Indiens, chez les chrétiens comme chez les hindous. Seules des différences de détail seront relevées.	Le contenu variera beaucoup. Les hallucinations, contrairement aux perceptions, ont peu ou pas du tout de fondement dans la réalité extérieure. Elles varieront donc selon les prédispositions, l'acquis culturel de l'individu et la dynamique qui lui est propre. Les hallucinations se rapportant à l'au-delà coïncideront avec le système de croyances de l'individu, qu'il soit fondé sur la Bible ou sur les Védas.

La deuxième enquête américaine et l'enquête indienne ont été menées le plus uniformément possible de façon à ce que les données recueillies puissent être soumises à des analyses comparatives rigoureuses. On a utilisé le même questionnaire dans les deux pays et, à quelques détails près, les mêmes questions d'interview (il a fallu en effet adapter certaines questions au milieu indien en ce qui a trait, entre autres, à la religion, aux maladies tropicales, etc.). La collecte des données a été effectuée différemment en Inde, à cause de certaines contraintes, notamment au niveau des communications. En effet, s'il nous était possible, aux États-Unis, d'obtenir un échantillon valable en postant tout simplement notre questionnaire, nous avons dû, en Inde, rencontrer personnellement les médecins et les infirmières sur les lieux mêmes de leur travail, les services postal et téléphonique n'étant pas du tout adaptés à nos besoins.

Le questionnaire initial

Notre questionnaire porte sur les expériences vécues au chevet des mourants (on en trouvera une copie à l'Annexe 1). Voici quelques-uns des renseignements que nous désirions obtenir de nos observateurs : combien de fois s'étaient-ils trouvés au chevet d'un patient au moment de sa mort ? Combien de patients en phase terminale avaient été sous leurs soins ? Avaient-ils déjà observé des phénomènes d'hallucination chez des patients en phase terminale (apparitions de personnes vivantes, de personnes décédées, de figures mythologiques ou encore visions d'un « un autre monde ») ? Avaient-ils observé des phénomènes semblables chez des patients « rescapés » (qui avaient frôlé la mort, mais qui avaient pu être ramenés à la vie) ? Enfin, avaient-ils déjà noté chez des mourants une modification subite de l'humeur ?

Pour les besoins de l'enquête américaine, le questionnaire a été posté à un échantillon stratifié de 2 500 médecins et 2 500 infirmières des États du Connecticut, du New Jersey, de New York, de la Pennsylvanie et du Rhode Island. Une lettre de rappel a été envoyée à ceux qui n'avaient pas donné signe de vie. En Inde, par contre, nous avons dû adapter notre méthode d'investigation aux conditions et coutumes locales. Les moyens de communication n'étant pas, dans ce pays, aussi développés qu'ici, on nous a déconseillé d'utiliser la poste. Il nous a fallu procéder par contact direct pour faire remplir notre questionnaire. Notre enquête a été menée dans l'État le plus peuplé de l'Inde, Uttar Pradesh, qui se trouve au nord du pays. C'est dans les villes de Delhi, Meerut, Agra, Allahabad, Kanpur, Farrukhabad, Aligarh et Varanasi (Bénarès), la plupart du temps dans de grands centres hospitalo-universitaires, que s'est effectué notre travail. D'ordinaire, le médecin-chef et le chirurgien-chef organisaient des rencontres avec le personnel de l'hôpital. Nous faisions un bref exposé sur notre enquête après quoi nous distribuions les questionnaires aux médecins et aux infirmières, qui les remplissaient sur-le-champ.

Comme nous venons de le voir, les questions portaient sur l'observation des phénomènes suivants (une interview subséquente permettait d'approfondir les réponses) :

1. Hallucinations mettant en scène des *personnes* par
   a) des patients *en phase terminale* (c.-à-d. qui moururent par la suite) ;
   b) des patients « rescapés » (c.-à-d. qui frôlèrent la mort, mais qui furent ramenés à la vie).
2. Hallucinations portant sur des *lieux* par
   a) des patients *en phase terminale* ;
   b) des patients « *rescapés* ».
3. Modifications d'humeur — passage soudain à une humeur joyeuse et sereine chez les mourants.

Comme nous l'avons dit précédemment, l'enquête américaine porta sur un échantillon-cible de 5 000 médecins et infirmières ; 1 004 d'entre eux nous ont retourné le questionnaire après l'avoir rempli. En Inde, le questionnaire a été rempli par presque tous les membres du personnel médical que nous avons personnellement rencontrés, soit 704. Nous avons essuyé très peu de refus. Nous avions donc à notre disposition, en tout et pour tout, 1 708 questionnaires. Environ la moitié d'entre eux rapportaient des cas que nous avons approfondis par le biais d'interviews détaillées (877).

Les interviews

Aux États-Unis, les interviews ont été faites au téléphone. En Inde, nous avons dû remplacer l'interview téléphonique par une rencontre, la plupart du temps à l'hôpital même, parfois aussi au domicile de l'interviewé.

Nous avions mis au point trois questionnaires d'interviews différents pour chacun des phénomènes étudiés : les hallucinations mettant en scène des personnes, les hallucinations portant sur des lieux, et les cas de modification de l'humeur. Ces questionnaires comportaient 69 questions qui servaient de guide à l'interviewer.

Nous utilisions des questions à réponse construite (par exemple : « Par quelles attitudes le patient laissait-il supposer qu'il avait une hallucination ? »), ainsi que des questions à choix multiple (par exemple : « Le patient a-t-il été calmé par l'hallucination, est-il devenu excité ou n'y a-t-il eu aucun changement apparent dans son comportement ? ») Nous avons également utilisé des techniques d'exploration pour obtenir les détails des observations.

Voici quelques-uns des renseignements que nous demandions à l'observateur : 1) la fiche personnelle du patient, soit son sexe, son âge, ses années de scolarité, sa religion, l'intensité de sa foi et sa croyance dans la survie ; 2) la fiche médicale du patient, soit le diagnostic de sa maladie, ses antécédents, la médication prescrite et sa température ; enfin, 3) quelques données personnelles sur l'observateur lui-même, comme la date d'obtention de son diplôme professionnel, la nature de ce diplôme et son appartenance religieuse.

L'interview portait surtout sur le détail des phénomènes observés, notamment la description faite par le patient des personnes qui lui apparurent. Toutes les données ont été par la suite codées et inscrites sur cartes perforées.

Comme dans l'étude-pilote, la plupart des cas (471) se rapportaient à des patients en phase terminale qui avaient eu des hallucinations mettant en scène des personnes : 216 aux États-Unis et 255 en Inde. Nous avions également en mains 120 cas de patients « rescapés » qui avaient eu des hallucinations mettant en scène des personnes : 56 aux États-Unis et 65 en Inde. Nous disposions donc d'un échantillon de 591 cas d'apparition (ou, si l'on préfère, d'hallucinations mettant en scène des personnes).

Par contre, les interviews nous ont permis de recueillir 112 cas de visions portant principalement sur des lieux : 69 cas (46 aux États-Unis, 23 en Inde) chez les patients en phase terminale, et 43 cas (18 aux États-Unis, 25 en Inde) chez les patients « rescapés ».

Enfin, nous avons recueilli 174 cas de modification de l'humeur, peu de temps avant la mort : 106 aux États-Unis et 68 en Inde.

Les données tirées de ces 877 cas ont été soumises à l'analyse de l'ordinateur. En plus d'effectuer les calculs de fréquence pour chacune des questions, nous avons analysé soigneusement les interactions entre les facteurs en cause en utilisant diverses méthodes : classification croisée de toutes les données pertinentes, établissement de pourcentages et calcul de statistiques fondées sur le khi deux (il suffira de dire, pour le profane en ces matières, que le khi deux est une épreuve statistique par laquelle l'on compare les fréquences obtenues aux fréquences que l'on obtiendrait par le seul effet du hasard.)

Après avoir brossé ce tableau des origines de notre enquête et de la méthode que nous avons employée pour la mener à bien, nous pouvons passer à l'exposé des résultats, que nous tenterons d'interpréter, tant dans la suite du livre que dans la conclusion que nous y apporterons. Commençons donc par un rapport sur les résultats obtenus à partir de notre échantillon le plus important : les cas de mourants qui ont eu des apparitions (ou, si l'on veut, des hallucinations mettant en scène des personnes).

Les apparitions, telles que décrites par des patients en phase terminale

La vision, par des mourants, de personnes qui sont demeurées invisibles aux yeux de tous les observateurs présents, est certes le phénomène qui a été le plus souvent rapporté au cours des trois enquêtes qui ont été menées sur les expériences précédant la mort. Dans l'étude-pilote, Osis a établi que ces hallucinations se répartissent généralement en trois catégories :

1. Les hallucinations incohérentes, confuses, sans rapport avec la réalité immédiate ;
2. Les hallucinations cohérentes et portant sur des sujets terre à terre ;
3. Les hallucinations cohérentes et en rapport direct avec la mort du patient (soit le passage à un autre mode d'existence).

Les hallucinations de la première catégorie ont été jugées sans valeur pour la suite de l'étude. Par contre, les hallucinations de la seconde catégorie ont été retenues afin de servir de terme de comparaison avec les hallucinations axées sur la survie. Nous les avons réparties en deux groupes :

1. Une sorte de rêve éveillé, comme dans le cas de ce villageois indien qui croyait être poursuivi et assailli par son propriétaire-créancier ;
2. Un rappel de souvenirs, comme dans le cas de cet ancien officier de la marine qui, au cours d'une

hallucination, se revit pilotant un navire de guerre qui remontait l'Hudson.

Le rappel de souvenirs ne constitue certes pas une création de l'imaginaire, comme le sont les expériences d'hallucination. Nous pouvons donc difficilement établir des comparaisons entre les deux. (Il est évident, par exemple, que les souvenirs ne se rapportent pas à la situation immédiate du patient. Nous mettrons par conséquent de côté les rappels de souvenirs, pour nous concentrer plutôt sur la comparaison des expériences d'apparitions axées sur ce monde-ci avec les expériences axées sur l'« autre monde ».)

On nous a rapporté de nombreuses hallucinations qui, en plus d'être cohérentes et liées à la mort du patient, possédaient certaines caractéristiques qui les faisaient coïncider parfaitement avec l'hypothèse de la survie. En voici une :

> Sans dire un mot, elle se mit à regarder en souriant quelque chose ou quelqu'un qui était invisible. Avant cette expérience, elle était tellement malheureuse. Elle me dit (après) qu'elle avait vu sa sœur (décédée) et que celle-ci venait la chercher. Elle savait dès lors qu'elle allait mourir, mais cela lui semblait égal. On aurait dit que le fait d'avoir vu sa sœur l'avait soulagée. Ce fut une expérience intéressante.

Nous appelons « hallucinations axées sur la survie » les expériences des patients qui « voient » une sorte de messager de l'au-delà. Le terme *hallucination* est plus ou moins juste vu que la présence du « visiteur » peut être tout à fait « réelle », même si elle n'est perçue que par le patient. Ainsi, l'un de nos observateurs était convaincu que la vision suivante d'un enfant de deux ans et demi ne pouvait être une simple hallucination, car il était trop jeune pour avoir la moindre idée de ce qu'est la mort :

> Il reposait dans le plus grand calme. Soudain, il s'assit dans son lit, tendit les bras et dit : « Maman ! » Puis, il retomba (mort).

La mère de l'enfant était en effet décédée lorsqu'il avait deux ans. Qui plus est, il n'avait jamais eu un comportement semblable avant cette expérience, soit quelques secondes avant sa mort. Point n'est besoin de dire que les cas de ce genre ne constituent pas une preuve très convaincante à l'appui de la vie après la mort. Il n'en reste pas moins qu'ils nous fournissent des matériaux de recherche fort valables qui devraient nous permettre, après qu'auront été faites toutes les analyses possibles, de mieux asseoir notre certitude, que ce soit pour ou contre la survie.

HALLUCINATIONS ET APPARITIONS

Les hallucinations ne sont pas fondées sur la réalité, c'est du moins ce qu'affirment les membres du corps médical qui les considèrent comme des symptômes servant tout au plus à diagnostiquer l'état du patient et à adapter en conséquence le traitement qui lui est donné. D'après ces gens, les hallucinations proviennent d'un dérèglement du cerveau et d'une sorte de « désorientation » psychologique — c.-à-d. une perte de contact avec la réalité.

Ce jugement s'applique certes avec justesse à certaines hallucinations, mais pas à toutes. Les psychologues et les psychiatres ont malheureusement trop souvent tendance à mettre sans distinction toutes les hallucinations « dans le même panier ». Or, les découvertes récentes de la parapsychologie contredisent carrément l'interprétation fournie par la science médicale. Elles démontrent en effet que *certaines* hallucinations peuvent traduire la réalité extérieure d'une manière presque aussi précise et presque aussi efficace que la perception sensorielle. Notons cependant que, dans la plupart des cas de PES, la figuration de la réalité n'est exacte qu'en partie. Comme les portraits ou les paysages reproduits par l'artiste, la PES fait voir des déformations, des déplacements, des condensations, des transpositions et divers éléments symboliques, dont l'ensemble constitue un amalgame étrange de réalité et d'imaginaire (L.E. Rhine, 1953 ; Green et McCreery, 1975).

Nos enquêtes nous ont permis d'accumuler des centaines d'observations de patients en phase terminale dont les hallucinations étaient apparemment liées à la survie. Ces expériences sont-elles tout à fait subjectives ou constituent-elles des aperçus d'un « autre monde » dont nous ne savons à peu près rien ? C'est là le thème principal de nos recherches. Avant d'aller plus loin cependant, voyons si nous pouvons donner une définition juste du terme *hallucination* [1].

L'hallucination est une sorte de perception qui utilise les mêmes canaux sensoriels que la perception normale mais qui ne correspond à aucun stimulus extérieur. Il existe aussi des phénomènes apparentés, mais qui ne se classent pas dans la catégorie des hallucinations (par exemple, le rêve éveillé, le rappel de souvenirs et le rêve). Ce qui distingue les deux phénomènes, c'est que l'hallucination procure le même sentiment de réalité que lorsque l'on perçoit des objets réels. Le sentiment de réalité est l'un des éléments fondamentaux du processus de la perception. La psychopathologie nous a appris que ce sentiment peut être absent de la perception, non seulement dans certains troubles mentaux mais aussi dans certaines formes aiguës de stress comme le manque de sommeil. Par ailleurs, des images qui ne tiennent aucunement compte de la perception sensorielle pourront sembler très réelles, comme l'ont démontré Arthur Deikman (dans les expériences de méditation — Deikman, 1963) et Sidney Cohen (dans les états provoqués par la drogue — Cohen, 1964). De là la définition : *une hallucination est une image mentale jointe à un sentiment de réalité incorrectement appliqué.*

Le sentiment de réalité sera par contre appliqué correctement dans les hallucinations fondées sur la PES, lesquelles correspondent à une réalité imperceptible. Par exemple, quelqu'un *verra* un accident se produire à des milles du lieu où il se trouve et il sera établi par la suite que l'accident s'est produit au moment même où a eu lieu la vision. Les images mnémoniques font appel pour leur part à un sentiment de réalité différent (une sorte de reconnaissance des choses, qui auront été vues, entendues ou senties auparavant.) Le sentiment de réalité sur le plan de la mémoire se situe hors du temps et se rapporte à la réalité telle qu'elle était alors et non telle qu'elle est actuellement. Quant à la PES, elle peut non seulement se situer dans le passé et dans le présent, mais aussi dans l'avenir. Témoin les phénomènes de préconnaissance qui paraissent réels (et qui le sont effectivement), car ils coïncident avec des événements qui se réalisent ultérieurement.

Par ailleurs, les hallucinations axées sur la survie sont aussi des images jointes à un sentiment de réalité non équivoque. Il est en effet très rare que les sujets mettront en doute ce qu'ils voient. Malheureusement, le contenu de ces visions — l'au-delà et ses « messagers » (par exemple, une mère décédée) — ne peut être vérifié directement, comme il est possible de le faire avec un phénomène de PES, lequel correspondra ou non à un fait réel. Il serait ridicule de penser à envoyer quelqu'un dans l'« autre monde » afin d'y interroger des témoins, d'examiner les rapports de journaux, etc. Par conséquent, la méthodologie d'enquête qui sert si bien à vérifier les cas de PES ne nous est ici d'aucun secours. Il en est de même des méthodes habituelles de vérification des perceptions sensorielles et des images mnémoniques.

Le fait de ne pas disposer de moyens de vérification *directe* est-il un obstacle infranchissable? Devrions-nous admettre que le sentiment de réalité est aussi subjectif (donc, faux) dans les visions précédant la mort que dans les hallucinations (pathologiques)? Pas nécessairement. Il existe bel et bien d'autres procédés que les techniques de vérification directe utilisées dans les recherches courantes sur les processus sensoriels et extra-sensoriels. Les tribunaux acceptent les preuves indirectes ou muettes. La science aussi. En astro-physique, l'information recueillie sur des galaxies situées à un million d'années-lumières de la Terre se fonde sur des émissions lumineuses qui remontent à un million d'années. Cette information, même très indirecte, n'a pas empêché les astronomes de faire des progrès étonnants dans la connaissance de l'univers. Certains faits astronomiques inexpliqués commencent par exemple à avoir un sens si nous admettons que le concept des « trous noirs » (des concentrations extrêmement denses de matière) est tout à fait plausible.

LA SOURCE DES EXPÉRIENCES D'APPARITION

L'étude-pilote avait déjà fourni suffisamment de données pour permettre l'énoncé d'une série d'hypothèses, d'après lesquelles un modèle sur la survie (décrit dans les pages précédentes) a été mis au point. Ce modèle constitue une sorte de carte géographique qui nous sert de guide, tout en nous donnant la possibilité de déterminer expérimentalement l'orientation que prendraient les phénomènes étudiés si, d'une part, il existe une vie après la mort, ou si, d'autre part, l'être humain s'anéantit totalement dans la mort. Nous tenterons, dans les pages qui suivent, d'appliquer notre modèle aux expériences d'apparition vécues par les patients en phase terminale.

Quels sont donc les éléments fondamentaux des expériences d'apparition qui coïncident avec l'hypothèse de la survie ? L'étude-pilote a permis de dégager les caractéristiques suivantes :

1. La majorité des apparitions (les deux tiers) mettent en scène des personnes *décédées* (par opposition à des personnes vivantes). Par contre, chez les individus en bonne santé qui ont des hallucinations, le rapport est inversé (ces gens voient plus de personnes *vivantes*).

2. L'intention manifeste de l'apparition est d'emporter le patient vers un autre monde. Cette intention ne s'exprime d'ailleurs que lors d'apparitions de personnes décédées et de figures religieuses. En effet, l'étude-pilote ne comporte aucun cas d'apparition mettant en scène une personne vivante qui aurait eu pour mission d'emporter le patient.

3. Le patient accueille d'ordinaire les apparitions venues l'emporter avec quiétude, sérénité, ferveur religieuse et même en manifestant des sentiments caractéristiques de « l'autre monde » (semblables à ceux que vivent les mystiques lors de leurs rencontres avec la « réalité transcendantale ».)

D'après notre modèle, chacune de ces trois caractéristiques serait influencée, selon le type d'hallucination, par des facteurs d'ordre médical, psychologique et culturel. Si elles reflètent véritablement les contacts avec l'autre monde, elles ne se manifesteront pas lorsque les hallucinations seront provoquées, par exemple, par un dysfonctionnement du cerveau. En conséquence, nous devrions pouvoir tirer des visions précédant la mort des indices quelconques qui confirmeront ou infirmeront l'hypothèse de la survie. En d'autres mots, notre méthode vise à établir le principe qui gouverne les hallucinations, que ces phénomènes aient leur source dans le monde physique ou qu'ils se produisent au niveau de la perception extra-sensorielle.

D'après notre modèle, l'apparition mettra plus souvent en scène une personne décédée ou une figure religieuse lorsque seront absents les facteurs d'ordre médical pouvant causer une diminution de la lucidité. À l'opposé, les apparitions qu'auront les patients « troublés » ou prédisposés aux hallucinations par divers facteurs (par ex. les troubles cérébraux, l'empoisonnement par urémie, les fièvres de plus de 103° F ou l'administration de drogues comme la morphine, qui influent sur les facultés intellectuelles) ces apparitions, disons-nous, mettront plutôt en scène des personnes vivantes et se rapporteront à des sujets terre à terre (sans rapport avec la mort du patient). En conséquence, si les apparitions axées sur la survie coïncident avec les facteurs hallucinatoires susmentionnés, nous aurons raison de supposer qu'elles sont en fait causées par ces facteurs. Sinon, l'hypothèse de la survie en sera renforcée. Bref, plus le cerveau sera troublé, plus les expériences du mourant (y compris les fantasmes portant sur des êtres célestes et les esprits de personnes décédées) devraient être confuses et incohérentes.

Certains facteurs d'ordre psychologique pourraient également expliquer ces phénomènes. On sait par exemple que les hallucinations sont souvent des projections des conflits intérieurs, des préoccupations, des besoins, des espoirs, des angoisses, des désirs, etc. de l'individu (Siegel et West, 1975). Les visions précédant la mort pourraient donc être des projections du monde intérieur du patient, sans aucun fondement dans la réalité extérieure. En d'autres mots, les hallucinations des mourants seraient étroitement liées à leurs espoirs, à leur humeur, à leurs inquiétudes, à leurs préoccupations et à leurs désirs. Par contre, s'il est impossible d'établir un lien entre les deux éléments, nous aurons marqué un point en faveur de notre hypothèse, à savoir que les visions ont leur source à l'extérieur des patients ou, si l'on veut, qu'elles sont des messages de l'autre monde. Comme l'on voit, cet élément est lui aussi vérifiable.

Chaque culture offre de nombreux exemples de phénomènes que William James appelaient « des formes variées d'expériences religieuses ». Certains penseurs, qui œuvrent dans le domaine de la psychologie des religions, considèrent ces phénomènes comme le résultat d'une rencontre avec la « transcendance », le divin, le surnaturel. D'autres intellectuels expliquent différemment ces phénomènes. Rudolph Otto et plusieurs autres ont tenté de dégager les composantes émotionnelles de ces expériences (Otto, 1958 ; Huxley, 1962 ; Smith, 1958 ; Tart, 1975 ; Maslow, 1970 ; Greeley, 1975). Ainsi, les rapports d'expériences mystiques se caractérisent fréquemment par un ensemble de détails similaires : lumière, vives couleurs, harmonie, sérénité, et « quiétude qui dépasse tout entendement ». Certains ont également senti la grandeur et la puissance de Dieu — une force qui surpasse à l'infini les moyens insignifiants de l'homme (Otto, 1958). Ceux qui ont eu ces expériences insistent sur le fait que leurs sentiments n'étaient pas de simples prolongements de la médiocre sensibilité humaine, mais une réponse unique à quelque chose d'extraordinaire. Une étude effectuée sur les expériences de méditation par Osis et Bokert (1973) appuie ces affirmations sur le caractère unique des sentiments éprouvés.

Même s'il nous est impossible d'adopter une position définie par rapport à ces expériences, nous sommes assurés que, s'il existe un « autre monde », elles constituent notre « prise de contact » avec celui-ci. Nous supposerons donc, pour des besoins heuristiques, qu'un individu en bonne santé peut atteindre, au cours d'expériences de ce genre, un niveau de réalité à peu près semblable à celui qu'atteignent les mourants lors des apparitions axées sur la survie. Si notre théorie est exacte, le vécu émotionnel devrait, en gros, être le même dans chacune des deux situations. Nous chercherons donc à faire la preuve que les visions précédant la mort provoquent effectivement des sentiments caractéristiques de l'au-delà.

D'après notre modèle, les visions pourraient aussi être soumises à certaines influences d'ordre culturel. Elles seraient tout simplement créées à partir du matériel que le patient a acquis antérieurement dans son milieu culturel (récits religieux, textes des Écritures, croyances véhiculées par la société). Les hallucinations ne seraient alors que de simples fantasmes, sans fondement dans la réalité extérieure. Elles varieraient selon le système de croyances établi par la société dans laquelle vit le patient, et seraient assujetties aux différences individuelles, nationales et raciales.

Par contre, si l'au-delà existe, tous les patients, quels qu'ils soient, devraient voir essentiellement la même chose. Les visions devraient comporter les mêmes éléments de base, que les patients soient ou non de cultures distinctes. Tous les patients, qu'ils soient hommes ou femmes, Américains ou Indiens, instruits ou illettrés, devraient, pour l'essentiel, percevoir l'au-delà de la même façon.

Ainsi, s'il existe un autre monde, les différences entre les visions des patients, même issus de cultures aussi différentes que les États-Unis et l'Inde, seront minimes; sinon, elles seront très grandes. Certes, si l'on admet que l'acquis puisse jouer un rôle, il est évident que les visions des Indiens prendront une coloration différente de celles des Américains. Pourtant, les caractéristiques fondamentales de l'au-delà devraient pouvoir, malgré tout, se dégager des nuances d'ordre culturel (tout comme on reconnaîtra une montagne, qu'elle soit peinte par un Indien ou par un Américain.)

En gardant à l'esprit notre modèle, nous allons à présent examiner en détail les caractères généraux des cas d'apparition.

Caractères généraux des cas d'apparition chez les patients en phase terminale

De tous les phénomènes sur lesquels ont porté nos enquêtes, ce sont les hallucinations mettant en scène des personnes (ou apparitions) qui ont été le plus souvent rapportées par les mourants. Plus de la moitié de nos interviews ont d'ailleurs porté sur ce type de vision. Nous avons recueilli 471 cas de patients en phase terminale qui, d'après les rapports, ont eu des apparitions. Les infirmières et les médecins américains nous ont rapporté 216 cas, tandis que leurs consœurs et confrères indiens nous en ont signalé 255. Chacun de ces 471 cas forme un dossier de seize pages, où se trouvent minutieusement consignés les renseignements recueillis lors des interviews ; cet important corpus de données — ajouté aux 135 cas de l'étude-pilote — nous a permis d'examiner enfin sous toutes ses facettes le phénomène des apparitions chez les mourants.

Après avoir réuni tous les cas, nous en avons dégagé les caractéristiques principales. Nous voulions savoir, par exemple, quel type d'expérience se reproduisait le plus souvent, quelles étaient les exceptions (c.-à-d. les cas bizarres qui pouvaient provenir d'une observation incorrecte ou peut-être même partiale.) De rigoureuses analyses de fréquence ont été effectuées pour chaque caractéristique dégagée de l'ensemble des expériences. (On trouvera à l'Annexe II les tableaux statistiques correspondant à ces analyses. Notons que les tableaux 1 à 7 s'adressent avant tout aux lecteurs dont le menu quotidien comporte des

statistiques.) Nous allons nous contenter, dans les pages qui suivent, de donner une vue d'ensemble de ces analyses.

La collecte de données et les analyses de fréquence ont été orientées selon deux axes principaux :

1. *La nature de l'expérience d'apparition.* Combien de temps a-t-elle duré ? De combien de temps a-t-elle précédé la mort du patient ? Qu'a « vu » le patient ? Quelles étaient les intentions de l'apparition ? Quel effet a-t-elle eu sur le comportement du patient ?
2. *Les renseignements sur le patient au moment où il a eu sa vision* : type de maladie, degré de température, calmants prescrits, degré de lucidité, sexe, âge, religion, intensité de la foi, croyance dans la survie et années de scolarité.

NATURE DE L'EXPÉRIENCE D'APPARITION

Combien de temps a duré la vision ?

Les hallucinations précédant la mort ont été dans l'ensemble de courte durée, comme le sont les apparitions par l'intermédiaire de la PES. Environ la moitié des visions ont duré moins de cinq minutes, comme dans le cas suivant :

> Une cardiaque dans la cinquantaine savait qu'elle allait mourir ; elle était très abattue. Soudain, elle leva les bras et ouvrit de grands yeux ; son visage s'illumina, comme si elle voyait quelqu'un qu'elle n'avait pas vu depuis longtemps. Elle dit : « Oh, Katie, Katie ! » Elle était subitement sortie d'un état comateux et semblait très heureuse ; elle mourut immédiatement après avoir eu cette hallucination. L'entourage de cette femme comptait plusieurs Katie : une demi-sœur, une tante et une amie. *Toutes* étaient décédées.

Nos calculs ont fixé à 17% le pourcentage d'hallucinations de ce type qui ont duré de 6 à 15 minutes, et à 17% également celles qui ont duré plus d'une heure (voir Tableau 1).

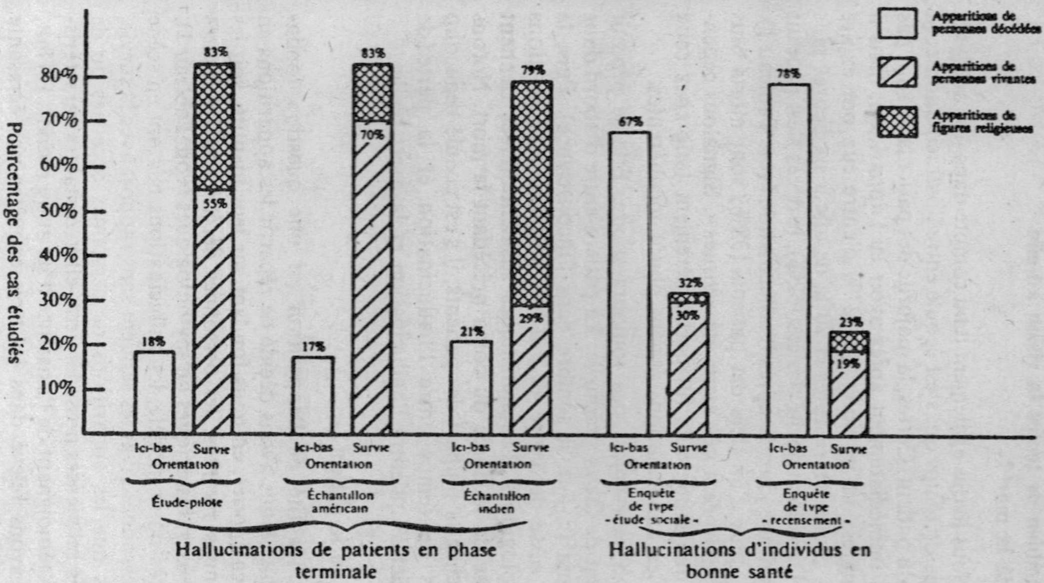

Figure 1. Apparitions de personnes décédées, de personnes vivantes et de figures religieuses, phase terminale et des échantillons d'individus en bonne santé.

De combien de temps la vision a-t-elle précédé la mort ?

Nous avons également tenu compte dans nos analyses du laps de temps qui s'est écoulé entre l'hallucination et la mort du patient. Certes, la majorité des patients ne sont pas morts immédiatement après avoir eu l'apparition, mais il est intéressant de noter que 27% d'entre eux ont expiré moins d'une heure après et 20%, de une à six heures plus tard. Dans la majorité des cas (62%), le décès s'est produit moins d'une journée après l'hallucination (voir Tableau 1). Enfin, plus d'un tiers des patients (38%) sont morts plus d'une journée après avoir été « visités ». Signalons cependant que l'intervalle fut particulièrement long chez ceux dont les hallucinations étaient plutôt incohérentes.

La mort n'est pas toujours subite. Elle se produit souvent de façon graduelle. Le patient entre d'abord dans le coma (c.-à-d. il sombre dans l'inconscience). Puis, le cœur cesse de battre, ce qui met un terme aux fonctions physiologiques. Les statistiques susmentionnées tiennent compte de la durée du coma précédant la mort. Notons que, chez la plupart des patients, il s'est écoulé beaucoup moins de temps entre l'hallucination et la perte de conscience qu'entre l'hallucination et la mort réelle.

Qu'a vu le patient ?

L'identité de l'apparition est une question fondamentale. Nous avons décidé de répartir les apparitions en trois catégories, en nous fondant sur leur identité, soit les personnes vivantes, les personnes décédées et les figures religieuses, historiques ou mythologiques (voir Tableau 1). D'après notre modèle, les hallucinations mettant en scène des personnes vivantes seraient sans rapport avec la survie, tandis que les apparitions de personnes décédées ou de figures religieuses posséderaient, elles, certaines caractéristiques témoignant de l'existence d'un autre monde. En fait, nous avons relevé dans les trois enquêtes une écrasante majorité d'apparitions axées sur la survie : 77% dans l'étude-pilote, 83% dans l'enquête américaine et 79% dans l'enquête indienne. Comme le montre la Figure 1, nos chiffres diffèrent totalement des résultats obtenus chez les individus en bonne santé — les apparitions de personnes décédées et de figures religieuses ne constituant dans ce groupe de gens que 22-23% de l'ensemble des hallucinations mettant en scène des personnes (Sidgwick et coll., 1894; West, 1948). Nos patients en phase terminale ont donc eu beaucoup plus d'apparitions de personnes décédées et de figures religieuses que n'en ont les individus en bonne santé. Nous procéderons plus loin à une évaluation de ces cas d'apparition, en les juxtaposant à d'autres facteurs, afin d'en déterminer l'origine.

Si l'on examine les apparitions axées sur la survie, l'on constate qu'il existe une différence importante dans les chiffres obtenus aux États-Unis et en Inde. En effet, les patients américains ont vu apparaître un nombre plus élevé de personnes décédées (des proches pour la plupart) que les patients indiens, chez qui ont prédominé les apparitions de figures religieuses. Par contre, le nombre total d'hallucinations axées sur la survie est à peu près le même dans les deux pays (voir Figure 1).

Dans certains cas, l'expérience d'apparition a été vraiment poignante; dans d'autres, comme celui qui suit, elle a été presque vécue comme un phénomène naturel:

> Un Américain de soixante-cinq ans, souffrant d'un cancer, semblait avoir l'esprit tout à fait lucide, mais il n'en « vit pas moins l'autre monde ». Il regarda au loin; des choses lui apparurent, qui, selon lui, étaient des plus réelles. Il regarda vers un mur, ses yeux et son visage s'illuminèrent comme s'il voyait quelqu'un. Il parla de lumière, de lumière étincelante. Il vit des gens qui lui semblaient réels et il dit: « Bonjour! » et « Voici ma mère! » Quand ce fut fini, il fit quelques gestes, les bras tendus. Il ferma les yeux et parut apaisé. Avant l'hallucination, il était très malade et avait des nausées; après, il se montra paisible et serein.

L'analyse de nos échantillons nous révèle que les hallucinations ont le plus souvent porté sur des personnes décédées (47% de tous les cas). En outre, l'immense majorité des apparitions qui ont été identifiées (91%) étaient des parents du patient. Ces parents étaient, dans 90% des cas, des proches : (par ordre d'importance) mère, conjoint, enfants, fratrie et père. Dans 20% des cas, l'identité de l'apparition n'a pas pu être établie (voir Tableau 2).

La deuxième catégorie en importance, pour l'ensemble de nos échantillons, est celle des figures religieuses. Chez les chrétiens, les figures prédominantes ont été les anges, Jésus et la Vierge, tandis que les hindous ont surtout vu apparaître Yama (le dieu de la mort), l'un de ses messagers (Yamdoot), Krishna ou quelque autre divinité. Le cas suivant nous a été rapporté par un médecin indien œuvrant dans un hôpital musulman :

> Un chrétien dans la cinquantaine, diplômé de collège, devait recevoir son congé le septième jour après avoir subi une intervention chirurgicale à une hanche qu'il s'était fracturée. Le patient n'avait pas de fièvre et on ne lui avait administré aucun calmant. Il commença soudain à avoir des douleurs dans la poitrine. Quand je me rendis auprès de lui, il me dit qu'il allait mourir : « Pourquoi dites-vous cela ? Vous n'allez pas mourir simplement parce que vous avez une petite douleur dans la poitrine. » Il me raconta alors qu'au moment où il commençait à avoir mal à la poitrine, il eut une hallucination, tout en demeurant parfaitement lucide. Il me dit qu'il s'était senti « ailleurs » pendant quelques secondes. Il avait vu le Christ descendre lentement vers lui. Le Christ l'avait appelé ou plutôt lui avait fait signe de la main de venir le rejoindre. Puis le Christ était disparu et le patient s'était retrouvé, toujours totalement conscient, dans son lit. Le patient me dit qu'il allait mourir dans les minutes qui suivraient. Il semblait très heureux et croyait que le but de son existence avait été atteint lorsque le Christ l'avait rappelé auprès de Lui. « Je m'en vais, » dit-il. Il expira quelques minutes plus tard.

Quelles étaient les intentions de l'apparition ?

Nombre de patients ont révélé à nos observateurs la raison pour laquelle l'apparition leur a rendu visite. Même s'ils ont d'ordinaire indiqué que c'est l'apparition qui avait fait part de ses intentions, certains d'entre eux ont interprété eux-mêmes le but de ces visites. Notre modèle nous propose deux types d'intentions :

1. Selon l'hypothèse de la survie, l'apparition vient aider le patient à passer d'un monde à l'autre. Son intention est d'« emporter le patient ».
2. L'hypothèse de l'anéantissement, quant à elle, pose qu'à l'exception des fantasmes issus de l'éducation religieuse, les intentions de l'apparition se rapporteront toujours à des sujets terre à terre.

L'étude-pilote avait déjà révélé que 50% des apparitions avaient pour but d'« emporter » le patient. Cette intention s'est manifestée d'une façon encore plus prononcée dans nos enquêtes ultérieures aux États-Unis et en Inde, où elle a touché 65% des cas (voir Tableau 1). Ce pourcentage se situe même plus ou moins en dessous de la vérité, vu que nous avons classé dans les intentions « terre à terre » (d'ici-bas) les témoignages ambigus comme « l'apparition est venue me réconforter », lesquels pouvaient tout aussi bien s'appliquer à des visiteurs de ce monde qu'à des visiteurs d'un autre monde. De même, les « rappels de souvenirs » ont été classés parmi les « intentions terre à terre », même si le patient ne faisait aucunement allusion à des sujets terre à terre. Exception faite, donc, des cas ambigus, nous constatons que l'intention d'« emporter le patient » se manifeste dans trois cas sur quatre (étude-pilote, 76% ; enquête américaine, 69% ; enquête indienne, 79%). Voir à ce propos la Figure 2.

En résumé, disons que les conclusions de l'étude-pilote ont été confirmées. Les mourants considèrent en général les apparitions comme des guides qui les aident à passer à un autre mode d'existence. Le cas suivant constitue un exemple typique. Il s'agit d'une fillette de onze ans, souffrant d'une affection cardiaque congénitale :

> Elle eut une crise au cours de laquelle elle me dit qu'elle voyait sa mère, vêtue d'une jolie robe blanche ; sa mère tenait dans ses mains une robe semblable qui lui était destinée (à la patiente). La fillette était très heureuse et souriait. Elle me dit de la laisser se lever pour aller là-bas, que sa mère l'emmènerait en voyage.

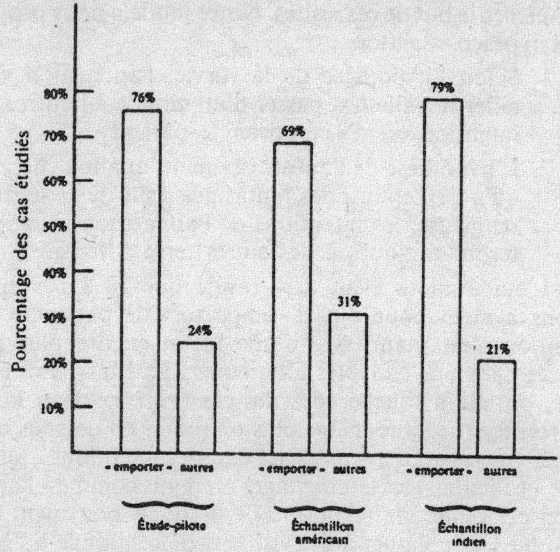

Figure 2. Pourcentage d'apparitions dont l'intention manifeste était d'« emporter » le patient, par rapport à celles qui ont été prises pour des visiteurs quelconques ou jugées menaçantes.

La vision de la fillette a duré une demi-heure et lui a apporté quiétude et sérénité jusqu'à sa mort, quatre heures plus tard. Ce cas est fort singulier en ce sens que la petite n'avait jamais connu sa mère, décédée en la mettant au monde. Elle n'avait donc pas eu la possibilité, contrairement à la plupart d'entre nous, d'établir avec elle une relation émotionnelle intime. Malgré tout, la figure maternelle ne manqua pas de se présenter aux derniers instants de son existence terrestre.

De toutes les catégories d'hallucinations établies à partir de nos deux échantillons, la plus importante est sans contredit « l'apparition avec intention d'emporter le patient ». Les cas qui s'y rapportent sont d'ailleurs tous construits sur le même modèle : un proche décédé (parfois, une figure religieuse) apparaît au patient et lui dit qu'il vient l'emporter vers un monde meilleur.

Quels effets ont eus les apparitions sur le comportement du patient?

Comment les patients ont-ils réagi aux apparitions des visiteurs de l'au-delà? Ont-ils exprimé le désir de les rejoindre? Les trois quarts d'entre eux (72%) ont accepté d'accompagner l'apparition, tandis que l'autre quart (28%) a refusé d'être emporté (dans la mesure où le patient pouvait avoir son mot à dire).

Même si la majorité des patients dans les deux pays étaient disposés à « partir », nous avons noté, en ce qui concerne la répartition des refus, d'importantes différences tant individuelles que nationales. Ainsi, alors qu'un seul patient américain s'est opposé à l'appel de l'apparition, un Indien sur trois (34%) a refusé d'être emporté par celle-ci. Nous analyserons en détail ces différences dans un prochain chapitre. Pour le moment, retenons simplement que la plupart des patients étaient disposés à « partir ».

Les patients ne confient pas tous ouvertement leurs expériences d'apparition ; il y a sans doute de nombreux cas intéressants qui, pour cette raison, n'ont jamais été rapportés. Une enquête faite en Grande-Bretagne (Rees, 1971) a révélé à quel point les sujets sont peu disposés à livrer à leur médecin les expériences métapsychiques qu'ils sont amenés à vivre. Le phénomène pourra en outre ne se manifester que par une modification de l'humeur (par ex. une explosion de joie), laquelle sera même parfois masquée par les souffrances physiques du mourant. La toile de fond sur laquelle se tissent les réactions émotionnelles des patients en phase terminale demeure par conséquent très obscure.

D'après notre modèle, les réactions émotionnelles des patients dépendront du type d'apparition. Notre hypothèse — celle de la survie — pose en effet que les messagers de l'au-delà seront accueillis par des réactions positives (notamment la sérénité, la quiétude, la ferveur religieuse ou l'exaltation), ce qui contrastera avec l'apathie et la tristesse qui auront jusque-là caractérisé le comportement du patient. Une jeune Américaine, âgée de cinq ans, souffrait d'ostéomyélite tuberculeuse au genou droit. Avant l'hallucination, elle était déprimée et indifférente à tout, tandis qu'après, elle s'est montrée « détendue, heureuse, souriante et exaltée ». Elle est morte trois heures plus tard.

Certains changements d'humeur seront très légers, mais ils n'en arracheront pas moins les patients à leur abattement. Un homme de 36 ans, qui faisait une hémorragie interne, regarda soudain au plafond, tendit les bras et sourit :

> Il vit sa mère et sa sœur, toutes deux décédées ; il fut à la fois surpris et ravi de les voir. Je fus étonné d'apprendre qu'elles étaient mortes. Le contact semblait si naturel qu'on eût dit qu'il vivait encore avec elles. « Bonjour, je suis content de vous voir, » disait-il. Il conserva toute sa lucidité et se souvint même, après l'hallucination, des moindres détails de la visite de ses proches. L'expérience le détendit et le rasséréna.

En fait, 41% des patients ont réagi à l'apparition par une amélioration de leur humeur (voir Tableau 1). Aucun changement significatif n'a été noté dans 30% des cas, tandis que, chez 29% des patients, l'apparition a suscité des sentiments négatifs. Les réactions négatives proviennent principalement des patients indiens qui ont décliné l'invitation du messager de l'au-delà (un tiers). Voyons par exemple le cas de cette Indienne dans sa quatre-vingtième année, qui se mourait d'un cancer de la gorge :

> Elle vit des gens qui venaient à elle pour l'emporter. Elle voulait se battre avec eux — rester, vivre. Elle cria : « Des gens viennent. Ils veulent m'emporter. Je ne veux pas partir. Je vous en prie, tenez ma main. » Elle retint sa belle-fille auprès d'elle en s'accrochant à sa main. Elle ne lui permit même pas de se lever.

Il est évident que, dans ce cas, c'est la peur de mourir qui dominait.

Par ailleurs, les accueils « positifs » se répartissent à peu près également entre l'exaltation, d'une part, et la sérénité et la quiétude, d'autre part. Ajoutons qu'un tiers (35%) des accueils positifs ont été marqués par des sentiments de nature religieuse (en réponse aux apparitions de figures religieuses); les apparitions de personnes décédées ont aussi procuré à plusieurs patients un bien-être digne de l'au-delà (soit cette « quiétude qui dépasse tout entendement »). Il est certain que pour nombre de nos observateurs, ces réactions ont été tout à fait incompréhensibles. Ainsi, une femme dans la soixantaine, qui souffrait d'un cancer généralisé excessivement douloureux, « vit » son mari défunt la prendre en charge et la préparer à passer dans l'autre monde :

> Il (son mari) lui donnait ses directives (personne n'osa interrompre l'hallucination tant elle lui semblait réelle — à la patiente —.) Elle était dans une sorte de demi-sommeil ; elle soliloquait (en fait, elle paraissait s'adresser à quelqu'un, car elle disait, par exemple : « Attends-moi ! ») Elle me demanda de rester tranquille. Avant l'hallucination, elle était déprimée, car son état empirait. Après, elle était exaltée ; elle semblait s'être élevée au-dessus de la douleur ; elle ne geignait plus.

Quant aux accueils « négatifs », ils se traduisent surtout par de la détresse, de la peur et de l'angoisse. Ces réactions s'appliquent particulièrement aux patients indiens qui ont eu des apparitions de Yamdoots (les messagers de la mort chez les hindous). Notons que ces sentiments négatifs pourraient tout aussi bien s'expliquer par le désespoir du patient face à sa mort. Chez les Indiens, les réactions négatives étaient en général directement liées à la nature de l'apparition. Voyons le cas de ce vendeur de New Delhi, diplômé d'école secondaire, qui semblait se rétablir normalement d'une intervention chirurgicale. Il était très lucide quand il dit au médecin :

> « Mon grand-père (décédé) est là, près de mon lit. Il vient me chercher. Je ne veux pas partir. Je vous en prie, ne me laissez pas seul ! » L'état de santé du patient était sérieux, mais il n'avait rien perdu de sa lucidité ; il répondait aux questions qu'on lui posait de façon cohérente et précise. Malgré tout, l'apparition l'effraya et lui laissa une impression très désagréable. Il mourut moins d'une heure plus tard.

ANTÉCÉDENTS MÉDICAUX, PSYCHOLOGIQUES ET CULTURELS

Pour comprendre un phénomène aussi complexe que les visions précédant la mort, il est indispensable de procéder à l'évaluation d'un certain nombre de facteurs psychologiques et physiologiques, ainsi que des interactions qui existent entre eux. Avant d'analyser en détail ces interactions, nous allons jeter un coup d'œil aux caractéristiques générales des patients en phase terminale.

Selon notre modèle, les facteurs d'ordre médical et psychologique n'auront que peu d'influence sur les apparitions axées sur la survie, tandis que les autres types d'hallucinations seront très étroitement liés à ces facteurs, car c'est d'eux précisément qu'ils émaneront. Un lien similaire devrait également exister entre les expériences d'apparition et certains facteurs d'ordre culturel (par ex. les années de scolarité, les antécédents ethniques et religieux, le système de croyances personnelles). Il nous fallait donc obtenir, pour les besoins de notre étude, des renseignements détaillés sur le patient : fiche personnelle, état de santé et traitement prescrit.

Les visions précédant la mort sont-elles causées par certains facteurs d'ordre médical ?

L'origine des visions précédant la mort reste la première de nos préoccupations. Ne résultent-elles en effet que de troubles psychophysiologiques et d'influences culturelles (c.-à-d. de causes dont la source peut être retracée) ou constituent-elles un trait caractéristique, universel et relativement autonome, de la nature humaine? Le deuxième terme de l'interrogation s'applique naturellement à l'hypothèse de la survie.

Il est reconnu que certains facteurs d'ordre physiologique favoriseront grandement la manifestation d'un comportement hallucinatoire. L'administration de calmants et l'intoxication par les médicaments sont au nombre de ces facteurs. Or, sur les 425 patients sur qui nous disposions de renseignements en ce qui concerne la médication, 61% n'étaient sous l'influence d'aucun calmant. Ce pourcentage se répartit comme suit entre nos deux échantillons: 49% aux États-Unis et 71% en Inde (où l'on administre beaucoup moins souvent de calmants qu'en Amérique.) Notons aussi que 19% des patients (20% aux États-Unis, 17% en Inde) avaient absorbé des calmants en doses si petites ou encore des médicaments si faibles qu'au dire de nos observateurs ils n'avaient pas pu en être affectés psychologiquement. En conséquence, 80% des patients en phase terminale qui ont eu des apparitions n'étaient aucunement troublés par les médicaments. Les autres patients (20%) se répartissaient comme suit: 11% de sujets « légèrement troublés » (c.-à-d. pour qui les drogues ne constituaient sans doute pas la cause principale de l'hallucination), 8% de sujets « moyennement troublés » et seulement 1% de sujets « fortement troublés ». Nous pouvons donc conclure, sans risquer de nous tromper, que la plupart des expériences de nos patients n'ont pas eu pour origine une intoxication par les médicaments.

La fièvre est un autre des facteurs physiologiques qui auraient pu provoquer les hallucinations; on sait en effet qu'elle cause parfois des accès de délire. Nous disposions de renseignements sur la température de 442 de nos 471 patients. De ce nombre, 58% n'avaient aucune fièvre, 34% avaient une fièvre légère (jusqu'à 103° F — température buccale), et seulement 8% avaient plus de 103° F de température. Les apparitions n'ont donc pu être causées par la fièvre que chez une minorité de patients.

Nous nous sommes également enquis du degré de lucidité des patients au moment où ils ont eu leurs visions. Nous avons obtenu des renseignements précis dans 86% des cas (exception faite des patients dont l'état a été jugé « changeant »); la moitié des patients étaient apparemment lucides et parfaitement conscients du milieu environnant (59% aux États-Unis et 41% en Inde — voir Tableau 3); un tiers des malades étaient légèrement troublés mais communiquaient assez bien avec leur entourage; et moins d'un cinquième des cas était constitué de patients à ce point troublés qu'on ne pouvait que peu ou pas du tout communiquer avec eux. En conséquence, selon les propres constatations des médecins et des infirmières que nous avons interviewés, la majorité des patients qui ont eu des visions étaient éveillés et lucides.

Les hallucinations sont par ailleurs fréquemment associées aux troubles cérébraux ou aux maladies qui affectent les fonctions mentales. Nous disposions d'un assez vaste éventail de diagnostics et, comme il fallait s'y attendre, nous avons relevé des différences importantes, au niveau des causes de décès, entre nos deux échantillons. Par exemple, si le cancer et les troubles cardiaques ont causé à eux seuls 66% des décès chez nos patients américains, ils n'ont causé que 27% des décès chez les patients indiens (en Inde, ce sont les maladies infectieuses, les lésions diverses et les troubles respiratoires qui viennent en tête de liste.) Par contre, si nous combinons les deux échantillons, nous constatons que c'est le cancer (23%), suivi par les troubles cardiaques (22%), qui a causé le plus grand nombre de décès. Si l'on jette un regard aux troubles qui prédisposent aux hallucinations (attaques, lésions cérébrales et troubles urémiques), nous nous rendons compte qu'ils n'ont affecté que 12 à 13% des patients américains et que 11% des patients indiens. En conséquence, un nombre très restreint de patients qui ont eu des apparitions souffraient de troubles qui *auraient* pu les prédisposer aux hallucinations.

Par contre, l'écart important que nous avons noté, au niveau des deux causes principales de la mort, entre notre échantillon américain et les statistiques qui ont été établies pour l'ensemble de la population des États-Unis nous a d'abord laissés perplexes. Par exemple, les patients souffrant de troubles cardiaques forment 29% de notre échantillon, tandis que les U.S. Vital Statistics de 1972 fixent à 38% la proportion de décès attribuables aux maladies de cœur pour l'ensemble de la population.

Cependant, si l'on y regarde de plus près, cet écart peut s'expliquer. En effet, les crises cardiaques aboutissent souvent à une mort subite, ce qui empêche ceux qui en sont victimes de relater les visions qui ont pu accompagner leurs derniers instants. Nous notons par ailleurs que le rapport est inversé en ce qui concerne les cas de cancer : 37% dans notre échantillon et 18% pour l'ensemble de la population. Cette maladie (qui « fait mourir ses victimes à petit feu ») favoriserait davantage, semble-t-il, les expériences de visions ou, à tout le moins, inciterait davantage les patients à en faire état. En outre, les patients dont les maladies s'étendent sur de longues périodes de temps connaissent en général plus intimement les gens qui les soignent et sont donc plus disposés à leur confier ces expériences inhabituelles.

En plus de nous enquérir du diagnostic principal établi pour nos patients, nous nous sommes renseignés sur les autres troubles ou antécédents pathologiques qui auraient pu les prédisposer aux hallucinations : maladies mentales, alcoolisme, urémie et tous les troubles affectant le cerveau (y compris les attaques). Les cas « pathologiques » qui nous ont été révélés par ce biais ont été joints à ceux des patients que leur diagnostic principal prédisposait déjà aux hallucinations. Ajoutons que les maladies comprises dans cette catégorie *ne* provoquent *pas* toujours des hallucinations. Ainsi, les attaques ne causeront des hallucinations que chez un nombre restreint de patients. Cependant, comme il s'agit là d'un trouble cérébral, force nous est de le ranger au nombre des maladies « prédisposantes ». Par ailleurs, nos observateurs n'ont souvent supposé l'existence de troubles urémiques qu'en se fondant sur le diagnostic principal établi pour le patient ; bien que de telles suppositions ne se vérifient pas toujours, nous les avons tout de même comprises dans nos calculs afin qu'on ne nous reproche pas de favoriser notre hypothèse. Nous avons analysé les renseignements recueillis et constaté que 25% des patients sur qui nous disposions de renseignements pertinents avaient des antécédents médicaux les prédisposant aux hallucinations (33% aux États-Unis et 18% en Inde).

Comme nous l'avons mentionné précédemment, notre enquête visait, entre autres, à vérifier si les hallucinations décrites par les patients avaient été causées par des facteurs tels que l'intoxication par les drogues, la fièvre, etc. Nous avons découvert qu'au moment de leur vision, seule une portion restreinte de patients se trouvaient « prédisposés » aux hallucinations. Nous avons établi pour chaque sujet une sorte d'« indice hallucinatoire », en regroupant statistiquement toutes les données disponibles sur les facteurs d'ordre médical qui *auraient* pu produire des hallucinations : troubles ou lésions du cerveau, empoisonnement par urémie, antécédents « prédisposants », fièvre de plus de 103° F et médication affectant les fonctions mentales. Cet instrument de mesure dont nous nous sommes dotés favorise quelque peu l'hypothèse de l'anéantissement, car il comporte des éléments qui ne sont que *susceptibles* de causer des hallucinations (par ex. les attaques, les patients qui n'étaient que légèrement troublés par les médicaments, etc.). En dépit de ce « parti pris », l'indice hallucinatoire n'a touché qu'une minorité de patients (38%). On trouvera un résumé des facteurs d'ordre médical au Tableau 3 de l'Annexe II.

Nous tirons des analyses qui précèdent l'impression que les visions n'ont en général que peu de rapport avec les facteurs d'ordre médical, ce qui coïncide parfaitement avec les conclusions de l'étude-pilote, et appuie incontestablement l'hypothèse de la survie.

Les visions précédant la mort ont-elles un rapport avec le sexe et l'âge des patients ?

Les enquêtes menées auprès de la population dite « normale » ont révélé que les femmes ont plus d'hallucinations et d'expériences de type « psi » que les hommes (Rhine, 1961 ; Haraldsson, 1976). Ce qui ne semble pas être le cas dans nos échantillons. En effet, chez les patients américains, les hallucinations se répartissent à peu près également entre les deux sexes (99 hommes et 117 femmes). Chez les patients indiens, par contre, on trouve deux fois plus d'hommes que de femmes (175 hommes et 80 femmes). Cet écart pourrait être attribuable au fait qu'en Inde les hommes sont admis dans les hôpitaux en plus grand nombre que les femmes. Nous ne disposons malheureusement pas de statistiques sur le nombre de patients des deux sexes qui séjournent dans les hôpitaux indiens.

Nous avons constaté par ailleurs que les expériences d'apparition touchent les patients de tous les groupes d'âge, des enfants aux vieillards. Naturellement, comme la plupart des mourants se retrouvent chez les personnes âgées, il n'est pas étonnant que ce groupe soit sur-représenté dans notre échantillon. L'âge moyen de nos patients américains était de 62 ans ; en Inde, il était de 42 ans, l'écart important étant imputable à l'espérance de vie, qui est beaucoup plus élevée aux États-Unis. La différence est encore plus frappante lorsque nous constatons que 81% des patients américains avaient plus de 50 ans, tandis que seulement 35% des patients indiens avaient atteint cet âge (voir Tableau 4). Il ressort néanmoins de nos données que ni le sexe ni l'âge ne sont des facteurs déterminants quant à la fréquence des visions précédant la mort. Comme le posait d'ailleurs l'hypothèse de la survie, ce type de phénomènes se situe au-delà des différences de sexe et d'âge.

La foi religieuse et les croyances influent-elles sur les visions ?

La religion revêt une importance particulière lorsque l'on se penche sur une question telle que la mort. En fait, notre but, en effectuant une enquête dans deux pays de cultures totalement différentes, était justement de vérifier si ce sont les croyances religieuses (et non les manifestations de l'au-delà) qui produisent les visions précédant la mort. Nos analyses ont porté sur deux points précis : l'*appartenance religieuse* et l'*intensité de la foi.*

Pour ce qui est de l'appartenance religieuse, nous avons obtenu, en réunissant nos deux échantillons, deux groupes d'à peu près la même taille: les hindous (48%) et les ch.étiens (43%). Notre échantillon américain coïncidait grosso modo avec les statistiques établies pour l'ensemble de la population des États-Unis, soit 51% de protestants, 36% de catholiques, 6% de juifs et 7% de patients d'autres religions (ou sans religion). En Inde, six Indiens sur sept (85%, étaient de religion hindoue, 10% de religion chrétienne et 5% de religion musulmane (voir Tableau 4). Nous n'avons pas cru bon de regrouper les chrétiens indiens et les chrétiens américains, étant donné l'écart culturel qui existe entre les deux pays. Les chrétiens de l'Inde forment donc un groupe distinct dans nos analyses. Les chiffres susmentionnés coïncident en gros avec la répartition des groupes religieux dans la population des régions où notre enquête a été menée. L'appartenance religieuse n'a donc pas influé, semble-t-il, sur la fréquence des phénomènes que nous étudions.

Nous avons par ailleurs tenté d'obtenir le plus de renseignements possibles sur l'intensité de la foi de nos patients; malheureusement, nos observateurs n'avaient souvenance et connaissance de cet élément que pour 58% des patients (68% aux États-Unis et 50% en Inde). Il est probable que les patients qui se préoccupaient plus ou moins de ces questions n'ont pas pris la peine d'en parler. La majorité des patients sur qui nous disposions des renseignements pertinents manifestaient cependant une foi intense, comme le démontrent les pourcentages suivants: 5% seulement n'étaient pas du tout croyants, 14% l'étaient un peu, 33% l'étaient moyennement et 47% l'étaient beaucoup (notons dans ce dernier cas que la différence entre les deux pays est plutôt mince: 44% aux États-Unis et 51% en Inde.) Nous ne disposons malheureusement pas de statistiques sérieuses sur l'intensité de la foi dans les pays étudiés.

Nous sommes d'avis cependant que nos pourcentages sont plus élevés que ceux de l'ensemble de la population et ce, tant aux États-Unis qu'en Inde. Certes, nous réduirions de beaucoup l'écart en assumant que les patients sur qui nous ne disposons pas de renseignements pertinents étaient peu ou pas du tout croyants. Disons pour conclure que, si l'appartenance religieuse n'influence apparemment pas la fréquence des hallucinations, l'intensité de la foi pourrait quant à elle contribuer à l'accroître. Dans un chapitre ultérieur, nous analyserons cet aspect en détail, en examinant les interactions entre la religion et divers autres facteurs. Nous tenterons également de répondre à la question suivante: les phénomènes observés émanent-ils des croyances et des espérances des patients, ou leur manifestation est-elle simplement facilitée par une foi intense?

La croyance dans l'au-delà est étroitement liée aux convictions religieuses. Nous avons donc prié nos observateurs de nous dire quel était le sentiment de leurs patients par rapport à l'immortalité. Nous n'avons malheureusement obtenu de renseignements là-dessus que dans 32% des cas, la majorité des patients n'ayant pas abordé cette question avec les membres du personnel médical. De ce nombre (qui englobe les deux échantillons), 92% croyaient qu'il existe une vie après la mort et 8% croyaient que non (voir Tableau 4). Apparemment, presque tous ceux qui ont abordé la question de l'au-delà croyaient fermement à son existence.

Notons qu'un sondage Gallup, effectué en 1968, a révélé que 73% des Américains croient qu'il existe une quelconque forme de survie[1]. L'écart entre ce chiffre et notre 92% pourrait s'expliquer par le fait que les patients qui ne croyaient pas à l'au-delà n'ont pas abordé cette question avec nos observateurs et ont de ce fait été rangés dans la catégorie des sujets sur qui nous ne disposons d'aucune donnée. Nous examinerons cette question plus en détail dans le chapitre portant sur l'analyse des interactions.

Les phénomènes d'hallucination touchent-ils davantage les moins instruits?

Nos échantillons comportent un éventail complet de cas sur le plan de la scolarité; nous y trouvons en effet des patients illettrés comme des diplômés de collège. Si nous réunissons nos deux échantillons, nous constatons que 21% de nos sujets n'avaient aucune instruction (ce qui englobe les enfants d'âge préscolaire); la majorité d'entre eux étaient Indiens. Nous obtenons par ailleurs les pourcentages suivants pour les autres groupes: études primaires, 27% des patients; études secondaires, 32%; études collégiales, 20%. Comme l'indique le Tableau 4, le niveau de scolarité est beaucoup plus élevé aux États-Unis qu'en Inde, ce qui reflète bien l'écart qui existe entre les deux pays sur le plan de l'éducation. Notre enquête américaine a été menée en 1963; l'âge moyen des patients était alors de 62 ans et les cas remontaient en moyenne à 3 ans. Les sujets avaient donc fait leurs études collégiales vers 1920; or, à cette époque, seulement 8% de tous les jeunes de 18 à 21 ans étaient inscrits au cours collégial, ce qui contraste étrangement avec le 24% que nous avons obtenu dans notre échantillon américain. En Inde, la disproportion serait encore plus prononcée. L'enquête indienne a été menée en 1973; l'âge moyen des patients était alors de 44 ans et les cas remontaient en moyenne à un ou deux ans. La plupart des sujets avaient donc vu le jour vers 1928 et avaient fréquenté le collège vers 1948. Nous ne disposons malheureusement pas de statistiques sur le taux de fréquentation collégiale en Inde à cette époque, mais il est certain que le pourcentage que nous avons obtenu (16%) se situe très au-dessus de la moyenne.

Deux facteurs peuvent expliquer ce phénomène (en Inde, à tout le moins). Premièrement, nous devons tenir compte du fait que notre enquête a été menée principalement dans les grandes villes indiennes, où se regroupent la majorité des gens instruits. Deuxièmement, il est possible que les patients les plus scolarisés aient reçu plus d'attentions que les autres de la part du personnel médical (or, l'on sait que les possibilités d'observer des expériences d'hallucination augmentent en proportion du temps passé auprès du malade.) Notons cependant que la plupart des hôpitaux que nous avons visités étaient subventionnés par le gouvernement (donc « des hôpitaux pour les pauvres gens », comme nous l'a fait remarquer un médecin de là-bas). En conséquence, l'influence qu'ont pu exercer les deux facteurs susmentionnés sur notre échantillon est sans doute minime. De toute façon, un écart existe et ce, quelle que soit son origine. Cette disproportion entre les moyennes et les pourcentages de nos échantillons, en ce qui a trait aux diplômés d'études secondaires et collégiales, pourrait par ailleurs indiquer qu'il existe un lien entre les années de scolarité et les visions précédant la mort. Quoi qu'il en soit, s'il est vrai que, plus le niveau de scolarité est élevé, plus les croyances superstitieuses tendent à disparaître, nos résultats sont la preuve que les apparitions ne peuvent être expliquées par la superstition.

Enfin, nous avons recueilli des renseignements sur le métier ou la profession de nos patients. Environ la moitié de nos échantillons était composée d'ouvriers, de cultivateurs et de femmes au foyer ; par ailleurs, la proportion de professionnels, d'administrateurs et de membres du clergé s'élevait à 30%. Notons que l'on retrouve parmi les patients qui ont eu des apparitions plusieurs individus qui occupaient des postes clés au sein de la société.

Les analyses de fréquence

Nos analyses de fréquence ont été faites à partir des tendances relevées dans l'étude-pilote et inscrites dans notre modèle sur la survie. Les principales conclusions de l'étude-pilote ont été confirmées. Les patients en phase terminale ont trois fois plus d'apparitions axées sur la survie (c.-à-d. de personnes décédées ou de figures religieuses) que les individus en bonne santé (voir dans les pages précédentes les résultats des deux enquêtes menées en Grande-Bretagne). Dans 77% des cas qui ne recélaient aucune ambiguïté au niveau du contenu, l'intention manifeste de l'apparition était d'« emporter » le patient vers un autre mode d'existence.

Les réactions émotionnelles des patients aux apparitions ont coïncidé dans une proportion intéressante (41%) avec les sentiments auxquels l'on est en droit de s'attendre lorsque se produit une rencontre avec l'« autre monde » ; dans 29% des cas cependant (surtout chez les patients indiens), l'apparition a été accueillie de façon négative. Ces résultats exigent une analyse plus approfondie afin de pouvoir être interprétés correctement.

Les analyses de fréquence indiquent clairement que la majorité des cas d'apparition ne peuvent s'expliquer par des facteurs d'ordre médical tels que la fièvre ou encore les troubles, médicaments (morphine, démérol) et antécédents prédisposant aux hallucinations. Le phénomène des apparitions se situe par ailleurs au-delà des différences individuelles et culturelles telles que l'âge, le sexe, la scolarité et l'appartenance religieuse. Seule l'intensité de la foi (sans que l'étiquette religieuse soit en cause) semble « faciliter » la manifestation de ces phénomènes.

Dans l'ensemble, ces résultats confirment ceux de l'étude-pilote. Qui plus est, ils cadrent parfaitement avec le modèle sur la survie, infirmant par le fait même l'hypothèse de l'anéantissement. Ce qui ne nous dispense pas pour autant d'examiner de façon approfondie les *interactions* des divers facteurs en cause avant de pouvoir tirer des conclusions définitives. L'analyse des interactions (par ex. les apparitions de personnes décédées provoquent-elles plus fréquemment des réactions caractéristiques de l'au-delà que les apparitions de personnes vivantes ?) constitue la pierre angulaire de notre étude ; nous verrons, au cours des deux prochains chapitres, quelle peut être son utilité.

A la source
des expériences d'apparition

L'intention de l'apparition

À l'occasion d'une émission-causerie à la télévision américaine, un animateur posa à Osis la question suivante : « Docteur Osis, vous qui êtes un homme moderne, croyez-vous vraiment que ces visions ne s'expliquent que par le concept de la survie ? Les drogues telles que la morphine ne pourraient-elles pas faire "voir" au patient, comme dans un rêve, des images issues de ses propres croyances religieuses ? »

Si Osis avait eu à répondre à cette question en se fondant uniquement sur les données que nous avons examinées jusqu'ici, sa réponse aurait été loin d'être définitive. Pourtant, grâce aux analyses des interactions (un nouveau type d'information qui découle de processus complexes), il nous a été possible d'établir que ni les drogues, ni les croyances religieuses n'affectent la fréquence des visions d'un autre monde. Les analyses des interactions ont donc permis à Osis de répondre sans hésiter à l'interviewer : « Oui, je crois que ces visions ne peuvent s'expliquer autrement ; nous avons nous-mêmes tenté — en vain — d'y trouver d'autres explications. »

En fait, nous avons jusqu'ici procédé à un examen individuel des facteurs d'ordre médical, psychologique et culturel (par ex: « dans combien de cas la médication a-t-elle pu provoquer des hallucinations chez les patients ? »).

Même si ces analyses nous ont permis d'établir un lien entre les données brutes et les divers éléments de notre modèle, elles ne sont pas assez systématiques et ne peuvent satisfaire les besoins de notre enquête. Les questions les plus importantes n'ont pas encore trouvé de réponse. Ce n'est qu'à partir de l'interaction de plusieurs facteurs qu'il sera possible de recréer la richesse de la vie elle-même. Nous tenterons donc au cours des deux prochains chapitres de brosser un tableau complet de ces interactions fort complexes. Nous aborderons certes parfois des points plutôt techniques ; il faut comprendre que l'utilisation de méthodes scientifiques poussées était pour nous essentielle si nous voulions accéder à la vérité sur la question de la survie. Le lecteur aura peut-être plus de difficulté à assimiler l'information contenue dans ce chapitre. Il pourra toujours le lire en diagonale, ce qui lui fournira malgré tout certaines données intéressantes sur le cheminement que nous avons suivi vers la source des expériences qui précèdent la mort.

L'étude-pilote nous a appris qu'il est possible d'obtenir une information plus riche sur les mourants en examinant *ensemble* tous les facteurs d'ordre médical, psychologique, culturel et religieux. L'analyse conjointe de plusieurs facteurs nous permettra peut-être de répondre à certaines questions que l'étude d'un facteur isolé aura laissées en suspens. Prenons par exemple la signification des réactions émotionnelles du patient face à une apparition : la quiétude qui l'envahit ne viendrait-elle pas de sa résignation à la mort plutôt que d'une rencontre avec l'autre monde ? C'est là l'opinion dominante chez les thanatologues. Nous verrons plus loin que l'analyse des interactions nous a fourni la réponse. La quiétude, la sérénité et la joie coïncident rarement avec des visions d'ici-bas qui mettent en scène des personnes vivantes : elles ne touchent apparemment que les patients qui ont été en contact avec des messagers de l'au-delà.

Une infirmière nous a rapporté le cas de cette femme de 76 ans, très intelligente, qui avait eu une crise cardiaque :

> Elle était très lucide (elle n'était sous l'effet d'aucun calmant et n'avait pas d'antécédents hallucinatoires.) Elle était gaie, croyait pouvoir se rétablir bientôt et retourner chez elle auprès de sa fille qui avait apparemment grand besoin d'elle. Soudain, elle tendit les bras et me dit en souriant : « Ne voyez-vous pas Charlie (son défunt mari) qui me tend les bras ? Je me demande pourquoi je ne suis pas déjà *retournée à la maison.* » Elle décrit ainsi sa vision : « Quel endroit merveilleux ; il y a des fleurs partout et de la musique. Vous ne l'entendez pas ? Vous ne voyez donc pas Charlie ? » Elle me dit qu'il l'attendait. Je crois qu'elle a vraiment vu son mari.

Satisfaite, la patiente a été par la suite des plus paisibles (une sorte de quiétude et de sérénité de nature religieuse). Pendant la vision, elle n'était nullement désorientée et pouvait s'entretenir avec l'infirmière et avec les membres de sa famille. Ce cas coïncide parfaitement avec notre modèle sur la survie.

Le cas suivant se rapporte à une femme, diplômée de collège, qui habitait une petite ville de l'État de New York. Elle s'était fracturé la hanche. Elle avait près de 80 ans, elle était un peu sénile et on lui administrait du démérol. Son degré de lucidité variait constamment. Un jour, l'infirmière la trouva en train de converser avec sa sœur et son frère décédés :

> C'était comme si elle revivait ce qui s'était passé, quelques années plus tôt, dans un autre lieu (que l'hôpital). Elle leur faisait signe de la main et leur disait de s'approcher d'elle pour leur parler. Elle ne semblait pas se rendre compte de ma présence. Son frère était décédé au Pérou.

Les intentions de l'apparition sont demeurées inconnues dans ce dernier cas. La patiente n'a eu aucune réaction émotionnelle et ses douleurs ont persisté. La vision n'a pas non plus modifié son attitude face à la mort.

Dans les deux cas précédents, les patientes, toutes deux âgées de plus de soixante-dix ans, ont vu des parents décédés. Les deux expériences pourraient donc être rangées parmi les apparitions axées sur la survie. Pourtant, un examen attentif de tous les éléments qui composent ces cas nous permet de mettre au jour une différence importante. En effet, si le premier cas est à l'évidence caractéristique d'une rencontre avec l'au-delà, le second cas, lui, s'explique médicalement (l'hallucination portait sur des souvenirs d'ici-bas, sans intention sous-jacente ni effet sur l'ensemble de la personnalité de la patiente.)

LES ANALYSES

Les analyses, quoique complexes, ont été faites de la façon la plus simple possible. Nous avons effectué une classification croisée de chaque élément pertinent avec tous les éléments auxquels il pouvait être rattaché ; nous avons ensuite établi les indices de fréquence et les pourcentages pour chaque « cellule », puis nous avons comparé les distributions au moyen de statistiques fondées sur le khi deux (il suffira de dire, pour le profane en ces matières, que le khi deux est une épreuve statistique par laquelle on compare les fréquences obtenues aux fréquences que l'on obtiendrait par le seul effet du hasard). Ces calculs ont été faits, dans un premier temps, pour chaque pays individuellement, puis pour les deux pays ensemble.

Notons que dans certains cas la réunion des deux échantillons n'était pas souhaitable, vu le manque d'homogénéité au niveau de certains éléments d'information (par ex. les Indiens meurent beaucoup plus jeunes que les Américains). Il nous a donc fallu, en maintes occasions, nous contenter de comparaisons strictement « nationales ». Nous avons également fait face à certaines restrictions qui nous ont empêchés de procéder à des analyses statistiques plus approfondies. Mentionnons aussi que nous avons tenté de maintenir nos analyses le plus près possible des données brutes, en évitant de nous livrer à des abstractions extravagantes. Enfin, pour ne pas rendre l'exposé trop aride, nous n'allons faire état dans les pages qui suivent que des valeurs de probabilité (p) qui se rapportent aux statistiques fondées sur le khi deux. Nous commencerons par une analyse de l'élément central de l'hypothèse de la survie, soit l'intention manifestée par l'apparition (c.-à-d. avait-elle ou non pour mission d'emporter le patient vers un autre monde ?) Le lecteur désireux d'obtenir plus de détails consultera avec profit l'article que nous avons rédigé sur le sujet (Osis et Haraldsson, 1977).

Les deux tiers des patients ont fait part à nos observateurs des intentions manifestées par l'apparition. La plupart des apparitions qui ont été identifiées comme telles (65%) désiraient emporter le sujet vers un monde situé par-delà la mort, en les appelant, en leur faisant signe, etc.

Des psychologues de nos amis nous ont posé la question suivante : « Les apparitions ne pourraient-elles pas figurer des intentions, créées par le patient lui-même à partir de ses désirs et matérialisés sous la forme d'un fantôme familier ? » Leur interrogation se fondait sur la tendance qu'ont les gens à *projeter* leurs émotions à l'extérieur d'eux-mêmes. Nous verrons dans la suite du chapitre comment nous avons obtenu la réponse à cette question.

Le rôle des facteurs d'ordre médical

Voyons en premier lieu si l'intention manifestée par les apparitions peut être expliquée par des facteurs d'ordre médical. Nous avons découvert au chapitre VII que les facteurs tels que les médicaments, la fièvre et les troubles du cerveau n'avaient pratiquement aucun effet sur les visions précédant la mort. Nous avons également constaté que la présence de ces facteurs chez les patients en phase terminale réduisait grandement la fréquence des visions. D'après l'hypothèse de la survie, les facteurs d'ordre médical ne favoriseront pas (souvent même ils empêcheront) l'émergence des éléments caractéristiques de l'au-delà que comportent les phénomènes d'apparition (par ex. l'intention d'emporter le patient). Nos données ont-elles confirmé notre hypothèse ou démontré au contraire la validité de la théorie de l'anéantissement ?

L'étude-pilote a permis d'établir que la majorité des patients qui ont accueilli paisiblement les apparitions venues les emporter *n'avaient pas* de troubles cérébraux et néphrétiques ou d'antécédents médicaux les prédisposant aux hallucinations. Les deux enquêtes subséquentes — aux États-Unis et en Inde — ont démontré que les patients souffrant de troubles cérébraux n'ont pas eu plus d'apparitions de personnes désireuses de les emporter que ceux qui n'étaient pas atteints de ces troubles ou de quelque autre facteur hallucinatoire précédemment mentionné. Au contraire, les patients « troublés » ont eu moins d'apparitions de ce type [1]. Dans l'ensemble, ces résultats appuient l'hypothèse de la survie, comme l'avait d'ailleurs présupposé notre modèle.

Nous avons également approfondi la question de la lucidité du patient. Il semble que les patients lucides ont eu plus d'apparitions rassurantes de personnes venues les emporter que les sujets « troublés ». Dans l'étude-pilote, la tendance était fortement marquée ; tandis que dans les deux enquêtes subséquentes, la marge était si étroite que les deux éléments de comparaison se sont tout simplement annulés. En d'autres mots, le degré de lucidité ne constitue pas un facteur déterminant dans un sens ou dans l'autre.

Dans l'ensemble donc, les facteurs d'ordre médical importent peu, exception faite des éléments proprement hallucinatoires (troubles cérébraux et néphrétiques aux États-Unis, et troubles hépatiques en Inde). En effet, ces éléments, en plus d'obnubiler l'esprit du patient, réduisent considérablement le nombre d'apparitions rassurantes des guides-messagers de l'autre monde. La réponse à donner à l'interviewer de la télévision américaine est donc la suivante : *les facteurs d'ordre médical ne sont pour rien dans la manifestation d'apparitions qui viennent emporter le patient vers un autre monde.*

Le rôle des facteurs d'ordre psychologique

Nous voici de nouveau confrontés à la question que nous posent souvent les psychologues : la quiétude et la sérénité observées chez certains mourants ne proviendraient-elles pas de leur résignation à la mort plutôt que d'une rencontre avec « l'autre monde » ? L'étude-pilote nous a démontré que les accueils « paisibles et sereins » accompagnaient plus fréquemment les apparitions venues emporter le patient que les apparitions chargées d'autres intentions. Nos enquêtes subséquentes ont parfaitement confirmé cette tendance. En effet, aux États-Unis, les sentiments de sérénité et de quiétude ont accompagné 51% des apparitions venues emporter le patient et 7% seulement des apparitions chargées d'autres intentions ($p = .00001$). En Inde, l'écart a été de 33% à 10% en faveur du premier groupe ($p = .009$).

Quant aux sentiments de nature religieuse, ils ont été observés dans 30% des cas d'apparitions venues emporter le patient (pourcentage des deux échantillons), tandis qu'ils n'ont accompagné qu'une proportion infime des apparitions chargées d'autres intentions (5% en Inde et 0% aux États-Unis). La nature même de l'apparition détermine donc la réaction émotionnelle du patient, ce qui laisse peu de place aux autres interprétations. Les sujets ont accueilli les messagers de l'autre monde en s'imprégnant de sentiments caractéristiques de l'au-delà (sentiments de nature religieuse ou « quiétude qui dépasse tout entendement »). Une femme de mineur dans la soixantaine se mourait d'un cancer du rectum excessivement douloureux. Elle était très lucide quand elle dit à l'infirmière : « La Vierge Marie ! Comme elle est belle ! » Elle était littéralement submergée par des sentiments de nature religieuse. « Elle semblait en extase et très heureuse. »

Cette expérience est tout à fait logique si nous la situons dans le contexte de la survie, mais elle cadre bien mal avec l'hypothèse du « cerveau troublé » (il est en effet peu probable que des expériences aussi cohérentes et aussi nettes puissent émaner de facultés intellectuelles diminuées). Nous serions plutôt enclins à penser qu'il s'agit là d'une rencontre avec quelque chose qui se situe hors du patient et qui possède ses propres attributs. D'après notre modèle, les apparitions de visiteurs d'un autre monde suscitent des réactions émotionnelles hors du commun (comme celles que nous rapportent les mystiques.) Cet élément de notre modèle se trouve donc pleinement confirmé par ce qui précède.

Les expériences d'apparition ne sont-elles qu'une réaction de type schizoïde destinée à atténuer le stress du patient ?

Les hallucinations se produisent parfois dans des situations d'isolement et de tension (Siegel et West, 1975 ; West, 1962), par exemple dans les mirages. Les patients en phase terminale sont fréquemment tout à fait isolés et subissent d'énormes tensions, entre autres la souffrance physique. Leurs visions se fonderaient-elles par conséquent beaucoup plus sur la solitude et le stress que sur la perception extra-sensorielle de visiteurs venus de l'au-delà ? Pour répondre à cette question, nous avons analysé une foule de facteurs d'ordre psychologique et culturel qui pouvaient, d'une façon ou d'une autre, influer sur les expériences d'apparition.

Nous avons découvert que ni l'âge ni le sexe des patients n'exerçaient une influence marquée sur les principaux éléments phénoménologiques des apparitions, soit : 1) la manifestation de personnes vivantes, décédées ou de figures religieuses ; 2) les intentions de l'apparition ; et 3) les réactions émotionnelles du patient. Nous disposions également de certaines données sur les « indices indirects » de stress, notamment l'humeur du patient le jour précédant l'apparition. Nous avons présumé que les humeurs dites négatives (angoisse, colère, découragement) indiquaient une plus grande tension que les humeurs dites positives (auxquelles nos observateurs ont appliqué les termes « normal » ou « moyen »). Le cas qui suit en est un exemple.

Un Juif de 89 ans, administrateur dans une industrie, était un « homme très calme, d'humeur égale, qui s'était résigné à être malade ». Il ne pratiquait plus sa religion depuis des années :

> Il était calme et paisible. Soudain, il dit à sa fille : « Il y a un ange là-bas. » Elle en fut très surprise. J'ai noté que le patient a eu, pendant près d'une heure, une physionomie différente de celle qu'il avait habituellement : il regardait au loin et une expression indicible illuminait ses traits. Puis, cette expression disparut pour faire place à sa physionomie coutumière. Il s'était produit un changement notable tant au niveau de l'humeur que de l'expression du visage.

Nous n'avons relevé aucune interaction intéressante entre l'humeur des patients, le jour précédant l'hallucination, et l'identité de l'apparition (personne vivante, décédée ou figure religieuse). Nous n'avons pas découvert non plus d'interaction notable entre les réactions émotionnelles du patient et l'expérience d'apparition elle-même. Il n'y avait aucun rapport visible entre l'intention manifestée par l'apparition et l'humeur du patient, le jour précédant l'expérience, ni dans l'échantillon indien ni dans l'échantillon américain. Le rapport est cependant devenu plus marqué lorsque nous avons réuni les deux échantillons ($p = .0015$), ce qui contredit à l'évidence l'hypothèse selon laquelle le stress constitue un facteur déterminant dans les expériences d'apparition. En effet, les apparitions « paisibles » venues emporter le patient ont touché davantage les individus dont l'humeur était jugée normale (54%) que ceux dont l'humeur était jugée positive (31%) ou négative (27%). Voyons par exemple le cas de cette femme dans la soixantaine, qui habitait la Pennsylvanie. Elle venait d'avoir une crise cardiaque et avait grand espoir de se rétablir. Elle était très calme, plutôt coopérative et nullement angoissée. Elle regarda soudain au plafond et dit : « Je vois un ange. Il vient me chercher. » Elle fut par la suite encore plus paisible et plus sereine. Elle sombra bientôt dans l'inconscience et expira le lendemain. Elle n'avait manifesté, avant cet incident, aucun intérêt ni pour la religion ni pour l'au-delà. Nous déduisons donc de nos données que, si le stress peut provoquer, chez certains patients en phase terminale, des hallucinations portant sur des sujets terre à terre, il est peu probable qu'il soit à l'origine des apparitions axées expressément sur la survie.

Par ailleurs, les désirs, les espoirs et les souhaits des patients peuvent être la cause d'hallucinations. Par exemple, un voyageur assoiffé, perdu au milieu du désert, « verra » une oasis qui n'existe pas. Afin d'établir si les apparitions ont ou non un rapport avec les désirs et les espoirs des patients, nous avons prié nos observateurs de nous dire si les mourants avaient souhaité, le jour précédant l'hallucination, la visite de telle ou telle personne. Nous avons ainsi appris que certains patients avait exprimé avec force le désir de voir un être cher vivant au loin, un fils absent, par exemple. Or, les apparitions ne pourraient s'expliquer par un tel désir, exprimé la veille par le patient, que dans 3% des cas (ce qui est vraiment insignifiant). Nous avons relevé treize de ces cas dans nos deux échantillons. Seulement neuf des personnes qui ont effectivement rendu visite au patient ont figuré dans ses hallucinations. Les désirs exprimés n'ont apparemment pas été à l'origine des apparitions, du moins dans la majorité des cas. Il ne ressort pas non plus des données que les personnes ayant récemment rendu visite aux patients ont figuré plus fréquemment dans leurs hallucinations. Nous nous sommes également informés des préoccupations et des inquiétudes des mourants, le jour précédant l'expérience. En effet, comme nous l'avons mentionné précédemment, les angoisses et les conflits intérieurs des sujets auraient pu être *projetés* à l'extérieur et prendre notamment la forme d'hallucinations. Or, il a été impossible d'établir un rapport entre les deux éléments, pas plus dans l'échantillon américain que dans l'échantillon indien.

Il est un autre facteur important en ce qui a trait aux expériences d'hallucination ; il s'agit des prévisions du patient quant à sa mort ou à son rétablissement. Il serait naturel, selon nous, que les patients qui s'attendent à mourir s'inventent des fantasmes sur l'au-delà afin d'atténuer leur crainte de la mort. Par ailleurs, les apparitions venues emporter le sujet contrediront (c'est évident !) les espoirs des patients qui s'attendent à se rétablir. Ces derniers n'auront par conséquent aucun intérêt à « créer » des hallucinations d'un autre monde. Quel n'a pas été alors notre étonnement de constater que, dans nos deux échantillons, il n'existait pas de rapport évident entre les prévisions des patients et les intentions manifestées par les apparitions ? *Les apparitions ont en effet semblé manifester une volonté qui leur était propre et qui était même parfois en contradiction avec celle des patients.* Elles ne seraient donc pas des projections des désirs du patient.

Plusieurs observateurs ont été surpris et même abasourdis face à certains cas de patients qui sont morts après avoir eu des apparitions venues les emporter et ce, malgré les pronostics médicaux les plus optimistes. Voyons par exemple le cas de cet Hindou dans la soixantaine, hospitalisé pour asthme bronchique. Le pronostic du médecin était clair : guérison certaine. Le patient lui-même s'attendait à guérir et le souhaitait ardemment. Or, un jour, il s'écria : « Quelqu'un m'appelle ! » Puis, il rassura ses proches en disant : « Ne craignez rien ! Ça va aller ! » L'« appel » fut apparemment plus puissant qu'il ne le croyait, car il mourut moins de dix minutes plus tard. Nous n'avions pas prévu l'émergence de tels cas lorsque nous avons rédigé notre questionnaire, de sorte qu'à l'exception des données sur le laps de temps écoulé entre la venue de l'apparition et la mort du patient, nous ne disposons pas de statistiques valables sur les pronostics des médecins.

L'étude-pilote nous a appris que les apparitions venues emporter le sujet ont été plus fréquentes (76%) chez les patients qui sont morts immédiatement après l'expérience (moins de dix minutes) que chez ceux dont la mort est survenue après un laps de temps plus long. En fait, un médecin a résumé notre pensée en disant que les apparitions « faisaient le travail » et accéléraient véritablement le processus de la mort. Cette observation s'est vérifiée notamment dans notre échantillon américain. Aux États-Unis, 87% des patients qui sont morts moins de 60 minutes après avoir eu une apparition (par rapport aux 46% qui ont expiré après un laps de temps plus long), ont indiqué que celle-ci avait pour mission de les emporter. En Inde, la tendance était beaucoup moins marquée et n'a pas été jugée significative. Elle ne s'est manifestée, semble-t-il, que chez les patients qui ne voulaient pas obtempérer à l'appel de l'apparition. Nous n'irons donc pas jusqu'à dire qu'aux États-Unis, les visiteurs de l'au-delà pratiquent illégalement la médecine, mais il n'en reste pas moins que les résultats obtenus cadrent parfaitement avec notre hypothèse sur la survie.

L'on nous a rapporté des cas particulièrement émouvants, notamment lorsque l'apparition manifestait l'intention d'emporter le sujet et que celui-ci, refusant de la suivre, appelait à l'aide ou tentait de se cacher. Nous avons relevé 54 cas de ce type, la plupart chez les patients indiens. On ne peut certes pas les interpréter par la projection des désirs du mourant ; ils deviennent d'ailleurs encore plus impressionnants lorsque la prédiction de l'apparition, quant à la mort du patient, se révèle non seulement juste mais encore contraire au pronostic de rétablissement émis par le médecin.

Nous nous sommes demandés plus tôt si les visions précédant la mort n'étaient pas que des projections des désirs du patient. Les analyses que nous venons de faire ont démontré que les visions des patients en phase terminale : 1) n'ont pas mis en scène les personnes que les sujets avaient exprimé le désir de voir ; 2) ne sont apparemment pas liées à certains facteurs comme le stress, l'humeur ou les préoccupations ; et 3) touchent également les sujets qui espéraient se rétablir. Dans la plupart des cas, les intentions de l'apparition ont semblé fort différentes de celles des patients. L'ensemble de ces éléments cadre très bien avec l'hypothèse selon laquelle les apparitions sont des entités distinctes et non de simples projections issues du cerveau des patients.

ANALYSE COMPARATIVE PLURI-CULTURELLE (INDE ET ÉTATS-UNIS)

Notre échantillon indien nous a fourni plus de renseignements que l'échantillon américain sur les intentions manifestées par les apparitions. En effet, sur les 216 patients américains qui ont eu des hallucinations, 98 seulement ont fait part aux observateurs de l'intention de l'apparition, tandis que cet élément d'information a été communiqué par 203 patients indiens sur 255. À notre avis, les observateurs américains étaient, dans l'ensemble, moins à l'aise vis-à-vis de cette question que leurs collègues indiens, dont la culture est plus ouverte aux phénomènes surnaturels. Après avoir mis de côté les données ambiguës (voir chapitre VIII), nous avons constaté que 69% des patients américains et 79% des patients indiens avaient attribué à l'apparition l'intention de les emporter vers l'autre monde.

Il existe donc une similitude remarquable entre les deux échantillons en ce qui concerne ce type d'apparition. Notons cependant que les réactions des patients ne se sont pas manifestées avec la même fréquence dans les deux pays. Ainsi, alors que presque tous les patients américains se sont pliés à la volonté de l'apparition (qu'ils ont d'ailleurs fréquemment accueillie avec joie et sérénité), plus d'un tiers (34%) des patients indiens ont repoussé l'appel. L'écart véritable entre les deux cultures se situe donc à ce niveau, à savoir les cas de patients qui ont refusé d'obtempérer, qui ont manifesté de la peur ou même qui se sont sentis emportés de force (53 cas en Inde, un seul aux États-Unis). Néanmoins, la majorité des patients indiens (66%) ont réagi de la même façon que les Américains : désir de

« partir », accompagné en maintes occasions de joie et de sérénité. L'écart que nous avons relevé peut-il être appliqué à d'autres éléments de notre échantillon ?

Même si le nombre de femmes est plus élevé dans l'échantillon américain que dans l'échantillon indien, les apparitions venues emporter le patient se sont réparties également entre les deux sexes. Plusieurs médecins ont émis l'hypothèse que le grand nombre de refus de « partir » chez les patients indiens viendrait de ce que les Indiens meurent habituellement assez jeunes. Les gens dans la force de l'âge, dont la vie est encore pleine de projets et d'espoirs, se résigneront beaucoup moins facilement à mourir que les personnes âgées et ce, quelle que soit leur opinion sur l'immortalité. Nous disposons heureusement des données sur l'âge des patients. Aux États-Unis, aucune distinction n'a pu être faite entre les divers groupes d'âge, et aucune interaction significative n'a pu être établie entre l'âge et les intentions de l'apparition. Même si, en Inde, les « accueils paisibles » d'apparitions venues emporter le sujet ont touché un nombre légèrement plus élevé de personnes âgées ($p = .09$), nous n'avons pas pu établir de rapport entre l'âge des sujets et les apparitions dites « conflictuelles » (refus de partir). Vingt-quatre Indiens de moins de trente ans ont accepté d'être emportés par l'apparition. L'un de ces cas se rapporte à une jeune Hindoue dans la vingtaine, atteinte de tétanos et hospitalisée dans un grand hôpital de Delhi. Elle était très lucide lorsqu'elle confia à l'infirmière qu'elle voyait un dieu appelé Murti, lequel lui disait : « Je suis venu te chercher. » Elle dit à ses proches qu'elle « partait » avec lui et refusa tout médicament pouvant retarder sa fin. Elle était convaincue qu'elle mourrait dans les minutes qui suivraient et, de fait, elle expira moins de quinze minutes plus tard. L'âge n'explique apparemment qu'en partie la composante « appel » de l'apparition ; on ne peut certes invoquer l'âge des patients pour expliquer tous les cas de « refus de partir ».

Les refus de certains patients indiens auraient-ils par ailleurs pour origine la religion hindoue ? Nous nous sommes demandés si les réactions de refus ne provenaient pas de l'acquis religieux ou culturel des sujets. En effet, nous n'avons relevé presque aucun cas de refus aux États-Unis, un pays à prédominance chrétienne, tandis qu'on nous en a rapporté un nombre assez considérable en Inde, un pays à prédominance hindoue. Notons que chez les membres de la communauté chrétienne de l'Inde, il y a eu environ deux fois moins de cas de refus (14%) que chez les hindous (29%). Il nous reste cependant un nombre important de cas qui ne peuvent s'expliquer par la religion. Nous croyons donc que les « refus » se fondent en partie sur des facteurs culturels, en partie sur des facteurs religieux. Il serait peut-être possible de retracer dans la mythologie indienne (notamment les croyances se rapportant au dieu de la mort — Yama ou Yamaraj — et à ses messagers — les Yamdoots —) l'une des raisons du refus de certains Indiens d'accompagner l'apparition. Il est dit que les Yamdoots apparaissent au chevet du mourant afin de l'emporter vers leur maître, Yamaraj. L'aspect que prend le Yamdoot dépend du « karma » du mourant. Si sa vie a été remplie de bonnes actions, c'est un Yamdoot aimable qui lui apparaît ; par contre, s'il ne s'est pas bien conduit, le Yamdoot aura un aspect effrayant. Dans le cas suivant, le Yamdoot était d'aspect « neutre ». Il apparut à un commis de bureau hindou, diplômé d'études secondaires, qui souffrait d'une affection infectieuse, la septicémie. Sa température se situait au-dessus de 103°F, ses facultés étaient légèrement troublées par les médicaments mais, au dire de son infirmière, il semblait lucide lorsqu'il s'écria :

> « Quelqu'un est là, debout ! Il conduit une voiturette ; ce doit être un Yamdoot qui vient chercher quelqu'un ! Il me fait signe que c'est *moi* qu'il vient chercher ! Mais, Maman, je ne veux pas y aller. Je veux rester auprès de toi ! » Il déclara alors que quelqu'un essayait de le tirer hors du lit. Il supplia : « Retenez-moi ! Je ne veux pas y aller ! » Sa douleur s'accrut et il expira.

Certes, la mythologie européenne possède sa propre représentation de la mort — un squelette ou une horrible forme grise (McClelland, 1964). Pourtant, elle n'a figuré dans les hallucinations d'aucun patient américain, tandis que 18 patients indiens, qui, pour la plupart, n'étaient pas disposés à partir, ont vu des Yamdoots. Les symboles de la mort se sont peut-être évanoui de la conscience des Américains, tout en demeurant vivaces dans celle des Indiens.

L'intensité de la foi du patient n'a pas semblé exercer une influence sur les intentions de l'apparition. Nous avons noté, tant en Inde qu'aux États-Unis, lorsque nous disposions des renseignements pertinents, que presque tous les patients qui ont eu des apparitions venues les emporter croyaient à la survie. Malheureusement, les données nous manquent en ce qui concerne les patients qui ne croyaient pas à l'au-delà, ce qui nous empêche d'établir une comparaison. Il n'y avait enfin aucun lien entre la durée de l'apparition et l'intention qu'elle a manifestée.

L'IDENTITÉ DE L'APPARITION

Nous avons distingué quatre types de figures hallucinatoires : une personne vivante, une personne décédée, un personnage religieux ou un être mythologique. Les hallucinations mettant en scène des personnes vivantes ne sont pas toutes axées sur la survie. En fait, il est fort probable qu'elles soient pour la plupart causées par un dérèglement du cerveau. Nos enquêtes ne nous ont révélé que quelques cas d'apparitions de personnes vivantes, leur nombre se répartissant à peu près également chez les sujets indiens et américains. Il est important de noter qu'aucune personne vivante, apparue à un patient, n'a manifesté l'intention de l'emporter. Par contre, dans les deux pays, la plupart des personnes décédées qui ont apparu aux patients ont exprimé l'intention de les emporter (États-Unis, 82% ; Inde, 71%). Pratiquement toutes les apparitions de figures religieuses, dont l'intention a été communiquée à nos observateurs, se sont posés comme guides des patients en vue de leur passage vers un autre mode d'existence. Voyons par exemple le cas de cette jeune fille de dix ans qui se rétablissait d'une pneumonie dans un hôpital de Pennsylvanie. Sa température avait baissé, la crise semblait terminée :

> La mère vit que son enfant était en train de « sombrer » et elle nous appela (les infirmières). Elle nous raconta que son enfant venait de lui dire qu'un ange l'avait prise par la main : elle était morte sur-le-champ, ce qui nous étonna grandement, car il n'y avait aucun signe de mort imminente. Elle était si calme, si sereine, et pourtant si près de la mort ! Ce décès subit nous chagrina.

D'après notre modèle, les personnes décédées et les figures religieuses qui apparaissent aux patients sont des messagers de l'au-delà ; leurs apparitions cadrent donc avec l'hypothèse de la survie. De fait, ce sont les deux figures hallucinatoires qui ont apparu le plus souvent aux patients dans nos trois enquêtes. Le nombre d'hallucinations axées sur l'au-delà (personnes décédées et figures religieuses) est approximativement le même dans les deux pays — 78% aux États-Unis et 77% en Inde. En ce sens, le phénomène des visiteurs de l'au-delà se situe au-dessus des différences culturelles.

Cependant, s'il est vrai que les apparitions axées sur la survie prédominent dans les deux échantillons, la proportion de personnes décédées et de figures religieuses se trouve inversée dans chacun des pays. Ainsi, les Américains ont eu cinq fois plus d'apparitions de personnes décédées que de figures religieuses (66% contre 12%). Les Indiens, eux, ont eu deux fois plus d'apparitions de figures religieuses que de personnes décédées (48% contre 28%). Il semblerait donc que la nationalité et la culture n'influent pas sur la fréquence des apparitions axées sur l'au-delà, mais qu'elles exercent une influence sur la figure qu'elles mettent en scène. Comme les Indiens de religion chrétienne ont eu, eux aussi, beaucoup plus d'apparitions de figures religieuses que de personnes décédées, il faut attribuer aux différences culturelles plutôt que religieuses l'écart que nous avons observé.

L'expérience fondamentale, qui consiste à voir des messagers d'un autre monde, serait donc commune à toutes les cultures, tandis que son contenu serait assujetti aux particularités de la conscience nationale. Notons que l'écart pourrait aussi s'expliquer par une sorte d'inhibition touchant l'un des deux types d'apparitions. Par exemple, les figures hallucinatoires féminines sont rares en Inde : elles ne forment que 23% de l'échantillon indien, tandis qu'aux États-Unis, elles forment 61% des cas. Une inhibition touchant les parents de sexe féminin aura pu, dans l'échantillon indien, réduire de 40% le nombre d'apparitions de personnes décédées. Cette inhibition qui touche les figures hallucinatoires féminines est plus fréquente chez les Indiens que chez les Indiennes. S'il en est ainsi, les hommes devraient avoir eu moins d'apparitions de personnes décédées que les femmes, ce qui a été effectivement le cas (13% de moins chez les hommes que chez les femmes). Ajoutons que la tendance, observée chez les Indiens, qui consiste à exclure les jeunes des apparitions, aura pu contribuer elle aussi à réduire la proportion de personnes décédées figurant dans les visions.

Outre le préjugé à l'égard des apparitions de femmes décédées, il pourrait exister en Inde un préjugé favorable à l'égard des figures religieuses. Les Indiens ont souvent avec leurs dieux une relation intime, personnelle, qui s'exprime par des dons de nourriture et de fleurs aux statues qui les représentent. Par contre, les Américains, en particulier ceux qui appartiennent aux sectes protestantes les plus « libérales », ne considèrent souvent Dieu que comme une abstraction, une force spirituelle.

Nous en déduisons que les antécédents culturels exercent sur les patients une influence assez forte pour créer chez eux une sensibilisation ou une inhibition vis-à-vis de certains types de phénomènes, sans toutefois affecter la fréquence élevée (trois sur quatre) des expériences axées sur l'au-delà. Nous constatons donc de nouveau une similitude frappante entre les deux cultures au niveau du phénomène principal et, comme il faut s'y attendre, certains écarts de détail, attribuables de toute évidence aux facteurs d'ordre culturel.

Dans les deux pays, les apparitions venues emporter le patient et que celui-ci a accueillies paisiblement ont, la plupart du temps, mis en scène des proches : mère, père, conjoint, fratrie ou progéniture. Au chapitre VIII, nous avons vu pourquoi, selon l'hypothèse de la survie, ce sont les proches parents décédés (lorsqu'ils sont disponibles et préparés à cette tâche) qui aideront de préférence le patient à passer dans l'autre monde. Ignorons pendant un moment ces raisons et supposons que l'apparition n'est rien de plus qu'une hallucination, c'est-à-dire une sorte de « revécu » des concepts qui nous ont été inculqués pendant notre enfance et notre adolescence. Il est certain qu'alors il faudra s'attendre à ce que ce soit les intermédiaires religieux traditionnels (prêtres, ministres, brahmanes et rabbins) qui s'interposeront entre l'autre monde et nous (c.-à-d. ceux-là mêmes qui officient aux funérailles et en d'autres occasions où ils invoquent les puissances célestes.) Or, nous n'avons relevé dans nos échantillons aucun cas où un serviteur de Dieu décédé a été envoyé de l'autre monde vers l'un de ses paroissiens mourants. Qui plus est, seulement cinq patients de notre échantillon indien ont reçu la visite d'un guru. Il semblerait donc que même les traditions les plus profondément ancrées ne peuvent influer sur les apparitions, en particulier celles qui ont pour but d'emporter le patient.

Notre investigation dans un milieu culturel différent du milieu américain nous a permis de faire une intéressante découverte. Il existe en Inde un profond respect et même une vénération pour les personnes âgées, beaucoup plus qu'aux États-Unis. Les patients indiens auraient-ils reçu de ce fait plus de visites de personnes âgées que les Américains (peuple plus attaché à la jeunesse)? Eh bien, oui! Aux États-Unis, 41% des apparitions venues emporter le patient et que celui-ci a accueillies paisiblement ont mis en scène des personnes de la génération précédente, tandis qu'en Inde, ce pourcentage s'élève à 66%. Les apparitions de personnes de la même génération que le patient ont été plus nombreuses chez les Américains (44% contre 29% en Inde), et les apparitions de proches parents de la génération suivante ont formé 15% des cas aux États-Unis et seulement 5% en Inde. Si, aux États-Unis, on trouve 14% de cas d'apparitions mettant en scène des filles ou des fils décédés, aucun jeune de cette catégorie ne semble avoir reçu en Inde la mission d'emporter la mère ou le père mourant.

Y a-t-il des cas où des patients refusent d'accompagner des proches décédés qui leur apparaissent ? Non, les apparitions « conflictuelles » mettent presque toujours en scène des étrangers ou de simples connaissances (nous n'avons relevé qu'un seul cas de patient ayant refusé d'accompagner un parent venu l'emporter.) Cette tendance est fort compréhensible dans l'optique de la survie. Pour établir un parallèle avec notre monde, disons qu'il est peu probable qu'un policier demandera à un père ou à une mère de mettre aux arrêts, *par la force*, leur propre fils. Certes, d'autres explications sont aussi possibles.

Nous avons constaté dans nos analyses que l'âge du patient n'influait aucunement sur la « personnalité » de l'apparition (personne vivante, décédée ou figure religieuse). Ce qui est tout de même étonnant car, si les parents proches des personnes âgées sont pour la plupart décédés, ceux des patients plus jeunes sont encore presque tous vivants. Nous nous sommes aussi penchés sur l'influence possible qu'aurait pu exercer la scolarité des patients. Ce facteur n'a joué aucun rôle dans notre échantillon indien. Par contre, il a exercé une influence plus importante aux États-Unis, influence que nous avons cependant attribuée au nombre restreint d'illettrés que comporte l'échantillon américain. Les illettrés ont eu en effet plus d'hallucinations de personnes vivantes que de personnes décédées et de figures religieuses. Nous n'avons par ailleurs noté aucune différence marquée entre les patients peu scolarisés et très scolarisés — par exemple, ceux qui n'avaient suivi que le cours primaire et ceux qui possédaient un diplôme d'études collégiales. Or, si les apparitions de messagers de l'autre monde n'étaient fondées que sur la superstition, le rapport aurait été inversé — les individus plus scolarisés auraient eu moins d'apparitions de personnes décédées et de figures religieuses.

Outre l'âge du patient et ses années de scolarité, nous nous sommes interrogés sur l'influence possible de l'intensité de la foi sur la nature de l'apparition. Nous n'avons pas pu établir de rapport évident entre ce facteur et l'un quelconque des trois types d'apparition. En effet, des visiteurs bienveillants de l'autre monde ont même daigné apparaître à des sujets qui ne se préoccupaient ni de la religion ni de la survie. Un ancien Marine de 62 ans se mourait d'un cancer de la prostate dans un hôpital de New York. Il avait dit à son médecin qu'il était athée. Pourtant, ce patient vit le Christ lui apparaître dans sa chambre, pendant quelques minutes ce qui surprit fort le médecin. L'aspect de l'apparition ne semble pas dépendre de la bonne ou de la mauvaise conduite du patient en ce qui touche la pratique religieuse. Aucune apparition n'a demandé, par exemple, au patient : « John, pourquoi as-tu cessé d'aller à l'église ? » ou ne lui a dressé un bilan de ses fautes sexuelles. Si ces apparitions sont réellement des messagers d'un autre monde, elles se sont montrées beaucoup plus compréhensives que ne le font croire les prêcheurs qui ne parlent que de pleurs et de grincements de dents. Les figures hallucinatoires n'ont pas semblé non plus correspondre à cet équivalent moderne de l'enfer : la conscience coupable.

Donc, dans l'ensemble, nous avons obtenu les mêmes résultats que lors de l'enquête-pilote. *L'essentiel des phénomènes vécus par les mourants n'est influencé que dans une faible mesure par les facteurs individuels, nationaux et culturels.* Cet énoncé cadre parfaitement avec notre modèle, d'après lequel les apparitions ne sont pas de simples hallucinations, mais tiennent plutôt de la perception extrasensorielle.

Avant de nous pencher sur les réactions émotionnelles des patients face aux apparitions, voyons quel rôle peut jouer l'état de santé du sujet sur le type d'apparition qu'il sera amené à avoir.

Aux États-Unis, nous n'avons pu établir aucun rapport entre le diagnostic médical et l'un quelconque des trois types d'apparition. Par contre, un tel rapport a pu être établi en Inde ($p = .04$). Les sujets souffrant de troubles cardiaques et circulatoires, d'une part, et de troubles cérébraux et néphrétiques, de l'autre, ont eu deux fois plus d'apparitions de personnes décédées que les sujets souffrant d'autres maladies (44% contre 19%). Par ailleurs, les patients de ces deux groupes ont eu un peu moins d'apparitions mettant en scène des figures religieuses. Cette tendance curieuse (un plus grand nombre d'apparitions de personnes décédées chez les patients indiens dont les facultés intellectuelles étaient troublées) s'explique lorsque nous constatons que seulement trois de ces cas entrent dans la catégorie des apparitions axées sur la survie, dont l'intention était d'emporter le patient et que celui-ci a accueillies paisiblement. Tous les autres cas n'étaient pas liés à l'au-delà, comme en témoigne le cas suivant :

> Une Hindoue septuagénaire avait eu une attaque. Elle se trouvait dans un état de *coma vigil* (coma accompagné de délire). Elle ne voyait dans ses hallucinations que les gens qu'elle avait trompés au cours de sa vie ! Elle vit par exemple sa sœur décédée, qui l'accusa de lui avoir volé de l'argent. Le médecin en conclut que ces hallucinations n'étaient que des projections de son sentiment de culpabilité.

On retrouve chez les patients possédant des antécédents hallucinatoires et ce, dans les deux échantillons, la même proportion d'apparitions de personnes décédées, de personnes vivantes et de figures religieuses. Nous obtenons le même résultat en analysant le degré de lucidité des patients. Notons par ailleurs que la fréquence observée pour l'un ou l'autre des types d'apparition n'a pas été influencée par l'application de notre indice hallucinatoire. Nous pouvons donc affirmer que, dans l'ensemble, les facteurs d'ordre médical n'influent aucunement sur la fréquence des apparitions axées sur la survie, ce qui coïncide parfaitement avec les résultats précédemment obtenus.

APPARITIONS D'INDIVIDUS DE DIFFÉRENTES GÉNÉRATIONS : LES « QUOTAS » DE PERSONNES DÉCÉDÉES

L'étude-pilote a révélé des différences surprenantes entre les jeunes et les personnes âgées. Les jeunes ont eu plus d'apparitions de proches parents décédés qui appartenaient à la génération précédente, tandis que les individus plus âgés ont eu, pour la plupart, plus d'apparitions de personnes de leur génération. Ce qui est conforme à l'hypothèse de la survie. Nous citons : [2]

> Dans le groupe des jeunes, la plupart des êtres chers qui font partie de l'entourage du sujet et qui sont de la même génération que lui, devraient être encore vivants, tandis qu'un grand nombre des personnes qui sont de la même génération que les sujets du groupe plus âgé devraient être décédées. Si, au niveau des apparitions, la proportion personnes vivantes/personnes décédées n'a aucun rapport avec l'âge, il faudra que, chez les jeunes, le « manque » de personnes décédées soit comblé par un apport important d'individus de la génération précédente ; chez les gens plus âgés, les individus de leur propre génération suffiront « à la tâche ». Il s'ensuit que le groupe de jeunes verra plus de personnes de la génération précédente que le groupe des sujets plus âgés. Ce qui, en fait, se vérifie parfaitement. Les hallucinations du groupe des jeunes mettent en scène deux fois plus d'individus de la génération précédente que celles de l'autre groupe — 62.5% contre 33.3%. En ce qui concerne les apparitions de personnes de la même génération, le rapport est exactement inversé — 20.8% contre 45.4%. Quant aux hallucinations mettant en scène des personnes de la génération suivante, elles se répartissent à peu près également dans les deux groupes.

Nous avons procédé à une analyse similaire avec les données de nos deux enquêtes, en comparant, chez les jeunes et chez les sujets âgés, la proportion d'apparitions de personnes de la même génération et de la génération précédente. Dans les deux pays, les proportions ont confirmé nos prévisions, même si l'écart n'a pas été aussi marqué que dans l'enquête-pilote. Quoi qu'il en soit, les personnes de la génération précédente ont formé 56% des apparitions chez les jeunes Américains, et 40% des apparitions chez les Américains plus âgés. En Inde, l'écart est plus important : 44% et 22%, chez les jeunes et les gens âgés, respectivement. Les proportions de proches parents de la même génération ont été quant à elles inversées. Les patients âgés ont vu apparaître un plus grand nombre de personnes de la même génération qu'eux, tant aux États-Unis (44% contre 32%) qu'en Inde (47% contre 33%). Nous avons donc été confirmés dans nos conclusions précédentes : [3]

> Notre échantillon nous fait voir une constance remarquable dans les proportions entre les hallucinations mettant en scène des personnes vivantes et des personnes décédées et ce, malgré les différences sur le plan des générations. Ce qui nous démontre que la proportion personnes vivantes/personnes décédées dans les apparitions précédant la mort est un phénomène normal et non une coïncidence issue de la prédominance des personnes âgées dans notre échantillon.

L'étude-pilote a même révélé d'autres éléments à l'appui de l'hypothèse de la survie. Étonnamment, nombre des proches parents qui ont figuré dans les hallucinations étaient décédés. Par exemple, 98% environ des pères, des mères, des frères et des sœurs étaient morts, tandis que le pourcentage de conjoints et d'enfants décédés s'élevait à 70%.

Même si l'on s'attendrait normalement à ce qu'il y ait un plus grand nombre de parents décédés de la génération précédente que de la génération suivante, les pourcentages d'apparitions que nous ont révélés nos analyses étaient supérieurs aux prévisions. Ce surcroît de personnes décédées a été confirmé par les nouvelles données que nous avons recueillies. Les chiffres s'établissent comme suit, aux États-Unis et en Inde respectivement : père décédé (93% et 94%) ; mère décédée (93% et 77%). Nous avons relevé aux États-Unis un nombre étonnamment élevé de conjoints décédés (79%) et de frères et sœurs décédés (85%) ; en effet, il aurait été plus normal d'obtenir une distribution égale de personnes vivantes et de personnes décédées (l'espérance de vie étant supposément la même pour les proches parents de la même génération). Ce qui a été effectivement le cas en Inde : conjoints (50%) et frères et sœurs (43%). Par ailleurs, il est très étonnant de constater le nombre singulièrement élevé de filles et de fils décédés aux États-Unis (50%), la proportion n'étant, en Inde, que de 19%. Il est certes impossible qu'aux États-Unis la moitié des enfants meurent avant leurs parents.

Selon notre modèle, les proches parents décédés apparaissent en plus grand nombre parce qu'ils ont pour mission d'emporter le patient. Nous avons effectivement relevé une forte prédominance de parents très proches dans les apparitions — père et mère dans les deux pays, de même que conjoint, fratrie et progéniture aux États-Unis surtout. La chose s'expliquerait par l'hypothèse de la survie, selon laquelle les proches se préoccupent davantage de leurs parents vivants et sont donc mieux à même de leur apparaître au moment de la mort. Cette tendance est cependant moins marquée en Inde où les apparitions de figures religieuses sont plus nombreuses que celles qui mettent en scène des personnes décédées. Nous émettrons, au cours du dernier chapitre, certaines hypothèses sur cet état de choses, en signalant notamment le fait qu'en Inde le système familial est plus autocratique.

Les apparitions d'un autre monde, qui mettent en scène des personnes décédées et des figures religieuses, semblent constituer un phénomène universel, sans rapport avec les facteurs d'ordre médical et les particularités nationales et culturelles. Ce phénomène nous apparaît comme tout à fait objectif ; c'est une montagne qui se dresse au-dessus des nuages de la subjectivité vaporeuse.

LE SEXE DE L'APPARITION

Même si le sexe de l'apparition n'est pas un élément pertinent de l'hypothèse de la survie, nous avons cru intéressant d'examiner dans quelle mesure il pouvait subir l'influence de l'acquis culturel des patients. Nous avons donc intégré ce facteur dans nos analyses pluri-culturelles de l'échantillon américain et indien. Nous avons relevé des différences frappantes. Dans l'ensemble, les Américains semblent avoir une préférence pour les apparitions de sexe féminin (61%), tandis que les Indiens les évitent (23%). Comme nous l'avons mentionné plus tôt, l'Inde est, beaucoup plus que les États-Unis, un « univers mâle », ce qui expliquerait l'écart obtenu.

Nous nous sommes demandé s'il existait une différence entre les patients et les patientes en ce qui a trait au sexe de l'apparition. Nous avons découvert qu'un nombre sensiblement plus important d'Américains que d'Américaines avaient eu des hallucinations mettant en scène des femmes (71% contre 51%); en Inde, les hommes ont accueilli un nombre plutôt insignifiant d'apparitions féminines (19%). Même les Indiennes ont eu deux fois plus d'apparitions masculines (64%) que féminines. Il semble que les facteurs d'ordre culturel régissent également la question du sexe.

Signalons que la plupart des apparitions « conflictuelles » (c.-à-d. où le patient refusait d'être emporté) ont mis en scène des figures masculines. Il semble que dans l'autre monde, comme dans le nôtre, les actions énergiques sont davantage le lot des hommes.

Dans le cas des apparitions venues emporter le sujet et que celui-ci a accueillies paisiblement, l'on peut se demander quel était le sexe des deux acteurs du drame. S'agissait-il surtout de patientes emportées par des apparitions masculines, ou l'inverse? Les patientes ont eu, dans les deux pays, un nombre à peu près égal d'apparitions masculines et féminines. Cependant, on a noté à ce propos une différence frappante entre les patients indiens et américains. Les Américains ont accueilli de préférence des apparitions féminines (83%), tandis que les Indiens ont presque tous reçu la visite de personnes de leur propre sexe (89%).

Le cas suivant se rapporte à un patient indien emporté par sa mère (peut-être parce qu'il était très fortement attaché à elle). Ce jeune hindou, qui venait tout juste d'entreprendre son cours secondaire, souffrait de leucémie. Sa mère était morte quand il avait deux ou trois ans. Il se souvenait à peine d'elle mais apparemment elle lui manquait beaucoup.

> Il parlait souvent d'elle et répétait ce qu'il avait appris sur elle par ses frères et ses sœurs. Il parlait avec beaucoup d'affection de son père et de sa mère. Le jour de sa mort, il n'avait aucune fièvre. Il dit à son père : « Mon heure est venue. Maman m'appelle. Elle est là qui me tend les bras. » À ce moment, il était très lucide. Il était conscient de ce qui l'entourait et bavarda avec son père jusqu'au dernier instant. Alors, s'accrochant d'une main à son père et pointant l'autre dans la direction où se trouvait sa mère, il dit : « Ne vois-tu pas Maman ? Regarde ! Maman m'appelle ! » Il s'éteignit alors, tellement tendu vers l'image de sa mère qu'il en tomba presque du lit. Il avait l'air si heureux de la voir !

Nous avons également vérifié si l'âge du patient avait pu jouer un rôle quant au sexe de l'apparition. Les jeunes Américains ont vu plus de figures féminines que les patients plus âgés (71% contre 58%), et les jeunes Indiens ont accueilli un peu plus d'apparitions féminines que leurs concitoyens plus âgés (29% contre 20%). S'il existe vraiment en Inde un préjugé inhibiteur à l'égard des apparitions féminines, il semble s'ancrer davantage avec l'âge. Ces inhibitions seraient-elles par ailleurs levées si le mode de vie devenait plus occidentalisé ?

Afin d'examiner cette possibilité, nous avons comparé les cas les plus récents avec ceux qui dataient de plus de cinq ans. Nous n'avons noté aucun changement aux États-Unis, tandis qu'en Inde, le nombre d'apparitions féminines avait diminué de façon importante dans les cas récents. En fait, la proportion avait été réduite de moitié (39% à 18%). Il semble donc que le processus psychologique qui influe sur l'inhibition des figures féminines soit devenu plus fort au lieu de s'affaiblir, au cours des dernières années.

Outre les différences d'ordre national, la religion du patient n'a paru jouer qu'un rôle infime quant au sexe des apparitions. Chez les hindous, le pourcentage d'apparitions féminines se situe à 22%, tandis qu'il s'élève à 33% chez les Indiens d'autres confessions. Chez les Américains, la différence entre catholiques et protestants est insignifiante. L'intensité de la foi n'a pas créé non plus de différence marquée, ni dans un pays ni dans l'autre. Il semble donc que l'inhibition des Indiens vis-à-vis des figures féminines n'a pas sa source dans la religion. Les préférences des Américains ne paraissent pas, elles non plus, être de nature religieuse. La majorité des Américains qui ne se préoccupaient pas de la religion ont en effet manifesté une préférence à l'égard des apparitions féminines, tandis que ceux dont la foi était très intense ont accueilli un nombre à peu près égal d'apparitions des deux sexes.

Les facteurs d'ordre médical ont semblé n'avoir qu'une légère influence sur le sexe de l'apparition. Seuls les Indiens souffrant de troubles cérébraux ou néphrétiques ont vu un peu plus de figures féminines (37%) que les autres patients. Il n'y rien d'étonnant à ce qu'un affaiblissement des fonctions mentales puisse faire disparaître chez certains Indiens des inhibitions telles que le rejet des femmes.

En résumé, l'on trouve trois fois plus d'apparitions féminines chez les Américains que chez les Indiens. Notons par ailleurs que, si le sexe de l'apparition joue un rôle dans l'orientation de l'expérience, il ne modifie en rien l'essentiel du phénomène : dans la majorité des cas, l'apparition met en scène un proche parent décédé qui a pour mission d'emporter le patient.

LES APPARITIONS ET LES HALLUCINATIONS TOTALES

Afin de remonter plus loin vers la source des expériences d'apparition, nous nous sommes posé les questions suivantes : quel type d'apparition a sa source dans l'au-delà et de quelle nature sont les hallucinations qui ont leur origine dans ce monde-ci ? La teneur des sentiments qui pénètrent l'individu suffit-elle à démontrer qu'une apparition est véritablement issue de l'autre monde ? Les expériences qui témoignent de la survie ne pourraient-elles pas provenir d'observations erronées ou même partiales de la part du personnel médical affecté aux soins des patients ? Au cours du présent chapitre, nous procéderons à une analyse détaillée des données d'interview afin d'obtenir des réponses objectives à toutes ces questions.

2. EXPÉRIENCES D'APPARITION ET HALLUCINATIONS TOTALES

Les hallucinations mettant en scène des personnes ne sont pas toutes semblables. À partir de notre corpus de cas, nous en avons distingué deux types :

1. Les expériences d'apparition : le patient ne voit apparaître qu'une seule personne tout en continuant de percevoir normalement ce qui l'entoure

(la chambre d'hôpital, les médecins et les infirmières).

2. Les hallucinations totales : tout ce que voit le patient tient de l'hallucination ; il a l'impression d'être ailleurs, dans un autre monde, ou encore en train de revivre des événements passés dans le cadre même où ils se sont produits.

Ces deux types d'expérience ont-ils la même importance en ce qui a trait à l'étude des visions précédant la mort ? Non, il existe entre eux une différence fondamentale. L'étude-pilote nous a appris que les expériences d'apparition s'apparentent à la perception extra-sensorielle de phénomènes réels, qui véhiculent une information réelle. En effet, les expériences de PES « semblent » vraies, elles mettent en scène une personne qui ressemble étrangement au modèle réel et, souvent, elles expriment une intention ou transmettent au sujet un message quelconque (elles indiqueront par exemple qu'une personne vient d'être victime d'un accident à plusieurs milles de distance.) Or, nos *expériences d'apparition* possèdent les mêmes caractéristiques : elles sont cohérentes, réelles, axées sur la mort du sujet et en général porteuses d'un message à propos du monde nouveau que le mourant sera bientôt appelé à connaître.

D'autre part, les *hallucinations totales* se composent de plusieurs éléments hétérogènes. Même si elles comportent des visions de l'au-delà (ce qui les fait entrer dans le cadre de notre étude), un grand nombre d'entre elles sont incohérentes et constituent un amalgame d'éléments décousus, sans rapport avec la mort du patient. L'auteur de la monographie intitulée *Deathbed Observations* a ainsi écrit que certains patients « étaient complètement désaxés par rapport au système d'orientation normal dans l'espace et dans le temps, et qu'ils se trouvaient dans un autre lieu, à une autre époque. »[1] L'étude-pilote a révélé que ces hallucinations étaient pour une large part le lot de patients dont le diagnostic présentait des prédispositions hallucinatoires telles que l'empoisonnement par urémie. En outre, l'intention d'emporter le patient n'a été exprimée que dans un très petit nombre de cas d'hallucinations totales. Voyons par exemple l'extrait suivant :

> Un homme de 86 ans avait eu une crise cardiaque ; il vit sa mère et Jésus qui venaient le chercher. Il continua à parler en essayant de les atteindre. Il ne semblait pas se rendre compte de ma présence. Il parla à sa mère (décédée) comme si elle était là, vivante, dans la chambre. Il dit : « Jésus, ne m'abandonne pas, je viens. » Il ferma les yeux, sembla s'endormir. Après un moment, il dit :« Je te vois, je viens. » Ensuite, il regarda ailleurs, quelqu'un d'autre, et dit : « Maman, je suis ici. » Puis, il s'endormit. Il fut par la suite calme et détaché. Il mourut 24 heures plus tard.

Dans d'autres cas d'hallucinations totales, les patients croient se retrouver au Ciel, en compagnie de proches parents décédés. Ces visions donnent parfois l'impression d'être des expériences extra-corporelles (le patient se sent littéralement « voler » vers d'autres lieux) :

> Un cultivateur hindou de 40 ans souffrait de troubles hépatiques. Il dit (à son médecin) qu'il se sentait voler dans les airs vers un autre monde, où il vit des dieux assis qui l'appelaient. Il déclara qu'il voulait aller à la rencontre de ces dieux, répétant à ceux qui l'entouraient : « Laissez-moi y aller ! » Ses proches parvinrent à le détourner de son projet. Il se laissa convaincre. Il était tout de même très heureux d'avoir vu ces dieux et se disait prêt à mourir. Il entra bientôt dans le coma et expira deux jours plus tard. Il était très lucide pendant l'hallucination et sa description fut très cohérente.

Dans l'expérience qui précède, la scène entière a été l'objet d'une hallucination. Contrairement à ce qui se passe ordinairement (c.-à-d. les messagers de l'au-delà qui viennent vers le sujet), c'est le patient qui s'est senti transporté vers l'autre monde, tout en ayant l'impression de quitter son enveloppe corporelle. Nous traiterons plus amplement de ces expériences au chapitre XII.

Les deux tiers des patients de nos deux échantillons ont eu des expériences d'apparition ; l'autre tiers a eu des hallucinations totales. Il existe à ce niveau une différence entre les deux pays. En effet, les apparitions forment la presque totalité de l'échantillon indien (83% des patients), mais seulement 47% de l'échantillon américain (aux États-Unis, 29% des patients n'ont eu que de simples rappels de souvenirs.) Comme les rappels de souvenirs dénotent une désorientation complète du sujet, nous les avons jugés sans rapport avec nos recherches sur la survie. Notons que nous avons relevé 26 cas de rappel de souvenirs aux États-Unis, et un seul en Inde.

La différence provient peut-être de la méthode d'interview utilisée. Les interviews en face à face que nous avons faites en Inde nous ont permis de clarifier davantage les données que les interviews téléphoniques avec les infirmières et les médecins américains. Si nous écartons de l'échantillon américain les cas de rappel de souvenirs, nous obtenons un pourcentage d'apparitions de 66%, ce qui nous rapproche tant soit peu du pourcentage obtenu dans l'échantillon indien(83%). Ces résultats confirment ceux de l'étude-pilote, à savoir que la majorité des visions précédant la mort s'apparentent à des phénomènes de perception extra-sensorielle de nature hallucinatoire.

Dans de rares cas, l'expérience d'apparition a semblé étroitement liée à une perception extra-sensorielle particulièrement développée chez le sujet. Témoin cette femme de coiffeur de 64 ans, hospitalisée par suite d'une occlusion coronarienne. Voici ce que nous a raconté l'infirmière, qui était la fille de la patiente :

> C'était une personne terre à terre, posée, d'humeur égale et de confession luthérienne stricte. Moi, j'ai épousé un homme d'une autre religion. À l'époque, épouser un catholique provoquait des remords cuisants. Mes parents se sont opposés à ce mariage. Elle (l'apparition) est venue comme pour apaiser l'esprit de ma mère.
>
> J'étais assise à son chevet. Mon mari, après m'avoir conduite à l'hôpital (à Reading), venait de repartir pour Harrisburg. Ma mère dit : « Ted (le mari de l'infirmière) reviendra bientôt, car il y a une foule de gens autour de mon lit (supposément des parents décédés) et ils chantent. Ils prieront ensemble et tout sera différent. » Je lui dis : « Maman, il ne reviendra pas. Il vient de partir. »
>
> Moins d'une heure plus tard, comme je levais les yeux vers la porte, je vis Ted qui se tenait sur le seuil de la chambre. Je me suis

écrié : « Chéri, que fais-tu ici ? » — « Je ne sais pas, m'a-t-il répondu. Je retournais à la maison quand je me suis soudain aperçu que je revenais sur mes pas. Je me suis dit : Eh bien, puisque je suis plus près de Reading que de Harrisburg, je vais aller voir comment les choses se passent. » Il ne voyait pas d'autre explication. Alors, ma mère, dans un geste de réconciliation, lui demanda de prier pour elle. Ce fut un soulagement extraordinaire. J'en fus très heureuse. D'ailleurs, la chose nous réjouit tous. Puis, une sorte de quiétude et de sérénité a pénétré ma mère.

Dans un deuxième temps, nous nous sommes demandé : Les facteurs d'ordre médical exercent-ils une influence sur l'élément « apparition » de l'hallucination ? Nous avons constaté que la maladie du patient n'influait pas, ni dans un pays ni dans l'autre, sur les expériences d'apparition et d'hallucinations totales. À une exception près, cependant : les sujets souffrant de troubles cérébraux ou néphrétiques ont eu beaucoup moins d'expériences d'apparition (35% aux États-Unis, 65% en Inde) que les sujets qui souffraient d'autres troubles (47% aux États-Unis, 80% en Inde). Nous pouvons donc en déduire que les troubles prédisposant aux hallucinations réduisent (au lieu d'accroître) la fréquence des expériences d'apparition.

Notre combinaison de facteurs prédisposant aux hallucinations, que nous avons appelé « l'indice hallucinatoire » a pu être appliquée de façon probante au groupe d'Indiens qui ont eu *moins* d'expériences d'apparition. Par ailleurs, l'indice n'a pas semblé influer sur les expériences d'apparition des patients américains. Notre modèle s'est donc avéré juste : les facteurs d'ordre médical peuvent expliquer certaines hallucinations totales, mais elles n'accroissent pas la fréquence des phénomènes quand il s'agit d'apparitions qui se manifestent à des patients qui gardent un contact normal avec la réalité.

Il existe un rapport très intéressant entre le degré de lucidité du sujet et la fréquence des expériences d'apparition. La figure 3 nous montre que, chez la plupart des patients très lucides, les apparitions ont eu lieu sans perte de contact avec la réalité (États-Unis, 62% ; Inde, 94%).

Chez les patients moyennement lucides, le pourcentage des expériences de ce type a diminué (États-Unis, 47%, Inde, 83%), tandis qu'il a été réduit à presque rien chez les sujets qui étaient fortement troublés (États-Unis, 17%; Inde, 8%).

Le degré de lucidité est donc un élément très significatif sur le plan statistique. En effet, l'absence plus ou moins complète de lucidité empêchera fréquemment le patient d'avoir des apparitions. En fait, les patients fortement troublés ont presque tous eu des hallucinations totales. Une conscience « active » du monde extérieur semble donc essentielle aux expériences d'apparition. Chose certaine, ces phénomènes ne peuvent s'expliquer par le délire ou par les états comateux.

Nous avons par ailleurs tenté de déterminer si d'autres éléments nous permettraient de distinguer les expériences d'apparition des hallucinations totales; nous avons pour ce faire analysé les interactions entre la fréquence des phénomènes et certains facteurs d'ordre culturel tels que la scolarité. Les années de scolarité n'ont pas joué de rôle déterminant. L'appartenance religieuse non plus, ni dans un pays ni dans l'autre. En effet, nous n'avons pas relevé d'écart notable entre les catholiques et les protestants (États-Unis) et entre les hindous et les membres d'autres groupes religieux (en Inde). Par ailleurs, l'intensité de la foi, si elle n'a pas modifié les données de l'échantillon américain, a produit un certain écart en Inde ($p = .02$). Les Indiens très croyants ont eu en effet un plus grand nombre d'expériences d'apparition (93%) que ceux qui l'étaient moins (74%). Nous ne saurions expliquer cette différence.

La croyance dans la survie aurait pu également constituer un facteur déterminant; malheureusement, il nous a été impossible de procéder à l'analyse, vu l'insuffisance des données de contrôle. Nous ne disposions en effet que de douze cas d'« incrédules avoués », ce qui nous empêchait d'établir des généralisations. Nous avons tout de même pris en note, pour nos dossiers, les données inhérentes aux apparitions que nous ont fournies ces douze cas: deux

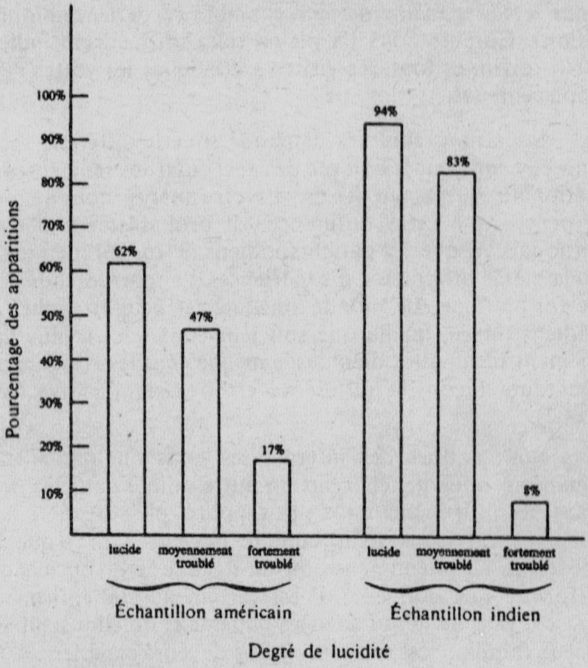

Figure 3. Répartition des expériences d'apparition, sans perte de contact avec la réalité, selon le degré de lucidité du sujet.

patients ont vu des personnes décédées, sept ont vu des personnes vivantes, un patient a vu une figure religieuse et deux apparitions n'ont pas été identifiées.

Il est intéressant de noter l'influence des différences culturelles sur le type d'hallucination. Notre étude nous a ainsi révélé que le « cadre d'apparition » des figures religieuses n'était pas le même dans les deux pays. Les Américains ont plutôt situé leurs apparitions dans un cadre que l'on pourrait qualifier de « céleste » (hallucination totale), tandis qu'une majorité d'Indiens les ont situées dans le cadre même de leur chambre (expérience d'apparition). Comme nous l'a dit en riant un médecin indien : « Nos divinités font des visites à domicile ; les vôtres ne se déplacent pas. »

Nous nous sommes demandé si cette différence pouvait être mise sur le compte des particularités religieuses ou nationales de chacun des pays. Notre analyse nous a donné à penser que cette différence est probablement d'ordre national, vu que les patients indiens de foi chrétienne ont eu la même proportion d'expériences d'apparition que ceux de foi hindoue. Le monde spirituel est peut-être, chez les Indiens (et ce, quelle que soit leur confession), plus intimement lié au quotidien des gens que chez les Américains. De toute façon, la différence est très significative ($p = .0002$).

Nos analyses des interactions nous ont par ailleurs amenés à nous pencher sur un autre point : dans les deux pays, les infirmières nous ont rapporté plus d'expériences d'apparition (sans tenir compte de leur cadre) que les médecins. Ce phénomène pouvait-il d'une façon quelconque déformer nos données ? Il est certain que les infirmières passent plus de temps avec les patients et qu'elles semblent mieux familiarisées avec les détails de leurs expériences. Ce qui est en particulier le cas des infirmières privées. Par contre, les médecins ont censément un meilleur jugement qui leur vient peut-être de leur formation plus poussée (bien qu'ils seront beaucoup plus souvent enclins à partager le scepticisme commun à leur profession, à savoir que les hallucinations ne veulent rien dire). Nous avons lu, par exemple, dans certains rapports : « Elle affirmait qu'elle voyait le Sauveur et qu'elle lui parlait ; nous croyions quant à nous qu'elle délirait et personne ne prêta beaucoup d'attention à ses propos. »

Nous nous attendions à ce que cette forme de scepticisme soit moins prononcée chez les observateurs les plus croyants et, en fait, ceux-ci nous ont rapporté plus d'expériences d'apparition que les autres. Notons que le préjugé favorable des observateurs croyants a tout aussi bien pu déformer les données. Nous avons également analysé les renseignements dont nous disposions sur les sujets qui étaient soit des amis, soit des parents de l'observateur (par le fait même, ces patients devaient avoir eu, nous le supposions, plus d'attentions que les patients ordinaires). Les résultats obtenus ont recoupé les précédents, à savoir que ces observateurs, tout comme les infirmières et les médecins les plus croyants, ont rapporté un plus grand nombre d'expériences d'apparition.

LES RÉACTIONS ÉMOTIONNELLES AUX APPARITIONS

L'expression de notre visage et l'éclat de nos yeux en disent souvent beaucoup plus long que nos paroles. Selon notre modèle (voir chapitre VI), la façon dont les patients « accueillent » les apparitions peut nous renseigner sur ce qu'elles sont vraiment.

Si elles sont réelles et qu'elles constituent véritablement une rencontre avec l'au-delà, l'on peut supposer que les réactions émotionnelles qu'elles susciteront seront conformes à leur nature. Les patients devraient donc manifester des sentiments à peu près semblables à ceux que décrit William James dans *Varieties of Religious Experience* (1903). Par contre, si les apparitions ne sont que l'expression de préoccupations terre à terre, de conflits intérieurs, de désirs ou de ce que Freud appelle les « restes diurnes », les émotions qui les accompagnent s'apparenteront à celles du quotidien, ni plus ni moins.

L'étude-pilote a confirmé nos prévisions. Les patients ont été plus calmes et plus paisibles après avoir vu apparaître une personne décédée qu'après la « visite » d'une personne vivante (l'apparition de personnes vivantes tenant davantage, dans le cas qui nous occupe, de la simple hallucination). En supposant qu'il existe une autre réalité, cette réalité ne nous importera que dans la mesure où nous entrons en contact avec elle. Cette prise de contact avec la transcendance ou l'« autre monde » par une personne en bonne santé est communément appelée « expérience mystique » (l'expression ne s'appliquant pas uniquement aux visions des saints). Il devrait donc être possible d'établir un lien entre les expériences religieuses et celles des mourants (si, naturellement, ces derniers « voient » vraiment quelque chose, c'est-à-dire l'autre monde). Les résultats que nous avons obtenus confirment notre hypothèse, sans toutefois exclure d'autres explications, notamment l'interprétation que donne Maslow (1970) de ces phénomènes (il les définit comme des « expériences d'intensité maximum »*).

L'étude-pilote nous a révélé de nombreux cas où les sentiments, quoique difficiles à décrire, pouvaient être rangés parmi les « sentiments de nature religieuse » et les « sentiments de sérénité et de quiétude ». En fait, les descriptions les plus courantes parlaient de quiétude, d'harmonie, d'étincelante beauté ou, comme certains observateurs l'ont dit, de « traits qui s'illuminent ». Il est facile de retracer ces sentiments car ils se distinguent nettement de ceux qu'on associe fréquemment à la mort : peur, dépression, tristesse, résignation, apathie. Citons, à titre d'exemple, le cas d'un homme d'affaires dans la soixantaine, diplômé de collège, qui souffrait d'une infection mortelle très douloureuse. Lorsque l'apparition vint à lui, sa douleur disparut pour faire place à une surprenante sérénité :

> C'était comme s'il rencontrait quelqu'un qu'il aimait beaucoup. Il sourit, leva les bras et tendit les mains. Son visage exprimait la joie. Je lui demandai ce qu'il voyait. Il répondit que son épouse était là qui l'attendait. Elle se trouvait, semblait-il, sur la berge opposée d'un fleuve et elle attendait qu'il traverse pour la rejoindre. Il devint très calme, très paisible (une sorte de sérénité religieuse). Il n'avait plus peur. Il eut une mort très douce.

Nous avons procédé à une analyse détaillée des réactions émotionnelles des patients (voir chapitre VIII). Nous

* Peak experiences.

avons examiné selon deux points de vue les interactions entre ces réactions et divers autres facteurs : la sérénité par rapport à l'exaltation, et les sentiments de nature religieuse par rapport aux sentiments non religieux. Dans le premier groupe, nous avons établi les catégories suivantes : 1) aucune réaction ; 2) sentiments négatifs 3) exaltation et enthousiasme ; et 4) sérénité et quiétude. Dans le second groupe, nous avons établi les éléments de comparaison suivants : 1) sentiments positifs (non religieux) ; 2) sentiments positifs (religieux) ; et 3) aucune réaction ou sentiments négatifs. Afin d'effectuer l'analyse comparative de la façon la plus efficace possible, nous avons simplifié davantage ce tableau en opposant les sentiments tenant présumément de l'au-delà (sérénité et quiétude dans le premier groupe, sentiments religieux dans le second) aux sentiments les plus « terre à terre » (aucune réaction ou sentiments négatifs)[2].

D'après notre hypothèse sur la survie, le fait de réagir à une apparition par des sentiments hors du commun (sentiments de nature religieuse, sérénité et quiétude) serait un indice probant de sa réalité. Nos patients ont-ils réagi différemment aux apparitions de personnes décédées et aux apparitions de personnes vivantes ? Oui ! En fait, il serait beaucoup plus logique que les patients n'accueillent par des sentiments religieux, de sérénité et de quiétude que les apparitions de figures religieuses. Quoi qu'il en soit, les réactions de sérénité et de quiétude ont marqué six fois plus souvent aux États-Unis (24%), et quatre fois plus souvent en Inde (24%), les apparitions de personnes décédées que les apparitions de personnes vivantes. Les réactions de sérénité se sont manifestées deux fois plus souvent lorsqu'il s'agissait d'une apparition de personne décédée venue emporter le patient. Par ailleurs, 42% des patients américains et 24% des patients indiens qui ont vu des figures religieuses ont réagi par la sérénité et la quiétude. Les sentiments de nature religieuse n'ont marqué aucune apparition de personnes vivantes ; ils ont marqué quelques apparitions de personnes décédées, mais un grand nombre d'apparitions de figures religieuses (58% aux États-Unis et 35% en Inde). Ces statistiques sont fort concluantes.

En fait, les apparitions axées sur la survie suscitent plus souvent des réactions que l'on associe depuis toujours à la religion et au monde spirituel que ne le font les fantasmes mettant en scène des personnes vivantes. De telles réactions seront d'ailleurs jugées tout à fait normales si nous parvenons à prouver que les apparitions venues de l'au-delà sont bel et bien réelles.

Nous nous sommes longtemps demandé pourquoi les Indiens réagissaient moins souvent que les Américains aux apparitions de figures religieuses par des sentiments de nature religieuse (35% contre 58%). L'analyse nous a permis de découvrir une partie de la réponse : seulement 10% des patients américains qui ont eu des apparitions de figures religieuses y ont réagi négativement, tandis que ce pourcentage s'élève à 32% chez les patients indiens. L'écart trouverait son explication dans la mythologie indienne. Comme nous l'avons expliqué plus tôt, Yama, le dieu de la mort, est servi par des messagers (les Yamdoots) dont l'aspect physique dépend de la bonne ou de la mauvaise conduite du mourant au cours de son existence. Il semblerait que les Yamdoots se présentent souvent sous une forme menaçante. Il n'est dès lors pas étonnant que les « mauvais » Yamdoots suscitent des réactions négatives. L'hindouisme est, par certains côtés, une religion très évoluée qui prône l'amour et l'élévation spirituelle personnelle ; mais elle a aussi son côté sombre où règnent le dieu Yama, les Yamdoots et divers démons (ces personnages représentent 20% des figures religieuses apparues aux patients indiens). Par contre, les divinités telles que Krishna et Çiva ou les êtres célestes bienveillants tels que les devas susciteront, quant à eux, des sentiments positifs.

Il est certain que toutes les religions ont un côté sévère qui éveille des sentiments négatifs. L'Ancien Testament est ainsi rempli de la colère de Dieu et de la crainte qu'il inspire ; néanmoins, la religion chrétienne a grandement dédramatisé ces aspects négatifs. L'on ne trouve pas dans le

Nouveau Testament d'expressions telles que « la crainte du Christ ». L'accent mis par la religion chrétienne sur les sentiments positifs pourrait peut-être fournir une explication supplémentaire à l'écart entre les réactions des Américains et des Indiens face aux figures religieuses. Notons cependant qu'il existe plus de similitudes que de différences entre les deux cultures. En effet, nombreux sont les patients des deux pays qui, en dépit de leur acquis culturel distinct, ont réagi de la même façon aux apparitions (c.-à-d. par une sorte d'« illumination »).

L'intention manifeste des apparitions de personnes décédées et de figures religieuses est d'accueillir le patient et de le guider (ou l'emporter) vers un autre monde. Ces visions deviennent plus fréquentes à mesure que nous nous rapprochons de l'heure de la mort du patient. Si nous supposons que la plupart des apparitions sont réelles (certaines ne le sont peut-être pas), il y aurait lieu de croire qu'elles savent à quel moment le patient mourra. Il faut en outre présumer que les apparitions véritables seront accueillies comme il se doit (avec des sentiments de nature religieuse, de quiétude et de sérénité), tandis que les simples hallucinations seront accueillies différemment. Voyons deux exemples :

> Une Américaine d'origine polonaise, âgée de 68 ans, souffrait d'un cancer. Elle était très lucide. Un jour, comme elle réglait quelque question financière, elle demanda qu'on lui donne son sac à main. Elle ne croyait certes pas être sur le point de mourir. C'est alors qu'elle vit son mari, décédé vingt ans plus tôt. Elle fut alors pénétrée par une sorte de sentiment religieux et, d'après son médecin, elle n'eut plus peur de mourir. Au contraire, elle vit sa mort comme une chose logique, normale. Elle expira cinq ou dix minutes plus tard.
>
> Une autre femme, dont le mari était boucher, mourut une semaine après avoir eu des apparitions de sa fille décédée et de quelques amis ; les expériences furent dénuées de tout sentiment caractéristique de l'au-delà. Sa fille, qui était infirmière, nous déclara : « Elle était couchée, parfaitement calme, et bavardait avec mon père et moi. Soudain, elle se mit à appeler ces gens par leur nom, comme s'ils se trouvaient autour de son lit. Mon père se mit alors à parler et c'est probablement ce qui mit fin à

l'expérience. Aucune raison ne fut donnée (de leur « visite »). Il n'y eut aucune réaction émotionnelle particulière. L'expérience ne troubla pas ma mère ; elle la considéra comme un fait banal. » C'était sans doute une hallucination.

Afin de vérifier cette dernière supposition, nous avons comparé les données sur les patients qui sont morts moins d'une heure après avoir eu une hallucination, de une à vingt-quatre heures plus tard, et après plus de vingt-quatre heures. L'analyse a porté tant sur les patients qui avaient éprouvé des sentiments caractéristiques de l'au-delà (sentiments religieux, de quiétude et de sérénité) que sur ceux qui n'avaient pas réagi ou qui avaient réagi négativement. Nous n'avons relevé aucune différence frappante dans le groupe médian (de une à vingt-quatre heures), mais les deux autres groupes (moins d'une heure et plus de vingt-quatre heures) ont confirmé nos prévisions. Les patients américains qui ont eu des apparitions juste avant de mourir ont éprouvé des sentiments caractéristiques de l'au-delà deux fois plus souvent que ceux dont la mort est survenue plus de vingt-quatre heures après l'apparition. Aucune tendance marquée n'a pu être par ailleurs dégagée de l'échantillon indien.

Ces résultats pourraient-ils s'expliquer par le fait que les sentiments caractéristiques de l'autre monde sont si intenses qu'ils épuisent l'organisme et, par conséquent, qu'ils hâtent sa mort ? Non ! Nous serions plutôt portés à croire que la quiétude et la sérénité sont beaucoup moins épuisantes que les sentiments négatifs (habituellement l'angoisse), l'excitation ou l'exaltation. Quant aux sentiments négatifs, pourraient-ils, eux, contribuer à hâter la mort du patient ?

Notre échantillon américain n'a nullement confirmé cette hypothèse. En fait, c'est exactement l'inverse qui s'est produit. Nous avons en effet relevé moins de comportements négatifs ou exaltés que de comportements sereins dans le groupe des décès rapides, et beaucoup plus dans le groupe des décès retardés. Le rapport entre les réactions émotionnelles et la rapidité du décès se trouve renforcé par une autre découverte dont nous avons fait mention précédemment : la mort est survenue beaucoup plus tôt lorsque la figure hallucinatoire a manifesté l'intention d'emporter le patient que lorsque d'autres intentions ont été exprimées. Nos deux analyses se recoupent donc et établissent un rapport évident entre la rapidité du décès et la présence des apparitions venues de l'autre monde.

Les réactions émotionnelles peuvent-elles par ailleurs être expliquées par des facteurs d'ordre médical? Nous avons d'abord pu établir, en étudiant cette question, que le type de maladie n'influait pas sur les réactions émotionnelles des patients. Par contre, l'« indice hallucinatoire » (qui regroupe tous les éléments prédisposant aux hallucinations : troubles de type hallucinatoire, antécédents médicaux, température et médicaments) a été à ce propos très révélateur. Plus le sujet avait un indice élevé, plus ses réactions allaient à l'encontre des sentiments caractéristiques de l'au-delà. Par opposition à ces sujets, les patients qui n'avaient aucun indice hallucinatoire ont éprouvé deux fois plus souvent des sentiments de sérénité et de quiétude : 44% contre 22% aux États-Unis ; 24% contre 12% en Inde (É.-U. : $p = .005$, Inde : $p = .07$).

Les réactions émotionnelles de nature religieuse ont également touché deux fois plus souvent que les autres les patients qui ne souffraient pas de troubles hallucinatoires : 29% contre 14% aux États-Unis ; 22% contre 11% en Inde (É.-U. : $p = .05$; Inde : $p = .07$). *Il semblerait donc que les sentiments de sérénité et de quiétude touchent surtout les patients dont l'organisme est exempt de prédispositions aux hallucinations (maladie ou médicaments).* L'absence de réactions ou les réactions négatives ont par ailleurs caractérisé les patients prédisposés aux hallucinations et ce, dans les deux pays. Nous pouvons donc en déduire qu'à l'exception des apparitions de Yamdoots, souvent menaçantes, les visiteurs de l'autre monde suscitent des sentiments particuliers que ne peuvent expliquer les facteurs d'ordre médical que nous venons de mentionner. Ces visiteurs apparaîtront de préférence aux patients qui ne souffrent pas de maladies que nous supposons défavorables à la PES. Ce qui va dans le sens de notre hypothèse, selon laquelle les réactions des sujets se fondent davantage sur un contact extra-sensoriel avec l'apparition que sur leur état de santé.

Nous nous sommes également penchés sur la question de la lucidité, laquelle pouvait, d'une manière ou d'une autre, influer sur les réactions émotionnelles des patients. L'étude-pilote nous avait déjà révélé que les patients parfaitement lucides éprouvaient des sentiments de sérénité et de quiétude deux fois plus souvent que ceux dont les facultés étaient troublées. Nos deux échantillons ont confirmé cette tendance. Aux États-Unis, ces sentiments se sont manifestés deux fois plus souvent chez les patients lucides (46%) que chez les patients dont les facultés mentales étaient troublées (22%) — p = .01). Chez les Indiens, l'écart a été encore plus marqué (33% contre 11% — p = .0004).

La « qualité » de l'apparition a diminué en proportion du « dérèglement » des facultés mentales ; le phénomène s'explique d'ailleurs par des facteurs d'ordre psychologique, comme dans le cas suivant. Cet homme de 80 ans était administrateur dans l'une des plus importantes sociétés commerciales des États-Unis. Il dirigeait le secteur des activités d'outre-mer. Il fut impossible de communiquer avec lui au cours de l'expérience. Il était

> absorbé dans sa vision. Il s'assit et, en fixant le plafond, il se mit à parler à quelqu'un qui était invisible ; il souriait, comme un petit enfant qui regarde un arbre de Noël. Il prononça un prénom féminin et ajouta : « Je t'ai attendue, attendue — je savais que tu viendrais à moi ! »

L'infirmière savait de qui il s'agissait.

> Après la mort de son épouse, il avait l'habitude de me dire, comme si un tel aveu ne lui causait nullement mauvaise conscience : « Vous savez, j'aimais ma femme mais ce n'était pas le même amour que j'avais éprouvé pour ma petite amie. » Il me raconta que cette dernière était morte dans un accident juste avant leur mariage. Plus tard, il me dit : « Je l'ai vue ! Je savais

qu'elle n'était pas partie pour toujours et qu'elle me reviendrait. » Il avait souvent parlé d'elle, plusieurs jours avant que ne se produise l'hallucination. Elle occupait donc déjà son esprit. C'est cette obsession, ajoutée à la culpabilité qu'il éprouvait à l'égard de sa femme, qui est sans doute à l'origine de l'hallucination.

Nous sommes tout à fait d'accord avec l'interprétation de l'infirmière. L'apparition n'a pas manifesté l'intention d'emporter le patient et n'a suscité chez lui aucun sentiment caractéristique de l'au-delà (elle n'a éveillé qu'un amour ancien dans ce vieux cœur de quatre-vingts ans).

L'on croit généralement que les réactions émotionnelles des femmes sont plus marquées que celles des hommes. Ce qui ne s'est pas vérifié au cours de notre enquête, puisque le sexe des patients n'a aucunement influé sur leurs réactions émotionnelles et ce, dans nos deux échantillons. On ne peut en dire autant du facteur « âge ». En effet, les Indiens plus âgés ont accueilli les apparitions avec sérénité et autres sentiments de nature religieuse deux fois plus souvent que les Indiens plus jeunes (p = .05). Aux États-Unis, le rapport est inversé en ce qui concerne les sentiments de nature religieuse (p = .04), tandis que les sentiments de sérénité se répartissent à peu près également dans tous les groupes d'âge. Même si ces tendances contradictoires nous paraissent inexplicables, nous ne pouvons certes pas mettre la sérénité et les sentiments de nature religieuse sur le compte de la lassitude propre aux gens âgés, car nombre de jeunes patients ont éprouvé les mêmes sentiments. Notons enfin que la scolarité du patient n'a eu, semble-t-il, aucun effet sur les réactions face aux apparitions.

Nous avons, au cours de cette étude, examiné à plusieurs reprises l'influence que pourrait exercer la religion sur divers aspects des visions précédant la mort. Nos analyses nous ont démontré que les Américains, qu'ils soient catholiques ou protestants, ont réagi à peu près de la même façon aux expériences d'apparition. Chez les hindous, par contre, les réactions ont été différentes. Les chrétiens américains, qui ont éprouvé des sentiments de sérénité et de quiétude deux fois plus souvent que les hindous, ont également été pénétrés un peu plus fréquemment que ces derniers par des sentiments de nature religieuse.

Cet écart provient-il de différences nationales ou confessionnelles ? Notre échantillon restreint d'Indiens de foi chrétienne pourrait peut-être nous fournir la réponse à cette question. Nous remarquons en effet que les patients de ce groupe ont éprouvé plus fréquemment des sentiments de sérénité et de quiétude que leurs concitoyens hindous (43% contre 18%), mais aussi que l'écart est encore plus marqué entre les deux confessions en ce qui a trait aux sentiments de nature religieuse (48% contre 15%).

Ces chiffres semblent indiquer que les différences au niveau des réactions émotionnelles seraient attribuables à la religion ; notons cependant que, selon nos données, les Indiens de foi chrétienne ont même surpassé les Américains en ce qui concerne les réactions émotionnelles caractéristiques de l'autre monde. Ce qui nous donne à penser que l'écart ne proviendrait pas uniquement de la religion, bien qu'elle n'y soit pas tout à fait étrangère. Les infirmières indiennes, dont un grand nombre sont de foi chrétienne, auraient pu déformer sans le vouloir leur interprétation des sentiments de nature religieuse chez les patients chrétiens. Les chrétiens forment en Inde un groupe religieux presque marginal ; il pourrait donc exister une sorte de cohésion défensive naturelle entre les membres du « clan ». La chose demeure hypothétique, car nous relevons également des différences entre les hindous et les chrétiens américains, tant sur le plan de la sérénité (hindous, 18% ; chrétiens américains, 35%) que des sentiments de nature religieuse (hindous, 15% ; chrétiens américains, 26%).

En apparence du moins, la religion modèle jusqu'à un certain point les phénomènes que nous étudions. L'hindouisme pourra par exemple créer des inhibitions, tandis que le christianisme accroîtra la sérénité et les sentiments de nature religieuse. S'il en est ainsi, les effets seront beaucoup plus appuyés chez les patients les plus croyants.

Ce qui n'est pas le cas dans nos échantillons. Il nous a donc fallu conclure que l'intensité de la foi n'a eu aucun effet sur l'éveil de sentiments caractéristiques de l'au-delà et ce, ni en Inde ni aux États-Unis.

En poussant plus loin l'exploration des données personnelles de chaque patient, nous avons constaté que la croyance dans la survie influait sur les phénomènes d'apparitions. Nous disposons de renseignements à ce propos sur 151 patients (139 qui y croyaient et seulement 12 qui n'y croyaient pas). Ce dernier groupe est trop restreint pour qu'on puisse procéder à une comparaison valable. Cependant, comme il est possible qu'un bon nombre des patients qui n'ont pas abordé ce sujet ne croyaient pas à la survie, nous avons décidé de comparer le groupe de ceux qui « croyaient » avec le groupe sur lequel nous n'avions pas de renseignements pertinents. La sérénité et la quiétude n'ont pu être associées de façon évidente à la croyance dans la survie chez les patients indiens ($p = .08$), et encore moins chez les patients américains ($p = .48$). Il semblerait donc que, si la croyance dans l'au-delà influe sur de tels sentiments, c'est dans une très faible mesure. Ce qui signifie qu'elle ne peut expliquer les réactions de sérénité et de quiétude.

Par contre, nous avons pu établir un rapport beaucoup plus marqué entre la croyance dans la survie et les sentiments de nature religieuse — É.-U. ($p = .001$), Inde ($p = .0004$). La proportion de patients qui croyaient à la survie et qui ont éprouvé des sentiments de nature religieuse est à peu près la même pour les deux pays : 37% aux États-Unis et 35% en Inde. Chez les patients dont nous ne connaissions pas l'opinion, la proportion n'a été que de 12% (États-Unis) et de 13% (Inde). Par conséquent, la croyance dans la survie constitue un facteur très significatif.

Les sentiments de nature religieuse peuvent-ils s'expliquer entièrement par la croyance dans l'au-delà ? Pas nécessairement. Nous savons, d'après les recherches effectuées sur la PES, que le fait de croire aux phénomènes liés à la perception extra-sensorielle influe sur les résultats obtenus ; ceux qui y croient réussissent mieux que ceux qui n'y croient pas — ces derniers ont en effet tendance à inhiber ou à déformer les perceptions extra-sensorielles qui leur parviennent (Schmeidler, 1958). Si les visions précédant la mort comportent une perception extra-sensorielle de l'au-delà, nous pouvons supposer que le même processus s'appliquera dans leur cas.

L'humeur du patient avant l'apparition expliquerait-elle les sentiments qu'il éprouve après l'avoir eue ? Nos analyses ne nous ont pas permis d'établir de rapport entre ces deux éléments. Les sentiments éprouvés ont d'ordinaire suivi la venue de l'apparition. Nous avons également tenté de découvrir si les prévisions du patient quant à sa mort ou à son rétablissement pouvaient expliquer les réactions émotionnelles caractéristiques de l'au-delà. Pour ce faire, nous avons comparé les réactions des patients qui s'attendaient à guérir à celles des patients qui étaient certains de mourir. Nous n'avons noté aucune différence dans les deux pays. En effet, les réactions qui font l'objet de l'analyse se répartissent également dans les deux groupes.

Nous nous sommes aussi penchés sur le rapport entre le degré de lucidité des patients et les sentiments de nature religieuse. Ces sentiments ont surtout marqué les patients tout à fait lucides — par opposition aux patients troublés : 35% contre 11% aux États-Unis, et 27% contre 13% en Inde (p = .02 dans les deux pays). Une tendance contraire s'est manifestée dans le groupe des patients qui n'ont pas réagi ou qui ont réagi négativement (ce groupe se compose davantage de patients dont les facultés étaient troublées que de patients lucides jusqu'à la fin). L'affaiblissement des facultés, le délire ou même les états comateux ne peuvent donc expliquer les réactions de sérénité, de quiétude et les sentiments de nature religieuse. Au contraire, les troubles des fonctions cérébrales qui, semble-t-il, entravent la perception extra-sensorielle, réduisent également les possibilités de réagir aux apparitions par des sentiments caractéristiques de l'au-delà. Comme ces sentiments sont d'après nous en rapport étroit avec la perception extra-sensorielle de l'apparition, les résultats obtenus sont parfaitement conformes à l'hypothèse de la survie.

En résumé : le rapport établi entre les expériences d'apparition et les réactions émotionnelles caractéristiques de l'au-delà est relativement conforme à l'hypothèse de la survie, tandis qu'il cadre plutôt mal tant avec la thèse médicale du « cerveau troublé », qu'avec les explications d'ordre psychologique (réactions au stress et réponses à des désirs) et la théorie du conditionnement culturel ou individuel des patients.

LES OBSERVATEURS

Nos observateurs auraient-ils pu « projeter » leurs propres convictions et leurs propres croyances sur les patients en phase terminale qu'ils ont assistés ? La question est d'importance, et nous avons tenté d'y répondre en la soumettant à une analyse appropriée.

Nous nous sommes longuement interrogés sur le fait que les préjugés des observateurs auraient pu déformer les rapports sur les phénomènes appuyant l'hypothèse de la survie. Par exemple, l'observation des apparitions de personnes vivantes, de personnes décédées ou de figures religieuses aurait-elle pu être faussée par les croyances de l'observateur ? Nous avons constaté que le fait de croire ou non à la survie, tant chez nos observateurs américains qu'indiens, n'était aucunement lié aux types de figures hallucinatoires mentionnés dans les rapports d'observation. L'intensité de la foi chez les observateurs n'a également joué aucun rôle à ce niveau. Nous pouvons donc conclure que les observations qui ont été faites sont en accord avec les visions des patients (qu'il s'agisse de personnes décédées, de personnes vivantes ou de figures religieuses). Par ailleurs, aucun rapport n'a pu être établi entre les trois types d'apparition et la profession de l'observateur (interne, médecin, infirmière) ou même ses liens personnels (amicaux, familiaux) avec le patient.

Nous avons aussi vérifié si l'intention de l'apparition avait été rapportée fidèlement par nos observateurs ou s'il existait des différences notables (sources possibles de biais au niveau des données). Les trois groupes d'observateurs se sont réparti à peu près également les cas de patients qui ont accueilli paisiblement les apparitions venues les emporter. Même si les infirmières ont observé un peu plus de cas de ce type que les médecins, l'écart n'est que de 7 à 9%. Par contre, chez les Indiens, les apparitions « conflictuelles » (refus d'être emporté) ont été relevées deux fois plus souvent par les infirmières que par les internes, les médecins de service ou les généralistes.

Compte tenu de ces résultats, pouvons-nous conclure que les infirmières sont à l'origine d'un biais positif et les médecins, d'un biais négatif? En d'autres mots, les infirmières indiennes auraient-elles observé des apparitions « conflictuelles » quand ce n'était pas le cas, et les médecins indiens auraient-ils négligé d'en prendre note à cause de leurs préjugés « philosophiques » ? Nous croyons quant à nous que les cas de patients qui avaient des liens quelconques (amicaux ou familiaux) avec l'observateur ont été rapportés de façon plus complète que les autres. Les patients ont en effet semblé plus ouverts en face de parents ou d'amis lesquels, en retour, les ont écoutés plus attentivement. Nous notons dans nos deux échantillons que les apparitions venues emporter le patient, et que celui-ci a accueillies avec sérénité, ont été plus fréquemment rapportées par des observateurs qui étaient également des parents ou des amis du mourant. Si déformation il y a eu, ce fut donc moins par suite d'une exagération des infirmières que par suite d'une sous-estimation des médecins qui, dans certains cas, auront passé outre à l'intention manifestée par l'apparition. Il est également intéressant de noter qu'il y a eu un peu moins de cas d'apparitions « conflictuelles » chez les patients connus de l'observateur. Certes, il est possible que les observations des infirmières indiennes aient été légèrement déformées, en ce sens qu'elles auraient rapporté un trop grand nombre d'apparitions « conflictuelles ». Une telle déformation ne s'appliquerait cependant qu'à une portion infime de nos données, sans vraiment modifier de façon importante l'ensemble de nos résultats.

Le fait de croire ou non à la survie, l'intensité de la foi et l'âge de l'observateur pourraient naturellement constituer des facteurs de déformation des observations, notamment en ce qui a trait à l'intention de l'apparition. L'analyse de nos deux échantillons ne nous a pas permis d'établir de lien entre l'intention d'emporter le patient, manifestée par l'apparition, et les facteurs suivants, touchant l'observateur lui-même : croyance dans la survie, intensité de la foi et date d'obtention du diplôme. Le facteur « âge » a cependant créé une certaine différence. En effet, les observateurs américains les plus jeunes nous ont rapporté moins de cas d'apparition avec intention d'emporter le patient que les observateurs d'âge moyen et les observateurs plus âgés dont les résultats, à peu près semblables dans les deux groupes, se rapprochent de ceux qu'ont obtenus les infirmières et les médecins connus intimement par les patients. Nous sommes donc en droit de supposer que certains internes et autres observateurs encore jeunes auront pu négliger de noter les intentions manifestées par les apparitions. Enfin, nous n'avons relevé dans aucun des groupes d'observateurs un biais positif ou une exagération ayant pu modifier les fréquences de façon notable.

Par ailleurs, l'observation des réactions émotionnelles des patients aurait pu facilement être déformée, que ce soit par exagération ou par négligence à en prendre note. Nous avons en effet constaté que les médecins et les infirmières n'avaient pas rapporté un nombre égal de cas de sérénité et de quiétude. Ainsi, aux États-Unis, les infirmières ont rapporté 25% des cas de ce type et les médecins, 14%. En Inde, par contre, l'écart est négligeable entre les médecins et les infirmières (26% contre 25%). Ce sont les internes indiens qui ont rapporté le moins de cas (9%).

Dans l'ensemble, il existe une similitude remarquable, quant à l'observation des réactions de sérénité, entre les rapports des médecins indiens et des infirmières des deux pays, tandis que la proportion est beaucoup moins élevée chez les médecins américains et les internes indiens. Nous nous sommes donc demandé si les infirmières n'avaient pas exagéré le nombre de ces cas ou si, au contraire, les médecins n'avaient pas négligé de les rapporter. Nous avons tenté de démontrer que les rapports des infirmières étaient déformés par leurs croyances et leur appartenance religieuse, mais en vain. La croyance dans la survie ou l'intensité de la foi n'ont pas influé non plus sur les rapports qu'elles ont faits sur les sentiments éprouvés par les patients.

Nous nous sommes de nouveau tournés vers les données les plus « fiables » de nos échantillons : les cas de patients ayant des liens amicaux ou familiaux avec l'observateur. Il ressort que la proportion de patients ayant éprouvé des sentiments de nature religieuse est la même chez les cas « connus » que chez ceux qui ont été rapportés par les infirmières : infirmières (15%) et cas « connus » (17%), aux États-Unis ; infirmières (20%) et cas « connus » (22%), en Inde. Ce qui nous permet de présumer que les chiffres tirés des rapports des infirmières sont plus exacts que ceux que nous fournissent les rapports des médecins. Quant aux pourcentages de patients pénétrés par des sentiments de sérénité et de quiétude, ils sont, en Inde, à peu près égaux chez les cas « connus » (26%) et chez les cas rapportés par les infirmières (25%) ; par ailleurs, le pourcentage qu'obtiennent les internes se détache nettement des deux autres (9%). Aux États-Unis, par contre, nous n'avons noté aucune différence entre les cas « connus » et les autres cas, ce qui réduit considérablement les possibilités de déformation des données de l'échantillon. Il semblerait donc que les médecins — en particulier les internes indiens — ont négligé de prendre note de certaines réactions, ce qui n'est pas le cas chez les infirmières. La différence pourrait tout simplement provenir du fait que les femmes sont en général plus perspicaces que les hommes en ce qui concerne les détails les plus subtils, comme les humeurs et les degrés de lucidité, et que, par conséquent, elles les rapportent plus fidèlement.

Nous nous sommes également penchés sur les biais pouvant résulter de la mémoire plus ou moins fidèle des observateurs en ce qui a trait aux cas anciens. Les cas deviennent-ils plus « beaux » au fil des ans ? Nos analyses ont clairement démontré que de telles exagérations ne s'étaient pas produites. En effet, nous n'avons relevé aucune différence marquée entre les cas anciens et les cas plus récents.

Disons pour conclure que les analyses des interactions (c.-à-d. l'examen des phénomènes d'apparition conjointement à divers facteurs) ont été des plus révélatrices. Le fait d'opposer les apparitions avec intention d'emporter le patient aux apparitions teintées de préoccupations terre à terre nous a permis, dans presque tous les cas, d'aboutir au même résultat : les apparitions du premier groupe coïncident avec l'hypothèse de la survie, et même la confirment, comme l'a d'ailleurs posé notre modèle.

Un autre regard

Passer de l'abattement à la quiétude

La fin de la vie constitue d'ordinaire un triste événement, marqué par les larmes que versent les parents et les amis du disparu. Les infirmières nous disent à quel point il est difficile d'affronter cette atmosphère, lourde de désespoir, dans laquelle baigne le mourant. Quant aux médecins, ils sont habitués à annoncer aux proches : « Il n'y a plus d'espoir. » De nombreuses études psychanalytiques ont d'ailleurs été faites sur les angoisses inhérentes à la mort.

Pourtant, en dépit de tous ces sentiments morbides, nous nous trouvons parfois en présence de patients en phase terminale qui ne semblent atteints ni par la peur, ni par l'abattement, ni par le désespoir. Le questionnaire de l'enquête-pilote comportait une question qui, à première vue, pouvait paraître étrange : « Avez-vous déjà observé une modification soudaine de l'humeur chez les mourants ? » Cent soixante-neuf observateurs ont répondu affirmativement et ont rapporté 753 cas de patients dont l'humeur s'est modifiée peu de temps avant la mort. Ce changement, la plupart du temps positif, permet, semble-t-il, au patient de transcender la tristesse et la douleur inhérentes à la mort. La phrase qui revient le plus souvent dans la bouche des observateurs, à propos de la modification de l'humeur, est la suivante : « Leurs traits s'illuminent. »

Mais pourquoi des sentiments aussi beaux ne se manifestent-ils que chez certains mourants et non pas chez tous ? Il est certes préférable de mourir dans un état d'extase bienheureuse que dans un état de sombre désespoir (ce qui nous rappelle l'expression courante « faire une belle mort », à rapprocher d'ailleurs de l'expression « faire une bonne vie »). Si nous parvenions à comprendre ce processus, nous pourrions aider tous les patients à faire une belle mort.

La modification de l'humeur constitue un élément indispensable de notre hypothèse de la survie. D'après notre modèle, ce phénomène serait causé par l'aperçu extra-sensoriel qu'auraient les patients en phase terminale de l'existence dans l'autre monde (une existence agréable, s'il faut en croire les résultats de l'étude-pilote). L'information transmise serait perçue par le patient de façon plus ou moins consciente (ou même, demeurerait au niveau préconscient).

Il ne faut cependant pas oublier que les fluctuations au niveau de l'humeur peuvent être provoquées par nombre de facteurs. Il est donc indispensable d'examiner avec soin toutes les causes qui président à ces modifications (les causes connues, d'ordre médical, psychologique ou culturel, comme la cause inhérente à l'hypothèse de la survie), afin de faire la vérité sur cette question.

Nous avons procédé à 174 interviews sur des cas de modification de l'humeur (106 aux États-Unis, 68 en Inde). Notre analyse se fonde sur l'ensemble des données recueillies. Notons en passant l'écart important qui existe entre les deux pays quant au nombre de cas rapportés. Nous reviendrons là-dessus un peu plus tard.

Le questionnaire utilisé lors des enquêtes aux États-Unis et en Inde posait le problème de la façon suivante: « Avez-vous déjà observé une modification soudaine de l'humeur chez des mourants (manifestations spontanées de bonheur et de sérénité)? » Au cours des interviews subséquentes, nous avons cherché à savoir comment le changement d'humeur s'était manifesté chez les patients. Si l'expérience avait été verbalisée par le sujet, nous demandions des détails. Nous avons par la suite établi, à partir des réponses fournies, quatre indices de modification de l'humeur : changement manifesté dans le discours du patient, au niveau de son comportement, au niveau de ses contacts sociaux ou, le cas échéant, par des gestes de nature religieuse. Les phénomènes, tels que rapportés par les patients, se répartissent en deux catégories principales : la sérénité et la quiétude (49%), et la joie et l'exaltation (27%). Il existe également deux catégories de moindre importance : les patients envahis par un optimisme débordant (20%), qui se sont mis à faire des projets quant à leur travail, à leurs vacances ou à leur retour à la maison (s'ils étaient hospitalisés), et les patients chez qui le changement d'humeur s'est manifesté de diverses autres manières (4%). Se rapporter à ce propos au Tableau 8. Nombreux sont les patients qui sont devenus moins agités et plus communicatifs. On a même noté chez certains un accroissement énergétique non négligeable. Un grand nombre de patients sont par ailleurs devenus plus coopératifs vis-à-vis du personnel médical et mieux disposés envers les membres de leur entourage (en leur témoignant, par exemple, de la gratitude). Enfin, 21 patients (sur 174) se sont mis à prier, à chanter, à réciter des psaumes ou à aborder des sujets de nature religieuse.

Tout comme les visions précédant la mort, la plupart des cas de modification de l'humeur se sont produits peu de temps avant le décès du patient. En effet, 41% des patients sont morts moins de dix minutes après avoir été pénétrés par la sérénité et la quiétude, tandis que plus de la moitié ont expiré moins d'une heure après que se soit opéré le changement d'humeur.

Le phénomène touche apparemment sans distinction les patients de tous âges et ce, tant aux États-Unis qu'en Inde. Même si nos patients étaient, pour la plupart, âgés de plus de cinquante ans — ce qui est tout à fait naturel — nous retrouvons dans notre échantillon des sujets appartenant à tous les groupes d'âge (voir Tableau 10). Nous avons cependant relevé d'importantes différences nationales. Ainsi, l'âge moyen des patients américains était de 61 ans, tandis qu'en Inde, il était de 48 ans seulement (l'écart étant attribuable, comme on le sait, à l'espérance de vie différente dans les deux pays). Quant au sexe des patients, aucune différence n'a été notée aux États-Unis, tandis que chez les Indiens le changement d'humeur a touché beaucoup plus d'hommes que de femmes. Un écart semblable a déjà été relevé au niveau des cas d'apparition et nous avons d'ailleurs émis l'hypothèse qu'il serait peut-être attribuable au nombre plus élevé d'hommes qui séjournent dans les hôpitaux indiens.

La plupart des patients de nos deux échantillons (80%) étaient, lors de l'expérience vécue, tout à fait lucides et pleinement conscients du milieu environnant. Nous avons dénombré 27 patients sur 174 qui parvenaient difficilement à communiquer avec les gens qui les entouraient et seulement 7 qui ne comprenaient pas les questions qui leur étaient posées et qui, forcément, ne pouvaient y répondre. Les troubles cérébraux et l'empoisonnement par urémie n'ont affecté que 4% des patients. Par contre, 85% des sujets ne possédaient pas d'antécédents pathologiques et n'étaient pas dans un état pouvant, au dire des observateurs, expliquer la modification soudaine de leur humeur quelques instants avant leur mort (surtout que, dans nombre de cas, ce changement s'est produit lorsque le patient se trouvait au paroxysme du stress et de la douleur). Environ la moitié des patients n'étaient pas sous l'effet des calmants, tandis que 21% l'étaient légèrement mais dans une si faible mesure que leur esprit ne pouvait en être affecté. Les médicaments n'ont exercé une influence moyenne ou puissante que dans 11% des cas sur lesquels nous disposions de renseignements pertinents. Moins de 3% des patients avaient une température supérieure à 104° F. En bref, la majorité des patients étaient très lucides, n'avaient pas de fièvre, n'étaient pas affectés par les médicaments et ne souffraient pas de troubles cérébraux ou d'autres affections qui prédisposent aux hallucinations ou aux états euphoriques. Ce qui va certes à l'encontre de l'hypothèse selon laquelle les facteurs d'ordre médical sont la cause principale de la modification de l'humeur chez les patients.

D'autre part, la majorité des patients de nos échantillons se répartissent en chrétiens et en hindous. L'appartenance religieuse du sujet était inconnue de l'observateur dans 10 cas seulement sur les 174 qui nous ont été rapportés. La répartition des croyances est la suivante : 56 hindous (34%), 39 protestants (24%), 38 catholiques (23%) et un nombre restreint de juifs, de chrétiens indiens, de musulmans et d'individus d'autres religions (ou sans religion).

Quant à l'intensité de la foi, 46% des patients sur qui nous disposions de renseignements pertinents étaient très croyants (le pourcentage étant, dans ce groupe, le même aux États-Unis qu'en Inde), 34% l'étaient moyennement et seulement 4% ne l'étaient pas du tout. Ajoutons cependant que la plupart des patients (43%) qui n'ont pas abordé le sujet de la religion avec nos observateurs figuraient sans doute parmi ceux dont l'intensité de la foi était la plus faible. Dans l'ensemble, *l'appartenance religieuse* n'a exercé, semble-t-il, aucune influence sur la fréquence des changements d'humeur, tandis que *l'intensité de la foi* pourrait très bien, quant à elle, avoir son rôle à jouer à ce niveau.

Nous avons demandé à nos observateurs s'ils connaissaient de longue date les patients qui avaient été confiés à leurs soins. Nous avons ainsi appris que 75% des patients sur qui nous disposions de renseignements (quant à l'intensité de la foi) étaient soit des amis, soit des parents du médecin ou de l'infirmière qui les avait soignés. De ce fait, les données recueillies chez ce groupe de patients sont probablement plus sûres que celles de l'ensemble de l'échantillon, du moins en ce qui concerne l'intensité de la foi. Or, nous constatons que seulement 57% des patients dits « très croyants » (soit 46% de l'ensemble de l'échantillon) étaient connus de l'observateur ; selon nous, ces derniers chiffres donnent une trop faible idée de la réalité.

Nous ne possédons que peu de renseignements sur la croyance dans la survie chez les patients dont l'humeur s'est brusquement modifiée. Un tiers d'entre eux seulement ont abordé cette question avec les médecins et les infirmières et, parmi ceux-ci, 93% ont déclaré qu'ils y croyaient. Il est par contre fort probable que ceux qui ne s'intéressaient pas à cette question (ceux qui n'y croyaient pas fermement) ne se sont pas préoccupés d'en discuter avec le personnel médical. Nous verrons plus loin les résultats d'une analyse que nous avons faite sur les effets possibles des croyances du patient sur la modification de son humeur.

Nous avons également constaté que le phénomène étudié touchait autant les patients illettrés et sans instruction que les patients instruits. Vu l'écart qui existe entre les deux pays sur le plan de l'éducation, nous examinerons séparément les deux échantillons. Aux États-Unis, la répartition des patients selon le degré de scolarité est la suivante: cours élémentaire (34%), cours secondaire (36%) et cours collégial (24%). Comme l'âge moyen de nos patients américains est de 61 ans et que les cas remontent en moyenne à trois ans, notre patient type fait partie de la génération qui a vu le jour au début du siècle. En 1920, il fréquentait donc le collège. Nous savons qu'à cette époque, seulement 8% des jeunes de 18 à 21 ans suivaient le cours collégial. Le pourcentage de diplômés de collège de notre échantillon (24%) est par conséquent de beaucoup supérieur à celui de l'ensemble de la population pour le même groupe d'âge. La même tendance se retrouve chez les diplômés d'études secondaires. En 1920, 17% des jeunes de 17 ans fréquentaient l'école secondaire, tandis que dans notre échantillon 60% des patients ont poursuivi leurs études, au moins jusqu'au secondaire. Nos chiffres se situent donc encore très au-dessus de la moyenne nationale. Notons qu'aux États-Unis, les gens instruits ont peut-être plus facilement accès aux soins médicaux. Quoi qu'il en soit, nous admettons à l'évidence que la proportion de patients diplômés des cours secondaire et collégial est de beaucoup supérieure à la moyenne nationale pour les mêmes groupes d'âge. L'on prétend d'autre part que l'éducation fait disparaître les superstitions et autres préjugés non fondés sur les faits. Or, il existe dans notre échantillon un rapport évident entre les années de scolarité et la modification de l'humeur peu de temps avant la mort. Cette tendance contredit par conséquent l'hypothèse selon laquelle les croyances superstitieuses seraient à l'origine du changement d'humeur des patients.

En Inde, par contre, nous n'avons recueilli nos données sur ce sujet que dans les hôpitaux publics et les centres hospitalo-universitaires (les « hôpitaux des pauvres gens », comme l'a souligné un professeur de médecine de Delhi), là où les soins sont presque entièrement gratuits. Les gens riches et les professionnels préfèrent quant à eux séjourner dans les hôpitaux privés. Les pourcentages obtenus en Inde sont les suivants : illettrés (20%), cours primaire (25%), cours secondaire (35%), cours collégial (20%). Pour un pays tel que l'Inde, le nombre d'illettrés et de diplômés de l'école primaire est plutôt restreint, par opposition aux gens plus instruits, dont le nombre est plutôt élevé. La moyenne d'âge des patients indiens est de 48 ans et les cas remontaient en général à un an. Ce qui signifie que la plupart de nos patients avaient vu le jour dans les années 1920. Il est presque impossible d'obtenir des chiffres, même approximatifs, sur le niveau d'instruction de la population indienne à cette époque ; de toute façon, même en nous servant des statistiques actuelles, la proportion de patients qui ont atteint le niveau secondaire et collégial est encore supérieure à la moyenne nationale. Il est certain que nous avons puisé nos renseignements dans des milieux urbains, où se trouve concentrée la majeure partie de la population instruite du pays. Ce fait n'explique toutefois pas à lui seul la disproportion qui existe dans notre échantillon. La tendance que nous avons déjà remarquée aux États-Unis semble par ailleurs s'appliquer également à l'Inde : c'est chez les patients les plus instruits, donc les moins superstitieux, que se produit le plus souvent un changement d'humeur, peu de temps avant la mort.

L'aube sur le noir océan

La souffrance précède la mort. Il faudrait être aveugle pour ne pas voir la douleur physique et morale qui règne dans les chambres des patients en phase terminale. Les trois quarts de nos patients souffraient de cancers, de troubles cardiaques ou venaient de subir de graves interventions chirurgicales : situations douloureuses et combien difficiles à supporter ! Le cancer généralisé est, dans sa phase terminale, une véritable torture qui n'accorde de répit ni le jour ni la nuit. Les crises cardiaques comportent des périodes d'intenses douleurs qui irradient de la poitrine jusque dans les bras. Quant aux accidentés et aux opérés, ils sont d'ordinaire couverts de pansements et gênés par toutes sortes de tubes et d'attelles. Certes, l'inconfort et la douleur affecteront certains patients plus que d'autres, selon leur état de santé et les drogues qui leur auront été administrées. Quoi qu'il en soit, la phase terminale de toute maladie est comme un noir océan de souffrance. C'est dans cet état lamentable que se trouvent plusieurs patients lorsque, peu de temps avant leur mort, « leurs traits s'illuminent », réflétant soudain l'harmonie et la sérénité. Un médecin a décrit ainsi cette transformation : « C'est comme une aube claire sur un océan noir. »

Les cas diffèrent énormément, tant au niveau de la richesse d'expression que de la quantité de données qu'ils contiennent ; tout dépend du degré d'intimité existant entre le patient et l'observateur, de l'état de santé du patient et de la longueur de l'observation elle-même. Une infirmière, attachée à un grand hôpital de New Delhi nous a rapporté le cas suivant qui l'a fortement impressionnée :

> Une femme dans la quarantaine, qui souffrait d'un cancer, était depuis plusieurs jours déprimée, somnolente, quoique très lucide. Soudain, une expression de joie et de bonheur illumina ses traits... jusqu'à sa mort, cinq minutes plus tard.

Cette patiente n'a pas soufflé mot pendant tout le temps qu'a duré l'expérience ; seule la modification de la physionomie s'est gravée dans la mémoire de l'infirmière qui, puisqu'elle n'avait aucun lien avec cette femme, n'était pas au courant de ses croyances. Nous ne saurons donc jamais ce qui a pu provoquer ce brusque changement d'humeur.

Voici un autre exemple de modification de la physionomie qui a rappelé à notre observateur la description d'une extase mystique qu'il avait lue dans un texte religieux :

> Cette Américaine septuagénaire, qui souffrait de congestion pulmonaire, était à moitié invalide ; elle avait mené une existence misérable. Tout à coup, une expression de sérénité se peignit sur ses traits, comme si elle voyait quelque chose de merveilleux. Son visage s'illumina et un sourire indéfinissable se dessina sur ses lèvres. Son visage vieilli en devint presque beau. Sa peau semblait transparente, d'un blanc de neige et miroitante comme de la cire (c'était tellement différent de cette coloration jaune que prend la peau après la mort).

Selon notre observateur, cette femme a eu une vision qui « a transformé tout son être ». La patiente est demeurée sereine jusqu'à sa mort, une heure plus tard.

Le cas suivant se rapporte à un homme dans la soixantaine qui souffrait de complications postopératoires :

> Je m'étais absenté pendant quelques instants. Quand je revins dans la chambre, je constatai, par l'expression de son visage, qu'une quiétude infinie l'avait envahie. Quelques minutes plus tard, son cœur cessa de battre.

Dans l'ensemble, nos observateurs possédaient une assez vaste expérience du traitement des patients en phase terminale et savaient qu'il est parfois difficile de séparer les manifestations véritables de sérénité et de quiétude d'avec les réactions physiologiques qui se produisent dans les organismes en train de mourir. Nous avons ainsi relevé des cas qui, malgré les apparences, ne pouvaient être considérés comme des modifications d'humeur. De simples changements dans les processus physiologiques ou le relâchement de certains muscles passeront souvent pour des manifestations de quiétude, comme dans l'exemple suivant :

> Mon père se détendit. On aurait dit que toutes ses fonctions ralentissaient, même s'il gardait l'esprit clair. Il sombra enfin dans un état comateux et mourut le jour même.

Ce ralentissement est un phénomène physiologique normal chez les mourants ; il n'a donc aucun intérêt pour nous.

Notons aussi que certains patients renonceront soudain aux violents sentiments négatifs qui les caractérisaient. Leur agressivité ou leur agitation cessera. Il faut ici faire preuve de prudence, comme dans les cas de patients qui semblent accepter les choses telles qu'elles sont. « Eh bien, j'en ai assez de tout ça ! » diront par exemple les patients torturés par un cancer généralisé, comme s'il n'y avait plus rien d'autre à faire que de se résigner. Ce type de résignation, plutôt désespérée, ne constitue certes pas à nos yeux un exemple d'amélioration de l'humeur. Vu que les médecins et les infirmières ont pu, en certaines occasions, mal interpréter les changements de physionomie des patients (en croyant observer de la quiétude là où il n'y avait qu'une détente musculaire au moment de la mort), nous avons consacré les dernières pages de ce chapitre à une analyse minutieuse des erreurs de jugement qui se sont peut-être glissées dans les comptes rendus de nos observateurs.

Dans nombre de cas, par contre, le changement sera radical et nettement lié à une perception de l'au-delà. Un homme de 46 ans, qui souffrait de leucémie et dont le moral était très bas, sortit subitement d'un état comateux et dit en ouvrant les yeux : « Comme c'est beau ! » Il expira quelques minutes plus tard.

L'extrait suivant se rapporte à une femme de 59 ans souffrant de troubles cardiaques et pulmonaires :

Son visage était devenu si beau ; son *comportement* semblait s'être modifié complètement. C'était plus qu'un de ces changements d'humeur que j'avais déjà observé à plusieurs reprises chez d'autres patients... Il y avait quelque chose dans sa physionomie qui semblait se situer au-dessus de l'humain... On eût dit qu'elle voyait quelque chose qui nous était inaccessible. Elle avait toujours été d'humeur un peu maussade mais, depuis un an, elle était de plus en plus déprimée. Elle n'avait jamais été sous les soins d'un psychiatre. Je crois qu'elle est effectivement entrée en contact avec l'au-delà et que ce contact lui a été des plus bénéfiques.

En d'autres occasions, les indices seront plus subtils et, par conséquent, plus difficiles à déceler. Ce sont les observateurs qui nous ont à maintes reprises mis sur la piste en nous signalant que les patients avaient peut-être puisé la force de mourir « en beauté » dans le sentiment qu'il existe une vie après la vie. Voyons par exemple le cas de ce vieil homme qui souffrait de tuberculose :

Il devint serein d'une façon tellement soudaine. Il me dit un jour : « Mme Jones, pourriez-vous m'apporter un grand verre d'eau avec beaucoup de glace ? » Je m'empressai de le lui apporter. Il le but et dit : « Mme Jones, cette eau me verra traverser le Jourdain. » Je crois qu'il voulait dire par là qu'il était sur le point de mourir. C'est d'ailleurs ce qui se produisit, 90 minutes plus tard. *Les médecins* furent très surpris, car il n'y avait aucun signe de mort imminente chez ce patient.

Parfois, le patient se sent tout simplement mieux ; il est plus actif ou manifeste le désir de mener certaines activités :

Il était cloué au lit, mais il n'en désirait pas moins faire des choses dont il n'était pas capable. Il voulait se laver lui-même, se rendre à la cafétéria pour manger avec sa famille. Il avait bon appétit et souffrait peu. L'amélioration ne concernait que son humeur, puisque son état de santé demeura inchangé.

Un autre observateur nous a rapporté le cas suivant :

Il changea soudainement du tout au tout. Il était plus lucide ; son appétit s'accrut. Il pouvait mener certaines activités. Son état s'était amélioré tant physiquement que psychologiquement. Son pouls était plus ferme, sa température ne s'éleva pas et son appétit augmenta grandement. En fait, il s'agissait d'un regain de vie temporaire, car il expira moins de 24 heures plus tard.

Notre observateur n'était pas surpris outre mesure. Il nous a confié : « J'ai traité plusieurs patients qui, peu de temps avant leur mort, sont devenus plus actifs, plus lucides ou qui se sont même mis à "dévorer" leurs repas. »

C'est à certains détails que nous reconnaîtrons parfois des cas qui coïncident avec notre modèle sur la survie (par ex. lorsque des patients affirment qu'ils ne ressentent plus aucune douleur). Se pourrait-il que l'esprit de l'individu commence, aux approches de la mort, à « se libérer » ou, si l'on veut, à se déconnecter des processus physiologiques ? Le cas suivant est un exemple typique de disparition subite de la douleur et du désespoir chez un patient. Il nous a été rapporté par un médecin, qui était directeur d'un hôpital indien :

> Le patient, un septuagénaire qui souffrait d'un cancer dans sa phase terminale, avait été jusque-là torturé par la douleur (il ne pouvait ni dormir, ni même se reposer). Un jour qu'il était parvenu à dormir un peu, il se réveilla le sourire aux lèvres, apparemment libéré de toute douleur physique ; il était calme et paisible. On ne lui avait administré, au cours des six heures précédentes, qu'une très petite dose de phénobarbital (un sédatif relativement faible). Il se mit à faire ses adieux à chaque personne présente, l'une après l'autre (ce qu'il n'avait jamais fait auparavant), en nous disant qu'il allait mourir. Il fut parfaitement conscient pendant environ 10 minutes, puis il entra dans le coma et mourut paisiblement, quelques minutes plus tard.

Le patient était le père du directeur de l'hôpital. Ce dernier nous a confié que, suite à son expérience, son père s'était dit prêt à mourir. Le patient était de religion hindoue ; il était instruit, croyait à la survie et sa foi s'était intensifiée au cours des dernières semaines avant sa mort. Indifférence, calme et quiétude : c'est, semble-t-il, ce que les Indiens entendent par « faire une belle mort ».

Selon la croyance religieuse traditionnelle, un élément de notre personnalité, appelé l'« âme », quitte le corps au moment de la mort. Certains de nos cas nous portent à croire que la « rupture » n'est peut-être pas aussi brutale qu'on le pense d'ordinaire. Le patient pourrait ainsi, tout en continuant à fonctionner normalement, se « déconnecter » graduellement de son enveloppe corporelle. Sa conscience (son âme, si l'on préfère) se libérerait lentement, de façon que la transition ne soit pas trop brusque. S'il en est ainsi, la sensibilité du patient à ces processus physiologiques devrait diminuer graduellement, comme c'est le cas d'ailleurs dans les trois exemples qui suivent. Certes, d'autres explications, qui ne tiennent pas compte de l'hypothèse de la survie, sont également possibles (par exemple, la dissociation progressive des sous-systèmes de la personnalité ou désagrégation de la conscience au moment de la mort).

Notre premier cas se rapporte à un patient dans la cinquantaine qui souffrait d'un cancer du rectum, devenu généralisé. Notre observateur a noté que, peu de temps avant sa mort, le patient a cessé d'être torturé par la douleur :

> Ce qui m'a d'abord surpris, c'est qu'on ne lui avait pas administré de démérol depuis 24 heures. Dans son cas, c'était tout à fait nouveau. Il me dit qu'il n'avait plus besoin de drogues, puisque sa douleur avait disparu et qu'il se sentait beaucoup mieux. Il entra bientôt dans le coma et mourut moins d'une journée plus tard.

Le cas suivant se rapporte à un patient de 80 ans qui avait eu une attaque. Il était très coopératif mais semblait se désintéresser complètement de la vie.

> Il se mit soudain à refuser les calmants. Il ne semblait plus en avoir besoin. Il ne souffrait plus ; il était tout à fait détendu. Jusque-là, il avait été littéralement torturé par la douleur. Sa pression sanguine et son pouls s'étaient stabilisés.

Les deux cas précédents, s'ils donnent une description précise de la disparition de la douleur chez les patients, ne nous éclairent pas beaucoup sur les raisons qui ont pu provoquer ce phénomène. Par bonheur, nous disposons également de cas qui, au lieu de mettre l'accent sur la déliquescence des fonctions, nous font voir des changements positifs (par exemple, la gentillesse à l'égard d'autrui).

Ce patient de 50 ans, souffrant de leucémie, avait été plutôt grincheux et angoissé au cours des deux ou trois semaines précédentes. Sa mort devenant de plus en plus imminente, il sembla se rendre compte qu'il n'y a pas dans la vie que les problèmes. Il devint dès lors plus serein et plus attentif à ceux qu'il allait bientôt quitter.

Nous avons aussi relevé des commentaires qui, à l'encontre de l'hypothèse de l'anéantissement, dénotent un élargissement de la conscience parfaitement conforme à notre théorie sur la « libération de l'âme ». Voici par exemple une remarque qui nous a été faite par plusieurs observateurs :

Le patient, souffrant de leucémie, se montrait agréable avec ses proches et parlait sans émotivité de sa mort prochaine. Il disait qu'il ne ressentait aucune douleur et qu'il ne voulait pas de calmants.

Les médecins et les infirmières nous ont rapporté certains cas de patients dont la lucidité s'est accrue lors du changement d'humeur, ce qui ne cadre pas très bien avec l'hypothèse de l'anéantissement. Cet accroissement de lucidité comporte-t-il l'éveil des facultés extra-sensorielles, comme l'on pourrait s'y attendre de la séparation de l'âme du corps ? Certes, la PES n'a pas encore acquis droit de cité dans notre culture, ce qui explique, par exemple, l'ébahissement de l'un de nos observateurs à propos d'un patient de 22 ans, aveugle depuis l'âge de 17 ans, qui, « en dépit de sa cécité, parut soudain nous voir ».

Aussi étrange que cela puisse paraître, certains observateurs nous ont rapporté des cas de patients dont les facultés intellectuelles, au lieu de s'affaiblir, se raffermirent subitement juste avant la mort. « La patiente, dans la soixantaine, souffrait de troubles cardiaques. Elle se sentait très bien. Elle se mit à rire, comme elle avait l'habitude de le faire auparavant. Elle était de nouveau elle-même. » On nous a alors raconté à quel point elle avait pris plaisir — « comme elle l'aurait fait en temps normal » — à regarder jouer sa petite-fille, âgée d'un an et demi.

L'un de nous (Osis, dans la monographie *Deathbed Observations...*), a déjà rapporté les cas de deux psychotiques chroniques, qui avaient perdu tout contact avec la réalité et qui, au dire des observateurs médicaux, avaient retrouvé leur personnalité normale peu de temps avant de mourir (1961). Dans une communication personnelle, le Dr Kübler-Ross nous a signalé qu'elle avait observé les derniers instants de plusieurs schizophrènes chroniques. Selon elle, un grand nombre de ces patients sont redevenus lucides et tout à fait normaux peu de temps avant leur mort. Ce qui concorde certes avec l'hypothèse selon laquelle l'esprit commence à se libérer du corps et de ses dérèglements dans les derniers moments de l'existence. Il est même étonnant de constater que ces changements se manifestent également chez des patients souffrant de troubles affectant principalement le cerveau. Voici par exemple le cas d'une femme dans la trentaine, atteinte d'une méningite et dont les fonctions mentales furent gravement troublées presque jusqu'à la toute fin. À ce moment-là seulement

> elle redevint lucide, posa des questions et se mit à sourire. Elle était un peu exaltée. Elle était redevenue elle-même et ce, quelques minutes avant sa mort. Auparavant, elle était désorientée, somnolente et tenait des discours incohérents.

Selon notre modèle, un mourant peut fort bien avoir l'esprit clair, même si ses fonctions mentales sont presque complètement déréglées. Si notre hypothèse de la survie se vérifie, nous pouvons supposer qu'il aura l'esprit encore plus clair lorsqu'il se sera « libéré » de son cerveau. Nous ne nous sommes pas attachés particulièrement, au cours de notre enquête, aux cas de patients fortement troublés qui ont retrouvé leur lucidité peu de temps avant la mort. Nous conseillons cependant aux chercheurs qui voudraient se pencher sur cette question de ne pas négliger de recueillir le plus grand nombre de cas possibles et de les analyser avec le plus grand soin.

Le changement d'humeur se manifeste-t-il différemment chez les Indiens?

Nous avons recueilli beaucoup moins de cas de modification de l'humeur en Inde qu'aux États-Unis. Ce qui ne signifie pas, loin de là, que les Indiens meurent plus tristement que les Américains. L'écart peut être attribué, entre autres, au fait que les infirmières et les médecins indiens ne disposaient pas de beaucoup de temps pour faire leurs observations, les hôpitaux étant bondés et le personnel médical, insuffisant. Notons également qu'il y a en Inde deux fois plus de médecins que d'infirmières et qu'on ne trouve pas là-bas, comme aux États-Unis, d'infirmières dites « privées ». Or, la plupart des cas de modification de l'humeur que comporte notre échantillon américain nous ont été rapportés par des infirmières privées, ce qui est tout à fait normal puisqu'elles étaient les mieux placées pour observer les moindres variations dans le comportement des patients. L'éventail des cas n'en est pas moins le même aux États-Unis qu'en Inde; nous avons relevé les mêmes sentiments de sérénité, de quiétude et de libération de la douleur et des autres symptômes morbides. Prenons par exemple cette femme qui, après avoir littéralement souffert le martyre, devint « extraordinairement heureuse et se mit à bavarder joyeusement avec ses proches ». Notons l'expression « extraordinairement heureuse ». Les patients indiens ont semblé en effet passer plus souvent à un état de bonheur fiévreux que de quiétude, et les observateurs n'ont pas hésité à employer des superlatifs pour décrire l'importance du changement. Nous avons d'ailleurs relevé chez les Américains dont l'humeur s'est modifiée une semblable augmentation de la gentillesse envers les proches et les membres du personnel médical:

> Le patient, qui avait eu une crise cardiaque, était dans un état jugé grave depuis quelques jours. Il revint subitement à lui. Il avait l'air mieux et plein de vie. Il bavarda gentiment avec ses proches et leur demanda de retourner à la maison. Il leur dit aussi: « Quant à moi, je vais partir. Les anges sont venus et ils vont m'emporter. » Il semblait à la fois soulagé et heureux.

En Inde, nous avons constaté que, lorsqu'aucun facteur d'ordre médical ne laissait prévoir la mort, le patient dont l'humeur venait de se modifier avait souvent le pressentiment qu'il allait bientôt mourir :

> Une femme en condition postopératoire : Elle se mit soudain à dire qu'elle allait « partir », bien que personne parmi nous ne s'attendît à ce qu'elle meure. Elle répéta la chose aux visiteurs et aux membres du personnel médical et remercia tout le monde chaleureusement. Elle était détendue et tout à fait lucide. Elle reconnaissait les gens. Nous croyions toujours qu'elle s'en sortirait. Dans les derniers moments, elle semblait très heureuse, très détendue. Elle me dit que sa mort était proche. Elle mourut le lendemain matin.

La pratique du yoga chez les hindous pourrait-elle exercer une influence sur l'expérience de la mort ? Malheureusement, nous n'avons pu recueillir aucun cas se rapportant à la mort d'un yogi ou d'un pandit. Un médecin indien nous a confié à ce propos : « Les pandits ne viennent pas mourir dans les hôpitaux. Ils préfèrent mourir dans leur ashram *, entouré de leurs disciples, ou dans quelque saint lieu comme Bénarès. » (L'hôpital auquel était attaché ce médecin — le Benares Hindu University Hospital — était situé à quelques centaines de mètres à l'extérieur de la ville, donc en terre profane.) Nous disposons cependant de quelques cas se rapportant à des laïcs pratiquant à la lettre les enseignements de la religion hindoue. Ainsi, un membre de la faculté de médecine de Bénarès nous a décrit la mort de son grand-père, qui avait pratiqué le yoga. C'était un philanthrope, très croyant, qui avait aidé un grand nombre de personnes de sa communauté. Les gens soucieux de leur élévation morale et spirituelle venaient souvent le consulter. Dans son cas, le changement d'humeur s'est produit 48 heures avant la mort ; le médecin a parlé d'une grande quiétude, jointe à une lucidité parfaite. Il semblait pressentir sa mort (sans qu'aucun motif d'ordre médical ne justifie cette intuition). Il commanda du bois pour le

* Monastère groupant des disciples autour d'un guru. (N.d.T.)

bûcher funéraire, envoya un télégramme à son fils et, le jour même de sa mort, à quatre heures, il pria les membres de sa famille de manger quelque chose car il était certain de mourir à cinq heures trente (d'après la tradition hindoue, il est interdit à la famille du défunt de manger à partir du moment de la mort). Le pressentiment se vérifia puisqu'il mourut à cinq heures trente-cinq. Il avait, avant de mourir, exécuté les rites purificatoires hindous. Il ne manifestait aucun signe d'angoisse; il consola même certains de ses proches qui pleuraient en leur disant: « Vous devriez être heureux que je parte. » Il était parfaitement maître de lui et des plus paisibles. Il décrivit toutes les étapes de la mort de son corps: ses jambes qui se raidissaient et qu'il ne sentait plus, ses membres qui, les uns après les autres, s'engourdissaient, comme s'ils se détachaient de son « moi immortel ».

Ce cas laisse supposer que le patient a plus ou moins « contrôlé » la libération de son âme de l'enveloppe corporelle. D'après les rapports, ce type de libération va généralement de pair avec « l'ouverture paisible et progressive de la conscience à un nouveau mode d'existence ainsi qu'avec la préconnaissance du moment exact de la mort. » Comment peut-on associer la mort d'un yogi à l'idée que l'on se fait d'une « belle mort » dans notre culture à prédominance chrétienne? Nous ne manquons certes pas de cas de patients américains qui sont morts dans un état de grande quiétude, après avoir eu un aperçu de l'existence dans l'autre monde. En fait, la différence entre la « belle mort » d'un yogi et celle d'un bon chrétien tient peut-être au fait que le yogi voit lui-même aux préparatifs du « grand voyage », tandis que le chrétien se repose davantage sur la grâce obtenue de sources extérieures à lui (Dieu ou ses serviteurs — c.-à-d. les prêtres). Ajoutons cependant que la majorité des hindous ne sont pas des yogis et qu'ils se reposent apparemment sur des sources extérieures semblables à celles des chrétiens. La « belle mort » idéale ne se produit, semble-t-il, que très rarement, et seulement chez des êtres exceptionnels. Dans la plupart des cas, tant en

Inde qu'aux États-Unis, le changement d'humeur n'est pas provoqué par le patient lui-même mais survient inopinément ou, plus couramment encore, ne se produit pas du tout.

Causes possibles de la modification de l'humeur

L'humeur est, on le sait, liée aux processus physiologiques. Par exemple, la production par un individu d'un taux élevé d'ondes cérébrales de type alpha est un facteur d'apaisement. Les tranquillisants et les antidépresseurs influent naturellement sur l'humeur des sujets qui les absorbent. Certains analgésiques, comme la morphine et le démérol, que l'on administre couramment aux patients en phase terminale, peuvent également modifier l'humeur. Il nous faut donc évaluer avec soin l'importance que peuvent avoir les facteurs d'ordre médical sur les phénomènes de modification de l'humeur.

Nos analyses ont surtout porté sur les changements d'humeur le plus étroitement liés à l'hypothèse de la survie : sérénité et quiétude ainsi que sentiments de nature religieuse. Nous n'avons pas seulement comparé les réactions de sérénité et de quiétude avec les réactions d'exaltation, mais aussi les sentiments positifs de nature religieuse avec les sentiments positifs non religieux de nature. Nous avons analysé ces sentiments en rapport avec les facteurs médicaux pathologiques, soit les lésions et les troubles affectant le cerveau, de même que l'empoisonnement par urémie, provoqué par un dysfonctionnement rénal. Or, ces troubles n'étaient présents que dans trois cas (deux dans la catégorie des réactions de sérénité et un seul dans la catégorie des réactions d'exaltation). Nous n'en avons relevé aucun dans le groupe des sentiments de nature religieuse. Nous pouvons donc affirmer que la modification de l'humeur n'est pas causée par les facteurs médicaux pathologiques (au contraire, ces facteurs tendraient plutôt à réprimer le phénomène).

Nous nous sommes enquis auprès de nos observateurs des antécédents médicaux qui auraient pu influer sur la modification de l'humeur (par ex. les troubles psychologiques, l'alcoolisme, la sénilité, etc.). Or, sur les 174 patients dont l'humeur s'est modifiée, 23 seulement avaient de tels antécédents. La plupart de ces patients faisaient partie de l'échantillon américain (l'échantillon indien ne comprenait que 6 cas). Il nous a été impossible, par conséquent, de procéder à une analyse des interactions. L'examen de l'échantillon américain ne nous a révélé aucune différence (quant aux réactions de sérénité et de quiétude) entre les cas avec antécédents et les cas sans antécédents. L'écart est par contre frappant au niveau des sentiments de nature religieuse, lesquels ont marqué quatre fois plus souvent les patients sans antécédents que les patients avec antécédents (41% contre 9%, p = .05). Ce facteur ne semble donc pas favoriser l'éclosion des sentiments de nature religieuse. Au contraire, il tendrait plutôt à les entraver.

Par ailleurs, nous n'avons pas pu établir de lien entre les changements d'humeur et les médicaments administrés. Nous avons utilisé l'indice hallucinatoire (voir page 126) pour analyser ensemble les échantillons américain et indien (ils étaient en effet trop restreints pour que nous puissions les analyser séparément). Nous n'avons relevé aucun écart de fréquence, au niveau des réactions de sérénité ou des sentiments de nature religieuse, entre les cas avec indice et les cas sans indice. Le degré de lucidité des patients n'a pas eu non plus d'influence sur ce type de réactions lors du changement d'humeur. Enfin, l'analyse des interactions entre les facteurs d'ordre médical et les diverses réactions inhérentes au changement d'humeur ont pleinement confirmé les conclusions de l'étude-pilote. Rien ne porte donc à croire que les facteurs d'ordre médical puissent être à l'origine des modifications d'humeur axées sur la survie (sérénité et quiétude ainsi que sentiments de nature religieuse). Certains facteurs, tels que les troubles cérébraux et l'empoisonnement par urémie, sembleraient plutôt réprimer de tels changements.

Y aurait-il un rapport entre les phénomènes étudiés et certaines caractéristiques personnelles des patients? L'âge des patients, pas plus que leur degré de scolarité, n'ont semblé influer sur les changements d'humeur. Le sexe des sujets n'a pas exercé d'influence notable sur les réactions de sérénité et de quiétude. Remarquons cependant que les sentiments de nature religieuse ont marqué deux fois plus d'Américaines que d'Américains (l'écart est significatif au niveau statistique). Cette tendance est logique, vu que les Américaines sont d'ordinaire plus croyantes que les Américains. Ce résultat n'a cependant été confirmé ni par l'étude-pilote ni par l'enquête indienne.

La religion des patients (qui constitue un important facteur de conditionnement dans toutes les cultures) a-t-elle pu influer sur les phénomènes de modification de l'humeur? Nous n'avons relevé aucune différence entre les catholiques et les protestants. Cependant, la comparaison, dans ce même échantillon américain du groupe catholiques-protestants avec le groupe de patients « d'autres religions ou sans religion » a révélé un écart important. En effet, dans ce dernier groupe, composé de 20 patients, l'on a observé moins de réactions de sérénité et de quiétude que dans l'autre groupe, et très peu de sentiments de nature religieuse ($p = .04$). Malheureusement, ce groupe se compose de sous-groupes tellement disparates qu'il nous est impossible d'interpréter les résultats. Quant à l'échantillon indien, il nous a fourni un nombre trop restreint de patients « d'autres religions » pour qu'on puisse faire des comparaisons valables.

Il serait par ailleurs intéressant de comparer les hindous avec les chrétiens sur le plan du conditionnement religieux par rapport à la survie. Nous opposerions par exemple divers aspects du destin de l'homme comme « le Jugement dernier » et le « Karma », ou encore « l'Enfer et le Ciel » et « la réincarnation ». L'échantillon indien comportait un nombre trop restreint de chrétiens (7) pour permettre une analyse des interactions. La comparaison n'a donc pu être faite qu'entre le groupe « catholiques-protestants américains » et le groupe « hindous de l'Inde », en dépit des différences nationales, individuelles et socio-économiques séparant les deux pays.

Au premier coup d'œil, les écarts sont frappants. En effet, presque tous les patients du groupe américain (85%) avaient éprouvé de la sérénité, cette réaction n'ayant touché que la moitié des patients hindous (49%). Par contre, les réactions d'exaltation ont légèrement prédominé chez les hindous (51%), alors qu'elles se sont manifestées plutôt rarement chez les Américains (15%).

Notons cependant que l'échantillon « hindou » est fortement influencé par certains facteurs qui ont tendu à orienter les résultats vers l'exaltation plutôt que vers la sérénité. Ainsi, 75% des patients de l'échantillon indien sont des hommes et l'on sait, d'après les analyses, que chez les sujets masculins le changement d'humeur se traduira plus fréquemment par de l'exaltation que de la sérénité. Par contre, l'échantillon américain, qui englobe les catholiques et les protestants, se compose d'un nombre légèrement plus élevé de femmes, dont les changements d'humeur se caractérisent davantage par de la sérénité que par de l'exaltation.

Outre la religion, il pouvait y avoir une explication « géographique » : les gens du Sud sont d'ordinaire plus nerveux, donc moins calmes et moins paisibles, que les gens du Nord. Or, les Indiens forment un peuple méridional tandis que les Américains viennent pour la plupart des pays de l'Europe septentrionale. Nous avons également constaté un écart entre les observateurs masculins et féminins, les femmes semblant plus sensibles aux changements d'humeur les plus subtils (comme la sérénité). Or, les observations sur les sujets catholiques et protestants ont été faites principalement par des infirmières (70%), ce qui n'a pas été le cas en Inde (seulement 34%). Par ailleurs, l'échantillon indien ne comportait que très peu de cas de patients qui n'étaient pas de religion hindoue (11). Dans ce groupe restreint, les réactions de sérénité ont été proportionnellement plus fréquentes que chez les patients hindous. Il est donc presque impossible de conclure là-dessus. Nous pouvons tout de même supposer que, s'il existe une différence à cause de la religion, elle est minime.

Par ailleurs, l'écart qui existe entre les deux groupes en ce qui concerne les sentiments de nature religieuse est négligeable (42% chez les catholiques-protestants et 30% chez les hindous), surtout si l'on tient compte des différences d'échantillonnage ainsi que des divers facteurs dont nous avons fait mention précédemment. Nous pouvons supposer que, si le groupe « hindou » s'était composé d'un nombre égal d'hommes et de femmes (ces dernières éprouvant plus fréquemment des sentiments de nature religieuse), et si la proportion d'infirmières qui ont observé les changements d'humeur avait été la même aux États-Unis et en Inde, il n'y aurait tout simplement pas eu d'écart entre les deux groupes.

Le christianisme est très différent de l'hindouisme, tant au niveau de ses rites que de ses croyances et de ses doctrines. Pourtant, les différences de culte n'ont pas semblé influencer de façon importante les expériences de vision. Pour ce qui est de l'intensité de la foi de nos patients, nous avons constaté que ce facteur n'était lié aux changements d'humeur (et de façon marquée) que dans l'échantillon américain. En effet, 96% ($p = .008$) des patients très croyants ont été pénétrés par la sérénité et la quiétude, tandis que ces réactions n'ont touché que 69% des patients moins ou pas du tout croyants. Quant aux sentiments de nature religieuse, ils ont touché 59% des patients très croyants et seulement 31% des patients des autres groupes ($p = .04$).

Dans les deux pays, la croyance dans la survie a joué un rôle important au niveau des sentiments de nature religieuse (É.-U., $p = .00002$; Inde, $p = .02$). Aux États-Unis, 63% des patients qui croyaient à la survie ont éprouvé des sentiments de cet ordre contre 18% seulement de ceux dont l'opinion n'était pas connue (c.-à-d. qui n'ont pas abordé le sujet avec nos observateurs); en Inde, le rapport était de 53% contre 20% en faveur des patients qui croyaient à la survie. Par ailleurs, nous n'avons pu établir de rapport significatif, entre la croyance dans la survie et les réactions de sérénité et de quiétude, que dans l'échantillon indien (Inde, p = .012; É.-U., p = .2). Aux États-Unis, le rapport était de 83% contre 71% en faveur de ceux qui croyaient à la survie, tandis qu'en Inde il était de 76% contre 40%.

Nous pouvons donc conclure que nos deux facteurs « religieux » (croyance dans la survie et intensité de la foi) tendraient tout au plus à « faciliter » la manifestation de réactions de sérénité et de quiétude ainsi que de sentiments de nature religieuse. En effet, ces sentiments ont touché un nombre considérable de patients, dont l'intensité de la foi était minime et qui n'avaient pas exprimé d'opinion en faveur de la survie. Il en est de même du sexe, de l'âge et de la scolarité qui n'ont apparemment qu'une influence très restreinte.

Nous nous sommes demandé pourquoi la manifestation de sentiments caractéristiques de l'au-delà n'était apparemment facilitée que par nos deux facteurs « religieux » (et non, par exemple, par l'âge ou la scolarité). Les croyances religieuses seraient-elles les seuls facteurs en cause dans la modification de l'humeur ? Peut-on supposer d'autre part que les mourants dont la foi est intense et qui croient à l'immortalité sont véritablement réconfortés par leurs pratiques religieuses (par ex. la prière) et qu'ils puissent dès lors accéder à la sérénité sans passer par la perception extra-sensorielle de l'existence dans l'au-delà ?

D'après les rapports, seulement 12% des patients ont effectué des gestes de nature religieuse (prières, chants, etc.) ce qui est bien peu, même si nous tenons compte du fait que certains de ces gestes (par ex. des prières mentales ou des rites inconnus des observateurs) ont pu passer inaperçus. Même si nous admettons que les gestes religieux expliquent un certain nombre de cas, reste à savoir pourquoi les sentiments de nature religieuse se manifestent presque toujours dans les derniers instants de l'existence des patients, et pourquoi ils touchent également les sujets peu ou pas du tout croyants. Notre modèle sur la survie nous fournit une interprétation qui réconcilie les contradictions. En effet, selon notre hypothèse, le changement d'humeur se fonde sur un aperçu extra-sensoriel de l'existence dans l'au-delà. Or, des recherches expérimentales ont démontré que le fait de croire à la PES facilite les expériences métaphysiques, tandis que l'incrédulité tend à empêcher ou à altérer leur manifestation (Palmer, 1971). En conséquence, si les mêmes processus interviennent chez les mourants, nous obtiendrons de meilleurs résultats chez ceux qui croient aux phénomènes en question que chez ceux qui n'y croient pas. Comme nous l'avons dit précédemment, l'intensité de la foi et la croyance dans la survie ont pu aviver la sensibilité des patients à l'égard de la réalité de l'« autre monde ».

Par ailleurs, nous n'avons pas pu établir de rapport entre la durée du changement d'humeur et les réactions des patients. Par contre, il existe un lien significatif (dans l'échantillon américain seulement) entre les sentiments caractéristiques de l'au-delà et le laps de temps écoulé entre le changement d'humeur et la mort du sujet : sérénité et exaltation, p = .022 ; sentiments positifs et de nature religieuse, p = .007. Ainsi, la sérénité a marqué 85% des patients qui sont morts moins d'une heure après que se soit produit le changement d'humeur (contre 62% chez ceux dont l'intervalle a été plus long). Quant aux sentiments de nature religieuse, le rapport est de 44% contre 16% en faveur des patients qui sont morts moins d'une heure après le changement d'humeur.

Nous nous sommes rendu compte, en analysant les cas d'apparition, que les patients mouraient en général plus rapidement lorsqu'ils avaient des hallucinations axées sur la survie que d'autres types d'hallucination. D'après notre hypothèse, la sérénité, la quiétude et les sentiments de nature religieuse caractérisent les rencontres avec l'autre monde et ses messagers. Si de telles rencontres sont réelles,

elles devraient se manifester de la même façon dans les cas d'apparition que dans les cas de modification de l'humeur.

La PES est-elle à l'origine du phénomène?

D'après notre hypothèse, c'est par l'intermédiaire de la perception extra-sensorielle que les mourants prennent conscience de l'au-delà. Les nombreuses recherches qui ont été effectuées depuis un siècle nous ont beaucoup appris sur les phénomènes de PES. Pour que notre hypothèse se vérifie, il faudra donc que les caractéristiques connues de la PES s'appliquent le plus exactement possible aux phénomènes de vision. Le Dr Louisa Rhine a analysé un vaste corpus de cas spontanés de PES et a découvert que, si certains individus « récepteurs » captent au niveau conscient le message qui leur est transmis, d'autres, par contre, ne prennent aucunement conscience du message, même si celui-ci influe directement sur leur comportement. Par exemple, le sujet se sentira soudain très inconfortable et annulera tout simplement sa réservation à bord d'un avion qui s'écrasera avant d'arriver à destination. D'autres « récepteurs » réagissent à un événement qui se produit à distance par un léger trouble émotionnel, sans plus. En conséquence, la modification de l'humeur au moment de la mort pourrait provenir de la transmission d'informations sur la survie directement à l'inconscient du sujet. Il est certain qu'en devenant conscient de l'existence d'un autre monde, le patient se rendra également compte de l'imminence de sa mort.

Nous supposerons donc que les patients qui ont pris conscience de l'existence de l'au-delà percevront plus fréquemment l'imminence de leur mort que ceux qui n'auront reçu aucune transmission d'information sur ce sujet. Nous pouvons dès lors nous demander si les changements d'humeur modifient vraiment les prévisions des patients quant à leur mort ou à leur rétablissement. Seul l'échantillon américain nous a permis d'analyser cette question. Malheureusement, l'analyse n'a fait ressortir aucune tendance significative. Ainsi, 32% des patients en phase terminale qui faisaient partie du groupe « sérénité et quiétude » ont passé de la certitude de guérir à la conscience de leur mort prochaine ; un tel changement ne s'est produit que chez 7% des patients du groupe « exaltation ». Par contre, le faux optimisme (c.-à-d. le passage de la certitude de mourir à l'espoir de guérir) a atteint 7% des sujets du groupe « sérénité et quiétude » et 20% des sujets du groupe « exaltation ».

Si nous comparons à présent les réactions émotionnelles du « deuxième groupe », nous obtenons les résultats suivants : 37% du groupe « réactions positives religieuses » ont pris conscience de leur mort prochaine, tandis que ce changement n'a marqué que 19% des sujets du groupe « réactions positives non religieuses ». Quant au faux optimisme, il n'a touché aucun patient du groupe « réactions positives religieuses », mais 17% des sujets du groupe « réactions positives non religieuses ».

Outre les prévisions quant à la mort ou au rétablissement, nous disposions d'une autre source de renseignements pour déceler le faux optimisme chez les patients : les projets irréalisables à court terme tels que les voyages, les vacances, le retour à la maison, etc. Nous avons comparé les cas rangés dans ce groupe avec les autres cas de changement d'humeur. Le faux optimisme a touché 10% des patients du groupe « sérénité et quiétude » et 45% des sujets du groupe « exaltation ». Dans ce dernier cas, le rapport est significatif (p = .002). Nous ne possédons malheureusement pas de données comparables pour l'Inde, notre échantillon de patients n'étant pas assez important.

Une autre analyse comparative a par ailleurs confirmé les tendances notées précédemment. Aux États-Unis, le faux optimisme a marqué 4% des patients du groupe « réactions positives religieuses » et 26% des sujets du groupe « réactions positives non religieuses » (p = .015). En Inde, les chiffres sont les suivants : 12% dans le groupe « réactions positives religieuses » et 34% dans le groupe

« réactions positives non religieuses » (p = .10). Selon l'hypothèse de la survie, il existe un rapport entre la modification de l'humeur et la prise de conscience de l'existence d'un autre monde. Il est certain que, dans ce cas, les sentiments d'exaltation, qui entravent la perception extra-sensorielle de l'au-delà, empêcheront aussi le patient de prendre conscience de l'imminence de sa mort et l'inciteront à faire des projets irréalistes.

Nous nous sommes également demandé si les sentiments qui ont caractérisé le changement d'humeur étaient déjà présents chez le patient, la veille de l'expérience. Nous n'avons obtenu aucun résultat significatif sur cette question, pas plus en Inde qu'aux États-Unis. Nous pouvons donc conclure que les sentiments qui ont marqué la modification de l'humeur étaient tout à fait nouveaux et non le simple prolongement d'états émotionnels antérieurs.

Analyses des biais qui auraient pu fausser les rapports des observateurs

Les changements d'humeur sont parfois exprimés par les patients eux-mêmes, parfois aussi déduits de leur comportement par les observateurs. La plupart du temps, ce sont les mourants qui ont décrit la modification qui s'est opérée en eux, quoique, dans certains cas, les médecins et les infirmières ont fondé leurs observations sur la physionomie des malades, leur expansivité soudaine, leurs interactions sociales ou encore l'accroissement de leur activité. Les membres du personnel médical apprennent au cours de leur formation à observer la réalité de la façon la plus objective possible. De ce fait, leur interprétation des symptômes physiques est rarement erronée. Il est cependant plus facile de faire des erreurs d'interprétation quand il s'agit de phénomènes aussi subtils que les humeurs. Les médecins et les infirmières, préoccupés avant tout par les symptômes physiques, passeront souvent outre aux fluctuations de l'humeur. Il est par ailleurs évident que certains individus sont des observateurs très perspicaces de ces phénomènes, tandis que d'autres y sont tout à fait aveugles. Le personnel médical ne fait pas exception à cette règle. Qui plus est, ces gens pourront parfois voir chez les autres leurs propres sentiments (phénomène que les psychologues appellent « projection »). Tous ces éléments réunis peuvent influer grandement sur nos données.

Les humeurs sont des états émotionnels subtils et intimes que l'individu conserve d'ordinaire dans son for intérieur. Ils passent donc souvent inaperçus. Ces « états d'âme » ne sont apparemment confiés qu'aux personnes avec qui existe un lien affectif, lesquelles, en retour, sont les seules à pouvoir observer convenablement l'expression des humeurs. Dans un certain sens, c'est là un phénomène « bilatéral » : le sujet doit avoir confiance dans l'observateur qui, lui, doit se montrer compréhensif et attentif aux confidences du sujet. Par conséquent, les observations devraient être plus précises lorsqu'existe une telle « collaboration », surtout si elle est établie depuis longtemps. Il semble aussi que les femmes sont en général plus sensibles aux changements d'humeur que les hommes. En résumé, nous devrions obtenir une plus grande précision au niveau des observations : 1) lorsque le patient est un ami ou un proche de l'observateur ; 2) lorsque le patient a été sous les soins de l'observateur pendant une longue période de temps ; ou 3) lorsque l'observateur était une femme.

La plupart de nos observatrices étaient des infirmières qui avaient passé beaucoup de temps auprès de leurs patients et qui avaient établi avec eux certains liens affectifs. Par ailleurs, des observations encore plus précises devraient, selon nous, nous être fournies par ceux dont la relation avec le patient avait été presque ininterrompue (par exemple, une infirmière privée ou un médecin ayant traité un proche avec qui il habitait). Nous avons analysé ces facteurs de diverses façons, sans pouvoir démontrer leur influence sur l'ensemble des données.

Afin de déceler les erreurs d'interprétation qui auraient pu se glisser dans les rapports, nous avons comparé les observations des médecins avec celles des infirmières. Les deux groupes ont observé dans la même proportion les réactions de sérénité et de quiétude.

Nous nous sommes également penchés sur les sentiments de nature religieuse. Certains patients, croyant que de tels sentiments n'avaient pas leur place dans un hôpital, ont pu renoncer à confier leur expérience à un observateur impersonnel. Mais serait-possible que les infirmières (personnages chaleureux, plus près des patients que de l'autorité) aient observé plus fréquemment que les médecins les changements d'humeur de type « religieux » ? En Inde, les sentiments de nature religieuse ont été rapportés dans une proportion égale par les médecins et les infirmières. Par contre, aux États-Unis, les médecins n'ont décelé que 13% de ces cas, tandis que les infirmières ont observé ces sentiments chez la moitié environ des patients dont l'humeur s'est modifiée. Il semble donc y avoir un biais dans l'échantillon américain à propos des sentiments de nature religieuse. Mais dans quel sens va-t-il ?

Comme nous l'avons fait précédemment, nous avons comparé nos données avec la portion la plus sûre de nos échantillons, soit les cas d'observateurs qui étaient des parents ou des amis des patients (et qui, en général, leur ont consacré plus de temps). En ce qui concerne l'observation des cas de sérénité et de quiétude, aucune différence significative n'a été notée entre les patients « connus » et les patients « non connus ». Nous n'avons en effet relevé dans les deux échantillons qu'un nombre légèrement plus élevé de cas de sérénité chez les patients « connus » (É.-U., 87% contre 72% ; Inde, 61% contre 48%). Les données recueillies auprès des patients « connus » s'accordent davantage avec les observations des infirmières qu'avec celles des médecins. Par ailleurs, les sentiments de nature religieuse ont été observés deux fois plus souvent chez les sujets « connus » que chez les sujets « non connus » (É.-U., 50% contre 26% ; Inde, 54% contre 23%). Ces pourcentages sont très significatifs sur le plan statistique et ce, dans les deux échantillons. Si l'on considère le chiffre de 50% obtenu aux

États-Unis chez les patients « connus », nous constatons que les médecins américains, avec 13% seulement des observations, sont très loin du compte. Dans l'ensemble, les infirmières et les médecins indiens se situent également au-dessous de la moyenne, car ils n'ont rapporté respectivement que 33% et 28% des sentiments de nature religieuse, alors que le pourcentage s'élève à 54% chez les patients « connus ». Par contre, les infirmières américaines se situent tout près de l'échantillon des sujets « connus » (45% contre 50%). Si nous utilisons comme barème l'échantillon des patients « connus », nous découvrons un biais négatif important chez les médecins américains et un biais négatif mineur chez les infirmières et les médecins indiens (à savoir un pourcentage d'observations inférieur à ce qui aurait dû être rapporté).

Un autre facteur nous a permis de déceler les biais qui auraient pu fausser les rapports des observateurs : la charge de travail ou le nombre de patients qu'un observateur était appelé à voir au cours d'une journée moyenne. Nous avons estimé qu'un observateur qui avait moins de 20 patients à soigner dans sa journée pouvait consacrer beaucoup de temps à chacun, tandis que celui qui en avait davantage (parfois jusqu'à cent) était moins en mesure d'établir des rapports étroits avec chacun et, par conséquent, de faire des observations détaillées et complètes. En ce qui concerne les réactions de sérénité et de quiétude, aucune différence n'a été notée, en Inde, entre les observateurs qui avaient une grosse charge de travail et ceux qui en avaient une petite. Par contre, aux États-Unis, la différence est significative ($p = .003$). En effet, les observateurs qui avaient une charge de travail moins importante ont rapporté plus fréquemment que les autres les réactions de sérénité et de quiétude (81% contre 67%). Il n'y a donc apparemment aucun biais chez les observateurs indiens, tandis qu'aux États-Unis, ce sont encore les médecins qui ont rapporté moins de cas qu'ils auraient dû.

L'écart est encore plus marqué dans l'échantillon américain, en ce qui a trait aux sentiments de nature religieuse. Les chiffres sont les suivants : petite charge de travail, 41% ; grosse charge de travail, 21%. En Inde, nous avons obtenu à peu près les mêmes résultats : 40% contre 20%. Comme dans le cas des patients « connus » des observateurs, nous notons ici une similitude remarquable entre les deux pays. Nous devons donc admettre, en nous fondant sur les facteurs précédemment analysés, qu'il existe bel et bien un biais négatif dans nos données, à savoir que les médecins américains ainsi que les infirmières et les médecins indiens (quoique d'une façon moins prononcée chez les Indiens) ont rapporté moins souvent qu'ils n'auraient dû les phénomènes qui font l'objet de notre étude. Nous avons cru bon de procéder à une analyse supplémentaire dans l'échantillon américain, là où le biais semblait plus important. Nous avons ainsi comparé les observateurs, après les avoir répartis en trois groupes, selon l'année d'obtention de leur diplôme : moins de quinze ans ; de seize à vingt-cinq ans ; et plus de vingt-cinq ans. En ce qui concerne les réactions de sérénité et de quiétude, les observateurs des trois groupes ont obtenu respectivement 55%, 86% et 90% ($p = .003$) ; quant aux sentiments de nature religieuse, les résultats obtenus sont les suivants : 19%, 34% et 52% ($p = .05$). Le groupe des jeunes diplômés (moins de 15 ans) a donc rapporté beaucoup moins de phénomènes de modification de l'humeur qu'il aurait dû.

Nous nous sommes également demandé si l'opinion des observateurs en ce qui concerne la survie aurait pu fausser les rapports ce qui, en l'occurrence, aurait du même coup faussé nos données. Nous n'avons découvert aucun biais significatif au niveau des réactions de sérénité et de quiétude ; quant aux sentiments de nature religieuse, les pourcentages se répartissent fort inégalement dans les trois groupes d'observateurs. Aux États-Unis, les chiffres obtenus sont les suivants : ceux qui ne croyaient pas à la survie ont rapporté 12% de sentiments de nature religieuse ; ceux qui croyaient que la survie est une chose possible, 14% ; et ceux qui croyaient fermement à son existence, 46%. Notons que ce dernier résultat coïncide parfaitement avec les deux facteurs précédemment étudiés, soit les patients « connus » (50%) et les observateurs ayant de petites charges de travail (46%). Il semble donc que les observateurs qui ne croyaient pas vraiment à l'au-delà ont rapporté un pourcentage de cas inférieur à ce qu'ils auraient dû rapporter.

Par ailleurs, dans l'échantillon indien, les rapports sont complètement différents, du moins en ce qui a trait aux sentiments de nature religieuse : les « incrédules » ont rapporté 44% de cas ; les « tièdes », 8% ; et les « convaincus », 30%. Notons que, chez les patients « connus », le pourcentage de sentiments de nature religieuse s'élevait à 54%. Il est surtout étonnant de constater que les observateurs « tièdes » ont semblé rejeter purement et simplement les sentiments religieux. Le fait d'être placés entre la croyance et l'incrédulité les a peut-être amenés à fermer les yeux sur les phénomènes.

L'intensité de la foi, chez les observateurs, aurait pu jouer un rôle déterminant. Il existe en fait un chevauchement entre ce facteur et la croyance dans la survie. L'intensité de la foi de nos observateurs n'a influencé de façon significative que les sentiments de nature religieuse (États-Unis, $p = .0015$; Inde, $p = .016$). Nous avons réparti les observateurs dans trois groupes : peu ou pas du tout croyants, moyennement croyants, et très croyants. Nous avons obtenu pour chacun des groupes, respectivement : 13%, 25% et 61% (États-Unis) ; et 64%, 17% et 25% (Inde). Dans l'échantillon américain, les observateurs peu, pas du tout et moyennement croyants ont rapporté moins de cas qu'ils n'auraient dû, tandis que ceux qui étaient très croyants ont légèrement dépassé le pourcentage moyen précédemment établi. En Inde, les observateurs moyennement croyants ont rapporté moins de cas qu'ils auraient dû, tandis que ceux qui faisaient partie du groupe « peu ou pas du tout croyants » ont légèrement dépassé le pourcentage moyen précédemment établi.

Nos analyses ne nous ont donc révélé que très peu de biais positifs (pourcentage de cas rapportés supérieur à la moyenne sur le plan des réactions de sérénité et de quiétude ainsi que des sentiments de nature religieuse). Par contre, nous avons découvert des pourcentages inférieurs à la moyenne pour un certain nombre d'éléments. Si ces biais négatifs ont sans doute contribué à atténuer les tendances à l'appui de l'hypothèse de la survie, il est donc à peu près certain qu'ils n'ont pas pu les accentuer.

En résumé, nous avons analysé les interactions entre les changements d'humeur peu de temps avant la mort et divers éléments, dont les facteurs d'ordre médical, les caractéristiques des patients et leurs antécédents culturels ; nous n'avons pu établir aucun rapport significatif entre les humeurs axées sur la survie (sérénité, quiétude et sentiments de nature religieuse) et la plupart de ces facteurs ; les éléments révélés par l'analyse sont par ailleurs conformes à l'hypothèse de la survie, selon laquelle le changement d'humeur, peu de temps avant la mort, se fonde sur la perception extra-sensorielle de l'au-delà ; enfin, nous avons relevé des biais négatifs (certains groupes d'observateurs qui ont rapporté moins de cas qu'ils auraient dû), mais aucun biais positif qui aurait pu accentuer les tendances déjà signalées à l'appui de l'hypothèse de la survie.

Les « rescapés » : récits de patients qui ont frôlé la mort

Les patients qui ont des apparitions ne meurent pas tous. Nous avons pour notre part recueilli 120 cas de patients qui ont été ramenés à la vie et qui se souvenaient d'avoir eu une apparition. Environ la moitié d'entre eux (47%) étaient à ce point malades qu'ils avaient abandonné tout espoir de guérison et qu'ils s'étaient résigné à mourir. Certains ont été « ressuscités » grâce à l'emploi de techniques de réanimation radicales. Notons que les cas de patients « rescapés » qui ont vécu des expériences d'apparition se répartissent à peu près également entre les deux échantillons. En outre, 43 des 120 sujets ont dit avoir eu, non pas des apparitions, mais des visions d'un autre monde (ce phénomène sera abordé au chapitre XIII).

Nous tenons à spécifier, avant de commencer, que les expériences d'apparition n'ont été observées que chez un nombre restreint de mourants. La majorité des sujets n'ont en effet signalé aucun phénomène particulier aux médecins et aux infirmières qui les soignaient. Nous croyons cependant que notre échantillon de patients « rescapés » suffit amplement aux besoins de notre enquête.

Les expériences vécues par les patients « rescapés » sont-elles les mêmes que celles de mourants ? Pas toujours, quoique nombre d'entre elles comportent les mêmes éléments, comme par exemple dans le cas de cette institutrice de 38 ans, qui se rétablissait d'une opération à la thyroïde. Elle fut d'abord éblouie par un éclat de lumière ; puis, vint l'apparition :

Ses yeux étaient fermés, ses mains jointes comme pour prier. Elle déclara qu'elle voyait son père et son mari John, tous deux décédés. Ils lui dirent apparemment qu'elle les rejoindrait sous peu et qu'elle en serait très heureuse. Elle me pria de la laisser seule avec eux : « Je sais que vous ne me croyez pas, docteur, mais ça me rend tellement heureuse et tellement bien de les avoir ici, avec moi. Ça ne durera pas très longtemps. Laissez-moi seule avec eux pendant quelques minutes. » L'hallucination la pénétra d'un grand bien-être, qui la soulagea de toutes ses préoccupations. Elle n'eut plus peur de mourir. Pourtant, elle se rétablit.

Un grand nombre de ces expériences ressemblent aux apparitions que nous ont rapportées les patients en phase terminale. Même s'il y a eu très peu d'hallucinations de courte durée (comme dans les visions d'origine extra-sensorielle), nous avons malgré tout conclu de l'examen minutieux de chacun des cas que quelques-uns seulement d'entre eux différaient des expériences « terminales ». Comme nous l'avons fait précédemment, nous nous sommes penchés sur les facteurs d'ordre médical et psychologique qui auraient pu être à la source de ces hallucinations. Nous avons constaté que les phénomènes observés coïncidaient pour la plupart à notre modèle parapsychologique, bien qu'une minorité de cas puissent s'expliquer par la médecine et la psychologie. Voyons par exemple le cas de cette femme de 68 ans :

(Elle) vit des sentinelles, dont l'uniforme datait de la guerre civile, qui montaient la garde devant son lit. Vêtus de gris, fusil à la main, ils veillaient sur elle, apparemment en poste au pied de son lit. Même si la patiente ne les connaissait pas, leur présence la détendit beaucoup. Elle se savait *protégée*, elle savait que tout irait pour le mieux. Lorsque son état de santé s'améliora, les sentinelles disparurent.

Cette hallucination s'est prolongée pendant assez longtemps, contrairement aux expériences de PES. Cette patiente souffrait de pneumonie ; sa température dépassait 104°F, ce qui aurait pu provoquer l'hallucination. Les sentinelles étaient peut-être la représentation symbolique de son besoin de protection et de courage.

Des cas comme celui que nous venons de voir n'appellent certes pas des explications parapsychologiques. Pas plus que le cas suivant qui se rapporte à une femme dans la soixantaine. Elle avait perdu ses cinq enfants lors d'une épidémie de diphtérie, il y avait de cela longtemps ; pourtant, lorsqu'elle frôla la mort, ses enfants et elle se trouvèrent soudain « réunis ». « L'expérience eut un effet intéressant sur la patiente, » nous signala le médecin qui la traitait. D'après lui, l'hallucination pourrait s'expliquer par « l'empoisonnement par la jaunisse, qui provoqua presque un état comateux ». La patiente pensait beaucoup à ses enfants décédés ; elle avait fréquemment parlé d'eux au médecin. L'hallucination s'explique donc facilement par des facteurs d'ordre médical et psychologique. Notons que, dans l'ensemble, l'échantillon des patients « rescapés » comporte plus de cas de ce type que l'échantillon des patients en phase terminale.

Nous nous attendions par ailleurs à ce que les apparitions des « rescapés » mettent plus souvent en scène des personnes vivantes que des personnes décédées ou des figures religieuses. Nos données n'ont pas confirmé cette hypothèse. Au contraire, les apparitions axées sur la survie ont touché dans une même proportion les sujets ramenés à la vie (80%) et les sujets qui sont décédés (81%). Les réactions émotionnelles ont également été à peu près semblables dans les deux groupes : prédominance de la sérénité, de la quiétude et des sentiments de nature religieuse.

Il existe d'autre part un contraste frappant entre les deux groupes en ce qui concerne l'humeur de certains patients. Les différences s'expliquent peut-être par la nature des messages transmis au sujet par l'apparition. Voyons par exemple le cas de ce mineur qui déclara à son infirmière :

> « Je vois Dieu. » Il se mit à geindre et à dire en pleurant qu'il allait mourir. Il fixait un point dans la pièce et on aurait dit qu'il voyait vraiment Dieu. Lorsque je suis revenue auprès de lui, une demi-heure plus tard, il était transformé ; il semblait des plus heureux.

Il me confia que Dieu lui avait dit que son heure n'était pas encore venue.

Nous avons vu, au cours des chapitres précédents, que l'« invitation à mourir », transmise au sujet par l'apparition suscite chez lui des réactions de sérénité et d'exaltation. Les intentions de l'apparition, nous sommes-nous demandé, seraient-elles plus « terre à terre » chez les patients « rescapés », étant donné qu'ils ne sont pas appelés à mourir? Nous avons donc analysé les cas des patients qui ont rapporté les intentions manifestées par l'apparition. Or, nous avons relevé une proportion égale d'intentions axées sur l'au-delà chez les patients ramenés à la vie (78%) et chez les patients qui sont décédés (77%).

Même si elles ne forment pas la majorité des cas, certaines expériences ont mis en scène des personnes décédées dont l'intention se rapportait à des préoccupations terre à terre. Le cas suivant en est un exemple. Il s'agit d'un garçonnet de 7 ans qui souffrait d'une mastoïdite et dont l'état de santé était jugé critique. L'enfant était très indocile, il refusait de prendre ses médicaments et tenait tête aux infirmières. Il vit soudain un oncle décédé, qui était médecin et qui avait d'ailleurs travaillé dans cet hôpital, à l'étage même où l'enfant était gardé :

> Cet oncle avait été très près de toute la famille. Le garçonnet affirma que l'oncle Charlie était venu, qu'il s'était assis près de son lit et lui avait demandé de prendre des médicaments. Il avait aussi déclaré à l'enfant qu'il se rétablirait. Le bambin était assuré que son oncle s'était assis dans le fauteuil et qu'il lui avait dit toutes ces choses. Après cette expérience, le patient se montra coopératif. Il n'était pas excité, il considérait la « visite » de l'oncle décédé comme une chose normale. Le lendemain, l'enfant allait beaucoup mieux (son état s'était modifié radicalement).

L'apparition a donc manifesté à cette occasion une intention terre à terre (en fait, le médecin décédé a agi comme il l'aurait fait de son vivant, s'il avait rendu visite au bambin).

Notons par ailleurs que les cas de patients « rescapés » diffèrent, dans un sens à tout le moins, des cas de patients en phase terminale. En effet, si 78% des apparitions dont l'intention nous était connue désiraient emporter le patient, le tiers d'entre elles ont, en termes non équivoques, « renvoyé » celui-ci sur terre. Ajoutons que la majorité des patients « rescapés » n'ont signalé aucun « renvoi » (ou remise à plus tard) de cette nature.

Nous croyons cependant que l'expérience de « rejet » a touché plus d'un tiers des sujets. Il est possible en effet qu'en maintes occasions, le personnel médical, absorbé par le travail de réanimation, ait négligé de prendre note de tous les détails des phénomènes. Cet *oubli* aurait pu s'appliquer notamment au cas suivant. La patiente, obéissant apparemment à l'appel de l'au-delà, est morte, puis est revenue à la vie :

> Elle était dans la trentaine. Elle souffrait d'une blessure à la jambe qui s'était infectée. Personne ne s'attendait à ce qu'elle guérisse. Elle vit sa mère décédée et sembla répondre à son appel : « Je te vois, Maman. Je viens, Maman. Je serai bientôt près de toi. »

Jusqu'ici, ce cas est en tous points semblable aux expériences des patients en phase terminale. Voyons cependant la suite :

> Le lendemain, son état s'améliora. Sa fièvre tomba, sa jambe commença à guérir. Personne n'avait, jusque-là, cru à sa guérison.

Parfois, les apparitions de personnes décédées *annuleront* tout simplement le départ prévu du patient. Voyons le cas de cette comptable dans la cinquantaine qui avait eu une crise cardiaque et qui souffrait d'une occlusion coronarienne :

> Elle déclara que son père et sa mère (tous deux décédés) venaient à elle pour l'emporter au loin. Le trio était apparemment en train de gravir une colline quand les parents de la patiente lui dirent soudain de retourner d'où elle venait. Elle les laissa et retourna sur ses pas. Le lendemain matin, entre six et huit heures après l'expérience, son état de santé s'améliora. Je croyais qu'elle expirerait au cours de la nuit. Elle était en effet très gravement malade et passa très près de mourir.

Ce seront parfois des figures religieuses qui « renverront » le patient sur terre. Témoin le cas de cette femme dans la trentaine, de religion catholique romaine, qui souffrait de pneumonie :

> Elle avait en face d'elle une image pieuse de la Vierge Marie qu'elle se mit à fixer. Elle me confia plus tard que la Sainte Vierge s'était détachée de l'image et qu'elle lui avait dit : « Ne crains rien, je n'ai pas encore besoin de toi. Je reviendrai plus tard. » Cette femme avait un enfant en bas âge. Lorsqu'elle eut cette expérience, elle crut vraiment qu'elle avait atteint le terme de son existence. Elle était heureuse d'avoir vu Marie (elle était si belle !). Elle a tout d'abord associé cette vision à la mort, mais ensuite elle s'est sentie soulagée, car son heure n'était encore pas venue.

Le cas suivant se rapporte à un ingénieur dans la cinquantaine, qui avait été terrassé par une thrombose coronarienne. Voici ce que son médecin nous a rapporté :

> Il vit un « homme barbu » qui se tenait à l'entrée d'un couloir doré. Il hochait la tête et lui faisait signe de retourner d'où il venait. Il disait : « Pas maintenant, plus tard ! » L'expérience rendit le patient très heureux. Il me déclara qu'il n'avait plus besoin de médicaments : « On ne veut pas de moi là-haut. » Il avait raison car, après son hallucination, son état de santé s'est rapidement amélioré.

Notons que l'ingénieur a employé l'expression « homme barbu », sans se préoccuper de donner un nom à l'apparition (« Dieu », « Jésus », etc.). Certains patients plus « sensibles » se seraient sans doute hâtés d'associer cet être à leurs croyances religieuses. C'est une des raisons pour lesquelles il faut procéder à des analyses approfondies ; il est en effet indispensable d'aller au-delà des apparences que nous présentent ces cas.

Nous verrons par exemple dans le cas suivant qu'une apparition, même si elle possède toutes les caractéristiques de l'au-delà, peut transmettre des informations erronées. La patiente, une octogénaire qui souffrait d'une pneumonie, vit son mari décédé et se mit à converser avec lui en yiddish :

Il vint lui dire de se préparer à le rejoindre. L'hallucination sembla la détendre ; les enfants de la patiente croyaient qu'elle allait mourir. Presque immédiatement après l'expérience, elle tomba dans un profond sommeil dont elle sortit revigorée. Son état s'améliora rapidement, à son grand regret, car elle était prête à mourir.

L'infirmière nous fit personnellement la remarque suivante, à propos de ce cas : « Eh bien ! Il y a de ces maris à qui l'on ne peut se fier... même lorsqu'ils sont morts ! »

Une patiente dans la soixantaine qui avait eu une crise cardiaque, vit saint Joseph, son patron, qu'elle avait d'ailleurs l'habitude d'invoquer dans ses prières :

Saint Joseph voulait qu'elle le rejoigne, mais elle s'y refusait. Elle lui dit qu'elle avait encore des choses à faire,.qu'elle demeurerait au lit et qu'elle se rétablirait. L'apparition la détendit. Elle était sereine et quiète, dans le sens religieux du terme. Son état commença à s'améliorer quelques heures plus tard.

Il est intéressant de noter que les intentions de cette patiente contredisaient celles du messager de l'au-delà (comme c'est fréquemment le cas chez les patients en phase terminale). Naturellement, le fait de voir, dans les derniers instants de l'existence, un saint maintes fois invoqué pourrait n'être que la réalisation d'un désir, sans fondement dans la réalité extérieure. Ajoutons toutefois que, dans certains cas, l'être qui a figuré dans l'apparition n'était pas du tout celui que le patient souhaitait voir. Voyons par exemple le cas de cette femme dans la vingtaine que des complications, lors de l'accouchement, avaient conduite au seuil de la mort :

Elle crut voir son saint patron, celui qu'elle avait l'habitude d'invoquer. Elle me présenta à lui, car elle s'imaginait qu'il était à ses côtés. Je ne voyais rien ! Il s'agissait de saint Gérard (le patron des choses impossibles). Elle était heureuse de le voir, bien qu'un peu surprise par son aspect. « Je ne m'attendais pas à vous voir vêtu de la sorte ! » Elle déclara que sa tenue était modeste comme celle d'un moine (tunique grise et sandales). « Je croyais que vous auriez des vêtements de velours. » Selon elle, le saint est venu l'aider à se rétablir. Elle croit depuis lors qu'il lui a sauvé la vie

Il faut bien se rappeler que ces apparitions ne se nomment pas, mais que ce sont les patients qui leur attribuent un nom et un titre. Il est malheureusement très difficile d'évaluer l'aptitude des sujets à identifier objectivement l'être qui leur apparaît. Notons que la contradiction que nous venons de signaler entre la tenue réelle de la figure religieuse et la tenue que lui supposait la patiente s'explique peut-être par l'image stéréotypée que cette dernière avait du saint. Il y a peut-être eu aussi « erreur sur la personne », la patiente ayant attribué à une figure inconnue le nom de son saint préféré.

Les cas de patients « rescapés » en Inde

Les expériences vécues par les patients indiens ont été sensiblement les mêmes que celles des patients américains. Les quatre cinquièmes des apparitions ont mis en scène des personnes décédées et des figures religieuses dont l'intention était d'emporter le sujet vers l'autre monde. Comme dans l'autre échantillon, environ un tiers des patients « emportés » ont été « renvoyés sur terre ». Quant aux réactions émotionnelles, elles vont de la sérénité et de la quiétude à l'exaltation et aux sentiments de nature religieuse ; notons que 20 patients ont exprimé des sentiments négatifs. La plupart des visions des hindous ont été, pour l'essentiel, semblables à celles des chrétiens américains ; une coloration typiquement locale a cependant marqué les cas de refus chez les Indiens. En effet, le concept du « karma » (l'accumulation des bonnes et des mauvaises actions au cours de l'existence terrestre) a peut-être été « projeté » dans certaines de ces visions. Voyons par exemple le cas suivant :

> Le patient sembla expirer mais, peu après, il reprit conscience. Il nous déclara qu'il avait été « emporté » vers un endroit merveilleux par des messagers vêtus de blanc. Il vit alors un homme, également vêtu de blanc et tenant à la main un grand livre, qui dit aux messagers qu'ils ne ramenaient pas la bonne personne. Il leur ordonna de reconduire le patient sur terre. L'endroit était

tellement magnifique que le patient voulait y demeurer. L'infirmière nous déclara qu'à ce moment-là, il y avait à l'hôpital un homme qui portait le même nom que le patient. Quand celui-ci revint à lui, l'autre mourut.

Nous avons eu l'occasion de vérifier un cas de ce genre auprès d'une infirmière qui, à ce qu'on nous avait dit, était présente à ce moment-là. Or, elle affirma qu'elle n'avait jamais entendu parler d'une histoire mettant en scène deux patients portant le même nom et dont l'un mourut, au moment où l'autre revenait à lui. Quoi qu'il en soit, nous avons relevé plusieurs cas de patients emportés qui ont dû être ramenés sur terre par suite d'une erreur de la « bureaucratie de l'autre monde ». Un prêtre et un professeur, tous deux des chrétiens indiens, sont au nombre des sujets « emportés par erreur ». Notons cependant qu'on ne nous a rapporté aucun cas de ce type aux États-Unis.

Certaines préoccupations typiquement indiennes sont formulées dans le cas suivant qui se rapporte à une femme souffrant de pneumonie :

> Elle était inconsciente et passa à deux doigts de la mort. Elle me déclara plus tard : « J'avais l'impression d'être au Ciel. Il y avait de nombreuses maisons ; l'une d'elles était inachevée. » Elle demanda alors au messager qui l'accompagnait : « À qui est cette maison ? » Ce à quoi il répondit : « C'est la tienne, mais elle ne sera terminée que lorsque tu auras fait ton temps sur la terre. Tu devrais t'occuper du mariage de ton fils. Ton heure ne viendra qu'après la naissance de ton petit-fils. » Effectivement, la patiente mourut quelques années plus tard, après la naissance de son petit-fils.

Dans ce cas, l'information transmise s'est révélée exacte, mais il n'en va pas toujours ainsi. Voyons l'exemple de cette diplômée de collège qui avait eu une réaction allergique à une injection de pénicilline :

> Elle fut inconsciente pendant tout le temps que dura la crise. Elle nous raconta plus tard qu'une quelconque figure religieuse était venue à elle et l'avait priée de l'accompagner. Elle avait été conduite au Ciel à dos de vache, sur un chemin beau comme un rêve. Elle avait atteint un endroit où se trouvait rassemblée une foule nombreuse. On s'était alors rendu compte qu'il y avait une

erreur sur la personne. La patiente avait été ramenée sur terre par le même chemin. Elle raconta son expérience dès qu'elle revint à elle. Elle mourut une semaine plus tard à cause, non pas de la réaction allergique à la pénicilline mais d'une infection respiratoire.

Voyons un autre cas semblable. Le patient revint à lui après avoir été déclaré mort :

Il déclara qu'il était allé au Ciel. « Dieu m'a renvoyé sur terre. » Il n'avait apparemment pas terminé son séjour ici-bas. Pourtant, il expira deux minutes plus tard.

Notons que de telles visions ne doivent pas, à notre sens, être prises au pied de la lettre. En premier lieu, elles ne transmettent pas toujours une information exacte sur l'heure de la mort. En second lieu, certains détails qui nous sont rapportés (par ex. le fait de se rendre au Ciel à dos de vache) sont, du moins à nos yeux d'Occidentaux, fort improbables. Il est certain par ailleurs que, si certaines de ces visions sont des aperçus extra-sensoriels de l'au-delà, elles seront teintées du symbolisme religieux propre au patient (par ex. les Yamdoots ou la Vierge Marie). Quant à nous, nous désirons dégager les caractéristiques fondamentales des expériences axées sur la survie (c.-à-d. ce qui reste quand on a éliminé les divers symboles propres à chaque individu et à chaque peuple). Nous avons pu dégager de tels éléments chez les patients en phase terminale. Voyons à présent si les analyses statistiques pourront nous démontrer que les cas de patients « rescapés » possèdent eux aussi des éléments de base indépendants des facteurs d'ordre médical, psychologique et culturel.

La source des visions chez les patients « rescapés »

L'examen de certains cas de patients « rescapés » nous a démontré que les expériences de ce type ne doivent pas être prises au pied de la lettre. Afin de remonter jusqu'à la source de ces hallucinations, nous nous sommes servis de la méthodologie que nous avions appliquée aux expériences des patients en phase terminale. Au nombre des méthodes statistiques utilisées, mentionnons les analyses de fréquence, la classification croisée de toutes les données pertinentes ainsi que la vérification des différences existant entre les facteurs, par le biais des statistiques fondées sur le khi deux. Étant donné le nombre restreint de cas à notre disposition, nous avons jugé préférable de combiner nos deux échantillons (sauf pour quelques analyses « nationales »).

Nous avons relevé la même proportion d'apparitions axées sur la survie (personnes décédées et figures religieuses) chez les patients en phase terminale et les patients « rescapés ». Notons cependant que ces derniers ont accueilli plus de figures religieuses et moins de personnes décédées que les sujets en phase terminale. Les apparitions dont l'intention était d'emporter le patient se sont manifestées à peu près également chez les deux groupes de sujets. Un tiers seulement des patients « rescapés » ont été explicitement rejetés de l'autre monde et renvoyés sur terre avec ces mots : « Tu as encore des choses à faire » ou « Ton heure n'est pas encore venue ; je reviendrai plus tard. »

Les réactions aux expériences d'apparition ont été sensiblement les mêmes chez les deux groupes de patients. Un tiers des sujets ne voulaient pas « partir », plus de la moitié (54%) ont éprouvé des sentiments de sérénité ou d'exaltation, et 29% ont réagi négativement. Les sentiments de nature religieuse ont touché 24% des patients. Les deux tiers des patients « rescapés » n'ont eu que de simples apparitions de personnes ; leur perception du milieu environnant est demeurée intacte au cours de l'expérience.

Dans l'ensemble, les sujets des deux groupes ont vécu des phénomènes similaires. Nous avions par ailleurs l'impression, lorsque nous avons mené nos interviews, que les patients « rescapés » avaient peut-être eu plus d'hallucinations ordinaires que les patients en phase terminale. Les analyses statistiques ne nous ont pas donné raison, si ce n'est de l'élément suivant : les visions des « rescapés » ont été souvent plus longues que celles des patients qui sont décédés. Plus de la moitié (54%) des hallucinations des patients « rescapés » ont en effet duré plus de quinze minutes, ce qui n'a été le fait que de 34% des patients en phase terminale. Nous nous sommes demandé si la durée plus longue des visions chez les sujets « rescapés » ne provenait pas du fait qu'elles ne se fondaient pas sur la perception extra-sensorielle de l'au-delà (en effet, les phénomènes de PES sont d'ordinaire de courte durée). Nous avons donc minutieusement analysé nos données afin de déterminer si les visions de courte durée différaient des visions de longue durée. Nous avons découvert que les apparitions de plus longue durée étaient moins fréquemment reliées à la survie que les autres, mais que l'écart n'était pas statistiquement significatif (elles ont en effet mis en scène un peu moins de personnes décédées, la moitié moins de figures religieuses et deux fois plus de personnes vivantes que les apparitions de courte durée).

Par ailleurs, l'intention d'emporter le patient a été exprimée deux fois plus souvent par les apparitions qui ont duré peu de temps que par celles qui se sont prolongées. Ces dernières n'ont en outre suscité des sentiments de nature religieuse que dans 5% des cas. Il semble donc que les phénomènes axés sur la survie se retrouvent plus fréquemment dans les expériences de courte durée, comme c'est le cas d'ailleurs au niveau de la PES. Il est par conséquent probable que les patients « rescapés » ont eu plus d'hallucinations « ordinaires » que les patients en phase terminale. Peut-on en déduire que toutes les visions rapportées par les « rescapés » étaient causées par un dysfonctionnement du cerveau ?

Nous avons, pour tenter de répondre à cette question, analysé les facteurs d'ordre médical qui auraient pu être à l'origine des visions. La proportion de troubles cérébraux et néphrétiques était à peu près la même chez les patients « rescapés » et chez les patients en phase terminale. Dix-huit pour cent seulement des sujets avaient des antécédents les prédisposant aux hallucinations ; ce facteur ne pourrait par conséquent expliquer qu'une portion infime de cas. Quant à la proportion de patients troublés par les médicaments, elle est sensiblement la même dans les deux groupes de patients : légèrement troublés, 10% ; moyennement troublés, 5% ; et fortement troublés, 3%. La fièvre (plus de 103°F) a touché 16% des « rescapés » (contre 8% seulement chez les patients en phase terminale). Ce facteur aurait pu contribuer à accroître la fréquence des hallucinations longues et incohérentes chez les sujets ramenés à la vie. Quant aux divers degrés de lucidité, ils regroupent une proportion à peu près égale de patients des deux groupes. Il semble donc que, dans la majorité des cas du moins, les facteurs d'ordre médical ne peuvent expliquer les phénomènes observés.

Nos études des interactions ont révélé que les médicaments n'ont pas affecté de façon significative, ni l'essentiel des phénomènes ni le degré de lucidité des sujets. En réunissant les cas de troubles cérébraux et néphrétiques ainsi que les cas d'antécédents hallucinatoires, nous avons découvert un rapport (non significatif statistiquement) entre ces facteurs et deux des éléments caractéristiques de l'au-delà : les sentiments de nature religieuse et l'intention d'emporter le patient, manifestée par l'apparition. Le rapport contredit l'hypothèse du cerveau troublé et appuie l'hypothèse de la survie. En effet, les patients prédisposés aux hallucinations ont accueilli trois fois moins d'apparitions venues les emporter que les patients non prédisposés. Les sujets prédisposés ont aussi réagi moins fréquemment que les autres (13%) par des sentiments de nature religieuse. En conséquence, nous pouvons conclure que si les facteurs d'ordre médical ont eu quelque influence que ce soit sur les expériences d'apparition, ils ont plutôt contribué à réprimer qu'à susciter les visions axées sur la survie.

Nous avons par ailleurs tenté d'établir un rapport entre les phénomènes et certains facteurs démographiques. Nous sommes arrivés à la conclusion que ni la scolarité, ni la profession, ni l'intensité de la foi n'avaient exercé une influence significative sur les visions. La proportion de protestants, de catholiques et de juifs de notre échantillon correspond à peu près à la répartition des groupes religieux dans la population américaine. En Inde, les hindous ont naturellement prédominé (70%), mais nous avons constaté une sur-représentation chez les Indiens chrétiens (25%). Il pouvait s'agir d'un biais émanant des infirmières chrétiennes qui auraient observé plus attentivement les patients de même religion qu'elles (comme elles ont rapporté plus en détail les cas de patients avec qui elles avaient des liens amicaux ou familiaux). Notons que les Indiens chrétiens ne forment que 14% de l'ensemble des échantillons nationaux. Même si la moitié de ces cas provenaient d'observations erronées, ils n'affecteraient encore qu'une portion insignifiante de nos données (7%). De toute façon, nous n'avons aucun indice probant nous permettant de supposer que de telles déformations ont pu se produire.

Les facteurs d'ordre psychologique, en plus de jouer un rôle important au niveau du « façonnement » des hallucinations, peuvent aussi contribuer à les susciter. Au nombre de ces facteurs se trouve le stress (par ex. le voyageur assoiffé, perdu dans le désert, qui verra soudain une oasis qui n'est qu'un mirage). Comme nous l'avons mentionné précédemment, nous n'avons pas pu établir de rapport entre le stress et les phénomènes axés sur la survie. Par ailleurs, les facteurs stressants tels que l'angoisse, la dépression et l'agitation n'ont été relevés que chez 22% des patients « rescapés ». Notons cependant qu'aucun rapport n'a pu être établi entre l'humeur des patients avant l'hallucination et deux des éléments inhérents à ce type d'expériences : les intentions de l'apparition et les réactions émotionnelles des sujets. Ajoutons que la proportion d'apparitions axées sur la survie n'a pas été, ici non plus, affectée par ces facteurs.

Les prévisions du patient quant à sa mort ou à son rétablissement peuvent également influer sur les hallucinations. Ainsi, les sujets qui sont certains de mourir pourront s'inventer une « vision du Ciel », tandis que ceux qui espèrent se rétablir et retourner à la maison n'imagineront certes pas leur « passage dans l'au-delà ». À peu près la moitié (53%) des patients « rescapés » s'attendaient à guérir. Comme nous l'avons signalé auparavant, les expériences d'apparition des patients en phase terminale sont indépendantes de leurs prévisions. Par ailleurs, l'analyse de nos cas de « rescapés » fait voir une légère tendance (non significative statistiquement) en faveur de l'hypothèse de l'« exaucement d'un désir du patient ». En effet, les sujets qui s'attendaient à mourir ont accueilli deux fois plus d'apparitions venues les emporter (60%) que ceux qui espéraient se rétablir (28%). Aucune différence n'a été notée au niveau des réactions émotionnelles des deux groupes ; une tendance étonnante s'est cependant manifestée au niveau du « type » d'apparition : les patients qui croyaient mourir ont vu plus de personnes décédées et moins de figures religieuses que ceux qui s'attendaient à se rétablir (ces derniers ont en effet vu deux fois plus de figures religieuses que de personnes décédées). Si ces différences sont vraiment réelles (ce dont nous ne pouvons être sûrs en nous fondant sur les seules statistiques), nous pourrons supposer que les cas de patients « rescapés » sont modelés dans une plus large mesure par des facteurs subjectifs que les cas de patients en phase terminale. Nous pouvons cependant conclure que la plupart des facteurs d'ordre psychologique n'ont pas exercé d'influence marquante sur les phénomènes axés sur la survie. Les prévisions des patients auront tout au plus influé sur quelques-uns de ces phénomènes. De toute façon, cette tendance n'est pas statistiquement significative.

Voyons à présent la question primordiale : les cas de patients « rescapés » cadrent-ils avec notre modèle sur la survie ? Pour y répondre, nous avons d'abord comparé l'échantillon indien et l'échantillon américain. D'après notre modèle, l'acquis culturel des patients influe davantage sur les expériences subjectives que sur les expériences fondées sur la perception. Les phénomènes observés chez les Indiens « rescapés » sont-ils sensiblement les mêmes que ceux observés chez les Américains en phase terminale ?

La proportion d'apparitions axées sur la survie (personnes décédées et figures religieuses) est la même dans les deux pays : États-Unis, 76% ; Inde, 84%. Tout comme les patients en phase terminale, les Américains « rescapés » ont vu deux fois plus de personnes décédées que de figures religieuses. Le rapport est exactement inversé chez les Indiens, qui ont vu deux fois plus de figures religieuses que de personnes décédées. Nous avions déjà noté une tendance similaire chez les patients indiens en phase terminale, tendance que nous avons attribuée à l'inhibition qui frappe en Inde les apparitions de figures féminines. La proportion d'apparitions axées sur la survie est par ailleurs la même dans les deux pays (les écarts étant similaires chez les deux groupes de patients).

L'intention de l'apparition était, chez les patients en phase terminale, le principal indicateur des expériences axées sur la survie. Exception faite des cas ambigus, 80% des patients ont eu des apparitions dont l'intention manifeste était de les emporter. Cette intention a aussi été exprimée dans la plupart des cas de patients « rescapés » (72% aux États-Unis, 80% en Inde). Les Indiens ont donc vécu les mêmes expériences que les Américains. Notons enfin que, dans les deux échantillons, un tiers environ des apparitions venues emporter le patient ont renvoyé celui-ci sur terre.

Les expériences de « renvoi » observées dans les deux milieux culturels se ressemblent d'ailleurs beaucoup. Seules des différences de nuances ont été relevées. Ainsi, les « visiteurs » des patients américains étaient apparemment plus amicaux et plus au courant de leurs besoins et de leurs tâches inachevées (comme le souligne cette remarque fréquemment rapportée : « Tu as encore des choses à faire ».). À l'opposé, l'attitude des apparitions indiennes était parfois plus « bureaucratique » (par ex. le Yamdoot conduisait le sujet devant un homme à barbe blanche (Karma ?), assis à un bureau et tenant à la main un grand livre dans lequel se trouvaient inscrites toutes les actions du patient). C'est d'ailleurs au moment où l'homme à barbe blanche se mettait à compulser son livre qu'on se rendait compte qu'il y avait erreur sur la personne.

Tout comme chez les patients en phase terminale, nous remarquons qu'un tiers des sujets indiens ont refusé d'accompagner le messager de l'au-delà. Leurs réactions ont en outre été les mêmes que celles des patients en phase terminale, c'est-à-dire plus de réactions négatives et de sentiments de nature religieuse que les Américains qui, eux, ont plus fréquemment réagi par la sérénité et l'exaltation.

En conclusion, les facteurs d'ordre culturel ont exercé une influence similaire sur les expériences vécues par nos deux groupes de patients (les « rescapés » et les patients en phase terminale). Une telle similitude appuie et confirme les études qui ont surtout été axées sur les cas de réanimation, notamment les enquêtes des docteurs Élisabeth Kübler-Ross (1976) et Raymond Moody (1975). Certes, les renseignements recueillis auprès des patients en phase terminale sont beaucoup plus précis que ceux que nous ont rapportés les patients « rescapés » ; ce qui ne veut pas dire (loin de là !) que les recherches futures doivent négliger les « aperçus » de l'au-delà rapportés par les sujets ramenés à la vie. En effet, cette catégorie de cas ne nous a pas encore livré tous ses secrets.

Visions d'un autre monde : l'au-delà tel que décrit par les mourants

Lorsque l'on posa à un Américain de 26 ans, au réveil d'une anesthésie, la question d'orientation habituelle : « Pouvez-vous me dire où vous vous trouvez ? », celui-ci répondit : « Au Ciel ! » Il entra aussitôt dans le coma et expira une demi-heure plus tard. Ce patient était-il simplement « désorienté » ou a-t-il véritablement perçu l'au-delà ?

Quoi qu'il en soit, cette expérience n'est pas unique. Nous avons en effet recueilli 112 cas de patients en phase terminale dont les hallucinations ont porté non pas sur des personnes, mais sur des lieux (que ce soient des jardins paradisiaques ou même des manufactures tout à fait « terrestres »). Nous allons procéder à une analyse minutieuse de ces cas, en nous posant notamment les questions suivantes : certains patients ont-ils vraiment eu un aperçu de l'existence dans l'au-delà ou leurs visions n'étaient-elles que de simples hallucinations ? Si ces visions étaient réelles, que nous apprennent-elles sur la vie dans l'autre monde ? Peut-on se fier à ce que voient les mourants ?

Notre enquête nous a révélé que les hallucinations des mourants portent cinq fois plus souvent sur des personnes que sur des lieux et des objets ; nous savons également que les hallucinations provoquées par les drogues portent plus souvent sur des lieux et sur des objets que sur des personnes (Siegel et Jarvik, 1975). En réunissant les patients en phase terminale et les patients « rescapés », nous obtenons un échantillon de 703 cas d'hallucinations, dont 591 ont mis en scène des personnes. Les visions de lieux et de choses n'ont donc occupé l'avant-scène des hallucinations que dans 16% des cas.

Nous nous sommes demandé si un tel écart pouvait avoir sa source chez les observateurs. En effet, les expériences d'apparition étant d'ordinaire très impressionnantes, elles se seraient davantage gravées dans la mémoire des médecins et des infirmières que les visions de lieux, qui auraient été fréquemment mises sur le compte de la « désorientation » du sujet et, par conséquent, rapidement oubliées. Notons que l'écart pourrait tout aussi bien provenir des patients eux-mêmes qui, craignant le ridicule, auraient été moins disposés à rapporter des « visions d'un autre monde » qu'une visite de l'oncle John, par exemple. (Voir chapitre précédent.)

Comme les membres du personnel médical sont, d'après nous, plus près des patients avec qui ils ont des liens amicaux ou familiaux, nous croyons être en mesure de déterminer s'il existe un biais dans les rapports des observateurs en comparant les patients « connus » des observateurs avec les patients qui ne l'étaient pas. Nous pourrons également découvrir les biais qui, le cas échéant, existent chez les patients, en supposant qu'ils confieront plus facilement à un proche ou à un ami les expériences inhabituelles qu'ils auront vécues.

Le tiers (31%) des cas de visions ont été rapportés par des patients « connus » des observateurs (soit une proportion de sujets « connus » de beaucoup supérieure à ce que l'on s'attend à trouver dans les hôpitaux). Ce pourcentage se rapproche de celui que nous avons obtenu dans les cas d'apparition chez les patients « connus » des observateurs (24%). Un écart aussi mince ne peut pas être à l'origine d'un biais chez les observateurs. Il nous est en fait impossible d'expliquer la différence entre les deux types de visions.

Jetons maintenant un coup d'œil aux cas en tant que tels. Nous en avons recueilli 64 aux États-Unis et 48 en Inde. Les deux tiers (69) ont été observés chez les patients en phase terminale, l'autre tiers (43) nous vient des patients « rescapés ». Comme dans les phénomènes de PES, les visions ont en général été de courte durée. La moitié (52%) des visions sur lesquelles nous disposions des renseignements pertinents ont duré moins de cinq minutes. Les trois quarts des expériences (75%) ont duré moins de quinze minutes, tandis que seulement 16% des visions ont duré plus d'une heure. En nous fondant uniquement sur la durée des expériences, nous en déduisons que 75% des cas s'apparentent aux phénomènes de PES.

Qu'ont vu les patients ? Quel était le *sujet* de leurs visions ? Les deux tiers des expériences ont porté sur des images de l'au-delà, l'autre tiers sur des lieux et des objets d'ici-bas. Ainsi, un patient dans la cinquantaine, qui souffrait de troubles circulatoires et d'urémie, vit « de vieux navires à voiles » qui voguaient près du plafond de sa chambre d'hôpital. Il les indiqua du doigt à l'infirmière qui nous déclara : « Il les voyait vraiment dans son esprit. Je ne l'ai pas contredit ; je lui ai même dit que je les voyais moi aussi. » Une jeune missionnaire catholique, dont la température était très élevée, vit quant à elle « le bateau qui venait la chercher ». L'infirmière crut que c'était une sorte de pressentiment de sa mort prochaine (notons qu'il pouvait s'agir dans ce cas d'un bateau quelconque, sans qu'y soit attaché un symbole de mort). L'hallucination terminée, la patiente retrouva sa détresse et ses nausées.

Cependant, les visions n'ont pas toutes des effets aussi éphémères. Voyons par exemple le cas de cette patiente, dont le mari était médecin en Pennsylvanie :

> Elle se retrouva dans un site merveilleux, couvert d'herbe et de fleurs. Elle était ravie, heureuse d'avoir sous les yeux ces choses aussi belles. Elle déclara que c'était comme un jardin d'herbe et de fleurs. Cette patiente adorait les fleurs ; elle cultivait d'ailleurs un jardin chez elle.

La patiente, âgée de 80 ans, se mourait d'une affection hépatique. Elle était très déprimée. Sa vision représenta une « sorte de jardin » (ce n'était pas en fait un vrai jardin).

Elle expira dans la sérénité quelques heures plus tard. A-t-elle eu un aperçu de l'au-delà ? La vision d'un jardin *ordinaire* aurait-il suffi à rendre heureuse cette femme déprimée au moment de sa mort ?

Le cas qui suit se rapporte à une acheteuse d'un grand magasin qui souffrait d'un cancer. Cette femme dans la cinquantaine était très terre à terre et peu émotive. Son esprit était clair, son jugement excellent :

> Elle vit un portail ouvert et eut l'impression qu'au-delà se trouvait un lieu plein de fleurs, de lumières, de couleurs. Une voix disait : « Viens dans mon jardin. » Elle m'en voulut de l'avoir dérangée à ce moment-là ; elle me reprocha de l'avoir empêchée d'entrer dans le « jardin ». Après mon intervention, elle reprit contact avec la chambre d'hôpital. La vision la détendit. Elle était à la fois exaltée par l'hallucination et en colère contre moi.

Cette patiente ne parla ni de Dieu ni de religion. Pourtant, une grande quiétude descendit en elle et elle fut, dès lors, « plus calme, moins geignarde et moins agitée. » Elle n'identifia pas la voix qui avait, selon elle, une résonnance biblique.

Voyons maintenant le cas de cette octogénaire, diplômée de collège qui avait eu un arrêt du cœur :

> Ce n'était pas une patiente ordinaire : elle était très alerte, très intelligente et possédait un sens de l'humour très développé. Elle était aussi très terre à terre. Ce matin-là, elle était amorphe ; pourtant, sa température et son pouls étaient normaux. Elle me déclara qu'elle était montée dans un taxi qui l'avait conduite dans un endroit merveilleux où s'étendaient à perte de vue des jardins remplis de fleurs de toutes sortes. Elle dit qu'elle n'avait jamais rien vu de tel. Elle ne voulait pas quitter cet endroit, mais le chauffeur de taxi s'impatientait. Le trajet de retour fut très long car le chauffeur se trompait souvent de rues. Elle me dit qu'elle était disposée à retourner là-bas n'importe quand. D'après moi, ce n'était qu'un rêve mais elle affirmait que sa vision était très réelle. Elle s'éteignit paisiblement quatre jours plus tard.

Un taxi pour le Ciel ? Ce n'est certes pas un moyen de transport très « surnaturel ». Il faut cependant admettre qu'il est impossible de traduire l'essence des visions de l'au-delà dans le langage courant sans utiliser des images tirées de notre réalité. Les « portails », les « fleurs » et l'« herbe » ne font pas moins partie de la réalité physique que les taxis ou les vaches (moyen de transport utilisé par une Indienne pour monter au Ciel — voir chapitre précédent). Le dénominateur commun des visions reste la beauté extraordinaire des lieux ; c'est d'ailleurs sur *la qualité des expériences, et non sur les images utilisées pour les décrire*, que nous fondons notre analyse.

Dans les cas précédemment cités, les patients ont fait une allusion discrète à l'au-delà sans pourtant le désigner comme tel. Le cas suivant est plus direct. Il s'agit d'une veuve de mineur dans la cinquantaine qui souffrait de troubles cardiaques :

> Elle vit un jardin merveilleux auquel on avait accès par un portail. Dieu s'y trouvait ; un ange était à ses côtés. La patiente affirma que Dieu lui avait bel et bien apparu. Elle me déclara qu'elle se rétablirait si elle demeurait sous mes soins (son dossier venait tout juste de m'être confié). La vision la rendit sereine et confiante dans sa guérison. Elle était croyante, mais pratiquait peu sa religion.

La patiente se rétablit.

Une infirmière dans la vingtaine souffrait d'hypertension grave qui avait provoqué une attaque :

> Elle déclara qu'elle voyait un portail qui donnait accès à une vaste étendue de terre. Une paix totale l'envahit, qui chassa ses angoisses et ses inquiétudes. Son état commença à s'améliorer au moment où les portes s'ouvrirent. Son discours, qui était flou, devint alors plus clair. L'expérience la rassura grandement, faisant disparaître du même coup sa crainte de mourir.

Elle guérit. Psychologiquement parlant, le « portail » était très réel ; la vision suscita des sentiments de sérénité et de quiétude.

Voyons maintenant le cas d'une patiente à qui saint Pierre déclara que son heure n'était pas encore venue et qui dut à contrecœur retourner sur terre. Selon elle, l'endroit était si merveilleux qu'elle ne voulait plus le quitter. Comment une vision de ce type peut-elle être à ce point attirante qu'elle en supprime tout désir de vivre? La patiente n'a pas pu répondre à cette question.

Le cas suivant se rapporte à une femme de 78 ans qui était, au dire de l'observateur,

> une personne méchante et très désagréable. Une nuit, elle m'appela auprès d'elle pour me faire voir à quel point le Ciel était merveilleux. Elle me regarda et dit : « Oh, c'est vrai ! Vous ne pouvez pas le voir, vous n'y êtes pas (au Ciel). » Elle semblait apaisée et heureuse. Elle se sentait libérée, ravie et abandonna toute méchanceté. Elle devint beaucoup plus agréable. Je ne crois pas que la patiente a eu une hallucination ; ç'a été une vision très réelle.

Certaines visions sont entourées d'une auréole de splendeur. Voyons ce que nous a rapporté une infirmière à propos d'un laitier septuagénaire, d'origine irlandaise, qui souffrait de « spasmes cérébraux » :

> Soudain, son visage s'illumina et il dit : « Vous savez, tous ces trucs extra qu'ils font aujourd'hui, les spoutniks et les fusées qu'ils envoient là-haut... ». Il me regarda et ajouta : « Eh bien ! Moi aussi, je suis allé *là-haut*, mais ils ne veulent pas me laisser entrer. » Il semblait très heureux. Ses traits étaient illuminés (on aurait dit qu'il était en transe.) C'était très étrange.

L'infirmière nous décrivit ensuite un autre incident bizarre qui s'était produit dans les derniers instants de l'existence du patient :

> Il est mort un mardi, dans le Connecticut. Or, sa sœur était décédée la veille dans l'Ohio. Il me déclara qu'il avait vu sa sœur Mary dans sa chambre (pourtant, il ne savait pas qu'elle était morte). Apparemment, des liens très étroits les unissaient.

Les visions contribuent fréquemment à modifier l'attitude du patient face à la mort. Une femme de 50 ans, qui habitait Philadelphie

> déclara qu'elle était montée au Ciel. Elle affirma qu'elle avait vraiment visité cet endroit merveilleux. « Si c'est ça, le Ciel, alors je suis prête ! » La vision l'avait rendue heureuse et l'avait grandement détendue.

Les cas que nous venons d'exposer forment un éventail à peu près complet des visions du Ciel qui ont été rapportées par les mourants. Nous ne disposons cependant d'aucun indice nous permettant de situer l'au-delà dans un *lieu unique* (comme si, par exemple, nos patients nous avaient tous décrit la ville de New York ou le Grand Canyon). La réalité surnaturelle a certes été dépeinte avec des images très « matérielles » (jardins dont l'herbe était très verte et les fleurs, très belles), mais aucun patient n'a déclaré que la luxuriance de la végétation dans l'au-delà était attribuable à tel ou tel fertilisant, ni que les fleurs étaient constituées, comme sur terre, d'hydrates de carbone. Les « visions du Ciel » n'ont suscité aucune question de ce genre chez les patients et ce, quelle que soit leur scolarité ou leur profession. Qu'il s'agisse d'arbres, d'édifices ou de fusées spatiales, les visions ont toutes été caractérisées par l'utilisation d'objets matériels pour décrire la réalité surnaturelle. Ces expériences n'en ont pas moins profondément marqué les patients, modifiant même en maintes occasions leur conception de la vie et de la mort.

Le Ciel est souvent dépeint comme un lieu fermé, bien organisé, à l'entrée duquel se trouve une sorte d'« agent de l'immigration ». Le patient est « conduit aux portes du Ciel », mais l'entrée lui est parfois refusée par saint Pierre qui déclare : « Je ne suis pas prêt à te recevoir. » Une infirmière, qui venait de faire une piqûre à un patient dans le but de le réanimer, se fit reprocher par celui-ci d'« avoir interrompu un rendez-vous qui ne se reproduira plus jamais ». De tels discours nous semblent tout à fait irrationnels, du point de vue où nous nous trouvons. Et pourtant, ces mourants ont cru qu'il était très important de nous rapporter leurs expériences.

Voyons par exemple le cas de cette femme dans la soixantaine, peu émotive, qui était assistante aux achats de nourriture pour l'hôpital :

> La patiente dit : « On aurait dit un immense coucher de soleil. C'était extraordinairement beau. Les nuages ont soudain pris la forme de portes. » Elle eut l'impression d'être appelée vers ces portes. Il fallait apparemment qu'elle les franchisse. « C'était merveilleux. »

L'interviewer a alors demandé à l'infirmière : « La patiente a-t-elle vu ce qu'il y avait au-delà des nuages ? »

> Non, non ! Les nuages *semblaient* seulement être des portes. Elle ne fut pas exactement appelée, elle eut l'impression qu'elle était attirée vers les portes, je crois. Après la vision, la patiente s'est montrée sereine. Elle s'est dite prête à mourir alors que jusque-là l'idée de la mort l'avait beaucoup angoissée.

Et l'infirmière a conclu en disant :

> L'expérience m'a beaucoup impressionnée, car je n'ai pas cessé d'appeler sa belle-fille. Le phénomène était très intéressant ; il y avait là des accents religieux très marqués. Ce sont des choses que vous sentez, sans pouvoir les définir par des mots.

Une expérience semblable a été rapportée par une femme de 70 ans :

> Elle sentit qu'elle mourait et qu'elle était emportée vers les portes. Elles commencèrent à s'ouvrir pour elle. Elles étaient étincelantes et très belles.

L'« éclat extraordinaire » des portes est également signalé dans le cas qui suit :

> Elle déclara que les portes du Ciel s'ouvraient. C'était un vaste portail étincelant. Il y avait une lumière très intense, beaucoup plus intense que ce que l'on connaît sur terre. Tout était apparemment très brillant.

Cette « lumière » résume le message symbolique que nous ont livré les mystiques au cours des siècles.

Les patients voient-ils souvent le Ciel ? Nous avons à notre disposition 100 cas pour nous aider à répondre à cette question. Un tiers d'entre eux (32%) sont à l'évidence des hallucinations portant sur des lieux et des objets « terre à terre » ; les deux tiers portent par contre sur des sujets caractéristiques de l'au-delà. Les visions du deuxième groupe évoquent le plus souvent le Ciel (41%). Dans 16% des cas, ce sont des jardins et des paysages merveilleux, éblouissants de couleurs et de lumière, qui sont représentés. Enfin, 5% des patients ont vu des structures architecturales symboliques. Dans 6% des cas seulement, les visions axées sur l'au-delà ont été accompagnées de musique sacrée et de chœurs célestes, contrairement aux hallucinations des patients « troublés », qui sont d'ordinaire plus « auditives » que « visuelles ». Les expériences de PES étant la plupart du temps uniquement visuelles, voilà donc un autre point commun entre la PES et les visions précédant la mort.

Nous avons relevé, dans nos deux échantillons, un seul cas de vision ayant porté sur l'Enfer. Si les phénomènes que nous étudions émanent d'un conditionnement religieux, ne devrions-nous pas recueillir un plus grand nombre d'expériences se rapportant à l'enfer ? Quoi qu'il en soit, notre patiente était d'origine italienne et venait de subir une intervention chirurgicale à la vésicule biliaire :

> Quand elle revint à elle, elle déclara : « J'ai cru que j'étais morte et que j'étais en enfer. » Ses yeux étaient exorbités par la peur : « Mon Dieu, répétait-elle, j'ai cru que j'étais en enfer. » Je la rassurai. Elle me raconta son expérience en enfer et me dit que le diable viendrait la chercher. Sa description était entremêlée d'énumérations de ses péchés et des réflexions que les gens faisaient apparemment sur son compte. Son angoisse augmenta à tel point que les infirmières eurent de la difficulté à la maîtriser. Elle devint presque folle et il fallut l'intervention de sa mère pour qu'elle reprenne un peu son calme. Elle était sous l'emprise d'une forte culpabilité, provenant sans doute de son mariage avec un homme de 25 ans son aîné, et d'une relation hors mariage qui avait abouti à la naissance d'enfants illégitimes. Elle était en outre effrayée du fait que sa sœur était morte de la même maladie qu'elle. Elle croyait que Dieu la punissait de ses péchés.

Il n'est pas nécessaire d'être psychiatre pour retracer dans la vie amoureuse de cette patiente (le conflit entre la passion et le devoir) les origines de son « Enfer ».

Un plombier du Connecticut a quant à lui entendu une musique céleste. Il venait d'être opéré pour un cancer et, malgré les douleurs qu'il éprouvait, il était « serein, apaisé par la musique. Il nous demanda si nous l'entendions et nous déclara que c'était divin. » Cette sérénité était apparemment contagieuse : « C'était agréable d'être avec lui (une sorte de satisfaction tirée de l'aide apportée, même si nous ne pouvions le guérir.) »

L'épouse du propriétaire d'un grand magasin a simplement décrit la musique comme « quelque chose de merveilleux qui s'est produit ».

Chez une autre patiente, la musique fut un avant-goût de l'autre monde : « Elle entendit un chœur immense et vit des lieux agréables, comme si elle était tout près du Ciel. »

Tous les patients qui ont entendu de la musique ont employé la même expression pour décrire leur expérience : harmonie. La sérénité et l'harmonie sont certes des états d'âme que l'on s'attend peu à retrouver chez des patients qui souffrent. Voyons par exemple le cas de cette femme de comédien de 62 ans, qui était littéralement torturée par un cancer en phase terminale :

> Il y avait un éclat particulier sur son visage. J'ai retapé ses oreillers et je l'ai remontée un peu dans son lit. Elle était très lucide. Puis, j'ai quitté la pièce. À mon retour, ses yeux étaient ouverts, elle avait encore cet éclat particulier sur son visage. Elle ne semblait pas se rendre compte de ma présence. Elle sourit, souleva le bras droit, comme si elle voulait atteindre quelque chose. Elle reposait paisiblement. Elle paraissait être ailleurs, comment dire, transportée dans un autre monde. Je lui parlai, elle ne répondit pas. Elle me dit plus tard qu'elle avait entendu de la musique d'orgue et vu des anges, étincelants dans leurs vêtements blancs. Elle souriait beaucoup, elle était enchantée de son expérience.

Une question, se rapportant à la parapsychologie, peut être posée à propos du cas précédent : Où se trouvait la conscience de la patiente au cours de l'expérience ? Était-elle toujours rattachée à son corps ou s'était-elle véritablement transportée dans l'au-delà (expérience extracorporelle) ?

Voyons maintenant le cas de ce patient de 69 ans, qui avait eu une attaque. Il était partiellement paralysé et plutôt déprimé :

> Soudain, ses traits s'illuminèrent ; sa douleur disparut et il se mit à sourire (il ne l'avait pas fait depuis l'attaque). Il dit : « Comme c'est beau ! » On eût dit qu'il voyait quelque chose qui demeurait invisible à nos yeux. Il ajouta : « Plus de corps, plus de terre ; des

fleurs, de la lumière et ma Mary (son épouse décédée). » L'expérience lui apporta soulagement et quiétude. Il entra bientôt dans le coma et mourut peu de temps après.

Un étudiant de niveau collégial, âgé de 19 ans, souffrant de leucémie, eut des sensations qui s'apparentent aux expériences extra-corporelles :

> Il avait entendu des anges chanter ainsi que de la musique. Il se sentit flotter dans les airs. Il était plutôt agité auparavant. L'hallucination lui apporta une grande quiétude.

Voici une expérience extra-corporelle typique qui fut rapportée par un vendeur de 68 ans :

> Il eut l'impression de sortir de la chambre par la fenêtre. Il se sentit suspendu dans les airs en train de flotter, comme s'il avait été soulevé de son lit. Il ne ressentit ni douleur ni sensation d'aucune sorte au cours de l'expérience de « flottement ».

Voyons à présent le cas de ce vendeur de produits pharmaceutiques, qui avait près de 40 ans et qui était diplômé de collège. Il avait eu une crise cardiaque :

> Il croyait voler dans l'espace dans une capsule spatiale. Il dépassait des gens, des objets qui flottaient autour de lui. Il luttait pour se sortir de là.

Dans ce dernier cas, les sensations propres au dédoublement ont été décrites en utilisant des images tirées des voyages spatiaux.

Une femme dans la cinquantaine, qui souffrait d'une pneumonie, croyait qu'elle était morte :

> Elle se retrouva dans l'atmosphère. Il y avait des nuages sur lesquels elle marchait. Elle vit là-haut de nombreux châteaux. Ils reflétaient une lumière étincelante. Ils étaient très beaux. Leur beauté impressionna beaucoup la patiente. L'expérience lui apporta la quiétude et l'acceptation de sa mort.

Si nous supposons que l'au-delà n'est pas autre chose qu'une expérience extra-corporelle « permanente », il est alors certain que les traits caractéristiques des cas que nous venons d'exposer sont parfaitement conformes à l'hypothèse de la survie.

Notons par ailleurs que les visions de lumières et de couleurs, vives et d'une beauté incomparable, sont courantes chez nos patients. Nous avons relevé 17 cas, mais il pourrait y en avoir beaucoup plus.

Nous avons identifié, dans 50 de nos cas, certaines caractéristiques fondamentales auxquelles étaient attachées des réactions émotionnelles. Ainsi, 72% des patients sur qui nous disposions des renseignements pertinents ont vécu des expériences d'« une grande beauté ». La quiétude a par ailleurs été l'une des principales caractéristiques de la vision chez 14% des sujets. Quant aux expériences menaçantes ou négatives, elles ont touché 14% des cas (il s'agit pour la plupart de visions sur des sujets « terre à terre », comme par exemple un chien qui a attaqué un patient, lequel avait été gravement blessé dans un accident).

La quiétude a constitué l'essentiel des expériences suivantes. Voyons en premier lieu le cas de ce contremaître de moulin, âgé de 78 ans, d'origine allemande, qui souffrait de douleurs angineuses très vives :

> Lorsqu'il eut ses visions, la douleur disparut et un sourire éclaira son visage. « C'était si beau ! Impossible à décrire ! C'était plus beau que tout ce que l'on connaît sur terre. » Il ne pouvait apparemment en dire davantage.

Une infirmière nous a rapporté le cas de cette femme dans la cinquantaine, d'origine hollandaise, qui habitait la Pennsylvanie :

> Lorsqu'elle fut malade, elle se retrouva apparemment au Ciel. « Oh, c'était si paisible ! » s'exclama-t-elle. Mais elle continua à ressentir de la douleur comme auparavant.

Voyons le cas de cette jeune femme, qui eut une grave hémorragie au moment de son accouchement :

> Elle croyait qu'elle était allée dans l'autre monde. « C'était si beau, si calme, si paisible. » Elle répéta même : « C'était si beau ! » La patiente avait « décroché » pendant un court moment. Elle n'était pas morte, mais elle avait passé tout près de mourir.

Nous avons à quelques reprises relevé des exemples d'images symboliques, comme dans le cas suivant : « Un ancien combattant esseulé devint soudain très agité ; il disait qu'il voyait une pièce magnifique où se trouvait réunie une foule nombreuse qui s'apprêtait à l'accueillir. » Un caissier de banque, dont la maladie avait atteint sa phase terminale, déclara qu'« il avait vu une lumière dorée de l'autre côté du fleuve ». Il dit alors à ses proches qu'il les « verrait de l'autre côté ». Les ponts ou les rives opposées de cours d'eau symbolisent couramment la transition, le passage vers autre chose.

Trois patients seulement ont signalé que leur vision se situait au-delà de toute description ; notons qu'apparemment, l'une des caractéristiques principales des expériences mystiques et des voyages psychédéliques est justement l'*indescriptibilité* (Clark, 1969 ; Pahnke, 1966 ; Stace, 1960).

Nous avons par ailleurs relevé des symboles de mort dans 43 des 100 cas. Dans la majorité des cas (84%), la mort a été perçue comme un passage vers une existence nouvelle et très agréable.

Comme nous l'avons vu précédemment, les deux tiers des visions étaient axées sur l'au-delà, tandis qu'un tiers d'entre elles portaient sur des lieux et des objets d'ici-bas. Nous avons considéré nos données sous un autre angle en les distribuant selon *l'aspect* des lieux et des paysages. Nous avons alors obtenu les résultats suivants : visions menaçantes, 10% ; milieux ordinaires, quotidiens, 14% ; milieux merveilleux mais naturels, 21% ; milieux d'une beauté extraordinaire, au-delà de toute réalité, 37%. Les concepts traditionnels des chrétiens, des hindous ou des musulmans sur l'au-delà ne se sont manifestés que chez un nombre étonnamment restreint de patients (17%). Il semble donc que ni la Bible, ni le Coran ni les livres sacrés de l'Inde n'ont profondément marqué les visions des mourants. Par ailleurs, certaines images traditionnelles telles que les « Portails de perle » n'ont été clairement identifiées que dans un cas sur six.

Nous avons jusqu'ici exposé les principales caractéristiques des visions de l'au-delà, telles qu'elles nous ont été rapportées par les mourants. Ces caractéristiques sont au nombre de sept :

1. Le sujet de la vision.
2. L'aspect des lieux.
3. Les émotions rattachées aux images (une grande beauté accompagnée de quiétude).
4. Les symboles de mort.
5. L'endroit où se trouvait manifestement la conscience du patient.
6. L'impact émotionnel.
7. Les réactions émotionnelles de nature religieuse.

Cette identification étant faite, que peuvent nous révéler ces éléments ? Nous indiquent-ils vraiment ce qu'est l'existence dans l'au-delà ?

Jusqu'à présent, nos analyses ont démontré qu'entre 25% et 33% des visions ont leur source dans notre monde, tandis qu'entre 66% et 75% d'entre elles peuvent êtres considérées comme des expériences axées sur la survie. D'après notre hypothèse, les visions portant sur des sujets surnaturels devraient comporter des aperçus (par PES) de l'existence dans l'autre monde, tandis que les visions d'ici-bas seront tout à fait subjectives (c.-à-d. une sorte de rêve éveillé). Quant à notre modèle, il suppose que les expériences d'ici-bas dépendront de facteurs prédisposant aux hallucinations, qu'ils soient d'ordre médical, psychologique ou culturel, tandis que les visions de l'autre monde seront indépendantes de ces facteurs, vu leur origine (extérieure au patient). Nous avons de nouveau mis à l'épreuve notre hypothèse en vérifiant si les facteurs susmentionnés ont influé, de quelque façon que ce soit, sur l'essentiel des phénomènes.

Première question : les visions peuvent-elles provenir d'un dysfonctionnement du cerveau ? Les maladies telles que les troubles cérébraux, les lésions, les attaques et l'urémie ne forment que 10% de nos cas. Elles ne peuvent donc expliquer qu'une portion très restreinte de nos données. Deuxième question : les patients « troublés » ont-ils eu plus de visions caractéristiques de l'au-delà que ceux qui ne l'étaient pas ? Un écart significatif à ce propos (p = .01) ne s'est manifesté que pour l'une des sept caractéristiques susmentionnées (la grande beauté accompagnée de quiétude) ; en effet, 80% des patients « troublés » ont vu des lieux très beaux, tandis que seulement 32% des autres patients ont eu des visions d'une grande beauté accompagnées de quiétude. Quatre des six autres caractéristiques étaient marquées par une tendance semblable, mais aucune d'elles n'était significative. Par conséquent, les caractéristiques de l'au-delà ont été observées un peu plus fréquemment chez les sujets « troublés » que chez ceux qui ne l'étaient pas. En revanche, les patients « troublés » ont réagi moins souvent que les autres aux visions par des sentiments positifs et/ou de nature religieuse. Nous retrouvons là la même tendance que nous avions déjà notée dans les expériences d'apparition. De tels résultats ne coïncident certes pas avec ce à quoi nous nous attendions, d'après notre hypothèse sur la survie. L'analyse précédente donne en effet à penser que les visions d'une grande beauté, accompagnées de quiétude, pourraient être provoquées par un dysfonctionnement du cerveau. Notons cependant que notre échantillon de 10 patients « troublés » est beaucoup trop restreint pour nous permettre d'en arriver à des conclusions définitives. Il nous faut plutôt examiner ces résultats par rapport à l'ensemble des facteurs d'ordre médical.

Les narcotiques et les drogues psychédéliques peuvent produire de très belles hallucinations. Faut-il pour autant admettre que les visions des mourants ne sont que des « voyages » tout à fait ordinaires, causés par la drogue ou les troubles du cerveau ? Nous disposons de données sur la médication prescrite dans 94 cas. Au dire des observateurs, seulement 18% des patients étaient troublés par la médication. Pourtant, dans la moitié de ces cas, l'effet était trop faible pour provoquer des hallucinations, ce qui nous laisse

9% de sujets moyennement ou fortement troublés. L'analyse des interactions n'a pas permis d'établir de rapport significatif entre la médication et aucune des sept caractéristiques des visions.

Par ailleurs, 21% des patients avaient des antécédents médicaux ou un diagnostic secondaire les prédisposant aux hallucinations. Comme nous l'avons mentionné précédemment, ce pourcentage est probablement exagéré, car il se fonde sur de vagues suppositions faites par les observateurs et non sur des faits réels. De toute façon, aucun rapport significatif n'a pu être établi entre ces facteurs et les sept caractéristiques des visions.

La fièvre (plus de 103°F) n'a touché qu'une portion très restreinte de l'échantillon (7%) et n'a pas pu, par conséquent, influer sur les phénomènes étudiés. Nous disposons de renseignements sur le degré de lucidité des patients dans 96 cas. Les résultats sont les suivants : sujets lucides, 35% ; légèrement troublés, 27% ; et fortement troublés, 37%. Donc, dans l'ensemble, les sujets qui ont eu des visions portant sur des lieux étaient beaucoup moins lucides que ceux qui ont eu des apparitions.

Peut-on déduire que les visions caractéristiques de l'au-delà ont surtout touché les patients les moins lucides ? Pas du tout. Nous n'avons noté aucune interaction significative entre ces sujets et les sept caractéristiques des visions, à une exception près cependant : 77% des patients « troublés » se sont sentis « ailleurs », tandis que 50% des sujets lucides se sont sentis transportés (par ex. dans un jardin merveilleux). Quant aux autres caractéristiques (l'au-delà, la beauté et la quiétude, les symboles de mort et les réactions émotionnelles), elles ont marqué à peu près également les visions des deux groupes. Il semble donc que l'affaiblissement de la lucidité n'influe pas vraiment sur les phénomènes étudiés.

Les résultats obtenus nous démontrent que les caractéristiques des visions sont dans l'ensemble indépendantes des facteurs d'ordre médical, bien que certaines expériences soient effectivement causées par des troubles cérébraux.

Le sexe des patients n'a pas influé de façon significative sur les caractéristiques des phénomènes, même si nous avons relevé un certain écart entre les deux sexes. En effet, les visions des femmes ont porté plus fréquemment sur des sujets caractéristiques de l'au-delà (les lieux qu'elles ont vu étaient d'ailleurs plus souvent en rapport avec l'autre monde.) Par ailleurs, il n'existe aucune interaction significative entre l'âge des sujets et l'une quelconque des sept caractéristiques des visions.

Nous avons noté une interaction significative entre la scolarité et l'une des caractéristiques des visions (p = .01). Les sujets diplômés du secondaire ont eu en effet plus de visions axées sur l'au-delà (89%) que les moins instruits (57%) ou les diplômés de collège (61%). Il nous est impossible d'expliquer ces écarts.

Les patients qui croyaient à la survie ont eu par ailleurs deux fois plus de visions accompagnées de symboles de mort (mort = passage à une existence agréable — p = .003) et de sentiments de nature religieuse (p = .006) que les autres patients. Le fait de croire à la survie n'a pas influé de façon significative sur la fréquence des images de l'au-delà et des visions de grande beauté accompagnées de quiétude. Cet élément, s'il ne modifie que très peu les images mêmes de l'autre monde, n'en régit pas moins, semble-t-il, les sentiments de nature religieuse des sujets, tout en valorisant grandement leur mort.

L'intensité de la foi n'a pas non plus influé sur le sujet des visions. Les patients les plus croyants et les moins croyants ont vu dans une proportion égale le Ciel, des jardins merveilleux, des portails, etc. Ce facteur n'a exercé aucune influence sur les visions d'une grande beauté accompagnées de quiétude. Par contre, les visions des patients les plus croyants ont été beaucoup plus marquées par des symboles de mort (mort = passage à une existence agréable) que celles des autres patients (53% contre 27% ;

p = .06). L'écart est encore plus important quand il s'agit des sentiments de nature religieuse (62% contre 23% ; p = .006). Les images caractéristiques de l'au-delà ne sont donc pas influencées par l'intensité de la foi ; par contre, un rapport émotionnel positif vis-à-vis de la mort se dégage nettement chez les patients très croyants.

Les prévisions des patients quant à leur mort ou à leur rétablissement n'ont pas par ailleurs influé sur les visions.

Les visions axées sur la survie n'ont pas été influencées par le stress (angoisse, agitation et dépression). Les images de l'au-delà se sont manifestées avec la même fréquence chez les patients « stressés » que chez ceux qui ne l'étaient pas. Il semble donc que les visions de l'autre monde n'ont pas été inventées par les sujets pour fuir la réalité.

Dans l'ensemble, les caractéristiques des visions sont donc indépendantes des facteurs d'ordre psychologique susmentionnés. Il est toutefois intéressant de rappeler que la croyance dans la survie et l'intensité de la foi accroissent considérablement la fréquence des symboles de mort positifs et des sentiments de nature religieuse dans les visions des patients.

Vision du Ciel chez les Indiens et les Américains

Les Indiens voient-ils le Ciel de la même manière que les Américains ou les visions propres aux deux cultures sont-elles aussi différentes les unes des autres que l'est la Bible du Véda ? Les expériences se fondent-elles uniquement sur les coutumes et les textes sacrés ou sont-elles fondamentalement les mêmes dans les deux pays ? Il est certain que, si l'au-delà n'existe pas, les visions auront leur source dans l'acquis culturel et religieux des patients. Par contre, si les mourants voient véritablement l'autre monde, nous devrions relever une similitude, à tout le moins au niveau de l'essentiel des phénomènes observés.

Aucune interaction n'a été établie, dans l'échantillon américain, entre la religion des patients et leurs expériences.

Malheureusement, notre échantillon de patients non hindous est trop restreint pour nous permettre d'établir une comparaison valable chez les Indiens. Nous pouvons tout au plus comparer les visions des Indiens avec celles des Américains.

Les visions axées sur la survie ont été plus courantes chez les Indiens (77%) que chez les Américains (62%). La différence est cependant minime. Nous avons obtenu des résultats à peu près semblables en ce qui concerne l'aspect des lieux. Il en est de même pour les images traditionnelles du Ciel combinées aux visions de « lieux d'une beauté si extraordinaire qu'elle dépasse toute réalité » (Inde, 52% ; États-Unis, 58%). Par ailleurs, 17% des Américains ont eu des visions menaçantes (sur des sujets d'ici-bas, pour la plupart). Nous n'avons relevé aucun cas de ce type chez les Indiens. Il faut se rappeler qu'une tendance inverse s'était manifestée dans les cas d'apparition (plusieurs apparitions menaçantes chez les Indiens, aucune chez les Américains). Les patients américains projettent peut-être leurs angoisses sur des lieux et les Indiens, sur des personnes.

Les visions des Indiens ont été plus fréquemment de nature religieuse que celles des Américains (67% contre 55%). Quant aux symboles de mort, ils ont, la plupart du temps, représenté la mort comme le passage à une existence agréable (États-Unis, 77% ; Inde, 90%). Les visions d'une grande beauté accompagnées de quiétude ont également dominé dans les deux cultures (États-Unis, 82% ; Inde, 94%). Il existe donc une similitude fondamentale au niveau des expériences de vision dans les deux pays. Les écarts se situent dans la marge acceptable des erreurs d'échantillonnage et des biais émanant des observateurs.

Nous n'avons noté aucun écart au niveau de l'impact émotionnel des expériences. Les Indiens ont éprouvé un peu plus fréquemment des sentiments positifs (Inde, 66% ; États-Unis, 57%) et un peu moins fréquemment des sentiments négatifs (Inde, 9% ; États-Unis 19%) que les Américains.

Vu sous un autre angle, les Indiens ont réagi aux visions deux fois plus fréquemment que les Américains par des sentiments de nature religieuse (47% contre 24%). L'écart n'est cependant pas significatif sur le plan statistique ($p = .10$).

Les Indiens et les Américains ont donc vécu à peu près les mêmes expériences ; toutefois, les réactions émotionnelles des Indiens ont été plus fortes, plus positives et plus fréquemment de nature religieuse que celles des Américains. Les résultats obtenus indiqueraient qu'en Inde les patients sont dans de meilleures dispositions émotionnelles qu'aux États-Unis lorsqu'ils sont mis en présence de la demeure éternelle.

Jetons maintenant un coup d'œil aux visions que nous ont rapportées les patients indiens. Nous avons pris soin d'exposer les deux types d'expériences (celles d'ici-bas et celles de l'autre monde).

Notre premier cas se rapporte à un jeune homme d'Agra, blessé mortellement d'une balle à la poitrine. Il vit une fête qui n'avait rien de surnaturel :

> « Je suis à une foire de village ; il y a foule. » Il décrivit les lieux avec précision, comme s'il voyait vraiment tous les articles en vente.

Les visions des Indiens ont été caractérisées comme celles des Américains par une lumière étincelante. Voyons le cas de cet ingénieur dans la quarantaine, qui avait eu une crise cardiaque :

> Il décrivit des choses qui baignaient dans une lumière très brillante et qui vinrent vers lui, peu de temps avant sa mort. Il déclara : « Je vais mourir. Ne me dérangez pas — je ne veux pas de médicaments. »

Il fut pénétré par la sérénité et la quiétude et mourut moins de dix minutes plus tard.

Un ouvrier de ferme hindou déclara, après avoir repris conscience, qu'il était allé dans un endroit très beau, qui ressemblait au *Swarag* (le Ciel).

Mais à quoi ressemble le *Swarag*? Une hindoue de Allahabad nous en a appris davantage à ce sujet : « Je vois le Ciel. Il y a des jardins magnifiques parsemés de fleurs. » Jusqu'ici, le récit s'apparente beaucoup à celui des patients américains. Voyons la suite : « Des enfants jouent et chantent. Il y a beaucoup de gens, de hautes maisons. Je vois aussi Dieu. Tout est merveilleux. » L'observateur ajouta : « La patiente a toujours été heureuse depuis lors ; sa guérison remonte déjà à plusieurs années. »

Voyons maintenant le cas de cet étudiant hindou dans la vingtaine, qui habitait Aligarh et qui était en train de mourir de la variole. Il semble avoir donné à sa vision du Ciel une coloration « académique » :

> Vingt minutes après avoir eu l'hallucination, le patient me déclara : « J'ai vu des édifices et des jardins très beaux, entourés de collines. J'ai vu aussi des gens nobles et instruits. Ils étaient tous heureux et accueillants. » Il ajouta : « Je vais mourir, » et il se mit à pleurer.

Le Ciel des hindous est apparemment aussi beau que le Paradis des chrétiens, mais l'étudiant n'était pas, de toute évidence, prêt à y entrer.

Voyons le cas de cette infirmière chrétienne, qui s'était convertie à l'Islam lors de son mariage et qui était en train de mourir d'une hémorragie utérine :

> Elle vit toutes les « commodités » de l'autre monde, les intérieurs magnifiquement meublés de divans, etc. Il n'y avait là-bas rien de triste ni de désagréable (tout était gai et souriant). Le médecin ajouta alors sèchement : Elle voulait avoir plus de confort dans l'autre monde qu'un médecin bien rémunéré ne peut en obtenir dans ce monde-ci.

(Apparemment, on ne lésine pas sur le bien-être des habitants, là-haut !)

Voyons à présent le cas de cet homme de 40 ans, qui souffrait d'une infection de l'estomac. Il déclara à son infirmière :

> « Je vois un temple dont les portes sont fermées. Ouvrez-moi, je dois aller voir Dieu. » Plus tard, il vit les messagers de la mort vêtus de noir : « Ils viennent me chercher. »

Le patient fut dès lors plus serein. Notons la similitude qui existe entre sa vision et les « portes » qui donnent accès au Ciel chez les chrétiens.

Un hindou dans la quarantaine, qui habitait Bihar, était atteint par la gangrène. Il venait de frôler la mort de près :

> Le lendemain, il déclara : « Hier, je me trouvais dans un palais magnifique. Il y avait des jardins très beaux et un temple où demeuraient plusieurs dieux. » Il semble, d'après sa description, qu'il a vraiment vu le Ciel.

Avant la vision, son moral était au plus bas. L'expérience lui apporta la sérénité, la quiétude et, tout comme la vision du Ciel chez les chrétiens, l'acceptation paisible de sa mort.

Une infirmière indienne de foi chrétienne eut une vision à peu près semblable :

> Je me suis sentie monter. Il y avait un merveilleux jardin plein de fleurs. Je me suis assise et, soudain, une lumière étincelante m'a éblouie ; alors, Jésus est venu à moi. Il s'est assis et nous avons parlé. Tout autour de nous resplendissait la lumière.

L'expérience l'apaisa. Elle se rétablit lentement (elle avait attrapé la typhoïde).

Une jeune femme hindoue avait été dans le coma pendant deux jours par suite d'une infection en cours de grossesse. Sa vision du Ciel fut différente. « Elle vit des grands coffres pleins de soieries et de bijoux. Elle se couvrit des parures et des vêtements les plus beaux et dansa. » Sa danse ne la conduisit pas cependant au Ciel, car elle se rétablit par la suite.

Une jeune hindoue de 17 ans, gravement blessée dans un accident, était demeurée inconsciente pendant douze heures. Elle vit un jardin merveilleux où s'amusaient de très jolies filles. « Laissez-moi partir ! Je veux aller jouer dans le jardin. C'est un si beau jardin ! » Au lieu de la « laisser partir », le personnel médical jugea qu'elle était un peu trop agitée et lui administra une piqûre de morphine.

Notons qu'aucun patient américain n'a vu des gens qui jouaient et dansaient au Ciel. Le paradis des chrétiens est peut-être trop solennel pour que s'y déroulent de telles manifestations. L'on peut certes se demander pourquoi les patients ont quitté des endroits aussi charmants. Voyons les cas de certains sujets qui ne voulaient pas du tout revenir sur terre.

Un Indien dans la trentaine, diplômé de collège, souffrait d'une affection hépatique. Il crut mourir et déclara plus tard à l'infirmière :

> Lorsque je suis mort, je suis allé au Ciel. C'est merveilleux. Il y avait de très beaux jardins remplis de fleurs. J'ai vu des Yamdoots (messagers de la mort) qui avaient le teint noir. J'ai aussi vu Yamaraj (le dieu de la mort) ; il était noir, de grande taille et très musclé.

Le patient ne voulait plus retourner sur terre. Il désirait demeurer là-bas. Quand il revint à lui, son choix était fait : il était prêt à mourir (même si cette idée l'effrayait énormément avant son expérience).

Un Indien dans la vingtaine, diplômé de collège, avait décidé de se suicider à l'aide de barbituriques. Il se crut au Ciel, ce qui n'était pas l'avis du médecin :

> Le patient parlait de façon incohérente. Il disait : « Je suis au Ciel. Il y a autour de moi une foule de maisons et un grand nombre de rues en bordure desquelles on a planté de grands arbres fruitiers. Des petits oiseaux chantent dans les arbres. »

Nous avons relevé aux États-Unis plusieurs cas qui s'apparentent aux expériences de dédoublement (extra-corporelles). Un certain nombre de patients indiens ont eux aussi signalé qu'ils se sentaient flotter dans l'espace. Un chef d'entreprise hindou a par exemple déclaré à son médecin : « Je tournais en rond dans le ciel ; ce fut un voyage très agréable. » Le médecin l'interrogea sur le véhicule qui l'avait transporté, mais il n'en savait rien.

Une infirmière chrétienne était en train de subir une césarienne : « On m'installa sur la table d'opération. Je me suis mise à prier. J'ai alors senti que je montais, que je montais... Je vivais une paix profonde. La mort est une expérience très paisible. »

Une femme dans la quarantaine, qui habitait Farrukhabad, semblait être morte d'une pneumonie :

> Nous la crûmes morte et nous utilisâmes aussitôt les techniques de réanimation. Nous n'obtînmes aucun résultat pendant 10 à 15 minutes. Elle était inconsciente. Soudain, elle revint à elle, ouvrit les yeux et déclara qu'elle avait fait l'expérience de la mort. « Je volais dans l'espace. Il n'y avait rien d'autre que de l'espace. » Elle ne voulait pas retourner là-bas.

Un Indien, diplômé de collège et membre du parti communiste indien, avait une philosophie très matérialiste. Au cours d'un arrêt cardiaque,

> il se sentit voler dans les nuages. C'était d'après lui un lieu très agréable, qui n'avait rien de commun avec la terre. Il se sentait très léger. Il entendait de la musique, et des chants en sourdine. Lorsqu'il se rendit compte qu'il était revenu à lui, il regretta d'avoir quitté cet endroit merveilleux. Il semblait avoir beaucoup aimé son expérience. C'était un être jovial, toujours en train de plaisanter. Il n'était nullement sentimental ni croyant ; il était très indépendant à l'égard de sa famille et il aimait beaucoup le cinéma. Il déclara : « Ç'a été comme une éclaircie dans l'orage de ma maladie que de me sentir au-dessus de la misère et des souffrances de l'humanité. »

Une expérience bien étrange chez un non-croyant.

Voyons le cas de cette patiente qui avait fait un infarctus du myocarde : « Elle se rendit à un endroit où se dressaient de hautes montagnes couvertes de neige. Tout était blanc. Il n'y avait aucun signe de vie. Elle était heureuse de se trouver là. » Aucun Américain n'a vu de montagnes aux sommets enneigés ; notons qu'en Inde la neige est associée au décor imposant des Hymalayas.

Un Indien de 50 ans souffrait d'un cancer du rectum : « Le patient déclara qu'il avait l'impression de se rendre à Bénarès, Allahabad, Mathava et autres lieux saints. Il croyait qu'il ne monterait au Ciel qu'après avoir "vu" ces endroits. » D'autres sujets ont « visité » Varanasi et le Taj Mahal. Notons que nous n'avons relevé aucun « pélerinage astral » de ce type chez les Américains.

Plusieurs Américains se sont par ailleurs heurtés, lorsqu'ils sont montés au Ciel, à des portes fermées (les médecins ramenaient le sujet à la vie et celui-ci manifestait du ressentiment à l'égard de ceux qui l'avaient sauvé). Nous avons recueilli des cas semblables en Inde. En voici quelques exemples :

> Un policier hindou, qui souffrait de tuberculose, dut être amputé d'un poumon. Un jour, comme il avait cessé de respirer, nous lui avons fait un massage cardiaque. Son cœur cessa de battre pendant 1 ou 2 minutes et il demeura inconscient de 2 à 3 minutes. Lorsqu'il revint à lui, il dit aux infirmières, sur un ton de reproche : « Pourquoi m'avez-vous ramené ? J'étais dans un jardin merveilleux, tellement beau que je ne peux pas le décrire. » Il demeura en vie pendant deux heures, puis il expira. Il était très heureux d'avoir fait cette expérience, mais il regrettait d'avoir été ramené à la vie.

Voici un autre cas où s'entremêlent le bonheur de l'expérience vécue et l'amertume du retour sur terre :

> Un cultivateur hindou dans la soixantaine eut un arrêt du cœur. L'équipe médicale parvint à le ranimer après quelques minutes. Le patient avait apparemment été conduit dans un palais en argent ; le mobilier (également en argent) était couvert de coussins de soie. Quelques femmes, portant de très beaux vêtements, étaient assises près d'une piscine, comme si elles n'attendaient que lui. Les cinq leaders du village (juges) étaient assis au centre du palais pour l'accueillir. Le palais embaumait le parfum. Le patient était très heureux d'avoir fait cette expérience. Mais il était en colère contre le médecin : « Pourquoi m'avez-vous sauvé ? » lui dit-il.

La vision de ce pauvre cultivateur était beaucoup plus « sensuelle » que spirituelle, mais elle n'en était pas moins d'une grande beauté. Nous avons rapporté quelques cas de patients américains qui ont été « renvoyés » sur terre. Le même phénomène s'est produit chez un certain nombre d'Indiens, mais d'une façon moins spectaculaire.

Voyons le cas de cette jeune hindoue qui fut considérée comme morte, mais qui revint à la vie. Son médecin nous a déclaré :

Deux messagers l'attachèrent à une civière à l'aide de cordes et la conduisirent jusqu'à Dieu. Elle vit là-bas des gens très beaux (des femmes), qui préparaient des repas. La patiente avait envie de goûter aux plats. Dans un endroit surélevé était assis un être majestueux, qui dit aux messagers : « Pourquoi l'avez-vous amenée ? » Il leur indiqua la personne qu'ils auraient dû plutôt conduire jusqu'à lui. Alors, les messagers renvoyèrent la patiente. Elle ne voulait pas partir, l'endroit était si beau. Après l'expérience, l'on pouvait voir des marques de corde sur ses jambes.

(Les Indiens ont coutume d'attacher la dépouille mortelle à une civière avant de l'emporter vers le bûcher funéraire.)

Voyons à présent le cas de cette musulmane, diplômée du secondaire, dont l'état était critique par suite d'une opération à l'utérus :

« J'ai vu quatre personnes vêtues de noir qui m'ont demandé de les accompagner. Ils m'emportèrent dans les airs. Il y avait dans le ciel un endroit où tout était vert. Dieu y était assis. Il me demanda mon nom, puis me dit que j'étais là par erreur. On me renvoya sur terre. » Lorsqu'elle revint à elle, elle dit à l'infirmière avec amertume : « Ma sœur, pourquoi m'avez-vous ramenée ? J'aimais tellement cet endroit. Je souhaite pouvoir y retourner. »

Le phénomène du « renvoi sur terre » a aussi touché les Indiens chrétiens ; même un missionnaire suédois a été emporté par erreur.

Voyons le cas de ce commis de bureau du Bengale-Occidental qui était de foi chrétienne :

Le patient venait d'être déclaré mort. On avait même commencé les préparatifs des funérailles. Soudain, il revint à lui. Il se plaignit de douleurs. Quand je lui demandai des précisions, il me dit qu'on l'avait poussé et qu'il s'était fait mal. Il se souvenait d'avoir été conduit en haut d'un grand escalier. Là, il avait vu un paysage magnifique, des fleurs très belles. Il avait aussi vu un homme, vêtu de blanc et tenant à la main un grand livre. L'homme avait consulté son livre, puis il avait dit à ceux qui avaient emporté le patient qu'il y avait erreur sur la personne. Les messagers l'avaient alors poussé du haut de l'escalier.

Le patient ne put expliquer comment on avait maltraité son « âme » ; chose certaine, à son retour sur terre, son corps lui faisait mal.

Nous avons là un trait caractéristique des visions des patients indiens : seuls les messagers de l'au-delà ont des manières autoritaires. En effet, l'homme qui « tient le grand livre » est toujours décrit comme un souverain bienveillant. Une aura de sainteté l'entoure, qu'il soit appelé par les patients « l'homme en tunique blanche » ou « Dieu ». Les figures religieuses apparues aux patients américains sont d'ailleurs entourées de la même aura de sainteté. D'ordinaire, lorsqu'elles apparaissent, « les traits du patient s'illuminent ».

Les lieux décrits par les patients ont-ils le même « air de sainteté » ? Il est certes normal que les sujets modèlent leurs visions sur la réalité terrestre : fleurs, jardins, cours d'eau, portes, grands édifices, châteaux, palais d'argent, temples, et même escaliers. Le dénominateur commun des visions n'est pas un quelconque « décor spirituel » d'où émanent certaines formes. Notons cependant que la réalité terrestre est, transposée dans l'au-delà, plus parfaite, plus intense ; elle baigne dans une lumière surnaturelle. En fait, ce qui se situe au-dessus de la diversité des images tient davantage de l'expérience que de la perception. Le phénomène le plus courant est celui de « la grande beauté qui dépasse toute réalité » et qu'accompagnent la joie, la quiétude et la sérénité. La plupart des mourants vivent une expérience extrêmement agréable, *absolue* (ils ne veulent d'ailleurs plus « revenir sur terre ».) Parfois même, les visiteurs irradient une lumière étincelante et de riches couleurs.

Quant aux images elles-mêmes, ce sont plus que des représentations de la réalité, ce sont souvent des symboles (c.-à-d. des signes indicateurs d'une existence qui se situe au-delà de toutes nos possibilités de perception). Si les mourants nous décrivent véritablement l'autre monde dans leurs visions, les termes qu'ils emploient (beauté, harmonie, quiétude, etc.) sont de toute évidence ceux qui se rapprochent le plus de l'indescriptible.

Le sens de la mort : ce que cette étude nous a appris

Nous voici arrivés au terme d'un long voyage, au cours duquel nous avons examiné, analysé, évalué plus de 1 000 expériences vécues par des patients « rescapés » et en phase terminale, sur deux continents différents. Nous vous avons présenté ce vaste corpus de cas sous la forme de moyennes statistiques et d'extraits tirés des rapports des infirmières et des médecins que nous avons interviewés. Certes, les statistiques ne sont que des formules abstraites qui dépeignent bien mal les angoisses, les espoirs vacillants et les explosions soudaines de joie qui ont marqué nos patients. Les statistiques ne sont que des fleurs séchées, de pâles reflets de la réalité. Néanmoins, les données que nous avons recueillies et qui se rapportent à un nombre important de patients différents tant par leurs maladies que par leur éducation, leur acquis culturel et leurs croyances, nous ont permis de jeter un regard neuf sur la mort, son mystère et sa signification. Aucune autre voie ne s'offrait à nous pour acquérir cette connaissance. Notre odyssée est en outre la première du genre ; il nous a donc fallu travailler dur pour avancer dans les terres nouvelles que nous explorions car, comme au temps des pionniers américains lancés à la conquête de l'Ouest, aucune route n'était tracée devant nous. Les lecteurs comprendront par conséquent (du moins, nous l'espérons) que les connaissances que nous avons rapportées de notre périple ne sont que des matériaux bruts par rapport à ce que découvriront sans doute ceux qui nous suivront. Ceux-là auront sans doute plus d'ingéniosité, plus de rigueur et, surtout, plus de ressources que les pionniers que nous avons été.

Les connaissances que nous avons acquises ont été exposées dans les chapitres précédents. Dans les pages qui suivent, nous allons les résumer et tenter d'en tirer des conclusions (c.-à-d. de poser, à l'intention de ceux qui viendront après, quelques jalons sur la carte géograhique de la survie).

L'essentiel des phénomènes

Quelles sont les caractéristiques fondamentales des visions précédant la mort ? Nous avons découvert que les phénomènes axés sur la survie sont en général de plus courte durée que ceux qui portent sur des sujets terre à terre. La situation s'apparente à un embranchement routier : les expériences brèves mènent la plupart du temps aux phénomènes axés sur la survie, tandis que les expériences prolongées aboutissent à des images et à des sentiments d'ici-bas. Des recherches parapsychologiques ont démontré que les expériences de PES sont d'ordinaire de courte durée. Or, d'après notre hypothèse, les visions précédant la mort comportent la perception extra-sensorielle de l'au-delà et de ses messagers. Les visions devraient, par conséquent, être brèves. Ce qui fut le cas.

Par ailleurs, la mort suit de plus près les expériences axées sur la survie que celles qui portent sur des sujets terre à terre. Toujours d'après notre hypothèse, les visions sont des dérivés du phénomène de passage dans l'au-delà et doivent donc être étroitement liées à la mort du sujet. Nous avons relevé un grand nombre de patients qui, se conformant à *l'appel* de l'apparition, sont passés dans l'autre monde et ce, malgré les pronostics médicaux les plus optimistes. Naturellement, le laps de temps écoulé entre l'expérience et la mort ne s'applique pas aux cas de patients qui *ne* sont *pas* morts après avoir eu une apparition ou une vision portant sur des lieux d'ici-bas.

Dans sa monographie intitulée *Deathbed Observations by Physicians and Nurses*, Osis a signalé que, d'une part, les personnes qui figurent dans les visions des mourants sont la plupart du temps des messagers de l'au-delà (c.-à-d. des apparitions de personnes décédées ou de figures religieuses) et que, d'autre part, les apparitions caractéristiques de l'au-delà ne forment qu'une portion restreinte des hallucinations rapportées par l'ensemble de la population (c.-à-d. les gens « en santé »). Les deux enquêtes qui ont suivi ont parfaitement confirmé cet énoncé. En effet, les visions des mourants et des patients « rescapés », tant aux États-Unis qu'en Inde, ont mis le plus souvent en scène (quatre fois contre une) des personnes décédées et des figures religieuses. Ces résultats sont clairs et nets : *les êtres qui apparaissent aux mourants sont presque tourjours perçus comme des messagers venus de l'autre monde.* Par ailleurs, la majorité des personnes qui ont figuré dans les visions des mourants étaient des proches parents décédés. Ce qui est en parfait accord avec notre hypothèse, selon laquelle les proches parents sont tout désignés pour servir de guides au mourant lors de son passage dans l'au-delà. Ajoutons que les hallucinations de malades mentaux et les visions provoquées par la drogue ont rarement mis en scène des proches parents du sujet.

L'enquête-pilote avait déjà mis au jour le trait le plus spectaculaire des visions précédant la mort : l'intention manifeste d'emporter le patient dans l'au-delà. *Or, cette intention a nettement dominé, dans les enquêtes ultérieures, les apparitions des mourants et des patients « rescapés » (tant aux États-Unis qu'en Inde).* En effet, les apparitions, loin de n'être que l'expression des désirs et de la dynamique intérieure des patients, semblent posséder une volonté qui leur est propre. Il est évident que la prédominance de cette intention cadre parfaitement avec notre modèle. Si l'au-delà existe, il est normal que les morts viennent nous aider à y passer.

L'étude-pilote avait également démontré que les patients réagissent d'une manière surprenante aux apparitions caractéristiques de l'au-delà : ils désirent « partir » (c.-à-d. mourir). Certains sujets ont même fait des reproches sévères à ceux qui les avaient ramenés à la vie. Ces cas de « ressentiment » ont été relevés dans les deux pays. Notons que presque tous les patients américains et les deux tiers des patients indiens se sont dits disposés à « partir » après avoir eu une apparition venue les emporter. *Les rencontres avec les messagers de l'autre monde semblent si agréables qu'elles enlèvent toute valeur à l'existence ici-bas.* Nous ne nous attendions cependant pas, en nous fondant sur les résultats de l'étude-pilote, à ce qu'un tiers des patients indiens refusent de partir. (Les refus semblent avoir leur source en partie dans la religion, en partie dans l'acquis culturel).

Les réactions émotionnelles aux apparitions ont par ailleurs été les mêmes chez les mourants et chez les patients « rescapés ». Si l'on tient compte de la détresse et de la douleur éprouvées par les agonisants, leurs réactions sont pour le moins surprenantes. Un quart seulement des patients n'ont eu aucune réaction, et la plupart de ceux qui ont réagi d'une façon ou d'une autre ont manifesté des sentiments positifs : sérénité, quiétude, exaltation. La sérénité et la quiétude peuvent certes être considérées comme des réponses appropriées aux expériences « transcendantales ». Par ailleurs, un tiers des réactions positives ont été jugées de nature religieuse (par ex. ceux qui ont vu « Dieu »). Quant aux réactions négatives, si elles se sont manifestées chez plusieurs patients, elles ont surtout été le lot des Indiens qui ne voulaient pas partir et des cas dont les hallucinations portaient sur des sujets terre à terre.

Les patients dont les apparitions ont manifesté des intentions terre à terre ont rarement réagi par la sérénité, par la quiétude ou par des sentiments de nature religieuse. Par contre, le fait d'accueillir les visiteurs de l'autre monde avec de tels sentiments cadrait parfaitement avec notre hypothèse sur la survie.

Les réactions émotionnelles positives ont marqué encore plus fortement les visions portant avant tout sur des lieux (Ciel, jardins merveilleux, etc.); les réactions principales ont été la sérénité, la quiétude, l'exaltation et les sentiments de nature religieuse. Ce qui laisse peu de place aux réactions négatives, lesquelles ont surtout été le lot des patients qui ont eu des hallucinations portant sur des sujets terre à terre.

Même si la plupart des visions de lieux ont porté sur des paysages d'un autre monde, un nombre considérable d'entre elles (un tiers) ont mis en scène des endroits et des objets d'ici-bas. Certes, toutes les visions, quelles qu'elles soient, ont été formées à partir d'images d'ici-bas, mais il est évident que les visions caractéristiques de l'autre monde seront plus « intenses » que ce que nous connaissons sur terre et ce, tant au niveau des couleurs que de la luminosité. Dans l'échantillon américain, environ la moitié des images de l'au-delà étaient conformes à la tradition et aux textes religieux. Il nous a par ailleurs été impossible de déterminer ce qui, en Inde, était jugé « traditionnel ». Presque toutes les visions de l'autre monde ont été caractérisées par la beauté, la quiétude et l'harmonie (la grande beauté étant l'élément le plus courant de l'ensemble des expériences). Nous avons également noté, lorsque les rapports nous ont fourni suffisamment de données d'interprétation, que, dans cinq cas de visions sur six, la mort a été vue comme le passage à une existence agréable.

Certains patients ont par ailleurs eu certaines réactions caractéristiques de l'au-delà sans avoir eu de visions. Il s'agit des cas de modification de l'humeur. Plus de la moitié des sujets de ce groupe ont été brusquement pénétrés par la sérénité et la quiétude tandis qu'un tiers des patients sont subitement devenus exaltés; les autres ont réagi de diverses façons. Les réactions de sérénité et de quiétude ainsi que les sentiments de nature religieuse ne correspondaient aucunement à l'humeur des sujets la veille de l'expérience. Le phénomène a plutôt été considéré comme une percée de soleil à travers les nuages noirs de l'agonie. Or, d'après notre modèle, les réactions susmentionnées provienment d'un contact extra-sensoriel avec la réalité transcendantale.

Nous avons découvert que les changements d'humeur peu de temps avant la mort resssemblent aux expériences de PES au cours desquelles un individu réagit à un événement qui se produit à distance du lieu où il se trouve et ce, même s'il n'est pas conscient de la nature de l'événement. Ainsi, une mère sera soudain plongée dans un abattement très profond au moment même où son fils sera tué à la guerre et ce, *longtemps avant* que ne lui parvienne le télégramme annonçant sa mort. Nombreux sont les patients qui ont été pénétrés par la sérénité sans motif apparent. Certains en ont tiré un faux optimisme et, croyant que c'était là un indice de leur guérison prochaine, se sont mis à projeter des vacances, etc. Ces traits ressemblent beaucoup aux expériences de PES.

Dans certains cas, les patients ont vu disparaître toute douleur. D'après notre hypothèse sur la survie, l'esprit ou l'âme, en se libérant du corps, n'est plus atteinte par la douleur ou l'inconfort. Il arrive même parfois que des sujets souffrant de troubles cérébraux ou même mentaux (schizophrénie) retrouvent, peu de temps avant la mort, leur lucidité et leur personnalité réelle.

Certes, la modification de l'humeur, comme tous les autres phénomènes qui précèdent la mort, pourrait être interprétée autrement que par la survie. Nous avons procédé à une évaluation des diverses explications possibles en tentant de déterminer dans quelle mesure les facteurs d'ordre médical, psychologique et culturel avaient pu influer sur les cas que nous avons recueillis. Voici un résumé des résultats de nos analyses.

Explications autres que la survie:
Évaluation critique

Dès le début de notre enquête, nous savions qu'il existait diverses explications au phénomène des visions précédant la mort. Nos méthodes de recherche ont donc eu pour objet de recueillir systématiquement des données qui se trouveraient à appuyer les explications d'ordre médical, psychologique et anthropologique les plus courantes. Nous allons d'abord examiner attentivement ces facteurs ; puis, nous nous pencherons sur d'autres éléments qui auraient pu fausser nos données (biais provenant des observateurs, des patients, des méthodes d'échantillonnage et des enquêteurs eux-mêmes).

Toute évaluation critique des expériences des mourants doit tenir compte des *facteurs d'ordre médical.* Existe-t-il un lien quelconque entre les visions des mourants et les visions provoquées par les drogues ? Le personnel médical administre fréquemment aux patients de la morphine, du démérol et d'autres drogues présumément hallucinatoires afin de rendre leurs douleurs plus supportables. Nos résultats nous démontrent qu'un nombre très restreint de sujets qui ont eu des visions étaient sous l'effet de telles drogues. Par ailleurs, les patients à qui l'on en avait administré n'ont pas eu plus de visions que les autres. Quel qu'ait été l'effet de la médication prescrite, *elle n'a apparemment pas provoqué les phénomènes de visions conformes à l'hypothèse de la survie.*

Il n'existe pas non plus de lien significatif entre les apparitions et les troubles cérébraux (maladies, lésions ou empoisonnement par urémie). Les résultats sont clairs : ce facteur a soit réduit la fréquence des phénomènes axés sur l'au-delà, soit exercé une influence nulle sur ces expériences. En conséquence, *l'hypothèse selon laquelle les phénomènes étudiés seraient provoqués par un dysfonctionnement du cerveau n'est aucunement vérifiable.* À une exception près, cependant, qui se situe au niveau d'une proportion infime de patients qui ont eu des visions de lieux : en effet, huit sujets « troublés » sur dix (troubles cérébraux ou néphrétiques) ont eu des visions caractérisées par une grande beauté. Nous ne pouvons expliquer ce résultat.

Par ailleurs, les antécédents médicaux prédisposant aux hallucinations n'ont pas augmenté la fréquence des expériences axées sur l'au-delà.

Nous avons constaté que les facteurs d'ordre médical qui suppriment ou diminuent la communication avec le monde extérieur tendent à diminuer également la fréquence des phénomènes axés sur la survie. Ces résultats coïncident parfaitement avec l'hypothèse de la survie, contenue dans notre modèle.

Certains facteurs d'ordre psychologique (le stress et les grandes espérances) seront parfois à la source d'hallucinations. Pour reprendre un exemple déjà mentionné : un voyageur assoiffé dans le désert « verra » un point d'eau qui n'existe pas. Nos analyses nous ont démontré sans l'ombre d'un doute que les expériences vécues par les mourants et axées sur la survie ne sont pas reliées au stress, aux prévisions quant à la mort ou au rétablissement du patient, ou même à son désir de voir un être cher. Nous n'avons trouvé dans nos échantillons aucune indication nous permettant de supposer que les facteurs d'ordre psychologique prédisposant aux hallucinations peuvent aussi être à l'origine des visions caractéristiques de l'au-delà.

L'acquis culturel a un énorme pouvoir de conditionnement sur le comportement humain. D'après notre modèle, ce facteur devrait exercer une grande influence sur les phénomènes étudiés (si l'hypothèse de l'anéantissement est vraie) et une influence restreinte (si l'au-delà existe). En effet, les gens s'entendent mieux d'ordinaire sur ce qu'ils perçoivent que sur ce qu'ils imaginent. L'influence culturelle peut être observée de deux façons, soit en examinant :

1. Dans quelle mesure les visions coïncident avec le conditionnement culturel de l'individuel (par ex. la Bible chez un sujet américain) ;
2. Quelles sont les différences entre les phénomènes rapportés dans les deux échantillons (États-Unis et Inde).

En fait, il était beaucoup plus difficile d'évaluer les facteurs d'ordre culturel que les facteurs d'ordre médical ou psychologique. En effet, sur le plan culturel, la différence entre « influence légère » et « influence moyenne » est davantage une question de jugement que de mesure. Une autre difficulté s'ajoutait à la première : la perception extra-sensorielle est beaucoup plus assujettie à la subjectivité (embellissements, symbolisations et déformations) que la perception sensorielle. Naturellement, la composition des images subjectives en rapport avec les phénomènes dépendra de facteurs d'ordre culturel et même de traits personnels. Nous avons toutefois présumé que l'essentiel des phénomènes serait plus homogène que le détail lequel, bien que comportant des aperçus extra-sensoriels de l'autre monde, pourrait baigner dans la subjectivité. L'essentiel des phénomènes a été décrit dans les pages précédentes. Le Tableau 2 en offre un résumé.

TABLEAU 2

Comparaison de l'essentiel des phénomènes axés sur l'au-delà entre les patients américains et indiens *

Phénomènes prévus selon notre modèle	Phénomènes effectivement présents dans les visions	
	É.-U.	Inde
1. Les expériences axées sur l'au-delà sont de courte durée, comme les expériences de PES	X	X
2. Les apparitions sont considérées dans la majorité des cas comme des êtres venus de l'autre monde	X	X
3. La plupart des apparitions mettent en scène des figures religieuses		X
4. La plupart des apparitions mettent en scène des personnes décédées	X	
5. La plupart des apparitions de personnes décédées sont des proches parents	X	X
6. La majorité des apparitions viennent « emporter le patient »	X	X

* X = phénomène confirmé par les enquêtes.

7. La plupart des patients réagissent à l'apparition en se disant disposés à « partir » (c.-à-d. à mourir)	X	X
8. Une minorité (importante) de patients refusent de « partir »		X
9. Dans certains cas de patients « rescapés », le sujet est renvoyé sur terre par l'apparition	X	X
10. Les réactions émotionnelles les plus fréquentes des patients aux apparitions sont : la sérénité, la quiétude, l'exaltation et les sentiments de nature religieuse	X	X
11. Chez certains patients, une modification de l'humeur se produit peu de temps avant la mort	X	X
12. Les visions portent principalement sur des lieux caractéristiques de l'au-delà	X	X
13. La beauté, la quiétude et l'harmonie caractérisent la plupart des visions de lieux ..	X	X
14. Dans les visions de lieux, la mort est vue comme le passage à une existence agréable	X	X

On se rend compte tout de suite, en consultant le Tableau 2, que les similitudes dépassent, et de loin, les dissemblances. Notons cependant que certains éléments qui, supposément, n'avaient aucun rapport avec l'au-delà, ne figurent pas dans le tableau (par ex. la prédominance, chez les Indiens, d'apparitions de figures masculines et assez âgées, contrairement aux apparitions des patients américains qui ont plutôt mis en scène des figures féminines, souvent jeunes). Ces différences de détail ont été expliquées précédemment et ne sont aucunement d'origine surnaturelle.

À notre sens, les similitudes qui existent entre les deux pays quant à l'essentiel des phénomènes de visions précédant la mort parlent d'elles-mêmes et appuient de toute évidence l'hypothèse de la survie.

Nous avons découvert un autre élément à l'appui de notre hypothèse : les expériences vécues par les patients des deux cultures ne correspondent pas toujours à leurs *croyances religieuses sur l'au-delà.* Il arrive en effet que des sujets voient quelque chose de nouveau, d'inattendu, même contraire à leurs croyances. Les visions des patients américains ont par exemple rarement représenté les concepts chrétiens de « jugement », de « rédemption » et de « salut ». Qui plus est, si les visions du Ciel se sont multipliées, les expériences portant sur l'Enfer et les démons ont été presque complètement absentes de l'échantillon. Les êtres et les lieux qui ont figuré dans les visions des chrétiens étaient presque toujours agréables et accueillants.

Par ailleurs, certains concepts fondamentaux de la religion hindoue n'ont jamais été exprimés dans les visions des patients indiens. Aucun sujet n'a par exemple fait mention de l'« emplacement » de l'au-delà (le Ciel hindou) selon le Veda. Des concepts comme la réincarnation, la dissolution de l'être dans Brahma, et la fusion du moi dans l'aspect informel de Dieu, qui est le but ultime du cheminement spirituel de l'Indien, n'ont fait l'objet d'aucune vision. L'idée du Karma (l'accumulation des bonnes et des mauvaises actions) aura été à peine esquissée dans les récits évoquant « l'homme en tunique blanche tenant à la main un grand livre de comptes ». Chez les deux peuples, le contact avec les divinités et les autres figures religieuses a semblé agréable et profondément satisfaisant. À l'exception de certains Yamdoots, les figures en tunique blanche possédaient apparemment une aura de nature divine, surnaturelle.

Nous en sommes donc arrivés à la conclusion que le conditionnement culturel, issu de l'enseignement religieux, n'a pas exercé l'influence prépondérante à laquelle nous nous attendions. Il nous a plutôt semblé que, nonobstant le symbolisme fondé sur les croyances inculquées par le milieu, les mourants ont « vu » quelque chose qui ne leur avait jamais été enseigné et qui était tout à fait inattendu.

L'au-delà : jusqu'à quel point sommes-nous certains de son existence ?

L'heure est maintenant venue de nous poser les questions essentielles. Le lecteur a pris connaissance des récits des patients « rescapés » et des patients en phase terminale et il s'est familiarisé avec les expériences que ceux-ci ont vécues (qu'il s'agisse de rencontres avec des messagers de l'au-delà ou de visions portant sur des lieux merveilleux et paisibles). Nous avons tenté d'expliquer ces phénomènes par toutes sortes de facteurs (médicaux, psychologiques, culturels, religieux), mais ce fut en vain. Les tendances observées auraient-elles pu être provoquées par des fluctuations inhabituelles au niveau de notre méthode d'échantillonnage ? Ou résulteraient-elles de la façon dont nous avons regroupé nos données ?

Les éléments structurels mis au jour par l'étude-pilote ont surgi à partir d'une foule de possibilités ; nous avons été dans l'impossibilité de les considérer avec certitude comme des effets réels. Par ailleurs, vu le caractère inédit de notre travail, nous avons pu émettre des hypothèses sur les tendances que nous nous attendions à dégager. Quoi qu'il en soit, nous avons été en mesure, en nous fondant sur les résultats de l'étude-pilote, de prévoir l'orientation probable que prendraient les expériences dans les enquêtes ultérieures. Les tendances mises au jour dans l'étude-pilote ainsi que celles que nous indiquait notre modèle nous ont permis de réduire l'éventail des structures que nous nous attendions à voir émerger de nos analyses statistiques. Nous avons signalé à maintes reprises, dans les chapitres précédents, les deux principaux éléments de cohérence que nous avons dégagés des phénomènes étudiés :

1. *Cohérence entre les enquêtes* (par ex. l'intention d'emporter le patient, qui a prédominé dans les apparitions rapportées dans l'enquête-pilote, dans l'enquête américaine et dans l'enquête indienne).
2. *Cohérence au niveau des résultats de base quant aux divers phénomènes étudiés* (par ex. les apparitions

des patients en phase terminale, les apparitions des patients rescapés, les visions de lieux et les cas de modification de l'humeur).

Les tendances issues des analyses statistiques ne se sont pas toujours manifestées avec la même uniformité dans les deux pays. Par exemple, en Inde, les patients qui ont eu des apparitions venues les emporter ne sont pas morts dans un délai plus court que les patients qui ont eu d'autres types d'apparition (à l'exception des sujets qui ont refusé de « partir »), ce qui a été le cas aux États-Unis. Malgré tout, dans l'ensemble, nous retrouvons dans les trois enquêtes les mêmes éléments structurels prédominants. Les deux élements de cohérence susmentionnés nous ont rassurés, car ils faisaient la preuve que nos analyses nous avaient mis en présence d'effets réels et non de tendances issues des variations capricieuses de l'échantillonnage.

Certes, la cohérence n'est pas parfaite au sein des divers groupes de phénomènes ; il existe en effet certaines exceptions, mais elles ne diminuent en rien l'homogénéité structurelle qui a été constatée. La cohérence entre les groupes de phénomènes (en plus des similitudes déjà observées entre les trois enquêtes) réduit également les possibilités d'intervention du hasard en ce qui a trait aux résultats obtenus.

Nos méthodes de recherche auraient-elles pu par ailleurs recéler des biais qui auraient fait pencher la balance en faveur de notre hypothèse sur la survie ? Comme nous avons choisi de recueillir un important corpus d'observations aux fins d'analyse statistique, il nous a fallu nous fier aux rapports des médecins et des infirmières au lieu d'interroger nous-mêmes les mourants. Certes, nos observateurs ne pouvaient pas nous offrir des descriptions aussi riches et aussi vivantes que l'approche directe (par exemple, les expériences décrites à l'enquêteur par les patients eux-mêmes — Moody (1975) —). Nos rapports étaient en général courts et précis. Le personnel médical est certes habitué à faire des observations précises, en évitant d'y mêler des opinions ou des impressions superflues. Nous espérions donc que ces observateurs nous fourniraient des données plus objectives que les patients, qui, avec le temps, auront tendance à embellir leurs récits.

Nos enquêtes comportaient des contrôles et des bilans sur les sources possibles de biais chez les observateurs (croyances religieuses, attitudes vis-à-vis des hallucinations, durée du contact avec le patient, charge de travail et rapports avec le patient — c.-à-d. professionnels, amicaux ou familiaux). L'analyse minutieuse des données ne nous a pas permis de découvrir de biais émanant des observateurs et ayant pu exagérer la fréquence des phénomènes axés sur la survie. Notons cependant que certains groupes d'observateurs ont plutôt eu tendance à rapporter moins de phénomènes de ce type qu'ils n'auraient dû. Ces biais ont surtout été observés chez les jeunes médecins, en particulier aux États-Unis. Les infirmières et les médecins les plus expérimentés ont semblé quant à eux rapporter plus fidèlement les expériences vécues par leurs patients. Nous n'avons par ailleurs relevé aucun indice permettant de supposer que nos observateurs ont exagéré de quelque façon que ce soit le compte rendu des phénomènes caractéristiques de l'au-delà. Nous en avons donc conclu que nos données comportaient un pourcentage d'expériences de l'au-delà *inférieur* à la réalité.

Il y avait également une autre source possible de déformation des données : le fait que les cas remontaient parfois à plusieurs années. Nous avons donc comparé les cas récents et les cas plus anciens afin de déceler des écarts entre les rapports. Or, nous n'avons relevé que des différences minimes parmi les observateurs faisant partie du même groupe d'âge (par ex. une majorité d'observateurs qui avaient rapporté des cas anciens ne pouvaient se souvenir de l'humeur du patient le jour précédant l'expérience). Quoi qu'il en soit, cette analyse ne nous a pas permis de mettre au jour un biais important.

Pour les besoins de notre enquête américaine, nous avons utilisé les méthodes habituelles d'échantillonnage au hasard (par ex. nous choisissions, dans une liste d'internes classés par ordre alphabétique, un nom à tous les sept noms). En Inde, nous avons dû recourir à une autre méthode. Notre questionnaire a été rempli par presque tous les membres du personnel médical de cellules préalablement sélectionnées (par ex. le département de médecine, de chirurgie ou d'obstétrique d'un centre hospitalo-universitaire). Nous croyons que les deux méthodes nous ont fourni des échantillons valables. Certes, l'échantillon américain est peut-être un peu plus suspect, vu que le questionnaire n'a été rempli et retourné que par 20% des personnes choisies. Nous nous sommes en effet demandé si les réponses ne provenaient pas que des observateurs gagnés à notre cause. Nous avons supposé en premier lieu que les sujets les plus enthousiastes avaient retourné le questionnaire dûment rempli plus rapidement que les autres. Or, nous n'avons pas pu établir de rapport entre la rapidité de l'envoi et les phénomènes étudiés. En second lieu, une vérification téléphonique auprès de ceux qui n'avaient pas retourné leur questionnaire nous a révélé que leur attitude vis-à-vis des phénomènes caractéristiques de l'au-delà ne différait pas beaucoup de celle des observateurs qui nous avaient répondu.

Nous avons également analysé les récits des patients eux-mêmes afin d'y déceler des biais. Une fois de plus, au lieu de découvrir une exagération au niveau des expériences liées à l'au-delà, nous avons constaté que les phénomènes avaient été rapportés moins fréquemment qu'ils auraient dû. En fait, les patients ont semblé hésiter à confier leurs visions aux infirmières et aux médecins, d'ordinaire très sceptiques, sauf lorsqu'il s'agissait de parents ou d'amis. Le biais mis au jour tendrait donc à diminuer les rapports d'expériences axées sur la survie plutôt qu'à les accroître de façon exagérée.

Nous en sommes donc arrivés à la conclusion que *nos enquêtes pourraient avoir révélé moins d'expériences à l'appui de notre hypothèse sur la survie que n'en ont effectivement vécues les patients observés.* Notre confiance s'en est trouvée renforcée. À notre avis, nos enquêtes nous ont fourni des données relativement conformes à la réalité. Notre travail de pionnier aura donc contribué à révéler tout un corpus de données nouvelles dont l'importance n'est pas négligeable.

Reste enfin la possibilité d'un biais provenant des enquêteurs eux-mêmes (éventualité qui risque de fausser toute enquête, quelle qu'elle soit). Nous savions parfaitement quant à nous que de telles déformations nuisent à la recherche de la vérité ; nous avons donc tenté d'être le plus objectif possible. Nous avons même pris soin, à titre de précaution supplémentaire, d'énoncer clairement notre philosophie de sorte que le lecteur puisse en tenir compte dans le jugement qu'il portera sur notre travail. Lorsqu'il a mené l'enquête-pilote, Osis s'est fait plus sceptique qu'il n'aurait dû à l'égard des phénomènes caractéristiques de l'au-delà. Ce n'est qu'après avoir accumulé une foule de rapports à l'appui de notre hypothèse qu'il a commencé à se montrer plus positif. Il en a été de même pour Haraldsson qui, au début, s'est cantonné dans l'attitude du chercheur impartial. Mais, à mesure qu'il interviewait des observateurs et qu'il analysait les données recueillies, il se rendait compte que l'hypothèse de la survie était la seule qui pouvait expliquer, de façon logique, les résultats obtenus lors des deux enquêtes. Osis en est d'ailleurs venu à la même conclusion. Nous avons donc tenté de nous placer, pour les besoins de nos recherches, à mi-chemin entre les deux hypothèses, c'est-à-dire dans une position qui soit la plus neutre possible. C'est d'ailleurs à partir de cette position que nous nous sommes efforcés de présenter les résultats de nos enquêtes.

Certes, le domaine de la science regroupe un grand nombre de chercheurs qui ont leurs propres méthodes de travail et leurs propres concepts théoriques, de sorte que les faiblesses de l'un pourront être compensées par les efforts de l'autre. Les recherches sur les phénomènes caractéristiques de l'au-delà sont encore relativement jeunes ; il serait donc mal venu d'affirmer que nous détenons les réponses définitives. Quoi qu'il en soit, il serait intéressant, pour voir les choses sous un angle différent, de jeter un coup d'œil aux travaux qui ont été faits par d'autres chercheurs dans le domaine qui nous intéresse. Nous consacrons les pages suivantes à un bref inventaire de ces recherches.

Les autres chercheurs ont-ils mis au jour des phénomènes semblables?

Dans quelle mesure nos recherches et nos découvertes se rattachent-elles aux autres travaux qui ont été faits en rapport avec les expériences des patients « rescapés » et des patients en phase terminale? Le Dr Kübler-Ross nous a confié en 1976 qu'elle avait fréquemment observé des phénomènes ayant les mêmes caractéristiques fondamentales que ceux que nous étudions: prédominance des apparitions axées sur la survie, intention d'emporter le patient manifestée par le spectre, et réactions émotionnelles étonnantes de sérénité et de quiétude, sans oublier les changements d'humeur soudains. De son côté, le Dr Moody rapporte les expériences de plusieurs personnes qui ont frôlé la mort, mais qui ont pu être ramenées à la vie. Un grand nombre de ces patients « rescapés » «... ont pris conscience de la présence d'êtres surnaturels tout près d'eux, des êtres qui venaient apparemment les aider à franchir l'étape de la mort ou, comme cela s'est produit dans deux cas, leur dire que leur heure n'avait pas encore sonné et qu'ils devaient par conséquent réintégrer leur enveloppe corporelle [1]. » Le Dr Moody signale que les patients « rescapés » verront fréquemment un « être de lumière », auquel ils attribueront un nom en accord avec leurs croyances religieuses. Un chrétien parlera par exemple du Christ, un juif, d'un « ange ». Moody ajoute que ces rencontres avec les « êtres de lumière » se produisent également parmi les patients qui n'ont aucune croyance religieuse ou qui n'ont reçu aucune éducation religieuse. Cette rencontre est « certes l'élément qui a sur l'individu l'effet le plus puissant »[2]. Cette découverte se rapproche de façon évidente de ce qu'ont vécu un grand nombre de nos patients et que nous avons classé dans les « apparitions de figures religieuses »[3].

Notons cependant que d'autres chercheurs tels que Noyes et Kletti, qui ont étudié la question de la survie, l'ont fait sous l'angle strict de la psychiatrie traditionnelle. Selon eux, c'est la dépersonnalisation qui explique les expériences vécues par les mourants (Noyes et Kletti, 1976). Voyons d'ailleurs quels sont les symptômes de leur *syndrome de dépersonnalisation* : conscience de soi troublée, sensations d'étrangeté et d'irréalité, disparition des émotions, détachement, ralentissement du temps, élargissement de l'espace, et affaiblissement des sensations. Les rapports recueillis par Noyes et Kletti provenaient de gens très différents de nos patients (il s'agissait pour la plupart de « rescapés » de chutes, de noyades ou d'accidents de voiture — l'échantillon ne comportant aucun patient en phase terminale). Les sujets devaient répondre par oui ou non à un certain nombre de questions, ce qui ne leur permettait pas de détailler leurs expériences. Le premier exemple qui figure dans le livre apparente l'expérience de l'au-delà à une sensation d'irréalité. Les deux chercheurs ont cependant été mis en présence d'expériences mystiques transcendantes (joie, impression d'harmonie ou d'unité, disparition de la peur de mourir), qu'ils ont malgré tout interprétées conformément aux vieux concepts psychiatriques de Heim et Schilder. Noyes et Kletti n'ont fait aucun effort pour établir un lien entre leurs analyses et les résultats, à l'appui de l'hypothèse de la survie, qu'ont obtenus les parapsychologues. Selon leur optique, qui se rapproche d'ailleurs de l'hypothèse de l'anéantissement, les phénomènes qui font l'objet de notre étude ne sont que des mécanismes de défense psychologiques destinés à voiler au sujet l'imminence de sa mort. Notons que Noyes établit une distinction utile entre l'agonie et la mort. C'est l'approche de la mort qui nous effraie, et non la mort elle-même. C'est la douleur, la souffrance et la dépersonnalisation propres à l'agonie qui engendrent les visions précédant la mort, lesquelles n'ont d'autre but que de masquer la cruelle vérité qu'est l'anéantissement final. La mort elle-même n'est qu'un état de non-existence. À ce titre, elle n'est nullement à la source des sentiments de douleur et de détresse qu'éprouvent les mourants. Nonobstant le respect que nous inspirent les travaux de Noyes et Kletti et des autres chercheurs qui partagent leurs convictions, nous devons signaler que nos résultats ne coïncident pas du tout avec les explications de la psychiatrie et ce, même après une analyse excessivement minutieuse de nos données (ce qui comprend les facteurs d'ordre médical, psychologique et culturel.)

Le Dr Garfield se rapproche quant à lui de notre position, car il met l'accent sur les éléments transcendantaux des expériences de visions, en particulier les allusions des patients à des concepts orientaux comme le détachement, l'élargissement des limites de la conscience, et même la dissolution du moi dans l'Infini. Même si de tels concepts n'ont pas été abordés dans les rapports de nos observateurs, les visions précédant la mort comportent malgré tout un nombre important d'éléments transcendantaux. D'après Garfield, « la possibilité que se produise une expérience d'illumination s'accroît de toute évidence quelques instants avant la mort[4]. »

Nous avons aussi découvert des similitudes entre les expériences des mourants et celles des mystiques. La même impression de « sacré », de « sainteté », caractérise les deux types de phénomènes. Maslow considère les « expériences d'intensité maximum », quand elles sont véritables et de nature religieuse, comme la culmination et l'auto-actualisation de l'existence de l'être (1971). Nous avons également remarqué que les rencontres avec l'au-delà et ses messagers éclipsent souvent tout ce qui pouvait retenir le patient sur terre. Elles seront même parfois à ce point agréables et satisfaisantes que le sujet ne voudra plus réintégrer son enveloppe corporelle et passera sa colère sur ceux qui l'auront réanimé.

Les visions qui baignent dans la lumière surnaturelle accentuent la beauté et l'harmonie des choses. La médiocrité de l'existence humaine s'estompe et disparaît. Les expériences qui précèdent la mort semblent teintées d'une irréalité digne des contes de fées : «... et ils vécurent heureux jusqu'à la fin des temps ! » Des écrivains comme Aldous Huxley (1955) nous rappellent pour leur part que le contact avec l'au-delà ne change pas nécessairement l'être humain au point d'éliminer tous ses conflits, tous ses dualismes et toutes ses attitudes névrotiques. Dans un charmant petit livre, intitulé *The Great Divorce* (1946), qui traite du Ciel et de l'Enfer chez les chrétiens, l'écrivain C.S. Lewis nous décrit une mère tyrannique et possessive qui vient sur terre réclamer son fils, ainsi qu'une femme méchante qui, après avoir rendu son mari fou pendant son existence terrestre, vient exiger qu'il soit remis entre ses mains. Nous n'avons relevé aucune intervention de ce type (par ex. proches parents chicaniers ou voisins désagréables) dans les apparitions venues emporter le sujet. Nous pouvons toutefois nous demander ce qui se passe lorsque les proches parents décédés étaient, par exemple, cruels ! En fait, c'est peut-être dans ces occasions, qui exigent l'intervention d'un « professionnel », que les proches parents dénaturés sont remplacés par une figure religieuse. Il est possible que nous tenions là la raison de la présence si fréquente des personnages religieux dans les visions des patients indiens ; en effet, la cellule familiale indienne est soumise, beaucoup plus qu'en Occident, à l'autorité presque dictatoriale du chef de famille : c'est lui qui, entre autres choses, arrange les mariages, et chaque membre du clan lui doit obéissance totale. Cette hypothèse demanderait à être approfondie.

Par ailleurs, nos visions ne nous offrent que de brefs aperçus de ce que nous croyons être l'au-delà. Nous n'avons en mains aucun rapport d'expériences « prolongées ». En fait, si nous avons recueilli de nombreuses descriptions sur les étapes initiales de la vie dans l'autre monde, nous ne savons rien du tout des étapes ultérieures (c.-à-d. le jour suivant, l'année suivante). Et puis, qu'est-ce que la vie dans l'au-delà (ses activités, ses joies et ses peines, ses coutumes, son organisation sociale) ? Qu'y a-t-il derrière ce « rideau de silence » ?

De nombreux documents traitent des expériences de ceux qui ont « visité » l'au-delà. Même si ces témoignages n'entrent pas vraiment dans le cadre de notre étude, il serait bon, selon nous, d'en glisser quelques mots. Toutes les religions du monde nous livrent une histoire, qu'il s'agisse de la Bible, des Oupanichads ou du *Livre des Morts* tibétain. Il est cependant difficile de déterminer leurs fondements empiriques. Par ailleurs, la communication avec les morts est apparemment chose très courante. Un sondage mené à l'échelle nationale par Greeley (1975) a révélé qu'un Américain sur quatre a déjà été en contact avec une personne décédée. Haraldsson (1976) a obtenu des résultats similaires en Islande. Certains sujets ont même déclaré qu'ils avaient parlé avec les morts (Rees, 1971). Malheureusement, les études scientifiques officielles sur cette question sont plutôt rares.

Certains individus ont par ailleurs affirmé être en mesure de « voir » l'autre monde et de rencontrer ses habitants et ce, de façon beaucoup moins superficielle que les brefs aperçus qui nous sont d'ordinaire rapportés. Les mystiques comme saint Paul et sainte Thérèse ont même déclaré qu'ils avaient été « transportés » dans l'au-delà. Des individus, qui pouvaient quitter facilement leur enveloppe corporelle (notamment le philosophe suédois Emanuel Swedenborg ou, plus près de nous, le mathématicien J.H.M. Whiteman (1961) et l'ingénieur Robert Monroe (1971)) ont donné des comptes rendus détaillés de leurs « voyages ». Un psychologue de l'université de Californie à Davis, le Dr Charles Tart, a fourni quant à lui une explication réaliste des expériences de dédoublement (ou extra-corporelles).

Pour leur part, les médiums renversent pour ainsi dire le courant et affirment que c'est l'au-delà qui vient à eux (c.-à-d. les esprits des morts les visitent, leur parlent ou parlent par leur bouche, leur font voir des images, leur font écrire des textes en dirigeant leur main — écriture automatique — ou même, prennent possession de leur corps (Hart, 1959; Heywood, 1961; Cummins, 1965)). Les descriptions de l'au-delà varient énormément selon la culture de chaque voyant (Pearce-Higgins, 1973; Roll, 1974). De nombreux médiums américains et britanniques parlent d'un « éternel été » où la vie se poursuit comme à l'ordinaire, mais dans une atmosphère plus « spirituelle ». Les « esprits » font état d'une vie semblable à celle d'ici-bas. Notons cependant que le niveau de la communication est souvent lié à l'acquis culturel et philosophique du médium et non à celui de la personne décédée, dont le message se trouve à être en quelque sorte « adapté » par le récepteur.

On dit que les âmes des morts passent le plus clair de leur temps à intervenir dans les existences de ceux qu'ils aiment. Apparemment, « elles nous surveillent et nous aident sans arrêt ». Elles ne semblent pas se lasser de leur travail ou trouver ennuyeux les petits faits quotidiens, futiles, qui meublent l'existence de leurs proches.

Malheureusement, la parapsychologie ne compte pas que des médiums honnêtes. Elle est infestée de charlatans et d'exploiteurs sans scrupules, qui ont d'ailleurs été dénoncés par Keene et Spraggett dans leur livre *Psychic Mafia* (1976). Les auteurs racontent par exemple comment l'évêque décédé James Pike aurait été « accueilli » par Arthur Ford. Naturellement, de telles dénonciations n'enlèvent rien à la valeur intrinsèque des expériences médiumniques qui ont été réalisées en suivant des méthodes scientifiques rigoureuses. Les médiums les plus doués ont en effet transmis des informations d'une telle précision que les plus grands esprits de leur époque (par ex. William James) en ont été impressionnés (Murphy et Ballou, 1969). Un ancien premier ministre de Grande-Bretagne, Lord Balfour, a étudié pendant plusieurs années les communications médiumniques (Salter, 1961).

Certaines communications comporteront des détails d'une précision stupéfiante sur la vie de certaines personnes décédées, notamment certains faits très personnels que personne dans l'assemblée ne connaissait. L'éminent psychologue américain Gardner Murphy (1961) a signalé certains cas étonnants de « correspondances croisées » (c.-à-d. des messages transmis à des médiums britanniques, américains et indiens qui ne se connaissaient pas les uns les autres). Les énoncés transmis sont un peu comme les morceaux d'un puzzle : la signification du message n'est comprise que lorsque tous les morceaux ont été rassemblés par les chercheurs. Certains des énoncés rapportés par Murphy comportaient des phrases en grec et en latin ancien, qui révélaient des sources très lointaines de la littérature classique. Ces informations se situaient bien au-delà des connaissances des médiums, mais elles cadraient avec le savoir des esprits qui les avaient transmises, que l'on croit être deux érudits classiques nommés Myers et Butcher (Saltmarsh, 1939).

Certains érudits de la période victorienne ont tenté, avec beaucoup de savoir-faire, il est vrai, de retracer dans le monde physique les sources des messages médiumniques. La recherche de preuves par l'étude des cas individuels en a passionné plusieurs. Ces érudits ont recueilli un vaste corpus de données qui cadraient beaucoup plus avec l'hypothèse de la survie qu'avec l'hypothèse de l'anéantissement. Hart (1959), Jacobson (1973) et Salter (1961) offrent une excellente vue d'ensemble des premières recherches effectuées dans ce domaine. Ajoutons qu'à notre connaissance, aucune étude statistique d'importance n'a été faite sur des médiums de différentes nationalités. Une telle enquête permettrait certes de déterminer les caractères généraux des médiums et de leurs communications, un peu comme nous l'avons fait avec les visions précédant la mort. De tels travaux n'ayant pas encore été réalisés, il nous est impossible d'émettre une opinion sur la nature des communications médiumniques. Nous ne disposons d'aucun moyen nous permettant de vérifier si les messages reçus par les médiums émanent de leur acquis personnel, de traits nationaux ou encore si ce sont des phénomènes authentiques, extérieurs à eux et nullement influencés par leur personnalité et leurs connaissances. Il n'en reste pas moins que les recherches les plus approfondies sur les médiums ont révélé des cas de communications d'« outre-tombe » qui s'expliquent difficilement par une information ayant sa source dans notre monde (Hart, 1959 ; K. Richmond, 1939 ; Z. Richmond, 1938 ; Saltmarsh, 1939 ; Gauld, 1966–1972). Notons cependant que, malgré l'accumulation des témoignages médiumniques à l'appui de l'hypothèse de la survie, les données descriptives sur l'au-delà et son « fonctionnement » demeurent encore très rares (Pearce-Higgins, 1973).

Nous avons eu tous les deux des contacts directs et fréquents avec les médiums. Les messages qu'ils reçoivent s'apparentent quelque peu aux données que nous avons recueillies au cours de nos enquêtes. Par exemple, les médiums nous parleront des esprits de proches parents décédés et de « guides spirituels » qui accueillent les mourants de la même manière que les apparitions viennent emporter nos patients. Leurs descriptions du Ciel semblent se modeler, comme les nôtres, sur des images d'ici-bas. Il existe toutefois un écart important entre les rapports des médiums et ceux de nos patients. En effet, pour la plupart des médiums, la vie dans l'au-delà est la même que sur la terre (un peu plus heureuse, cependant !). Les morts ont les mêmes intérêts, les mêmes vêtements et les mêmes attaches que lorsqu'ils vivaient. Par ailleurs, un simple aperçu de l'au-delà modifiera considérablement l'existence de nos patients. Ils deviennent plus bienveillants, plus tolérants et changent radicalement leurs intérêts, leurs valeurs et leur façon de voir les choses. Quelles que soient les caractéristiques de la « vie après la vie », il est certain, du moins pour nos patients, que « l'au-delà, c'est tout, sauf une reproduction de l'existence terrestre ». Loin d'être une continuation, la vie dans l'au-delà semble plonger le sujet dans un mode d'existence et d'expérimentation tout à fait nouveau.

Selon le philosophe d'Oxford, H.H. Price (Toynbee,

1968), il existe deux modes de pensée en ce qui a trait à l'autre monde :

1. *L'au-delà est une réalité « semi-physique »*, constituée par une sorte de « matière noble » ou par une substance éthérée, et dont les habitants ont des « corps astraux ». À partir de cette « matière noble » est créé un milieu réel que l'on peut voir et habiter.
2. *L'au-delà est une sorte de monde imaginaire :* le « milieu » ne serait constitué que d'images subjectives, lesquelles, tout comme dans les rêves, demeureraient incommunicables. Ce « monde » individuel pourrait être modifié selon les désirs, les souhaits ou les angoisses de l'individu, comme il nous est possible de modifier le cours d'un rêvé éveillé. Chaque âme serait en quelque sorte « embouteillée » dans son propre milieu, que personne d'autre n'aurait la possibilité de voir. Seule la télépathie permettrait aux entités désincarnées de communiquer entre elles.

Un psychiatre suédois, Nils O. Jacobson (1973), a décrit dans un livre la théorie du monde imaginaire élaborée par Martinus, un écrivain danois, qui affirmait avoir eu des expériences extra-corporelles qui l'avaient conduit dans un autre monde. Selon la théorie de Martinus, il existe diverses sphères ou lieux dans l'au-delà (par ex. le purgatoire), plusieurs « cieux » hiérarchiques (série d'étapes transcendantes que l'évolution personnelle de l'individu permet de franchir) ainsi que des concepts tels que le karma, la réincarnation, les fantômes, etc.

Les expériences de nos patients ne coïncident pas avec les caractéristiques essentielles de cette théorie. En premier lieu, les apparitions manifestent fréquemment une volonté qui leur est propre, qui va même à l'encontre des désirs et des attentes des patients. En second lieu, les lieux surnaturels semblent être indépendants des intérêts ou des souhaits des sujets. Les images ne changent pas selon les désirs ou les angoisses de l'individu, comme le suppose la théorie du monde imaginaire. Selon Martinus, seuls les esprits de même niveau spirituel peuvent communiquer les uns avec les autres ; la communication avec les individus des autres niveaux est impossible. Ce qui n'est pas le cas dans les visions des mourants. Les apparitions venues emporter le patient mettent avant tout en scène des parents proches et non des individus spirituellement apparentés au sujet. En conséquence, les expériences qui précèdent la mort sont apparemment plus conformes au fait que les mourants entrent véritablement en contact avec l'au-delà. Nous croyons même que les apparitions sont des entités indépendantes et non des projections de l'esprit. À ce titre, elles se véhiculeraient dans l'espace visuel du sujet au lieu de se déplacer avec leur propre « espace ».

Il existe un seul point commun entre l'hypothèse du monde imaginaire et nos données ; c'est la grande ressemblance entre les images de l'au-delà et celles d'ici-bas. Les rêves du monde imaginaire, comme nos visions du Ciel, sont façonnés à partir d'éléments tirés de notre monde. Notons qu'il est toutefois possible de réduire l'écart entre les deux théories. Supposons par exemple que l'au-delà est une réalité véritable, indépendante de l'esprit du patient. Supposons encore qu'il est constitué par quelque chose d'autre que l'énergie physique et que la matière avec lesquelles la science et nos organes des sens nous ont familiarisés. Dans ce cas, la perception de l'autre monde posera des problèmes à tout individu. En effet, presque tous les moyens de perception sont acquis et non innés. Ainsi, les bébés ne voient qu'une sorte de brouillard ; puis ils perfectionnent leur « équipement » visuel, en interaction avec le monde physique, ce qui leur permet de développer leur sens de la vue. Or, face à un monde dont les qualités sont tout à fait « autres », notre appareil percepteur ne nous est plus d'aucune utilité. Mais, comme c'est le seul dont nous disposions, nous tenterons de l'appliquer (même s'il s'ajuste très mal) au nouveau milieu. Ce sera, comme on dit, « mieux que rien », jusqu'à ce que nous ayons mis au point nos nouveaux moyens de perception. La télépathie reste le seul apprentissage que nous pouvons faire, pendant notre vie, de la perception d'objets désincarnés (encore faut-il que les pensées et les sentiments transmis et reçus soient véritablement « immatériels »). Ainsi, nous serions mieux à même de « voir » des êtres immatériels que des choses. Ce qui expliquerait pourquoi les mourants ont beaucoup plus d'apparitions que de visions de lieux. L'écart vient peut-être aussi des aptitudes individuelles différentes au niveau de la perception extra-sensorielle. Dans ce cas, certains sujets seront, de nature, plus aptes que les autres à avoir des expériences de visions fondées sur la PES ; nous saurions alors pourquoi ce ne sont pas tous les mourants qui prennent contact avec l'autre monde avant de mourir.

Pour conclure, disons que les résultats de nos enquêtes sur les patients en phase terminale et les patients « rescapés » coïncident en gros avec ceux d'autres chercheurs, en particulier les docteurs Elisabeth Kübler-Ross, Raymond Moody et Charles Garfield. Les rapports d'expériences médiumniques correspondent également avec les phénomènes que nous ont rapportés nos patients. Notons cependant que les descriptions quant à la nature de l'autre monde et au mode d'existence qu'on y trouve diffèrent considérablement chez les uns et chez les autres, et qu'il est très difficile de déterminer avec exactitude la part de vérité que contiennent les deux types d'expérience.

Après les enquêtes sur les visions précédant la mort : Une perspective nouvelle

« J'ai beaucoup de choses à changer avant de quitter la terre », a déclaré un patient « rescapé » au docteur Moody.[5] Les quelques patients « rescapés » interviewés par l'un de nous (Osis) étaient du même avis : l'expérience constituait un point tournant dans leur existence. Les concepts véhiculés traditionnellement à propos de la vie et de la mort devenaient périmés. Ces individus s'attachaient dès lors à élargir leurs horizons et à réviser leur philosophie de la vie.

Notons cependant qu'à notre connaissance, aucun patient ne s'est aussitôt transformé en saint. La métamorphose n'était certes pas aussi profonde que celle de la chenille qui devient papillon, mais elle était orientée de toute évidence vers la recherche d'une humanité plus intensément vécue.

Nous croyons que, tout comme chez les individus, la connaissance véritable du sens de la mort pourrait exercer une transformation profonde de la société et même de la recherche scientifique. Malheureusement, l'élément le plus « intense » du message transmis aux mourants est vécu individuellement et se communique difficilement aux autres. Le grand psychologue Maslow (1970) définit ces phénomènes bouleversants comme des « expériences d'intensité maximum ». Il signale que ceux qui créent des religions ont un grand nombre d'expériences d'intensité maximum, tandis que les théologiens ne sont que des penseurs qui ne vivent pas de telles expériences. Selon Maslow, il arrive fréquemment que les théologiens se mêlent de décrire les expériences que les créateurs de religions *auraient dû* avoir ! Notons le pessimisme de Jésus lorsqu'il a déclaré que si Lazare était envoyé dans la demeure de l'homme riche, directement du monde des morts, « personne ne le croirait ».

Mais qu'advient-il lorsque des centaines de « Lazare » rendent visite à des milliers de témoins, comme nous l'avons vu dans ce livre? Nous pouvons espérer à tout le moins qu'ils éveilleront l'intérêt de la communauté scientifique et qu'ils l'amèneront à réviser ses positions sur la nature de l'homme et sur celle de l'univers qui l'entoure. Il serait illogique et même contraire à l'esprit scientifique de ne tenir aucun compte du sens profond de la mort que nous révèle notre vaste corpus de données. Les connaissances nouvelles recueillies sur l'homme pourraient être appliquées avec bonheur, non seulement dans la vie quotidienne, mais aussi dans les sciences, en éducation et même dans la religion.

Que se produirait-il par exemple si quelques-uns des psychologues les plus en vue avaient soudain une crise cardiaque et étaient réanimés, après avoir eu des visions de l'au-delà, comme celles qui font l'objet de ce livre ? C'est ce qui est d'ailleurs arrivé au grand psychologue suisse Carl G. Jung qui a déclaré que son expérience constituait l'événement le plus marquant de son existence (il avait alors près de 70 ans) ainsi qu'un point tournant dans l'orientation de son travail. Les professionnels de l'aide à qui seraient révélés de tels phénomènes auraient certes bien des choses à changer dans leurs disciplines respectives. Les physiciens, les physiologistes et les biologistes se rendraient compte de la valeur de la parapsychologie (un regroupement de connaissances connexes aux leurs). Si l'au-delà existe et si nous possédons une « âme » qui, un jour ou l'autre, est appelée à s'y rendre, il est indispensable que nous remodelions notre continuum espace-temps en lui ouvrant de nouvelles perspectives.

Les centaines d'expériences de l'au-delà qui nous ont été rapportées ont nécessairement une incidence sur la religion. Il existe chez nous une grande liberté religieuse qui se traduit par une pluralité de confessions. Ce que vivent les mourants serait certes utile à chacune d'entre elles. Reste à savoir quels éléments des expériences leur seraient les plus profitables. Les phénomènes révélés par nos enquêtes pourraient à tout le moins rappeler aux serviteurs de l'église qui ne se préoccupent que d'action politique, et autres « besognes » terre à terre, qu'il existe bel et bien une réalité transcendante, un au-delà source d'espoir. En fait, chacun a le droit de faire l'expérience, à sa manière, de ce « grand souffle de l'éternité ».

Quoi qu'il en soit, notre message peut être aisément ramené à des dimensions individuelles, celle des hommes et des femmes qui habitent la communauté humaine. Nous avons tous vécu la mort d'un ami ou d'un proche et, quels que soient nos efforts pour y échapper, nous mourrons aussi un jour. Que peut-on dire à un ami qui va mourir ? Comment peut-on atténuer la détresse de sa famille ? Dans ces moments pénibles, il serait certes utile d'avoir à l'esprit l'exemple de gens qui, après avoir eu des visions apaisantes, ont fait une « belle mort ». Nous espérons que les professionnels qui sont en contact avec les patients en phase terminale et leur famille utiliseront les données nouvelles que nous avons mises au jour ; leur travail prendra une signification nouvelle et n'en sera que plus efficace. Comme le suggère le Dr Kübler-Ross (1974), il est certes plus revalorisant et plus supportable sur le plan émotionnel d'aider les patients en phase terminale à *passer dans une autre dimension* qu'à leur faire admettre leur *anéantissement*. Tout n'est pas dit (loin de là !), tant au niveau pratique que théorique. Il reste surtout beaucoup de recherches à faire.

Épilogue

Imaginez-vous un Lazare moderne, portant dentiers et appareil acoustique, qui, subitement ressuscité, s'adresserait à la population lors d'une assemblée publique ou même, à titre d'invité d'une émission télévisée. Que nous dirait-il ? L'on peut penser que ses propos se résumeraient à ceci :

« Lorsque votre cœur cesse de battre et que la mort vous envahit, n'allez pas croire que vous disparaissez à tout jamais, comme la glace dans les eaux rugissantes du printemps. Non ! vous plongez plutôt dans une réalité nouvelle. Un bien-être et un bonheur extraordinaires s'emparent de vous (une sorte de « quiétude qui dépasse tout entendement »). La tristesse, l'abattement et la douleur disparaissent comme s'ils devenaient soudain inutiles. Une lumière intérieure s'allume en vous, qui illumine tout votre être, et quelqu'un, qui déborde d'amour et de chaleur à votre endroit, vient vous accueillir dans votre nouvelle vie. Ce *quelqu'un* est peut-être l'un de vos proches dont l'image, aussi réelle et chaleureuse que sa dernière présence auprès de vous, vous apparaît soudain. Une étrange atmosphère de sérénité l'entoure. Naturellement, pour être envoyé, il faut qu'il « convienne à la tâche », en ce sens qu'une quelconque « sympathie » doit, au départ, vous unir. Par contre, si une « aide professionnelle » est requise, l'on fait appel à une figure religieuse qui apparaît dans une lumière étincelante. De toute façon, qu'il s'agisse de proches ou de figures religieuses, ces visiteurs vous séduisent tout à fait.

Un sentiment doux mais puissant vous envahit, semblable aux meilleurs moments de votre existence — l'arrivée au sommet d'une montagne, la chaleur d'une église à la messe de minuit, et mieux encore. Les mots vous manquent — *sacré, lumière, amour*? Non ! Votre vocabulaire est bien médiocre pour décrire ce que vous ressentez dans le tréfonds de votre âme.

« Vous regardez autour de vous et vous constatez que la perspective n'est plus la même. Les efforts des médecins et des infirmières pour vous ranimer vous semblent totalement déplacés. Ces gens paraissent s'affairer autour d'un corps étranger à vous. L'angoisse déchirante de vos proches en larmes est à vos yeux puérile, inutile même. Vos plus importantes préoccupations quant à vos projets d'avenir ruinés, quant à vos responsabilités familiales et professionnelles deviennent soudain mesquines, sans importance. Elles s'évanouissent littéralement en fumée. Enfin, soulevé par une vague de joie, vous êtes prêt à partir.

« Si vous êtes de religion hindoue, l'expérience que vous vivez est à peu près la même, sauf que vous pouvez être accueilli par un « fondé de pouvoir » (Yamdoot), au lieu du « professionnel » en personne. Mais n'ayez crainte ; le messager vous conduit sans faute à l'Être Suprême en tunique blanche, qui est un souverain bienveillant, entouré d'une aura de sainteté.

« Les souvenirs de vos passages sur terre sont peut-être alors évoqués — un peu comme lorsque vous passez à la douane, à votre arrivée dans un aéroport international. Certes, l'aéroport ressemble plutôt ici à un jardin merveilleux, parsemé de temples et de portails, et le comptoir des douaniers est comme un trône auréolé de lumière. Tout cela n'est rien. Vos idées ne sont que de médiocres approximations, car vous jugez encore d'après la pâle réalité terrestre. Vous verrez bientôt beaucoup mieux, le prisme des choses tombera de vos yeux comme des écailles. Vous apprendrez plus que vous n'avez jamais appris. Tout sera bon et beau. Vous vous sentirez en paix et pleinement satisfait jusqu'à la prochaine... »

Une question surgira alors de l'auditoire : Quelles sont les étapes suivantes de la vie dans l'autre monde ? »

Notre Lazare moderne hésitera pendant un bref instant, puis dira :

« Ce qui vient après ? Il est impossible de vous faire comprendre la suite du processus. Disons que chacun de vous possède son propre passeport qui lui permettra un jour de vivre cette expérience, mais que les connaissances là-dessus ne sont pas encore accessibles. »

Lazare, et des milliers d'autres humains à sa suite, ont parlé. Selon nous, il faudrait apprendre à écouter les messages qu'ils nous transmettent, d'une voix presque éteinte, au seuil de la mort.

ANNEXE I

Questionnaire

LES NOMS ET ADRESSES DEMEURERONT
STRICTEMENT CONFIDENTIELS

Ce questionnaire s'inscrit dans une enquête psychologique qui porte sur les observations faites auprès des mourants par des médecins et des infirmières. Nous vous saurions gré de répondre aux questions suivantes et de nous retourner le questionnaire à l'adresse suivante: *American Society for Psychical Research*, a/s Dr Karlis Osis, 5 Ouest, 73e rue, New York, N.Y. 10023, USA.

	Aux fins de codage seulement
A) Combien de fois estimez-vous vous être trouvé(e) auprès d'un patient au moment de sa mort?	
1) 0-10 — 6) 51-60	
2) 11-20 — 7) 61-70	11
3) 21-30 — 8) 71-80	12
4) 31-40 — 9) 81-90	
5) 41-50 — 10) plus souvent	
(combien de fois?)	13
B) Combien de patients environ ont été sous vos soins au cours de la phase terminale de leur maladie?	14
C) Vous êtes-vous déjà trouvé(e) auprès de patients qui, à un moment ou l'autre au	

cours d'une maladie À LAQUELLE LA MORT A MIS FIN, ont semblé avoir des hallucinations de l'une des catégories suivantes :

1. de PERSONNES : *hallucinations mettant principalement en scène des personnes et non des lieux.* Ces patients ont-ils eu des hallucinations mettant en scène des personnes qui n'étaient pas réellement présentes ? 15

NOMBRE DE CAS 16

Ces patients (ou tout autre individu présent) ont-ils identifié la personne figurant dans l'hallucination ? Était-ce

a) une personne encore vivante

NOMBRE DE CAS 17 18

b) une personne décédée 19 20

NOMBRE DE CAS 21 22

c) une figure religieuse ou un être mythologique 23 24

NOMBRE DE CAS 25 26

d) une combinaison quelconque de (a), (b) et (c)

NOMBRE DE CAS ....

e) une personne, sans plus de détail

NOMBRE DE CAS 27

Veuillez décrire un cas typique d'hallucination mettant en scène une (des) personne(s) : 28

______________________________ 29

______________________________ 30

____

____

____

2. de LIEUX : *hallucinations n'étant pas principalement axées sur des personnes.* 31

Combien de ces hallucinations vous sont-elles apparues comme des visions d'« un autre monde », dans le sens religieux du terme, et combien d'hallucinations vous ont-elles semblé d'un autre ordre? 32

a) Hallucinations d'« un autre monde ».

NOMBRE DE CAS 33 34

b) Hallucinations « non religieuses » de nature.

NOMBRE DE CAS 35

Veuillez décrire un cas typique d'hallucination de ce genre:

____

______________________________ 36

____

______________________________ 37

38

D) Vous êtes-vous déjà trouvé(e) auprès de patients qui se sont RÉTABLIS après avoir frôlé la mort, mais qui n'en ont pas moins eu des hallucinations de l'une ou l'autre des catégories suivantes:

1. de PERSONNES:

Ces patients ont-ils eu, à un moment ou à l'autre au cours de leur maladie, des hallucinations mettant en scène des personnes qui n'étaient pas réellement présentes? 39

NOMBRE DE CAS 40

Ces patients (ou tout autre individu présent) ont-ils identifié la personne figurant dans l'hallucination? Était-ce

a) une personne encore vivante 41 42

NOMBRE DE CAS 43 44

b) une personne décédée 45 46

NOMBRE DE CAS 47 48

c) une figure religieuse ou un être mythologique 49 50

NOMBRE DE CAS ....

d) une combinaison quelconque de (a), (b) et (c)

NOMBRE DE CAS ....

e) une personne, sans plus de détail

NOMBRE DE CAS 51

Veuillez décrire un cas typique d'hallucination mettant en scène une (des) personne(s): 52

______________________________ 53

____

______________________________ 54

____

____

2. de LIEUX: 55

56

Combien de ces hallucinations vous sont-elles apparues comme des visions d'« un autre monde », dans le sens religieux du terme, et combien d'hallucinations vous ont-elles semblé d'un autre ordre? 57

a) Hallucinations d'« un autre monde »

NOMBRE DE CAS ....

b) Hallucinations « non religieuses » de nature

NOMBRE DE CAS 58

59

Veuillez décrire un cas typique d'hallucination de ce genre: 60

____

61

______________________________ 62

____

____

E) Avez-vous déjà observé une modification soudaine de l'humeur chez des mourants (manifestations spontanées de bonheur ou de sérénité) 63

64

NOMBRE DE CAS 65

Veuillez décrire un cas caractéristique: 66

____

67

____

68

____

____

____

F) Aimeriez-vous émettre des commentaires sur les expériences que vous avez décrites dans ce questionnaire? 69

70

71

72

73

____

____

____

____

____

____

____

____

NOM: ....

DIPLÔME: 74

75

76

77

NOMBRE D'ANNÉES DE PRATIQUE PROFESSIONNELLE: ....
ADRESSE:
Rue: ....
Ville: ....
État: ....
NUMÉRO DE TÉLÉPHONE: ....
DATE: ....

LES NOMS ET ADRESSES DEMEURERONT STRICTEMENT CONFIDENTIELS

ANNEXE II

TABLEAU I

Caractéristiques des expériences d'apparition chez les patients en phase terminale

Facteur	Caractéristiques	Nombre de cas É.-U.	Inde	Total	% du Total *
a) Durée de l'apparition	1 sec. à 5 min.	85	83	168	48
	6 min. à 15 min.	17	43	60	17
	16 min. à 60 min.	11	50	61	18
	61 min. à une journée	13	31	44	13
	Plus longtemps	4	10	14	4
	Aucune donnée disponible	86	38	124	—
b) Laps de temps écoulé entre l'apparition et la mort	0 min. à 10 min.	17	36	53	12
	11 min. à 60 min.	7	59	66	15
	61 min. à 6 heures	26	64	90	20
	7 heures à 24 heures	28	41	69	15
	Plus longtemps	117	52	169	38
	Aucune donnée disponible	21	3	24	—
c) Identité de l'apparition	Personne vivante	30	38	68	18
	Personne décédée	124	54	178	47
	Figure religieuse	22	93	115	30
	Combinaison des éléments précédents	11	7	18	5
	Aucune donnée disponible	29	63	92	—
d) Sexe de l'apparition	Homme	59	103	162	57
	Femme	91	30	121	43
	Aucune donnée disponible	66	122	188	—
e) Intentions de l'apparition	Prise pour un visiteur	14	28	42	14
	Réconforter le patient	13	4	17	6
	Emporter le patient (acceptation de celui-ci)	40	102	142	47

* Les pourcentages ne comprennent pas les cas sur lesquels nous ne disposions d'aucune donnée. Les pourcentages ayant été arrondis, le total n'égalera pas toujours 100.

TABLEAU I (*suite*)

Caractéristiques des expériences d'apparition chez les patients en phase terminale

Facteur	Caractéristiques	Nombre de cas É.-U.	Inde	Total	% du total
	Emporter le patient (refus de celui-ci)	1	53	54	18
	Renvoyer le patient	0	2	2	1
	Menaçante	4	13	17	6
	Rappel de souvenirs	26	1	27	9
	Aucune donnée disponible	118	52	170	—
f) Réactions émotionnelles (1er groupe)	Aucune réaction ou simple détente	60	65	125	30
	Sérénité	46	40	86	20
	Exaltation	56	32	88	21
	Réactions négatives	33	91	124	29
	Aucune donnée disponible	21	27	48	—
g) Réactions émonelles (2e groupe)	Aucune réaction ou simple détente	60	65	125	30
	Réactions négatives	33	91	124	29
	Réactions positives (non religieuses)	77	36	113	27
	Réactions positives (religieuses)	25	36	61	14
	Aucune donnée disponible	21	27	48	—

TABLEAU 2

Identité des apparitions*

Facteur	Identité	Nombre d'apparitions É.-U.	Inde	Total	% du total
a) Non religieuses	Mère	60	16	76	23
	Père	15	16	31	9
	Conjoint	49	10	59	18
	Fratrie	27	15	42	13
	Progéniture	27	17	44	13
	Autres parents (génération précédente)	5	7	12	4
	Autres parents (même génération)	2	10	12	4
	Autres parents (génération suivante)	0	4	4	1
	Parents non identifiés	9	14	23	7
	Amis, connaissances	21	8	29	9
	Personnes non identifiées	25	61	86	—
	Total:	240	178	418	
b) religieuses	Dieu ou Jésus	13	17	30	28
	Çiva, Rama, Krishna	0	13	13	12
	La Vierge Marie, Kali, Durga	5	4	9	8
	Le Dieu de la mort et ses messagers	0	18	18	17
	Saints et gurus	3	5	8	8
	Anges, Devi, etc.	9	17	26	24
	Diables et démons	1	2	3	3
	Autres figures religieuses non identifiées	2	31	33	—
	Total:	33	107	140	

* Nous avons tenu compte dans nos calculs des cas de patients qui ont vu apparaître simultanément plusieurs personnes.

TABLEAU 3

Fiche médicale des patients en phase terminale qui ont eu des apparitions

Facteur	Fiche médicale	Nombre de patients É.-U.	Inde	Total	% du total
a) Diagnostic principal	Cancer	79	28	107	23
	Troubles cardiaques et circulatoires	61	39	100	22
	Lésions et situation postopératoire	10	62	72	16
	Troubles respiratoires	9	26	35	8
	Lésions ou troubles du cerveau, urémie	28	26	54	12
	Divers	25	64	89	19
	Aucune donnée disponible	4	10	14	—
b) Diagnostic secondaire (prédisposition aux hallucinations)	Prédisposition	68	40	108	25
	Pas de prédisposition	137	187	324	75
	Aucune donnée disponible	11	28	39	—
c) Température du corps (buccale)	Moins de 100° F	128	129	257	58
	100° à 103° F	55	94	149	34
	Plus de 103° F	16	20	36	8
	Aucune donnée disponible	17	12	29	—
d) Médication pouvant affecter les facultés mentales	Aucune médication de ce type	94	165	259	61
	Médication mais effet nul	39	40	79	19
	Effet léger	31	18	49	11
	Effet moyen	22	10	32	8
	Effet puissant	5	1	6	1
	Aucune donnée disponible	25	21	46	—
e) Degré de lucidité	Tout à fait lucide	98	100	198	43
	Légèrement troublé	31	103	134	29
	Fortement troublé	36	39	75	17
	État changeant	38	12	50	11
	Aucune donnée disponible	13	1	14	—

TABLEAU 4

Caractéristiques des patients en phase terminale qui ont eu des apparitions

Facteur	Caractéristiques	Nombre de patients É.-U.	Inde	Total	% du total
a) Âge	1 à 30 ans	19	68	87	19
	31 à 50 ans	22	97	119	25
	Plus de 50 ans	174	90	264	56
	Aucune donnée disponible	1	0	1	—
b) Sexe	Homme	99	175	274	58
	Femme	117	80	197	42
c) Scolarité	Aucune, préscolaire	13	77	90	21
	Primaire	57	59	116	27
	Secondaire	73	65	138	32
	Collégiale	45	38	83	20
	Aucune donnée disponible	28	16	44	—
d) Métier, profession, activités	Professionnel, administrateur, membre du clergé	56	29	85	30
	Commis, vendeur, artisan	9	40	49	17
	Cultivateur, ouvrier, travailleur (secteur des services), femme au foyer	70	83	153	53
e) Religion	hindou	—	214	214	48
	chrétien (Inde)	—	26	26	6
	musulman	—	12	12	3
	protestant (É.-U.)	97	—	97	22
	catholique (É.-U.)	68	—	68	15
	juif	12	—	12	3
	autre ou sans religion	14	—	14	3
	Aucune donnée disponible	25	3	28	—
f) Intensité de la foi	Nulle	12	3	15	5
	Faible	27	12	39	14
	Moyenne	44	48	92	33
	Grande	64	65	129	47
	Aucune donnée disponible	69	127	196	—
g) Croyance dans la survie	Oui	69	70	139	92
	Non	6	6	12	8
	Aucune donnée disponible	141	179	320	—

TABLEAU 5

Caractéristiques des expériences d'apparition chez les patients « rescapés »

Facteur	Caractéristiques	Nombre de cas É.-U.	Inde	Total	% du total
a) Durée de l'apparition	Moins de 5 min.	16	9	25	35
	6 min. à 15 min.	2	6	8	11
	16 min. à 60 min.	5	14	19	27
	61 min. à une journée	5	6	11	15
	Plus longtemps	4	4	8	11
	Aucune donnée disponible ...	24	25	49	—
b) Identité de l'apparition	Personne vivante	11	8	19	20
	Personne décédée	25	14	39	40
	Figure religieuse	9	27	36	37
	Combinaison des éléments précédents	3	—	3	3
	Aucune donnée disponible ...	8	15	23	—
c) Sexe de l'apparition	Homme	22	29	51	70
	Femme	14	8	22	30
	Aucune donnée disponible ...	20	27	47	—
d) Intentions de l'apparition	Prise pour un visiteur	3	7	10	11
	Réconforter le patient	9	1	10	11
	Emporter le patient (acceptation de celui-ci)	6	15	21	24
	Emporter le patient (refus de celui-ci)	2	16	18	20
	Renvoyer le patient	5	13	18	20
	Menaçante	2	4	6	7
	Rappel de souvenirs	5	1	6	7
	Aucune donnée disponible ...	24	7	31	—
e) Réactions émotionnelles (1er groupe)	Aucune réaction ou simple détente	8	11	19	17
	Sérénité	19	14	33	29
	Exaltation	14	14	28	25
	Réactions négatives	12	20	32	29
	Aucune donnée disponible ...	3	5	8	—
f) Réactions émotionnelles (2e groupe)	Aucune réaction ou simple détente	8	11	19	17
	Réactions négatives	12	20	32	29
	Réactions positives (non religieuses)	23	11	34	30
	Réactions positives (religieuses)	10	17	27	24
	Aucune donnée disponible ...	3	5	8	—

TABLEAU 6

Fiche médicale des patients « rescapés » qui ont eu des apparitions

Facteur	Fiche médicale	Nombre de cas É.-U.	Inde	Total	% du total
a) Diagnostic principal	Cancer	4	2	6	5
	Troubles cardiaques et circulatoires	14	8	22	19
	Lésions et situation postopératoire	12	14	26	22
	Lésions ou troubles du cerveau, urémie	7	2	9	8
	Maladies infectieuses et respiratoires	9	18	27	23
	Divers	9	17	26	22
	Aucune donnée disponible	1	3	4	—
b) Diagnostic secondaire (prédisposition aux hallucinations)	Prédisposition	15	4	19	18
	Pas de prédisposition	37	49	86	82
	Aucune donnée disponible	4	11	15	—
c) Température du corps (buccale)	Moins de 100° F	24	28	52	46
	100° à 103° F	18	24	42	38
	Plus de 103° F	7	11	18	16
	Aucune donnée disponible	7	1	8	—
d) Médication pouvant affecter les facultés mentales	Aucune médication de ce type	29	34	63	57
	Médication mais effet nul	12	16	28	25
	Effet léger	7	4	11	10
	Effet moyen	2	4	6	5
	Effet puissant	1	2	3	3
	Aucune donnée disponible	5	4	9	—
e) Degré de lucidité	Tout à fait lucide	18	24	42	36
	Légèrement troublé	17	15	32	27
	Fortement troublé	9	21	30	25
	État changeant	11	3	14	12
	Aucune donnée disponible	1	1	2	—

TABLEAU 7

Caractéristiques des patients « rescapés » qui ont eu des apparitions

Facteur	Caractéristiques	Nombre de cas É.-U.	Inde	Total	% du total
a) Âge	1 à 30 ans	8	21	29	24
	31 à 50 ans	11	28	39	33
	Plus de 50 ans	37	15	52	43
	Aucune donnée disponible	0	0	0	—
b) Sexe	Homme	23	30	53	44
	Femme	33	34	67	56
c) Scolarité	Aucune, préscolaire	4	16	20	18
	Primaire	13	18	31	28
	Secondaire	18	16	34	31
	Collégiale	16	10	26	23
	Aucune donnée disponible	5	4	9	—
d) Métier, profession, activités	Professionnel, administrateur, membre du clergé	15	8	23	27
	Commis, vendeur, artisan	1	4	5	6
	Cultivateur, ouvrier, travailleur (secteur des services)	8	21	29	35
	Femme au foyer	8	19	27	32
	Aucune donnée disponible	24	12	36	—
e) Religion	Hindou	—	45	45	38
	Chrétien (Inde)	—	16	16	14
	Musulman	—	3	3	3
	Protestant (É.-U.)	27	—	27	23
	Catholique (É.-U.)	19	—	19	16
	Juif	4	—	4	3
	Autre ou sans religion	3	—	3	3
	Aucune donnée disponible	3	—	3	—
f) Intensité de la foi	Nulle	3	1	4	5
	Faible	5	2	7	8
	Moyenne	20	16	36	43
	Grande	16	21	37	44
	Aucune donnée disponible	12	24	36	—
g) Croyance dans la survie	Oui	26	21	47	90
	Non	2	3	5	10
	Aucune donnée disponible	28	40	68	—

TABLEAU 8

Caractéristiques des cas de modification de l'humeur peu de temps avant la mort

Facteur	Caractéristiques	Nombre de cas É.-U.	Inde	Total	% du total
a) Durée du changement	Moins de 10 min.	17	11	28	17
	11 min. à 60 min.	19	18	37	22
	61 min. à une journée	34	26	60	36
	Plus longtemps	30	11	41	25
	Aucune donnée disponible ...	6	2	8	—
b) Laps de temps écoulé entre le changement d'humeur et la mort	Moins de 10 min.	49	20	69	41
	11 min. à 60 min.	7	14	21	13
	61 min. à une journée	29	23	52	31
	Plus longtemps	17	9	26	15
	Aucune donnée disponible ...	4	2	6	—
c) Nature du changement d'humeur (1er groupe)	Aucune changement ou simple détente	11	1	12	7
	Sérénité	65	29	94	57
	Exaltation	21	28	49	30
	Sentiments négatifs	8	2	10	6
	Aucune donnée disponible ...	1	8	9	—
d) Nature du changement d'humeur	Aucun changement ou simple détente	11	1	12	7
	Sentiments négatifs	8	2	10	6
	Sentiments positifs (non religieux)	57	40	97	59
	Sentiments positifs (religieux)	29	17	46	28
	Aucune donnée disponible ...	1	8	9	—
e) Changement s'étant manifesté dans le discours du patient	Sérénité, quiétude..........	62	18	80	49
	Exaltation, joie	17	28	45	27
	Optimisme (faisait des projets)	17	16	33	20
	Autres....................	5	1	6	4
	Aucune donnée disponible ...	5	5	10	—
f) Changement s'étant manifesté au niveau du comportement	Plus d'énergie	10	6	16	18
	Plus loquace	9	18	27	31
	Moins agité	31	8	39	45
	Autres....................	3	2	5	6
	Aucune réaction de cet ordre ou aucune donnée disponible	53	34	87	—
g) Changement s'étant manifesté au niveau des contacts sociaux	Plus coopératif	21	6	27	36
	Plus aimable	8	12	20	27
	Se plaît davantage dans la compagnie des gens	6	10	16	22
	Maîtrise de soi	5	5	10	14

TABLEAU 8 (*suite*)

Caractéristiques des cas de modification de l'humeur peu de temps avant la mort

Facteur	Caractéristiques	Nombre de cas É.-U.	Nombre de cas Inde	Nombre de cas Total	% du total
	Autres	0	1	1	1
	Aucune réaction de cet ordre ou aucune donnée disponible	66	34	100	—
h) Changement s'étant manifesté par des gestes de nature religieuse	Chants, prières	13	8	21	100
	Aucune réaction de cet ordre ou aucune donnée disponible	93	60	153	—

TABLEAU 9

Fiche médicale des patients en phase terminale dont l'humeur s'est subitement modifiée

Facteur	Fiche médicale	Nombre de cas É.-U.	Inde	Total	% du total
a) Diagnostic principal	Cancer	47	15	62	36
	Troubles cardiaques et circulatoires	29	14	43	25
	Lésions et situation postopératoire	10	12	22	13
	Lésions ou troubles du cerveau, urémie	3	4	7	4
	Maladies infectieuses et respiratoires	6	4	10	6
	Divers	9	17	26	15
	Aucune donnée disponible	2	2	4	—
b) Diagnostic secondaire (prédisposition aux hallucinations)	Prédisposition	17	6	23	15
	Pas de prédisposition	81	52	133	85
	Aucune donnée disponible	8	10	18	—
c) Température du corps (buccale)	Moins de 100° F	63	47	110	69
	100° à 103° F	27	17	44	28
	Plus de 103° F	4	1	5	3
	Aucune donnée disponible	12	3	15	—
d) Médication pouvant affecter les facultés mentales	Aucune médication de ce type	43	43	86	54
	Médication mais effet nul	20	14	34	21
	Effet léger	18	3	21	13
	Effet moyen	12	3	15	9
	Effet puissant	1	2	3	2
	Aucune donnée disponible	12	3	15	—
e) Degré de lucidité	Tout à fait lucide	87	51	138	80
	Légèrement troublé	11	16	27	16
	Fortement troublé	3	1	4	2
	État changeant	4	0	4	2
	Aucune donnée disponible	1	0	1	—

TABLEAU 10

Caractéristiques des patients dont l'humeur s'est subitement modifiée

Facteur	Caractéristiques	Nombre de cas É.-U.	Inde	Total	% du total
a) Âge	1 à 30 ans	8	8	16	9
	31 à 50 ans	19	33	52	30
	Plus de 50 ans	78	27	105	61
	Aucune donnée disponible	1	0	1	—
b) Sexe	Homme	51	50	101	58
	Femme	55	18	73	42
c) Scolarité	Aucune, préscolaire	5	13	18	11
	Primaire	33	16	49	30
	Secondaire	35	23	58	36
	Collégiale	23	13	36	22
	Aucune donnée disponible	10	3	13	—
d) Métier, profession, activités	Professionnel, administrateur, membre du clergé	38	10	48	33
	Commis, vendeur, artisan	9	12	21	14
	Cultivateur, ouvrier, travailleur (secteur des services)	21	20	41	28
	Femme au foyer	19	16	35	24
	Aucune donnée disponible	19	10	29	—
e) Religion	Hindou	—	56	56	34
	Chrétien (Inde)	—	7	7	4
	Musulman	—	3	3	2
	Protestant (É.-U.)	39	—	39	24
	Catholique (É.-U.)	38	—	38	23
	Juif	11	—	11	7
	Autre ou sans religion	9	1	10	6
	Aucune donnée disponible	9	1	10	—
f) Intensité de la foi	Nulle	4	0	4	4
	Faible	11	5	16	16
	Moyenne	25	9	34	34
	Grande	30	16	46	46
	Aucune donnée disponible	36	38	74	—
g) Croyance dans la survie	Oui	35	17	52	93
	Non	3	1	4	7
	Aucune donnée disponible	68	50	118	—

TABLEAU II

Caractéristiques des visions portant sur des lieux chez les patients « rescapés » et les patients en phase terminale

Facteur	Caractéristiques	Nombre de cas É.-U.	Inde	Total	% du total
a) Durée de la vision	Moins de 5 min.	18	11	29	52
	6 min. à 15 min.	5	8	13	23
	16 min. à 60 min.	2	3	5	9
	Plus d'une heure	5	4	9	16
	Aucune donnée disponible ...	34	22	56	—
b) Nature de la vision	Objets ou lieux d'ici-bas.....	23	9	32	32
	Paradis, portails, etc.	12	29	41	41
	Jardins, paysages	16	—	16	16
	Constructions architecturales symboliques	5	—	5	5
	Musique, bruits	5	1	6	6
	Aucune donnée disponible ...	3	9	12	—
c) Aspects des lieux	Menaçants	7	—	7	10
	Ordinaires	6	4	10	14
	Beaux mais naturels	4	11	15	21
	Extraordinairement beaux (surpassant la réalité)	11	16	27	37
	Images de l'autre monde	13	—	13	18
	Aucune donnée disponible ...	23	17	40	—
d) Principal sentiment émanant de la vision	Beauté	24	12	36	72
	Quiétude	4	3	7	14
	Sentiments négatifs,menaçants, etc.	6	1	7	14
	Aucun sentiment ou aucune donnée disponible	30	32	62	—
e) Présence de symboles de mort dans la vision	Mort = passage à une existence agréable...........	17	19	36	84
	Mort = passage à une existence horrible	3	1	4	9
	Autres symboles	2	1	3	7
	Aucun symbole ou aucune donnée disponible	42	27	69	—
f) Réactions émotionnelles (1er groupe)	Aucune réaction ou simple détente	14	12	26	25
	Sérénité	24	16	40	38
	Exaltation	9	15	24	23
	Réactions négatives	11	4	15	14
	Aucune donnée disponible ...	6	1	7	—

TABLEAU 11 (*suite*)

Caractéristiques des visions portant sur des lieux chez les patients « rescapés » et les patients en phase terminale

Facteur	Caractéristiques	Nombre de cas É.-U.	Inde	Total	% du total
g) Réactions émotionnelles (2e groupe)	Aucune réaction ou simple détente	14	12	26	25
	Réactions négatives	11	4	15	14
	Réactions positives (non religieuses)	19	9	28	27
	Réactions positives (religieuses)	14	22	36	34
	Aucune donnée disponible	6	1	7	—

TABLEAU 12

Fiche médicale des patients « rescapés » et des patients en phase terminale qui ont eu des visions portant sur des lieux

Facteur	Fiche médicale	Nombre de cas É.-U.	Inde	Total	% du total
a) Diagnostic principal	Cancer	12	5	17	17
	Troubles cardiaques et circulatoires	17	8	25	24
	Lésions et situation postopératoire	12	10	22	21
	Lésions ou troubles du cerveau, urémie	10	0	10	10
	Maladies infectieuses et respiratoires	10	13	23	22
	Divers	—	6	6	6
	Aucune donnée disponible	3	6	9	—
b) Diagnostic secondaire (prédisposition aux hallucinations)	Prédisposition	17	4	21	21
	Pas de prédisposition	42	35	77	79
	Aucune donnée disponible	5	9	14	—
c) Température du corps (buccale)	Moins de 100° F	31	22	53	53
	100° F à 103° F	20	20	40	40
	Plus de 103° F	4	3	7	7
	Aucune donnée disponible	9	3	12	—
d) Médication pouvant affecter les facultés mentales	Aucune médication de ce type	25	31	56	60
	Médication mais effet nul	16	5	21	22
	Effet léger	6	2	8	9
	Effet moyen	2	4	6	6
	Effet puissant	2	1	3	3
	Aucune donnée disponible	13	5	18	—
e) Degré de lucidité	Tout à fait lucide	23	11	34	32
	Légèrement troublé	11	15	26	25
	Fortement troublé	14	22	36	34
	État changeant	9	—	9	9
	Aucune donnée disponible	7	—	7	—

TABLEAU 13

Caractéristiques des patients « rescapés » et des patients en phase terminale qui ont eu des visions portant sur des lieux

Facteur	Caractéristiques	Nombre de cas É.-U.	Inde	Total	% du total
a) Âge	1 à 30 ans	7	11	18	16
	31 à 50 ans	10	22	32	29
	Plus de 50 ans	47	15	62	55
	Aucune donnée disponible				—
b) Sexe	Homme	31	28	59	55
	Femme	33	20	53	45
c) Scolarité	Aucune, préscolaire	1	13	14	15
	Primaire	14	11	25	26
	Secondaire	21	15	36	38
	Collégiale	13	7	20	21
	Aucune donnée disponible				—
d) Métier, profession, activités	Professionnel, administrateur, membre du clergé	18	8	26	30
	Commis, vendeur, artisan	14	4	18	21
	Cultivateur, ouvrier, travailleur (secteur des services)	4	16	20	23
	Femme au foyer	13	10	23	26
	Aucune donnée disponible	15	10	25	—
e) Religion	Hindou	—	35	35	36
	Chrétien (Inde)	—	11	11	11
	Musulman	—	2	2	2
	Protestant (É.-U.)	31	—	31	32
	Catholique (É.-U.)	15	—	15	15
	Juif	1	—	1	1
	Autre ou sans religion	2	—	2	2
	Aucune donnée disponible	15	—	15	—
f) Intensité de la foi	Nulle	1	1	2	3
	Faible	6	1	7	11
	Moyenne	14	9	23	35
	Grande	17	17	34	52
	Aucune donnée disponible	26	20	46	—
g) Croyance dans la survie	Oui	21	22	43	96
	Non	—	2	2	4
	Aucune donnée disponible	43	24	67	—

NOTES

CHAPITRE 1

1. Carrington, H. et Meader, J.R., *Death: Its Causes and Phenomena with Special Reference to Immortality*, W. Rider and Son, Londres, 1911.

CHAPITRE 2

1. La bibliographie en fin de volume comporte une liste d'ouvrages utiles, à l'intention de ceux qui voudraient approfondir cette question. L'on peut retracer la référence exacte par l'année qui suit, entre parenthèses, le nom de l'auteur.

2. Osis (1961) définit ainsi les hallucinations qui tiennent de l'apparition : « voir » une personne décédée tout en étant suffisamment conscient du milieu environnant pour pouvoir « interagir » avec lui.

3. G. Murphy (1961) donne la définition suivante des correspondances croisées (cross correspondences) : « ... une série d'expressions ou de phrases fragmentaires qui n'ont en soi aucune signification mais qui, mises ensemble, constituent un message tout à fait clair. »

CHAPITRE 3

1. Barrett, Sir William, *Death-bed Visions*, Methuen, Londres, 1926, pp. 11-12.

2. *Ibid.*, p. 14.

3. On peut se procurer cet ouvrage en s'adressant à la Parapsychology Foundation, 29 ouest, 57e rue, New York, N.Y. 10019. Prix : $1.75.

4. Consulter à ce sujet le livre de John Fuller sur le testament de James Kidd et sur les péripéties qui ont entouré l'attribution du legs : *The Great Soul Trial*, Macmillan, New York, 1969. On y trouve notamment des témoignages fort intéressants d'experts à l'appui de la vie après la mort.

5. *Ibid.*, p. 300.

CHAPITRE 4

1. Osis, K., *Deathbed Observations by Physicians and Nurses*, Parapsychology Foundation Inc., New York, 1961.

2. *Ibid.*, p. 53.

CHAPITRE 7

1. Il existe nombre de théories sur les hallucinations. Voir notamment le vaste éventail d'explications fort judicieuses contenu dans Siegel, R.K. et West, L.J. (ed.), *Hallucinations : Behavior. Experience and Theory*, John Wiley and Sons, New York, 1975.

CHAPITRE 8

1. Ce pourcentage (73%) vaut pour l'ensemble de la population adulte. La croyance dans la survie pourra se révéler beaucoup plus prononcée chez les personnes âgées, qui forment la plus grande partie de notre échantillon. L'enquête menée en Islande par Haraldsson (1976) a permis d'établir que la proportion de ceux qui croient à la survie augmente avec l'âge. Chez les individus dans la trentaine, il a obtenu les résultats suivants : 10% ne s'attendaient pas à découvrir une quelconque forme de vie après leur mort ; 20% croyaient la chose possible et 62% s'attendaient à poursuivre leur existence dans l'au-delà. Par contre, chez les individus dans la soixantaine, les chiffres ont été passablement différents soit, respectivement : 1%, 7% et 77%. (Certains interviewés n'avaient pas d'opinion.)

CHAPITRE 9

1. L'écart est significatif dans l'échantillon américain : p = .04 (53% contre 18%).

2. Osis, K., *Deathbed Observations by Physicians and Nurses*, Parapsychology Foundation Inc., New York, 1961, p. 67.

3. *Ibid.*, pp. 67-68.

CHAPITRE 10

1. Osis, K., *Deathbed Observations by Physicians and Nurses*, Parapsychology Foundation Inc., New York, 1961, p. 71.

2. Nous avons englobé les sentiments négatifs dans ce dernier groupe, même s'ils recoupent en partie les réactions axées sur la survie. Comme ce chevauchement tend à atténuer et non à accentuer le contraste avec les sentiments caractéristiques de l'au-delà, nous assumons volontiers cette position plutôt conservatrice.

CHAPITRE 14

1. Moody, R.A., *Life After Life*, Mockingbird Books, Atlanta, 1975, pp. 43-44. (Trad.: *La vie après la vie* chez Laffont).

2. *Ibid.*, pp. 45-46.

3. Moody, R.A., *Reflections on Life After Life*, Mockingbird Books, Atlanta, 1977. (Trad.: *Nouvelles lumières sur la vie après la vie* chez Laffont).

4. Garfield, C., « Consciousness Alteration and Fear of Death », in *Journal of Transpersonal Psychology*, nº 7, 1975, p. 172.

5. Moody, R.A., *Life After Life*, p. 68.

BIBLIOGRAPHIE

BARRETT, W.F., *Death-Bed Visions*, Methuen, Londres, 1926.

CLARK, W.H., *Chemical Ecstasy. Psychedelic Drugs and Religion*, Sheed and Ward, New York, 1969.

COHEN, S., *The Beyond Within*, Atheneum, New York, 1964.

CUMMINS, G., *Swan on a Black Sea*, Routledge and Kegan Paul Ltd, Londres, 1965.

DEIKMAN, A.J., « Experimental Meditation », in *Journal of Nervous and Mental Disease*, n° 136, 1963, pp. 329–342.

DUCASSE, C.J., *A Critical Examination of the Belief in a Life After Death*, Charles C. Thomas, Springfield (Ill.), 1961.

GARFIELD, C., « Consciousness Alteration and Fear of Death », in *Journal of Transpersonal Psychology*, n° 7, 1975, pp. 147–175.

GAULD, A., « A Series of "Drop in" Communicators », in *Proceedings of the Society for Psychical Research*, n° 55, 1966–1972, pp. 273–340.

GREELEY, A.M., *Sociology of the Paranormal: A Reconnaissance*, Sage Publications, Beverley Hills (Calif.), 1975.

GREEN, C. et MCCREERY, C., *Apparitions*, Hamish Hamilton Ltd., Londres, 1975.

HARALDSSON, E. *et coll.*, « National Survey of Psychical Experiences and Attitudes Towards the Paranormal in Iceland », in W.G. Roll, R.L. Morris et J.D. Morris (ed.), *Research in Parapsychology 1976*, Scarecrow Press, New Jersey, 1977.

HART, H., *The Enigma of Survival*, Charles C. Thomas, Springfield (Ill.), 1959.

———, « ESP Projection : Spontaneous Cases and the Experimental Method », in *Journal of the American Society for Psychical Research*, n° 48, 1954, pp. 121–146.

———, « Six Theories About Apparitions », in *Proceedings of the Society for Psychical Research*, n° 50, 1953–1956, pp. 153–239.

HEYWOOD, R., *Beyond the Reach of Sense*, E.P. Dutton and Co., New York, 1961.

HUXLEY, A., *Heaven and Hell*, Harper & Row, New York, 1955.

———, *The Perennial Philosophy*, World Publishing Co., Cleveland, 1962.

HYSLOP, J.H., *Psychical Research and the Resurrection*, Small, Maynard and Co., Boston, 1908.

JACOBSON, N.O., *Life Without Death*, Dell Publishing Co., New York, 1973.

JAMES, W., *Varieties of Religious Experience*, Longmans, Green and Co., New York, 1902.

KEENE, M.L., *The Psychic Mafia*, tel que raconté par A. Spraggett, St. Martin's Press, New York, 1976.

KUBLER-ROSS, E., *Death: The Final Stage of Growth*, Prentice-Hall Inc. Englewood Cliffs (N.J.), 1975. (Trad.: *La mort, dernière étape de la croissance* chez Québec/Amérique).

———, *On Death and Dying*, Macmillan Co., New York, 1969.

———, Personal Communication, 1976.

———, *Questions and Answers on Death and Dying*, Macmillan Co., New York, 1974.

LEWIS, C.S., *The Great Divorce*, Macmillan Co., Londres, 1946.

McCLELLAND, D.C., *The Roots of Consciousness*, D. Van Nostrand Co., New York, 1964.

MACKENZIE, A., *Apparitions and Ghosts: A Modern Study*, Barker, Londres, 1971.

MASLOW, A.H., *The Farther Reaches of Human Nature*, Viking Press, New York, 1971.

———, *Religions, Values and Peak Experiences*, Viking Press, New York, 1970.

MONROE, R., *Journeys Out of the Body* (introduction de C.T. Tart), Doubleday and Co., New York, 1971.

MOODY, R.A., *Life After Life*, Mockingbird Books, Atlanta, 1975. (Trad.: *La vie après la vie* chez Laffont).

———, *Reflections on Life After Life*, Mockingbird Books, Atlanta, 1977. (Trad. *Nouvelles lumières sur la vie après la vie* chez Laffont).

MURPHY, Gardner, *Challenge of Psychical Research*, Harper & Row, New York, 1961.

MURPHY, G. et BALLOU, R.O., (éd.) *William James on Psychical Research*, Viking Press, New York, 1961.

MYERS, F.W.H., *Human Personality and Its Survival of Bodily Death*, 2 volumes, Longmans, Green, Londres, 1903.

NOYES, R., « The Experience of Dying » in *Psychiatry*, n° 35, 1972, pp. 174–183.

NOYES, R. et KLETTI, R., « The Experience of Dying From Falls », in *Omega 3*, 1972, pp. 45–52.

———, « Depersonalization in the Face of Life-Threatening Danger: A Description », in *Psychiatry*, n° 39, 1976, pp. 19–27.

OSIS, K., *Deathbed Observations by Physicians and Nurses*, Parapsychology Foundation Inc., New York, 1961.

Osis, K., Bokert, E. et Carlson, M.L., « Dimensions of the Meditative Experience », in *Journal of Transpersonal Psychology*, n° 5, 1973, pp. 109–135.

Osis, K. et Haraldsson, E., « Five Out-of-Body Cases of Sri Sathya Sai Baba », inédit.

———, « Deathbed Observations by Physicians and Nurses : A Cross-Cultural Survey », in *Journal of the American Society for Psychical Research*, n° 71, 1977, pp. 237–259.

Otto, R., *The Idea of the Holy*, Oxford University Press, New York, 1958.

Pahnke, W.N., « Drugs and Mysticism : An Analysis of the Relationship between Psychedelic Drugs and Mystical Consciousness », dissertation présentée à l'université Harvard, Cambridge (Mass.), 1964.

Palmer, J., « Scoring in ESP Tests as a Function of Belief in ESP, Part 1, The Sheep-Goat Effect », in *Journal of the American Society for Psychical Research*, n° 65, 1971, pp. 373–408.

Palmer, J. et Dennis, M. « A Community Mail Survey of Psychic Experiences », in W.G. Roll, R.L. Morris et J.D. Morris (ed.), *Research in Parapsychology 1974*, Scarecrow Press, Metuchen (N.J.), 1975, pp. 130–133.

Pearce-Higgins, C.J.D. et Whitby, S., *Life, Death and Psychical Research*, Rider & Co., Londres, 1973.

Price, H.H., « What Kind of Next World ? » in A. Toynbee *et coll.*, *Man's Concern With Death*, McGraw-Hill, New York, 1969, pp. 251–258.

Rees, W.D., « The Hallucinations of Widowhood », *British Medical Journal*, n° 4, 1971, pp. 37–41.

Rhine, J.B., « Incorporeal Personal Agency : The Prospects of a Scientific Solution », in *Journal of Parapsychology*, n° 24, 1960, pp. 279–309.

———, « Comments : Psi Methods Reexamined », in *Journal of Parapsychology*, n° 39, 1975, pp. 38–58.

Rhine, L.E., *Hidden Channels of the Mind*, Sloane, New York, 1961.

———, « Subjective Forms of Spontaneous Psi Experiences », in *Journal of Parapsychology*, n° 17, 1953, pp. 77–114.

Richmond, K., *Evidence of Identity*, G. Bell, Londres, 1939.

Richmond, Z., *Evidence of Purpose*, G. Bell, Londres, 1938.

Roll, W.G., « A New Look at the Survival Problem », in J. Beloff, *New Directions in Parapsychology*, Elek Science, Londres, 1974, pp. 144–164.

———, « Survival Research : Problems and Possibilities », in E.D. Mitchell et J. White (ed.), *Psychic Exploration : A Challenge for Science*, G.P. Putnam's Sons, New York, 1974, pp. 397–424.

Salter, W.H., *Zoar : Or The Evidence of Psychical Research Concerning Survival*, Sidgwick & Jackson, Londres, 1961.

Saltmarsh, H.F., *Evidence of Personal Survival from Cross Correspondences*, G. Bell, Londres, 1939.

Schmeidler, G.R., et McConnel, R.A., *ESP and Personality Patterns*, Yale University Press, New Haven, 1958.

SIDGWICK, H. *et coll.*, « Report on the Census of Hallucinations », in *Proceedings of the Society for Psychical Research*, n° 10, 1894, pp. 25-422.

SIEGEL, R.K. et WEST, L.J. (ed.), *Hallucinations: Behavior, Experience and Theory*, John Wiley & Sons, New York, 1975.

SMITH, H., *The Religions of Man*, Harper & Row, New York, 1958.

STACE, W.T., *Mysticism and Philosophy*, J.B. Lippincott, New York, 1960.

STEVENSON, I., *Twenty Cases Suggestive of Reincarnation*, 2ᵉ édition revue, University Press of Virginia, Charlottesville, 1974 (a).

______, *Xenoglossy: A Review and Report of a Case*, University Press of Virginia, Charlottesville, 1974 (b).

TART, C., « Out-of-the-Body Experiences », in E.D. Mitchell et J. White (ed.), *Psychic Exploration: A Challenge for Science*, G.P. Putnam's Sons, New York, 1974, pp. 349-373.

______, *States of Consciousness*, E.P. Dutton & Co., New York, 1975.

______, (ed.), *Transpersonal Psychologies*, Harper & Row, New York, 1975.

TOYNBEE, A. *et coll.*, *Man's Concern with Death*, McGraw-Hill, New York, 1968.

TYRRELL, G.N.M., *Apparitions*, Macmillan Co., New York, 1962.

WEST, D.J., « A Mass Observation Questionnaire on Hallucinations », in *Journal of the Society for Psychical Research*, n° 34, 1948, pp. 187-196.

WEST, L.J. (ed.), *Hallucinations*, Grune and Stratton, New York, 1962.

WHITEMAN, J.H.M., *The Mystical Life*, Faber and Faber, Londres, 1961.

Achevé d'imprimer en avril 1991
sur les presses de l'Imprimerie Bussière
à Saint-Amand (Cher)

PRESSES POCKET - 8, rue Garancière - 75285 Paris
Tél. : 46-34-12-80

— N° d'imp. 1135. —
Dépôt légal : avril 1991.

Imprimé en France